사회복지행정론

Social Welfare Administration

| 심상용 저 |

학지사

머리말

한국의 사회복지는 지속적으로 확대돼 왔다. 긴급구호, 비전문적인 공적 부조와 단편적인 시설 수용의 한계를 극복하고 전문적인 사회복지전달체계가 구축되고 있다. 민간영역을 중심으로 사회복지현장이 구축돼 민간사회복지기관들은 사회복지서비스 제공의 중추적인 역할을 맡고 있다. 최근에는 공공부문에서도 사회복지전달체계를 내실화하기 위한 노력이 가시화되고 있는 상황이다.

사회복지실천현장이 확충되고 사회복지전달체계가 구축됨에 따라 사회복지행정의 역할이 대두되고 있다. 사회복지행정은 사회복지정책의 목적에 따라 할당된 자원을 사회복지서비스로 전환해 제공하는 관리적 실천의 역할을 하기 때문이다. 무엇보다 사회복지행정가는 사회복지활동의 사회적 책임성과 윤리성을 구현하고, 사회복지서비스의 전문성과 과학성을 제고해야 하는 과제를 부여받고 있다.

게다가 최근에는 사회복지환경이 급변해 사회복지행정의 중요성이 강조되고 있다. 사회복지전달체계 구축 및 사례관리체계 확립과 함께 공공부문에서도 전문적인 사회복지행정이 출현하고 있다. 지역복지의 비중이 커지면서 자율적인 서비스 계획 및 실천을 위한 역할의 비중이 커지고 있다. 민간 사회복지조직의 경우 책임성, 전문성, 수요자 중심성 강화와 함께 경쟁력 제고를 요구받고 있다.

저자는 그간의 교육 및 연구활동을 바탕으로 수년에 걸쳐 이 책의 집필을 준비했다. 이 책은 최근 사회복지행정의 중요성이 강조되고 있는 점을 반영해 사회복지행정가로서의 전문성을 강화하는 데 기여하기 위한 목적을 갖고 있다. 이를 위해 이론적 · 실천적 측면에서 균형을 맞추기 위해 노력했다.

이론적인 측면에서는 국내외의 최신 이론을 지면이 허락하는 한 체계적으로 소개하려 했다. 외국문헌은 의미를 정확히 전달하되 직역보다는 이해를 돕기 위해 최대한 의역하고자 했다. 경영학과 행정학 문헌들의 내용도 충실히 전달하고자 했다.

실천적인 측면에서는 사회복지행정의 기초에서부터 관리영역과 기술에 이르기까지 사회복지행정가가 갖추어야 할 소양을 다양하게 기술했다. 사회복지행정의 전망에서는 최근 대두되고 있는 책임성과 윤리, 평가 및 혁신을 다루었다. 무엇보다 시의성 있는 정보를 제공하기 위해 최근의 상황을 충분히 반영하려 노력했다.

이 책의 출판을 허락해 주신 김진환 사장님을 비롯해 출판사 관계자들께 심심한 감사의 말씀을 전한다. 여러 분의 정성 덕에 거친 원고가 세상의 빛을 볼 수 있게 됐다. 특별히 복잡한 원고를 멋지게 완성해 주신 이지예 선생님, 김순호 편집부장님의 노고에 감사드린다.

탈고에 즈음해 이 책이 애초의 의도를 충실히 반영했는지 걱정이 앞선다. 앞으로도 부족한 점에 대해서는 계속 개선해 나가도록 노력할 것을 약속드린다. 아무쪼록 이 책이 사회복지교육과 실천현장에 도움이 되기를 바란다.

2017년 2월

저자

차 례

CONTENTS Social Welfare Administration

사회복지 행정가의 기술 제 5 부

사회복지 행정의 전망 제 6 부

제1부 사회복지행정의 기초

제1장 사회복지행정의 이해

1. 사회복지조직의 특수성

사회복지조직은 다음의 2가지 점에서 일반적인 현대 관료제조직과 근원적으로 구별된다(Hasenfeld, 1983).

① 사회복지조직의 원료(raw material)는 인간이다.

사회복지조직은 개인에게 직접적으로 사회복지서비스를 제공하거나 사회문제를 개선해 사람들의 복지를 개선하는 역할을 담당하기 때문이다.

② 사회복지조직은 사회로부터 권한을 위임받고 있다.

사회복지조직의 정당성의 원천은 사회가 권한을 위임한 대로 클라이언트의 복지를 보호하고 향상시키는 역할을 담당한다는 데 있다.

사회복지조직은 일반 관료제조직과는 다른 특수성을 갖고 있다. 이는 앞서 언급한 사회복지조직이 일반 관료제조직과 구별되는 2가지 속성에 기인한다. 사회복지조직의 특수성은 다음의 6가지로 제시할 수 있다(Hasenfeld & English, 1974; Hasenfeld, 1983).

① 도덕적 가치를 지닌 인간이 원료라는 속성은 사회복지조직의 대부분의 활동에 영향을 끼친다

사회복지조직이 인간을 대상으로 적용하는 서비스기술은 도덕적으로 정당화될 수 있는 것이어야 한다. 또 자율적인 존재인 인간에 대한 사회복지조직의 개입에는 한계가 따르기 마련이다. 따라서 사회복지조직은 클라이언트가 순응할 수 있는 수용기제를 개발할 필요가 있다.

② 사회복지조직의 목표는 불확실하고 애매모호하다

사람들이 지향하는 바람직한 복지와 안녕은 계량화된 목적으로 나타낼 수 없기 때문에 합의하기 어려운 경우가 많다. 추상적인 수준에서 목표에 대한 합의가 이루어진다고 하더라도, 이를 달성하기 위해 활동해야 하는 사회복지조직은 상충하는 가치와 규범을 지지하는 이익집단들이 존재하는 사회에서 규범적인 선택을 해야 한다.

③ 사회복지조직은 불안정한 환경에서 활동한다

사회복지조직의 환경은 사회복지조직을 통해 자신들의 가치와 목표를 달성하기 원하는 많은 이익집단들로 구성돼 있다. 사회적 조건이 변화하면 새로운 이익집단들이 출현하고 이들은 새로운 이익을 추구하기도 한다. 외부의 재정지원에 의지하는 사회복지조직은 환경에 대한 의존도가 높고 환경 변화에 민감하게 영향을 받는다.

④ 사회복지조직은 목표를 달성하는 데 불확실한 기술을 사용할 수밖에 없다

사회복지조직은 바람직한 결과를 언제 어떻게 달성할 수 있을지에 대한 확실한 기술을 사회복지사에게 제공할 수 없다. 사회복지조직의 기술의 불확실성은 3가지 요소에 기인한다.

- 인간은 극히 복잡한 체계를 갖고 있다. 사회복지조직의 원료인 인간의 속성은 개인 내적으로는 매우 유기적이고 사람마다 다양하기 때문에 가변적이고 불안정하다.

- 인간의 기능과 변화 방법에 대한 지식은 부분적이고 불완전하다.
- 사회복지조직이 변화시키고자 하는 인간의 속성은 관찰할 수 없거나 측정이 불가능하다. 알려지지 않은 요인들로 인해 예측 불가능한 결과를 낳기 때문에 사회복지조직이 적용하는 서비스는 목표 달성에 정확한 방법일 수 없다.

⑤ 사회복지조직에서는 일선 사회복지사와 클라이언트 간의 관계가 핵심적인 활동이다

사회복지조직에서는 일선 사회복지사와 클라이언트의 관계 및 상호작용이 클라이언트의 욕구 측정과 판정, 개입, 목표 달성을 위한 핵심적인 수단이다. 사회복지사와의 상호작용의 구조와 내용, 사회복지사가 클라이언트에게서 얻는 정보와 욕구판정, 사회복지사의 반응과 클라이언트의 대응에 따라 원조활동의 성과가 결정된다. 일선 사회복지사와 클라이언트 간의 관계의 본질과 질적 수준은 기관의 성공과 실패를 규정하는 결정적인 요인이기도 하다.

하지만 일선 사회복지사와 클라이언트의 관계의 질적 수준은 개인적인 특성에 의해 규정되기 때문에 좀처럼 조직에 의해 통제되지 못한다. 이 때문에 사회복지조직은 일선관료조직(street level bureaucracy)이라 불리기도 한다(Lipsky, 1980). 일선 사회복지사와 클라이언트의 관계의 중요성 때문에 사회복지조직에서는 일선 사회복지사의 위상이 높고 그 역할이 특별히 중요하다. 서비스를 제공하는 일선 사회복지사는 지위는 낮지만 역할수행에서 상당한 재량권을 행사하고, 공식적으로 인가된 수준보다 많은 자율성을 갖기도 하기 때문이다. 일선 사회복지사는 사회로부터 위임받은 사회복지조직의 역할을 수행하지만, 조직은 법적 · 윤리적 · 이념적 · 기술적 · 경제적 이유로 인해 이들의 활동을 모니터링하고 슈퍼비전하기 어렵게 된다. 게다가 사회복지조직에서는 서비스 기술이 불확실하고, 조직목표도 애매모호하고, 다양한 조직단위의 활동을 조정할 수 있는 조직적 역량이 부족하다. 이처럼 사회복지조직은 느슨하게 결합된 체계들(loosely coupled systems)로 구성돼 있다(Weick, 1976).

⑥ 사회복지조직에서는 효과를 측정할 수 있는 신뢰성과 타당성 있는 척도가 결여돼 있고 변화와 혁신에 저항하는 경향이 있다

사회복지조직에서는 서비스 결과를 측정하거나 조직의 효과성을 평가하기 어렵다. 이는 조직의 목표의 다양성과 애매모호함, 기술의 불확실성, 인간의 속성 자체에 대한 관찰과 측정의 어려움 등 복합적인 요인들의 영향이다. 환류를 적절히 제공받지 못하기 때문에 사회복지조직은 기존의 목표를 고수하고 지배적인 서비스 이념을 강화하는 경향이 있다. 사회복지조직의 성과를 측정할 수 있는 신뢰할 만한 척도가 없으면 새로운 서비스 개발의 필요성을 입증할 근거가 마련되지 않기 때문에 조직의 혁신역량은 감소하게 된다.

2. 사회복지행정의 정의와 필요성

1) 사회복지행정의 정의

여러 학자가 사회복지행정에 대한 정의를 시도해 왔다. 여기에는 키트니(Kidneigh, 1950), 스펜서(Spencer, 1961), 던햄(Dunham, 1962), 스타인(Stein, 1970), 트렉커(Trecker, 1971), 스키드모어(Skidmore, 1983)의 정의를 소개한다.

키트니(1950)는 사회복지행정은 사회복지정책을 사회복지서비스로 전환하는 과정이라 정의했다. 이 과정은 사회복지정책을 구체적인 사회복지서비스로 전환하는 실천과정과 사회복지서비스 시행 결과를 바탕으로 사회복지정책의 수정을 제안하는 환류과정으로 구성된다고 보았다. 스펜서(1961)는 사회복지행정은 기관의 목표를 성취하기 위해 기관의 관리자가 기관의 내부 조직관계와 활동에 대해 의식적으로 지도력을 행사하는 과정이라고 정의했다. 사회복지행정에는 기관의 관리자가 기관과 지역사회의 상호작용에 대해 의식적으로 개입하는 활동도 포함된다.

던햄(1962)은 사회복지행정은 기관의 사회복지서비스 활동이 원활히 이루어지도록 지원하는 역할이라고 정의했다. 사회복지행정의 범위는 매우 넓다고 보았는데, 기관 정책의 결정과 집행에 대한 지도, 기록과 보고서 관리, 서비스 제공을 비롯한 일상적인 운영 등 광범위하다. 스타인(1970)은 사회복지행정은 조직의 목표를 설정하고 달성하기 위한 조정과 협조적인 노력의 과정이라고 정의했다.

트렉커(1971)는 사회복지행정은 조직의 자원을 활용해 사회복지서비스 제공의 목표를 달성하기 위해 조직구성원들이 최대한 역량을 발휘하고 협력할 수 있도록 하는 과정이라고 정의했다. 그는 사회복지행정에 대한 여러 학자들의 정의에서 공통적인 사회복지행정의 원칙을 도출할 수 있다고 보았다.

① 사회복지행정은 지속적이고 역동적인 과정이다.
② 사회복지행정의 과정은 공통의 목적과 목표를 달성하도록 설정된다.
③ 사회복지행정은 공통의 목적과 목표를 달성할 수 있도록 인적 · 물적 자원을 활용한다.
④ 사회복지행정에서는 인적 · 물적 자원을 활용하기 위해 조정과 협력 활동을 전개한다.
⑤ 사회복지행정의 정의에는 기획, 조직화, 지도력 등의 요소가 포함된다.

스키드모어(Skidmore, 1983)는 사회복지행정은 기관의 정책을 사회복지서비스로 전환해 전달하기 위해 사회적 과정을 이용하는 조직구성원들의 활동의 총체라고 정의했다. 조직구성원에는 관리자, 일선 사회복지사, 동료들이 포함된다. 사회복지행정의 기본적인 과정으로는 기획, 조직화, 인사관리, 슈퍼비전, 통제 등을 들고 있다.

이상의 6명의 사회복지행정에 대한 정의는 광의의 측면과 협의의 측면을 포함하고 있다. 이에 패티(Patti, 1983)는 사회복지행정에 대한 광의의 정의와 협의의 정의를 구분하고 있다. 사회복지행정에 대한 광의의 정의에 의하면, 사회복지행정은 사회복지정책에 의해 할당된 자원을 사회복지서비스로 전환해 클라이언트에게 효과적 · 효율적으로 제공하기 위한 사회복지기관의 총체적인 활동이다. 광의의 정의는 사회복지행정은 사회복지기관의 최고관리층이나 중간관리층에 국한된 업무가 아니라 조직의 모든 구성원들이 참여하는 조직적인 실천과정이라는 점을 강조하는 것이다. 앞서 언급한 키트니(1950), 스타인(1970), 트렉커(1971), 스키드모어(1983)의 정의는 광의의 정의에 해당한다고 볼 수 있다.

사회복지행정에 대한 협의의 정의에 의하면, 사회복지행정은 조직의 목표를 달성하기 위해 투입된 자원을 효과적 · 효율적으로 사용하고 조직구성원들의 활동을 관리하는 개입활동이다. 사회복지행정은 조직의 관리자가 시행하는 과업, 기능, 활동으로 구성된다. 사회복지행정은 직접적으로는 사회복지기관의 활동의 운영과 기능을 개선하기 위한 것으로, 그 결과 클라이언트에 대한 서비스의 효과성과 효율성을 증진시키는 데 간접적으로 기여하게 되는 것이다. 협의의 정의에 따르면, 개별사회사업, 집단사회사업, 지역사회조직사업 등 사회복지 3대 방법론은 일선 사회복지사가 주로 적용하는 개입방법이라면, 사회복지행정은 사회복지 3대 방법론과 마찬가지로 기관의 관리자가 적용하는 사회복지실천의 방법론의 하나인 것이다. 앞서 언급한 스펜서(1961), 던햄(1962)의 정의는 협의의 정의에 해당한다고 볼 수 있다.

한편, 황성철, 정무성, 강철희와 최재성(2014)은 사회복지행정에 대한 지금까지의 정의를 정리해 다음과 같이 4가지로 요약하고 있다. 이는 사회복지행정에 대한 광의의 정의와 협의의 정의를 체계적으로 분류한 것으로 볼 수 있다. ①과 ③은 사회복지행정에 대한 광의의 정의에 속한다고 볼 수 있고, ②와 ④는 협의의 정의에 해당한다.

① 사회복지행정은 사회복지조직을 중심으로 정책을 서비스로 전환시키는 과정이다.
② 사회복지행정은 사회복지조직의 목표를 달성하기 위해 조직의 인적 · 물적 자원을 관리하는 과정이다.
③ 사회복지행정은 관리자를 포함한 모든 구성원들의 역동적인 협력활동이다.
④ 사회복지행정은 조직을 변화 · 발전시키는 사회복지실천의 개입방법이다.

①의 광의의 정의는 사회복지행정을 사회복지정책을 집행하기 위해 사회복지조직이 프로그램을 계획해 서비스를 산출하는 과정으로 본다. 이처럼 사회복지행정은 사회복지정책의 결과로 세워진 계획에 따라 할당된 자원을 바탕으로 사회복지서비스로 전환해 클라이언트에게 제공하기 위한 사회복지조직의 총체적인 활동이다. 따라서 ③의 정의에 따르면 사회복지행정은 모든 조직구성원들이 참여해 달성할 수 있는 역동적인 협력과정이 되어야 한다. 특히 사회복지조직은 프로그램과 서비스를 주로 시행하는 일선 사회복지사와 중간관리자의 역량과 역할에 크게 의존하기 때문에 관리자는 조직구성원들 간의 협력적인 활동이 이루어질 수 있도록 리더십을 발휘해야 한다.

②의 협의의 정의에 따르면 사회복지행정은 기관이 확립된 목표를 달성하기 위해 자원과 프로그램을 관리하는 과정이라고 볼 수 있다. 따라서 사회복지행정은 일선 사회복지사가 아니라 기관의 최고관리층과 중간관리층에 의해 수행되는 전문적인 활동이라고 볼 수 있다. 따라서 ④의 정의에 따라 관리자의 직접적인 목표는 사회복지기관의 운영과 기능을 개선해 사회복지조직을 혁신하는 것으로, 그 결과 클라이언트에 대한 서비스의 효과성과 효율성을 향상시키는 데 간접적으로 기여하게 된다. 즉, 일선 사회복지사가 사회사업 3대 방법론을 주로 적용해 개인, 집단 및 지역사회에 직접 개입한다면, 사회복지행정가로서의 관리자는 사회복지조직 자체에 개입하

는 것이다.

2) 사회복지행정의 필요성

오늘날 사회복지행정가의 전문적인 역할에 대한 관심이 증가하고 있다. 사회복지 현장에서는 사회복지행정에 대한 지식, 능력 및 기술을 갖추어야 유능한 사회복지행정가가 될 수 있음을 강조하고 있다(Skidmore, 1983). 이에 학교현장의 교육자와 학생들도 재학 중에 사회복지행정에 대한 기본적인 지식과 기술을 습득하기 위해 노력하고 있다.

미국사회복지교육협의회(CSWE)는 사회복지행정에 대한 학교교육은 다음의 3가지 목표를 지향해야 한다고 규정하고 있다(Gummer, 1975).

① 사회복지학과 학생은 일선 사회복지사로서의 실무에 필요한 행정에 대한 지식을 갖추어야 한다.
② 사회복지학과 학생은 일선 사회복지사에서 관리행정직으로 이동할 때 활용할 수 있도록 관리행정가에게 필요한 행정에 대한 지식을 충분히 갖추어야 한다.
③ 사회복지행정을 실무적으로 전공하려는 사회복지학과 학생은 실제 행정을 담당할 수 있도록 충분한 지식과 기술을 갖추어야 한다.

그렇다면 사회복지행정이 필요한 이유는 무엇인가? 사회복지행정의 필요성을 좀 더 쉽게 이해하기 위해 사회복지행정이 없다면 기관에서 무슨 일이 일어날지 상상해 볼 필요가 있다(Weinbach, 1990).

① 클라이언트와 직원들은 즉흥적으로 행동할 것이다.
② 직원들은 무계획적으로 업무를 시작하고, 각자의 업무는 다른 직원들의 활동과는 유기적인 관련이 없을 것이다.
③ 자신의 업무나 다른 사람의 업무에 대해 책임을 지지 않을 것이다.
④ 다른 사람의 업무, 프로그램 및 서비스를 평가하지 않을 것이다.
⑤ 지역사회에서의 조직의 현재 역할에 대해 알지 못할 것이고, 조직의 미래에 대한 관심도 없을 것이다.

⑥ 다른 직원과 정보를 공유하려 하지 않을 것이다.

⑦ 확실한 지도자가 없고 직원들에 대한 분명한 역할기대도 없을 것이다. 각자가 자신의 업무에 대해 일방적으로 결정할 것이다.

⑧ 직원들의 활동을 지도할 목표나 사명이 없을 것이다. 직원들은 각자 판단해 활동할 것이다.

⑨ 조직에는 직원들의 지식과 기술 향상을 지원할 수단이 없을 것이다.

⑩ 과업의 위임이 이루어지지 않을 것이다.

이러한 10가지 경우는 사회복지조직에서 사회복지행정의 역할이 실종되면 나타날 수 있는 상황을 예로 든 것이다. 사회복지조직에서는 사회복지행정의 역할이 존재하지 않을 때 일대 혼란이 발생할 것이고, 사실상 조직의 목표 달성과 관련된 기본적인 과업조차 착수하지 못하게 될 것이다. ①, ②, ⑦, ⑧ 및 ⑩의 현상은 목적과 목표의 설정, 그에 따른 조직활동의 기획 및 업무할당의 조직화가 결여되면 발생할 수 있다. ③, ④ 및 ⑨는 사회복지기관의 인적자원관리가 잘못될 때 대표적으로 나타날 수 있는 책임과 평가의 부재현상이다. 또한 ②와 ⑥은 사회복지행정가의 조정역량이 결여되면 나타나는 협조체제의 부족현상이다. ⑤는 사회복지조직의 지역사회에서의 역할을 설정하고 조직의 미래에 대한 비전을 제시하는 전략적 기획과 리더십의 필요성을 암시한다.

사회복지행정의 일반적인 필요성은 다음과 같이 정리할 수 있다.

① 사회복지행정은 사회복지조직이 사회로부터 위임받은 역할을 책임 있게 수행하기 위해 필요하다

사회는 사회복지기관이 사회가 위임한 대로 클라이언트의 복지를 보호하고 향상시키는 역할기대를 충족시킬 것을 바라고 있다(Hasenfeld, 1983). 그런데 조직은 하나의 유기체이고 체계적인 활동을 통해 과업을 달성하기 때문에 사회복지기관의 책임성은 사회복지행정의 기능을 통해 나타난다. 사회는 개별 구성원이 아니라 기관 자체의 역할과 책임성에 대한 기대를 바탕으로 권한을 위임해 준 것이다. 이처럼 사회복지행정의 필요성의 원천은 사회복지조직이 사회로부터 권한을 위임받고 있다는 데에 있다.

② 사회복지행정은 전문화된 분업체제에 의존하는 사회복지조직을 관리해 사회복지서비스의 질을 제고하기 위해 필요하다

상의하달식의 명령과 통제체제에 의해 운영되는 일반 관료제와는 달리, 사회복지기관은 일선 사회복지사들의 전문화된 분업체계에 의존하고 표준적인 업무통제가 어려운 측면이 있다. 따라서 사회복지조직이 목적과 목표를 달성하기 위해서는 사회복지행정이 업무의 조정, 협조체제 유지, 상호작용 등의 적극적인 역할을 수행해야 한다(Patti, 1983). 전문화된 분업체계에 의존하는 사회복지조직의 특징에 부합하는 사회복지행정의 역할은 사회복지서비스의 질을 개선하는 효과로 나타난다. 사회복지조직의 운영과 기능을 개선하면 서비스의 효과성과 효율성이 증진될 수 있기 때문이다.

3. 사회복지행정의 영역과 과정

1) 사회복지행정의 영역

앞서 사회복지행정에 대한 정의는 광의의 측면과 협의의 측면에서 다루었다. 사회복지행정의 영역은 수평적 영역과 수직적 영역으로 구분할 수 있다(황성철, 정무성, 강철희, 최재성, 2014). 이는 각각 사회복지행정에 대한 광의와 협의의 정의에 해당하는 영역 구분이라 할 수 있다.

수평적 영역이란 행정 및 관리에 속하는 활동들을 나열하고 이를 영역별로 구분하는 방식을 말한다. 사회복지행정에 대한 광의의 정의에 따르면, 사회복지행정은 사회복지조직을 중심으로 정책을 서비스로 전환시키는 과정으로서 관리자를 포함한 모든 구성원들의 역동적인 협력활동이라고 볼 수 있다. 따라서 사회복지행정가에 의해 수행되는 행정과정보다는 전체 조직구성원들에 의해 수행되는 관리과정의 성격이 강하다.

[그림 1-1]에서 볼 수 있듯이, 사회복지행정의 수평적 영역은 조직관리, 환경관리, 자원관리 및 프로그램관리로 구분해 볼 수 있다.

조직관리란 사회복지조직을 유지 · 발전시키기 위한 관리를 말한다. 조직관리에는 조직의 계층제 유지와 팀제 형성 등의 조직기술과 함께 클라이언트 관리, 조직문화 형성, 리더십의 적용이 포함된다.

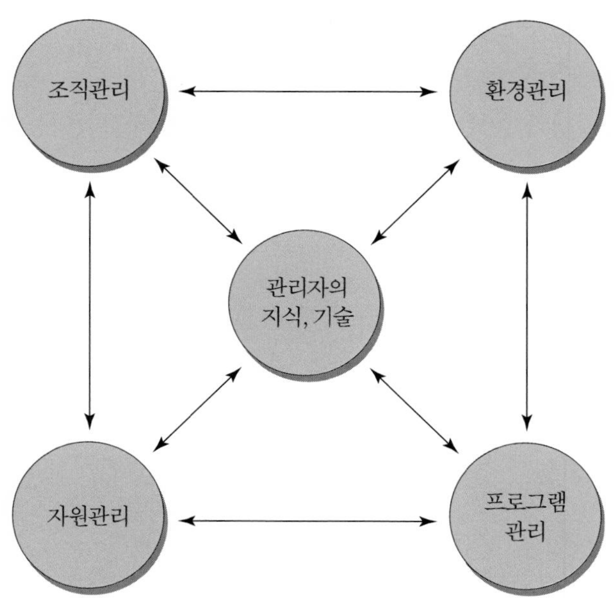

그림 1-1 사회복지행정의 수평적 영역

출처: 황성철, 정무성, 강철희, 최재성(2014), p. 32. 수정.

환경관리는 사회복지조직에 영향을 끼치는 환경적 요소에 대한 관리를 말한다. 개방체계로서의 사회복지조직은 지역사회 내의 과업환경과의 적절한 상호작용을 통해 조직을 유지 · 발전시켜야 한다.

자원관리는 사회복지조직 내의 인적자원과 물적자원을 관리하는 일을 맡는다. 인적자원의 관리는 직원의 채용, 직원개발, 동기부여, 평가를 비롯한 직원유지를 포함한다. 물적자원의 관리는 크게 예산의 편성과 집행 등의 재정관리, 그리고 정보관리체계 개발과 운용을 말하는 정보관리로 나눌 수 있다.

프로그램관리는 사회복지조직이 수행하는 프로그램을 기획, 수행, 평가, 개선하는 일련의 관리활동을 말한다. 기관이 개인, 집단 및 지역사회를 대상으로 실시하는 프로그램을 관리하는 일은 주로 중간관리자의 과업에 해당한다고 볼 수 있다.

수직적 영역이란 조직구성원들이 조직 내에서 차지하는 위계적 수준에 따라 행정 및 관리 활동의 범위와 수준을 구분하는 방식이다. 사회복지행정에 대한 협의의 정의에 따르면, 사회복지행정은 사회복지조직의 목표를 달성하기 위해 조직의 인적 · 물적 자원을 관리하는 과정이다. 이는 기관의 관리자가 수행하는 과업인데, 조직운영을 개선함으로써 조직을 변화 · 발전시키는 사회복지실천의 개입방법이다. 따라서

〈표 1-1〉 사회복지행정의 수직적 영역과 관리자의 활동

조직관리자의 활동영역	관리자 수준	활동 내용
정책 및 외부환경 관계영역	최고관리자	정부 · 지역사회 · 이사회와의 관계, 기관의 정책 수립 및 전략적 기획
관리영역	중간관리자	인적자원, 재정, 정보관리, 프로그램 총괄 관리
서비스영역	일선관리자	슈퍼비전, 문서 및 기록 관리

출처: 황성철, 정무성, 강철희, 최재성(2014), p. 34 수정.

전체 조직구성원이 참여하는 관리과정을 포함시켰던 광의의 정의와는 달리, 최고관리자 및 중간관리자에 의해 수행되는 행정기능을 강조하는 측면이 있다.

〈표 1-1〉에서 보여 주듯이, 사회복지행정의 수직적 영역은 정책 및 외부환경 관계영역, 관리영역, 서비스영역으로 구분해 볼 수 있다(Kouzes & Mico, 1979).

정책 및 외부환경 관계영역은 조직의 최고관리자가 주로 관여하는 활동영역이다. 여기서 정책이란 기관의 장단기 구상을 수립하고 인적 · 물적 자원을 동원해 전반적인 조직의 활동계획을 수립하는 활동을 말한다. 이때 전략적 기획은 기관정책을 수립하는 데 핵심적인 역할을 한다. 최고관리자는 정부의 법령과 정책, 지역사회의 환경, 조직 내부의 상황에 대한 평가 등을 기초로 조직의 강점과 약점, 위기와 기회에 대해 진단하고, 조직의 전망에 대한 장단기 전략을 수립한다.

또한 조직의 최고관리자는 외부환경과의 관계를 개선하기 위한 활동을 주요 과업으로 설정한다. 이때 최고관리자는 중앙 및 지방 정부, 지역사회 등의 과업환경, 나아가 이사회와의 관계를 주요 개입영역으로 삼을 수 있다. 외부자원을 획득하고 기관에 대한 신뢰를 획득하며, 외부환경의 변화를 진단해 조직을 혁신하는 적응적 변화의 기회로 삼는다.

관리영역은 조직의 중간관리자가 주로 관여하는 활동영역이다. 중간관리자는 설정된 조직의 목적과 목표를 효과적 · 효율적으로 달성하는 데 중요한 역할을 수행한다. 중간관리자는 클라이언트에게 질 높은 서비스를 제공하기 위해 조직의 인적 · 물적 자원을 계획적으로 활용할 수 있도록 조직의 제반 프로그램을 관리한다.

이때 중간관리자는 연결기능을 주로 사용한다. 조직의 최고관리층의 지침을 하부단위에 하달하고 하부단위의 요구를 상부에 전달함으로써 수직적 통합에 기여해야 한다. 나아가 분업화된 조직단위들 간의 분절화 현상을 극복하고 협력을 강화하도록

해 수평적 통합을 달성하도록 노력한다. 수직적 · 수평적 통합을 위한 중간관리자의 기능은 조직의 목적과 목표 달성에도 필수적이다.

서비스영역은 조직의 일선관리자인 슈퍼바이저들이 주로 관여하는 활동영역이다. 슈퍼바이저에게는 자신이 관리하는 일선 사회복지사, 즉 슈퍼바이지들이 계획된 프로그램을 적절히 실시해 클라이언트에게 양질의 서비스를 제공하는지를 관리하는데 최우선의 과제가 주어진다. 조직의 일선관리자는 슈퍼비전을 제공하고, 슈퍼바이지들의 활동 및 소속된 조직단위의 운영과 관련된 문서와 기록을 관리하는 데 책임을 진다.

이때 슈퍼바이저는 행정적 · 교육적 · 지지적 슈퍼비전의 전문적 기능을 주로 적용한다. 즉, 행정적 슈퍼비전을 통해 슈퍼바이지들이 조직의 행정체계를 원활히 활용할 수 있도록 지원한다. 교육적 슈퍼비전으로 사회복지전문직의 정체성을 내면화하고 기관의 기대수준대로 전문적 역량을 발휘할 수 있도록 돕는다. 지지적 슈퍼비전은 일선 사회복지사들의 소진을 예방하고 사기를 진작시켜 정서적 안정감을 갖도록 하는데 기여한다.

사회복지행정의 수직적 영역에 따른 관리자의 활동은 주요 관리기술을 중심으로 설명할 수 있다. 〈표 1-2〉에서 보여 주듯이, 최고관리자, 중간관리자 및 일선관리자는 각각 개념적 기술, 인간관계 기술, 기능적 기술을 주로 적용한다고 볼 수 있다 (Hersey & Blanchard, 1998). 물론 이 기술들은 모든 수준의 관리자들에게 공통적으로 요구된다는 점을 잊어서는 안 된다. 특히 인간관계 기술은 클라이언트, 슈퍼바이지, 기관동료, 기관의 상부 및 하부, 과업환경과 관계하는 모든 수준의 사회복지사들에게 필수적으로 요구되는 기술이다.

개념적 기술이란 조직의 최고관리자가 주로 적용하는 기술이다. 최고관리자는 정책 및 외부환경 관계영역에 주로 관여하기 때문에 고도로 추상적인 개념적 기술을

〈표 1-2〉 관리자의 수준과 관리기술의 종류

관리자 수준	필요한 기술
최고관리자	개념적 기술
중간관리자	인간관계 기술
일선관리자	기능적 기술

출처: 황성철, 정무성, 강철희, 최재성(2014), p. 35.

적용할 필요가 있다. 조직의 중·장기정책을 수립하기 위해서는 전략적 기획을 통해 조직발전을 위한 장·단기 전망을 수립할 필요가 있다. 외부환경과의 관계를 개선하고 우호적인 관계를 유지하기 위해서는 조직의 문제를 개선하고 변화와 혁신을 이끌 수 있어야 한다. 따라서 최고관리자가 되기 위해 준비하는 사람들은 개념적 기술을 갖추기 위해 노력해야 한다.

인간관계 기술이란 조직의 중간관리자에게 중요시되는 기술이다. 중간관리자는 조직의 목적과 목표를 달성하기 위해 조직의 관리영역에 주로 관여하기 때문이다. 중간관리자는 분업화된 조직의 단위들이 계획된 프로그램을 운영해 클라이언트에게 질 높은 서비스를 제공하도록 인적·물적 자원을 동원하고 분절된 조직단위들 간의 협력을 이끌기 위해 노력한다. 이때 조직의 수직적·수평적 통합을 이루기 위해서는 인간관계 기술을 갖추고 조직운영에 적용할 수 있어야 한다. 또한 중간관리자는 인간관계 기술을 사용해 조직구성원 개개인이 조직의 정체성을 내면화하고 조직의 목표와 개인의 기대 간 조화를 이룰 수 있도록 주력한다.

기능적 기술은 일선관리자가 주로 적용하는 기술이다. 일선관리자는 서비스영역에 주로 관여한다. 따라서 사회복지전문가로서의 일선관리자는 전문적인 기능적 기술을 갖추어야 한다. 슈퍼바이지가 클라이언트에게 양질의 서비스를 제공하기 위해서는 슈퍼바이저의 기능적 기술이 필수적이기 때문이다. 또한 전문적으로 유능한 슈퍼바이저는 슈퍼바이지가 사회복지전문직의 정체성을 내면화하고 조직의 기대수준에 부합하는 전문가로 성장할 수 있도록 하는데 크게 기여한다. 일선관리자가 되려는 사회복지사는 행정적·교육적·지지적 슈퍼비전에 대한 자신의 기술수준을 점검해 객관화하고 역량을 강화하도록 힘써야 한다.

2) 사회복지행정의 과정

일반적으로 행정의 과정은 계획(planning), 조직화(organizing), 동기부여(motivating) 및 통제(controlling)의 4단계로 분류해 왔다. 굴릭(Gulick, 1937)은 이를 세분화해 기획(planning), 조직(organizing), 인사(staffing), 지시(directing), 조정(coordinating), 보고(reporting) 및 재정(budgeting)의 7단계로 제시했다. 그는 이를 POSDCoRB모델로 정리했다. 이후 버나드(Barnard, 1938)는 평가(evaluating)를 추가해 모두 8단계로 제시했다. 이에 따라 행정과정은 POSDCoRBE모델이 됐다(강용규, 김희성, 배은영, 양정하, 오종희, 유용식 외, 2011).

사회복지행정 과정에 대한 POSDCoRBE모델은 〈표 1-3〉과 같이 요약할 수 있다.

〈표 1-3〉 사회복지행정 과정의 POSDCoRBE모델

과 정	기 능	주요 적용기술
기획	변화하는 목표에 맞춰 과업 계획	기획과 의사결정, 리더십
조직	과업 할당 및 조정 등 조직구조 설정	기획과 의사결정, 리더십
인사	직원의 채용, 훈련, 교육, 승진	인적자원관리
지시	합리적인 결정, 책임과 권한 위임	기획과 의사결정, 리더십, 슈퍼비전, 프로그램설계
조정	직원 간 효과적인 의사소통	의사소통, 리더십
보고	직원, 이사회, 지역사회 등에 보고	정보관리
재정	재정계획 수립, 재정운영 및 책임	재정관리
평가	서비스의 효과성 · 효율성 평가	기획과 의사결정, 리더십, 의사소통, 프로그램설계

출처: 김인혁, 김정기, 문수열, 유태완, 이은정, 장유미(2011), p. 24 재구성.

① 기획: 목표를 설정하고 이를 달성하기 위한 과업과 수행방법을 결정하는 단계다. 사회복지행정가는 변화하는 목표에 맞춰 과업을 계획하고 방법과 기술을 결정해야 한다. 과업을 수행하기 위한 방법은 변화하는 목표에 부합해야 하기 때문이다. 기획과 의사결정의 역량과 리더십의 발휘가 필요한 단계다.

② 조직: 특정한 목표를 추구하기 위해 조직구조를 설정하는 과정으로 과업이 할당 및 조정되는 단계다. 사회복지행정가는 조직구성원들에게 역할과 책임을 분명히 제시하고 조직의 목표를 이해시키며, 기관의 목표, 과업, 방법의 변화와 직원의 능력을 고려해 적절하게 조직구조를 조정해야 한다. 기획과 의사결정의 역량 및 리더십의 발휘가 필요한 단계다.

③ 인사: 직원을 채용하고 능력을 개발해 근무의욕을 갖고 조직에 헌신할 수 있도록 동기를 부여하는 인적자원관리의 단계다. 사회복지행정가는 직원의 채용과 해고, 직원의 교육과 훈련, 승진, 적절한 업무조건의 유지 등의 과업을 수행한

다. 인적자원관리에 대한 역량과 기술이 필요한 단계다.

④ 지시: 설정된 목표를 달성하기 위해 직원의 활동을 관리 · 감독하는 단계다. 사회복지행정가는 관련된 사실들을 검토한 후 합리적인 결정을 내리는 능력, 기관의 목적에 대한 적극적인 관심과 이를 달성하기 위한 헌신적인 태도, 직원의 기여를 칭찬하고 그들의 지위를 향상시키기 위해 노력하는 자세, 자신의 책임과 권한을 효과적으로 위임하는 능력, 개인과 집단의 창의성을 고취하는 능력이 필요하다. 기획과 의사결정, 리더십에 대한 역량을 바탕으로 일선관리자가 수행하는 슈퍼비전과 프로그램 설계의 역량과 기술이 필요한 단계다.

⑤ 조정: 부서 간, 직원 간에 효과적인 의사소통을 유지하고 이를 바탕으로 조정기능을 수행하는 단계다. 사회복지행정가는 위원회를 구성해 활용할 수 있는데, 상설위원회는 프로그램, 인사, 재정처럼 지속적인 성격의 활동에 관한 문제를 다루고, 특별위원회는 긴급한 과업이나 단기간에 수행돼야 할 임시적인 활동 현안을 다룬다. 의사소통 역량을 갖추어야 하고 리더십을 발휘할 필요가 있는 단계다.

⑥ 보고: 기관의 직원, 이사회, 지역사회, 재정자원 제공자 등에게 기관의 상황과 활동을 보고하는 단계다. 이를 위해 사회복지행정가는 기록의 유지, 정기적인 감사, 조사연구의 활동을 수행해야 한다. 기록의 유지는 클라이언트에 대한 사례기록, 인사기록, 위원회활동 등으로 기관의 전반적인 활동에 대한 보고의 근거가 된다. 정기 감사를 통해 기관에 대한 전반적인 이해가 가능하고 개선할 점을 알 수 있게 된다. 조사연구는 기관의 서비스 수행 정도, 현재 서비스의 필요성, 필요한 서비스의 종류, 서비스 전달방법의 효과성을 밝혀 준다. 체계적인 정보관리에 대한 역량과 기술이 필요한 단계다.

⑦ 재정: 재정자원을 합리적이고 계획적으로 동원 · 배분하고 효율적으로 사용하도록 관리하는 단계다. 사회복지행정가는 건전한 조직계획의 수립 및 집행뿐 아니라 재정계획과 연관된 재정운영에 대한 통제의 역할을 맡는다. 예산상의 관점에서 조직의 구조를 건전하게 유지해야 하고, 조직의 장단기 운영에 대한

재정계획은 인건비의 적절하고 안정적인 지급, 예산수입 확보, 지출통제의 요소를 포함하도록 해야 하며, 재정기록을 통해 기관의 재정운영을 통제하는 전반적인 책임을 진다. 재정관리에 대한 역량과 기술이 필요한 단계다.

⑧ 평가: 기관의 활동이 클라이언트의 욕구충족과 사회문제 해결을 위한 기관의 목표를 어느 정도 달성했는지 평가하는 단계다. 사회복지행정가는 기관의 서비스가 클라이언트의 욕구를 어느 정도 충족시켰는지를 확인할 수 있는 효과성 척도, 가용한 자원을 어느 정도 활동했는지 판단하기 위한 투입과 산출의 관계를 다루는 효율성 척도를 적용할 수 있다. 또한 조직구성원들이 자유롭게 평가과정에 참여하고 기관의 기능과 프로그램에 대해 제안할 수 있는 분위기를 조성해 주어야 한다. 기획과 의사결정의 역량, 리더십, 의사소통 능력이 요구되며, 프로그램설계 등 일선관리자의 역량과 기술이 필요한 단계다.

4. 사회복지행정과 일반행정의 비교

사회복지행정은 일반행정과 공통점이 있는 것으로 파악되고 있다(Spencer, 1959). 이에 대해서는 다음의 11가지로 정리할 수 있다.

① 행정은 주로 문제의 확인, 문제의 다양한 영역에 대한 연구, 문제해결을 위한 계획의 개발, 계획의 수행, 효과에 대한 평가를 포함하는 문제해결 과정이다.
② 행정은 조직의 단위들이 서로 연관되고 상호작용하는 체계 혹은 형태다.
③ 행정은 대안을 선택할 때 가치판단을 반영한다.
④ 행정은 개인과 집단이 좀 더 효과적으로 기능하도록 하는 과정이다.
⑤ 행정은 조직의 미래와 관련이 있다.
⑥ 행정은 지식과 기술의 기계적인 적용보다는 창의적인 활용을 중시한다.
⑦ 행정은 최적의 효율성을 산출할 수 있도록 프로그램, 서비스, 직원들을 조직화하고자 한다.
⑧ 행정은 공공의 의지(public will)를 충족시키기 위한 활동이다.
⑨ 행정은 인적자원을 활용하고 조직의 관리운영을 객관화하는 과업이다.

⑩ 행정은 직원 개개인에게 합리적인 지위를 부여하고 성과를 인정할 필요가 있으며, 개개인이 조직의 목표, 가치, 방법에 적극적으로 동일시 할 수 있도록 해야 한다.
⑪ 행정은 조직 내부의 의사소통, 하위집단의 역할, 기관행정에의 참여에 관심을 갖는다.

한편, 사회복지행정은 일반행정과 구별되는 차이점을 갖고 있다(Spencer, 1959). 이에 대해서는 다음과 같이 정리할 수 있다.

① 사회복지행정은 지역사회의 인지된 욕구를 충족시키기 위한 활동이다.
② 사회복지행정을 통해 제공되는 사회복지서비스는 세 가지 범주로 구분할 수 있다.
  • 손상된 기능의 회복
  • 기능을 효과적으로 발휘하기 위한 사회적 · 개인적 자원의 제공
  • 사회적 역기능의 예방
③ 사회복지행정은 이사회나 위원회와의 관계를 중시한다. 사회복지기관은 일반적으로 지역사회를 대표하는 이사회와 위원회를 운영하고 있다
④ 사회복지조직의 규모, 활동영역, 구조 및 프로그램 형태는 광범위하고 다양하다.
⑤ 사회복지행정가는 지역사회와의 협력을 강화할 책임이 있다.
⑥ 사회복지행정가는 자원배분에 대해 선택할 때 욕구를 기준으로 삼을 필요가 있다.
⑦ 사회복지조직은 자원을 부적절하게 사용해서는 안 된다. 사회복지행정가는 구성원들에게 과업과 관련된 책임을 적절히 위임해 최적의 조직기능이 유지되도록 해야 한다.
⑧ 사회복지조직이 수행하는 서비스는 전문적인 성격이 점차 확대되고 있다.
⑨ 사회복지행정에서는 모든 직원이 참여하고, 직원의 역할은 어느 정도까지는 전체 조직활동에 영향을 끼친다.

5. 사회복지행정의 과제

패티(2000)는 사회복지행정의 과제에 대해 다음과 같은 아홉 가지로 정리하고 있다.

① 사회복지행정은 다양한 가치갈등에 직면할 때 사회가 수용할 수 있는 결정을 내려야 한다.

행정에서는 상충하는 사회적 가치로 인해 거시적 영역에서부터 프로그램이나 서비스영역에 이르기까지 가치선택을 해야 하는 딜레마에 처한다. 사회복지행정도 예외가 아니다. 특히 사회복지기관은 과업환경의 중요한 이해관계자들 간의 가치가 상충될 때 이들의 선호를 모두 충족시키기 어려운 딜레마에 봉착한다.

일반적으로 사회복지행정은 기회주의적이거나 기관의 이익을 우선시하거나 일관되지 않은 결정을 배제하고 명백한 윤리적 기준에 입각해 의사결정을 해야 한다. 그런데 사회복지조직은 소비자, 협력자, 후원자들의 광범위한 지지를 바탕으로 운영된다. 따라서 장기적인 조직적 성공을 위해서는 이해관계자들 간의 상호 신뢰를 조성하고 이들이 기관에 의해 공평하게 처우받는다고 느끼도록 할 필요가 있다.

② 사회복지행정은 과업환경의 이해관계자들을 중재하고 조정하는 기술이 필요하고, 이들의 선호와 기대를 충족시켜야 한다.

사회복지조직은 외부환경으로부터 자원을 획득해 필요한 활동을 전개한다. 클라이언트 혹은 소비자, 중앙 및 지방 정부, 주요 재정자원제공자, 기부자들은 주요 과업환경이라 할 수 있다. 사회복지행정가는 과업환경의 이해관계자들 간에 기관에 대한 기대의 충돌이 발생해 기관의 외부자원이 감소하지 않도록 할 필요가 있다. 따라서 과업환경의 이해관계자들의 지지를 얻고 그들로부터 협조를 얻기 위해 노력해야 한다.

한편, 클라이언트와 주요 자원제공자 간에 기관에 대한 기대의 충돌이 발생할 수 있다. 클라이언트는 사회복지기관의 서비스를 소비하기 때문에 개인적인 욕구충족에 관심을 갖지만, 주요 자원제공자들은 서비스가 공공의 목표를 달성하는 데 기여하는지에 주로 관심을 갖는다. 공공의료서비스의 경우, 정부는 입원율의 감소를 기관에 대한 기대목표로 삼을 수 있지만 클라이언트는 입원치료를 포함해 자신의 증상과 문제를 안전하게 관리해 주기 바란다.

③ 사회복지행정은 소외계층에 대한 공공의 관심을 유도하고 소외계층을 위한 자원을 동원하기 위해 노력해야 한다.

사회복지 분야는 인간에 대한 서비스를 제공하는 다양한 공급주체들 중의 한 영역이라고 할 수 있다. 인간에 대한 서비스공급자는 자기 분야의 클라이언트를 향한 낙인적인 사회의 시선을 교정하고 이들에 대한 공공의 관심과 지원이 증가되기를 기대하기 마련이다. 그런데 사회복지행정가는 특별히 사회복지 분야의 클라이언트의 취약성에 주목해 이들의 권익을 향상시키기 위해 노력할 필요가 있다.

- 사회복지조직의 고유의 목적은 취약계층의 클라이언트가 처한 불리한 환경을 개선해 클라이언트가 겪는 사회문제를 해결하는 것이다.
- 취약계층을 위해 일하는 사회복지기관의 활동은 사회적으로 덜 인정받는 경향이 있기 때문에 사회적으로 중요한 활동에 복무하는 기관의 가치를 인정받기 위해 노력하고 구성원들의 사기를 진작시킬 필요가 있다.
- 취약계층에 대해 낙인적인 사회적 시선이 개선되지 않는다면 클라이언트가 겪는 사회적 문제해결을 위한 공적 자원을 획득하기 어렵다.

④ 사회복지행정은 클라이언트에게 필요한 서비스를 제공하기 위해 외부 전문가들과 협조해야 하고, 자원 획득을 위해 다른 기관들과의 공동 활동을 확대해야 한다.

클라이언트의 욕구충족을 위한 보충적 서비스 제공자들과의 협조관계가 더욱 중요해지고 있다. 특히 심각해지는 노인문제를 비롯해 다면적인 문제를 겪고 취약성이 크며 욕구가 큰 클라이언트에 대한 포괄적인 접근이 강조되고 있다. 과거에는 서비스 공백이나 접근의 제약이 있을 때 협조체제가 필요한 것으로 보았으나, 이제 협조체제는 노인 등에 대한 서비스 제공 전략 운영에서 필수적인 요소로 강조되고 있는 것이다.

최근 공동활동은 서비스영역을 넘어 정책형성 분야로까지 확대되고 있다. 공공분야의 민영화와 함께 민간영역의 역할이 두드러지고 있고, 최근에는 비영리 민간부문뿐 아니라 영리부문의 참여도 증가하고 있다. 이처럼 사회복지 분야는 서비스공급에서 민간의 공공적 역할이 증가하는 제3자 지배(third party governance) 현상이 두드러지고 있다. 이에 사회복지계는 증가하는 역할에 부응해 과업환경과의 관계를 재조정할 필요가 있다. 이를 위해 사회복지행정은 다른 기관들과의 공동 활동을 확대해 정책형성 분야에 개입하고 클라이언트를 위한 자원획득에 적극 노력해야 한다.

⑤ 사회복지행정은 직원과 자원봉사자들의 순응을 이끌고 후원자들의 지지를 얻기 위해 기관의 가치와 목적을 분명히 제시해야 한다.

사회복지조직은 사회로부터 위임받은 책임을 이행해야 할 의무가 있다. 직원, 자원봉사자, 후원자들은 기관이 명확한 가치와 목적을 제시해 사회적 책임성을 이행하리라는 기대를 갖고 있다. 사회복지조직에서는 구성원들이 기관의 가치와 목적을 내면화하고 순응해야 클라이언트에게 최선의 서비스를 제공할 수 있다는 점을 중시해야 한다.

이와 관련해 사회복지조직은 일반 관료제와는 다른 특수성을 갖고 있다는 점을 이해할 필요가 있다. 사회복지조직은 조직구성원들에게 조직 활동의 성취목표, 서비스 기술의 효과를 명확히 제시하기 어려운 경우가 많다. 또 클라이언트에 대한 일선 사회복지사들의 판단과 개입은 조직의 목표달성에 중요한 요소이기 때문에 직원들의 권한이 큰 편이다. 일선 직원들의 활동은 관찰하거나 모니터링하기 어려워 관료적 통제가 쉽지 않다. 따라서 조직활동의 성공을 위해서는 조직의 가치와 목적에 대한 구성원들의 순응이 필수적이다.

⑥ 사회복지행정은 책임성에 대한 요구에 부응해 성과를 도출하면서도 클라이언트의 선택권을 보장하기 위해 노력해야 한다.

사회복지조직은 서비스결과를 평가할 수 있는 명확한 척도를 갖고 있지 않지만 점점 더 책임성을 구체적으로 입증하라는 요구를 받고 있다. 이를테면 아동복지 분야의 경우 시설아동의 수, 학대아동 및 방임아동의 비율 등이 적용될 수 있다. 사회복지행정은 재정지원자나 정부의 요구에 따라 성취목표를 정하고 이를 달성할 수 있는 방향으로 서비스의 내용과 기술을 적용하게 된다.

서비스평가를 위한 노력은 부작용을 동반할 수 있다. 가장 중요한 측면은, 클라이언트가 소비자로서의 권한을 행사하지 못하고 이미 결정된 기관서비스의 대상자로 선정되면서 수혜자로 머물게 된다는 점이다. 기관은 클라이언트의 욕구충족과 문제해결을 위해 충분한 서비스를 제공하기보다는 성공 가능성을 높이기 위해 특정한 서비스의 내용과 기술만 적용하는 경향(creaming)이 생긴다. 사회복지행정가는 서비스

성과에 대한 평가를 요구받는 환경에서도 클라이언트의 선택권을 보장하기 위한 방법을 개발할 필요가 있다.

⑦ 사회복지행정은 기관에 대한 구성원들의 신뢰를 증진시키고 기관의 존립기반을 확충하기 위해 노력해야 한다.

사회복지조직의 목표 달성을 위해서는 조직구성원들이 기관의 가치와 목적을 내면화해 순응할 수 있도록 해야 한다. 나아가 사회복지행정은 구성원들의 순응이 단기적인 과정으로 끝나지 않게 하기 위해 인적자원관리를 강화해야 한다. 사회복지조직에서는 일반행정보다 인적자원관리의 중요성이 더욱 강조될 필요가 있다. 직원개발, 동기부여, 평가 등의 직원유지는 조직구성원들의 지속적인 순응을 확보하는 데 영향을 준다.

사회복지행정의 인적자원관리가 비효과적이면 상당한 부작용을 낳을 수 있다. 조직구성원들은 클라이언트에 대한 정서적 관여를 철회하거나 클라이언트를 비인격적으로 처우하거나 그밖의 조직문화에 부정적인 영향을 끼치는 등의 문제를 야기할 수 있다. 사회복지행정은 기관 서비스의 질과 수준의 하락을 방지하기 위해 조직구성원들의 만족을 증진시키고 그들에게 동기부여를 하기 위해 노력해야 한다.

⑧ 사회복지행정은 조직구성원들이 운영하는 프로그램에 대해 통제력을 행사해야 한다.

사회복지조직의 서비스는 일선 사회복지사와 클라이언트 간의 상호작용에 크게 의존한다. 따라서 사회복지서비스가 클라이언트의 욕구충족과 문제해결에 기여하기 위해서는 기관이 일선 사회복지사의 전문성을 향상시키기 위해 훈련을 제공해야 한다. 나아가 서비스제공에 대한 기관의 규정을 준수하고 전문적 가치와 규범을 이행하도록 하기 위해서는 일상적인 슈퍼비전을 통해 어느 정도의 통제력을 행사해야 한다.

사회복지행정가와 조직구성원들은 기관차원의 통제력 행사에 책임 있게 참여해야 한다. 기관의 최고관리자, 중간관리자 및 일선관리자는 자신의 조직단위에 대해 책임을 져야 한다. 구성원들과 조직단위의 성취수준이 기관의 기준과 외부의 기대치에 미달할 때 이를 개선할 수 있는 방안을 강구해야 한다. 기관에 의한 통제력 행사의 목적은 클라이언트에 대한 서비스를 개선하는 데 있다는 점을 잊어서는 안 된다.

⑨ 사회복지행정은 클라이언트가 목표와 실천방법을 결정할 때 소비자로서의 선택권을 행사할 수 있는지 면밀히 검토해야 한다.

사회복지조직은 과업환경에 대한 의존도가 높고, 정당성과 재정을 지원하는 이해관계자의 요구에 순응하는 경향이 있다. 반면, 클라이언트는 자원의 소비자이기 때문에 기관과의 관계에서 열등한 위치에 있다. 이에 따라 기관에서는 클라이언트의 이해를 무시하거나 서비스 절차를 이행하는 데 이들이 소비자로서 기여하고 있음을 망각하는 경우가 많다.

최근 클라이언트의 참여가 서비스전달과 기관운영의 혁신에 기여하고, 취약계층이 관련된 사회문제를 해결하는 데 결정적으로 중요하다는 점이 강조되고 있다. 그러나 클라이언트는 권리행사의 역량과 경험이 부족하고 권리를 요구하는 데 필요한 정치적 · 행정적 기술을 갖추지 못한 경우가 많다. 사회복지행정가는 클라이언트의 역량을 강화하고 선택권을 보장하기 위해 기관의 운영절차를 개선할 필요가 있다. 기관의 조직문화가 소비자주의에 대해 수용적인지 점검하고, 클라이언트가 소비자로서의 선택권과 영향력을 행사할 수 있도록 서비스 절차를 확립해야 한다.

6. 사회복지행정가의 능력

메니피(Menefee, 2000)는 사회복지행정가는 다음의 11가지 능력을 갖추어야 한다고 본다.

① **의사소통가**(communicator)

사회복지행정가는 사회복지조직 내부, 조직 간, 과업환경의 이해관계자들 간에 효과적으로 의사소통하는 능력을 갖추어야 한다. 보고서 작성, 메모, 뉴스레터, 외부에서의 공식적인 프레젠테이션 등 언어와 문서를 이용한 다양한 의사소통에 능통해야 한다. 지금은 팩시밀리, 전자메일, 음성우편(voice mail), 인터넷회의, 재택컴퓨터근무(telecommuting) 등의 행정기술도 일상화됐다.

② **경계확장자**(boundary spanner)

사회복지행정가는 과업환경으로부터 지지를 확보하고 재정자원을 제공받기 위해

네트워킹, 공동활동, 영향력 확보 등 정치계와 관계하는 능력을 갖추어야 한다. 사회복지조직의 생존을 위해서는 조직 간 관계 확립, 파트너십 개발, 서비스전달체계의 통합이 필수적인 활동이다. 기관 내부에서도 끊임없이 변화하는 목표의 우선순위에 대해 조직구성원들의 지지를 확보할 수 있어야 한다. 이는 경계확장자로서의 활동으로 표현할 수 있는데, 상대방과의 관계의 관리, 네트워킹, 영향력 행사를 의미한다. 관계를 형성할 때에는 사회복지조직 내부 및 외부의 이해관계자들과 서로 이롭고 지지적인 관계가 되도록 해야 한다. 네트워킹을 할 때에는 조직구성원 및 외부 과업환경의 이해관계자들과의 연계를 창조하고 발전시켜야 한다. 영향력을 확보하기 위해서는 개인적 · 조직적 자원을 적절히 활용해 사회복지조직이 중시하는 특별한 접근법이나 행동에 대한 지지를 얻을 수 있어야 한다.

③ **미래지향자이자 혁신가**(futurist-innovator)

사회복지행정가는 외부환경의 추세를 예측하고 이에 대응해 대안적 · 혁신적 전략을 개발하는 능력을 갖추어야 한다. 사회복지조직을 둘러싼 환경은 매우 불확실하고 불안정해지고 있기 때문이다. 사회복지조직에 영향을 끼치는 중앙 및 지방 정부의 추세를 판단 · 해석해 조직의 구조, 절차, 과정을 변경할 수 있어야 한다. 게다가 조직의 전략적 계획을 구현하기 위해서는 과거의 관행에서 탈피해 적절하게 구조와 절차를 확립해야 한다. 이를 위해서는 창조적으로 구조를 변경하고 프로그램과 서비스를 관리하며 서비스의 질 향상에 기여하는 방안을 마련해야 한다. 한 마디로 사회복지행정가는 지금의 프로그램과 서비스의 효과성을 유지하는 한편, 미래진단법(futuring)을 적용할 줄 알아야 한다. 미래진단의 절차에서는 환경에 대한 진단, 전략적 기획, 혁신의 기술이 요구된다. 환경에 대한 진단에서는 중앙 및 지방 정부의 추세가 기관에 끼칠 영향을 판단한다. 전략적 기획에서는 조직의 비전과 목적을 창조하고 이를 달성할 수 있는 조직활동의 방향을 제시한다. 혁신에서는 조직구성원들이 혁신과 변화를 추구하도록 방향을 제시하고 장려하는 역할을 맡는다.

④ **조직가**(organizer)

사회복지행정가는 조직의 인적 · 물적 자원을 적절히 활용하기 위해 조직의 활동을 정비하고 구조화하는 능력을 갖추어야 한다. 변화하는 환경에 적응하려면 구조, 절차, 조건들을 변화시키는 등 조정이 필요하다. 조정은 조직화, 과업의 위임, 인적

자원관리를 포함한다. 조직화에는 조직적 구조 확립, 직위 간의 공식적 업무관계 개발, 업무흐름(workflow) 결정, 개인과 집단들의 과업 재설계가 반드시 포함돼야 한다. 과업의 위임에서는 업무담당자에게 공식적인 책임과 권한을 할당해 주어야 한다. 담당자가 맡을 업무를 명확히 이해하고 업무수행기준을 확인하도록 하며 성취기준에 대한 책임성을 수용하도록 해야 한다. 인적자원관리는 모집, 채용, 오리엔테이션과 훈련, 보상, 규율 확립을 포함한다. 나아가 직무수행에 필요한 적절한 기술을 활용하는 고성과팀(high performance team)을 성공적으로 창조할 필요가 있다. 인적자원관리는 구성원들이 자신의 팀과 조직전체에 대한 기여도를 극대화하는 데 필수적이다.

⑤ **자원관리자**(resource administrator)

사회복지행정가는 사회복지조직 운영과 클라이언트에 대한 서비스제공에 필요한 자원을 확보하고 관리하는 능력을 갖추어야 한다. 인적자원, 재정자원, 정보자원, 물리적 설비 등 제반 자원을 안정적으로 확보해야 한다. 확보한 자원은 효율적 · 효과적으로 관리되어야 한다. 인적자원에 대해서는 앞서 조직가의 능력에서 살펴보았다. 재정자원에 대해서는 정부 및 민간 재단으로부터의 재정수입을 확보하고 관리하는 등 재정흐름을 다변화해 특정 재정자원제공자에 대한 의존도를 감소시켜야 한다. 재정적 위기 때가 아니더라도 잠재적인 재정자원제공자와의 관계형성, 네트워킹, 영향력 확보를 위해 노력해야 한다. 재정을 확보할 수 있는 기회를 찾고 활용해야 한다. 제공받는 재정을 적용할 활동에 대한 조사연구, 지원금 사용계획 작성(grant-writing), 기금모금(fund-raising), 마케팅 등의 기술이 필요하다. 또한 사회복지조직 자체를 지역사회와 광범위한 환경에 효과적으로 홍보하고, 공공기관과의 관계, 매스미디어 캠페인을 활용할 줄 알아야 한다. 좋은 이미지를 유지해야 재정을 계속 지원받을 수 있다. 최근 재정자원제공자들은 지원금 사용 결과에 대한 실적 입증을 지원 지속의 조건으로 요구하고 있다. 지원금 사용 결과에 대한 실적보고의 타당도와 신뢰도는 재정자원 개발이나 기관행정에 필수적이다. 이를 위해서는 세련된 정보관리체계가 필요하다. 사회복지행정가는 조직활동에 필요한 물리적 설비를 적절히 갖추고 관리해야 한다. 여기에는 물품조달과 구매, 회계와 부기, 예산수립과 결산보고에 대한 기술이 필요하다. 이런 업무를 직접 담당하지 않더라도 손익분기점 분석, 원가계산, 대안선택분석(alternative choice analysis), 가격책정, 재정집행(operating budgeting), 재정보고서의 해석 등의 개념을 알고 있어야 한다. 특히 최근 책임성에 대한 요구가 증가하고 있기 때문에 사회복지행정가는 기초적인 수준 이상의 재정관리 능력을 갖추어야 한다.

⑥ **평가자**(evaluator)

사회복지행정가는 사회복지조직의 서비스가 클라이언트의 욕구충족에 기여하고 효과적으로 서비스를 제공하는지 평가하는 능력을 갖추어야 한다. 욕구평가는 클라이언트에 대한 욕구판정, 프로그램 개발, 서비스제공체계 개선 등에 광범위하게 적용되고 있다. 프로그램평가는 개별 프로그램과 전체 서비스체계의 효과성 및 효율성을 평가하기 위해 이용되는데, 비용-효과분석, 프로그램의 안정화, 그 밖의 용도로도 적용될 수 있다. 욕구평가와 프로그램평가를 계획하고 시행하기 위해서는 세련된 기술이 필요하다. 여기에는 조사연구, 단일사례설계, 시계열설계, 현장연구 등의 양적 · 질적 방법이 포함되고, 설문조사, 통계작업, 통계분석, 보고서 작성도 필수적이다. 사회복지행정가는 욕구평가와 프로그램평가의 설계, 시행, 해석 과정에서 최소한 이를 검토하고 필요 인력을 고용하며 참여할 줄 알아야 한다. 하지만 최근에는 이런 기초적인 평가능력만으로는 부족하다. 평가의 패러다임은 전형적인 연간분석에서 비용과 서비스수행의 질적 수준에 대한 계속분석으로 바뀌고 있다. 연간분석은 월별실적보고나 기획평가(ad hoc evaluation)로 대체되는 경향이 있는데, 이는 재정자원제공자가 사회복지조직의 활동의 실적과 재정집행을 평가하는 근거가 되고 있다.

⑦ **정책실천가**(policy practitioner)

사회복지행정가는 중앙 및 지방 정부의 정책을 해석하고 준수하며, 나아가 개발하기 위해 정책실천의 능력을 갖추어야 한다. 중앙 및 지방 정부의 정책을 잘 알고 해석해 법규에 따라 사회복지조직의 구조, 절차, 활동을 적용해야 한다. 현재의 조직체계를 유지하거나 변경하면서 새로운 프로그램과 서비스를 설계하고 시행해야 한다. 조직구성원들에게는 정부정책을 알려 주고 조직체계와 서비스 제공의 새로운 방향을 이해시켜야 한다. 사회복지행정가는 중앙 및 지방 정부의 정책형성과 행정에 적극 참여해야 한다. 사회복지조직, 행정가, 직원, 클라이언트들은 정부정책의 수용자이기 때문에, 사회복지행정가는 정책형성 단계에서 자신들이 관련된 사회문제에 관한 지식과 경험을 정책담당자에게 알려 주는 등 영향력을 행사해야 한다. 정부정책에 영향력을 행사하기 위해 공동체와 옹호자 집단을 조직해야 한다. 최종적으로는 정책 집행분석(policy implementation analysis)을 실시해야 한다.

⑧ 옹호자(advocator)

사회복지행정가는 취약한 계층이 경제 및 정치 제도에서 정당하게 대표되도록 하기 위해 옹호자의 능력을 갖추어야 한다. 옹호란 주요 이해관계자에 대응해 취약계층의 역량을 증진시키는 활동이다. 조직의 내부와 외부 환경에서 사례 혹은 계층수준의 옹호활동을 해야 한다. 사례수준과 계층수준의 활동은 각각 개인 및 집단의 권리를 대변하고 압력을 행사하는 활동을 말한다. 옹호활동에 필요한 기술은 사회복지조직을 대변하기, 사회복지행정가의 견해를 직원들에게 제시하고 직원들의 견해를 수렴하기, 지역 및 전국 차원에서 압력 행사하기, 입법가 및 정부관료를 검증하고 이들과 관계 확립하기 등이다. 사회복지행정가는 정책의 결정, 시행, 평가뿐만 아니라 정책의 전제(premise)에도 영향을 끼칠 수 있도록 조직적이고 전제적인 접근을 더욱 확대할 필요가 있다.

⑨ 슈퍼바이저(supervisor)

사회복지행정가는 슈퍼바이지들의 사회정서적 욕구를 충족시키고 일상적인 서비스 제공을 지시하고 지침을 제공해 서비스의 효과성과 효율성을 극대화하기 위해 슈퍼비전 능력을 갖추어야 한다. 슈퍼비전은 임상적 실천의 초석이다. 슈퍼비전의 기능은 행정적 · 교육적 · 지지적 슈퍼비전으로 구분할 수 있는데, 슈퍼비전 과정에서는 조정, 지지, 자문 및 충고의 활동이 이루어진다. 효과적인 슈퍼비전을 위해서는 슈퍼바이지 동기부여, 활동과 과업 조정, 목표와 한계 설정, 교정을 위한 피드백 제공, 활동과정 모니터링 및 개선, 교육과 자문, 활동성과 통제, 슈퍼바이지의 사회정서적 욕구충족이 이루어져야 한다. 슈퍼비전은 전통적인 형태에서 슈퍼바이저와 슈퍼바이지 간의 파트너십으로 변화하고 있다. 앞으로 자발적인(self-directed) 팀 활동이 활성화되면 슈퍼비전 기능은 줄어들 것이라는 전망도 있다.

⑩ 촉진자(facilitator)

사회복지행정가는 조직의 목적을 달성하기 위해 구성원들에게 활동의 방향을 제시하고 과업을 수행할 수 있게 하는 촉진자의 능력을 갖추어야 한다. 촉진이란 조직의 비전, 임무, 목적을 달성하기 위해 구성원들이 적극적으로 활동하게 하는 전략을 말한다. 촉진에는 역량강화, 직원개발, 모델링이 포함된다. 역량강화에서는 기관운영, 프로그램, 서비스에 대한 구성원들의 영향력을 확대하기 위해 노력해야 한다. 역량강화가 이루어지면 구성원들의 업무능력이 향상되고 구성원들은 더욱 혁신적인 태도를 갖는다. 그 결과 구성원들의 직무만족도가 향상되고 서비스의 효과성이 증대된다. 역량강화를 위해서는 협조적인 실천, 직원개발, 슈퍼비전이 필요하다. 직원개발에서는 교육 및 훈련의 기회를 제공해 업무수행 능력을 개선해야 한다. 직원들이 참여하는 가운데, 훈련욕구 사정, 직원개발의 우선순위 확인, 훈련 프로그램 설계, 자원획득, 훈련착수, 결과평가의 과정을 수행해야 한다. 직원개발은 업무수행 능력 개선뿐 아니라 공고한 조직화를 위해 활용된다. 모델링에서는 사회복지행정가는 모든 구성원들이 이상적이라고 생각하는 실천의 가치와 윤리의 모델이 되어야 한다. 이를 통해 구성원들은 바람직한 업무태도, 가치, 윤리를 배우고 내면할 수 있게 되며, 또한 건설적인 조직문화가 형성된다. 최근 사회복지조직의 구성이 다양화되고 있어 긍정적인 조직문화를 형성하기 위한 능동적이고 의식적인 노력이 강조되고 있다.

⑪ **팀조직가로서의 지도자**(team builder-leader)

사회복지행정가는 효과적인 조직운영과 서비스의 유용성 증진을 위해 연합, 팀조직의 능력을 갖추어야 한다. 기관의 과업을 수행하기 위해서는 기관내부와 지역사회에서 관리자그룹과 임상그룹을 활용해야 한다. 팀은 기관 간, 분야 내, 분야 간에서 형성할 수 있다. 사회복지행정가는 기관의 업무와 관련된 문제를 확인 · 분석 · 해결하기 위해, 창조성과 혁신을 증진시키기 위해, 분야 간 서비스전달팀의 방향을 제시하고 훈련시키기 위해, 그밖에 다른 목적을 달성하기 위해 팀을 구성한다. 고성과팀을 구성하는 일은 결코 쉽지 않다. 사회복지행정가는 집단절차에 정통해야 하고, 집단이 각 발전단계에서 겪는 과업을 달성하도록 도와야 한다. 이를 위해서는 집단행동뿐 아니라 사회정서적 문제를 다룰 줄 알아야 하고, 관리자그룹과 임상그룹의 모임을 계획하고 관리해야 한다. 의제의 준비와 전파, 모임장소 마련, 참여 고지, 모임목표 설정, 완전하고 균형 있는 참여 보장, 과업에 대한 집단초점 유지, 의도한 성과달성, 모임 결정사항의 이행 등도 필요하다. 이 기술들은 연합에도 적용될 수 있다. 연합은 시민의 권리를 획득하기 위해 이루어진다. 팀조직과 연합은 21세기에도 여전히 조직과 지역사회의 변화를 달성하는 주요한 수단이다.

제2장 미국사회복지행정의 역사

1. 민간영역의 사회복지행정 형성기 (19세기 중반~1920년대)

1) 자선활동의 태동

미국은 초기에 영국 사회복지의 유형을 답습했다. 즉, 지역공동체가 취약계층의 욕구를 충족시킬 의무를 졌다. 당시의 지역공동체는 종교조직과 시민정부가 혼재된 상태였기에 종교조직이 취약계층을 위한 원조에서 큰 역할을 맡았다. 지역마다 청교도주의에 바탕을 둔 교회가 확대되기 시작했다.

정교분리의 원칙을 담은 헌법이 제정되자, 교회는 자유롭게 고유의 자선활동을 발전시켰고 이를 통해 타 종교의 신도를 개종시키는 노력도 벌였다. 첫째, 청교도신도가 지배적인 지역에서는 평신도들이 참여하는 자선활동이 활발히 전개됐다. 둘째, 인구가 밀집된 도시에서는 청교도 교회들이 후원하는 도시개발계획에 따라 빈민가에 자선조직을 만드는 활동이 이루어졌다.

1860년대의 시민전쟁 이후 특히 북동부와 중서부 지역에서 산업화 · 도시화가 가속화되고 유럽으로부터 대규모의 이민 인구가 유입되는 등 큰 변화가 생겨났다. 시민전쟁 기간에는 도시지역들에서 산업생산이 급속도로 확대됐다. 새로운 이민자들은 중서부 지역의 농장이 아니라 주로 공장지대에 취업했다. 도시인구가 급속히 늘자, 마르크스주의의 영향을 받은 근로자들에 의한 체제불안의 두려움과 함께 공중보건문제 등 다양한 사회문제가 생겨났다. 이에 대한 대응으로서 뉴욕, 보스턴, 필라델피아, 시카고 등의 도시에서는 기업가들과 시민지도자들이 공공조직과는 별도로 대안적인 사회복지제도를 만들기 시작했다.

교회에서 시작된 자선활동은 지방정부의 공적 빈곤구제 프로그램의 대안으로 생겨났다. 기업가들은 공적 서비스가 확대되면 증가하는 조세부담을 통제할 수 없게 될 것을 우려해 민간이 주도하는 대안을 생각해 내게 된 것이다. 이민자가 늘어난 지역에서는 이미 이민자들의 정치적 지도자가 지방의회의 대표로 선출되고 있어 이들이 지방정부를 통제하려 들 수 있기 때문이다. 게다가 지방정부의 부패와 공무원들의 사익추구가 광범위하게 존재했고, 주정부도 여기에서 예외가 아닌 상황이었다.

종교조직들은 경쟁적으로 자선조직을 늘렸다. 자선활동은 베푸는 자와 도움을 받는 자 간의 개인적인 연계방식으로 이루어져야 한다는 철학에 바탕을 두고 있었다. 개인적인 연계가 없이 경제적인 도움만 주면 도움을 받는 자는 빈곤상태(pauperism)에서 벗어나지 못해 만성적인 의존성에 빠지고, 이는 다음 세대로까지 이어질 것이라고 보았다.

기업가들은 공적 서비스는 주정부 차원에서 운영하는 보호시설에 국한돼야 한다고 보았다. 보호시설은 정신질환자, 지적장애인, 고아, 시각장애인, 청각장애인, 범죄자 등 특별한 욕구를 지닌 사람들을 보호하는 데 주안을 두어야 한다. 시민전쟁이 끝난 뒤 많은 주정부가 신망받는 시민지도자들로 자선위원회를 구성해 보호시설을 관리 · 감독하게 했다.

1874년 미국사회과학협회(American Science Association)의 회의와 연계해 여러 주의 자선위원회에서 파견 온 사람들의 모임이 별도로 열렸다. 1879년에는 전국 자선 및 교정회의(National Conference of Charities and Correction)가 설립됐다. 매년 열리는 전국 자선 및 교정회의에는 도시의 사회복지조직들이 참여했다. 청교도의 전통과 이념을 따르는 조직들이 많았지만 개별교회, 타 교파조직, 무교파조직도 참여했다. 초창

기의 종교 기반의 자선활동조직들은 법률적인 지위를 갖지 않는 자선협회(charitable association)의 성격을 띠었다. 정교분리의 원칙을 준수하는 정부는 교회와 교파들의 활동에 개입하길 꺼리기도 했다.

그런데 19세기 후반부에 이르러서는 전통적인 유한책임회사가 동업회사를 대체해 활성화되기 시작했다. 동업회사는 무한책임을 지지만 유한책임회사는 회사부도 시 개개인이 투자한 만큼만 책임을 지면 된다. 이를 참고해 기업가들은 거대 자선조직들을 후원하던 기존의 단순한 방식에서 탈피해 자선활동 분야에서도 직접 비영리기업을 만들어 활동하고자 했다. 비영리기업에서는 도움을 받을 대상가구들의 자격여부를 조사하는 전문가를 고용하기 시작했다.

이제 시민지도자들은 신탁관리자로서 또는 이사회의 일원으로서 자선활동을 벌이는 비영리기업을 관리하는 통제역할을 맡게 됐다. 시민지도자들은 비영리기업으로 전환하지 않고 자선조직을 제도권에 편입시키면 기업가들의 후원을 받을 수 없어 재정적 어려움에 처하고, 정부가 정하는 법률상의 의무를 이행해야 한다는 점을 우려했다. 많은 대도시에 자선조직협회들(Charity Organization Societies: COSs)을 만든 것도 근본적으로는 기업관리의 효율성의 개념을 자선조직의 관리에 적용하려는 의도에서였다.

2) 민간활동의 활성화

19세기 후반부에는 도시에서 민간활동이 급속히 확대됐다. 자선조직 이외에도 학교, 박물관, 오케스트라, 공중보건프로그램, 병원, YMCA와 YWCA 같은 청소년조직 등이 늘었다. 이와 같은 비정부적인 공익적 서비스조직들은 미국식 복지자본주의의 중심적인 요소가 됐다. 미국은 자유방임자본주의는 유지될 수 없다고 보았지만, 정부부문의 팽창을 꺼리는 경제적 논리 때문에 유럽식 복지국가가 아닌 민간부문을 확대하는 실용적인 대안을 택한 것이다.

자선활동을 벌이는 비영리기업에서는 신탁위원회 혹은 이사회의 의장이 가장 중요하다. 이사회의 의장들은 남자였고 기업가로서 가장 큰 후원자였다. 이사회의 의장은 다년간 재직하면서 관장 직책을 맡아 조직 운영에 깊숙이 개입하기도 했다. 자선조직의 위원회는 개별 사례에 대해 판정하는 역할을 맡았다. 위원의 아내들은 자원봉사자인 우애방문원(friendly visitor)으로 활동하며 서비스를 제공했다. 유급직원은 총괄책임자뿐이었는데, 도움을 받을 대상가구들의 수혜 자격 여부를 조사하는 전문가였다.

한편, 사회개혁의 미션을 추구하는 개인들은 1886년부터 개인기반의 인보관(settlement house) 조직을 만들어 활동하기 시작했다. 실무책임자가 운영에 책임을 지고 이사회는 후원을 개발하는 형태는 인보관 1세대 운동의 전형적인 특징이었다. 대도시에는 근린인보관(neighborhood settlement)이라는 연계조직이 있었다.

19세기의 4/4분기에는 자선조직 관리의 효과성과 효율성을 증진시키려는 2가지 시도가 생겨났다. 첫째, 영향력 있는 기업가들의 주도 아래 많은 도시에서 자선조직협회들(COSs)이 조직됐다. 1877년 필라델피아에서 처음으로 조직된 COS는 1894년에는 92개소로 확대됐다. 그 목적은 자신들의 후원에 의존하는 수많은 자선조직을 조직적으로 배치하고, 수혜자의 명단을 교환하고 사례회의를 통해 협력하는 등 서비스의 중복과 누락을 방지하며, 이사회를 통해 그 활동을 조정하려는 것이었다. 또한 자선조직의 활동가들은 공적 빈곤구제 프로그램을 폐지하기 위해 체계적으로 노력했다. 둘째, 자선조직 활동의 효과성을 증진시키기 위해 유급직원에 대한 교육훈련이 강화됐다. 이들은 19세기말에 이르러서는 사회복지사의 정체성을 형성하게 된다.

COS와 자선조직의 지도자들은 대학을 설립하기 시작했다. 존스홉킨스 대학교에서 최초의 사회과학 박사과정이 만들어졌다. 졸업생들은 많은 자선조직의 실무책임자가 되거나 실무자로 취업했다. 하버드 대학교나 그 밖의 대학의 사회윤리 대학원과정 졸업생들도 있었다. 이들은 사회복지사에 대한 전문적인 교육을 담당하는 선구적인 역할을 했다.

매리 리치몬드(Mary Richmond)는 볼티모어 COS의 회계보조원이었는데 1893년에 이사로 선임됐다. 그녀는 1890년대부터 요구돼 왔던 체계적 자선 혹은 과학적 자선을 발전시키는 데 주도적인 역할을 했다.

이 시기에 자선조직들은 여대 졸업생들을 사례조사요원으로 고용하는 경향이 있었다. 매리 리치몬드는 새로운 자선활동가들(charity workers)을 교육할 필요가 있다고 보았다. 신규 자선활동가들은 대도시의 빈곤층이나 이민자들과 접촉해 본 경험이 없었기에, 개별가구에 대해 체계적인 진단을 할 수 있도록 교육할 필요가 있었다. 개별가구의 문제와 자원에 대한 분석뿐 아니라 가족, 교회, 이웃의 잠재적인 자원을 평가할 필요도 있었다. 그녀는 1897년 전국회의에서 전국적인 사회복지사 훈련센터를 만들 것을 제안했다.

1898년에 뉴욕 COS의 에드워드 디바인(Edward Devine)은 응용박애 여름학교(Summer School of Applied Philanthropy) 프로그램을 시작했다. 이 프로그램은 1910년부터는 사회복지사를 위한 전문적인 2년제 교육 프로그램으로 발전했다. 1920년대 초에는 4개의 전문적인 사회복지사협회가 결성됐을 뿐 아니라 사회복지사를 교육하기 위한 전국협회도 창립됐다.

매리 리치몬드는 1900년부터 1909년까지의 경제 불황기에 필라델피아 COS의 실무책임자 직책을 수행했다. 그녀는 사회복지행정가가 된 최초의 여성이었다. 그녀의 급여는 외부의 후원에 전적으로 의존했다. 자선조직의 관리에 대한 그녀의 말과 글은 전국적으로 영향력을 끼쳤고, 그녀는 자선조직들의 전국적인 뉴스레터를 제작하는 편집자의 역할도 맡았다. 그녀는 자선조직 실무자들과 이사회의 책임성에 특히 주목했다. 1909년부터는 새로 만들어진 러셀 세이지 재단(Russell Sage Foundation)의 자선조직부의 책임자로 일했고, 1928년까지 전국 자선조직의 자문가로 활동했다.

3) 민간영역의 사회복지행정 등장

1920년대에는 민간영역의 사회복지행정에 중요한 변화들이 생겨났다. 전문기술을 교육받고 전문적인 경험을 쌓은 사람들이 늘어났다. 그들 중 일부는 행정가가 되기 위해 이사회에 응모하기도 했는데, 대부분 남자였다. 새롭게 등장한 사회복지행정가들은 사회복지서비스를 조직하는 효과적인 방법을 도입하기 시작했다.

이사회와 행정가의 관계를 명확히 정리할 필요성이 대두됐다. 이사회는 정책을 수립하고 행정가는 인사관리를 포함해 조직의 일상적인 서비스를 관리할 책임이 있는 것으로 판단됐다. 이와 함께 장기 재직하는 이사들의 영향력을 축소시키기 위해 이사의 교체, 이사회에 의한 위원회 임명, 임원의 임기제한, 임원의 선출 등의 방법이 마련됐다.

사회복지교육에서 사회복지행정에 대한 교육도 이루어져야 한다는 주문이 있었다. 1914년에 사회복지교육에서 사회복지행정이 최초로 선택과목이 됐고, 이후 여러 대학에서 교육을 실시한 것으로 알려져 있다. 하지만 대체로 1920년대까지는 사회복지학과나 사회과학부에서 사회복지행정에 대한 체계적인 교육은 이루어지지 않았다. 1929년의 밀퍼드(Milford) 회의는 전국적인 사회복지교육이 필요하다고 진단했는데, 사회복지행정을 사회복지의 기본적인 기술에 포함시켰다. 그러나 케이스워크 훈련을 위한 자세한 방침은 제안하고 있지만, 사회복지행정가가 갖추어야 할 지식과 능력에 대해서는 구체적으로 다루지 않았다(Patti, 1983).

1920년대 들어 연합 공동모금 캠페인이 발전했고, 제1차 세계대전 기간에 더욱 활발히 전개됐다. 이에 사회복지행정가에게는 새로운 역할이 주어졌다. 기업가들은 사회복지조직들의 연중모금보다는 공동모금회(the Community Chest)가 벌이는 연 1회 기금모금 캠페인이 좋다는 의견을 개진했다. 대부분의 도시에서 공동모금회가 조직됐다. 공동모금회에서는 사회복지조직들이 참여하는 위원회가 연간 기금모금 캠페인의 목표를 설정하는 과정에 참여하고, 재정투입이 필요한 활동을 발굴하기 위한 지역조사활동을 벌였다.

최초의 사회복지행정에 대한 교육은 러셀 세이지 재단의 자선조직부가 실시했다. 이 시기에는 가장 큰 전국적 청소년 서비스조직인 YMCA가 사회복지행정에 대한 교육을 발전시켰다. 전국YMCA는 지역조직들의 전국적 연합체다. 지역YMCA들은 자체적인 이사회를 조직하고, 기금을 개발하고, 지역사회의 이해를 반영하는 프로그램을 운영했다. YMCA 직원들이 업무기준에 부합하는 실무역량을 갖추도록 훈련하기 위해 두 개 대학에서 교과과정이 개설됐다. YMCA 이사회에 참여하는 기업가들은 학생들에게 YMCA에 고용될 기회뿐 아니라 조직에 대한 재정적 지원도 제공했다. YMCA의 총무모델은 기업경영의 모델을 적용한 것이었다. 이사회는 총무를 임명하고, 총무는 조직의 실무를 총괄하고 이사회에 대해 책임을 진다.

2. 공공사회복지행정의 출현(1930~1950년대)

공적 복지의 일환으로 지방정부가 운영하는 빈곤구제 프로그램이 1910년대부터 확대됐다. 1920년대 후반에는 경제위기가 발생하고 고실업사태가 이어졌다. 그러나 전국사회복지사회의(National Conference of Social Worker)는 공적 복지프로그램을 조직화하고 운영하는 데 거의 주의를 기울이지 않았다. [전국 자선 및 교정회의(National Conference of Charities and Correction)는 1918년에 전국사회복지사회의로 명칭을 변경한 바 있다.] 1921년의 불황에 이어 1922~1929년 동안 경제가 활성화됐지만 모든 대도시에서 실업자가 늘어났다. 그러나 브루노(Bruno, 1957)에 따르면, 실업자와 그 가족을 도우려는 공공 및 민간 자원들은 극히 부족했다. 하지만 전국사회복지사회의는 침묵을 지켰다.

자선조직 지도자들과 기업가들은 조세 기반의 공적 복지제도에 대해 부정적이었다. 그러나 20세기의 1/4분기에 공적 사회보험제도를 확립하려는 노력이 생겨났다. 1880년대에 독일에서 그리고 1890년대에 영국에서 만들어진 공적 연금보험이 영향을 주었다. 19세기 말부터 독일에서 유학한 경제학자들이 미국사회보장협회(American Social Security Association)를 이끌었다.

위스콘신 주의 주지사 로버트 라폴레트(Robert La Follette)는 1911년부터 주정부가 운영하는 산재보험을 시행했다. 1920년대에는 많은 주에서 산재보험뿐 아니라 노령연금, 시각장애인연금(Blind Pension), 주부연금(Mother Pension)을 실시하기 시작했다. 주정부와 지방정부는 민간사회복지조직이 없는 작은 마을 위주로 학대·방임 아동을 위한 아동복지프로그램을 실시했다.

1930년대에는 미국 사회복지에 극적인 구조적 변화가 시작됐다. 미국사회가 대공황으로 인한 엄청난 실업사태에 직면하자, 1929년에 공동모금회(the Community Chest) 의장으로 취임한 허버트 후버(Herbert Hoover)는 공동모금회와 민간사회복지조직 및 가족서비스조직은 궁극적인 안전망(safety-net)의 역할을 담당해야 한다고 보았다. 하지만 대공황의 여파는 매우 크고 오래 지속됐다. 근본적인 해결책에 대한 압력은 두 측면에서 제기됐다. 첫째는 인보관 지도자, 사회복지사 등 사회개혁 옹호자들이다. 둘째는 기업가들로, 이들도 사회적 항의와 전투적인 노조운동의 급성장에 두려움을 느끼고 있었다.

주정부들은 지방정부로부터 실업자와 그 가족들에 대한 지원을 확대할 것을 요청받고 있었지만 곧 재정고갈 상태에 직면했다. 프랭클린 루스벨트(Franklin D. Roosevelt) 대통령은 실업문제와 빈곤가구문제를 해결하기 위해 경제보장위원회(Economic Security Committee)를 구성하고 긴급지원프로그램을 운영했다.

1935년에는 「사회보장법(the Social Security Act)」을 제정해 다양한 공적 사회복지제도를 실시했다. 사용자와 근로자가 기여하는 사회보험제도, 정부재정으로 운영되는 공적부조제도, 연방 및 주 정부가 관리하는 사회보험조직, 개별화된 사회서비스 프로그램이 포함됐다. 연방정부가 관리하는 연금보험과 개별화된 공적부조인 부양아동부조[Aid to Dependent Children: ADC; 후에 AFDC(Aid to Families With Dependent Children)로 명칭 변경]가 대표적이다.

연금보험과 실업보험은 각각 연방정부와 주정부의 보험조직이 운영한다. 반면, 개별화된 공적부조인 ADC제도를 운영하기 위해서는 주정부와 지방정부에 기존의 부서와는 다른 사회복지행정체계를 확립할 필요가 제기됐다. 개별화된 서비스를 제공하기 위해서는 관료적인 공무원 업무뿐 아니라 전문적인 사회복지 업무도 맡아야 했기 때문이다.

이는 프랭클린 루스벨트 대통령의 최측근 자문가인 사회복지사 해리 홉킨스가 구상한 것이다. 그는 ADC제도는 공공 사회복지에 속하기 때문에 자격이 있는 모든 국민이 수급권을 갖기 위해서는 민간사회복지조직이 아니라 주정부 및 지방정부가 운영해야 한다고 보았다. 주정부 및 지방정부에서 일하는 사회복지사들은 고용이 보장돼야 한다. 그 결과 1930년대에 주정부와 지방정부는 사회복지부서를 본격적으로 신설했다.

중앙정부에는 루스벨트 대통령과 해리 홉킨스의 주도로 연방긴급구호청(Federal Emergency Relief Administration)이 만들어졌다. 이 조직은 긴급한 지원을 요청하는 주를 지원하기 위한 것이다.

민간사회복지조직의 경력 있는 사회복지사들은 새로 만들어진 정부 복지부서의 슈퍼바이저와 행정가로 옮겨 갔다. 그러나 시간이 지나면서 공공복지 영역은 케이스워크 실천이 적용되는 사회복지영역이라기보다는 행정절차를 따르는 공공행정의 특성을 갖게 됐다.

1930년대 말부터 주정부 및 지방정부의 공공복지프로그램의 관심은 실업자와 가족에 대한 긴급구호에서 ADC 관리, 시각장애인 지원, 노인복지프로그램 운영으로 바뀌었다. 처음에 ADC프로그램은 가족에 대한 경제적 지원과 함께 개별화된 케이스워크를 제공하는 민간사회복지조직 활동의 확대된 형태로 인식됐다.

농촌지역의 지방정부는 연방정부 보조하에 아동복지프로그램을 운영했다. 민간사회복지조직들은 이 프로그램이 자신들이 대도시에서 운영하던 아동보호프로그램과 유사하다고 보았다. 전문적으로 교육받은 사회복지사들이 정부 아동복지부서에 참여했다. 정부 아동복지 분야에서는 사회복지사들의 전문적인 리더십이 발휘되고 멘토링(mentoring) 체계가 발전했다. 민간 사회복지현장에서의 경험이 정부 아동복지부서에서 관리자 지위를 얻는 전제조건이 됐다.

1950년 무렵에는 사회복지의 두 영역이 만들어졌다. 하나는 소규모이고 자발적이고 전문적인 경험을 갖춘 직업적인 사회복지사들이 활동하는 민간사회복지조직, 그리고 민간영역 사회복지사들과 유사한 특성을 가진 사회복지사들이 종사하는 정부 아동복지부서였다. 그리고 다른 하나는 주정부와 지방정부의 사회복지부서인데, 수많은 사람에게 공적 복지를 제공하기 때문에 사회복지 분야로 인정되지만 사회복지부서의 행정가들 중 사회복지행정에 대해 전문적인 훈련을 받은 사람은 매우 드물었다.

1931년 정부 복지부서의 행정가들이 미국공공복지협회(American Public Welfare Association)를 창설하면서 공공복지 분야와 민간복지 분야 간의 조직적인 분리가 현실화됐다. 전국사회복지사회의가 대량실업에 관심을 기울이지 않고 공공복지프로그램을 관리하는 데 참여하지 않았다는 게 표면적인 이유였다. 그러나 근본적으로 주정부 사회복지부서 행정가들은 공공복지 분야 행정가들의 독자적인 조직을 만들어 연방정부 및 연방의회와의 소통 채널을 만들 필요를 느끼고 있었다.

1930년대에 시작된 공공복지 분야와 민간복지 분야 간의 조직적인 분리는 1980년대까지 이어졌다. 1970년대 들어 사회복지환경이 급변하면서 기존의 조직적인 분리가 약화되는 현상이 벌어졌다. 준정부적(quasi-governmental)인 비영리서비스조직들이 생겨나고, 정부와 민간조직들 간의 서비스구매(purchase-of-service)제도가 활성화됐기 때문이다. 1990년대부터는 정부의 대규모 사회복지서비스 프로그램들이 민영화되면서 두 영역의 분리는 더욱 무색해 지고 있다.

종합적으로, 1930년대 말경 사회복지행정에는 두 개의 모델이 형성되고 있었다. 하나는 민간사회복지 분야의 행정이고 다른 하나는 공공사회복지 분야의 행정이다. 민간사회복지조직들의 본부는 뉴욕시에 있었고, 공공사회복지 분야의 본부는 워싱턴시에 있었다.

민간 사회복지행정에서는 사회복지행정가를 임명할 때 전문적인 교육과 직접서비스 제공 경력을 중시한다. 사회복지행정가가 관리할 사회복지조직들은 대개 소규모이거나 중간 규모의 크기를 갖는다고 가정된다. 사회복지행정가는 인사관리에 직접 관여하고, 관할하에 있는 모든 직원과 상호작용한다. 이사회에 대한 업무, 재정자원 지원자 등 과업환경과의 지지적인 관계 형성이 특히 중시된다. 이사회는 조직의 재정을 감독하고 재정적인 지원을 할 책임이 있다.

공공분야 사회복지행정에서는 사회복지행정가를 임명할 때 직접서비스 제공 경험은 크게 고려하지 않는다. 사회복지행정가는 대규모의 공공복지프로그램을 관리하는 것으로 가정된다. 공공사회복지조직은 서비스프로그램 시행, 인사관리, 재정절차 면에서 관료적이고 표준적인 절차에 의해 운영된다. 퇴역군인들이 대민행정 분야 공직자 선발과정에 참여하여 사회복지행정가들 중에는 장교 출신이 많았다.

3. 공공 및 민간 사회복지행정 발전(1960년대 이후)

1960년대에는 공공사회복지 분야가 괄목할 만하게 확대됐다. 연방정부가 보조하는 아동복지프로그램은 지방정부에서 주정부로 관할이 바뀌면서 농촌지역뿐 아니라 도시지역으로까지 확대됐다. 1962년에는 연방정부가 사회복지사의 상담비용을 보조하는 방식으로 요부양아동가족부조(Aid to Families With Dependent Children: AFDC)프로그램을 변경했다. AFDC프로그램은 1950년대 말경 경제불황이 도시지역을 덮친 뒤 대폭 확대됐다. 실업자가 속출해 가족해체와 유기가 심각해졌고, 대도시에는 AFDC의 혜택을 받는 한부모가구가 늘어났다. 이들은 대규모 고층 공공주택에 살았기 때문에 고용기회에 대한 접근이 어려웠다.

린든 존슨(Lyndon B. Johnson) 대통령이 실행한 빈곤과의 전쟁(the War on Poverty)은 정부가 지원하는 지역사회 행동조직들을 만들어 냈다. 지역사회 행동조직들은 기존 사회복지조직의 경험 많은 행정가들에게 참여를 요청했다. 1960년대 말에 사회복지사들은 정부가 만든 정신건강센터에 행정직으로 참여했다.

1970~1980년대에 많은 도시에서 지역사회 기반의 대안적 사회복지조직들이 형성됐다. 이들은 대체로 여성폭력, 노숙, 정신질환자의 탈시설화를 위해 활동했고, HIV-AIDS 등 새롭게 확인된 욕구들을 충족시키기 위한 노력도 벌였다. 이들은 기존 사회복지시설에 반대(anti-establishment)했고, 관료주의에 반감을 갖고 있었으며, 표준적인 위계적 행정체계를 거부했다. 이에 따라 직원과 자원봉사자 간의 업무영역 구별이 모호해졌고, 집합적인 의사결정이 공식적인 권위를 대체했다.

1970년대에는 공공사회복지 분야가 확대될 것이라는 기대가 컸다. 대표적으로 1960년대에 AFDC프로그램이 크게 성장했기 때문이다. 그러나 1970년대 초에 연방정부는 수급자 자격심사와 지지적인 사회복지서비스를 분리하기로 했다. 그 결과 AFDC 수급가구에 대한 개별화된 사회복지서비스가 후퇴했다. AFDC 수급가구에 대한 상담 등 개별화된 서비스는 보육, 가족계획 등 법령에 명시된 정형화된 서비스로 대체됐다. 푸드 스탬트(Food Stamp)가 시범사업을 거쳐 전국적인 프로그램으로 도입됐다. 기존에는 연방정부 관리하에 보충적 보장소득(Supplementary Security Income: SSI)이 저소득 노인과 장애인에 대해 공적 부조를 실시했다.

1972년에는 주정부 관할로 바뀌면서, 연방정부는 지원대상을 노인, 장애인, 시각

장애인 등 범주별로 나눈 연방정부의 법령과 행정절차에 따라 보조금을 지급했다. 연방정부가 규제하는 범주별 사회복지프로그램이 증가하자, 공공사회복지 분야 행정가들 사이에서는 개별적인 프로그램 간의 조정에 대한 관심이 증가했다.

공공분야 사회복지사들을 교육하기 위해 연방정부가 지원하는 교육 프로그램이 몇몇 대학에서 실시됐다. 미국공공복지협회는 재정지원을 받아 공공사회복지 분야 행정가들을 위한 전국적인 재직훈련프로그램을 실시했다.

복합적인 문제를 가진 가족들과 만성적인 정신질환을 가진 개인들에게 연방정부가 지원하는 사례관리 시범사업이 주정부 및 지방정부 차원에서 실시됐다. 사례관리 개념은 자선조직협회들(COSs)이 100년 전에 실시한 구역 내 사례회의와 유사했다.

1980년대에는 공공복지가 구조적으로 후퇴하는 현상이 두드러졌다. 연방정부가 지원하는 사회복지프로그램이 후퇴했다. 지역사회행동과 도시재생프로그램이 축소됐다. 연방정부가 법령에 따라 보조하는 지역사회 정신건강센터 등 범주적 프로그램에 대한 지원이 포괄보조(block grant)로 바뀌었다.

공공복지프로그램을 외부계약(contracting out)하거나 민영화해야 한다는 제안이 속출했다. 이와 함께 공공사회복지 분야에서는 전문적인 역량은 행정가에게 유용하지 않은 것으로 생각됐다. 사회복지행정가들에게는 재정관리, 비용효과분석을 비롯한 프로그램평가, 자료의 전산화 등의 기술이 주목받기 시작했다.

1980년대 말에 직업기회와 기초기술훈련(Job Opportunities and Basic Skills Training: JOBS)프로그램이 실시됐다. 이는 AFDC가 애초에 수급자 개인 및 가족을 지원하기 위해 실시한 개별화된 케이스워크를 변형한 것이다. 지원에 초점을 맞췄던 기존 프로그램과는 달리, 주로 미혼이거나 동거가 해체되거나 혹은 이혼한 어머니들을 노동시장에 참여하도록 하는 데 주안을 두었다.

이 제도는 1996년에 「개인책임과 직업기회조정법(the Personal Responsibility and Work Opportunity Reconciliation Act: PRWORA)」이 입법되면서 빈곤가족일시부조(Temporary Assistance to Needy Families: TANF)로 대체됐다. 이 법은 TANF프로그램의 관리책임 주체를 주정부의 공공복지 · 휴먼서비스국에서 고용서비스국 혹은 노동위원회(Workforce Commission)로 변경했다.

1980년대에는 민간사회복지조직의 역할에 대해 새로운 관심이 생겨났다. 공공복지 영역이 축소되면서 직접서비스를 제공하는 민간사회복지조직이 대안으로 떠오른 것이다. 예를 들어, 정부가 지원하는 지역사회 정신건강센터를 비영리기업이 운영하는 방식이 정부가 공공조직을 통해 운영하던 기존 형태를 대체하게 된 것이다. 민영화의 결과, 1980년대 말에는 정부로부터의 보조금이 기존 민간사회복지조직이나 새로운 지역사회 기반의 대안조직 재정 중 기부금이 차지하는 비중을 능가했다.

그러나 공공복지의 총예산이 감소함에 따라 공공복지 분야뿐 아니라 민간사회복지조직에서도 축소관리(cut-back management)에 대한 관심이 증가했고 재정적인 압박이 커졌다. 일부 비영리 사회복지조직은 이용요금(user fee)을 징수해 수익을 얻거나 영리활동을 보조적인 수단으로 택하기 시작했다.

이 기간에 공동모금회(the United Way)는 민간사회복지조직에 대한 지원방식을 과거의 재정균형(budget-balancing) 접근법에서 특별히 표적화된 계약방식으로 바꾸었다. 과거 공동모금회는 주로 민간사회복지조직에 재원을 지원했지만, 이제는 지원대상 사업을 다양화해 기존의 개별 조직에 대한 지원의 비중을 줄이기 시작한 것이다. 지정기부가 증가해 공동모금회가 자원을 할당하기 위해 실시해 오던 절차들이 불필요해지기도 했다.

이제 민간사회복지조직의 행정가는 재정적인 측면에서 기업가로서의 역할을 요구받고 있다. 재정관리가 중시되고 기업가로서의 자질이 강조되자, 사회복지행정가를 위한 훈련과 전문적인 사회복지교육 간의 관계에 대한 기존의 개념에 의문이 생기기 시작했다. 사회복지행정가에게는 조직 내의 전문적인 실천을 관리할 역할의 중요성이 상대적으로 감소했기 때문이다.

민영화가 진행되자, 공공사회복지 분야의 행정가들은 민간사회복지조직들과의 계약을 관리하는 업무를 맡게 됐다. 공공아동복지서비스나 공공건강서비스를 맡고 있던 행정가들도 마찬가지였다. 직접서비스를 담당하던 인원이 감축되면서 공공사회복지조직이 제공하는 프로그램은 덜 세분화되고, 비전문화되고 나아가 민영화됐다.

민간사회복지조직의 행정가들에게는 정부와 재단으로부터 계약을 따내기 위해 제안서를 작성하고 보고서를 만드는 업무가 중요해졌다. 사회복지행정가는 외부의 지원을 받는 프로그램의 재정운영을 세부적으로 관리할 책임을 져야 했다. 이사회도 재원확충의 책임을 져야 했다. 외부계약이 사회복지조직의 서비스를 모두 충당할 정도의 재원은 되지 못하고, 인건비나 시설비 등 조직운영을 위한 핵심적인 관리비용을 별도로 마련해야 했기 때문이다.

1990년대에는 민영화와 상업화의 흐름이 공공 및 민간 사회복지 분야 모두에서 가속화됐다. 공공분야에서는 건강보험이 민간공급자와 계약하면서 건강보호와 정신건강보호서비스의 상업화가 진행됐다. 정부가 책임지는 정신건강서비스와 메디케이드(Medicaid)가 제공하는 의료서비스도 상업화되기 시작했다. 많은 주에서 정부가 운영하는 아동복지서비스가 민영화됐다. 민간사회복지조직들과 건강조직들 간에는 인수 · 통합이 빈번해졌고, 재정관리에 대한 사회복지행정가들의 책임은 더욱 강조됐다.

1980년대부터 사회복지행정가들이 기존의 비영리 민간사회복지조직이 아닌 영리 서비스조직에 취업하는 경향이 늘어났다. 영리 서비스조직이 운영하는 근로자지원 프로그램이 대표적인 분야다. 영리 서비스조직들은 기업과 계약해 근로자지원프로그램을 운영한다. 1990년대에는 정신건강서비스와 건강보호서비스 분야에서 전문적인 경력을 쌓은 사회복지행정가들이 영리를 추구하는 관리의료(managed care)나 관리행동건강관리(managed behavioral health care) 조직으로 진출하기 시작했다.

4. 사회복지조직들 간의 관계

사회복지행정과 관련된 조직들의 관계는 변화해 왔다. 예로부터 사회복지행정가들과 사회복지전공 교수들 간에는 조직적인 연계가 부족한 편이다. 민간분야 사회복지행정가들은 사회복지실천방방법론으로서의 사회복지행정보다는 아동, 가족, 정신건강, 주거, 지역사회복지 등 자신들의 분야를 더 중시하는 경향이 있다. 공공분야 사회복지행정가들은 미국공공복지협회(American Welfare Association: APWA)에 가입해 있다. 1980년대에는 각 주의 아동복지 분야 행정가들이 미국공공복지협회(APWA) 산하에 전국공공아동복지행정가협회(National Association of Public Child Welfare Administrators)를 결성했다.

현재 사회복지행정가들의 전국적인 조직은 없는 상태다. 기존의 사회복지행정협의회(Council on Social Work Administration)는 1956년 미국사회복지사협회(National Association of Social Workers: NASW)가 결성되면서 여기에 통합됐다. 1985년에는 사회복지행정가네트워크(The Network for Social Work Managers)가 구성됐고, 1994년에 학술지 *Administration in Social Work*의 스폰서가 됐다. 1998년에는 사회복지행정가를 위한 프로그램을 운영하기 위해 유자격사회복지행정가아카데미(the Academy of Certificated Social Work Managers)가 결성됐다.

사회복지전공 교수들은 부족한 사회복지행정교육에 관심을 기울이기 위해 1987년에 지역사회조직과 사회복지행정협회(the Association for Community Organization and Social Administration: ACOSA)를 만들었다. 하지만 이는 교수들만의 모임이었고 사회복지행정가들과의 협력은 없었다. 1994년에는 학술지 *Community Practice in Social Work*의 스폰서가 됐다.

5. 사회복지행정교육의 변화

사회복지교육은 다양하게 발전해 왔다. 제2차 세계대전 이후까지 민간사회복지조직들은 케이스워크에 대해 교육받고 전문적인 실천을 하던 사회복지사 중에서 사회복지행정가를 선발해 왔다. 이후 사회복지행정에 대한 별도의 교육이 필요하다는 의견이 개진돼 왔다. 게다가 공공부문에서는 사회복지사뿐 아니라 일반 공공행정 종사자도 사회복지행정가가 되기 때문에 공공부문 사회복지행정가를 위한 교육의 필요성이 대두됐다.

1920~1930년대에는 사회복지학위를 사회학부 내에서 취득할 수 있었지만 점차 독자적인 사회복지교육이 시작됐다. 이때에는 대공황으로 인해 공공복지가 확대되고 있었기 때문에 공공부문의 사회복지행정가를 배출하는 것이 목표였다. 주정부와 지방정부의 공공사회복지조직에서 대학교육을 받은 사회복지사에 대한 수요가 있었던 것이다. 1년 더 수학하면 석사학위가 주어지기도 했다.

대학들은 미국사회복지교육협회(American Association of Schools of Social Work: AASSW)로부터 정식 사회복지교육 프로그램을 인가받으려 노력했다. 그러나 최소 2년간 사회복지교육을 실시해야 한다는 조건을 충족시키지 못했기 때문에 미국사회복지교육협회(AASSW)는 정식 인가를 거부했다. 이와 같은 갈등을 거치고 사회복지교육에 대한 전국적인 연구가 시행된 뒤 사회복지교육을 총괄하는 사회복지교육협의회(The Council on Social Work Education: CSWE)가 설립됐다.

사회복지교육협의회(CSWE)는 대학교육에서 2년 간 시행해야 하는 사회복지교과과정을 인증했다. 이 시기의 사회복지교육은 케이스워크 등 일선 실무자가 되기 위한 임상실천과 관련된 과목에 집중하고 있었지만, 사회복지행정에 대해서는 독립적인 교과목으로 가르치지 않았다. 사회복지행정가는 일선 실천가의 경험을 쌓은 뒤에

오를 수 있는 직급이라고 보았던 것이다. 따라서 사회복지행정가는 행정가로서 별도의 교육을 받지 않은 채 직접서비스 실천가들 중에서 선발되는 것이 관행이었다.

사회복지교육협의회(CSWE)는 1952년과 1962년에 사회복지행정의 내용을 교과과정에 반영하려는 연구를 실시하고 보고서를 발표했지만, 사회복지행정은 아직 인가된 교육과정에 포함되지 않았다. 하지만 이 시기에 이미 많은 대학에서 거시교과목으로 사회복지행정과 지역사회복지를 편성하고 있었다. 1959년에 브랜다이즈 대학교의 플로렌스 헬러 사회복지대학원(Florence Heller School for Advanced Studies in Social Welfare)에서 처음 박사과정이 개설돼 관련 과목이 확충되었다. 1960년대에는 이 대학원에서 가장 많은 박사가 배출됐는데, 이 대학원의 주요 교과과정은 정치과학, 정책분석, 양적조사 등 사회복지에 대한 거시적 접근이었다. 졸업생들은 많은 대학에서 교수로 재직하면서 사회복지행정 등 거시교과목 교육을 발전시켰다.

1970년대에는 공공부문 사회복지행정가를 위한 단기교육과정이 개설됐다. 그 재원은 법령에 따라 연방정부와 주정부가 부담했다. 교과과정은 주로 학제 간 교과목 위주였고, 공동학위제(joint degree)를 운영하고 있었다.

1970년대 초에 사회복지교육협의회(CSWE)는 연방정부의 지원을 받아 사회복지교과목에 대한 전국조사를 실시했다. 많은 학교에서 거시교과목을 운영하지만, 10~15%의 학생만 선택하고 5%만이 등록한다는 사실이 밝혀졌다. 하지만 1980년대부터는 많은 대학이 거시교과목을 확대하고 있다. 1998년 사회복지교육협의회(CSWE) 보고에 따르면, 석사과정 학생 34,000명 중 14%가 사회복지행정, 사회계획, 지역사회복지 등 거시교과목을 선택했다. 1991년 연구에서는 1988년 현재 59개 대학원 중 44개 대학원이 사회복지행정, 지역사회복지, 사회복지정책 등 거시교과목을 운영하는 것으로 나타났다.

학생들은 여전히 임상실천과 관련된 과목에 집중하는 경향이 있다. 대부분 졸업 후 현장실천가로 일하고, 일정한 경력을 쌓은 후 슈퍼바이저가 되고 사회복지행정가가 되기 때문이다. 사회복지행정과목에 집중하는 학생들은 사회복지조직에서 실천가로 근무한 경력이 있는 경우가 많다. 한 대학의 조사에 따르면, 졸업생 중 12%는 거시적 실천분야에 있고 82%는 일선 실천가로 일한다(University of Michigan School of Social Work, 1998).

1980년대 이후 민영화와 외부 계약의 흐름이 커지면서 비영리조직 행정에 대한 교육과정이 확대됐다. 1997년 현재 76개 대학이 비영리조직 행정에 대한 학위과정을 3~4개씩 운영한다. 47%는 공공행정 혹은 공공정책학, 14%는 사회복지학, 8%는 경영학에 포함돼 있다(Wish & Mirabella, 1998). 이 과정을 통해 매년 1,000명의 졸업생이 배출됐다. 사회복지교육은 다른 비영리조직에 대한 교육과정에 비해 행정 관련 교육이 부족한 것으로 파악된다. 경제학, 기금모금(fund-raising), 공공재정, 재정관리 등에 대한 교육이 취약하다는 것이다.

6. 미래에 대한 전망

오스틴(Austin, 2000)은 미국 사회복지행정에 대해 전망하고 있다. 그의 전망은 다음의 12가지로 정리할 수 있다.

① 공공분야 사회복지행정에서는 정부가 운영하는 사회보험의 역할이 커질 것이다.

베이비붐 세대가 고령화 됨에 따라 공적 연금보험과 Medicare의 역할이 커질 것이다. SSI는 취약계층의 소득보장을 위해 계속 중요한 역할을 맡을 것이다. 사회보험관리영역에서는 사회복지사보다는 공공행정과 공공정책 전공자들이 주를 이룰 것이다. 사회복지교육에서는 여전히 정치과학, 공공재정, 재정관리에 대한 관심이 부족하기 때문이다.

② 공공분야 사회복지행정에서는 민영화의 경향이 강화될 것이다.

정신건강, 공공보건, 아동복지, 가족지원 등 다양한 영역에서 정부는 재정지원과 규제역할을 맡고 비영리 및 영리 조직들이 서비스를 제공하는 경향이 강화될 것이다. 따라서 공공분야 사회복지행정에서는 공공행정이나 경영관리의 배경을 가진 사람들이 더욱 유리해질 것이다.

③ 민간사회복지조직들은 많은 변화에 직면할 것이다.

앞으로 비영리 및 영리 조직들이 연계해 서비스를 제공하는 경향이 커질 것이다. 비영리조직에는 지역사회 정신건강센터 등 정부가 설립하고 민간이 운영하는 준정부기구들도 늘어날 것이다. 서비스구매가 주요 재정조달 방법이 됨에 따라 비영리 사회복지조직들 간의 인수와 통합이 활발해지고 있다.

④ 소규모 사회복지조직들이 늘어나 규모의 다양성이 증가할 것이다.

특수한 서비스제공에 이해관계를 갖는 집단들은 소규모 사회복지조직을 운영하려 할 것이다. 이들은 연방정부, 주정부 및 지방정부의 창업기금을 이용하거나 재정제공자들의 지정기탁 방식에서 도움을 받을 수 있다. 특히 지역경제개발을 위한 조직들이 활성화될 수 있다.

⑤ 사회복지행정은 지역사회와 관계하는 기술을 요구받고 있다.

사회복지행정은 지역사회를 조직하는 정치적 기술을 요구받고 있다. 지역사회에는 다양한 형태의 옹호조직들이 늘어나고 있다. 자조적으로 서비스를 제공하는 조합(trade association)도 다양해지고 있다. 기존의 사회복지조직은 이들과 협력해 지역사회의 복지를 향상시킬 필요가 있다.

⑥ 사회복지행정은 다른 분야의 행정기술을 요구받고 있다.

사회복지행정은 비영리조직 행정과 경영의 기법을 갖출 필요가 있다. 이 분야는 재정관리, 재정계획, 자금확보와 관련된 기술을 갖고 있다. 현재 사회복지행정은 이 분야의 지식을 과거보다 더욱 필요로 하고 있다.

⑦ 사회복지교육은 현장의 수요를 반영할 필요가 있다.

실제로 활용할 수 있는 서비스와 프로그램 운영에 대한 핵심적인 전문 기술을 교육할 필요가 있다. 서비스전달 네트워크, 클라이언트의 특성에 대해서도 현실에 맞게 가르쳐야 한다. 사회복지교육은 여성, 다양한 인종, 장애인, 사회정의 이슈에 관심이 있는 학생 등 다양한 배경을 가진 학생들을 지지해야 한다.

⑧ 사회복지행정을 위한 교육을 별도로 강화해야 한다.

최근 공공복지의 민영화 추세와 함께 민간분야 사회복지행정의 중요성이 커지고 있다. 따라서 사회복지행정에 대한 교육을 강화할 필요가 있다. 일선 사회복지사와 슈퍼바이저의 경력을 가진 대학원생은 졸업과 함께 사회복지행정가로 진출할 수 있도록 준비해야 한다.

⑨ 경력 있는 사회복지사들이 사회복지행정에 참여하도록 장려돼야 한다.

사회복지실천의 경력자들(advanced clinical generalist)은 최근 전형적인 사회복지조직에 슈퍼바이저나 행정가로 참여하기보다는 특성화된 서비스조직에 참여해 전문경력을 증진시키는 경향이 커지고 있다. 이들이 사회복지기관의 행정에 매력을 느낄 수 있도록 사회복지행정, 지역사회복지 등 거시교과목을 강화하고, 공공정책, 경제분석, 재정관리 등의 내용을 확대할 필요가 있다.

⑩ 여성이 사회복지행정에 진출하는 경향이 늘어날 것이다.

많은 여성이 관리직에 진출하고 있다. 여성의 기업경영 참여가 늘어나고 있듯이, 사회복지조직에도 행정직에 진출하는 경향이 커지고 있다. 민영화 등의 흐름 때문에 공공사회복지조직의 중간관리자들의 역할이 불안정해지면서 민간분야 사회복지행정가에 대한 선호가 늘고 있기 때문이다.

⑪ 영리조직에서도 사회복지행정가의 수가 늘어날 것이다.

현재 근로자 지원프로그램, 재택근로자 지원프로그램에서 영리조직의 참여가 두드러지고 있다. 지식기반산업이 활성화되면서 대체가 불가능한 숙련을 가진 직원들에 대한 지지적 · 치료적 서비스의 수요가 증가하고 있다. 이는 의료서비스, 관리행동건강관리(managed behavioral health care) 분야의 사회복지사들에게 행정가로 진출할 잠재적인 기회가 되고 있다.

⑫ 21세기의 사회복지는 20세기와는 다른 양상이 될 것이다.

21세기의 사회복지는 공공복지의 민영화, 비영리 사회복지조직의 다양화, 영리 사회복지조직의 확대가 특징이다. 사회복지행정의 내용도 다양해질 것이다. 이는 사회복지행정가나 행정가가 되려는 사회복지사에게 새로운 기회를 제공한다. 그러나 과거와는 다른 특별한 능력을 갖추어야 한다. 여기에는 비영리조직행정과 경영학에 대한 지식이 포함된다.

제3장 한국사회복지행정의 역사[1)]

1. 일제 강점기와 미군정기의 사회복지행정

우리나라에서 사회복지는 일제 강점기 이전에는 공적 조직의 시혜적 활동이 대부분이었다. 우리나라에는 삼국시대의 창제(創制)와 진대법, 고려시대의 창제, 의창, 상평창, 조선시대의 창제도, 환곡제도, 계, 두레, 향약 등 전통적으로 다양한 구제제도가 있었다. 하지만 1910년 한일합병과 함께 조선시대에 운영하던 공적 조직의 시혜적 활동은 종료됐다.

일제는 조선총독부의 내무부 지방국 지방과에서 구휼 및 자선사업을 담당하게 하

1) 이 장의 내용은 장천식(2006), 구인회, 양난주(2008), 신복기, 박경일, 이명현(2008), 김영종(2010), 고재욱, 전선영, 황선영, 박성호, 이용환(2013), 한국복지행정학회(2014), 황성철, 정무성, 강철희, 최재성(2014), 교육부, 문화체육관광부, 보건복지부, 환경부, 고용노동부, 여성가족부(2015), 대한민국정부(2015), 보건복지부(2015a), 보건복지부(2015b), 여성가족부(2015), 이현주, 유진영(2015), 한국사회복지관협회(2015), 교육부, 고용노동부, 보건복지부, 여성가족부(2016), 보건복지부(2016c), 사회복지교육연구센터(2016), 오정수, 류진석(2016), 최성재, 남기민(2016)에 바탕을 두고 있다.

다가 1921년에 조선총독부 내무부 지방국 내에 사회과를 설치했다. 사회과는 일제의 사회복지사업을 지도 및 통제하는 역할을 맡았는데, 처음부터 주로 공적인 시혜활동을 총괄했다. 이어 1932년에는 학무국 사회과에서 사회복지업무를 총괄했다. 일제는 우리 민족의 순응을 이끌기 위한 정치적 목적에서 식민통치의 일부로 공적인 시혜활동을 전개했던 것이다.

일제는 일본과 식민지 조선에서 상반된 정책을 폈다. 일본에서는 1874년 제정된 휼구규칙을 1929년에 폐지하고 「구호법」을 제정해 현대적인 형태의 제도적인 구빈행정을 폈다. 그러나 조선에 대해서는 이 법을 적용하지 않고 비제도적인 형태의 시혜활동만 전개했다.

1944년에 이르러서는 노동불능자에 대한 공적 구호방안을 담은 「조선구호령」을 공포했다. 65세 이상의 노인, 13세 이하의 아동, 임산부, 장애인, 폐질, 질병, 상이, 기타 정신 또는 신체의 장애로 노동이 어려운 자의 빈곤, 장해, 폐질 등에 대처하기 위해 생활부조, 의료부조, 조산부조, 생업부조의 4대 생활구호를 실시할 것을 규정했고, 특별한 경우 매장구호도 제공하도록 했다. 구호절차에 대해서는 신청주의를 채택하고 자산조사를 거치도록 했다. 구호방법은 거택구호와 수용구호로 구분했지만 거택구호를 원칙으로 했다. 거택구호가 불가능할 경우 구호시설 수용 또는 개인 및 시설 위탁을 할 수 있도록 했다.

그러나 「조선구호령」이 실제 제대로 작동했는지에 대해서는 회의적이다. 「조선구호령」은 일제가 조선의 저항을 무마하기 위해 제정한 형식적이고 명목적인 규정에 불과했기 때문이다. 한편, 「조선구호령」은 이후 미군정기의 공적 구호활동과 건국 후 「생활보호법」을 제정하는 데 기초가 된 것으로 알려져 있다.

19세기말부터 선교활동의 일환으로 외국인 선교사에 의해 아동양육활동 등이 전개된 바 있다. 1905년에는 유학자 이필화에 의해 경성고아원이 설립됐다. 1906년 미국 감리교 선교단체에 의해 원산에 반열방이 설치됐는데, 민간이 운영한 최초의 사회복지관으로 알려져 있다. 반열방은 인보관과 유사한 성격이었다. 1921년 미국 감리교 선교부는 서울 인사동에 태화여자관을 설치했다. 이어 1926년과 1930년에 각각 원산과 서울에 인보관이 설치됐다. 이 밖에도 외국종교기관의 선교활동의 일환으로 인보관, 사회관, 아동시설 등이 설립됐다.

일제는 1927년 이후 방면위원(方面委員)제도를 운영했는데, 1927년에 경성을 필두로 1933년에는 부산에서도 실시됐다. 방면위원회는 빈민의 생활 개선 및 향상을 위한 빈민조사기관이라는 명분을 내세웠으나, 사실 빈민을 관리 · 통제하려는 식민통치의 수단이었다. 1930년대에 조선총독부는 서울의 종로, 왕십리, 마포, 영등포 등에 사회복지관을 설치했다. 그러나 이는 공공 구제기관의 성격을 갖고 있었기 때문에 민간의 자발적인 복지관 활동으로 보기는 어렵다.

한편, 1921년에 조선사회사업연구회가 조직됐다. 이 조직은 민간사회복지조직들의 상호 교류와 사회복지사업에 대한 조사 · 연구를 목적으로 삼았다. 1929년에는 재단법인 조선사회사업협회로 확대 개편됐다.

해방된 1945년부터 1948년까지 3년간 미군정이 실시됐다. 미군정은 일제 때의 관계법을 계승하면서도 군정법령과 업무처리준칙들에 입각해 행정을 폈다. 미군정은 제도적인 복지가 아니라 월남 피난민과 기존에 국내에 거주하던 빈민에 대해 식량, 임시주택, 긴급의료를 제공하는 등 긴급구호활동을 주로 전개했다.

미군정은 1945년 10월 27일 보건후생국을 설립했고, 보건후생국은 1946년 3월 2일 보건후생부로 승격하게 된다. 보건후생국은 1946년 1월 12일 「후생국보 3호」를 발표한 데 이어 9월 18일에는 「후생국보 3A호」와 「후생국보 3C호」 등 일련의 구호준칙을 마련하고, 일제가 1944년 공포한 「조선구호령」과 함께 시행했다.

「후행국보 3A호」는 재해민과 피난민에 대한 구호계획을 담고 있었다. 이 준칙은 식량, 의류, 연료, 긴급의료, 매장, 치료 등의 편의를 제공하는 방침을 담은 것이었다. 「후생국보 3C호」는 빈민 및 실업자 구호계획에 관한 것이었다. 노동불능자에 대한 공적 구호인 「조선구호령」을 바탕으로, 65세 이상 노인, 6세 이하 아동을 양육하는 어머니, 13세 이하의 아동, 폐질자, 분만 시 도움이 필요한 자, 정신적 · 육체적 결함이 있는 자를 구호대상자로 삼았다. 식량, 주택, 연료, 의료, 매장 등의 구호를 받으려면 가족이나 친척의 보호를 받을 수 없는 자로서 구호시설에 수용돼 있지 않아야 했다.

그러나 미군정의 구호행정은 군정의 특성상 일시적인 구호책에 불과했다. 구호 수준 또한 요구호자의 욕구를 충족시키기에는 매우 불충분한 수준이었다. 구호의 범위도 포괄적이지 않았다. 이처럼 미군정의 구호행정은 일방적이며 포괄적인 책임성이 부족한 것이었다.

미군정은 1946년 9월 18일에는 법령 제112호로 「아동노동법」을 공포했고, 1947년 5월 16일에는 과도정부 법령 제4호로 「미성년자 노동보호법」을 공포했다. 이 법은 선진국처럼 아동 및 미성년자의 노동을 보호하는 취지를 담고 있었다. 그러나 현실에서는 구호행정을 벗어나지 못하고 있었고, 당시 만연해 있던 아동 및 청소년 노동에 대해 실효적인 규제력을 발휘하지는 못했다.

한편, 미군정기에는 구호행정이 주로 이루어졌기 때문에 전문적인 사회복지실천 현장은 존재하지 않았다고 볼 수 있다. 긴급구호 이외에 공공과 민간의 전문적인 사회복지조직은 거의 없었기 때문에 전문적인 사회복지행정도 존재하지 않았다.

따라서 미군정기는 사회복지행정에 대한 교육의 필요성과 욕구를 느끼지 못한 시기였다. 그런데 1947년에 이화여자대학교에 기독교사회사업학과가 설치됐다. 이에 대해서는 사회복지현장의 수요는 없었지만, 기독교의 교육이념을 바탕으로 한 교과과정의 일환으로 미국식 사회복지교육을 도입한 것으로 평가할 수 있다.

2. 제1 · 2공화국시대의 사회복지행정

1948년 8월 15일 제1공화국이 공식 출범했다. 1948년 7월 7일 제정된 「대한민국 제헌 헌법」은 제19조에서 노령, 질병, 기타 근로능력을 상실해 생활유지능력이 없는 자는 법률에 의해 국가의 보호를 받는다고 하고 있다. 이에 제1공화국은 먼저 사회복지와 관련된 정부부처를 개편했다. 미군정기의 보건후생부와 노동부를 통합해 사회부로 개칭하고, 보건, 위생, 노동, 부녀행정을 관장하게 했다. 1949년 3월에는 보건부를 신설해 사회부가 관장하던 보건행정을 담당했다. 1955년 2월에는 보건사회부를 만들어 보건부와 사회부를 통합했다. 이로써 보건사회부는 사회, 복지, 보건, 부녀행정을 총괄하는 부서가 됐다.

제1공화국의 사회복지시책은 다음의 몇 가지로 정리할 수 있다.

첫째, 1950년 2월에 「후생시설 설치 기준령」을 제정했다. 1952년 10월에는 「후생시설 운영요령」이라는 훈령을 제정했다. 두 조치는 당시 구호활동에 전념하던 열악한 육아시설의 설치기준을 제시하고 운영에 대한 규정을 마련한 것이었다. 당시 육아시설들은 대부분 구호시설이었지만, 이 조치들은 사회복지시설의 설치 · 운영과 지도감독에 대해 국가적인 기준을 제시하려는 시도였다는 점에서 의의가 있다.

둘째, 몇 가지 입법조치를 실시했다. 1950년 4월 「군사원호법」, 1951년 4월 「경찰원호법」을 제정했다. 이는 상이군인과 상이경찰에 대한 국가적 보훈정책의 일환이었다. 1960년 1월에는 「공무원연금법」을 제정했다. 이 법은 극심한 정치적 혼란과 체제경쟁 속에서 공무원들의 충성심을 고취하기 위한 정치적 의도가 반영된 것이다.

당시 정부는 월남피난민, 전쟁 고아 및 피해자에 대한 긴급구호활동에 급급했다. 정부의 사회복지정책은 주택건설사업, 모자복지와 윤락여성교도 등 부녀보호사업, 부녀계몽사업, 생활개선사업, 아동복리사업, 부랑아보호사업 등으로 구성돼 있었다. 사회복지서비스에 지출된 정부예산이 보건사회부 총예산에서 차지하는 비중은 전쟁 중이던 1951년에 17.4%였고 전쟁 직후인 1954년에 23.9%였다.

그러나 전쟁 뒤 정부의 복지시책은 후퇴했다. 1957년 사회복지서비스에 대한 정부예산은 보건복지부 총예산의 1.6%로 급속히 떨어졌고, 1959년에도 1.9%로 미미한 비중에 머물렀다. 보건사회부 총예산도 1955년에 정부총예산의 5.9%였다가 1957년에 4.4%, 1958년에는 4.2%로 계속 하락했다. 당시에는 국민 일반이 적용대상인 공적 복지제도를 구비하지 않았기 때문에 대부분의 예산이 보훈사업 등에 사용된 것으로 보인다.

한편, 1960년 4 · 19 혁명으로 제1공화국이 붕괴된 후 1960년 8월 19일 제2공화국이 출범했다. 그러나 제2공화국은 1961년 5 · 16 군사정변 때까지 짧은 기간만 존속했다. 따라서 제2공화국은 사회복지에 관한 별다른 시책을 가시화 하지는 못했다.

이 시기의 공적 복지는 월남피난민과 전쟁 피해자에 대한 긴급구호활동이 주를 이루었다. 이처럼 전쟁 직후의 가족해체 상황이 매우 심각하고 광범위했음에도 불구하고 1950년대에 정부가 취한 정책적 대응은 실로 미미한 것이었다.

외국원조기관(외원기관)을 비롯한 민간원조기관들은 국가적인 사회적 보호의 공백을 메우기 위해 긴급구호활동을 적극 전개했다. 전쟁 후 초유의 가족해체 상황에 직면하면서도 정부가 복지지출예산을 줄여 갈 수 있었던 것은 전적으로 외국원조기관과 토착민간단체의 구호사업 덕택이었다. 이들은 전쟁피해자인 고아, 과부, 무의탁노인, 빈민들에 대한 긴급구호활동을 전개했다. 외국원조기관들의 총수입 중 본국으로부터의 송금은 83%로 대부분을 차지했고 정부보조는 0.1%에 불과했다. 토착민간단체의 경우 총수입 중 외국원조기관의 원조가 39%였고, 정부보조는 3.1%에 불과했다.

외국원조기관은 1952년 7개 기관을 중심으로 외국민간원조한국연합회(Korea Association of Voluntary Agencies: KAVA)를 조직했다. 이 단체는 1964년에는 회원단체가 70여 개 기관이었다. 외국 민간원조로는 1953~1955년에 39개 단체, 1966~1970년에 123개 단체가 있었다. 외국원조기관들은 미국식 전문사회사업의 실천방법과 이론을 전파하는 데 기여했다.

이처럼 당시에는 공공영역뿐 아니라 민간사회복지조직도 비전문적인 긴급구호 위주로 활동했다. 따라서 실천현장에서는 전문적인 사회복지행정의 필요성이 거의 제기되지 않았다고 볼 수 있다. 실제로 당시 사회복지조직들은 외국원조기관의 지원을 받아 구호사업을 전개하는 데 몰두해야 하는 상황이었다. 따라서 구호물자의 효과적인 배분이 주요 관심사였다.

이 시기에 인보관 성격의 대학부설 사회복지관과 민간사회복지관이 설립되기 시작했다. 1956년에 이화여자대학교에 사회복지관이 설립됐고, 그 밖에도 1956년에는 아현복지관, 1962년 목포사회복지관 등 개인 및 민간단체에 의해 사회복지관이 설립됐다.

한편, 1952년 2월 한국사회사업연합회가 창립해 1954년 2월에 사단법인으로 인가됐다. 이 단체는 사회복지사업에 종사하는 회원 및 관련 단체 간의 협력과 사회복지사업의 지도를 주 업무로 하고, 정부에 대해서도 사회복지시책을 건의하려는 취지를 갖고 있다. 1956년에는 사회복지 전문인력 단기양성소인 국립중앙사회사업종사자훈련소(국립중앙사회복지연수원으로 개칭됐다가 현재 보건사회연구원에 포함됨)가 창설됐다.

이 시기에 1953년 중앙신학교(현 강남대학교의 전신)에 사회사업학과가 설치됐다. 1958년에는 이화여자대학교 기독교사회사업학과에서 사회사업학과가 분리돼 독립학과가 됐고, 서울대학교 대학원에 사회사업학과가 만들어졌다. 1959년에는 서울대학교에 사회사업학과가 설치됐다. 서울대학교 사회사업학과는 설립 당시부터 사회복지행정을 교과목으로 편성했던 것으로 알려져 있다.

그러나 이 시기의 사회복지행정교육은 사회복지현장의 사회복지행정 수요를 충당할 목적에 따라 이루어진 것은 아니었다. 케이스워크 중심의 미국식 사회복지교육을 도입하는 과정에서 교과과정의 일환으로 편성된 것으로, 당시에는 사회복지행정의 중요성을 인식하기에는 사회복지실천의 기반이 부족했다고 볼 수 있다.

3. 제3 · 4공화국시대의 사회복지행정

1961년 5 · 16 군사정변을 계기로 1년 7개월간 군정이 실시됐다. 이어 1963년 12월 17일 제3공화국이 출범했다. 군정과 제3공화국은 1962년부터 '경제개발 5개년계획'

을 실시했다. 이 계획은 외자를 도입해 정부주도 하에 수출주도형 공업화를 달성하기 위한 것이었다. 이를 위해서는 국가적인 자원을 수출부문에 집중하고 사회간접자본을 확충하는 데 집중할 필요가 있었다. 이에 따라 저임금 · 저곡가 정책을 유지하고 경제개발을 우선시하는 정책을 폈다. 그 결과 산업화와 도시화가 이루어지고 급속한 경제성장을 이룰 수 있었다.

제3공화국은 급속한 경제성장 추진과 관련이 없는 지출은 최대한 억제했다. '선성장 후분배'의 기조에 따라 사회복지정책은 우선순위에서 배제된 것이다. 그러나 사회복지제도에도 진전이 있었다. 체제의 정당성을 강화하거나 경제활동에 기여할 수 있는 제도를 위주로 추진했던 것이다.

제3공화국의 사회복지시책은 다음의 몇 가지로 정리할 수 있다.

첫째, 군정은 국가를 위해 헌신한 희생자들과 재해피해자들에 대한 지원책을 신속히 마련했다. 1961년 11월에 「군사원호보상법」이 제정됐다. 1962년 3월에는 「재해구호법」, 4월에는 「국가유공자 및 월남귀순자보호법」이 제정됐다.

둘째, 1961년 12월에 「생활보호법」이 제정됐다. 이 법은 근로능력이 없는 저소득층에 대한 최초의 제도적인 공적 부조라고 할 수 있다. 65세 이상 노인, 18세 미만 아동, 장애인 등에게 생계보호를 제공하고자 했다. 그러나 18세 이상 65세 미만의 근로능력자들에 대해서는 생계보호를 실시하지 않았다. 단, 근로능력이 있지만 자립생활을 하지 못하는 가구에 대해서는 1964년부터 미국의 구호양곡을 제공했다. [미국은 자국의 농산물가격 유지, 농산물수출 진흥, 저개발국의 식량부족 완화를 위해 1954년에 「농업수출진흥및원조법(Agricultural Trade Development and Assistance Act)」, 즉 「미공법(U.S. Public Law) 480호」(줄여서 PL 480)를 법제화해 잉여농산물을 원조했다.] 한편, 1968년 7월에 「자활지도사업임시조치법」을 제정해 근로능력이 있는 빈곤층에 대해서는 자조근로사업을 실시하기도 했다.

셋째, 사회보험을 도입하기 위한 시도가 있었다. 1963년 1월에 「군인연금법」을 제정했다. 이는 1960년 1월에 제정된 「공무원연금법」과 마찬가지로 국가 엘리트의 충성에 대해 국가가 보상하는 의미도 있었다. 1963년 11월에는 보편적인 사회보험제도로는 최초로 「산재보험법」이 제정됐다. 이 법은 다른 나라와 마찬가지로 산업화 초기에 집중적으로 발생하는 산업재해로부터 핵심노동력을 보호하려는 취지를 반영했다. 500명 이상의 광업 및 제조업 분야에 한정해 적용한 것이 이를 입증한다. 1963년에는 의료보험제도를 도입하려는 시도가 있었으나 국가재건최고회의의 거부로 강제보험으로 제도화되지 못했고, 12월에 임의보험형태로 「의료보험법」이 제정됐다.

넷째, 사회복지 분야에 대한 법률들이 1961년에 제정됐다. 8월에 「고아의후견직무에관한법률」, 9월에 「고아입양특례법」, 11월에 「윤락행위등방지법」, 12월에 「아동복리법」이 제정됐다. 그러나 요보호자에 대한 시설보호에 치중하였고 실효성 있는 사회복지서비스는 제공되지 않았다.

다섯째, 1963년 11월에 「사회보장에관한법률」이 제정됐다. 이 법은 사회보장에 관한 국민의 권리와 국가 및 지방자치단체의 책무를 정하고 사회보장제도에 관한 기본적인 사항을 정해 국민의 복지증진에 기여하려는 취지를 갖고 있다. 이 법은 전문 7조로 구성돼 있고, 사회보장심의위원회 구성 이외에는 추상적인 내용을 담고 있다는 한계가 지적돼 왔다.

여섯째, 1970년 1월에 「사회복지사업법」이 제정됐다. 이 법은 사회복지사업의 범위, 공급주체, 시설기준, 국가 및 지방자치단체의 보조 등에 대한 기준을 정하려는 취지를 담고 있다. 사단법인이나 재단법인으로 존재하는 사회복지조직들에 대해 보건사회부의 허가로 사회복지법인의 자격을 취득하도록 했으며, 시 · 도지사가 시설에 대한 설치를 허가할 수 있도록 했다. 사회복지공동모금회 설립 규정을 마련했다. 또한 국가 및 지방자치단체가 사회복지법인에 대해 보조금을 지급하고, 사회복지법인과 시설에 대해 지도 · 감독할 수 있도록 했다.

유신헌법이 제정돼 1972년 12월 27일 제4공화국이 출범했다. 제4공화국은 제3공화국의 수출지향적 고도성장과 '선성장 후분배' 의 기조를 이어받았다. 그러나 이전과는 다른 환경이 생겨나고 있었다. 급속한 고도성장의 결과 산업구조가 현대화 되고 도시화가 이루어져 도시산업 인구가 형성됐다. 또한 산재보험 이외에는 질병, 노령, 실업 등의 사회적 위험에 대한 대처가 부족하게 되자 사회문제 해결을 바라는 국민의 욕구가 증가했다.

제4공화국의 사회복지시책은 다음의 몇 가지로 정리할 수 있다.

첫째, 취약계층을 보호하고 필요한 서비스를 제공하는 입법이 몇 가지 이루어졌다. 1976년 9월에 「입양특례법」이 제정됐다. 1977년에는 12월에 「특수교육진흥법」이 제정됐다. 같은 달에 「의료보호법」이 제정됐다. 이 법은 1961년 12월 제정된 「생활보호법」에 명시된 대로 보건소와 공립병원이 생활보호자들에게 의료보호사업을 실시하도록 명문화한 것이었다.

둘째, 이 시기에는 사회보험 도입이 정책적 이슈로 제기됐다. 국민연금제도를 도입해야 한다는 주장이 제기돼 1973년에 국민복지연금법의 입법이 추진됐으나 무산됐다. 이 제도를 도입하려는 취지는 산업근로자의 노후생활을 보호하기 위한 것이었지만, 연금기금을 조성해 중화학공업화에 필요한 대규모 자본을 동원하기 위한 의도도 있었다. 1973년에는 「사립교원연금법」이 제정됐다. 이 제도 역시 공무원연금이나 군인연금과 유사하게 국가의 교육엘리트에 대한 보상의 취지를 반영하는 것이었다. 임의가입 형식이었던 「의료보험법」은 1976년 12월에 전문 개정돼, 1977년 7월에 조합주의방식의 의료보험제도가 500명 이상 사업장부터 강제 적용되기 시작했다. 이 법은 노사갈등이 심한 상황에서 산업평화에 기여하고 노동자복지에 대한 기업의 부담을 완화하기 위한 취지를 갖고 있었다.

제3 · 4공화국시대에는 산재보험과 의료보험이 보편적인 사회보험제도로 도입되기 시작했고, 생활보호제도가 정비돼 노동능력이 없는 저소득층에 대한 제도적 보호를 시작했다. 또 「사회복지사업법」이 제정돼 향후 민간사회복지조직 활동의 토대를 구축했다. 그러나 사회복지서비스 분야에서는 「아동복리법」 등 법제의 도입에도 불구하고 일부 취약계층에 대한 시설보호에 치중할 뿐이었다. 사회복지사업은 시설보호와 구호활동 등 민간사회복지조직들의 자발적인 활동에 크게 의존할 수밖에 없었다.

1960년대에는 이전 시기와 마찬가지로 123개 외국원조기관인 민간복지기관이 저소득층을 원조한 것이 주종이었다. 1960년대 말 본격적인 경제개발과 함께 외원단체들이 본국으로 철수하기 시작했다. 그러나 1970년 1월 「사회복지사업법」 제정에도 불구하고 사회복지법인 및 시설의 설립은 저조한 실적을 보였다. 이에 따라 1970년대에도 역시 사회복지조직의 주류는 외국원조기관이었다고 볼 수 있다. 1980년 당시 외국원조기관은 87개가 등록돼 있었지만, 실질적으로 사업을 종결하고 철수를 준비하고 있는 단체도 7~8개에 이르렀다. 국적별로는 미국이 48개(55%), 독일과 이탈리아가 각 7개(16%), 영국과 스위스가 각 4개(10%), 캐나다, 아일랜드, 스웨덴이 각 3개(11%), 기타 8개(10%)였다. 한편, 1976년에 22개 사회복지관이 참여한 가운데 한국사회복지관연합회가 설립됐다.

따라서 이 시기 공적 사회복지에서의 행정의 역할은 「생활보호법」 등 법령에 따른 시행계획 수립과 법정급여 제공에 국한될 뿐 개별화된 서비스는 전혀 고려하지 않았다. 민간 사회복지현장에서도 여전히 시설보호와 비전문적인 구호활동이 대부분이었다. 공공 및 민간 영역에서 모두 전문적인 사회복지서비스가 제공되지 않았기 때문에 사회복지행정에 대한 수요도 존재하지 않았다고 볼 수 있다. 외국원조기관 중 일부는 케이스워크 등 전문화된 서비스를 제공하려 시도하고 다양한 프로그램을 개발하기도 했다. 그러나 효과적 · 효율적 서비스 제공을 위해 사회복지행정의 지식과 기술을 활용하려는 인식은 저조했다고 한다.

1952년 2월 창립한 한국사회사업연합회는 1961년 사단법인 한국사회복지사업연합회로 개칭했다. 이 단체는 1977년에 사단법인이 됐다. 1965년에는 한국사회사업학교협의회(현재의 한국사회복지대학교육협의회)가 창립됐고, 1967년에는 한국사회사업가협회(현재의 한국사회복지사협회)가 결성됐다.

한편, 1960년대에는 10개 대학에서 사회사업학과를 운영했다. 1970년대에는 사회사업학과를 운영하는 대학이 13개로 늘어났다. 사회복지행정과목은 절반 정도의 대학에서는 전공필수로 채택했지만, 나머지 대학에서는 전공선택과목이었다. 당시에는 사회복지행정을 전공한 학자가 전무했고 관련 연구도 없었다. 이 시기의 사회복지행정은 대학의 교과목으로는 명목상 인정됐지만, 실제 사회복지현장에서는 필요성과 중요성이 인식되지 못한 상태였다.

4. 제5 · 6공화국시대의 사회복지행정

1979년 10 · 26 사태로 신군부가 실권을 장악한 뒤 1981년 3월 3일 제5공화국이 출범했다. 당시 우리나라는 급속한 고도성장의 결과 이미 최빈국에서 탈피한 상태였다. 1980년 현재 1인당 GDP는 1,719달러였고, 1986년에는 2,643달러에 달했다. 이미 산업국가의 면모를 갖추었고 도시화가 어느 정도 완성됐으며, 초등학교 취학률과 중고등학교 진학률이 100%에 육박할 뿐 아니라 대학진학률도 상당히 높아졌다. 정치적 불안정 속에 성립된 제5공화국은 '선성장 후분배' 정책의 부산물인 불평등, 지역간 격차, 각종 사회문제에 대처해야 하는 상황에 놓였다.

제5공화국의 사회복지시책은 다음의 몇 가지로 정리할 수 있다.

첫째, 근로능력이 없는 국민을 위한 공적부조제도로서 1982년 12월에 「생활보호법」을 전면 개정했다. 이 법은 부양의무자가 없거나 부양의무자가 있어도 부양능력이 없는 65세 이상의 노인, 18세 미만의 아동, 임산부, 폐질 또는 심신장애로 인해 근로능력이 없는 자, 기타 생활이 어려운 자에게 생계보호, 의료보호, 자활보호, 교육보호, 해산보호, 장제보호 등 6종의 급여를 제공하도록 하고 있다.

둘째, 사회보험을 확대하는 획기적인 조치가 취해졌다. 1986년 12월에 「국민연금법」을 제정해 1988년 1월부터 시행했으며, 국민연금관리공단이 운영하도록 했다. 국민의 노후불안과 노인빈곤문제를 더 이상 방치할 수 없었던 현실적인 이유가 작용했다고 볼 수 있다. 1987년 12월에는 「의료보험법」이 개정됐다. 1988년 1월에 농어촌지역 의료보험을 실시하고, 1989년 7월에 도시자영자 의료보험을 실시하는 내용이었다.

셋째, 사회복지 입법이 이루어졌다. 1980년 12월에는 사회복지사업을 효과적으로 수행하기 위해 필요한 재원을 확충하고자 「사회복지사업기금법」을 제정했다. 이는 1970년 1월 제정된 「사회복지사업법」에 따라 1971년 11월에 설립된 사회복지법인 한국사회복지공동모금회가 실적 부진으로 1972년 이후 유명무실해지자 별도로 불우이웃돕기운동을 전개하기 위한 것으로, 1991년까지 시행된 것으로 알려져 있다.

1981년 4월에는 기존의 「아동복리법」을 「아동복지법」으로 전면 개정하고 '어린이날'을 제정했다. 1981년 6월에는 「심신장애자복지법」을 제정해 지체, 시각, 청각 및 언어, 정신박약, 심신장애 등 5가지 장애등급을 규정했다. 같은 해 6월에는 「노인복지법」을 제정해 노인복지시설의 범위를 규정했다. 1982년 12월에는 새마을유아원(구 탁아소)의 설치 및 운영에 대한 규정을 담은 「유아교육진흥법」을 제정했다. 1987년 12월에는 「남녀고용평등법」을 제정했다.

1988년 2월 25일 제6공화국이 출범했다. 1987년 10월 29일 공포된 「헌법」에 따라 구성된 제6공화국의 헌정체제는 현재까지 이어지고 있다. 무엇보다 제6공화국은 대통령직선제 중심의 민주적인 정치질서와 국민의 기본권 신장을 근간으로 하고 있다. 이 시기는 과거의 고도성장이 둔화되기 시작하고 산업화가 완성되는 상황과 밀접한 관련이 있다. 민주주의가 실현되고 국민의 기본권이 신장되면서 과거의 '선성장 후분배' 논리로는 삶의 질에 대한 국민의 요구를 억누를 수 없는 현실적인 상황이 전개됐다.

1995년에는 지방자치제도가 전면 실시돼 사회복지환경이 변화했다. 1991년에 지방의회선거가 실시된 데 이어 1995년부터 지방자치단체장선거가 실시된 것이다. 이로써 지방정부가 스스로 지역의 사회문제를 해결하고 지역주민의 욕구를 충족시킬 수 있도록 사회복지시책을 개발할 필요가 제기되었다. 나아가 지역주민의 복지수요를 충족시키기 위해 공공 및 민간 사회복지전달체계를 구축해야 하는 현실적인 과제가 부여됐다.

이 시기의 사회복지시책은 다음의 몇 가지로 정리할 수 있다. 여기서는 1988년 2월~1993년 2월까지의 노태우 정부, 1993년 2월~1998년 2월까지의 김영삼 정부에 국한해 살펴본다.

첫째, 이전 시기와 마찬가지로 사회보험은 지속적으로 발전해 왔다. 1987년 12월에 개정된 「의료보험법」에 따라 1988년 1월에 농어촌지역 의료보험이 실시된 데 이어, 노태우 정부 때인 1989년 7월에 도시자영자 의료보험을 실시했다. 이로써 전국민 의료보험시대가 시작됐다. 당시에는 조합주의방식을 채택해 1998년 현재 지역의료보험조합 22개, 직장의료보험 139개가 운영되고 있었다. 김영삼 정부 시기인 1993년 12월에는 「고용보험법」이 제정돼 1995년 7월부터 시행됐다. 1996년부터는 직업능력개발사업도 실시됐다. 1997년 12월에 기존의 「의료보험법」을 대체해 「국민의료보험법」이 새로 제정돼 1998년 10월부터 시행됐다. 기존의 조합주의방식 대신 통합주의방식을 채택해, 227개 지역의료보험조합이 통합되고 공무원과 사립학교교직원의료보험관리공단이 단일화됐다. 이와 함께 국민의료보험관리공단이 출범했다.

둘째, 사회복지 입법이 대거 이루어졌다. 노태우 정부 때인 1989년 4월 「모자복지법」, 12월 「장애인복지법」, 1990년 1월 「장애인고용촉진법」, 1991년 1월 「영유아보육법」, 12월 「고령자고용촉진법」이 제정됐다. 이 중 「장애인복지법」은 옛 「심신장애자복지법」을 대체한 것으로, 장애자 대신 장애인의 용어를 사용하고 '장애인의 날'을 법정기념일로 삼도록 했다. 「영유아보육법」은 여성경제활동참여가 증가하고 보육에 대한 욕구가 커지자 보육시설의 종류를 다양화 했다. 김영삼 정부 시기에는 1994년 1월 「성폭력처벌및피해자보호법」, 1995년 12월 「정신보건법」, 1997년 3월 「청소년보호법」, 4월 「장애인 · 노인 편의증진법」, 12월 「가정폭력및피해자보호법」, 12월 「여성발전기본법」이 제정됐다.

1995년 12월에는 「사회보장에관한법률」을 전문 개정한 「사회보장법」이 제정됐다. 「사회보장에관한법률」은 추상적인 규정만 담고 있어, 법 제정 후 30여 년 동안 새로 생겨난 제도 간의 연계성 부족과 관리운영상의 비효율 등의 문제를 극복하기 어려웠기 때문이다. 이에 이 법은 경제 및 사회 발전 수준과 국민의 복지욕구에 부합하기 위해 시대적 변화에 맞는 사회보장제도를 확립하려는 취지를 갖고 있다. 국가 및 지방자치단체의 책임, 사회보장을 받을 권리, 사회보장심의위원회 구성, 사회보장장기발전방향수립, 사회보장제도의 운영 등의 규정을 담고 있다.

이 시기에는 지방자치제도 실시와 함께 사회복지의 전문성과 행정의 효율성 · 효과성을 제고하기 위해 사회복지전달체계를 개선해야 한다는 주장이 강력하게 대두되기 시작했다. 제5공화국과 노태우 정부 및 김영삼 정부 시기에는 사회복지행정과 관련이 있는 중요한 변화들이 생겨났다.

첫째, 공공분야 사회복지전달체계가 마련되기 시작했다. 사회보험제도가 확립되면서 독립적인 공단이 사회보험을 관리하게 됨으로써 정부의 편제와는 별도로 사회보험관리체계가 구축됐다. 또한 1991년 7월 「사회복지전문요원 직무 및 관리운용에 관한 규정」 제정을 시작으로 중앙정부 및 지방정부 공식직제 내에 사회복지전달체계가 갖추어지기 시작했다.

1992년 12월 「사회복지사업법」 개정 때에는 사회복지전담공무원 및 복지사무기구의 도입에 대한 법적 근거를 마련했다. 또한 1992년 12월에 「지방공무원임용령」을 개정해 행정직군 내에 사회복지직렬을 9급에서 5급까지 설치했다. 1993년 12월에는 「지방공무원임용령」 개정으로 중앙정부 및 지방자치단체의 사회복지행정의 전문화의 기반을 다지게 됐다.

1995년에는 「사회복지전문요원직무및관리운용에관한규정」이 개정돼 사회복지전문요원의 업무가 생활보호업무 이외에 아동, 노인, 장애인, 모자가정 등에 대한 사회복지서비스 업무로까지 확대됐다. 1999년 10월 행정자치부의 「사회복지전문요원일반직전환및신규채용지침」에 따라 사회복지전문요원은 별정직에서 사회복지직으로 전환됐고 명칭도 사회복지전담공무원으로 바뀌어, 사회복지행정의 전문화를 위한 제도적 기반을 확립하게 됐다.

1987년에 49명의 별정직 사회복지전문요원을 채용했다. 사회복지전문요원은 1990년 무렵까지 6대 도시 동사무소에 324명이 배치돼 기존 일반 행정직을 대신해 생활보호제도 운영인력으로 본격적으로 대체되기 시작했다. 지방자치 시대의 개막에 즈음해 1994년에는 3천 명(7급 2,481명, 8급 519명)의 사회복지전문요원이 채용됐다. 이들은 전국 읍 · 면 · 동사무소에서 생활보호업무와 사회복지서비스업무를 담당했다. 1998년에는 정원이 3.000명이 증원됐고, 사회복지전담공무원으로 명칭이 바뀐 뒤 2002년에는 7,200명으로 증원됐다. 이어 2006년에는 1만 110명이었고, 2014년 현재 1만 6,475명이다.

둘째, 1980년대부터 사회복지서비스 제공이 본격화돼 민간사회복지 영역이 확충되기 시작했다. 기존의 시설수용에서 탈피해 사회복지서비스를 확대하는 변화가 이루어졌다. 아동분야에서는 소년소녀가장 보호, 가정위탁 시범사업, 어린이 찾아주기 종합센터 설치 등의 활동이 전개됐다. 영유아 분야에서는 어린이집이 확대되기 시작했다. 장애인 분야에서는 재활과 직업훈련을 실시하는 등 지역사회중심의 재활사업이 시작됐다. 노인분야에서는 1987년부터 재가노인복지사업이 실시되고, 재가보호서비스도 가정봉사원 파견시설, 주간보호시설, 단기보호시설로 다양해졌다. 1989년부터는 노인여가활동을 위해 경로당과 노인복지회관이 설치됐다.

정부는 사회보험과 공적부조 관리, 각종 서비스의 자격과 서비스 제공 관리를 맡았지만 사회복지서비스를 직접 제공하지는 않았다. 따라서 사회복지서비스의 제공은 전적으로 민간영역의 업무로 규정됐다. 이로써 우리나라의 사회복지전달체계에서는 '정부지원-민간공급' 의 구조가 만들어지고 있었다.

1970년 1월 제정된 「사회복지사업법」에 근거해 사회복지법인에 대해 보조금을 지급할 수 있도록 한 바 있다. 1976년 외국원조기관의 철수가 완료되자 정부는 민간사회복지조직에게 보조금을 지급하며 사회복지서비스 제공업무를 지원하게 된다. 1983년 5월 「사회복지사업법」 개정 때 사회복지관은 종합복지관 가형과 나형 그리고 사회복지관으로 나뉘면서 공식적으로 국가의 지원을 받게 됐다. 주택 200만 호 건설정책과 함께 1986년 「주택건설기준 등에 관한 규제」에 일정 규모 이상의 주택단지를 건설할 때에는 사회복지관을 설치하도록 의무화했다. 같은 해에 「사회복지관 운영 · 국고보조사업지침」이 수립됐다. 1989년에는 「주택건설촉진법」 등에서 저소득층 영구임대아파트 건립 시 사회복지관 건립을 의무화했다. 같은 해에 사회복지법인 한국사회복지관협회가 설립됐다.

정부는 민간부문의 복지 신규공급을 창출하기 위해 지원책을 마련했다. 기존의 민간이 건립하고 정부가 보조하는 방식은 한계가 있었기 때문이다. 생활시설에 대해서는 1980년대 후반부터 정부가 설립하고 운영을 민간에 맡기는 규정이 마련됐다. 사회복지관에 대해서는 1989년 「사회복지관 설치 및 운영규정」에 위탁운영을 할 수 있도록 규정했다. 위탁운영 방식은 1990년대 후반 장애인복지관, 노인복지회관, 청소년시설 등 지역사회 이용시설을 확충하는 과정에서 적극 활용됐다. 1997년 8월 「사회복지사업법」 전문개정 때에는 위탁운영에 대한 규정을 마련했다.

1990년과 1991년에 사회복지관은 각각 58개, 65개가 운영되고 있었고, 1995년 126개, 1998년 305개로 늘었다. 2002년에는 353개였다. 한편, 1992년부터는 재가복지봉사센터를 설치해 운영하기 시작했다. 1992년 12월 「사회복지사업법」 개정 때에는 사회복지법인의 설립 허가업무를 시도에, 시설설치 허가는 시 · 군 · 구청장에 위임했다.

1997년 8월 「사회복지사업법」 전문개정 때에는 사회복지시설 설치 신고제를 도입해 사회복지법인이 아닌 다른 법인이나 개인들도 사회복지사업을 할 수 있도록 했다. 이는 사회복지공급을 확대하고 기존의 미인가 시설을 개인운영시설로 양성화하려는 의도를 갖고 있었던 것으로 평가된다.

1997년 3월에 「사회복지공동모금회법」이 제정돼 1998년 7월부터 시행됐으며, 11월에 사회복지공동모금회가 설립됐다. 민간사회복지조직들의 재정원천이 다양해지고 경쟁이 활발해 지게 된 것이다.

한편, 한국사회사업가협회는 1982년에 사회복지사 윤리강령을 제정했다. 이후 1988년, 1992년, 1999년에 각각 개정됐다. 2001년 12월에는 3년의 준비를 거쳐 기존의 내용을 대폭 개정해 현재의 윤리강령을 채택했다. 한국사회복지사협회는 1997년 8월 「사회복지사업법」 전부개정 때 법정단체로 규정돼 1998년 7월부터 적용됐다. 한국사회복지사업연합회는 1983년 「사회복지사업법」 개정 때 사회복지협의회로 개칭돼 법정단체로 규정됐다. 1997년 8월 개정 때에는 시 · 도사회복지협의회가 독립 법인화됐다. 1983년 3월 개정 때 사회사업가의 명칭을 사회복지사로 변경했고, 사회복지사 등급별 자격기준을 명시했다. 1997년 개정 때에는 사회복지사 1급 국가시험에 대한 규정을 마련했다.

대학에서는 1997년 당시 50개 이상의 대학이 한국사회복지교육협의회에 등록됐고, 거의 모든 대학에서 사회복지행정을 필수과목으로 책정했다. 사회복지행정에 대한 단행본과 교재가 출현하게 됐는데, 처음에는 주로 행정학계가 복지행정의 관점에서 교재를 발간했다. 1988년에 성규탁 연세대학교 사회사업학과 교수가 최초로 사회복지행정론 교재(법문사)를 발간했다. 1990년대에는 사회복지행정론 교재도 3~4권으로 늘어났다. 사회복지행정을 전공한 연구자들과 논문이 늘어나고, 1999년 3월에는 한국사회복지행정학회가 창립됐다.

이처럼 이 시기는 사회복지행정과 관련해 다음과 같은 몇 가지 특징을 갖고 있는 것으로 정리할 수 있다. 첫째, 산재보험, 건강보험, 연금보험, 고용보험 등 주요 사회보험제도는 사회복지제도의 발달을 선도했지만, 정부의 일반 행정체계와는 별도의 전달체계가 구축돼 사회복지실천현장으로 포괄되지 못하는 한계가 있었다. 둘째, 생활보호제도를 운영하고 사회복지서비스의 관리를 담당하는 사회복지전문요원제도가 운영되기 시작해, 공공부문 사회복지전달체계를 구축할 수 있는 기반이 만들어졌다. 셋째, 사회복지서비스 분야에서는 과거의 시설보호에 머무르지 않고 지역사회 중심의 사회복지서비스 제공으로 영역을 확충해 나갔다. 넷째, 이 시기의 사회복지서비스는 정부 지원 아래 민간영역을 중심으로 제공돼 민간영역에서 전문적인 사회복지실천이 발달하기 시작했다. 다섯째, 사회복지행정의 실질적인 필요성이 인식된 시기로서, 민간영역에서는 전문적인 사회복지실천을 관리할 필요성이 제기됐고, 공공부문에서는 법정급여 제공에 머무르지 않고 향후 전문적인 사회복지실천을 전개하고 이를 행정과 접목시킬 과제가 제기됐다.

5. 사회복지제도의 현황

우리 사회는 1990년대 말부터는 이전 시기와는 다른 사회적 환경에 처하게 된다. 첫째, 1997년 말의 IMF 외환위기는 고용불안과 실업사태에 대한 대처기제가 부족한 우리 사회의 한계를 여실히 드러냈다. 아동수당과 실업부조 등 저소득 근로자가구에 대한 소득보장정책이 부재했고, 고용보험제도는 1996년 3월부터 실업급여를 지급하기 시작했지만 30인 이상 사업장의 상시근로에게만 적용돼 실업자, 자영업자, 중소기업근로자, 비정규근로자들에게는 적용되지 않았기 때문이다. 둘째, 경제적 여건이 악화돼 고도성장기와는 다른 경제상황이 전개됐다. 과거에는 경제성장에 따라 가구소득이 증가하는 선순환 효과를 거두었지만, 경제의 저성장, 탈산업화, 비정규직 증가, 소득분배 악화, 근로빈곤 확대의 악순환구조가 자리 잡았다. 셋째, 저출산・고령화 대책이 강조되기 시작했다. 이에 따라 이전 시기에는 소홀히 한 보육정책, 여성의 일-가정양립정책, 노후소득보장정책, 장기요양제도 등이 정책과제로 부각됐다. 넷째, 다양한 사회문제와 욕구에 대한 정책적 대처가 불가피해졌다. 노인, 장애인, 여성, 아동, 청소년, 다문화가정 등 다양한 욕구에 대해 현금 및 사회복지서비스 지원을 확대해야 했다.

이 시기의 사회복지시책은 다음의 몇 가지로 간략히 정리할 수 있다. 여기서는 1998년 2월～2003년 2월의 김대중 정부, 2003년 2월～2008년 2월의 노무현 정부, 2008년 2월～2013년 2월의 이명박 정부, 2013년 2월부터의 박근혜 정부 시기에 대해 살펴본다.

첫째, 공적부조제도의 변화가 이루어졌다. 근로능력이 없는 가구에게만 급여를 제공하는 기존의 생활보호제도의 한계를 보완하기 위해, IMF 외환위기 때인 1998년 5월부터 2000년 9월까지 근로가능계층에 대해서도 한시적 생활보호제도를 운영했다. 나아가 1999년 9월 「국민기초생활보장법」을 제정하고 2000년 10월부터 시행했다. 이 법은 근로능력에 관계없이 빈곤선 이하의 모든 저소득층에게 생계급여, 주거급여, 의료급여, 교육급여, 해산보호, 장제보호를 제공하고, 근로능력자에 대해서는 체계적인 자활지원서비스를 제공하기 위한 것이다. 전국적으로 247개의 지역자활센터와 14개의 광역자활센터가 운영되고 있다(2015년 기준). 국민기초생활보장제도는 근로유인을 강화하고 욕구별 지원 대상을 확대하기 위해 2015년 7월부터는 기존의 통합급여방식에서 맞춤형 급여방식으로 바뀌었다. 생계급여(중위소득의 30% 미만), 의료급여(40% 미만), 주거급여(43% 미만), 교육급여(50% 미만)에 대해 선정 기준을 다층화해, 수급자가 소득이 증가해 생계급여의 기준을 초과하더라도 가구 여건에 맞게 필요한 다른 급여를 계속 지원받을 수 있도록 하였다.

2006년 3월부터는 긴급복지지원제도가 실시되고 있다. 이 제도는 생계곤란 등의 위기상황에 처해 도움이 필요한 사람에게 1개월 간의 생계비 등을 신속하게 지원하려는 것이다. 2008년에 근로장려세제(Earned Income Tax Credit: EITC)를 도입해 2009년부터 근로장려금을 지급하고 있다. 이는 저소득 근로자가구에 근로장려금을 세금환급의 형태로 지급하는 제도다.

둘째, 이전 시기에 도입된 사회보험제도를 내실화 하기 위한 시도가 이어졌다. 고용보험은 1998년 10월부터, 산재보험은 2010년 1월부터 전체 사업장의 상시근로자에게 적용됐다. 1999년 2월에 「국민건강보험법」이 새로 제정돼 2000년 7월에 전체 의료보험의 조직이 완전 통합되고 국민건강보험공단이 출범했다. 나아가 노무현 정부 때인 2003년 7월에는 직장재정과 지역재정이 통합돼 실질적인 건강보험 통합을 이루었다. 국민연금은 2006년 1월에 전체 사업장의 상시근로자에게 적용됐고, 2008년 1월부터 20년 이상 가입자를 대상으로 완전노령연금이 지급되기 시작했다. 사회보험 사각지대 해소를 위한 노력이 시작돼, 이명박 정부 때인 2012년 7월부터 10인 미만 사업장의 저소득근로자에 대한 사회보험료 지원사업인 '두루누리' 사업이 시작됐다.

국민연금과 특수직역연금의 연계노력이 전개되고 있다. 이명박 정부 시기인 2009년 1월 「국민연금과직역연금연계에관한법률」이 제정돼 8월부터 시행되고 있다. 국민연금과 특수직역연금의 가입기간을 합쳐 20년 이상(국민연금의 최소가입기간)이면 연금을 지급하고 있다. 특수직역연금과 국민연금 간의 형평성을 제고하기 위한 노력이 가시화 되고 있다. 2000년과 2009년에 이어, 박근혜 정부인 2015년 5월 「공무원연금법」이 개정돼 2016년 1월부터 부담은 늘리고 급여수준을 낮추는 변화가 이루어졌다. 「사립학교교직원연금법」(사학연금법)도 2000년, 2009년, 2015년 각각 개정됐다.

셋째, 저출산 · 고령화에 대한 대응이 확대되고 있다. 노무현 정부 때인 2005년 5월에는 「저출산 · 고령사회기본법」이 제정돼 9월부터 시행됐다. 이 법은 저출산 · 고령사회위원회를 구성하고 5년마다 저출산 · 고령사회기본계획을 수립하도록 하고 있다. 이에 2006, 2010, 2015년에 제1, 2, 3차 계획이 각각 수립됐다. 이명박 정부 때인 2010년 1월부터는 저출산 · 고령사회위원회가 대통령 소속으로 바뀌었다.

기존의 차등보육료지원사업은 2013년부터 영유아에 대해 보육료를 100% 지원하는 정책으로 바뀌었다. 보육시설은 총 4만 3,472개이고, 이 중 국공립보육시설은 2,489개다(2014년). 2013년부터 만5세 미만의 가정 양육 아동에게 가정양육수당을 지급하고 있다. 2006년에는 출산휴가급여 지원기간을 기존의 30일에서 90일로 확대했다. 2011년에는 육아휴직급여 정률제를 도입해 기존 정액 50만 원에서 통상임금의 40%(상한액 100만원)로 바꾸었다. 2012년에는 육아기 근로시간단축 청구권이 시행됐다. 2014년부터는 1개월의 '아빠의 달'이 시행됐다(2016년 3개월로 확대). 2008년에 고운맘카드를 도입해 임신 · 출산에 대한 의료비 부담을 완화하고 있다. 2007년 4월 「노인장기요양보험법」이 제정돼 2008년 7월부터 실시됐다.

넷째, 「사회보장기본법」이 개정됐다. 먼저 2005년 1월 사회보장시책의 현실적이고 체계적인 시행을 위해 「사회보장기본법」이 개정됐다. 이 법은 사회보장 장기발전 방향의 수립과 함께 중앙정부 및 시 · 도지사는 주요 시책 추진방안을 매년 수립하고 평가하도록 해 실효성을 높이고자 했다. 2012년 1월에는 「사회보장기본법」이 전부 개정됐다. 종전의 사회보장의 범위를 확대해 사회보장, 사회보험, 공공부조, 사회서비스, 평생사회안전망으로 규정했다. 사회보장제도는 매년 재원을 조달하고 재정추계를 실시하도록 했다. 5년마다 사회보장기본계획을 수립하고 연도별 시행계획을 수립 · 시행하되, 기본계획과 연계해 사회보장에 관한 지역계획을 수립하도록 했다. 중앙 및 지방 정부는 사회보장제도를 신설 및 변경 시 협의 및 조정하도록 했다. 사회보장정보를 관리하는 근거규정도 마련했다.

다섯째, 사회복지시책이 확대되고 있다. 노인분야에서는 노무현 정부 때인 2007년

4월 「기초노령연금법」이 제정돼 2008년 1월부터 시행됐다. 당시에는 소득 하위 60%의 노인에게 일률 지급하는 방식이었다. 박근혜 정부인 2014년 5월에는 이를 개정해 7월부터 하위 70% 노인에게 국민연금 가입기간에 따라 차등지급하고 있다. 노인돌봄기본서비스가 2013년부터 실시돼 2014년 현재 20만 명의 요보호노인에게 보호를 제공하고 있다. 이 밖에도 독거노인 응급안전서비스, 독거노인 사회관계 활성화 지원사업, 독거노인 사랑 잇기 사업을 실시하고 있다. 2007년부터 공적 노인장기요양서비스의 하나로 노인돌봄종합서비스가 실시되고 있다. 2004년부터 노인일자리사업이 시작돼 29만 9,522개의 일자리를 제공하고 있다(2014년 기준). 또한 경로당 6만 3,627개, 노인복지관 344개, 노인주거복지시설 445개, 노인복지생활시설 5,255개가 운영되고 있으며, 재가노인복지시설로 방문요양서비스 992개, 주야간보호서비스 913개, 단기보호서비스 96개, 방문목욕서비스 588개, 재가노인지원서비스 2개가 운영되고 있다(2014년 기준).

장애분야에서는 1999, 2001, 2003년에 「장애인복지법」이 개정돼 장애 범위가 확대됐다. 2007년 4월 「장애인차별금지및권리구제등에관한법률」을 제정했다. 2011년 1월에는 「장애인활동지원법」이 제정돼 2007년부터 시행되던 장애인활동보조지원제도를 2011년 10월부터 장애인활동지원제도로 재편했다. 2010년에는 장애인연금제도가 실시되고, 기존 장애수당은 경증장애인에게 지급되고 있다. 「장애아동복지지원법」이 2011년 8월에 제정돼 2012년 8월부터 시행되고 있다. 2002년부터 지급되던 장애아동부양수당이 2007년 장애아동수당로 바뀌었다. 2007년부터 바우처사업의 일환으로 장애아동 재활치료사업, 2010년부터 언어발달지원사업이 실시되고 있다. 2007년부터 장애인일자리사업이 시작돼 1만 4,500개의 공공형 일자리가 제공되고 있으며, 장애인직업재활시설 541개, 장애인복지관 223개, 주간보호시설 529개가 운영되고 있다(2014년 기준).

여성 · 가족 분야에서는 2004년 2월에 「건강가정지원법」이 제정돼 152개의 건강가정지원센터가 운영되고 있다(2015년 기준). 2004년 3월 「성매매방지및피해자보호등에관한법률」이 제정됐고, 이 법은 성매매피해자 지원확대를 위해 2014년 3월에 전면개정됐다. 2008년 3월 「다문화가족지원법」이 제정되었고 2014년 현재 217개의 다문화가족지원센터가 운영되고 있다. 2014년 5월에 기존의 「여성발전기본법」을 「양성평등기본법」으로 전부 개정했다. 기존의 「모자복지법」은 2007년 10월 「한부모가족지원법」으로 바뀌었다. 2008년 6월 「경력단절여성등의경제활동촉진법」이 제정되었고 2014년 현재 140개의 여성새로일하기센터가 운영되고 있다. 2013년부터 만12세 이하 맞벌이가정과 다자녀가정에 아이돌봄서비스를 제공하고 있다. 국비 지원 가정폭력 및 성폭력상담소를 189개소, 피해자보호시설을 97개소 운영하고 있다(2014년 기준). 1998년에 국비가 지원되기 시작한 정신건강증진센터는 212개소다(2014년 기준). 2014년부터 사회복지공동모금회와 한국사회복지관협회는 위기가정지원사업을 실시하고 있는데, 중앙위기가정지원센터와 함께 전국적으로 427개소의 위기가정지원센터를 운영해 위기가정 발굴, 위기가정 지원, 지역사회 위기가정 지원체계 구축을 위해 활동하고 있다(2016년 기준). 한편, 거리노숙인시설 1,138개, 노숙인일시보호시설 899개, 노숙인자활시설 64개, 노숙인생활시설 122개가 운영되고 있다(2014년 기준).

아동 · 청소년 분야에서는 2004년 1월 「아동복지법」을 개정해 지역아동센터를 아동복지시설로 규정했고, 3,989개의 지역아동센터가 정부의 지원을 받고 있다(2014년 기준). 아동통합서비스지원사업인 희망스타트 사업이 2007년에 시작돼 229개 지역에서 실시되고 있다(2015년 기준). 아동복지시설이 278개, 아동양육시설이 242개, 아동공동생활가정(그룹홈)이 476개, 아동자립지원시설이 12개 운영되고 있고, 위탁가정보호 아동 수는 1만 4,385명에 이르고 있다(2014년 기준). 청소년수련시설은 787개 운영되고 있다(2014년 기준). 위기청소년에 대한 맞춤형 서비스를 제공하기 위해 전국 200개 청소년상담복지센터(2015년 기준)를 기반으로 지역사회청소년통합지원체계(CYS-Net)를 운영하고 있다. 청소년쉼터를 119개(2016년 2월 기준), 청소년지원센터 '꿈드림'을 200개(2014년 기준) 운영하고 있다.

기타 최근 사회복지 관련 시설 및 인력 현황을 종합하면 다음과 같다(2014년 기준). 사회복지전담공무원은 1만 6,269명이다. 생활시설은 총 7,197개이고 11만 1,352명이 종사하고 있다. 사회복지관은 442개가 운영되고 있는데, 운영주체는 사회복지법인 318개, 비영리법인 64개, 학교법인 11개, 지방자치단체 35개다. 사회복지사 자격증 취득자는 71만 3,224명이고, 이 중 1급은 11만 6,895명, 2급은 58만 3,402명, 3급은 1만 2,926명이다.

6. 최근 사회복지행정의 변화

사회복지행정과 관련된 변화는 다음과 같이 정리할 수 있다.

① 공공부문 사회복지전달체계가 희망복지지원단을 중심으로 개편되고 있어 전달체계를 내실화하기 위한 공공부문 사회복지행정가의 역할이 중요해 지고 있다.

기존의 사회복지전달체계 개편 노력은 성과가 부족했다. 보건복지사무소 시범사업(1995년 7월~1999년 12월), 사회복지사무소 시범사업(2004년 7월~2006년 6월)을 실시했지만 지역주민의 접근성 부족, 담당공무원의 이해 부족, 부처 간의 이해관계 상충 때문에 제도화되지 못했다. 2006~2007년에는 복지, 보건, 고용, 주거, 교육, 문화, 체육, 관광 등 8대 서비스를 중심으로 주민생활지원서비스 전달체계 1, 2, 3차 개편이 이루어졌다. 그러나 지역주민의 접근성 부족, 통합서비스 및 사례관리를 위한 인력부족, 민관 협력체계 미흡 등의 한계가 지적돼 왔다.

2009년 10월 '시 · 군 · 구 복지전달체계 개선대책'이 발표된 뒤 시범사업과 시스템 구축 등을 거쳐 2012년 4월 지역단위 수요자 중심의 사회복지전달체계의 일환으로 시 · 군 · 구에 희망복지지원단이 구성됐다. 희망복지지원단은 통합사례관리, 지역 공공 · 민간 자원관리, 긴급복지, 개별사례관리 및 방문형 서비스 연계체계를 운영한다. 2014년 4월까지 동 주민센터에 대한 복지기능을 보강하고, 2014년 7월부터 12월까지 찾아가는 서비스, 통합사례관리, 보건 · 복지 연계 등의 읍 · 면 · 동 복지기능강화 1차년도 시범사업을 추진했으며, 2015년 1년간 2차년도 시범사업을 전개했다. 2016년에는 읍 · 면 · 동을 복지허브화해 맞춤형 통합서비스 담당기관으로 재편하고 있다.

이를 위해 정부는 2011년에 사회복지담당공무원을 2014년까지 7,000명 확충하고, 읍 · 면 · 동의 사회복지직을 현재 1.6명에서 2배 수준인 3명으로 증원 배치해 상담을 내실화하며, 찾아가는 서비스를 활성화하겠다고 밝혔다. 또 시 · 군 · 구에 사회복지담당공무원을 9명 증원 배치해 사례관리를 활성화하고 사회복지통합관리망의 안정적 운영을 지원한다고 했다. 사회복지직 신규 채용과 행정직 복지업무배치를 병행 추진하되, 사회복지직과 행정직을 7:3의 비율로 충원한다고 밝혔다. 사회복지직은 읍 · 면 · 동 및 시 · 군 · 구 서비스연계팀, 행정직은 시 · 군 · 구 통합조사 및 복지업무 담당과에 집중 배치한다고 밝혔다. 2014년 기준 증원된 사회복지 전담공무원은 3만 448명이고 이 중 복지직렬은 1만 6,475명에 이른다.

한편, 사회복지통합정보망인 사회보장정보시스템(행복 e음)이 구축되고 있다. 사회보장정보시스템(행복 e음)은 국가나 지방자치단체의 지원대상자의 자격과 지원내역을 통합적으로 관리하는 정보시스템이다. 2010년 1월 사회복지통합관리망(행복 e음)이 개통됐다. 2012년 8월에는 11개 부처 194개 복지사업에 대해 1단계 시스템을 구축했고, 2013년 2월에는 17개 부처 292개 복지사업에 대해 2단계 시스템을 구축했다. 2014년 6월 현재 21개 부처 360개 복지사업에 대해 3단계 시스템이 운영되고 있다.

② 공공부문에서 전문적인 사례관리체계가 구축되고 있어 슈퍼비전을 비롯한 공공부문 사회복지행정가의 전문적인 역량이 요구되고 있다.

자활사업에서는 복지 · 고용 서비스를 연계하는 자활사례관리 체계를 강화하고 있다. 2011년 상반기부터 전국 48개 시 · 군 · 구를 선정해 시범사업을 실시했고, 2012년부터 60개 지역자활센터 내에 별도의 사례관리전담팀을 운영하고 있다. 2013년부터는 경로설정 지원 게이트웨이(Gateway) 프로그램을 도입하고 있다.

2008년부터 시 · 군 · 구 희망복지지원단에서 위기가구 사례관리사업이 도입되고 표준매뉴얼이 배포되면서 본격적인 공공사례관리가 시행됐다. 2009년 10월 '시 · 군 · 구 복지전달체계 개선대책' 이 발표된 뒤에는, 이를 바탕으로 희망복지지원단을 중심으로 통합사례관리체계를 도입하고 있다. 복합적이고 다양한 욕구를 가진 대상자에게 복지, 보건, 고용, 주거, 교육, 신용, 법률 등의 서비스를 제공하고, 대상자 접수, 욕구조사, 사례회의 개최, 서비스계획 수립 및 제공을 거쳐 사후관리를 시행한다. 이를 위해 희망복지지원단 중앙지원센터는 2013년 4월에 광역시 · 도 슈퍼바이저 풀(pool)과 자문위원을 구성한 데 이어 9월에는 통합사례관리사 교육사업을 실시했다. 2015년 말 현재 229개 지자체에 928명의 통합사례관리사가 활동하고 있다.

③ 사회복지 사각지대 발굴체계가 운영되고 있어 민관협력을 통해 사회복지서비스를 확충해야 하는 과제가 대두되고 있다.

2014년 12월 「사회보장급여법」(「사회보장급여의 이용 · 제공 및 수급권자 발굴에 관한 법률」의 약칭)이 제정돼 2015년 7월부터 시행되고 있다. (이 법 외에도 이른바 세 모녀법의 일환으로 국민기초생활제도의 부양의무자기준과 긴급복지지원제도의 소득기준 및 금융재산기준이 완화됐다.) 이 법은 지원대상자 발굴, 4년마다 지역사회보장계획수립 및 연차별 시행계획수립, 시 · 도사회보장위원회 구성, 시 · 군 · 구 및 읍 · 면 · 동 지역사회보장협의체 운영, 사회보장사무 전담기구 운영의 내용을 담고 있다.

정부는 2015년부터 기초수급탈락가구, 공공기관 보유 잠재위기가구 정보 등을 활용하는 사각지대 관리시스템을 구축하고 있다. 이와 함께 지역사회보장협의체 6만 3,000명, 현장공무원 3만 1,000명, 좋은 이웃들 2만 3,000명, 복지 통(이)장 9만 4,000명 등 21만 1,000명을 통해 읍 · 면 · 동 단위 인적 안전망을 구축하고 있다. 나아가 돌봄제공 인력 77만 명, 시설종사자 50만 명, 의료인 · 구급대원 56만 명 등 보건복지 분야 인력 174만 명을 활용해 사각지대 발굴 및 신고를 활성화 하려 하고 있다(2016년 기준).

④ 지역복지에 대한 지방정부의 계획기능의 중요성이 커지고 있어 공공부문 사회복지행정가의 기획역량과 리더십이 요구되고 있다.

2003년 7월 개정된 「사회복지사업법」은 지역사회복지체계 구축을 주요 목표로 설정하고, 2007년부터 사회보장기본계획 및 지역보건의료계획과 연계해 4년마다 지역사회복지계획을 수립할 것을 의무화했다(1기: 2007~2010년, 2기: 2011~2014년, 3기: 2015~2018년). 이와 함께 시 · 군 · 구에서 지역사회복지협의체를 구성해 지역사회복지계획의 심의 및 건의, 사회복지 및 보건의료서비스의 연계 등을 담당하도록 했다.

2014년 12월 제정된 「사회보장급여법」은 4년마다 지역사회보장계획을 수립하고 연차별 시행계획을 수립하는 한편, 시 · 도사회보장위원회, 시 · 군 · 구 및 읍 · 면 · 동 지역사회보장협의체 등을 운영하도록 하고 있다. 지역사회복지협의체를 지역사회보장협의체로 확대 개편해 보건, 복지 이외에 고용, 주거, 문화 등 참여 범위를 전 분야로 확장하고 연계 · 협력의 기반을 마련하고 있다.

⑤ 사회복지사무가 지방에 이양돼 지방정부의 복지시책을 합리적 · 효율적으로 관리해야 하는 공공부문 사회복지행정가의 역할이 커지고 있다.

정부는 지방의 자율성과 책임성을 강화하기 위해 2004년 7월 '국고보조금 정비방안'을 확정했는데, 사회복지 분야에서는 138개 국고보조사업 중 67개 사업(5,959억 원, 12.1%)을 지방이양하고, 71개 사업(4조 3,409억 원, 87.9%)은 국고보조사업으로 계속 유지하기로 했다. 2004년 12월에는 「지방교부세법」을 개정해 지방이양사업 추진에 필요한 재원인 분권교부세(내국세의 0.83%, 2006년에는 내국세의 0.94%로 개정)를 신설해 2009년까지 한시적으로 운영한 뒤 2010년부터 보통교부세로 통합하기로 하고, 2005년 1월부터 국고보조사업을 지방이양했다.

복지수요 증가로 인한 지방 재정부담과 지역 간 불균등에 대한 문제제기가 커지자, 2009년 9월에는 분권교부세를 2014년까지 5년 연장하기로 했다. 최종적으로 지방이양사업은 2015년부터 보통교부세로 통합됐다. 한편, 경기, 전남, 경북 3개도에 편중된 정신요양시설(35.6%), 장애인생활시설(39.8%), 노인요양시설(42.0%), 노인양로시설(53.9%), 아동보호전문기관(42.3%)은 국고보조사업으로 환원됐다.

⑥ 중앙정부와 지방정부의 관계에서 합리적인 역할분담과 협조체계를 구축하기 위한 공공 및 민간부문 사회복지행정가의 역할이 중요해지고 있다.

2012년 1월에 전부 개정된 「사회보장기본법」은 2013년부터 중앙 및 지방 정부가 사회보장제도 신설 및 변경 시 협의 및 조정하도록 하고 있다. 협의 절차는 해당 중앙행정기관 및 지자체에서 신설 · 변경하고자 하는 사업내용을 보건복지부에 제출하면 보건복지부는 신설 · 변경의 타당성, 기존 제도와의 관계(유사 · 중복성), 사회보장 전달체계에 끼치는 영향 등을 검토하고 관계 부처 및 민간전문가의 의견을 반영해 협의결과를 송부한다. 협의결과는 수용, 추가협의 후 수용, 권고, 불수용으로 구분된다.

2015년 8월 사회보장위원회는 '지방자치단체 유사 · 중복 사회보장사업 정비 추진방안'을 확정한 데 이어 '지방자치단체 유사 · 중복 사회보장사업 정비지침'을 발표했다. 총 1,496개 유사 · 중복 사업에 대해 예산안에 반영해 정비 결과를 11월 제출하도록 했다. 이는 지자체가 자체 사회보장사업으로 실시하는 5,981개 사업 중 사업 수로는 25.4%, 예산으로는 15.4%(약 1조원 규모)에 해당한다. 유사 · 중복 사업에 대해 사회보험 본인부담금 추가 지원, 중앙정부 사업과 동일 목적의 현금성 급여, 중앙정부 신규 사업과 중복 사업, 중앙정부 사업의 보충적 사업 중 전달체계 개선 등 효율화가 필요한 사업으로 분류하고 있다. 정부는 지자체가 정비 결과를 보고하면 복지재정 효율화 중앙대책단을 꾸려 점검한다.

⑦ 민간사회복지조직 간의 경쟁이 강화되고 있어 사회복지행정가는 전문적인 역량을 바탕으로 경쟁력을 강화할 것을 요구받고 있다.

사회서비스 이용권(voucher)제도는 소비자 선택권 강화, 품질경쟁체제 구축, 일자리 창출을 목표로 2007년에 시행됐다. 2016년 현재 노인돌봄서비스(노인돌봄종합서비스, 노인단기가사서비스, 치매환자가족휴가지원서비스), 장애인서비스(장애인활동지원서비스), 장애아동가족지원서비스(발달재활서비스, 언어발달지원, 발달장애인부모심리상담서비스), 지역자율형 사회서비스 투자사업(지역사회서비스투자, 산모신생아관리지원, 가사간병방문지원), 임신출산진료비지원서비스, 청소년산모임신출산진료비지원서비스 등이 전개되고 있다. 이로 인해 개별 사업을 기반으로 사회복지기관 및 관련 기관 간의 경쟁체제가 만들어지고 있다. 사회서비스 이용권제도는 정부의 주요 복지시책으로 강화될 전망이다. 정부는 이용권 사업의 체계적 운영 및 관리를 강화함과 동시에 사회서비스 시장 활성화의 기반을 구축하기 위해 2011년 8월「사회서비스이용및이용권관리에관한법률」을 제정해 2012년 2월부터 시행하고 있다.

이와 함께 사회복지조직은 각 분야에서 위탁경영이 일반화되고 있다. 이는 '정부지원-민간공급' 의 사회복지 공급구조의 전형적인 특징의 반영이다. 또한 사회복지공동모금회를 비롯한 재정자원지원자들은 개별 프로그램에 입각한 지원을 확대하고 있다. 이에 사회복지행정가는 기획, 재정계획 및 재정관리, 기금모금, 프로그램 개발 등의 전문적인 행정적 역량을 발휘할 필요가 있다.

⑧ 최근 사회복지환경이 변화해 사회복지행정가는 윤리적 책임성, 전문성, 수요자 중심성을 강화하는 실천을 요구받고 있다.

2011년 10월「성폭력범죄의처벌등에관한특례법」 개정안(일명 도가니법)이 통과됐다. 이와 함께 2012년 1월「사회복지사업법」이 개정돼 윤리적 책임성과 함께 법적 책무가 커지고 있다. 인권보장을 기본이념에 추가했고, 복지와 인권증진의 책임 및 인권존중과 최대봉사의 원칙을 제시했다. 이와 함께 사회복지 조직운영 대한 공적 통제를 강화하고 인권침해를 방지하기 위해 사회복지법인의 임원자격, 임원의 해임명령, 임시이사의 선임 및 해임, 회의록의 작성 및 공개, 설립허가 취소, 시설장 및 종사자의 자격, 운영위원회 구성, 시설의 휴지·재개·폐지 신고, 시설개선, 사업정지, 시설폐쇄 등의 조항을 엄격히 강화했다.

1997년 8월「사회복지사업법」 전문개정 때 사회복지시설 평가제를 도입했다.

2011년 1월 「사회복지사업법」 개정 때에는 사회복지서비스의 최저기준을 마련하도록 하고 사회복지시설에 최저기준을 유지할 책임을 부여했다. 사회복지시설 평가제도는 사회복지시설의 운영을 효율화하고 사회복지서비스의 질을 향상하며, 사회복지시설 운영상태에 대한 정보를 제공해 사회복지시설에 대한 국민의 선택권을 확대하려는 것이다. 1999년에 장애인복지관과 정신요양시설을 시작으로 3년마다 평가를 실시하고 있다. 한국사회복지협의회 사회복지시설평가원은 2009년부터 사회복지시설 맞춤형 컨설팅 지원을 위한 품질관리단을 운영하기 시작해, 70점 미만(D등급, E등급)의 시설에 대해 서비스개선을 위한 품질관리서비스를 제공하고 있다.

한편, 사회복지계는 전문성 강화를 위한 사회복지사 자격제도 및 보수교육 운영과 함께 양질의 서비스를 제공하기 위한 권익향상의 노력도 요구받고 있다. 1997년 개정된 「사회복지사업법」에 따라 2003년부터 사회복지사 1급 자격시험이 시행되고 있다. 1999년 4월 「사회복지사업법」을 개정해 사회복지시설 종사자 지도훈련의 근거규정을 명시하고 2007년 12월 개정에서 위탁규정을 마련한 뒤, 2009년부터 한국사회복지사협회가 보수교육을 실시하고 있다. 또한 2011년 3월 「사회복지사등의처우및지위향상법」을 제정해 운영하고 있다. 그보다 앞서 이미 2007년 12월 「사회복지사업법」 개정 때에는 지역복지계획에 사회복지시설 종사자 처우개선에 관한 사항을 반영하도록 했다.

⑨ 최근 공공부문 사회복지환경이 급변하고 있는 상황을 반영해 사회복지행정가들이 민간과 공공의 역할분담 및 협조관계를 구축할 필요성이 제기되고 있다.

공공부문 사회복지 전달체계는 이전의 개편추진에 대한 평가를 바탕으로 한 개선이 추진되고 있다. 사회복지계는 개편작업에 대해 적절히 평가하고 클라이언트의 욕구충족과 권익향상을 위해 실효적인 개선으로 이어질 수 있도록 제안해야 한다. 공공부문에서 행정적 전략에 기초해 구축되는 전문적인 사례관리체계가 원활히 작동하고 내실 있는 서비스 제공으로 이어질 수 있도록 교육과 전문적인 자문 등의 지원을 할 필요가 있다. 아울러 공공부문 통합사례관리에서 포괄할 수 없는 민간영역의 사례관리활동을 전문화 하고 확대해 공공과 민간이 보완적 관계 속에서 협력할 수 있도록 해야 한다.

한편, 2003년 7월에 「사회복지사업법」이 개정돼 시 · 군 · 구의 사회복지협의회가 운영되고 있다. 이에, 사회복지협의회는 최근 사회복지 사각지대 관리, 시 · 군 · 구/

읍 · 면 · 동 사회보장협의체 운영 등에서 지방정부의 계획기능의 강화를 지원해 지역사회의 복지자원 확대와 민간협력을 강화하기 위해 노력하고 있다. 특히 사각지대 발굴 노력이 서비스 연계와 전문적인 사례관리체계 확립으로 연결될 수 있는 구조를 갖출 필요가 있다.

⑩ 사회복지기관의 유형과 규모의 다양성이 증가해 사회복지행정가는 지역복지 강화와 지역주민의 복지를 위해 지역사회 협력체계를 구축하고자 노력하고 있다.

현재 지역사회에는 다양한 유형과 규모의 사회복지 공급주체가 생겨나고 있다. 시 · 군 · 구 사회복지협의회는 사회복지조직들 간의 협력과 조정을 통해 지역사회의 복지공급체계가 질적으로 발전할 수 있도록 역할을 할 필요가 있다. 이미 1997년 8월 「사회복지사업법」 전문개정 때 사회복지시설 설치 신고제를 도입해 사회복지법인이 아닌 다른 법인이나 개인들도 사회복지사업을 할 수 있도록 했다. 1980년대 이후 지역아동센터, 건강가정지원센터, 다문화가족지원센터, 청소년상담복지센터, 정신건강증진센터 등 특정 문제와 영역에 집중하는 서비스 주체들이 다양하게 확대돼 왔다.

최근 사회서비스 이용권제도는 이 제도와 연계된 공급주체를 형성하는 역할을 하고 있다. 사회서비스 투자사업에서는 전통적인 사회복지공급자가 아닌 비영리 및 영리 공급자가 참여하고 있다. 사회적 기업과 협동조합이 활성화되면서 고유의 목적을 추구하는 주체들이 형성되고 있다. 사회복지 당사자조직들도 권익 확대와 자체적인 서비스제공을 위해 노력하고 있다. 사회복지공동모금회는 사회복지조직들에 대한 지원유형을 다각화해 사회복지 공급주체의 다양성 확대에 기여하고 있다.

제2부 사회복지행정의 이론

제4장

사회복지행정의 기존 이론

1. 관료제이론

현대사회의 공식조직은 관료제의 조직원리를 바탕으로 운영된다. 베버(Weber, 1947)는 자원과 권력을 효율적으로 동원하려는 현대 산업사회에서는 관료제가 유효한 조직원리가 된다고 강조했다. 현대사회의 관료제는 최대한의 효율성을 달성하기 위해 기술적 지식을 바탕으로 조직의 전반적인 구조와 과정을 조정하기 위해 설계된 합리적 규칙에 기초한 통제체제라고 할 수 있다(Mouzelis, 1968). 이에 대해 베버는 현대사회에서 관료제가 조직원리로 자리 잡은 이유는 순전히 다른 형태에 비해 기술적으로 우월하기 때문이라고 본다(McNeil, 1978).

베버의 관료제이론(Bureaucracy Theory)은 현대사회에서는 전통적 권위(traditional authority)나 카리스마적 권위(charismatic authority)가 아닌 합법적 · 합리적 권위(legal-rational authority)에 기반을 둔 리더십이 적용돼야 한다고 강조한다. 전통적 권위는 오래된 전통이 부여한 권위를 승인하는 확립된 신념을 바탕으로 행사되는 권위를 말한다. 카리스마적 권위는 개인의 능력에 대한 특별하고 예외적인 승인, 영웅주의, 개인의 모범적인 개성 등에 대한 가치부여를 바탕으로 형성된다. 반면, 합법적 · 합리적 권위는 합리적인 규칙과 절차에 따라 관료제가 형성되고 위계적 명령은 합리적 수단을 통해 이루어져야 한다는 점을 강조한다. 지도자는 선거, 임명, 승진 등의 합법적 수단을 통해 우월성을 성취해야 한다(Hasenfeld, 1983).

앞서 설명한 것처럼, 현대사회의 관료제조직은 최대의 효율성을 추구하기 위해 합법적 · 합리적 규칙을 운영한다. 이상적인 관료제의 기준은 다음과 같다.

① 비정의적(非情誼的; 혹은 비인격적, impersonal)인 업무관계
② 명확하게 정의된 권위의 위계구조
③ 직무의 적임능력에 대한 명확한 규정
④ 자유계약에 의한 임명
⑤ 실적과 기술적 지식에 따른 임명
⑥ 합리적인 기준에 따른 급여 제공
⑦ 조직원 개인단위의 평가를 기초로 한 직무배치
⑧ 경력과 성취에 근거한 인사제도
⑨ 조직의 소유자 등 공식적인 행정적 지위가 없는 사람들과 완전히 독립된 업무수행
⑩ 엄격하고 체계적인 규칙과 업무수행에 대한 통제의 수용

관료제이론의 장점은 조직의 효율성 증진에 기여한다는 점이다. 직원은 조직의 권위가 합법적 · 합리적으로 작동할 때 타당하다고 느낀다. 조직의 권위가 명확하고 공식적이며 조직이 업무를 공정하게 평가하면 조직의 권위를 수용하는 경향이 있다. 조직의 평가기준이 높은 성취에 대한 일선 직원들의 판단과 일치하면, 직원들은 조직의 평가기준을 업무수행의 기준으로 삼는 경향이 있다. 나아가 평가결과가 합리적인 보상체계와 연결된다면 조직의 권위는 구성원들의 순응을 바탕으로 통제기능을 발휘할 수 있다(Dornbusch & Scott, 1975).

그러나 관료제이론은 다음과 같은 심각한 비판을 받아 왔다.

첫째, 과도한 규칙과 규정은 조직을 통제하는 효과적인 수단이 되지 못하고 직원들의 순응도 얻기 어렵다는 것이다. 사회복지조직을 과도하게 관료적으로 통제하면

일선 직원들의 자율성을 제약해 클라이언트의 다양한 욕구에 반응할 수 없게 된다. 관료적 통제에 대한 지나친 의존성은 서비스전달에서 사회복지사와 클라이언트의 관계를 비인간화시키고, 비정의적(혹은 비인격적)인 업무관계와 직원의 업무의 질적 특성을 고려하지 않는 성과측정 방식은 클라이언트에 대한 효과적인 서비스 제공에서 필수적인 유연성의 결핍으로 이어진다.

둘째, 관료제이론은 일상적인 업무와 고도로 비일상적인 업무 등 과업의 다양성을 고려하지 못했다는 것이다. 특히 관료제이론은 조직활동에서 전문가의 역할의 중요성을 반영하지 않았다. 전문가는 고도로 비일상적인 업무를 수행하기 때문에 전문가의 활동은 본성적으로 위계적 권위, 경직된 규정이나 규제로부터 자유로운 속성이 있다는 것이다(Merton, 1940).

이와 같은 비판을 고려해 베버의 이론을 전형적인 관료제모형과 전문직 관료제모형으로 구분하려는 경향이 나타났다. 전형적인 관료제모형은 일상적인 과업에 적용할 때 효율적이고 합리적이다. 반면, 비일상적인 과업의 경우 전형적인 관료제모형을 수정해 전문직 관료제모형을 적용할 필요가 있다고 본다.

전문직 관료제모형은 권한의 수평적인 배분, 정책과 행정에 대한 결정의 혼합, 직무에 관한 과도한 규칙과 규정의 완화, 비정의적(혹은 비인격적) 관계보다는 정의적(인격적) 관계 중시, 공통적인 규칙의 최소화의 특징을 갖는다(Litwak, 1961). 실제로 전문가들에게는 이중적인 통제제도가 필요하다는 주장이 있다. 전문가들은 서비스 제공에 대해서는 행정적인 간섭을 배제하고 전문적인 규범에 따라 자율성을 행사하되, 치료 일정과 기록 등 행정적인 업무에서는 위계적인 권위나 명확한 규칙과 규정을 준수한다(Goss, 1963).

그러나 궁극적으로 관료제는 권한의 배분과 개인의 자유에 부정적인 영향을 끼친다. 관료제가 효율적으로 작동하면 조직의 관료에게 행정적인 권한이 집중되고 관료주의로 변질되는 결과가 빚어진다. 행정적 권한의 지나친 집중은 조직에 대한 지역사회의 감시와 견제를 어렵게 하고, 그 결과 개인의 자유와 민주적 절차를 위협하게 된다. 사회복지조직의 행정적인 권한이 관료에게 집중되면 클라이언트의 권한이 약화되고, 기관 서비스에 대한 클라이언트의 개혁 압력이 영향력을 발휘하지 못하고 기관은 변화에 둔감하게 된다(Coleman, 1973).

요약하면, 사회복지조직에 관료제를 적용하면 관료제이론의 장점이 적용돼 서비스제공의 합리성의 증대, 서비스 기술의 개선, 효율성 증진의 성과를 거둘 수 있다.

반면, 행정적 권한의 집중은 권위를 위임해 준 지역사회의 통제에서 벗어나 관료주의로 변질되는 부정적인 결과를 낳을 수 있다.

2. 과학적 관리이론

테일러(Taylor, 1911)로 대표되는 과학적 관리학파는 경제조직의 목표 달성을 위해 최적화된 관리로 효율성과 생산성을 증진시키는 방안을 마련하는 데 초점을 맞춘다(Hasenfeld, 1983). 그는 경제조직은 상품과 서비스를 생산하는 합리적이고 효율적인 수단으로서 과학적인 원리에 따라 구조화되고 통제될 수 있다고 보았다.

과학적 관리이론(Scientific Management Theory)의 핵심적인 논리는 다음과 같이 요약할 수 있다. 조직은 일선 직원과 관리자 간의 협동의 원리에 기초해 운영돼야 한다. 이를 무시하면 조직은 최대한의 생산성을 달성할 수 없다. 이와 같은 협동은 과학적 분석, 실험, 측정을 바탕으로 최대한의 효율성과 생산성을 달성하도록 조직을 운영할 때 이루어질 수 있다. 왜냐하면 과학적 원리는 근로자와 관리자 양자의 가장 큰 관심사이기 때문이다. 근로자는 경제적 유인에 의해 동기가 부여되는데, 과학적 관리는 생산성을 증가시켜 임금을 극대화시킬 수 있다. 관리자의 측면에서는 생산성이 증가되면 동시에 조직의 이윤도 극대화된다(Mouzelis, 1968).

과학적 관리는 다음의 몇 가지 단계로 구성된다(Ackoff & Rivett, 1963).

① 조직활동의 목적과 목표를 설정한다.
② 목표 달성을 위한 조직활동과정의 모델을 개발한다. 조직활동과정의 모델은 근로자-기계의 활동에 대한 면밀한 분석과 측정에 기초해 마련한다.
③ 조직활동과정의 모델을 바탕으로 수학적 방식을 동원해 최적 수준의 목표를 달성할 수 있는 근로자-기계의 활동의 목표를 설정한다.
④ 조직활동과정의 모델을 가장 잘 구현할 수 있도록 조직활동의 구조를 개선한다.

테일러는 애초 개인이 노동생산성을 최고로 발휘할 수 있는 시간과 동작(time and motion)을 기본동작으로 표준화하고 이를 바탕으로 작업량을 계산해 분업화하는 최적의 모델을 마련하고, 성과 달성 여부에 따라 임금을 차등 지급할 것을 구상했다. 이후 과학적 관리에 대한 모델은 복잡한 수학적 · 기계적 방법을 적용해 조직의 효율성과 생산성을 증진시키도록 발전해 왔다. 여기에는 선형계획(linear programming), 프로그램 평가 검토기법(program evaluation and review technique: PERT), 전과정 평가목록분석(life cycle inventory analysis), 대기이론(queuing theory) 등이 포함된다.

한편, 유릭(Urwich, 1943)으로 대표되는 공공행정학파는 엄격한 수학적 모델을 산출하기 어려운 경우 기존의 과학적 관리이론의 엄격한 기술적 측면을 완화해 '좋은 행정(good administration)' 의 원리에 따라 조직활동의 합리성을 증진시킬 수 있도록 조직을 구조화 해야 한다고 본다. 이를테면 사회복지조직의 경우, 클라이언트와 지역의 특성에 따라 조직활동의 생산성이 좌우될 수 있기 때문에 조직의 목표를 효율적으로 달성할 수 있는 최적화된 모델을 개발하기 어려운 경우가 많다(Lee & Moore, 1977).

조직의 합리성을 증진시키는 '좋은 행정' 의 원리는 다음과 같다(Mooney & Reiley, 1938; Urwich, 1943; Drucker, 1954; Koontz & O' Donnell, 1959; Massie, 1965; Mouzelis, 1968).

① 조직의 권위와 책임성은 위계적 질서에 따라 명백하게 정의돼야 하고 끊김이 없어야 한다.
② 조직원은 한 명의 상사(슈퍼바이저)로부터 지시를 받아야 한다.
③ 한 상사(슈퍼바이저) 밑에는 여섯 명 이내의 부하직원(슈퍼바이지)을 배치해야 한다.
④ 과업은 명확히 분화된 활동단위를 기준으로 분업화 돼야 한다.

이 원리는 경험적 타당성을 확인하기 어렵고 다양한 조직에 기계적으로 적용하기 어려울 수 있다. 그럼에도 불구하고 행정가들이 조직이 직면한 문제를 해결하는 데 기준을 제공하는 것으로 평가된다.

과학적 관리이론은 산업조직에 적용되는 경영과학의 발전의 토대를 제공했다. 나아가 낭비를 줄이고 비용을 절감하는 등 조직활동의 효율성을 증진시키고 생산성을 제고하려는 목표하에 사회복지조직에서도 적용이 확대되고 있다. 이런 경향은 복지자원이 감소하는 가운데 사회복지조직의 책임성 강화, 명확한 서비스 결과 제시, 투자 대비 최대한의 성과달성 요구 등이 증가하는 상황과 관련이 있다. 공공부문의 민영화와 함께 사회복지조직은 정부부문의 비효율성, 서비스중복, 서비스의 낭비와 남용을 극복해야 한다는 기대를 받고 있다. 이에 따라 산업조직의 비효율성과 생산성 부족 문제의 해결에 기여한 경영과학의 이론이 사회복지조직에도 적용될 수 있을 것이라는 기대가 커지고 있다(Hoos, 1972).

과학적 관리이론의 도입을 주장하는 사람들은 사회복지조직의 비효율성은 시장원리가 도입되지 않는 데 따른 것이라고 본다. 경영과학의 이론을 사회복지조직에 적용하면 목표의 명확한 설정, 각 단위의 효율적인 조직활동의 방안 마련 등에 기여할 수 있다는 것이다. 그 결과 자원을 효율적으로 활용할 수 있도록 객관적인 통제제도를 수립할 수 있다. 나아가 조직은 성과측정과 환류를 통해 각 단위의 생산성을 제고하고 자원을 효율적으로 할당할 수 있다(Cyert, 1975).

그러나 과학적 관리이론은 다음과 같은 심각한 비판을 받아 왔다.

첫째, 조직을 폐쇄체계로 보는 한계가 있다. 조직의 성과에 영향을 끼치는 외부환경의 요인을 무시하거나 기껏해야 상수나 제약요인으로 간주한다는 것이다.

둘째, 조직을 목표에 따라 임의로 조직할 수 있고 시간적으로 변화하지 않는다고 보고, 과업의 중요도에 따라 자유롭게 조직질서를 형성할 수 있다고 본다. 상충하는 목표 간의 갈등을 인정하지 않고, 조직구성원들은 조직의 목표를 수용한다고 보며, 조직단위들의 하위목표는 전체 조직의 목표와 일치할 수 있다고 보는 것이다.

셋째, 조직의 관리층이 목표 설정의 권한을 갖고 있다고 보는 엘리트주의에 속한다.

넷째, 기능주의적 조직관에 바탕을 두고 있다. 조직을 비정치적인 것으로 보아 조직구성원 간의 권력배분에 영향을 끼치는 외부적 · 내부적 정치 과정을 무시한다.

다섯째, 물질적 동기만을 중시해 조직구성원들의 동기부여에 영향을 끼치는 다른 요인들을 무시하는 기계적인 관점이다.

사회복지조직에 과학적 관리이론을 적용한 결과 이론적 가정의 타당성이 경험적으로 입증되지는 않는다고 본다. 게다가 경영과학을 적용해 사회복지조직을 분석하면 조직활동의 성과에 영향을 끼치는 결정적인 요인들을 무시한다는 비판이 제기된다(Stimon & Stimson, 1972; Stimson & Thompson, 1975). 경영과학의 이론들은 실증 가능한 요인들에만 초점을 맞추어 양적으로 측정할 수 없는 많은 구조적 변수들을 무시한다는 것이다. 즉, 사회복지조직의 서비스는 윤리적인 측면에서 규범적인 선택을 하게 되는데 경영과학은 과학의 망토(scientific cloak) 뒤에 숨어 규범적인 측면을 모호하게 만든다.

3. 인간관계이론

과학적 관리이론은 조직의 효과성을 증진시키는 데 타당성과 적용성이 부족한 것으로 나타났다. 호손(Hawthorne) 공장에서의 실험은 근로조건과 근로자의 실적 간의 관계를 규명해 과학적 관리이론의 타당성을 규명하려는 의도에서 시도됐다. 그런데 연구 결과 작업의 물질적 특성보다는 근로자의 태도와 감정, 상호작용 유형, 업무집단의 구조와 문화가 근로자의 실적에 크게 영향을 끼치는 것으로 나타났다(Roethlisberger & Dickson, 1939). 이 실험 이후 인간관계이론은 조직에서의 구성원들의 행동, 구성원들 간의 상호작용, 작업조직에 초점을 맞추기 시작했다(Hasenfeld, 1983).

인간관계이론(Human Relationship Theory)의 기본적인 가정은 사람은 기본적으로 착하고 변화가 가능하고 완벽을 추구할 수 있고, 조직의 목표와 개인적 이해는 양립 가능하다는 것이다(Kaplan & Taisky, 1977). 이처럼 인간관계이론은 조직의 구조와 과정이 구성원들의 자아실현에 기여할 수 있다면 조직의 효과성과 생산성을 극대화 할 수 있다고 본다. 개인은 조직 내에서 자신의 배경, 가치, 바람, 기대가 지지된다고 느끼고 자신의 성장이 가능하고 개인적인 중요성이 유지된다고 생각할 수 있어야 한다. 조직구성원들의 자아실현의 바탕 위에서 리더십과 조직과정은 조직 내 상호작용과 관계를 극대화할 수 있도록 초점을 맞추어야 한다(Likert, 1961).

이와 유사하게 맥그리거(McGregor, 1960)는 X이론과 Y이론을 제시해 관리자가 갖는 조직관에 따라 상이한 관리방식을 적용할 수 있다고 보았다. 전통적인 X이론은 사람들은 본성적으로 일을 싫어하고, 지시받고 강제적으로 일해야 조직의 목표를 달성할 수 있다고 본다. 하지만 Y이론은 사람들은 본성적으로 일하기를 원하고 조직의 목표에 일체화되면 자기 통제와 자기 지시하에 일할 수 있다고 본다. Y이론은 사람들은 조직에서 자신의 상상력과 창조성을 실행하고 잠재력을 현실화시킬 수 있다고 본다.

이후 기존 X이론과 Y이론이 인간행동에 대한 조직적 통제와 자율적 행동의 이분법적 사고를 바탕으로 하고 있어 현실적합성이 부족하다는 지적이 제기돼 왔다. 이에 여러 학자가 현실적인 조직형태로서 Z이론을 주장하고 있다. 몇 가지를 소개하면 다음과 같다.

룬트슈테트(Lundstedt, 1972)는 X이론이 권위형이고 Y이론은 민주형이라고 보고,

자유방임형인 Z이론을 추가할 필요가 있다고 보았다. Z이론은 오락활동, 실험실 업무, 대학에서의 업무에 적용될 수 있다. 로리스(Lawless, 1972)는 조직전략은 고정적이거나 절대적이지 않고 환경변화에 따라 유동적이라고 보았다. 따라서 X이론과 Y이론을 기계적으로 적용하기보다는, 환경변화에 조응하는 조직, 업무집단, 개인 간의 관계에 대한 관리전략으로써 Z이론이 필요하다.

라모스(Ramos, 1972)는 X이론과 Y이론을 각각 작업인간(operation man)과 반응인간(reactive man)으로 명명했다. 그는 Z이론으로서 괄호인(parenthetical man)을 제시했는데, 지혜로운 인간은 단순한 물질적 · 비물질적 보상을 떠나 자아실현를 추구한다고 본다. 오우치(Ouchi, 1981)는 미국식 관리방식과 일본식 관리방식을 각각 A이론과 J이론이라 명명하고, 미국에서 일본식 관리방식을 도입해 Z이론을 구현할 필요가 있다고 보았다. 업무집단의 활용, 업무집단의 참여 확대, 종신고용 등의 장점이 적용돼야 한다는 것이다.

호손 공장에서의 실험의 영향으로 근로자의 실적은 업무집단에서의 상호작용의 형태에 따라 달라진다는 가정이 확립됐다. 이에 많은 이론가가 인간관계이론을 적용하는 조직과정이 조직의 효과성과 생산성 향상에 기여하는지 입증하기 위해 노력했다. 예를 들어, 업무집단은 개인의 조직과업 수행과 관련된 많은 자극을 통제하기 때문에 조직 내에서의 개인의 행동과 태도에 깊은 영향을 끼친다는 주장이 제기됐다. 특히 업무집단은 근로자의 동기부여, 노력의 수준, 직무수행의 방식 등에 영향을 끼친다고 본다(Porter, Lawler, & Hackman, 1975).

이에 따라 근로자의 직무의 효과성을 증진시키기 위해서는 다음과 같은 전략에 입각해 업무집단의 역할을 강화해야 한다고 본다. 첫째, 직무수행에 대한 의사결정에 있어서 업무집단의 참여를 활성화해야 한다. 이는 조직목표와 집단목표 간의 융합을 촉진하고 개인의 동기부여와 조직에 대한 헌신을 촉진할 수 있다(Coch & French, 1948). 조직구조는 개인들이 하나 이상의 업무집단에 참여하고, 모든 업무집단은 전체 조직과 연계되도록 구성돼야 한다는 것이다(Likert, 1961).

둘째, 리더십은 민주적이고 관대하고 구성원 지향적(follower-oriented)이고 참여적이고 배려심이 깊어야 한다. 이와 같은 리더십 유형은 집단결속과 조직원들의 만족을 증진시키고 그 결과 조직의 생산성이 증진된다. 이는 리더십 유형이 집단결속, 구성원의 만족도, 생산성에 끼치는 영향에 대한 여러 연구로부터 도출한 결론이다(White & Lippitt, 1960; Likert, 1961; Blake & Mouton, 1964; Indik, 1965).

한편, 리커트(Likert, 1967)는 리더십, 동기부여, 의사소통, 의사결정, 목표 달성, 통제 등의 주요 변수를 반영해 다음의 4가지 조직유형을 제시했다.

① 체계I: 권위적이고 착취적인 조직

이는 전형적인 관료제모델의 조직으로서 의사결정의 권한은 상층부에 집중되고 상층부는 조직구성원들을 신뢰하지 않고 통제의 대상으로 간주한다.

② 체계II: 권위적이고 온정적인 조직

의사결정은 상층부에 집중돼 있지만 조직구성원들과의 의사소통이 허용된다.

③ 체계III: 자문적 조직

의사결정이 상층부에 집중돼 있지만 의사소통이 증가할 뿐 아니라 조직구성원들은 조직과정에 영향력을 행사할 수 있다.

④ 체계IV: 참여적 조직

상층부는 조직구성원들을 완전히 신뢰하고, 업무수행 과정에서 조직구성원들의 완전한 참여를 보장하고, 수직적 · 수평적 의사소통이 완벽히 이루어지고, 목표 설정 과정에서 업무집단의 참여가 완전히 보장된다. 상층부는 조직구성원들과 심리적인 친밀감을 느끼고, 통제기능이 상층부에 집중되지 않고 조직 내에 분산된다.

인간관계이론은 체계IV의 조직유형을 구현하기 위한 조직과정을 중시한다. 인간관계이론의 조직개발(Organizational Development: OD)전략은 팀구축(T-group), 감수성훈련, 설문조사, 그리드 조직개발(grid organizational development), 사회기술시스템 접근방법(sociotechnical system approach) 등을 포함한다. 이 방법들은 태도를 변화시키고 조직 내에서의 인간관계를 개선함으로써 리커트의 체계IV 조직유형이나 맥그리거의 Y이론에 근접하도록 조직을 개선하려는 공통적인 목표를 지닌다(Strauss, 1976).

그런데 인간관계이론이 중시하는 업무집단의 참여, 민주적 리더십, 수직적 · 수평적 의사소통, 인간관계 등의 요소가 조직의 효과성 증진에 끼치는 영향은 충분히 검증되지는 않는다(Rapoport, 1960; Manning, 1976). 인간관계이론과 관련된 변수들이 클라이언트에 대한 서비스의 효과성 증진에 영향을 끼치는 가장 중요한 요인인지는 불확실하다. 오히려 조직의 효과성은 업무절차, 분업, 역할부여 등의 관료적 기술, 권위의 위계적 서열화 등에 의존하는 경향도 있다(Perrow, 1965). 인간관계의 개선은 조직구성원들의 만족을 증진시킬 수는 있지만 서비스개선 등 조직의 효과성에 대한 기여는 검증되지 않는다는 것이다(Schmuck, Runkel, & Langmeyer, 1971).

인간관계이론은 몇 가지 한계가 있는 것으로 지적된다.

첫째, 보편적인 적용성에 대한 실증적인 근거가 부족한 점을 고려할 때 비일상적 과업에 관해서만 적용성이 있다는 주장이 있다. 심리치료, 학대부모상담, 알코올중독자에 대한 집단상담 등의 분야는 위계적인 서열화의 최소화, 의사소통의 극대화, 집단적인 문제해결의 증진을 통해 과업의 효과성을 증진시킬 수 있다(Litwak, 1961).

둘째, 사회심리적 요인 이외에 조직의 효과성에 영향을 끼치는 다른 조직적인 변수들을 무시했다는 지적이 있다. 외부적 환경, 자원, 조직적 목표, 조직의 크기, 클라이언트의 욕구와 태도, 서비스 기술, 직원의 역량, 임금 등의 요인을 고려하지 못했다는 것이다(Strauss, 1968).

셋째, 나아가 인간관계에서의 마찰과 사회적 갈등을 고려하지 않기 때문에 조직 안팎의 정치적 · 경제적 과정을 무시했다는 비판도 있다. 예를 들어, 인간관계이론이 중시하는 조직 내 권력의 평등화를 이루려면 인간적인 관계의 증진이 아니라 다양한 이해집단 간의 협상과 타협이 필요하다(Mouzelis, 1968).

인간관계이론은 조직에서의 개인의 행동에 대한 이해를 증진시키는 데 크게 기여했다. 인간관계이론은 조직구성원의 태도, 사기, 인간관계, 심리적 행복을 개선하는 조직구조와 과정을 중시한다. 사회복지조직은 일선 직원과 클라이언트 간의 상호작용이 서비스전달의 핵심 요소이기 때문에 인간관계이론의 적용성이 크다고 볼 수 있다. 게다가 인간적인 조직문화는 일선 직원과 클라이언트 간의 가치지향적 실천을 증진하는 데 기여할 수 있다.

그러나 인간관계이론을 사회복지조직에 적용할 때는 다음의 3가지 점을 유의할 필요가 있다.

첫째, 일선 직원은 상징적인 수준으로만 참여하면서도 자신이 조직의 의사결정에서 중요한 영향력을 행사한다고 믿는 명목상의 참여에 그칠 우려가 있다.

둘째, 업무집단의 참여는 구성원들에게 조직의 기존 서비스 이념을 사회화시켜 대안적 이념과 서비스에 대한 직원의 관심을 둔화시키고 혁신역량을 퇴화시킬 수 있다.

셋째, 인간관계 측면의 처방을 지나치게 강조하면 서비스 기술개발, 자원개발, 과업환경과의 관계 개선 등 조직의 효과성 개선을 위한 실질적인 현안에 대한 개선 노력을 등한시 하는 결과로 이어질 수 있다.

4. 구조주의이론

지금까지 살펴본 것처럼, 전통적 이론은 조직의 효과성에 대한 기여 면에서 보편적인 설명력을 획득하는 데 실패한 것처럼 보인다. 관료제이론, 과학적 관리학파, 인간관계이론의 주요 요인들을 반영한 실증 결과, 일관된 결과를 얻는 데 실패했기 때문이다. 이에 전통적 이론의 한계를 극복하려는 시도가 생겨났다. 구조주의이론(Structural Theory)은 전통적 이론의 한계를 극복하려는 본격적인 시도라는 점에서 의의를 갖는다.

구조주의이론은 전통적 이론의 2가지 가정에 대한 비판에 집중하고 있다(Etioni, 1964). 첫째, 조직의 목표와 개인의 목표가 일치할 수 있다는 기능주의적 가정에 대한 비판이다. 때마침 사회복지조직에 대한 갈등주의적 접근이 등장하면서 전통적 이론의 조직관에 대한 비판이 제기돼 왔다(Gibelman, 2000). 둘째, 전통적 이론은 조직을 폐쇄체계로 간주하기 때문에 환경적 요인을 비롯해 조직의 효과성에 영향을 끼치는 조직 내외의 다양한 구조적 요인을 무시했다는 것이다.

사회과학에서의 구조주의이론은 초역사적이고 보편타당한 원리를 발견하려는 과학적 접근의 한계를 극복하려는 의도를 갖고 있다. 상황에 따른 구조와 행위자 간의 특수한 이중적 관계, 즉 구조화 과정에서 행위자는 구조의 영향을 받지만 반대로 행위자는 구조의 변형과 재생산에 능동적으로 기여할 수 있다는 관점을 중시한다(Giddens, 1979).

이에 따라 에티오니(Etioni, 1964)는 조직을 특정한 목표를 달성하기 위해 의도적으로 구성되고 재구성되는 사회적 단위이자 환경과 상호작용하는 존재로 간주한다. 이는 전통적 이론의 기능주의적 가정을 극복하고 조직을 갈등적인 역동적 실체로 보는 동시에, 개방체계로서 환경과 상호작용하는 실체로 보는 관점이다. 구조주의자들은 조직의 개방체계로서의 속성에 많은 관심을 갖고 조직의 효과성과 관련된 구조적 요인들을 탐구해 왔다. 또한 조직의 갈등적 속성을 중시해 갈등을 관리하고 통합해야 할 필요가 있다고 본다.

먼저, 환경 등 조직 내외의 다양한 구조적 요인들과 관련해, 에티오니는 조직활동과 관련된 제반 요소에 대한 포괄적인 접근을 통해 조직의 실체를 이해할 수 있다고 본다. 그는 조직의 공식적 요인과 비공식적 요인, 비공식적 집단의 범위와 집단 간의 관계, 상위자와 하위자의 관계, 사회적 보수와 물질적 보수의 수준 및 상호관계, 조직과 환경의 상호작용의 특성, 업무조직과 비업무조직의 관계 등을 주목했다.

볼먼과 딜(Bolman & Deal, 2013)은 조직구성의 보편타당한 원리가 있다는 전제를 부정하고, 조직의 효과성을 달성하기 위해서는 조직을 구성하는 구조적 측면, 인사관리 측면, 정치적 측면 및 상징적 측면에 대한 종합적인 접근이 필요하다고 보았다.

① 구조적 측면: 목표의 명확화, 구조와 환경의 우호적 관계, 과업에 따른 조직구조의 적합성을 추구해야 한다.
② 인사관리 측면: 조직원 개개인의 목표 달성에 대해 지지적이어야 하고 조직 과정에 참여하는 권한을 부여해야 한다.
③ 정치적 측면: 조직적인 의제 및 자원배분과 관련해 조직 내외의 이해관계자 간의 갈등을 관리하는 역량이 필요하다.
④ 상징적 측면: 조직의 문화를 개선해 조직구성원들의 의사소통을 개선하고 일체감을 갖도록 해야 한다.

다음으로, 구조주의이론은 갈등주의의 전통에 따라 조직 내의 갈등을 효과적으로 관리할 필요성을 강조한다. 특히 코저(Coser, 1956)의 기능적 갈등주의에 따르면, 갈등을 무시하는 기능주의의 접근은 갈등을 일탈과 병리현상으로 보는 문제가 있다고 지적한다. 오히려 갈등은 조직의 통합성과 적응성을 확대하는 과정으로 이해해야 한다는 것이다.

조직 내 희소자원 배분에 대한 불평등이 존재하지만 불만을 시정할 수 있는 통로가 없거나 조직 내 상부로의 승진 가능성이 없을 때 갈등이 발생한다. 갈등을 비폭력적으로 해결하면 조직의 혁신과 창조성을 확대할 수 있고, 내적 모순을 극복하고 현실적 쟁점에 대한 규범적 조절능력을 향상시켜 조직 내 통합을 증진시키는 효과를 얻을 수 있다. 반면, 갈등해결 기제를 갖추지 못하면 조직 전체에 대해 그리고 집단 간에 적대감이 증가하고 폭력적 문제해결 방식이 표면화된다(Turner, 1997).

구조주의이론은 전통적 이론의 한계를 극복하는 새로운 시도로 조직과정에 대해 종합적으로 접근했다는 점에서 의의를 갖고 있다.

첫째, 이 이론은 이후 조직이론의 발전에 전환점을 제공한 것으로 평가된다. 에티오니는 기존 고전이론과 인간관계이론의 단편적 접근의 한계를 극복하는 종합적인 시도를 통해 조직의 효과성에 영향을 끼치는 물질적 요인과 비물질적 요인을 통합적으로 규명하고자 했다.

둘째, 구조주의이론은 기존의 폐쇄체계의 관점을 극복하고 조직의 성과와 관련이 있는 환경적 요인과 조직 내의 구조적 요인들에 대한 개방체계의 관점을 확보했다.

셋째, 기능주의적 접근의 한계를 극복하고 조직 내 갈등의 순기능에 주목하고 있다.

구조주의이론은 사회복지조직에 대해 적용성을 갖고 있다.

첫째, 조직에 대한 개방체계의 관점은 환경에의 의존성이 높은 사회복지조직의 활동을 규명할 수 있는 시야를 제공한다. 사회복지조직은 환경에 대한 의존성이 특히 높은 특성을 갖고 있고 지역사회로부터 정당성과 자원을 제공받기 때문이다.

둘째, 사회복지조직의 효과성과 관련이 있는 구조적 요인들에 대한 종합적인 시야를 확보할 수 있게 해 준다. 전통적 이론에 대한 경험적 분석 결과 물질적 측면과 비물질적 측면에 대한 일면적인 접근은 조직의 효과성에 기여하는 요인이 무엇인지에 대한 충분한 설명력을 제공하지 못하기 때문이다.

셋째, 사회복지조직에서의 갈등관리에 대해 건설적인 시각을 제공하고 있다. 사회복지조직에는 과업환경의 정당성의 제공자, 자원제공자, 지역사회, 조직의 이사회, 클라이언트 등 다양한 이해관계자 간의 갈등이 항시 존재한다.

5. 의사결정이론

앞에서 살펴본 것처럼, 고전이론은 조직설계에 있어서 합리적 요소를 지나치게 강조하는 반면, 인간관계이론은 합리적 요소의 중요성을 경시하는 경향이 있다. 의사결정이론(Decision Making Theory)을 주장한 사이몬(Simon, 1964)은 고전이론과 인간관계이론 양극단의 통합을 시도했다. 의사결정이론의 중심 관심사는 인간의 사회적 행동의 합리적 측면과 비합리적 측면의 경계에 관한 것이다. 행정이론의 독특함은 합리성에서 이탈하는 인간행동의 의도성과 합리성을 구현할 수 없는 한계에 관한 이론이라는 점인데, 역설적으로 조직구성원은 합리성을 극대화하는 방법을 모르기 때문에 만족한다고 본다(Hasenfeld, 1983).

의사결정이론은 사람의 합리성에는 제약이 따른다고 본다. 인간은 모든 가능한 대안, 각 선택에 따른 전체적인 결과, 기대되는 각 결과의 미래의 기댓값에 대해 완벽한 정보를 가질 수 없기 때문이다. 따라서 의사결정자는 과거의 경험, 현실적인 요인들, 익숙한 대안들에 대한 선택적 개념화를 바탕으로 실제를 단순화한 모델을 세움으로써 만족스러운 해결책을 추구한다. 특히 조직 내 기존 노동의 분업, 권한, 표준적인 업무절차, 의사소통 형태 등은 의사결정의 한계와 경계를 규정한다. 이들 조직적 요인들은 의사결정의 경우의 수를 통제하고, 의사결정에 투입되는 정보를 결정하고, 수용 가능한 결과와 유용한 대안의 범위를 규정하고, 바람직하다고 여겨지는 가치를 제공한다(March & Simon, 1958).

의사결정이론은 사회복지조직의 서비스전달 유형을 이해하는 데 도움이 된다. 임상적 의사결정모델의 예를 들면, 우리는 통상적으로 임상적 의사결정 과정은 클라이언트로부터 획득한 정보, 이 정보를 평가하는 지식의 정도, 치료과정의 기술에 의해 규정된다고 본다(Hasenfeld, 1974). 그러나 이 모델은 원조과정이 조직의 맥락 안에서 이루어진다는 근본적인 사실을 무시한다. 실제로 모든 결정은 프로그램 내용, 표준적인 업무 절차, 의사소통 유형 등 조직적인 변수들의 영향을 받기 마련이기 때문이다. 마치와 사이먼(March & Simon)의 모델은 사회복지실천가의 의사결정 과정에 영향을 끼치는 조직적인 요인에 초점을 맞추기 때문에 클라이언트에게 서비스를 제공하는 사회복지조직의 실제 업무를 이해하고 설명할 수 있는 분석적인 도구를 제공한다(March & Simon, 1958).

의사결정이론은 몇 가지 한계가 있는 것으로 지적된다.

첫째, 이 이론은 조직의 맥락을 주어진 것으로 간주할 뿐이다. 조직의 맥락을 구성하는 조직의 구조, 표준적인 업무절차, 의사소통 유형 등이 어떻게 형성되고 변화하는지 설명하지 못한다는 것이다.

둘째, 조직의 맥락을 상수로 보아 고정불변하다고 간주하는 폐쇄체계의 조직관을 갖고 있다. 의사결정이론이 조직의 구조와 조직과정에 대한 환경의 영향을 무시하기 때문이다.

셋째, 그 결과 조직 내 각 단위 간의 갈등을 무시하는 기능주의적 관점을 벗어나지 못한다. 조직 내 각 단위 간에는 권력과 자원에 대한 접근 기회와 할당되는 몫에서 차이가 있기 마련이기 때문에 이해관계의 상충이 상존한다.

이에 의사결정모델을 확장하려는 시도가 생겨났다. 사이어트와 마치(Cyert & March, 1963)는 조직의 맥락은 다음과 같은 역동성에 따라 작동한다고 본다.

첫째, 조직이란 상이한 가치와 개인적 목표를 가진 구성원들로 이루어져 자원할당과 목표설정에서 갈등이 상존한다는 관점을 수용한다. 조직 내 갈등은 협상과정을 통해 관리되고 조직구성원들이 수용 가능한 범위에서 현실적인 목표가 설정된다.

둘째, 조직은 불확실성 회피(uncertainty avoidance)를 위해 환경과 안정적인 계약적 관계를 확립하려는 욕구를 갖고 있다. 환경이 변화해 기존의 관계방식이 적절하지 않게 되면 조직적인 갈등이 발생하고 새로운 문제해결 방안을 추구하는 적응과 학습의 노력이 생겨난다.

셋째, 조직적인 의사결정은 쓰레기통모형(garbage can model)에 의해 이루어진다고 본다(Cohen, March, & Olsen, 1972; March & Olsen, 1976).

기존의 의사결정이론은 불확실성에 대한 조직의 대처에 대해 설명력을 제공하는데 실패했다. 이와 같은 한계는 사회복지조직처럼 조직의 목표가 불확실하고 기술이 불확실하고 결정적인 효과성을 입증하기 어려운 경우 두드러진다. 쓰레기통모형은 사회복지조직의 주요 의사결정에서는 문제, 해결방안, 참여자, 선택의 기회(결정을 필요로 하는 상황) 등 상대적으로 독립적인 네 가지 흐름이 복합적으로 작용한다고 본다.

최종적인 의사결정은 합리적인 요소보다는 네 가지 흐름의 복합적인 작용에 따라 이루어진다는 것이다. 쓰레기통은 문제와 관련된 이슈, 조직구성원들의 선호가 반영돼 있는 결정의 방향, 문제해결과 만족을 추구하는 참여자들이 만나는 장이다(March & Olsen, 1976).

의사결정과 관련된 4가지 흐름과 의사결정은 다음의 3가지 요인의 영향을 받는다.

① 조직의 구조는 각 흐름의 출발과 도착 시간, 참여자들이 의사결정 과정에 투여하는 에너지, 다양한 흐름 간의 연계에 영향을 끼친다.
② 조직의 문화적 · 규범적 맥락은 특정한 문제, 해결방안, 참여자의 방식, 선택기회에 대한 성향을 형성한다.
③ 쓰레기통의 모양과 내용은 조직 내 개인들의 속성, 신념, 선호, 시간 여유, 의사결정에 대한 주의가 지속되는 시간 등의 영향을 받는다.

쓰레기통모형에 의한 의사결정은 다음의 3가지 형태를 나타낸다.

① 간과(oversight): 현존하는 문제에 집중하지 못한 채 선택이 이루어진다.
② 유리(flight): 문제와 유리된 채 결정이 이루어지고, 따라서 아무런 문제도 해결하지 못한다.
③ 해결(resolution): 문제를 해결하는 선택이 이루어진다.

이를 통해 다음의 몇 가지 가정을 도출할 수 있다.

① 대부분의 결정은 간과나 유리의 형태로 이루어진다.
② 문제해결에 필요한 에너지가 증가하면 의사결정자는 현재의 문제에서 벗어나 다른 문제로 초점을 전환하기 마련이고, 이에 따라 현재의 문제에 대한 선택이 지연되면서 해결 가능성은 적어진다.
③ 중요한 문제들은 덜 중요한 문제들보다 해결될 가능성이 높다.
④ 중요한 선택에는 4가지 흐름과 영향요인이 훨씬 복합적으로 작용한다.

쓰레기통모형은 사회복지조직에 대해 적용성을 갖고 있다. 특히 많은 사회복지조직 프로그램의 서비스제공 유형이 합리성의 원리에 의해 이루어지지 않는다. 대부분의 결정이 문제에 대한 명확한 규정과 잠재적인 해결방안에 대한 주의 깊은 조사에 의해 이루어지지 않기 때문이다. 오히려 사회복지조직은 목표가 애매모호하고 명확한 기술이 부족하기 때문에 최종적인 의사결정은 상대적으로 독립적인 여러 흐름의 복합적인 작용에 따라 이루어진다.

그럼에도 불구하고 모든 사회복지조직의 의사결정 유형을 쓰레기통모형으로 일반화할 수는 없다. 사회복지조직은 실제로는 특정한 선택을 배제하고 일상적인 업무수행에 대한 예측 가능성을 부여하는 조직적인 제약 속에서 운영된다(March & Olsen, 1976). 조직적인 제약에는 가용예산, 정책수립 부서의 자율성 정도, 정년보장제도 등이 포함된다. 즉, 의사결정에 대한 미시적인 사회심리적 과정은 쓰레기통모형과 유사할 수 있지만, 실제 조직적인 결과에 대해서는 자원의 가용성, 권력의 분배, 적용되는 서비스 기술, 조직의 지배적인 가치 등 구조적인 변수들이 더 적절하게 설명할 수 있다는 것이다.

6. 상황적합이론

지금까지 살펴본 대부분의 조직화이론은 구조적 변수들을 체계적인 방법으로 고려하지는 않았다(Hasenfeld, 1983). 이와 같은 방법으로는 어떤 조직의 직원들은 고도로 전문화된 과업을 수행하고 다른 조직에서는 다양한 업무를 담당하는지 설명할 수 없다. 그리고 어떤 조직은 권위의 위계적 구조를 확립하고 중앙집중화하는 반면, 다른 조직은 수평적 조직화와 탈중앙화를 지향하는지 이해하기 어렵다.

상황적합이론(Contingency Theory)은 이와 같은 조직의 설계와 관련된 이슈들에 관심을 갖고 조직의 구조를 결정하는 조건을 규명하고자 한다(Lawrence & Lorsch, 1967; Perrow, 1967; Thompson, 1967). 개방체계의 관점에 입각해 있는 상황적합이론은 고전이론의 규범적 조직관을 극복하고 효과적인 조직화를 설명하는 중범위적인 이론화를 위해 노력한다(Hasenfeld, 2001). 이 이론은 조직은 상황적 특성에 따라 적합성(the goodness of fit)을 증진시키기 위해 상이하게 구조화될 수 있다고 본다. 상황적 특성에는 환경의 이질성과 안정성, 조직이 적용하는 기술의 확실성, 조직의 크기, 조직을 통제하는 권력의 속성 등이 포함된다.

상황적합이론은 다음의 4가지 가정에 기초해 있다.

① 환경의 요구와 이에 대한 적합성은 조직구조의 유형적 차이를 결정하는 요인이다.
② 조직에서 적용하는 기술의 속성은 업무조직의 구조를 결정한다(Lawrence & Lorsch, 1967; Perrow, 1967; Thompson, 1967).
③ 조직의 크기는 조직의 내부 구조의 분업화와 기능적인 전문화에 영향을 끼친다(Donaldson, 1996).
④ 조직에 대한 외부적 통제의 정도는 조직의 중앙집중화와 공식화 정도를 규정한다(Mintzberg, 1979).

로렌스와 로시(Lawrence & Lorsch, 1967)는 조직은 과업환경의 다양한 요소와 상호작용해야 한다고 본다. 이때 과업환경은 각 조직이 직면하는 불확실성의 정도, 즉 조직이 환경과 관계 맺는 방식의 변화 가능성과 그에 따른 결과의 예측 가능성을 규정한다. 과업환경의 다양성은 이에 효과적으로 반응하기 위한 조직의 내부적인 구조의 차이를 낳는다. 과업환경의 불확실성이 클수록 조직의 내부구조를 분업화할 필요가 있다. 이에 따라 내부구조가 세분화 될수록 조직은 상이한 업무조직들 간의 통합과 조정을 위한 효과적인 기제를 발전시킬 것을 요구받는다.

이와 유사하게 톰슨(Thompson, 1967)은 환경과 조직의 내부 구조 간의 관계를 규명하고자 했다. 효과적인 조직화란 환경과 조직의 내부 구조 간의 적합성을 증진시키기 위한 노력의 일환이기 때문이다.

① 안정적이면서 동질적인 환경: 조직이 수행하는 기능에는 통일적이고 표준화된 의사결정 규칙이 적용된다.
② 안정적이면서 이질적인 환경: 조직이 수행하는 기능에는 다양하지만 역시 표준적인 의사결정 규칙이 적용된다.
③ 변화무쌍하지만 동질적인 환경: 조직이 수행하는 기능에는 차별화되고 탈중앙화된 의사결정 규칙이 적용된다.
④ 변화무쌍하고 이질적인 환경: 조직이 수행하는 기능에는 더욱 차별화되고 역시 탈중앙화된 의사결정 규칙이 적용된다.

조직에 적용되는 기술의 속성과 조직 내 업무조직 구조의 관계에도 유사한 논리가 적용된다. 페로(Perrow, 1967)는 클라이언트가 안정적인가 불안정적인가, 서비스 기술에 대한 지식이 완벽한가 부족한가에 따라 사회복지조직이 사용하는 기술을 구분할 수 있다고 본다. 일상적인(routine) 기술에는 고전적인 일반관료제의 조직구조, 비일상적인(nonroutine) 기술에는 일선 직원이 상당한 재량권을 갖는 전문직관료제의 조직구조가 적합성이 있다고 보았다(Litwak, 1961).

① 일상적인(routine) 기술: 클라이언트가 안정적이고 서비스 기술에 대한 지식이 완벽할 때 적용된다.
② 특수한(craft) 기술: 클라이언트가 안정적이고 서비스 기술에 대한 지식이 부족할 때 적용된다.
③ 공학적인(engineering) 기술: 클라이언트가 불안정적이고 서비스 기술에 대한 지식이 완벽할 때 적용된다.

④ 비일상적인(nonroutine) 기술: 클라이언트가 불안정적이고 서비스 기술에 대한 지식이 부족할 때 적용된다.

상황적합이론은 적합한 조직설계에 필요한 중요한 기준을 제시할 수 있다. 그러나 상황적합이론의 경험적 타당성은 입증되지 못했다.

첫째, 상황적합이론의 주요 개념, 즉 환경의 불확실성, 기술의 범위, 조직적 속성 등은 경험적으로 측정하기 어려운 문제가 있다(Lynch, 1974; Downey, Hellriegel, & Slocum, 1975).

둘째, 이 이론을 적용한 결과 모순적인 결과가 발견된다. 일상적인 기술을 적용하는 조직에서 중앙집중화된 의사결정 유형과 표준적인 업무수행 절차를 적용한다는 발견이 있는가 하면, 조직이 사용하는 기술과 업무조직의 구조 간에는 관련이 없다는 실증도 있다(Hage & Aiken, 1969; Mohr, 1971; Schoonhoven, 1981; Glisson, 1992; Pfeffer, 1997).

셋째, 이 이론은 환경, 조직이 적용하는 기술, 조직의 크기, 조직을 통제하는 권력의 속성과 조직구조 간에는 직접적인 인과관계가 있다고 가정하지만, 조직의 의사결정자는 이 관계를 약화시킬 수 있다. 의사결정자는 가용자원, 과업환경의 요구, 실재하는 조직의 가치와 전통 등을 복합적으로 고려해 판단하기 때문이다(Child, 1972).

상황적합이론은 점점 정교해지고 있다.

첫째, 초기에는 환경, 조직이 적용하는 기술과 조직구조의 적합성에 집중했지만, 이후 조직구조는 조직의 크기, 조직을 통제하는 권력의 속성과도 적합성을 추구한다는 관점을 취하고 있다. 이에 따라 상황적합이론은 조직이 처한 환경, 조직이 적용하는 기술, 조직의 크기, 조직에 대한 외부적 통제의 정도에 조응해 중앙집권화, 공식화, 조정 등 조직구조의 적합성을 추구한다는 것으로 요약할 수 있다.

둘째, 의사결정자의 이해관계 등 다양한 변수를 반영하려 하고 있고, 표적시장, 클라이언트, 상품에 대한 전략적 선택에 따라 조직에 대한 내부 설계가 달라질 수 있다고 본다(Galbraith & Kazanjian, 1986).

상황적합이론은 이론적 확장을 시도하고 있다.

첫째, 적합성의 개념을 확장하고 있다. 전통적인 주장은 상황과 조직구조 사이의 적합성에 주목하나, 중앙집권화, 공식화, 조정 등 조직구조의 요인들 간에도 적합성이 있는 것으로 보고 있다.

둘째, 최선의 조직구조가 아닌 현실적인 유형을 고려하고 있다. 상황에 조응하기 위해 최적의 효과성을 산출하는 조직구조를 설계하거나 변경하기 어렵다는 점을 고려해, 동일한 수준의 효과성을 산출해 기능적으로 등가의 역할을 하는 상이한 조직구조를 차선책으로 고려할 수 있다고 본다.

셋째, 관계적 인과성을 확장하고 있다. 상황과 조직구조 간에는 일방적인 인과적 관계가 있다고 보기보다는 의사결정자는 환경과의 관계 개선, 기술 수준 향상 등을 지향하는 미래지향적인 조직구조를 선제적으로 설계해 상황에 대해 능동적으로 영향을 끼칠 수 있다고 본다.

사회복지 분야에서는 상황적합이론에 거의 주목하지 않아 왔다. 사회복지조직의 서비스가 최적의 효과성을 얻기 위해서는 조직구조의 중요성을 인지할 필요가 있다. 사회복지조직은 과업환경의 요구와 밀접한 관련이 있고, 클라이언트의 속성에 따라 전문직업적 기술을 적용하고 있고, 조직의 크기가 다양하며, 조직에 대한 외부적 통제가 강한 경우가 많기 때문이다.

7. 체계이론

지금까지 논의한 것처럼, 고전이론은 설정된 목표를 달성하기 위해 합리적으로 조직을 설계할 수 있을 것으로 보았다. 그러나 고전이론의 가정은 예측하지 못한 많은 결과를 낳았고, 이에 따라 이론적 타당성에 대해 근본적인 의문이 제기됐다(Hasenfeld, 1983). 머튼(Merton, 1957)은 고전이론에 입각해 조직구성원들을 통제하기 위해 공식적 규칙을 강조하면 조직구성원들의 활동은 경직되고, 결과적으로 클라이언트의 개별화되고 다양한 욕구를 충족시킬 수 없어 원조관계에서 어려움을 겪게 된다고 보았다. 그 결과 조직구성원들은 규칙위반으로부터 자신들의 활동을 보호하기 위해 공식적인 규칙에 더욱 의존하게 된다.

나아가 셀즈닉(Selznick, 1948)은 관료제모델의 핵심에 해당하는 권한의 위임은 조직 내 각 업무단위 간의 할거주의와 이해관계의 이질화를 초래한다고 본다. 이에 따라 각 업무단위는 자신의 파편적 이익을 추구하게 되고 조직구성원들은 전체 조직이 아닌 자신이 속한 업무단위의 이익을 추구하게 된다. 이해관계의 이질화가 증가하면 업무단위들 간의 갈등이 초래된다. 이 갈등으로 인해 구성원들은 자신이 속한 업무

단위의 목표를 내면화하게 되는데, 그 결과 업무단위의 목표가 전체 조직의 목표를 대체하게 되는 것이다.

체계이론(System Theory)은 조직을 생물학적 체계와 유사한 것으로 간주한다. 조직은 끊임없이 변화하는 환경에서 조직의 유지와 생존에 기여하는 상호 관련된 단위들로 구성된 유기체라고 본다. 조직은 설정된 목표를 효과적이고 효율적으로 달성하기 위한 공식적인 관계에 머물지 않는다는 것이다. 조직은 생존과 적응의 욕구를 갖고 있는 다양한 하위체계로 구성돼 있기 때문이다.

체계이론은 구조기능주의적 조직관으로서 조직은 기본적인 욕구나 기능을 갖고 있고 이를 달성하기 위해 활동한다고 가정한다. 조직은 스스로를 유지하려는 기본적인 욕구를 갖고 있고 생존을 위해 자기방어의 수단을 발전시킨다고 본다. 조직은 일상적인 활동에서 스스로를 유지하고 방어하는 기능을 수행하는 것이다(Selznick, 1948).

이에 대해 페로(Perrow, 1972)는 조직의 활동에 대한 이해를 위해서는 겉으로 드러나는 측면이 아니라 보이지 않는 측면을 주목할 필요가 있다고 보았다. 목적과 목표, 상품과 서비스의 산출 등 공식적인 차원만으로는 조직의 활동을 충분히 이해할 수 없다는 것이다. 오히려 조직 내 비공식적 집단, 집단 간의 갈등, 직원선발정책, 과업환경의 집단과 구성원들에 대한 의존성, 명망을 얻기 위한 노력, 지역사회의 가치, 지역사회의 권력구조, 법률제도 등 다양한 측면에 주목해야 조직을 이해할 수 있다고 보았다.

예를 들어, 파슨스(Parsons, 1957)는 외부적-내부적 차원에 따라 정신병원의 기본적인 조직적 욕구를 구분했다. 외부적 욕구로는 지역사회로부터의 정당성 획득, 의료서비스 이용자의 관리, 기능수행을 위한 시설 획득, 지역사회와의 통합을 꼽았다. 내부적 욕구로는 직원의 조직 가치로의 사회화, 일상적인 기술적 기능의 충족, 행정적·치료적 체계 간의 통합을 제시했다.

조직이 기본적 욕구를 효과적으로 충족시키게 되면 조직은 사회체제로 정착된다(Selznick, 1957; Clark, 1970).

① 조직은 스스로 존재가치를 구현하게 된다.
② 조직은 독특한 특징을 갖게 된다.
③ 조직은 외부환경의 가치에 적응력을 갖고 내부 이해관계자들의 욕구에 반응할 수 있게 된다.

조직은 체계유지를 위해 다음과 같은 AGIL 기능을 갖추어야 한다(Parsons & Smelser, 1956).

① 적응(apaptation: A) 기능: 체계는 외부환경의 요구를 수용해 적응해야 하고 환경으로부터 충분한 자원을 확보해 체계 내부에 제공해야 한다.
② 목표 달성(goal attainment: G) 기능: 체계는 목표들 간의 우선순위를 설정하고 자원을 동원해 목표를 달성해야 한다.
③ 통합(integration: I) 기능: 체계는 내부단위들 간의 상호관계를 조정하고 유지해야 한다.
④ 잠재성(latency: L) 기능: 체계는 유형유지(pattern maintenance)와 긴장관리(tension management) 기능을 수행해야 한다. 유형유지 기능은 체계 내 구성원들이 동기부여, 욕구충족, 역할수행을 통해 체계를 유지하는 역할을 말하며, 긴장관리 기능은 가치와 규범을 재생산해 체계 내의 긴장을 관리하고 조정하는 역할을 말한다.

체계이론은 개방체계로서의 체계는 환경과 에너지를 교환하고 상호작용해 기능을 유지·발전시키고 새로운 균형을 추구해 나간다고 본다. 체계와 환경의 상호작용 과정은 다음의 8가지 특징이 있는 것으로 설명된다(Bertalanffy, 1968).

① 투입(input): 외부환경의 요구를 수용하고 자원을 제공받는 과정이다.
② 전환(conversion): 투입된 자원을 상품과 서비스로 변형시키는 과정이다.
③ 산출(output): 변형된 상품과 서비스를 외부환경에 제공하는 과정이다.
④ 환류(feedback): 제공된 상품과 서비스에 대한 평가 및 개선 요구를 새로운 생산과정에 반영하는 과정이다.
⑤ 부적 엔트로피(negative entropy): 환경에 대한 의존성을 줄이고 기존 자원을 통해 내부의 항상성을 유지하기 위해 노력하는 과정이다.
⑥ 항상성(homeostasis): 조직의 내부체계들 간의 균형을 유지하고 모순과 갈등을 조정해 통합을 이루는 과정이다.
⑦ 분화(differentiation): 외부환경의 변화에 따라 환경에 대한 체계의 적응성이 해체되고 체계 내부의 통합성이 이완되는 과정이다.

⑧ 등종국성(等終局性, equifinality): 개방체계로서의 체계가 특정 목표를 달성하는 유일한 방법을 전제하지 않고 상이한 자원과 다양한 방법을 통해 동일한 최종 상태를 달성하는 과정이다.

체계이론은 사회체계로서의 조직은 생산(production), 유지(maintenance), 경계(boundary), 적응(adaptive) 및 관리(managerial) 하위체계(subsystem)로 구성된다고 본다(Neugeboren, 1985). 각 하위체계의 과업, 주요 기능, 이론적 기반은 다음과 같다.

생산 하위체계는 조직의 생산과 관련된 과업을 수행하는 단위다. 생산 하위체계는 조직의 역할과 과업을 설계하는 데 있어서 숙련과 합리성의 기능의 중요성을 강조한다는 면에서 고전이론의 가정에 기초를 두고 있다. 사회복지조직의 생산 하위체계의 과업은 투입되는 재정과 인력을 조직의 목표에 따라 서비스로 변형해 클라이언트에게 제공하는 것이다. 사회복지조직에서는 숙련과 기술에 해당하는 전문화의 원리가 강조된다. 4P에 따른 전문화의 영역에는 사회문제의 분야에 따른 목적(purpose) 전문화, 방법론적 기술에 따른 과정(process) 전문화, 서비스의 대상에 따른 사람(person) 전문화, 지리적 구분에 따른 장소(place) 전문화 등이 있다.

유지 하위체계는 개인의 욕구에 부응해 개인의 욕구를 조직의 욕구에 통합하는 과업을 수행해 조직의 계속성을 확보하는 단위다. 유지 하위체계는 활동의 공식화, 보상체계의 확립, 새로운 구성원의 사회화, 직원선발과 훈련 등의 기능을 중시한다는 면에서 인간관계이론에 착안해 있다. 사회복지조직의 유지 하위체계의 과업은 직원들의 목표 달성을 촉진해 조직의 목표와 통합되도록 하는 것이다. 이때 사회복지조직과 다른 조직의 차이점은 사회복지조직에서 직원들에게 관심을 갖는 이유가 클라이언트의 욕구충족이라는 조직의 궁극적인 목표를 달성하기 위한 수단이기 때문이라는 점이다.

경계 하위체계는 조직의 외부환경에 영향을 끼치는 과업을 수행하는 단위다. 환경과 조직의 관계를 중시한다는 점에서 구조주의이론에 근거를 두고 있다. 경계 하위체계는 생산-지지 체계(production-supportive system)와 제도적 체계(institutional system)라는 두 구성요소를 통해 외부환경에 영향을 끼친다. 생산-지지 체계는 조직의 생산적 기능을 달성하기 위해 외부 자원을 확보하는 기능을 수행한다. 제도적 체계는 조직에 대한 지지와 정통성을 확보해 외부적 권위를 확립하는 기능을 담당한다. 사회복지조직의 생산-지지 체계의 과업은 이사회의 역할과 기능 활성화 등을 통해 외부환경으로부터 후원과 지지 등 서비스 제공에 필요한 자원을 확보하는 것이다. 제도적 체계의 과업은 지역사회로부터 위임된 활동목표의 달성과 관련한 조직의 과업 및 업적을 홍보함으로써 지지적인 환경을 조성해 권위와 정당성을 확보하는 것이다.

적응 하위체계는 환경의 요구에 순응하는 과업을 이루기 위해 연구와 계획의 기능을 수행하는 단위다. 환경의 요구에 반응한다는 면에서는 구조주의이론, 연구와 계획을 강조한다는 면에서는 합리성과 숙련을 강조하는 고전이론에 기초를 두고 있다. 사회복지조직의 적응 하위체계의 과업은 변화하는 지역사회의 요구에 민감하게 반응해 이에 적절히 대처하도록 연구개발활동을 적극적으로 전개하는 것이다. 이와 같은 지역사회의 요구에는 새로운 클라이언트의 요구(지역사회 환경의 변화에 따른 새로운 욕구 출현 등), 새 정부의 요구조건(분권과 책임성 강조 등), 자금조달 조직의 우선순위 변경(사회복지공동모금회의 배분기준 변화 등) 등을 예로 들 수 있다.

관리 하위체계는 하위체계들 간의 조정과 통합을 통해 내부적 통제를 달성하는 과업을 수행하는 단위다. 외부환경과의 관계를 강조한다는 면에서 구조주의이론의 특징, 타협을 강조한다는 면에서는 인간관계이론의 특징을 갖는다. 관리 하위체계의 기본적인 기능에는 권한을 활용해 계층 간에 생겨나는 갈등을 해결하는 기능, 타협과 심의(審議, deliberation)를 통해 하위체계들을 조정하는 기능, 자원을 증진시키고 조직을 재구조화하기 위해 외부환경과 조화하는 기능 등이 있다. 사회복지조직의 관리 하위체계의 과업은, 행정적인 일반 업무는 관료적 구조를 통해 수행하고 비일상적인 과업을 수행할 때에는 행정적 · 교육적 · 지지적 슈퍼비전과 민주적 상호작용을 활성화해 조정과 통합기능을 달성하는 것이다. 이처럼 관리 하위체계는 각 하위체계로부터의 정보를 종합하고 하위체계들을 조정 · 통합함으로써 클라이언트의 욕구를 충족시키려는 조직의 목표를 달성해야 하는 궁극적인 과업을 갖고 있다.

체계이론은 다음과 같은 장점을 갖고 있다. 첫째, 조직을 목표 달성을 위한 합리적인 수단으로 간주하는 고전이론과는 달리, 조직을 총체적인 관점에서 이해하고 조직들 간의 다양성에 주목한다. 둘째, 조직 내 각 단위 간의 상호의존적 관계가 조직의 형태와 특징을 규정짓는다고 본다. 셋째, 개방체계의 관점을 견지해 조직은 환경에서 생존력을 증진시키기 위해 노력한다는 점을 주목한다. 넷째, 환경에 대한 조직의 적응 과정을 조직의 구조적 속성과 변화 과정을 결정하는 핵심요인으로 간주한다. 다섯째, 자원, 권력, 가치 등 다양한 변수를 반영해 조직의 특징을 이해할 수 있도록 하고 있다.

체계이론은 몇 가지 한계를 갖고 있다.

첫째, 체계이론의 주요 개념과 변수들은 추상적이고 불명확하게 정의돼 측정하기 어려운 문제가 있다. 이 때문에 대부분의 연구는 사례연구에 그칠 뿐이어서 일반화가 어렵다.

둘째, 이론적인 측면에서 체계이론은 합리성의 역할을 경시해 목표 달성을 위해 조직활동을 합리적으로 설계할 수 있다는 점에 주목하지 않는 경향이 있다(Gouldner, 1959).

셋째, 조직을 기본적 욕구충족을 통해 유지되는 고유의 체계로 보는 구조기능주의적 관점의 일종이어서, 조직은 다양한 사회적 이해관계자의 이익실현의 도구이기 때문에 정치 과정에 따라 운명이 좌우된다는 점을 경시한다.

체계이론은 사회복지조직에 대해 적용성이 있는 것으로 평가된다.

첫째, 영리를 추구하지 않는 사회복지조직은 환경에 대한 의존도가 높고 환경을 통제하기 어렵다. 따라서 외부환경의 요구에 대한 적응 과정은 조직의 성격과 서비스 유형을 결정하는 핵심적인 요인이다.

둘째, 사회복지조직은 인간의 욕구충족에 대한 규범적인 선택에 바탕을 두고 있어서 가치지향적인 조직운영을 지향한다. 지역사회의 주요 이해관계자들이 지지하는 가치를 반영할 때 사회체제로서의 존재의 정당성을 갖게 된다.

셋째, 사회복지조직은 목표 달성을 위한 서비스 기술이 불확실하기 때문에 체계이론은 조직활동의 특징을 설명하는 데 유용하다. 사회복지조직은 목표 달성을 위해 합리적인 조직활동의 수단을 채택할 수 있다는 고전이론의 적용성은 낮은 반면, 생존과 적응의 욕구를 갖고 있는 내부 체계들의 작동을 통해 그 활동의 특징을 설명할 수 있다.

8. 정치경제이론

지금까지의 검토를 통해 사회복지행정이론은 다음과 같은 요소를 갖추어야 한다는 점을 알 수 있다(Hasenfeld, 1983; 2000).

첫째, 조직에 대한 총체적인 관점을 견지하고 내부적 구조와 조직과정에 대한 설명력을 갖추어야 한다.

둘째, 환경과 조직의 관계에 대해 체계적으로 주목할 필요가 있다.

셋째, 조직의 주요 의사결정 내용인 자원할당과 업무영역 설정의 결정 과정에 대해 설명력을 갖추어야 한다.

넷째, 조직의 변화를 설명할 수 있어야 한다.

다섯째, 조직과 클라이언트의 관계에 주목해야 한다.

잘드(Zald, 1970)와 벤슨(Benson, 1975)이 창안한 정치경제이론(Political Economy Theory)은 지금까지 언급한 기존 이론들을 종합해 조직에 대한 포괄적인 설명력을 갖추려고 시도했다. 정치경제이론은 권력의 상호작용, 권력자의 목표, 조직의 생산활동에 대한 권력의 작동을 연구한다. 조직의 기본적인 구조와 조직 과정을 조직 안팎의 정치적·경제적 권력 간의 상호작용에 초점을 맞추어 설명하려는 것이다. 조직 내 상층부의 엘리트는 정치적 권력을 행사해 조직의 권력과 권위의 획득, 권력의 내부적 배분, 활동목표의 설정, 조직의 주요 과업 수립 등을 결정하고 통제한다. 또한 조직 내 상층부의 엘리트는 경제적 권력을 통해 서비스 제공에 필요한 자원의 획득, 조직의 업무단위에 대한 배분, 조직 내 업무의 분업화와 운영, 조직의 생산물의 관리 등을 시행한다(Wamsley & Zald, 1976).

정치경제이론은 조직이란 자원을 소유하고 있는 조직 내외의 다양한 이해관계집단이 조직을 통해 자신들의 가치를 최적으로 관철시키기 위해 각축을 벌이는 장으로 간주한다. 조직은 공식화되는 규칙만으로 설명할 수 없다는 것이다(Perrow, 1986). 이에 대해 잘드(1970)는 가치, 규범, 규칙, 규정 같은 조직의 제도(organizational constitution)는 일련의 통치규범(governing norms)이라고 정의하고 있다.

조직과정은 다음의 네 가지 측면에서 권력이 작용하는 속성을 갖고 있다.

① 조직과정은 조직구성원들에 대한 유인을 제공하는 권력의 제도적 작동이다.
② 권력은 조직과정에서 조직 내 각 직위에 대해 재량권과 의사결정의 책임을 부여한다.
③ 권력은 조직이 궁극적으로 책임져야 하는 지배구조를 규정한다.
④ 권력은 조직의 활동목표와 서비스 기술을 결정한다.

가치, 규범, 규칙, 규정 같은 조직의 제도는 자원을 소유하고 있는 조직 내외의 다양한 이해관계집단 간의 권력관계를 기반으로 확립되고, 권력관계가 변화하면 이를 반영해 변화하는 속성이 있다. 이 과정에서 한 이해관계집단이 독자적으로 권력을 통제할 수 없는 경우 여러 이해관계집단이 연합해 자원을 동원하는 상황도 발생한다. 이에 따라 조직 과정은 조직을 구성하는 다양한 이해관계집단 간에 확립된 교환관계에 의해 운영되는데, 교환관계는 교환관계를 통제하고 교환관계에 영향력을 행사하기 위해 이해관계집단들이 행사하는 권력관계에 기반을 두고 있다. 이때 조직의 제도에 영향을 끼치는 다양한 이해관계집단의 상대적인 권력은 각 집단이 소유하는 자원의 중요성에 의해 좌우된다. 반면, 조직이 각 이해관계집단이 소유하는 자원을 과업환경에서 획득할 수 있다면 이 집단의 권력은 상대적으로 약화될 것이다(Emerson, 1962).

예를 들어, 가족서비스기관은 다양한 목표를 추구하는 이해관계집단들의 자원을 결합시켜 운영하게 된다. 다양한 목표에는 지역사회의 가족들에 대한 혜택 제공, 지역사회의 명망 있는 특정 집단의 영향력 제고, 전문직과 기관서비스의 평판 및 지위 확립 등이 포함된다. 이처럼 지역사회의 시민단체나 기업조직, 사회복지사, 소년법원, 학교, 정신건강 클라이언트 옹호집단들은 각각 독특한 목표를 추구한다. 기관의 서비스를 이용하는 가족은 클라이언트를 제공하는 주요 자원제공처이지만, 가족서비스를 필요로 하는 가족이 워낙 많기 때문에 이 가족들이 조직의 제도에 끼치는 영향은 크지 않다. 반면, 공동모금회(the United Fund)는 대체가 불가능한 재정자원제공자이기 때문에 기관의 정책결정에 큰 영향을 끼친다. 그러나 공동모금회가 기관의 전문적인 평판을 존중해 재량권을 폭넓게 허용하면 기관의 사회복지사는 전문적인 지위를 확장할 수 있다.

정치적 환경은 조직의 권위 확립에 결정적인 영향을 끼친다. 정치적 환경에는 조직에 대해 상부인 정부부서, 의회, 법원, 사회행동집단, 정당, 전문가협회, 기타 이해관계집단들이 포함된다. 정부부서, 의회, 법원, 정당 등은 조직에 정당성과 권위를 부여할 수 있는 조건을 설정하고, 조직 내 특정 집단들을 선호하고 이들의 권력을 신장시킨다. 다른 이해관계집단들은 조직의 권위에 도전할 수 있고, 나아가 조직의 질서를 변경하라고 압력을 행사하기도 한다. 정치적 환경이 변화하면, 조직의 영향력 있는 엘리트를 포함한 조직구성원들은 조직 내 지위와 영향력을 확충하기 위해 정치적 권력을 강화하려 한다. 이에 따라 조직 내 엘리트와 구성원들 간의 권력관계가 변화하기도 한다.

경제적 환경 역시 조직의 제도에 영향을 끼친다. 경제적 환경은 조직 내 의사결정자들에게 기회를 제공할 수 있고 제약을 가하기도 한다. 경제적 환경에는 클라이언트, 인력, 기술, 설비 등의 자원의 가용성과 비용, 조직이 제공하는 서비스에 대한 수요, 사회복지조직 간의 연계, 재정자원 확보에 영향을 끼치는 경제적 조건 등이 포함된다(Pfeffer & Salancik, 1978; Cress & Snow, 1996).

정치적 환경과 경제적 환경의 상호작용은 조직 내 다양한 이해관계집단의 권력에 영향을 끼친다. 조직이 제공하는 서비스에 대한 수요가 감소하면 지역사회는 조직에 부여한 권력과 권위를 철회하게 되고, 이는 조직 내 상층부 엘리트의 권력 약화를 초래한다. 반대로, 조직 내 상층부의 엘리트가 조직이 제공하는 서비스를 변경해서 지역사회의 새로운 요구에 부응하는 데 성공해 조직의 생존능력이 유지되면 이들의 권력도 지속될 수 있다.

조직 내 권력과 권위의 배분은 조직 내 다양한 업무단위의 기여도와 중요성, 각 업무단위가 외부 환경으로부터 자원을 동원할 수 있는 가능성 간의 함수라고 볼 수 있다(Astley & Sachdeva, 1984; Lachman, 1989; Pfeffer, 1992). 사실상 조직의 외부적 · 내부적 정치 과정은 연결돼 있는 경우가 많다. 외부 자원에 접근할 수 있는 업무단위는 조직 내 권력의 위상도 높아지기 때문이다. 예를 들어, 정신건강센터에서 정신과의사는 중심적인 지위를 차지한다. 정신과의사의 전문지식과 치료기술은 정신건강센터의 목표 달성에 결정적으로 기여하고, 이들은 권위라는 주요 자원을 통제하는 위치에 있기 때문이다.

조직 내 권력배분의 정치적 · 경제적 과정은 조직이 제공하는 서비스 기술을 결정하는 데 영향을 끼친다. 조직의 산출물인 서비스는 조직 내 상층부 엘리트들이 추구하는 가치를 실현하는 데 기여하고, 그 결과 이들의 이익을 강화해 주기 때문이다. 예를 들어, 정신건강센터에서 환경에 대한 개입 대신 심리치료기술을 선택하게 되면 사회복지사보다 정신과의사의 권력이 더 강화된다. 그 결과 정신과의사의 의료서비스에 대한 경제적 보상도 강화된다.

조직 내 서비스 기술이 적용되면, 이에 조응해 내부적인 업무의 분업화가 이루어지고 다양한 업무단위 간에는 과업의 중요성과 대체 가능성 정도에 따라 권력이 배분된다. 예를 들어, 생활시설에서는 양육서비스가 핵심적인 업무이기 때문에 양육서비스 담당자들의 권력이 상대적으로 크다. 마지막으로, 조직은 조직구성원들의 순응을 유도하기 위해 서비스 기술이 적용되는 업무단위의 작업조건을 개선하는 등 경제적 유인을 제공하려 한다. 나아가 각 업무단위가 보유하는 희소자원의 경쟁력과 조직적 가치에 대한 일치 정도는 업무단위들 간의 협력과 갈등에 영향을 끼친다.

정치경제이론의 장점은 다음과 같다.

첫째, 조직에 대한 총체적인 관점에 입각해 전체로서의 조직뿐 아니라 조직의 각 업무단위의 관계에 주목한다.

둘째, 조직 외부와 내부의 정치적 · 경제적 과정을 규명하는 데 주력한다.

셋째, 환경과 조직의 역동적인 관계에 주목한다.

정치경제이론은 사회복지조직에 대해 상당한 적용성을 갖고 있다.

첫째, 정치적 · 경제적 환경과 조직의 상호작용에 대한 이해는 환경에 대한 의존도가 높은 사회복지조직의 핵심적인 조직과정을 이해하는 데 도움을 준다(Hyde, 1992; Brodkin, 1997).

둘째, 조직 내부와 외부의 다양한 이해관계자 간의 권력관계에 주목함으로써 자원할당 등 핵심적인 의사결정, 조직의 질서 확립, 조직이 제공하는 서비스 기술의 결정 등의 조직과정을 규명하는 데 기여한다(Gummer, 1990).

셋째, 클라이언트의 역할을 분석하는 데 도움을 준다. 정치경제이론에 따르면, 조직에 영향을 끼칠 수 있는 클라이언트의 능력은 클라이언트가 통제할 수 있는 정치적 · 경제적 자원의 함수일 것이다. 클라이언트의 자원이 부족한 경우 조직이 클라이언트의 욕구에 반응하게 하기 위해서는 클라이언트 옹호집단의 활동이 강화될 필요가 있다.

정치경제이론의 한계는 다음과 같다.

첫째, 추상적인 개념을 설정하고 있어 변수를 특정하고 명료화하기 어렵다. 예를 들어, 정치경제이론의 핵심적인 개념인 권력을 비롯한 정치적 · 경제적 요인들은 매우 광범위하거나 조작적으로 측정하기 곤란하다.

둘째, 과학적인 분석의 어려움 때문에 조직의 변화에 대한 설명은 동어반복인 경우가 많다. 정치경제이론은 경험적으로 측정할 수 있는 인과관계의 모델이라기보다는 분석적인 틀에 불과하다는 것이다(Scot, 1985; Martin & Chernesky, 1989; Handler & Hasenfeld, 1991; Tucker, Baum, & Singh, 1992).

셋째, 조직과정에 영향을 끼치는 다른 요인들을 무시한다는 지적이 있다. 조직의 기존 가치와 문화의 역할을 경시하고, 목표 달성을 추구하는 조직의 합리적 요소를 크게 고려하지 않는다는 것이다.

9. 조직군생태이론

조직군생태이론(Organizational Ecology 또는 Population-Ecology Theory)은 조직이 속한 산업이나 분야의 조직 형태와 역동성에 주의를 기울인다(Hasenfeld, 2000). 해당 산업이나 분야의 특징과 역동성은 소속된 조직군(organizational population) 전체의 생존에 크게 영향을 끼치기 때문이다. 이에 따라 조직은 유사한 조직 형태를 갖는 해당 산업의 조직군의 일원으로 간주된다(Scott, 1985; Tucker, Baum, & Singh, 1992).

예를 들어, 정신건강조직은 정신건강 분야 조직군의 일원이다. 정신건강조직은 해당 분야에서 체계적으로 작동하는 구조적 · 기능적 특징을 반영해 조직을 구성하고 운영한다. 정신건강조직은 정신건강 분야의 특징과 역동성의 영향을 크게 받기 때문이다(Scott & Meyer, 1983).

조직군생태이론의 분석의 단위는 개별 조직이 아니라 개별 조직이 속한 산업이나 분야의 조직군이다. 같은 조직군에 속한 조직들은 유사한 활동을 전개하고 유사한 자원동원 유형을 지닌다(Baum, 1996). 이를 바탕으로 조직군생태이론은 같은 조직군에 속한 조직들의 조직적 다양성을 촉진하거나 방해하는 조건과 조직적인 변화를 야기하는 조건을 규명하고자 한다.

해넌과 프리먼(Hannan & Freeman, 1989)은 진화생물학(evolutionary biology)에서 착안해 한 조직군 내에서의 현재의 조직 간 다양성은 탄생과정, 소멸과정, 합병과정 등 오래 누적된 변화와 선택의 역사를 반영해 형성된 것이라고 본다. 시간이 경과하면서 성공적인 변화를 성취해 생존하는 조직은 현저한 특징을 유지하게 된다.

조직의 변화는 다음의 3단계로 이루어진다.

① 변이단계: 외부환경이 변화하거나 새로운 환경이 조성되면 이에 적응하려는 새로운 조직이 탄생한다.
② 선택단계: 환경에 성공적으로 적응하는 조직은 생존하게 된다.
③ 보전단계: 환경에 성공적으로 적응하는 조직은 조직형태를 유지해 보전되고 조직군이 형성되는 단초를 제공한다.

조직의 탄생과 소멸의 비율은 조직군의 역동성과 밀도 종속성(density dependency)

에 의해 결정된다(Baum, 1996). 조직군의 역동성이란 기존에 탄생한 조직이 새로운 조직의 탄생에 기회를 제공해 우호적인 환경의 역할을 하는 경우다. 하지만 새로운 조직이 생겨나면 해당 조직군 내의 경쟁이 격화돼 새로운 조직의 탄생을 억제할 수도 있다. 기존 조직의 실패는 새로운 조직이 탄생하는 기회를 제공할 수 있지만, 기존 조직들이 계속 실패하면 새로운 조직의 탄생을 어렵게 하는 환경으로 작용한다.

조직군의 밀도 종속성에서 밀도란 해당 조직군 내의 조직의 숫자 등을 말한다. 조직군 형성의 초기단계에 탄생한 조직들은 우호적인 정부정책 등을 바탕으로 해당 조직군에서 제도적 정통성을 얻어 안정적인 자원을 확보할 수 있게 된다. 하지만 조직의 밀도가 증가하면 자원분배를 둘러싼 경쟁이 심해진다. 그 결과 실패의 확률이 높아지고 새로운 조직의 탄생이 어렵게 된다.

물론 조직군의 생태학적 과정이 조직의 탄생과 실패의 유일한 요인은 아니다. 해당 조직군에 적용되는 기술적 진보는 다양한 자원의 중요성의 변화에 영향을 끼치고, 조직 간 경쟁을 촉진해 새로운 기회를 창출한다(Tushman & Anderson, 1986). 정부정책 및 재정지원 방향의 수정과 같은 제도적 변화도 조직의 탄생과 실패에 영향을 끼친다(Tucker, Baum, & Singh, 1992). 지역사회 및 정부와의 조직적인 연계가 강하면 자원확보와 정통성 획득에 용이하고 실패 확률을 줄일 수 있다(Baum & Oliver, 1991). 조직의 활동 기간과 규모 등 인구사회학적 특징도 실패 확률에 영향을 끼친다. 조직의 활동 기간이 오래되고 규모가 클수록 실패할 확률이 줄어들기 때문이다.

조직군생태이론은 사회복지조직에 대해 적용성을 갖고 있다.

첫째, 사회복지조직은 해당 분야의 조직군의 일원으로서 조직적인 특징과 역동성의 공통성을 현저하게 갖고 있다. 조직군생태이론은 조직군의 특징과 역동성을 반영하는 조직 구성 및 활동의 방향 설정, 자원과 정통성 확보 등의 면에서 사회복지행정에 중요한 함의를 제공할 수 있다.

둘째, 사회복지조직은 해당 분야의 환경변화에 크게 영향을 받는다. 조직군생태이론은 해당 조직군의 역동성과 밀도 종속성, 공통적인 기술적 진보, 정부정책의 수정 등 개별 조직의 행정가들이 고려해야 하는 요인들을 제시하고 있다.

셋째, 사회복지조직은 해당 조직군 내의 상대적 경쟁력을 고려할 필요가 있다. 지역사회 및 정부와의 조직적 연계, 조직의 활동 기간과 규모 등의 요인은 자원과 정통성 확보, 실패 확률 등에 영향을 끼치기 때문이다(Hannan & Freeman, 1989).

조직군생태이론은 자연선택이론으로 불릴 정도로 개별 조직의 조직활동의 역량의 한계를 제시한다는 함의를 지닌다.

첫째, 행정가가 조직의 생존과 변화를 위해 노력해도 개별 조직 차원의 능동적 적응과 혁신에는 한계가 있다고 본다. 이는 조직에 구조적 관성이 존재하기 때문인데, 조직 내적으로는 매몰비용, 정보의 제약, 조직의 관행, 환경 면에서는 진입장벽, 정부규제, 사회적 정당성 등이 거론된다(Hannan & Freeman, 1984).

둘째, 거시적 요인들이 동일한 조직군에 속한 개별 조직들의 생존과 변화에 결정적인 영향을 끼친다고 본다. 그 예로는 정부정책과 재정지원 방향의 수정, 지역사회의 욕구와 문제의 약화 혹은 심화나 새로운 욕구와 문제의 형성 등이 거론된다.

조직군생태이론은 사회복지조직에의 적용성 면에서 몇 가지 한계를 갖고 있다.

첫째, 거시적 요인들을 포괄적으로 고려하지 못한 측면이 있다. 조직군의 생존과 변화에 영향을 끼치는 정치적 · 경제적 · 사회적 · 문화적 요인을 폭넓게 반영할 필요가 있다.

둘째, 조직군의 환경과 개별 조직 간에 종속적인 관계를 설정하는 한계가 있다. 조직들은 해당 조직군의 환경에 적극적으로 개입해 생존과 변화의 조건을 확보하고 환경과의 관계를 개선할 수 있다는 점을 고려할 필요가 있다(Starr, 1983; Glob, 1991).

셋째, 조직군 내에 속한 개별 조직의 생존과 변화, 나아가 조직 간의 다양성을 설명하는 데 한계가 있는 것으로 보인다. 개별 조직은 조직군의 생태학적 과정, 기술적 · 정치적 환경의 변화에 종속되지만은 않고, 자원 및 정통성 획득, 상호 경쟁을 통한 경쟁력 확보를 위해 역동적으로 활동한다.

제5장 사회복지행정의 최근 이론

1. 신제도주의이론

제도주의이론(Institutional Theory)은 사회현상을 설명하는 데 있어서 제도(institution)의 역할에 주목하는 견해를 말한다. 인간의 사회적 행동은 진공 상태에서 이루어지지 않고 특정 사회의 제도적 맥락(context) 안에서 구성된다고 본다. 따라서 사회적으로 존재하는 조직의 경우에도 규칙, 규범, 기대, 전통 등 특정 사회의 제도적 구조에 깊숙이 뿌리내려 있다(embedded)고 가정할 수 있다(Ross, 1995; Hall & Taylor, 1996).

조직이론의 측면에서 구제도주의이론은 공식적인 조직을 설명하고 기술하는 데 초점을 맞춘다. 반면, 신제도주의이론은 개방체계로서의 조직이 환경 및 제도적 규범을 인지함으로써 영향을 받는 과정을 추적하고자 한다(Clemens & Cook, 1999). 구제도주의는 개별 조직의 구조화 과정, 조직이 규범적 역할을 수행하는 과정, 개별 조직 내부의 변화 과정, 조직의 규범이 개인에게 끼치는 영향력 등에 초점을 맞춘다. 반면, 신제도주의는 개별 조직의 구조화 과정에서의 환경과의 관계, 제도적 규범이 조직적인 규범으로 인지되는 과정, 환경이 개별 조직의 변화에 끼치는 영향, 제도적 규범과 조직 및 개인의 상호작용 그리고 인지 과정에 주목한다.

신제도주의이론은 조직의 생존은 조직의 구조가 제도적 규칙을 반영하고 강화하는 정도에 달려 있다는 전제에 입각해 있다(Hasenfeld, 2000). 제도적 규칙에는 법률 등의 규제적 규칙, 가치와 기대 등 규범적 규칙, 조직 내부에서 공유되는 문제의 범주와 문제해결 방식의 전형화(typification) 등 인지적 규칙이 포함된다(Budzinski, 2003). 신제도주의는 조직의 생존을 위해서는 정통성을 확립해야 하고, 규제적 · 규범적 · 인지적 제도가 결정적인 역할을 해야 한다고 본다. 즉, 조직이 세 영역의 제도적 규칙에 부합하는 조직구조를 갖추면 정통성이 강화되고 생존의 기회가 커진다는 것이다.

메이어와 로완(Meyer & Rowan, 1977)은 기계적 조직과 제도적 조직 간의 차이에 주목했다. 기계적 조직이란 명확한 목표를 추구하기 위해 합리성의 원리에 따라 설계된 고도로 특화된 생산조직을 말한다. 그런데 기계적 조직관은 조직 형태의 다양성을 설명하는 데 한계가 있다고 본다. 반면, 제도적 조직은 조직이 제도적 규칙에 부합한다는 신뢰를 확립하기 위해 부단히 노력한다. 이와 같은 노력은 조직의 생존에 필수불가결하기 때문에 실제 활동보다 더 중요하다고 간주된다. 제도적 조직에는 명확한 목표를 달성하기 위한 구체적인 기술도 없다. 제도적 규칙에 부합한 결과, 조직은 목표 달성에 실패했음에도 불구하고 생존할 수 있게 된다(Meyer & Zucker, 1989).

디마지오와 포웰(DiMaggio & Powell, 1983)은 동형화(同型化, isomorpism)는 다음의 3가지 과정으로 나타난다고 본다.

① 강제적(coercive) 동형화: 정부나 재정자원 제공자 등 과업환경의 이해관계자의 압력과 요구에 의해 조직 형태가 변화하는 경우다.

② 모방의 과정(mimetic processes): 목표가 애매모호하고 환경이 불확실해 합리성의 원리를 적용할 수 없기 때문에, 정당성을 부여받고 성공 사례로 칭송받는 조직을 모방함으로써 그 조직과 구조와 과정이 유사해지는 경우다.

③ 규범적 압력(normative pressure): 전문화가 진행돼, 전문가 조직의 영향으로 해당 분야 조직의 관리자들이 전문적 규범을 조직의 가치로 내면화하면서 조직의 형태를 공유하게 된다.

한편, 신제도주의이론은 제도적 규칙의 형성과 변화에 대해 규명해야 하는 과제가 있다(Zucker, 1988). 아직까지 신제도주의이론은 환경과 제도적 규칙이 개별 조직에 끼치는 영향에 주목하는 경향이 있기 때문이다. 즉, 제도적 환경이 조직 및 구성원의 행위에 끼치는 영향에만 주목할 뿐 구성원의 행위와 조직이 제도적 환경에 끼치는 영향에 대해서는 관심이 적다. 즉, 제도의 변화와 탈(脫)제도화에 대해서는 주목하지 않는 경향이 있다(DiMaggio, 1988). 이에 대해 톨버트와 주커(Tolbert & Zucker, 1996)는 조직은 제도적 규칙의 영향을 받고 그것에 순응하는 수동적인 위치에 머물지만은 않는다고 본다. 오히려 규칙의 제도화 과정에서 적극적이고 능동적인 역할을 한다고 본다.

신제도주의이론은 사회복지조직에 대해 상당한 적용성을 갖고 있는 것으로 평가된다.

첫째, 사회복지조직은 제도적 조직의 성격이 강하다. 사회복지조직의 성공은 효과적인 서비스 기술의 적용보다는 제도적 규칙에 얼마나 부합하는가에 달려 있기 때문이다. 이 때문에 사회복지조직의 구조는 서비스 기술에 대한 적합성이 상대적으로 약하다. 학교의 경우 교사자격증을 갖고 있는 사람만 채용해야 하고, 교육과정과 교과서도 인가된 기준을 적용해야 한다. 하지만 실제 학생의 교육성취에 기여하는 교육기술과는 직접적인 관련성이 분명하지 않다(Meyer & Rowan, 1983).

둘째, 사회복지조직의 생존을 위해서는 조직과 제도의 관계에 특히 주목해야 한다. 또 지역사회의 정부, 전문직, 여론 등은 사회복지조직이 가치와 규범 등의 제도적 규칙의 구현에 기여하기를 기대하고 있다(Hasenfeld, 1992b). 마틴(Martin, 1980)은 사회복지조직의 행정가는 지역사회의 주도적인 문화적 가치에 대한 부응과 클라이언트의 욕구 충족 사이의 균형을 추구하는 역할을 맡고 있다고 보았다. 노이그본(Neugeboren, 1991)은 제도적 체계의 관리, 나아가 제도적 규칙에 권위를 부여하는 기관들과 연계하는 이사회의 역할의 중요성을 강조했다.

2. 조직문화이론

앞서 살펴본 신제도주의이론은 조직 내부에서 공유되는 문제의 범주와 문제해결 방식의 전형화(typification) 등 인지적 규칙을 주요 제도적 규칙의 하나로 포함시키고 있다(Budzinski, 2003). 이는 조직이론에 있어서 조직문화가 본격적으로 고려 대상으로 등장하게 됐음을 의미한다. 여기에서 더 나아가, 조직문화이론(Organizational Culture Theory)은 조직문화를 조직의 구조와 과정을 형성하는 주요 요인으로 강조하고 있다(Hasenfeld, 2000).

조직문화는 조직 내에서 공유된 가치, 신념, 행동규범을 의미한다(Glisson, 2000). 조직문화는 조직구성원들의 위험감수(risk taking), 협동(collaboration), 혁신(innovation), 적응력(adaptability), 완벽주의(perfectionism), 경쟁력(competitiveness), 일체성(integrity)의 형성에 기여한다(Rousseau, 1999).

조직문화이론은 조직문화가 제도적 규칙과 일치된다고 본다. 나아가 조직문화는 제도적 규칙에 대한 공통적인 해석의 기준을 제시함으로써 조직의 내부적 통합의 기제를 제공한다는 점을 강조한다. 즉, 조직구성원들에게 자신들이 맡은 업무에 대한 이해와 내부적 · 외부적 환경에 대한 공통적인 인식을 가능하게 한다 .

해치(Hatch, 1993)는 조직문화는 다음의 4가지 단계를 거치며 조직구성원들에게 내면화된다고 본다.

① 인식(manifestation) 단계: 조직구성원들은 조직문화의 전제와 내용에 대해 자극을 받고 반응하게 된다.
② 가시화(realization) 단계: 조직문화의 핵심인 가치관이 행동으로 이어지고 규범적인 기준을 형성한다.
③ 상징화(symbolization) 단계: 조직구성원들은 조직문화를 공통적인 준거로 수용하게 된다.
④ 해석(interpretation) 단계: 조직구성원들은 조직문화를 내면화해 일체감을 형성하게 된다.

트리스와 베이어(Trice & Beyer, 1993)는 문화 자체와 구체적인 문화의 형태를 구분했다. 문화 자체는 이념처럼 정서적으로 공유되는 신념체계를 의미한다. 구체적인 문화의 형태는 관찰 가능한 실체로서 조직구성원 상호 간에 표현, 확인, 의사소통을 통해 실제 작동하며 행동의 준거가 된다고 본다.

나아가 퀸과 킴벌리(Quinn & Kimberly, 1984)는 유연성-통제, 내부 지향성-외부 지향성의 차원에 따라 조직문화를 집단적 문화, 위계적 문화, 개발적 문화 및 합리적 문화로 구분했다.

① 집단적 문화는 내부 지향적이고 유연한 특징을 갖는다.

이 유형은 비일상적인 과업을 수행하는 경우에 적용되는데, 구성원 간의 긍정적인 상호작용을 바탕으로 하고 있어 협력, 참여, 단결을 중시하고 인적자원개발을 위해 노력한다.

② 위계적 문화는 내부 지향적이지만 통제를 중시하는 경향이 있다.

일상적인 과업을 수행하는 경우, 문서 및 정보 관리, 위계적 권위구조 등 공식적인 업무처리 방식을 강조하고 집권화된 관료제의 질서를 바탕으로 조직의 안정성과 지속성을 추구한다.

③ 개발적 문화는 외부 지향적이면서도 유연한 특징을 갖는다.

외부환경의 변화에 대응해 적응적 변화를 추구하되, 창조적이고 신속하며 융통성 있는 조직운영을 강조한다.

④ 합리적 문화는 외부 지향적이지만 통제를 중시하는 경향이 있다.

개발적 문화와 마찬가지로 외부 환경의 변화에 대한 대응을 중시하지만, 조직관리자의 계획에 따라 생산적으로 목표를 달성하기 위해 조직을 합리적으로 설계하고 운영한다.

와익(Weick, 1995)은 인식(sense-making)의 개념을 제시한다. 인식이란 신념을 행동으로 긴밀히 연결시키는 노력이다. 이를 위해서는 신념에 대한 논의가 행동에 대한 합의로 이어지고, 명확한 기대가 구체적인 행동방안과 함께 제시되고, 이에 부응하는 조직구성원들의 실제 행동의 정당성이 인정돼야 한다. 즉, 구체적인 조직적 행동은 명확한 인식에 기반을 둔 것이어야 한다. 나아가 인식은 실제 경험에 기초해 강화된다는 측면에서 회고적인 성격을 갖고 있다.

인식은 조직구성원들에게 다음의 6가지에 대한 공통적인 이해를 제공한다.

① 이념: 인과관계에 대한 믿음, 분명한 목표에 대한 선호, 적절한 활동에 대한 기

대 등

② 용어: 비일상적인 기술을 적용할 때 판단의 준거에 대한 통제

③ 패러다임: 표준적인 업무절차와 환경에 대한 판단의 공유, 동의에 기반을 둔 권력과 권위의 적용

④ 업무 용어: 활동을 안내하는 행동이론

⑤ 전통: 과거의 관련 활동에 대한 오래된 관행

⑥ 업무 묘사(story): 어려운 상황에 대한 처리, 연속적이고 진전된 진단 등

조직은 하위문화를 갖고 있다. 트리스와 베이어(1993)는 조직의 하위문화는 이념, 문화적 형태, 준거집단이 시현(示現)하는 실천유형 등 구체적인 형태로 존재한다고 본다. 직장의 하위문화가 대표적인데, 이 하위문화는 구성원들을 사회화시키는 데 영향력을 행사한다.

조직문화는 공론화(rhetoric)돼 왔고 조직적인 통제와 성취의 관점에서 포괄적으로 적용되는(all-embracing) 행정이론으로 발전해 왔다(Czarniawska-Joerges, 1992). 강력한 조직문화를 형성하면 조직의 경쟁력을 강화할 수 있다는 주장이 제기되고 있다(Peters & Waterman, 1982; Cameron & Quinn, 1996). 강력한 조직문화란 공통성, 상호보완성, 독특성, 안정성을 갖춘 문화를 뜻한다. 강력한 조직문화는 모든 구성원에게 비전과 사명감을 심어 주고 나아가 조직적인 사명에 대한 헌신성을 강화시킨다고 본다. 그 결과 조직문화는 개인의 행동에 준거를 제공하고 개인들은 조직에 일체화되고 적극적으로 참여하게 된다. 따라서 강력한 조직문화를 가진 조직에서는 조직적인 성취의 수준도 높다고 본다(Deal & Kennedy, 1982).

조직문화이론은 사회복지조직에 적용성이 있는 것으로 평가된다.

첫째, 사회복지조직에서 문화의 개념은 공유되는 가정과 믿음보다 포괄적인 의미를 갖는다. 사회복지조직에서 문화란 특정 서비스 기술에 내포돼 있는 클라이언트와의 관계에 관한 실천이념, 나아가 클라이언트에 대한 도덕적인 가정을 포함한다. 또한 서비스 전달체계를 구성하는 방식도 결과에 큰 영향을 끼친다.

둘째, 직장의 하위문화도 구성원들의 서비스 제공에 대한 이해에 있어서 준거역할을 한다(Strauss, Fargerhaugh, Suczek, & Wiener, 1985). 따라서 조직을 다문화적 체계로 이해하면 조직의 구조적 · 기능적 특징을 이해하는 데 도움이 된다.

셋째, 조직문화이론을 사회복지조직에 적용할 때에는 통합적인 접근을 시도하는

경우가 많다. 라프와 포트너(Rapp & Poertner, 1992)는 클라이언트 중심 접근에서 조직문화는 클라이언트에 대한 서비스 기술의 적용 등에 대한 조직적인 학습을 증진시키는 데 기여해야 한다고 본다. 수없이 다양한 개별적인 사례를 접하지만 사례에 대한 정보가 불충분한 경우, 조직적인 학습을 증진시키는 조직문화는 정보의 체계적인 수집, 수집해야 할 정보의 선별, 정보의 활용과 해석 등에 대한 사회복지사의 역량을 개선시킬 수 있다.

브로디(Brody, 1993)는 조직관리자가 의사소통과 모범적인 행동을 통해 조직문화를 형성하는 데 중요한 역할을 해야 한다고 본다. 그는 조직문화의 핵심은 다음과 같은 가치를 설정하는 것이라고 보고 있다.

① 일에 대한 주인의식(job ownership)을 가져야 한다. 조직구성원들은 목표의식, 정서적인 일체감, 신뢰, 이해당사자로서의 관여, 일에 대한 자부심을 가져야 한다.
② 소비자중심주의를 견지해야 한다. 소비자로부터의 환류체계를 적절히 운영해야 한다.
③ 전문가로서 업무의 질적 수준을 유지해야 한다. 업무의 질적 수준은 다양한 품질 통제기제를 통해 확장될 수 있다.

조직문화이론을 사회복지조직에 적용하기에는 한계가 있다는 지적도 만만치 않다.

첫째, 조직문화가 조직활동의 협력과 통합을 증진시킨다는 가정에 대해서는 문화인류학 측면에서 다양한 비판을 받아 왔다(Martin & Frost, 1996). 문화인류학에서는 조직문화의 비일관성을 주목한다. 조직에는 가치갈등이 실제하고 규범과 실제 행동의 갈등 간 불일치가 상존하기 때문에 조직 내 합의가 어렵다고 본다. 사회복지전문직에는 가치의 상충과 애매모호함, 상충되는 목표들, 불명확한 기술, 결과에 대한 기대의 불확실성 등의 특징이 있다(Meyerson, 1992). 따라서 조직문화이론이 사회복지조직에 적용될 수 있을지에 대해서는 명확하게 결론을 내리기 힘들다.

둘째, 조직문화이론은 아직 이론적 완성도가 높지 않다는 비판도 있다. 먼저, 조직문화의 주요 가치와 구성 내용을 객관적으로 정립하는 단계에까지는 이르지 못하고 있다. 다음으로, 강력한 조직문화를 달성할 수 있는 구체적인 조직전략은 여전히 불투명하다. 마지막으로, 조직문화를 개선하는 데 필요한 구체적인 지식은 매우 제한적이고 그 과정에서 겪게 되는 복잡하고 어렵고 다면적인 과정에 대한 이해가 충분하지 않다(Trice & Beyer, 1993). 조직문화는 외부적 · 내부적 환경 변화에 대한 구성원들의 인식 형성, 다양한 하위문화의 통합, 조직 내부의 저항 등 변증법적 과정을 통해 구성된다. 따라서 조직문화를 변화시키기 위해서는 제도적 · 정치적 · 경제적 환경에 주목할 필요가 있다(Snyder, 1995).

3. 목표관리이론

목표관리이론[Management by Objectives(MBO) Theory]은 드러커(Drucker, 1954)가 처음 제기했다. 목표관리이론은 조직의 경쟁력을 강화하기 위한 의도 아래 조직원들의 참여를 기반으로 조직의 목표를 공동으로 결정하고 자기주도적으로 활동을 수행하도록 하는 참여적이고 성과지향적인 관리 기법이다(Carroll & Tosi, 1973). 맥그리거(McGregor, 1960)의 X이론과 Y이론 중 구성원들의 참여를 강조하는 Y이론을 좀 더 구조화시킨 것으로 평가된다.

목표관리 방식은 1960년대 중반에 민간기업에서 조직관리 및 업적평가 방식의 하나로 고안된 것이다. 1973년 미국연방정부가 도입한 뒤 지방정부에도 적용하게 됐다. 1980년대 공공부문의 민영화 이후 정부재원을 집행하는 민간조직의 업무수행의 책임성과 경쟁력을 강화하기 위해 목표관리 방식에 대한 관심이 증가했다. 우리나라에서도 2000년대 들어 정부조직의 경쟁력과 책임성을 강화하기 위해 목표관리 방식의 적용을 고려한 바 있다.

목표관리 과정의 기본요소는 목표 설정, 목표 달성을 위한 참여, 평가와 피드백이라고 할 수 있다. 드러커(Drucker, 1954)에 따르면 목표관리 방식은 다음의 5단계로 구성돼 있다.

① 전체 조직의 목표를 수립한다.
② 전체 조직의 목표를 조직구성원들에게 적용해 각 업무단위와 개인의 목표를 설정한다.
③ 업무 수행을 조직적으로 모니터링한다.
④ 성과를 평가한다.
⑤ 보상을 시행한다.

이를 세분화해 살펴보면 목표관리 방식은 다음의 8가지 요소로 이루어져 있다.

① 목표(objectives): 상위관리자와 하위관리자는 전체 조직과 각 업무단위 및 개인의 목표를 함께 결정한다.
② 전제(assumption): 목표 수립 과정에서 진단한 조직 내외의 환경 등 업무수행의 조건이다.
③ 기대(expectations): 목표 달성의 결과로 획득될 것으로 예상되는 미래의 산출물이다.
④ 행동의 대안(alternative course of action): 비용편익분석에 입각해 검토되는 전체 조직, 각 업무단위, 개인의 다양한 실행계획과 각 조직단위와 개인들의 성과에 대한 평가기준을 말한다.
⑤ 결정(decision): 목표, 전제, 기대를 고려하고 비용편익분석에 입각해 실행계획을 선택하고 성과에 대한 평가기준을 결정한다.
⑥ 의사결정 구조(decision structure): 목표, 전제, 기대를 고려하고 비용편익분석에 입각해 실행계획과 성과에 대한 평가기준을 결정하는 구조다.
⑦ 실행(impact stage): 각 업무단위와 개인들이 실행계획을 수행하고, 조직적으로 비용을 조달하고 지원하고 모니터링하는 일련의 과정이다.
⑧ 결과(results): 설정된 평가기준에 입각해 전체 조직과 각 업무단위에 대한 기여도에 따라 개인의 성과를 평가하고 보상을 지불한다. 또한 업무수행의 결과가 애초의 목표에 부합하는지 검토하고 목표 설정, 실행 과정, 목표 달성 여부 등을 평가해 환류를 제공한다.

사회복지조직에 목표관리 방식을 도입하면 다음과 같은 성과를 거둘 수 있다.

첫째, 조직의 목표, 각 업무단위의 목표, 개인의 목표를 수립하는 과정에서 구성원들의 참여를 확대할 수 있다.

둘째, 사전에 설정된 평가기준에 입각해 전체 조직과 업무단위에 대한 기여도에 따라 보상을 지불하기 때문에 구성원들에게 동기를 부여하고 조직적인 협력을 촉진할 수 있다.

셋째, 조직의 기획력이 향상되고 조직운영의 합리성과 효과성을 개선할 수 있다. 이는 전체 목표와 각 업무단위 및 개인 목표의 설정, 업무수행 계획과 평가기준 수립,

업무수행과 이에 대한 지원 및 모니터링, 조직의 목표 달성과 전체 조직 및 각 업무단위에 대한 개인의 기여도 평가, 평가를 통한 환류 제공을 통해 이루어진다.

목표관리 방식의 장점은 다음과 같이 구체적으로 제시된다.

첫째, 상위 관리자와 하위관리자의 합의에 입각해 목표를 설정할 수 있다.

둘째, 조직구성원들이 목표 설정, 실행계획 수립 과정에 참여할 수 있다.

셋째, 조직구성원들은 동기부여되고 직무만족이 증진된다.

넷째, 관리자와 일선 직원들의 관계 증진에 기여한다.

다섯째, 조직 내 의사소통과 조정이 활성화된다.

여섯째, 관리자는 하위자의 목표를 전체 조직의 목표와 일치시킬 수 있다는 확신을 갖게 된다.

일곱째, 전체 조직뿐 아니라 각 업무단위와 개인들도 목표를 설정할 수 있다.

여덟째, 조직구성원들은 하향식이 아니라 자기주도적으로 일할 수 있다.

그런데 목표관리 방식이 성공을 거두기 위해서는 다음의 조건이 갖추어져야 한다.

① 목표관리 방식의 성공의 열쇠는 구성원들의 참여에 있는 만큼 목표관리 방식은 경쟁이나 성과주의에 부정적인 집단주의 조직문화와는 양립할 수 없다(Rodney, 1973).

② 목표는 SMART, 즉 구체적이고(specific), 측정 가능하고(measurable), 성취 가능하고(achievable), 현실적이고(realistic), 시간제한적(time bound)이어야 한다(Drucker, 1954).

③ 전체 조직의 목표에서 도출된 개인 목표는 전체 목표와 정합성이 있어야 한다(Mathis & Jackson, 2004).

④ 객관적이고 계량적인 성과측정 및 평가 지표가 개발돼야 하고, 차등적 보상체계가 적절히 확립돼야 한다(Rodney, 1973).

⑤ 목표 설정과 평가 및 환류 과정에서는 조직구성원들의 참여 등 개방적인 분위기가 확보된 가운데 목표 설정, 실행 과정, 목표 달성 여부 등에 대해 객관적인 진단이 이루어지고, 이후 조직운영 과정에 반영될 수 있어야 한다(Latham & Sarri, 1979).

⑥ 상위 관리자의 기획능력, 리더십, 지원은 목표관리 방식의 효과성을 증진시키는 결정적인 요인이다(Rodgers & Hunter, 1991).

이와 같은 조건을 구비하지 못하면 다음과 같은 문제점이 나타날 수 있다.

① 목표관리 과정이 체계적으로 이루어지지 않으면 성공을 거두기 어렵다.
② 목표 설정 과정이 과학적으로 수행되지 않아 SMART의 요건을 충족하지 못하면 오히려 생산성을 저해할 수 있다.
③ 기존의 미미한 성취수준에 기준을 맞추어 목표를 설정하면 성과가 과대 포장될 수 있다.
④ 조직의 각 업무단위와 개인들이 목표관리 방식의 시행에 대해 동기부여되지 않으면 협력을 이룰 수 없다.
⑤ 목표관리 방식은 가용 자원, 조직 내외의 이해관계자들 등 환경의 전제(assumption)를 크게 고려하지 않는다.
⑥ 목표관리 방식에서는 주어진 목표 달성에 치중하기 때문에 조직의 혁신을 크게 자극하지 않는다.
⑦ 관리자에게는 이상적인 직원의 기준을 설정해 놓고 모든 직원을 평가하는 경향이 생긴다.
⑧ 목표관리 방식의 계획과 준비에 상당한 시간이 필요하다.
⑨ 조직의 업무단위들 중 전체 목표, 업무단위의 목표, 개인의 목표를 계산하기 불가능한 경우에는 적용할 수 없다.

4. 총체적 품질관리이론

총체적 품질관리는 1970년대 후반 일본기업들이 실시한 전사적 품질관리(Total Quality Control: TQC)에서 유래된 것으로 알려져 있다. 1990년대 이후 품질통제(quality inspection), 품질관리(quality control), 품질보증(quality assurance), 품질경영(quality management) 등 기존에 분산적으로 존재하는 문제의식을 통합해 총체적 품질관리로 체계화됐다. 최근에는 품질개선이라는 단편적인 접근을 넘어 조직의 전체적인 역량을 개선하기 위한 경영관리기법으로 광범위하게 적용되고 있다. 나아가 기업의 사회적 책임(corporate social responsibility: CSR)을 개선하기 위한 지배구조 개선 등 조직혁신의 방안으로까지 강조되고 있다(Ghobadian, Gallear, & Hopkins, 2007; Hafeezl

& Rucevizius, 2011; 라준영, 2013).

총체적 품질관리이론[Total Quality Management(TQM) Theory]은 다음과 같이 정의할 수 있다. 오클랜드(Oakland, 1989)는 경영의 효율성과 유연성을 증진시키기 위해 모든 부서의 활동을 조직화하고 참여시키는 방법으로 정의했다. 자블론스키(Jablonski, 1992)는 품질과 생산성을 지속적으로 증진시키기 위해 직원들의 지혜와 능력을 결집해 조직을 운영하는 팀 활동 위주의 협동 형태로 규정했다. 로스(Ross, 1994)는 상품과 서비스 품질의 지속적인 개선을 이루기 위해 조직 내의 모든 기능과 과정을 통합하는 방안으로 보았다(이희태, 2008). 이를 종합하면, 총체적 품질관리란 고객만족을 증진시키기 위해 전체 조직원의 참여 하에 조직의 업무와 과정을 개선함으로써 품질을 개선하려는 조직관리전략으로 정의할 수 있다.

데밍(Deming, 1986)은 양적 확대에 치중하는 생산전략에 의존하면 품질의 위기를 겪을 수밖에 없다고 본다. 양적 생산전략은 다음과 같은 한계를 갖고 있기 때문이다.

① 상품과 서비스 생산에 대한 계획에서 품질개선을 향한 일관된 목표가 결여돼 있다.
② 눈앞의 단기이익에 치중한다.
③ 기존 목표관리이론은 양적 목표 달성에 치중하고 전체 과정을 관리자가 주도하는 방식이다.
④ 관리자는 좋은 보수를 찾아 직장을 자주 옮긴다.
⑤ 의사결정 과정에서 가시적인 양적 성과에 대한 자료만 검토한다.
⑥ 관리자의 통제 위주로 조직을 운영하기 때문에 관리비용이 많이 든다.
⑦ 적대적인 인수합병 등 불안정한 환경에서 기업을 운영하기 때문에 기업의 유지를 위해 많은 법률비용을 지불한다.

반면, 총체적 품질관리는 기존 양적 관리방식과는 근본적으로 다른 접근방법을 강조하고 있다. 스위스(Swiss, 1992)는 총체적 품질관리는 다음의 7가지 원리를 바탕으로 운영된다고 보았다.

① 고객이 품질을 결정한다.
② 상품과 서비스 생산의 초기 단계부터 품질을 중시해야 한다.
③ 생산과정에서 품질이 하락하지 않아야 최종적으로 품질을 개선할 수 있다.

④ 품질을 개선하기 위해서는 각 조직단위와 개인 등 전체 조직이 협력해야 한다.
⑤ 품질향상을 위해서는 원료의 투입단계에서부터 생산과정 전반을 개선해야 한다.
⑥ 품질개선을 위해서는 모든 구성원이 적극적으로 참여해야 한다.
⑦ 품질향상을 위해서는 모든 구성원이 헌신할 필요가 있다.

마틴(Martin, 1993)은 총체적 품질관리의 6가지 구성요소를 다음과 같이 제시했다.

① 품질은 조직의 1차 목표다.
② 고객이 품질을 결정한다.
③ 고객만족은 조직이 추구해야 하는 목표이고, 고객만족을 달성하기 위해 조직운영을 개선해야 한다.
④ 변이(variation)는 상품과 서비스 최종 생산물의 결함을 의미하는데, 그 원인을 파악해 개선하고 불량발생률을 감소시키기 위한 목표를 설정해야 한다.
⑤ 변화는 팀 구성 및 활동에 입각해 지속적으로 이루어져야 한다.
⑥ 최고관리층의 헌신은 품질관리의 성공을 좌우한다. 최고관리층은 조직 내의 품질개선 문화의 조성, 고품질생산을 위한 조직구성원들의 역량강화, 품질경영에 대한 장기적인 비전 제시의 과업을 수행해야 한다.

나아가 데밍(1986)은 총체적 품질관리의 성공을 위해서는 다음의 14가지 요소가 필요하다고 보았다.

① 품질개선에 대한 조직의 목표수립
② 품질관리 철학의 학습과 적용
③ 품질개선에 대한 조사의 목적 이해
④ 가격에 기초한 경영관행 개선
⑤ 품질개선을 위한 조직체계의 지속적 개선
⑥ 품질개선을 위한 체계적 훈련
⑦ 교육훈련을 통한 리더십 확립
⑧ 변화에 대한 공포를 없애고 신뢰를 창조함으로써 혁신에 우호적인 분위기 조성
⑨ 팀, 집단, 직원들의 집단적 노력 창출

⑩ 업무에 대한 구체적인 지시가 아니라 품질개선의 방식 제시
⑪ 양적 성취 기준 중심의 업무할당 관행 개선
⑫ 근로자에 대한 과도한 착취에 기초한 경영관행 개선
⑬ 모든 구성원의 교육훈련과 자기개발 장려
⑭ 품질개선 노력에 대한 모든 구성원의 참여

주란(Juran, 1988)은 품질관리 과정으로 다음의 10단계를 제시했다.

① 품질개선을 위한 기회 인식
② 품질개선의 목표 설정
③ 목표 달성을 위한 품질개선 조직 구성
④ 품질개선을 위한 훈련 실시
⑤ 문제해결을 위한 조직 과정 운영
⑥ 결과보고
⑦ 품질개선에 대한 인정[예: 품질보증체제(International Organization for Standardization: ISO) 등]
⑧ 결과에 대한 의사소통
⑨ 품질개선의 유지
⑩ 지속적인 품질개선 과정 운영

데밍(1986)은 총체적 품질관리 실행의 14단계를 제시했다.

① 최고관리층의 품질관리에 대한 헌신 및 품질개선을 위한 전체 구성원과의 의사소통
② 각 업무부서 책임자로 이루어지는 품질개선 조직 구성
③ 모든 조직 과정에 대한 품질평가체계 구축
④ 품질개선에 필요한 비용 책정
⑤ 모든 조직구성원의 품질개선에 대한 문제의식 확립
⑥ 품질개선을 위한 조직 과정 개선
⑦ 무결점(zero defect) 생산을 위한 계획수립

⑧ 품질개선에 대한 슈퍼바이저 훈련
⑨ 무결점의 날 운영
⑩ 개인별 목표 수립
⑪ 조직 과정에서의 오류발생 원인 제거
⑫ 품질개선의 목표를 달성한 구성원들의 업무수행에 대한 인정
⑬ 정규적인 품질개선위원회 운영
⑭ 13단계까지의 과정 지속

〈표 5-1〉은 전통적인 관리원칙과 총체적 품질관리의 관리원칙을 비교하여 보여주고 있다. 전통적 관리원칙은 양적 성취에 치중하기 때문에 시장에서의 판매량에 관심을 갖는다. 따라서 많은 성과를 내기 위해 구성원들의 업무수행을 모니터링한다. 이 방법은 개인의 업무량 성취를 중시하기 때문에 개인별 지향성을 갖고 있고, 개인별 업무수행을 독려하고, 많은 성과를 내기 위해 개인이 변화할 것을 촉구하며, 개인들이 수행하는 프로그램의 효과성과 효율성을 평가한다. 따라서 최종적인 업무수행 결과에 대한 총괄평가가 중심이다. 조직의 상층부가 기획과 평가 등 중심적인 연구자의 역할을 맡고, 일선 직원은 분업화의 원리에 따라 부여된 업무를 실행하는 위치에 있다.

총체적 품질관리의 관리원칙은 품질을 중시하고 고객만족을 추구한다. 따라서 조

〈표 5-1〉 전통적인 관리원칙과 총체적 품질관리(TQM)의 관리원칙의 비교

전통적 관리원칙(양적 문화)	총체적 품질관리의 관리원칙(질적 문화)
양(Quantity) 중심	질(Quality) 중심
시장 중심	고객 중심
성과 모니터링	과정 모니터링
성과지향	지속적인 품질개선
개인별 지향성	팀 지향성
개인별 업무수행	팀 활동 수행
개인 변화	과정 변화
프로그램 평가	조직평가
총괄평가	과정평가
연구자 중심	실천가 중심

출처: Gunther & Hawkins(1996), p. 15; 김통원, 윤재영(2005), p. 31 재구성.

직 과정 전반을 모니터링하고 지속적인 품질개선을 지향한다. 이 방법의 성공을 위해서는 조직적인 참여가 중요하기 때문에 팀 지향성을 갖고 팀 활동을 수행한다. 이를 바탕으로 원료투입 단계부터 상품 및 서비스 생산 단계까지 전체 조직 과정을 변화시켜야 한다고 본다. 따라서 전체 조직과 조직 과정에 대한 평가가 중심이다. 모든 조직구성원이 품질개선 과정에 참여하기 때문에 조직의 상층부뿐 아니라 일선 직원들의 실천가 역할이 중요하다.

최근 사회복지조직은 총체적 품질관리기법에 관심을 갖고 있는데, 그 이유는 다음과 같다(Martin, 1993).

① 사회복지조직은 품질의 위기를 경험한다. 품질의 위기는 클라이언트, 지역사회, 후원자들로부터의 신뢰의 상실로 나타난다.
② 사회복지조직의 서비스를 개선하면 클라이언트의 욕구충족과 만족이 제고돼 잃어버린 신뢰를 회복할 수 있다.
③ 동일한 자원이 투입되더라도 조직 과정을 개선하면 서비스의 품질을 개선할 수 있다.
④ 총체적 품질관리 방식은 고객만족을 위한 품질개선을 추구하기 때문에 클라이언트에 대한 헌신과 욕구충족을 추구하는 전통적인 사회복지의 가치에 부합한다.

사회복지조직이 제공하는 서비스의 품질은 다음의 5가지 차원에서 측정할 수 있다.

① 신뢰성: 서비스를 일관된 방식으로 제공하고 품질에 대한 클라이언트의 기대를 충족시켜야 한다.
② 반응성: 적시에 서비스를 제공해야 한다.
③ 보장성: 사회복지사는 클라이언트를 친절하게 대하고 서비스 제공 업무에 대한 전문지식을 가져야 한다.
④ 감정이입: 개별화의 원리에 따라 클라이언트에 대해 포용적이어야 한다.
⑤ 유형성: 서비스 제공 과정에서 시설 및 설비, 직원의 용모 등은 바람직한 수준을 유지해야 한다.

한편, 일반적으로 사회복지조직에서 총체적 품질관리가 성공하기 위해서는 다음의 5가지 요소가 구비돼야 한다고 본다(Martin, 1993).

① 클라이언트: 클라이언트는 서비스에 대한 정의를 내리는 사람으로서 클라이언트의 만족도는 총체적 품질관리의 실행 결과인 동시에 목표다.
② 조직구성원: 조직구성원들의 참여와 사명감 없이는 품질개선의 목표를 효과적으로 달성할 수 없다.
③ 자원: 자원은 사회복지기관의 서비스의 수준을 좌우하기 때문에 충분한 자원이 제공돼야 한다.
④ 최고관리자: 최고관리자가 품질개선 노력에 헌신해야 자원 제공, 조직구성원의 역량강화, 조직 과정 개선을 이룰 수 있다.
⑤ 조직 과정의 개선: 조직 과정의 개선은 클라이언트의 서비스 만족에 결정적인 영향을 끼친다.

일반적으로 총체적 품질관리 방식의 적용을 통해 서비스의 질 개선, 고객만족도 향상, 생산성 향상 등의 성과를 거두는 것으로 보고되고 있다. 총체적 품질관리 방식의 성공을 위해서는 고객중심성을 견지하고, 조직 과정 개선에 초점을 맞추고, 조직구성원들의 역량을 강화하고 보상을 제공하며, 품질개선을 위한 의사결정과 환류에 대해 적절히 반응할 필요가 있다고 본다(Jablonski, 1992).

총체적 품질관리 방식이 모든 경우에 성공하는 것은 아니다. 이는 지역사회의 자원을 제공받아 무정형적인 대인서비스를 제공하는 사회복지조직에도 함의를 제공한다. 실패한 사례의 공통점은 품질관리에 대한 최고관리층의 헌신이 부족해 자원을 불충분하게 제공하고, 전체 구성원과의 의사소통을 소홀히 하고, 품질경영에 대한 장기적 비전을 제시하지 못했다는 점이다. 이 밖의 실패의 요인으로는 품질의 측정 등과 관련된 조직적인 정보, 적절한 품질개선 계획 수립, 기존 양적 성취 중심의 조직문화의 변화, 교육훈련, 팀 중심 접근, 고객 중시, 조직구성원 역량강화 등의 부족이 지적된다(Masters, 1996).

5. 학습조직이론

기존의 조직이론들은 조직의 생존과 목표 달성을 위해 조직구조와 조직의 활동 과정을 개선하는 데 초점을 맞춘다는 점에서 하드웨어(hardware) 중심의 접근방법이라 할 수 있다. 반면, 학습조직이론(Learning Organization Theory)은 조직활동의 개선과 혁신을 위해 조직구성원들의 역량강화를 추구하기 때문에 소프트웨어(software) 위주의 접근을 추구한다.

학습조직이론은 센게(Senge, 1990)가 처음으로 체계적으로 제시했다. 이 이론은 구성원들의 학습을 조직적으로 지원하고 체계적으로 학습조직을 운영해 조직활동의 개선과 개인의 역량강화를 동시에 추구하고자 한다.

첫째, 조직구성원은 학습 과정을 통해 새로운 관점과 문제해결 방식을 습득하고 업무능력을 개선할 수 있다.

둘째, 조직은 현재의 문제점을 진단하고 인력, 재정, 구조, 직무성과를 개선하는 혁신을 추구할 수 있다.

여기에서 학습조직이란 조직구성원들에게 학습기회를 제공하기 위한 조직으로 조직구성원들의 참여하에 역동적으로 변화하는 특징을 갖고 있다(Pedler, Burgoyne, & Boydell, 1997). 학습조직을 통해 조직구성원들은 조직적인 목표 달성을 위한 역량을 강화하고, 새롭고 개방적이고 창의적인 사고능력을 함양하고, 자유롭고 열정적인 학습활동의 배경을 제공받고, 집단적인 학습활동을 통해 상호작용을 증진시킬 수 있다(Senge, 1990). 기존에는 조직 차원의 학습기회 제공에 인색한 경향이 있었다. 개인적인 학습에 머물거나 부서 차원의 공통적인 학습을 진행하는 경우에 국한하는 경우가 대부분이었다. 이처럼 파편화된 학습은 조직 차원의 학습활동으로 전개되지 못하기 때문에 전체 조직에 대한 기여도가 높지 않은 한계가 있다.

센게(1990)는 학습조직의 지향점을 다음의 5가지라고 보았다.

① 체계적 사고(systems thinking): 조직은 다양한 구성요소가 상호 관련돼 있고 역동적인 관계를 통해 작용한다는 점을 인식하고, 마찰과 대립을 인정하고 타협과 협력을 통해 전체 조직의 목표 달성에 기여할 수 있다는 관점을 획득하게 한다.

② 개인적 성장(personal mastery): 조직구성원들은 단순히 지식을 습득하고 업무능

력을 개선하는 차원을 넘어, 개인적 비전의 명료화, 개인의 현실적 수준에 대한 진단, 창의적인 사고역량의 확대 등을 통해 개인적 성장을 추구할 수 있을 때 학습 과정에 헌신적으로 참여한다.

③ 정신적 모델(mental models): 정신적 모델은 사고의 틀을 의미하는데, 조직구성원 상호 간의 대화, 질문, 성찰 등의 지속적인 학습 과정을 통해 현재의 상황과 미래의 비전에 대한 사고의 틀을 형성하고 최선의 해결책을 강구하게 된다.

④ 공유된 비전(shared vision): 생산적인 학습 과정을 통해 조직구성원 개개인의 상이한 목표와 지향점이 통합돼 공유된 비전이 형성될 수 있고, 이는 조직적인 학습의 목표를 구체화하고 학습조직의 에너지를 고양시키는 데 기여한다.

⑤ 팀 학습(team learning): 학습조직은 조직 구성을 반영해 팀제로 운영되는데, 조직 안팎의 문제를 개혁하기 위해 의견을 교환하고 집단적인 학습을 통해 팀 차원의 문제해결 능력이 신장된다.

센게가 추구하는 학습조직화는 상당한 노력이 필요한 조직 과정으로 평가된다. 단순히 학습조직을 구성하는 차원을 넘어 조직과 구성원들의 기존 행태(行態)에 구조적인 변화가 동반돼야 하기 때문이다. 학습조직화에 성공하면 개인의 역량이 강화되고 조직문화가 개선된다. 따라서 학습조직화의 성과는 지속 가능성이 매우 높다고 할 수 있다.

아지리스(Argyris, 1999)는 조직적인 학습으로는 단선적(single-loop) 학습보다 복선적(double-loop) 학습이 바람직하다고 본다. 단선적 학습은 조직활동의 부분적인 개선에 초점을 맞춘다. 이 방법은 조직 운영의 실질적인 개선에 기여할 가능성이 적고 조직구성원들의 부분적인 기능 개선에 머물 뿐 포괄적인 역량강화를 달성하기에는 한계가 있다. 반면, 복선적 학습은 조직활동의 개선뿐 아니라 조직의 기본 구조, 즉 조직운영의 틀까지 재검토하는 방식이다. 이 방법은 조직구성원들의 문제의식과 창의적인 사고를 자극하고 조직의 혁신으로 이어질 수 있기 때문에 조직구성원들의 역량강화에 기여할 수 있다.

구체적으로, 복선적 학습이 기여할 수 있는 바는 다음과 같다.

첫째, 조직구성원 개개인에게 긍정적인 영향을 줄 수 있다. 자신의 행동이 조직에 끼치는 영향을 이해할 수 있게 되고, 조직의 성과에 대해 책임감과 의무감을 갖게 되고, 구성원 간에도 지도와 자문 등 상호작용이 증가하고, 창조적인 문제해결 방안을 개발하고 공유하게 된다.

둘째, 팀과 조직에 긍정적인 영향을 줄 수 있다. 복선적 학습의 결과, 조직이 제공하는 서비스의 질적 향상, 새로운 서비스 기술의 발전, 직원의 이직률 감소와 사기 진작, 실수와 낭비 감소, 직무의 효율성 증진이 가능해진다.

학습조직이론은 사회복지조직에 대해 적용성을 가질 수 있다.

첫째, 학급조직이 강조하는 개인의 성장과 역량강화는 전문적 자아를 중시하는 사회복지 분야와 유사한 측면이 있다.

둘째, 학습조직이론이 강조하는 팀 중심 접근과 조직구성원 간의 상호작용은 협력과 조정을 통한 조직 과정과 조직문화 개선을 추구하는 사회복지조직의 운영원리와 관련성이 있다.

셋째, 학습조직을 통해 조직구성원들의 역량을 강화하고 교육적 슈퍼비전과 연계하면 클라이언트에 대한 서비스 기술의 질적 수준을 높일 수 있다. 나아가 새로운 실천 이론과 모델의 적용, 클라이언트의 참여와 역량강화를 위한 활동 방식 개선, 지역사회의 새로운 욕구와 사회문제를 반영하는 서비스 개발 등 조직활동의 변화와 혁신의 계기를 얻을 수 있다.

6. 임파워먼트이론

임파워먼트에 대한 연구는 1940년대 시민권운동의 영향으로 흑인, 여성, 소외계층 등의 권한을 강화해야 한다는 취지에서 시작됐다. 임파워먼트이론(Empowerment Theory)은 조직의 관리자가 갖고 있는 권한을 조직구성원들에게 위임하거나 구성원들의 책임 범위를 확대해 구성원들의 역량을 최대한으로 발휘하도록 하는 관리기법이다. 관리자가 조직구성원에게 권한을 위임하면 참여의식이 고취돼 사기가 제고될 뿐 아니라 잠재능력과 창의성이 개발된다는 것이다(Newman, 1963).

임파워먼트의 사전적인 의미는 자신이 원하는 바를 얻을 수 있는 능력을 개발하고 타인의 생각, 느낌, 행동에 영향을 끼칠 수 있는 역량을 증진시킨다는 것이다. 짐머만과 라파포트(Zimmerman & Rappaport, 1988)는 임파워먼트를 자신의 삶에 대한 통제권과 자율권을 갖고 민주적으로 참여하는 것으로 보았다. 보고트와 뮤렐(Vogot & Murrell, 1990)은 협동과 협력을 통해 역량을 형성하고 개발하고 증대시키는 것으로 보았다. 콘거와 카눈고(Conger & Kanungo, 1988)는 권한과 법적 권력을 확보하고 자기효능감을 증진시키는 과정으로 보았다. 반두라(Bandura, 1982)는 부여된 행동을 잘 할 수 있다는 믿음과 판단을 형성하고, 자기 능력에 대한 신념을 고취하기 위해 경험과 기회를 제공하는 과정으로 보았다.

임파워먼트에 대해 동기부여 관점에서 접근한 토머스와 벨트하우스(Thomas & Velthouse, 1990)는 임파워먼트에는 바람직한 결과를 얻으려는 노력, 직무처리 능력, 자기주도적 직무 수행에 대한 의미 부여, 직무행동 선택의 측면이 있다고 보았다. 레슬리, 홀츠해브와 홀랜드(Leslie, Holzhalb, & Holland, 1998)는 임파워먼트의 구성요소로 직무환경에 대한 조정 및 통제권, 직원들과의 상호과정을 통한 직무성과 성취, 조직에서의 자신에 대한 가치평가 향상, 직무수행과 관련된 자기효능감 증진, 승인된 권한에 대한 인지를 들었다.

사회복지 분야에 임파워먼트 개념을 처음 도입한 솔로몬(Solomon, 1976)은 사회복지조직에는 2가지 형태의 임파워먼트가 존재한다고 보았다. 첫째, 사회복지사가 클라이언트에게 권한을 부여하는 경우다. 둘째, 중간관리자가 일선 사회복지사에게 권한을 부여하는 경우다. 사회복지행정에서의 임파워먼트는 주로 두 번째 경우를 지칭한다고 볼 수 있다.

임파워먼트는 다음의 4가지 요소로 구성된다(Cox & Parsons, 1994).

① 개인 임파워먼트: 자아존중감, 자기효능감, 직위, 성취욕구, 전문적 지식능력 등의 개인적 특성이 직무에 긍정적인 영향을 끼치도록 해야 한다.
② 관계 임파워먼트: 다른 직원들과의 조직적인 협력관계를 구축하는 등 직무수행과 관련된 상호관계를 개선해야 한다.
③ 환경 및 조직 임파워먼트: 활용할 수 있는 자원에 대한 통제력, 권한과 의사결정의 위임에 대한 확신 등을 부여해야 한다.
④ 사회정치적 임파워먼트: 정치체계 및 사회정책과 관련해 자원을 증진함으로써 조직활동의 여건을 개선하고 클라이언트의 권한을 강화해야 한다.

임파워먼트이론을 사회복지조직에 적용할 때에는 인간체계에 대해 다음과 같은 전제에 입각해 있어야 한다(Miley & DuBois, 1999).

① 모든 인간은 누구에게나 수용돼야 하고 존경받을 가치가 있다.
② 모든 인간의 행동은 동기가 있고 그 행동은 상황에 대한 고려하에 이해돼야 한다.
③ 성장을 위한 잠재력과 강점이 인간체계의 특징이다.
④ 모든 인간은 스스로 자기가 처한 상황을 잘 알고 있고, 문제는 인간 자체가 아니라 인간과 환경의 상호작용 과정에서 생겨난 것이다.
⑤ 변화는 가능할 뿐 아니라 반드시 이루어져야 한다.
⑥ 생태체계의 한 부분의 변화는 다른 체계의 변화를 야기한다.
⑦ 문제를 문제 증상으로 보지 않고 다양한 해결책을 검토해 개선방안을 강구해야 한다.
⑧ 지속적인 변화는 강점의 발휘에 기초해야 하고 기회와 자원이 제공된다면 인간체계의 능력은 향상된다.
⑨ 협동적인 관계는 역량을 증진시키고 행동으로 이끈다.

황성철(2002)에 따르면, 사회복지조직에서의 임파워먼트를 위해서는 관리자가 다음의 4가지 원칙을 지켜야 한다.

① 관리자는 조직은 어려움에 처해도 이를 극복할 수 있는 잠재력이 있고 적응적 유연성이 있다는 신념을 가져야 한다.
② 조직구성원들은 기본적인 능력과 자질을 갖고 있다는 생각을 가져야 한다.
③ 조직의 문제를 진단할 때에는 문제를 문제증상으로 보지 않고 문제해결을 통해 조직을 개선하려는 진취적인 생각을 가져야 한다.
④ 의사결정은 조직구성원들과의 대화와 합의를 바탕으로 이루어져야 한다.

임파워먼트이론의 장점은 다음과 같다.

첫째, 사회복지사의 권한을 강화시켜 직무에 몰입하게 하고 창의성과 잠재능력 개발에 기여할 수 있다.

둘째, 임파워먼트 결과 사회복지사가 클라이언트에게 제공하는 서비스의 질이 개선될 수 있다.

셋째, 사회복지사는 전문직 자아를 발전시키고 조직의 가치와 비전을 내면화할 수 있기 때문에 관리자는 지시, 감독, 감시에 필요한 비용과 시간을 절약할 수 있다.

임파워먼트이론이 적용되기 어려운 조직의 특성도 있을 수 있다.

첫째, 대규모의 관료조직에서 조직구성원들은 관리자의 관리감독에서 벗어나 독자성과 자주성을 추구하려 하기 때문에 권한 위임을 회피하려는 경향이 있다.

둘째, 조직의 관리자들은 권위를 유지하기 위해 권한을 소유하려는 심리적 성향을 갖고 있기 때문에 권한 위임에 소극적이고, 하급자의 능력을 불신할 수 있다.

셋째, 사회복지조직에 대한 관료제의 적용과 슈퍼비전은 지역사회가 부여한 책무성을 이행하는 방편이기 때문에 권한 위임에 부정적인 시각이 있고, 하급자가 위임된 업무를 수행할 능력과 경험이 없는 경우도 있다.

7. 애드호크라시이론

애드호크라시이론(Adhocracy Theory)은 베버(Weber)의 관료제모델의 경직성을 탈피하려는 문제의식에서 출발했다. 베버에 따르면, 관료제는 일단 확립되면 자기지속적인 속성을 갖고 있어 좀처럼 변화시키기 어렵다. 하지만 현대사회의 사회문제는 점차 다양해지고 변화무쌍한 특성을 갖고 있다. 그러나 경직된 관료제는 이와 같은 사회문제에 유연하게 대처하기에는 한계가 있다. 따라서 관료제를 유지하는 가운데에서도 프로젝트 조직구조나 매트릭스(matrix, 행렬) 조직구조 등 특정한 과업을 담당하는 특별임시기구(task force)를 구성해 현안에 대처함으로써 조직적 경직성을 보완하고자 하는 시도가 생겨나고 있다.

애드호크라시이론은 경직된 관료제를 보완해 새로운 사회문제에 대응하기 위한 이론이다. 애드호크라시의 사전적인 의미는 전통적인 관료제 구조와는 달리 체계가 전혀 갖춰지지 않았거나 거의 없어 융통성과 혁신성이 높은 특별임시기구다. 특히 전문가들로 구성되는 적응적이고 문제해결적인 특징을 갖는 잠정적 체계를 의미한다(Bennis, 1966). 이처럼 애드호크라시란 기존의 관료제를 대신해 전문적인 특별기구를 구성해 현안에 대처해 나가는 조직의 새로운 접근이라고 할 수 있다. 애드호크라시 조직 형태는 항공, 전자, 용역산업, 연구기관, 광고대행사 등 성장산업에 널리 적용되는 것으로 알려져 있다(박용치, 송재석, 2006). 급변하는 환경에 적절히 대처하고 관료제의 제약을 극복할 수 있는 장점이 있기 때문이다.

애드호크라시 조직의 일반적인 특성은 다음과 같다(Trofler, 1973).

① 적응성 및 잠정성: 외부환경의 변화에 적응하기 위한 취지를 갖고 있고 상시 조직이 아니기 때문에 문제가 해결되면 소멸하는 잠정성을 전제로 한다.
② 문제해결 지향: 주로 전문가들이 문제해결을 위해 구성하는 조직으로, 관료제가 합리성의 원리에 따라 계획된 업무를 수행하는 기계적 조직인 점과 대비된다.
③ 비실무적 전문가 중심: 이 조직에서는 일상적인 상시 업무의 비중은 매우 낮고 전문가들이 수행하는 특성화된 업무가 중심을 이룬다.
④ 수평적 성격: 기존 관료제는 조직 내 지위에 따라 수직적으로 서열화되지만 이 조직은 전문적인 분야와 특화된 기술에 따라 동등한 역할을 부여받는다.
⑤ 의사소통 중시: 기존 관료제는 보고와 지시 등 형식적인 의사소통 위주이지만, 이 조직은 활발한 의사소통을 촉진하기 위해 계층제의 원리를 최소화하고 조정과 협력을 중시한다.
⑥ 비권력성과 비엘리트성: 이 조직은 관료제에 대비되는 조직으로서 권한의 분산을 특징으로 하고 의사결정 권한이 상층부에 집중되지 않으며, 구성원들의 참여를 확대한다.
⑦ 법규의 비규정성: 이 조직은 관료제처럼 엄격한 규칙을 적용하지 않고 상당한 자율성을 부여받기 때문에 구성원들은 조직의 과업 범위에서 광범위한 자유재량권을 갖는다.
⑧ 비보상적 성격과 자기성장 중시: 구성원들은 수입, 지위 등 물질적 측면의 보상보다는 전문적인 활동을 통한 자기성장에 더 큰 의미를 부여하는 경향이 있다.

이에 따라 애드호크라시 조직의 형태는 다음과 같은 공통점을 보인다.

첫째, 고도의 유기적 조직으로서 표준화에 의한 통제나 역할의 명확화를 배제하고 혁신을 추구한다. 관료제조직이 아파트라면 애드호크라시 조직은 텐트라고 할 수 있다.

둘째, 수평적 전문화를 추구하기 때문에 기능의 표준화에 얽매이지 않고, 전문가 상호 간의 조정을 중시하고, 기존의 수직적 조직체계에 구애받지 않고 혁신을 추구한다.

셋째, 상시 구조와 기능 및 목적에 따른 특별임시기구가 공존한다. 조직구성원들은 각자 관료제의 특정 상시 구조에 속해 있지만 특별하고 임시적인 과업을 수행하기 위해 특별임시기구에도 속하게 된다.

넷째, 정보의 흐름을 원활하게 촉진하기 위한 연락 장치를 설치하는 경향이 있다. 이는 전문가 상호 간의 조정의 수단으로서 통합관리자나 프로젝트 매니저를 그 예로 들 수 있다.

다섯째, 전문가를 중심으로 구성되기 때문에 의사결정권이 위임돼 권력이 분권화된다.

애드호크라시이론은 사회복지조직에 대해 적용성을 갖고 있다.

첫째, 사회복지조직은 외부환경의 변화에 민감하게 반응해야 하는데 고유업무를 수행하는 상시 조직으로는 이에 대처하는 데 한계가 있다. 반면, 특별임시기구를 통해 환경 변화에 대응하고 새로운 과제에 대처할 수 있다.

둘째, 사회복지조직은 일상적 과업과 비일상적이고 특수한 과업이 중첩되는 경우가 많은데, 애드호크라시 조직은 비일상적 과업에 대처하기 유용하다. 비일상적 과업에는 외부의 재정지원을 위한 제안서 작성, 조직의 평가, 전략적 기획, 위탁계약을 위한 신청서 작성 등이 포함된다.

셋째, 사회복지조직은 변화와 혁신에 소극적인 경향이 있는데 애드호크라시 조직은 조직의 혁신역량을 보완할 수 있다. 조직 안팎의 전문가로 구성된 특별임시기구를 통해 구조적이고 체계적인 혁신 방안을 마련하면 구성원 개인과 부서 차원의 단편적인 건의보다 조직 발전에 기여할 수 있다.

그러나 애드호크라시이론은 만병통치약처럼 적용될 수 있는 것은 아니다.

첫째, 상의하달식의 수직적인 의사결정을 체계화한 근대 관료조직의 성격상 특별임기기구의 활동은 결정권을 가질 수 없고 영향력도 제한적인 한계가 있다.

둘째, 환경 변화에의 대응과 비일상적 업무 수행이 가능할 수 있도록 전문직 관료제모델을 융통성 있게 적용하면 그만큼 특별임시기구의 필요성이 줄어든다.

셋째, 특별임시기구는 전문가들 간의 협력과 조정에 의존하기 때문에 의견 통일이 어려운 경우 성과를 내기 어렵고, 조직 내부 구성원들의 특별임시기구 활동의 비중이 커지면 기존 상시 업무와의 조정이 필요하게 된다.

8. 신공공관리이론

신공공관리이론[New Public Management(NPM) Theory]은 최근 '작은 정부'를 추구하는 국가들에서 축소지향형 정부개혁의 방향으로 주목되고 있다. 케인즈주의(Keynesian)에 바탕을 둔 복지국가는 유효수효 창출을 위해 시장과 분배에 대한 개입주의국가를 표방하기 때문에 '큰 정부'를 추구하는 경향이 있다. 그런데 1970년대 복지국가의 위기 이후 신자유주의가 득세하게 됐다. 신자유주의는 과도한 국가개입이 시장경제의 효율적인 자원분배를 왜곡해 자본 축적을 저해한다고 본다. 나아가 저성장 환경에서의 국가부문의 팽창은 과도한 재정부담, 즉 정부과부담(government overloaded)으로 이어져 국가는 재정위기를 피할 수 없고, 경직된 관료주의의 폐해가 부각되고 만다고 비판한다.

신공공관리이론은 공공부문의 기능과 범위를 축소하고 민간의 역할을 강화하는 한편, 공공부문을 유지하더라도 기존 관료제의 폐해를 극복할 필요가 있다고 본다. 신공공관리이론을 처음 제기한 오스본과 개블러(Osborne & Gaebler, 1992)는 관료적인 공공부문을 개혁해 효율화하고 시민의 선택권을 보장할 필요가 있다고 지적했다.

신공공관리이론이 추구하는 방향은 시장주의와 신관리주의의 원리라고 할 수 있다.

첫째, 시장주의의 원리에 따라 공공부문을 축소하고 민간의 역할을 강화해 공공부문을 민영화할 필요가 있다. 여기에는 민간위탁, 분사, 계약, 보조금 지급 등의 방식을 적용할 수 있다.

둘째, 공공조직을 유지하더라도 신관리주의의 원리에 따라 민간부문의 경영기법을 도입해 기존 관료제의 한계를 극복해야 한다고 본다. 공공부문에 내부시장제도 운영, 서비스 전달 책임과 권한 이양, 수직적인 계층 축소, 규정과 규칙의 완화, 성과주의에 기초한 업적 관리, 품질관리기법 등을 적용할 수 있다.

셋째, 신관리주의의 원리는 공공서비스의 운영에 시장주의 원칙을 적용하는 데에도 적용된다. 여기에는 소비자주의를 구현하기 위한 이용권(voucher) 제도 도입, 수익자부담원칙의 적용, 고객지향 서비스 확대 등이 있다.

오스본과 개블러(1992)는 신공공관리이론을 적용한 공공부문 개혁모형을 기업가형 공공부문, 고객지향적 공공부문, 공공부문 감축 등 3가지로 제시했다.

첫째, 기업가형 공공부문으로, 성과관리체계를 중심으로 공공부문의 기능과 운영을 개선하고자 한다. 여기에는 5C전략을 제시한다.

① 핵심전략(core strategy): 목표를 명확화한다.
② 결과전략(consequence strategy): 성과관리에 기반을 둔 보상체계로서 유인책을 제공한다.
③ 고객전략(customer strategy): 고객에 대한 책임성 강화, 서비스 공급의 경쟁체제 도입 등 고객의 선택권 보장을 강조한다.
④ 통제전략(control strategy): 내부 규제를 줄이고 재량권을 허용하되 결과에 대한 책임성을 강조한다.
⑤ 문화전략(culture strategy): 공공부문에 기업가적인 조직문화를 창출할 것을 강조한다.

둘째, 고객지향적 공공부문으로, 시민을 고객으로 인식해 수요자 중심의 행정을 추구하고자 한다. 여기서는 다음의 4가지 방법을 제시한다.

① 고객만족 경영기법: 시민의 욕구에 부합하는 서비스 제공, 업무처리 절차의 간소화, 심리적 안정감을 주는 행정 환경 조성이 필요하다.
② 총체적 품질관리: 고객의 관점에서, 행정의 전 과정에서 품질을 지속적으로 관리해 품질개선을 이루어야 한다.
③ 고객만족도 조사: 공공부문 서비스에 대해 고객이 직접 평가해 반영하도록 한다.
④ 행정서비스헌장: 고객만족 서비스의 방향과 내용을 문서화해 시민과 약속하는 한편, 시민의 권리를 명시한다.

셋째, 공공부문 감축으로, 예산을 감축해 낭비적 소비나 활동을 줄이고 조직의 효율성을 높이도록 조직을 혁신한다. 구체적으로는 다음의 4가지 방안을 제시한다.

① 조직구조 측면: 행정기구의 통합과 폐지, 인원 감축, 불필요한 기구와 인력의 간소화, 대국대과주의 등을 추구한다.
② 인사 측면: 직원규모 동결, 불요불급한 인원 감축, 소수정예주의 등을 지향한다.
③ 재정 측면: 예산의 효율적인 운영, 불필요한 사업 폐지, 전략적 조직구조 설계와

재정의 우선순위 설정 등을 추구한다.

④ 정책 측면: 정책의 타당성에 대한 주기적 심사, 정책의 일몰제도 도입, 공공부문 기능의 민영화, 불필요한 규제의 완화와 폐지 등을 지향한다.

이와 유사하게 브라이슨(Bryson, 1995)은 신공공관리이론에 입각한 공공부문 개혁 방안으로 다음의 10가지를 제시했다.

① 시장주의: 공공부문은 시장을 활용해 공적 목표를 성취할 방안을 창조적으로 모색해야 한다.
② 기업가주의: 공공부문은 단순히 재정을 집행할 뿐만 아니라 수익을 창출할 방안을 모색해야 한다.
③ 촉매적 역할: 공공부문은 직접적으로 서비스를 제공하기보다는 규제자의 역할에 머물러야 한다.
④ 지역사회의 역할: 공공부문은 관료제의 폐해 때문에 클라이언트의 욕구에 반응하는 데 한계가 있지만, 지역사회의 민간부문이 서비스를 제공하면 클라이언트의 참여와 임파워먼트를 달성할 수 있다.
⑤ 경쟁주의: 독점적인 서비스 공급을 경쟁체제로 바꾸면 혁신이 가능해져 질 높은 서비스를 저비용에 제공할 수 있다.
⑥ 사명지향: 공공부문은 규정에 의존하기보다는 사명과 비전에 의해 역동적으로 작동돼야 한다.
⑦ 결과지향: 공공부문에 대한 재정지원 방식은 기존의 점증주의적 투입 관행이 아니라 성과에 근거를 두어야 한다.
⑧ 고객지향: 공공부문은 관료조직의 이해관계를 추구하지 말고 클라이언트와 시민의 욕구를 충족시키는 데 초점을 맞추어야 한다.
⑨ 예방지향: 문제의 해결보다 문제가 발생하기 전에 예방하는 데 초점을 두어야 한다.
⑩ 분권화: 중앙집권적인 위계질서보다는 분권화에 기초한 참여와 팀 활동이 강조돼야 한다.

오늘날 신공공관리이론은 적용성이 있는 것으로 평가되고 있다.

첫째, 비대하고 관료적인 공공부문 개혁에 대한 이론적 근거를 제공하고 있다. 특히 국민을 고객으로 고려한다는 점에서 공공부문 행정의 고객지향성을 강화할 수 있다.

둘째, 경직된 공공부문의 혁신은 모든 사람이 관심을 갖는 문제이기 때문에 상당한 대중적 설득력을 갖게 된다. 오늘날 공공부문은 개혁의 대상으로 손꼽혀 왔고 많은 국가에서 공공부문 개혁을 추진하고 있다.

셋째, 민간부문의 역할 확대는 공공부문이 갖는 비능률성과 저효율성을 극복하는 유효한 대안으로 부각되고 있다. 공공부문에 비해 민간부문이 경쟁력과 창의성을 갖고 있다는 일반적인 인식에 따라, 민간부문은 정부부문의 관료제적 한계를 극복하는 유효한 대안으로 부상하고 있다.

넷째, 최근 민간부문의 경영혁신 노력은 정부부문이 뒤따라야 할 전형으로 인식되는 경향이 있다. 영리기업들은 치열한 경쟁에서 생존하기 위해 다운사이징(downsizing), 벤치마킹(benchmarking), 리엔지니어링(re-engineering), 리오리엔테이션(re-orientation) 등 다양한 경영기법을 적용하고 있다.

그러나 신공공관리이론은 만병통치약처럼 적용하기에는 다음과 같은 한계가 있다.

첫째, 시장만능주의와 효율성 논리는 공공서비스를 퇴조시키는 결과로 이어질 수 있다. 신자유주의에 바탕을 둔 시장논리는 효율성을 추구하는 장점이 있지만 공공서비스의 공공재적 성격을 약화시키고 소외계층의 서비스 이용 권리를 침해할 수 있다.

둘째, 독점적 공공재의 성격이 큰 공공부문을 민영화할 경우 공공성을 저해하게 돼 국가와 국민 생활에 부정적인 영향을 끼칠 수 있다. 과도한 민영화는 정부행정을 공동화(hollowing out)해 정부능력을 잠식하고 공공행정의 가치를 훼손할 수 있다(Morgan, Hirlinger, & England, 1988).

셋째, 공공부문의 경우 신관리주의의 원리를 적용하기 어려운 경우가 있기 때문에 적용성에 한계가 있다. 공공부문 중에는 비배제성과 비경합성이 모두 적용되는 집합재 성격의 조직도 있다. 이처럼 고도의 공공성을 지향하는 공공부문에는 민간부문의 경영기법을 도입하거나 서비스 제공에서 시장주의의 원리를 도입하는 것이 원천적으로 한계가 있다.

넷째, 신공공관리기법을 적용해 정부의 역할을 축소하면 공공부문 종사자들의 사기 저하, 조직의 유지를 원하는 이해관계자들의 저항, 법적 절차와 사회적 갈등 등 정치적 비용을 초래할 수 있다.

다섯째, 정부 역할의 축소는 또 다른 영역에서 정부 역할을 확대하는 부작용도 낳을 수 있다. 정부조직은 통제와 기능 축소를 원치 않기 때문에 특정 영역에 대한 통제권을 상실하면 다른 방식으로 관료적 통제 영역을 확충하려고 시도한다(Maor, 1999).

제3부 사회복지행정의 총론

제6장 사회복지서비스 전달체계

1. 사회복지서비스 전달체계의 이해

1) 개념 정의

사회복지서비스가 원활히 제공되기 위해서는 사회복지정책에 의해 할당된 자원을 서비스로 전환해 제공할 때 전국 및 지역사회 차원에서 어떤 조직적인 관계를 활용할 것인가에 대해 합리적인 선택이 이루어져야 한다. 사회복지서비스 전달체계(delivery system)에 대한 선택은 서비스가 효과적·효율적으로 제공되는 데 영향을 줄 수밖에 없다. 따라서 전달체계는 자원할당 시 수립된 사회적 목표를 달성하기 위해 서비스 공급자로부터 소비자에 이르는 서비스 전달 과정에 대해 최적의 선택을 하도록 고안돼야 한다. 이때 서비스 전달의 전략(delivery strategy)은 서비스 전달체계의 전체적인 구조, 서비스를 전달하는 각 단계 단위들 간의 연결, 공급자의 지리적 위치, 서비스 전달을 담당할 인력의 자질과 능력 등에 대한 선택을 포함한다(Gilbert &

Terrell, 2005).

사회복지서비스 전달체계란 사회복지서비스를 효과적이고 효율적으로 전달하기 위해 공급자와 소비자가 접촉하는 지역사회체계 속에서 공급자 간 또는 공급자와 소비자를 연결시키는 조직적 장치(organizational arrangements)이자 조직체계라고 할 수 있다(Gilbert & Terrell, 2005). 즉, 사회복지서비스 전달체계는 사회복지정책을 서비스로 전환시키는 과정에서 관여하는 조직 간의 연결망이자 서비스 전달의 구조라고 할 수 있다(Gates, 1980). 사회복지서비스를 효과적이고 효율적으로 제공하기 위해서는 사회복지서비스를 공급하는 조직들 간의 조직적 연계가 필요하고, 궁극적으로는 공급자와 소비자를 연결시켜야 하기 때문이다.

2) 분류 기준

사회복지서비스 전달체계는 구조·기능 기준과 운영주체 기준으로 분류할 수 있다. 첫째, 사회복지전달체계는 구조·기능을 기준으로 행정체계와 집행체계로 구분될 수 있다. 행정체계는 서비스 전달을 기획, 지시, 지원, 관리하는 기능을 담당한다. 집행체계는 클라이언트에게 서비스를 직접 전달하는 기능을 담당한다(한국복지행정학회, 2014).

〈표 6-1〉 구조 · 기능 기준의 사회복지전달체계 분류 기준

구 분	내 용
행정체계	서비스 전달을 기획 · 지시 · 지원 · 관리하는 체계 (예: 보건복지부 → 특별시 및 광역시 · 도 → 시 · 군 · 구)
집행체계	클라이언트에게 서비스를 직접 제공하는 체계 (예: 읍 · 면 · 동 → 지역주민)

출처: 한국복지행정학회(2014), p. 294 수정.

〈표 6-1〉에서 보여 주듯이, 공공사회복지전달체계는 행정체계와 집행체계로 구분할 수 있다. 보건복지부 → 특별시 및 광역시 · 도 → 시 · 군 · 구는 행정체계에 속한다. 반면, 최일선에서 클라이언트에게 서비스를 제공하는 읍 · 면 · 동 → 지역주민은 집행체계라 할 수 있다.

행정체계는 거의 전적으로 행정기능만을 수행한다. 행정체계는 클라이언트와 서비스 제공 관계를 형성하지 않기 때문이다. 그러나 집행체계는 서비스 전달 기능과 함께 행정 기능도 부분적으로 수행하게 된다. 일선 읍 · 면 · 동의 경우 서비스 제공이 주요 업무이지만 보고 업무 등 행정 업무를 함께 수행하지 않을 수 없기 때문이다.

최근 공공사회복지전달체계는 많은 변화를 겪고 있다. 제3장에서 살펴본 것처럼, 정부는 지역단위 수요자 중심의 사회복지전달체계의 일환으로 시 · 군 · 구에 희망복지지원단을 구성해 운영하고 있다. 희망복지지원단은 통합사례관리, 지역 공공 · 민간 자원관리, 긴급복지, 개별 사례관리 및 방문형 서비스 연계체계를 운영한다. 이와 함께 읍 · 면 · 동의 복지기능을 강화하고 복지허브화해 맞춤형 통합서비스 담당기관으로 재편하고 있다. 이 경우 시 · 군 · 구의 희망복지지원단은 전형적인 행정체계만이 아니라 집행체계의 성격도 갖게 되는 것이다.

한편, 민간사회복지기관도 행정체계와 집행체계로 구분할 수 있다. 사회복지관의 경우 개인, 집단 및 지역사회를 대상으로 서비스를 제공하는 일선 부서들은 집행체계라고 할 수 있다. 반면, 관장을 비롯해 기획, 관리, 정책수립의 역할만을 담당하는 행정담당자들은 행정체계에 속한다. 일선 슈퍼바이저들은 슈퍼비전 업무와 직접적인 서비스 제공 업무까지 담당하기 때문에 행정기능과 집행기능을 함께 맡고 있고, 행정체계와 집행체계의 연결 기능을 담당한다고 볼 수 있다. 지역사회의 사회복지협의회의 경우 민간사회복지기관들 간의 연합조직으로서 정보교류, 자원개발 및 배분, 연계 및 협력 등의 고유기능을 담당하는 행정체계라고 볼 수 있다. 그런데 직접적인 서비스 제공에도 참여한다면 집행체계의 성격 역시 갖는다.

둘째, 사회복지서비스 전달체계는 운영주체를 기준으로 공공전달체계와 민간전달체계로 구분할 수 있다. 공공전달체계는 정부나 공공기관이 직접 관리하고 운영한다. 민간전달체계는 민간이 직접 관리하고 운영하는 경우를 말한다.

〈표 6-2〉에서 보여 주듯이, 공공전달체계는 안정적인 재정을 바탕으로 관료적이고 고도로 분업화된 특징을 갖는 전형적인 관료제에 의해 운영된다. 반면, 경직된 특성으로 인해 외부환경의 변화에 둔감한 측면이 있다. 민간전달체계는 재정이 취약하지만 융통성이 있고 창의적이며 유연한 조직체계를 갖고 있어 전문직관료제가 적용된다. 취약한 재정과 사회로부터 권한을 위임받는 특성으로 인해 외부환경의 변화에 민감하게 반응하는 특징이 있다.

〈표 6-2〉 운영 주체 기준의 사회복지전달체계 분류 기준

구분	담 당	적 용	특 징
공공 전달체계	정부, 공공기관	보건복지부 → 특별시 및 광역시 · 도 → 시 · 군 · 구 → 읍 · 면 · 동 → 지역주민	안정적인 재정 관료적이고 분업화된 체계 환경 변화에 둔감
민간 전달체계	민간단체	복지재단, 자원봉사단체, 사회복지단체, 사회복지협의회 등	취약한 재정 융통적 · 창의적이고 유연한 체계 환경 변화에 민감

출처: 한국복지행정학회(2014), p. 295 수정.

그런데 최근 공공부문의 민영화와 함께 공공기관과 민간기관의 전형적인 구분이 애매해지는 현상이 발생하고 있다. 이에 따라 공공전달체계와 민간전달체계로 명확히 구분할 수 없는 경우가 있다. 정부가 시설을 설립했지만 민간과 계약하고, 정부의 재정지원에 의해 민간이 운영하며, 공공전달체계의 일부인 경우 준공공기관으로 분류할 수 있기 때문이다. 예를 들어, 다문화가정지원센터는 정부가 설립하고 재정을 지원하지만 민간이 운영하는 방식이 적용된다. 이 경우 공공사회복지전달체계에 편입돼 있기 때문에 전형적인 민간전달체계의 일부로 보기는 어렵고 준공공기관에 속한다고 볼 수 있다(Gibelman, 2000).

2. 사회복지서비스 전달체계 구축의 주요 원칙

1) 전문성의 원칙

전문성(professionalization)의 원칙이란 사회복지서비스 제공 업무 중 핵심적인 주요 업무는 반드시 전문가가 담당해야 한다는 원칙이다(Gates, 1980; 한국복지행정학회, 2014; 최성재, 남기민, 2016). 여기에서 전문가란 자격이 객관적으로 인정된 사람으로서 자신의 전문적 업무에 대한 권위, 자율적 결정권, 책임성을 지닌 사람을 말한다. 사회복지전문직의 구성원은 정규교육의 이수 및 전문적 지식과 기술의 획득, 전문적인 윤리의식 확립, 국가적인 자격 취득, 전문직 내의 사회화 등의 요소를 갖춘 사람이다.

그런데 전문성이 필요한 주요 업무 이외의 업무까지 사회복지전문직이 담당할 필요는 없을 것이다. 전문성과 관련성이 약한 업무는 반드시 전문직이 맡지 않을 수 있도록 하는 것이 사회복지서비스의 효율성 차원에서 바람직할 수 있다. 예를 들어, 업무의 특성상 전문성이 덜 필요한 단편적인 서비스 분야는 준전문가가 담당하고, 일반적인 행정 업무는 사회복지전문직이 아닌 행정직이 담당할 수 있다. 또 사회복지활동 중 전문적인 책임성을 필요로 하지 않는 많은 영역에서 자원봉사활동이 활발히 전개되고 있다.

2) 적절성의 원칙

적절성(comprehensiveness)의 원칙이란 사회복지서비스는 양과 제공 기간 그리고 질이 클라이언트의 욕구충족과 서비스의 목표 달성에 충분한 수준이어야 한다는 원칙이다. 사회복지서비스를 제공할 때에는 한 회의 서비스에 일정한 시간을 배정하고 서비스 제공 기간에 대한 계획을 수립해야 한다. 이때 사회복지서비스의 양과 제공 기간은 클라이언트의 욕구충족과 서비스의 목표 달성에 충분한 정도여야 한다. 나아가 클라이언트의 욕구충족에 필수적인 전문적인 수준의 서비스를 제공해야 서비스의 목표를 달성할 수 있음을 고려해야 한다.

현실적으로 이와 같은 적절성의 원칙은 사회복지서비스의 재정이 축소되는 상황에서는 제대로 지켜지기 어려운 경우가 많다. 제2장에서 살펴본 미국의 공적부조제도의 전반적인 축소개혁이 그 예다. 이로 인해 공적부조의 제공 기간이 축소되는 경향이 있다. 나아가 상담서비스 등 전문적인 핵심 서비스가 공적부조제도에서 삭제돼 서비스 제공이 생략되거나 비제도화되는 질적 후퇴를 겪어 왔다. 이는 공적부조제도에 의존하는 클라이언트의 욕구충족과 서비스의 목표 달성이 어려워지고 있음을 의미한다.

3) 포괄성의 원칙

포괄성(inclusiveness)의 원칙이란 클라이언트의 다양하고 복합적인 욕구를 충족시키기 위해서는 다양한 서비스를 제공해야 한다는 원칙이다. 클라이언트는 복합적이고 다양한 욕구를 가진 경우가 많다. 이런 사례에서 단편적인 욕구충족만을 고려하게 되면 오히려 서비스 제공의 목표를 달성하지 못하게 될 수 있다. 예를 들어, 복합적인 문제를 겪고 있어 취약성에 노출된 양육모의 취업을 위해서는 고용서비스의 제공만으로는 소기의 목표를 달성하기 어렵다. 보육서비스, 건강서비스, 기타 가족기능강화 서비스 등이 포괄적으로 제공돼야 취약한 여성의 일-가정 양립이 가능해질 수 있기 때문이다. 사회복지서비스의 포괄성을 달성하기 위해서는 일반화 접근(generalist approach), 전문화 접근(specialist approach), 집단 접근(team approach), 사례관리(case management) 등을 적용할 수 있다.

일반화 접근 방법은 전문가 한 명이 클라이언트의 여러 문제를 다루는 방법이다. 이 방법은 전문성이 부족한 문제에 대해서는 전문가적인 개입수준을 유지하기 어려운 단점이 있다. 전문화 접근 방법은 여러 전문가가 클라이언트의 각각의 문제를 다루는 방법이다. 이 방법은 문제 진단과 서비스를 연계하고 다양한 서비스를 조정하기 어려운 단점이 있다. 집단 접근 방법은 여러 전문가가 팀을 이루어 클라이언트의 다양한 문제를 함께 다루는 방법이다. 이 방법은 전문가 간의 갈등이 발생할 때 대처가 부족하고 명확한 책임성을 부여하기 어려운 한계가 있다. 사례관리 방법은 한 전문가의 책임 아래 필요한 서비스와 전문가를 클라이언트와 연결시켜 주고, 클라이언트의 다양한 욕구를 충족시키고 문제를 해결하기 위해 체계적으로 관리하는 방법이다.

4) 지속성의 원칙

지속성(continuity)의 원칙이란 클라이언트의 욕구충족과 문제해결을 위해서는 서비스 간에 단절이 발생하지 않도록 필요한 서비스들이 연속적으로 제공돼야 하고, 개별 서비스는 필요한 기간만큼 지속적으로 이용할 수 있어야 한다는 원칙이다. 앞의 예에서 복합적인 문제를 겪고 있어 취약성에 노출된 양육모의 취업을 위해서는 필요한 서비스 간에 단절이 발생하지 않아야 한다. 고용서비스를 제공해 직업능력을 향상시키기 위해서는 보육서비스가 동시에 제공돼야 한다. 필요한 경우 건강서비스가 보완돼야 직업능력을 향상시킬 수 있다. 또한 개별 서비스는 필요한 만큼 지속적으로 제공될 필요가 있다. 보육서비스는 양육모가 취업활동을 할 수 있도록 이용 시간과 제공 기간 면에서 충분한 수준으로 제공돼야 한다.

서비스 제공의 지속성을 확보하기 위해서는 한 조직 내의 서비스와 프로그램 간에 상호 협력이 잘 이루어져야 하고, 지역사회 내의 사회복지서비스 조직 간에도 유기적 연계가 형성돼야 한다. 지속성의 원칙이 잘 지켜지기 위해서는 사례관리 방법이 활용될 필요가 있다. 한 전문가의 책임하에 클라이언트의 욕구와 문제를 포괄적으로 파악하고, 종합적인 계획에 따라 클라이언트에게 필요한 서비스와 전문가를 적시에 연결시키고 체계적으로 관리해야 한다. 반면, 일반화 접근 방법, 전문화 접근 방법, 집단 접근 방법은 각각 전문성의 부족, 서비스 간의 연계 · 조정의 어려움, 책임성 있는 체계적인 서비스 계획 수립의 어려움 때문에 지속성의 원칙에 부합하지 않는 면이 있다.

5) 통합성의 원칙

통합성(unification)의 원칙이란 한 클라이언트의 다양한 욕구를 충족시키고 복합적인 문제를 해결하기 위해서는 필요한 서비스들을 연결시켜 체계적으로 제공해야 한다는 원칙이다. 클라이언트의 다양하고 복합적인 욕구를 충족시키기 위해 다양한 서비스를 포괄적으로 제공하되, 단편성(fragmentation)을 극복하기 위해서는 통합성의 원칙에 따라 서비스를 체계적으로 제공해야 계획한 목표를 효과적 · 효율적으로 달성할 수 있게 된다. 복합적인 문제를 겪고 있어 취약성에 노출된 양육모의 취업을 위해서는 필요한 서비스들이 체계적으로 제공돼야 한다. 이를 위해서는 일-가정 양립의 목표를 효과적 · 효율적으로 달성할 수 있도록 고용서비스, 보육서비스, 건강서비스, 기타 가족기능강화 서비스의 통합적인 제공에 대한 계획을 수립해야 한다.

서비스가 통합적으로 제공되기 위해서는 사례관리 방법에 따라 한 책임자의 계획하에 다양한 서비스를 체계적으로 제공할 수 있어야 한다. 한 기관에서 다양한 서비스와 프로그램을 포괄적으로 제공하면 체계적인 연계를 달성하는 데 유리하다. 여러 조직을 통해 서비스를 제공하는 경우에는 사회복지조직 간에 의뢰체계 등 유기적인 연계와 협조체제를 잘 갖추어야 하고, 서비스 제공 장소가 서로 가까워 클라이언트의 지리적 접근성을 제약하지 않아야 하며, 사회복지조직들의 서비스가 적절히 전문화되고 가급적 중복되지 않는 것이 좋다.

6) 평등성의 원칙

평등성(equity)의 원칙이란 성별, 연령, 소득, 지역, 종교, 지위에 관계 없이 모든 국민에게 차별 없이 평등하게 사회복지서비스를 제공해야 한다는 원칙이다. 평등성의 원칙이 지켜지기 위해서는 보편주의의 원리에 따라 전체 사회구성원에게 사회적 시민권의 일환으로서 사회복지정책을 시행해야 한다. 사회복지서비스는 사회구성원들의 욕구충족을 위한 비물질적인 서비스로서 집합적이고 관계지향적인 성격을 갖고 있다. 최근 노인문제, 여성의 일-가정 양립문제, 청년실업문제 등 새로운 사회적 위험(New Social Risk: NSR)이 대두되면서 생애주기에 따라 사회구성원들이 집합적으로 직면하는 아동, 여성의 출산과 일-가정 양립, 청년, 노인 등의 욕구를 보편적으로 충족시킬 필요성이 커지고 있다.

그러나 현실적으로는 평등성의 원칙에 제한이 가해지는 경우가 많다. 공적부조는 빈곤층에 대한 보호대책이기 때문에 최저생계비를 책정해 소득수준이 이에 미달하는 가구에 대해 지원한다. 사회보험은 보편주의 원리에 따라 제공되나 소득비례형 사회보험이 확대되면서 기여수준과 급여를 엄격히 연계시키는 보험수리원칙(actuarial principle)이 적용된다. 사회복지서비스는 욕구를 기준으로 제공되지만, 자원의 부족 등 제약요인이 존재할 때 소득기준 등을 부가적으로 적용해 보편주의보다는 선별주의의 원리를 적용하는 경우가 있다.

7) 책임성의 원칙

책임성(accountability)의 원칙이란 사회복지조직은 국가 및 사회로부터 특정한 사회복지서비스를 전달하도록 위임받은 조직이므로 서비스 전달 시 위임된 책임을 다해야 한다는 원칙이다. 제1장에서 살펴보았듯이, 사회복지조직은 사회로부터 권한을 위임받고 있다. 사회복지조직의 정당성의 원천은 클라이언트의 복지를 보호하고 향상시키는 역할을 담당한다는 데 있다. 이처럼 사회는 사회복지기관이 사회가 위임한 대로 클라이언트의 복지를 보호하고 향상시키는 역할기대를 충족시킬 것을 기대하고 있는 것이다.

사회복지조직은 외부환경으로부터 자원을 획득해 필요한 활동을 전개한다. 사회복지조직은 책임성을 이행해 과업환경의 이해관계자들의 지지를 얻고 그들로부터 협조를 얻기 위해 노력해야 한다. 최근 사회복지조직은 책임성을 구체적으로 입증하라는 요구를 받고 있다. 클라이언트 혹은 소비자, 중앙 및 지방 정부, 주요 재정자원 제공자, 기부자들은 사회복지조직의 책임성이 요구되는 주요 과업환경이라 할 수 있다. 사회복지조직이 책임을 져야 하는 주요 내용은 서비스가 클라이언트의 욕구에 적절히 대응하는가, 서비스 전달 절차가 효율적인가, 서비스 전달 과정에서의 소비자의 불평과 불만에 대한 수렴장치가 적합한가 등이 있다.

8) 접근용이성의 원칙

접근용이성(accessibility)의 원칙이란 사회복지서비스를 필요로 하는 클라이언트의 접근에 장애가 되는 요인들을 제거해 누구나 손쉽게 서비스를 제공받을 수 있도록 설계해야 한다는 원칙이다. 지금까지 거론한 적절성의 원칙, 포괄성의 원칙, 지속성의 원칙, 통합성의 원칙이 제대로 지켜지기 위해서는 접근용이성의 원칙이 구현될 필요가 있다. 따라서 사회복지조직은 사회복지서비스를 설계할 때 클라이언트가 손쉽게 접근하는 데 장애가 되는 요인이 무엇인지 파악하고 이를 해소하기 위해 노력해야 한다. 클라이언트가 서비스에 접근하는 데 장애를 초래하는 요인은 정보의 부족, 지리적 장애, 심리적 장애, 선정 절차의 장애, 자원의 부족 등으로 분류할 수 있다.

정보의 부족은 클라이언트에게 서비스에 관한 정보가 결여되거나 부족해 접근성의 제약을 받는 경우다. 지리적 장애는 지나치게 거리가 멀거나 교통이 불편해 클라이언트의 내방에 상당한 불편을 야기하는 경우다. 심리적 장애는 클라이언트가 자신의 문제를 노출하는 데 두려움을 갖거나 수치심을 느끼는 등 상당한 심리적 부담감을 갖는 경우다. 선정 절차상의 장애는 엄격한 자산조사를 적용해 선정 절차를 까다롭게 하고 과다한 서류나 개인 정보를 요구할 때, 혹은 선정과 지원까지 상당한 시간이 소요될 때 발생한다. 자원의 부족은 지역사회와 사회복지기관의 자원이 적절한 수준에 이르지 못해 클라이언트의 욕구충족과 문제해결에 효과적으로 기여하지 못하거나 전문가 및 서비스 제공 인력이 부족해 클라이언트의 접근에 제약이 초래되는 경우다.

3. 사회복지서비스 전달체계 개선 전략

1) 개선 전략 1: 의사결정의 권위와 통제의 재구조화

의사결정의 권위와 통제를 재구조화하는 전략은 관료주의로 인해 서비스의 단편성, 비연속성, 비책임성 등이 발생할 때 사용할 수 있는 전략이다(Gilbert & Terrell, 2005). 여기에는 협조체제의 구축(조정)과 시민참여체제의 도입이 있다.

협조체제의 구축(조정)은 통합적이고 포괄적인 사회복지서비스 전달체제를 개발하려는 목적을 지닌다. 이를 통해 서비스의 단편성과 비연속성을 극복할 수 있다. 여기에는 중앙집권화(centralization) 전략, 연합화(federation) 전략, 사례별 협력(case-level collaboration) 전략이 있다.

중앙집권화 전략은 행정적인 통합을 지향하는 것으로 사회복지 관련 업무를 하나의 통일된 전달체계로 통합하는 방법이다. 예를 들어, 1971년 영국에서는 지방정부의 분산된 사회서비스 업무를 지방정부 사회서비스국(Local Authority Social Service Department: LASSD)으로 통합했다. 이는 조정전략 중 가장 높은 수준의 행정적 통합을 달성한 경우다. 중앙집권화 전략은 서비스의 단편성을 극복할 수 있지만, 사회복지서비스 공급책임자에 대한 클라이언트의 접근성을 감소시키고, 서비스의 목적, 기술, 철학 등에 대한 기존 조직 간의 의견 차이로 인한 내부 갈등을 발생시킬 수 있다. 이보다 낮은 차원의 통합에는 전달체계 내 관련 서비스의 접수(intake)를 단일 창구(single door)로 통일해 접수 업무에 한해 통합하는 등 부분적인 통합을 시도하는 경우가 있다.

연합화 전략은 사회복지서비스 전달체계 내의 기관들을 행정적으로 통합하지 않는 대신에 서비스공조체제를 구축해 자원을 지역적으로 집중화시키는 방법을 말한다. 이 전략은 사회복지 전달체계 내의 기관들 간에 가장 흔히 사용되는 전략이다. 예를 들어, 1960~1970년대 빈곤과의 전쟁 시기에는 지역사회행동 프로그램, 시범도시 사업국, 노인복지 거점기관들(focal-point agencies) 간의 지역복지센터를 통한 연합화 전략이 추구됐다. 연합화 전략은 연합의 공식성과 구속력의 수준에 따라 상이한 조정 수준으로 나타날 수 있다. 이는 연합조직이 참여하는 조직들과의 관계에서 시간, 자원, 정책 등에 대한 결정권을 얼마나 행사하는가에 달려 있다.

사례별 협력 전략은 공식적이고 구조화된 행정적 통합이나 연합화를 추구하지 않고 사회복지서비스 전달체계 내의 기관들 간의 사례별 협력을 통해 적절하고 효율적인 서비스 제공을 추구하는 것이다. 위로부터의 행정적 조정체계에 의존하지 않기 때문에 서비스 제공 업무를 담당하는 일선 사회복지사의 역할이 중요하다. 최근에는 복합적인 욕구를 갖고 있는 클라이언트에 대한 사례관리가 중요시되고 있다. 사례관리자는 클라이언트와 지속적으로 관계를 맺으면서 서비스 제공 계획의 수립, 서비스에 대한 클라이언트의 접근성 제고, 서비스 제공 관리 및 평가 등의 업무를 담당한다. 아동학대나 아동유기 문제를 다루기 위한 사회복지사, 정신건강 전문인력, 청소년 담당 검사 간의 협력활동이 예다. 사례관리 방법은 서비스의 중복과 단편성을 극복하는 데 유효하고 다양한 욕구와 문제를 갖는 취약한 클라이언트에게 도움이 된다.

시민참여체제는 의사결정 권한을 서비스 제공기관으로부터 클라이언트에게로 재분배하려는 목적을 가진 전략이다. 이 전략은 서비스에 영향을 끼칠 수 있도록 클라이언트의 권한이 확립돼야 기관의 서비스가 클라이언트의 욕구에 반응할 것이고, 그 결과 클라이언트는 효과적인 서비스를 제공받을 수 있다는 인식에 바탕을 두고 있다. 전문가가 전문직의 윤리를 바탕으로 합리적으로 판단하더라도 클라이언트의 욕구충족을 보장할 수는 없다는 것이다. 전문가와 그가 속한 조직은 해당 전문직 및 기관과 이해관계를 갖고 있기 때문이다.

그런데 시민참여체제의 도입 전략은 클라이언트의 참여 및 영향력의 수준이 다양한 형태로 나타날 수 있다. 비재배분적 참여(non-distributional participation) 혹은 유사(類似) 참여(pseudo-participation)는 기존의 의사결정의 권위구조에 아무런 영향도 끼치는 못하는 형태의 참여다. 치료나 교육 분야를 예로 들 수 있다. 명목적 참여(normal participation)는 의사결정 과정에서 영향력은 있으나 의사결정의 결과를 바꾸지 못하는 경우를 말한다. 이 경우 형식적 참여(tokenism)의 한계에 있다고 볼 수 있다. 재분배적 참여(redistribution participation)는 클라이언트가 서비스 전달체계의 운영에 관한 의사결정에서 실질적인 영향력을 행사할 수 있도록 권한을 부여받는 경우를 말한다.

2) 개선 전략 2: 업무분담의 재조직화

업무분담의 재조직화 전략은 사회복지서비스 전달체계 내의 행위자들의 역할과 지위를 변화시키는 방법이다. 업무분담 재조직화 전략에는 역할부여(role attachment) 전략과 전문가조직의 분리(professional disengagement) 전략이 있다.

역할부여 전략은 서비스 제공자와 서비스 수혜자들 간의 계급적 격차나 문화적 요인 등으로 인해 수혜자들이 서비스에 접근하는 데 장애가 예상될 때 인간적 매개체(human link) 역할을 할 수 있는 사람들에게 전문가 역할의 일부를 부여하는 방법이다. 이 전략은 비접근성과 비지속성의 문제가 사회복지서비스 전달체계의 조직적인 문제점 때문이 아니라 계급적 격차나 문화적 요인으로 인해 발생할 때 사용하는 것이다.

그런데 비전문적 보조요원을 활용하는 전략은 다음의 몇 가지 문제를 야기할 수 있다.

첫째, 기존에 전문가가 제공하던 서비스를 비전문가가 담당하게 됨으로써 서비스의 질적 수준이 하락해 전문성의 원칙에 위배될 우려가 있다.

둘째, 비전문가를 사회복지서비스 전달체계에 포함시키면 사회복지조직의 전문적인 정체성과 문화를 약화시키기 때문에 조직 내 기존 전문가들의 반발을 야기할 수 있다.

셋째, 비전문적인 보조요원 활용의 필요성 감소에 따라 금전적인 측면과 지위에 대한 보상이 지속될 수 없는 문제가 발생한다. 비전문적 보조요원의 중재역할이 효과가 발생하고 기존 전달체계가 원활히 작동하면 오히려 비전문적인 보조요원의 효과성이 없어지는 상황이 되기 때문이다.

전문가조직의 분리 전략은 전문가가 기존 조직의 관료주의로 인해 전문적인 기능을 수행하기 어려울 때 기존 조직 내에서 변화를 모색하기보다는 기존 조직에서 이탈하는 방법이다. 공공사회복지조직의 경우 전문가는 행정적 지침과 클라이언트의 욕구 사이에서 윤리적 딜레마를 겪게 된다. 공공사회복지조직에서 이직률이 높은 이유는 전문가로서의 사회복지사가 전문적 가치와 관료주의적 경직성 사이에서 갈등을 겪기 때문이다. 전문가조직의 분리 전략은 공공사회복지조직 등에서 관료주의로 인한 경직성을 극복하기 어려울 때 접근 가능성의 원칙과 적절성의 원칙을 구현해 클라이언트의 욕구를 충족시키고 클라이언트의 문제를 해결하기 위해 채택된다. 전문가조직의 분리 전략에는 개인개업, 민간조직과의 서비스 계약 등의 방식이 있다.

그런데 전문가조직의 분리 전략은 효과성이 충분히 입증되지 못했다는 견해도 있다.

첫째, 개인개업으로는 정부보조금이 제공된다고 하더라도 지불능력이 부족한 클라이언트에게 접근 가능성을 보장하기에는 한계가 있고, 개인개업을 한 사람은 특정 분야의 전문가이기 때문에 다양한 욕구를 가진 클라이언트에 대해서는 포괄성의 원칙을 구현할 수 없다.

둘째, 기존 사회복지조직 내에서도 클라이언트의 접근 가능성을 제고하고 적절성의 원칙을 구현할 수 있다는 주장도 있다. 전문가가 관료제조직의 규정에 적응할 경우 전문직 재량권을 발휘할 여지가 있다는 것이다. 또한 기존 사회복지조직 내에서도 일정한 예산을 배정해 자율적으로 운영하도록 하는 내부 분사(分社)를 통해 충분히 창의성을 발휘할 수 있다.

3) 개선 전략 3: 전달체계의 구조 변경

전달체계의 구조 변경 전략은 클라이언트가 서비스에 쉽게 접근하도록 전달체계의 구조를 바꾸는 방법이다. 여기에는 전문화된 접근 구조(specialized access structure) 전략, 의도적 중복(purposive duplication) 전략이 있다.

전문화된 접근 구조 전략은 사회복지조직에 대한 클라이언트의 접근 가능성을 제고하기 위해 서비스에 대한 접근 자체를 하나의 독립적인 서비스로 제공하는 방식을 말한다. 즉, 기관에 대한 클라이언트의 접근 방식을 개선해 클라이언트가 서비스 제공기관에 좀 더 쉽게 접근할 수 있도록 하는 데 주안을 둔다. 기존에는 서비스에 대한 접근은 서비스 영역의 일부라기보다는 기관의 직원들이 수행하는 부차적인 기능으로 치부해 왔다. 이는 사회복지조직이 서비스 제공을 전문적인 역할로 규정하고 그 이외의 기능은 여기에 포함시키지 않은 데 따른 자연스러운 현상이었다. 이에 따라 기존의 관료적인 접수의 개념에서 탈피해 전문적이고 편견 없는 접수창구(doorway)를 만들어 사례옹호(case-advocacy), 자문, 정보제공, 의뢰 등의 서비스를 제공하려는 시도가 생겨났다.

그런데 전문화된 접근 구조의 효과성은 입증되지 않았다.

첫째, 서비스에 대한 접근 국면에서 복잡성이 증가하면 클라이언트의 접근 가능성이 오히려 감소될 수도 있다.

둘째, 사정과 진단을 접수창구에서 독립적으로 수행하고 서비스부서와 분리시키면 두 영역 간에 전문적인 일관성이 부족해진다는 우려도 있다.

셋째, 도시지역에서 여러 조직의 접수업무를 단일화해 서비스센터 등 독립적인 접수창구를 운영하면 기관들은 클라이언트의 접근 가능성을 높이기 위한 찾아가는 서비스(outreach service) 및 클라이언트에 대한 의뢰 서비스 등에 대한 노력을 이전보다 덜 기울일 가능성이 있다.

의도적 중복 전략은 사회복지서비스 전달체계 내에서 기존에 제공되고 있는 서비스의 일부 또는 전부를 새로운 기관이 중복해서 제공하게 하는 방법이다. 의도적 중복 전략에는 경쟁전략과 분리전략이 있다.

먼저, 경쟁전략은 새로운 기관을 설립해 기존 기관과 경쟁하게 하는 방식이다. 이 경우 기관들 간에 클라이언트와 자원에 대해 경쟁하게 되기 때문에 클라이언트에게는 서비스에 대한 선택권이 보장된다. 사회복지조직들도 경쟁적으로 클라이언트의 접근 가능성을 제고하고 클라이언트의 욕구에 민감하게 반응하며 서비스의 적절성을 증진시키기 위해 노력하게 된다.

경쟁전략은 직접적 경쟁전략과 간접적 경쟁전략으로 구분할 수 있다. 직접적 경쟁전략은 새로운 기관을 만들어 공급자를 확충하는 경우를 말한다. 예를 들어, 지역사회의 소수의 사회복지조직에 보조금을 확대 지급하기보다는 새 기관을 설립하게 하고 이 기관에 보조금을 제공하는 것이다. 간접적 경쟁전략은 새 조직을 만들지는 않지만 서비스 급여의 형태를 변화시키는 방법이다. 기존의 계약을 통한 보조금 지급은 전형적인 공급자 지원 방식이지만 증서(이용권, voucher)는 수요자에게 직접 제공되기 때문에 클라이언트는 선택권을 실질적으로 행사할 수 있다. 또 증서방식을 통해 유효수요가 창출되면 서비스 제공 시장에 다양한 공급자가 진입할 수 있어 공급기관 간의 경쟁 촉진과 클라이언트의 선택권 확대를 기대할 수 있다.

다음으로, 분리전략은 충분한 서비스를 제공받지 못하는 소외된 클라이언트를 위해 기존의 전달체계와 별도로 서비스 제공을 추구하는 경우를 말한다. 예를 들어, 기존의 사회복지서비스 전달체계에는 인종차별이나 성차별 등의 이유 때문에 접근 가능성이 제약돼 있는 소외된 클라이언트가 존재한다. 이 경우 기존 전달체계와는 별개로 구타당한 여성, 동성애자, 에이즈 감염자, 신규 이주자 등에게 특화된 서비스를 제공할 수 있다.

분리전략을 적용하면 소외된 클라이언트의 접근 가능성을 제고할 수 있을 뿐 아니라 이들의 욕구를 충족시켜 서비스의 적절성을 개선하는 데 기여할 수 있다. 나아가 새로운 개입이론과 모델의 개발에 기여하고 법률적 대응 지원 등 보완적인 서비스의 필요성을 발견하는 기회가 된다. 또한 옹호기능 등 전형적인 개입모델과는 다른 새로운 가치에 입각한 접근법이 활성화되는 계기가 된다.

4) 개선 전략 4: 전달체계 운영주체의 선택

사회복지서비스 전달체계의 운영주체의 선택은 사회복지서비스의 제공에 큰 영향을 미친다(Gilbert, Specht, & Terrell, 1986). 사회복지서비스의 성격에 따라 공공조직이 전담할 영역과 공공 및 민간 조직 중 어느 쪽이 제공해도 무방한 영역이 있다. 보편적 서비스라 할 수 있는 사회보험, 공적부조 등은 규모의 경제를 실현하기 위해 공공조직이 담당하는 편이 타당하다. 비물질적이고 비화폐적인 개별화된 사회복지서비스의 경우 공공조직과 민간조직 중 어느 부문이 담당해도 무방하다고 할 수 있다.

한편, 사회복지서비스는 비영리조직이 담당하거나 영리조직이 담당하게 할 수 있다. 무료서비스는 공공조직이나 비영리조직이 담당하는 편이 타당하다. 유료서비스의 경우 비영리조직과 영리조직 중 어느 조직이 담당해야 타당한지는 결론을 내리기 어렵다. 그 이유는 영리조직은 이윤추구 동기가 있어서 영리조직을 사회복지서비스 전달체계에 포함시키는 결정이 적절하지 않다는 주장이 많기 때문이다. 이윤추구의 동기는 이타적인 사회복지서비스의 속성과 양립할 수 없고, 비영리조직이 영리조직에 비해 공적 책임성이 높기 때문이다. 만일 서비스의 효과성과 효율성 면에서 비영리조직이 영리조직에 비해 우월하다면 영리조직을 사회복지서비스 전달체계에 포함시킬 필요는 없을 것이다.

현실적으로 영리조직을 서비스 제공에 참여시킬 것인가는 여러 조건을 감안해 결정할 필요가 있다.

첫째, 서비스의 표준화 정도가 높으면 영리조직이 참여할 수 있다. 백신접종처럼 서비스의 절차가 획일적이고 서비스의 결과가 표준적이면 사업적인 동기와 효율성을 중시하는 영리조직의 계획기능이 효과가 있고, 영리조직의 서비스를 구매하는 공공조직도 모니터링과 감독을 하기 쉬울 것이다.

둘째, 클라이언트의 능력이 취약하면 비영리조직이 제공하는 편이 낫다. 비영리조직은 영리조직에 비해 공적 책임성과 헌신성의 동기가 강하기 때문에 착취당하기 쉬운 취약한 클라이언트를 담당하기에 적합하다.

셋째, 서비스의 강제성이 존재한다면 개인적인 자율성이 줄어들기 때문에 비영리

조직이 서비스 제공주체로 적합하다. 예를 들어, 아동에 대한 보호서비스의 경우 영리조직은 비영리조직에 비해 공적 책임성이 약하기 때문에 적절한 공급주체가 되기 힘들다.

넷째, 서비스 관련 규정 준수에 대한 감독이 엄격하면 비영리조직이나 영리조직 중 어느 쪽이 담당해도 무방하다고 볼 수 있다. 그러나 사회복지서비스의 경우 공급주체의 재량권이 허용되는 경우가 많기 때문에 감독과 통제기능이 느슨하다면 비영리조직이 담당하는 편이 낫다.

5) 개선 전략 5: 서비스 배분 방법의 선택

최근 사회복지서비스 배분(rationing)의 효율성 제고가 주요 관심사로 등장하고 있다. 사회복지 분야의 예산이 삭감되고 사회복지서비스 제공에 대한 기관과 전문가의 책임성이 강조되고 있기 때문이다. 이에 따라 사회복지자원의 감축과 함께 클라이언트의 서비스 이용을 제약하려는 시도가 확대되고 있다. 이 전략은 욕구가 적거나 서비스를 덜 필요로 하는 클라이언트의 서비스 이용을 감소시키고 서비스의 표적 효율성을 증진시키려는 취지를 갖고 있다. 서비스 배분 방법의 선택에는 공급 억제(demand inhibitor) 전략과 수요 억제(supply inhibitor) 전략이 있다.

공급 억제 전략은 클라이언트에 대한 제한 강화 전략과 서비스의 희석화(dilution) 전략으로 나눌 수 있다. 클라이언트에 대한 제한 강화 전략은 수혜자의 자격 요건(eligibility)을 강화해 이전에 수혜 자격이 있었던 클라이언트의 서비스 이용을 제한하는 방법이다. 서비스 희석화 전략은 서비스의 양과 질을 후퇴시켜 서비스에 대한 매력을 감소시키는 경우를 말한다. 예를 들어, 클라이언트와의 접촉 시간을 단축하거나 사례를 조기에 종결하거나 전문가의 질을 낮추거나 전문가를 자원봉사자로 대체하는 방법이 있다.

수요 억제 전략은 물리적 · 시간적 · 사회적 측면에서 클라이언트가 서비스에 접근하는 데 곤란을 야기하는 장애를 제거하지 않거나 장애를 설치함으로써 수요를 줄이는 경우를 말한다. 예를 들어, 특정 서비스에 대해 홍보하지 않거나, 대기자 명단 제도를 도입하거나, 신청 절차를 더욱 복잡하게 바꾸거나, 교통이 불편한 곳에 사무실을 설치하거나, 서비스 이용 시간을 불편한 시간대에 배정하는 방법이 있다.

4. 정부와 민간의 사회복지서비스 역할분담

1) 민간사회복지전달체계의 필요성

근대적인 사회복지제도가 확립되면서 복지국가는 사회복지공급의 주된 책임을 맡고 있다. 그런데 민간사회복지기관들은 복지국가가 등장하기 훨씬 전부터 왕성하게 활동해 왔다. 특히 종교적인 배경을 가진 민간사회복지기관들은 중세시대 이래 지역사회의 취약계층을 보호하는 주된 역할을 맡아 왔다. 현재도 국가가 사회복지공급을 전담하는 경우는 거의 없다. 대부분의 국가에서는 사회복지공급의 책임을 국가와 민간이 어느 정도 나누어 맡고 있다.

민간사회복지전달체계의 필요성은 다음과 같이 설명할 수 있다(최성재, 남기민, 2016).

첫째, 민간사회복지조직은 정부가 제공하는 서비스를 받지 못하는 계층에 대해 서비스를 제공하는 역할을 맡을 수 있다. 대개 정부의 사회복지서비스는 법령에 따라 수혜자의 자격 기준이 정해져 있다. 이때 연령, 소득과 자산기준, 부양의무자기준의 초과 등의 이유로 욕구가 있음에도 불구하고 서비스를 제공받지 못하는 사각지대가 발생한다. 또 법령이 아니라 재량사업으로 사회복지서비스를 제공하는 경우 예산규모를 초과하면 추가 서비스가 중단돼 자격기준에 부합하더라도 서비스를 제공받지 못하게 된다. 이런 경우 민간사회복지조직은 욕구가 있지만 정부가 제공하는 사회복지서비스를 제공받지 못하는 사각지대의 계층에 대해 추가적인 서비스를 제공하는 역할을 담당할 수 있다.

둘째, 민간사회복지조직은 정부가 제공할 수 없는 서비스를 제공할 수 있다. 정부는 명백하게 사회적으로 인지된 욕구를 충족시키기 위해 정부의 행정체계를 활용해 사회복지서비스를 시행하게 된다. 그런데 책임행정을 펼치는 정부의 정책에는 합리적인 근거가 제시돼야 하기 때문에 사회적으로 인지된 욕구라 하더라도 사회구성원 다수가 공통적으로 겪는 정형화된 욕구에 치중하는 경우가 많다. 또 법령과 지침에 의해 행정을 시행하는 정부 관료조직의 특성상 표준화된 형태의 서비스를 제공하기 때문에 일선 전문가의 자유재량의 여지가 적은 편이다. 결국 민간사회복지조직은 클라이언트의 개별화된 욕구를 충족시키는 역할을 맡아야 한다.

셋째, 민간사회복지조직은 정부가 제공하는 서비스와 같은 종류의 서비스를 제공해 선택의 기회를 제공할 수 있다. 정부가 사회복지서비스를 공급하게 되면 법령에 의해 권리성 급여를 제공해 책임행정을 구현하는 장점이 있다. 그러나 정부가 서비스를 독점적으로 공급하게 되면 정부 실패의 한계를 극복하기 어렵다. 정부 행정조직의 특성상 형식주의에 치우쳐 획일적인 서비스를 제공하는 경향이 있고, 일반 관료조직은 관료주의로 변질돼 공급자주의의 한계에 갇히는 경우가 있기 때문이다. 이 경우 민간사회복지조직이 정부가 제공하는 서비스와 같은 종류의 서비스를 제공하면 경쟁이 촉진돼 클라이언트의 선택권을 확대하고 정부의 사회복지서비스를 혁신하는 계기를 제공할 수 있다.

넷째, 민간사회복지조직은 사회복지서비스를 선도적으로 개발하고 보급하는 역할을 할 수 있다. 현대사회에서는 전통사회나 산업화 시기와 달리 사회구성원들의 다양한 욕구가 확대되고 있다. 대표적으로 공동체의 상호부조와 전통적인 가족기능에 의존했던 과거에는 고려할 수 없었던 여성의 일-가정 양립, 양육, 교육, 가사, 양로의 욕구 등 다양한 욕구가 등장하고 있다. 그런데 정부조직은 일반관료제에 의해 운영되기 때문에 다양한 욕구의 출현에 대해 능동적으로 대처하는 데 한계가 있다. 반면, 민간사회복지조직은 조직을 유연하게 운영하고 지역사회 클라이언트의 욕구 변화에 민감하게 반응하는 장점이 있다. 따라서 민간사회복지조직은 정부의 정책적 대응이 이루어지기 전이라도 저소득계층 여성의 일-가정 양립지원과 가족기능보완서비스 등을 자체 개발해 선도적으로 실시할 수 있다.

다섯째, 민간사회복지조직은 사회복지활동에 참여하려는 다양한 욕구를 수렴할 수 있다. 인류는 오래 전부터 사회문제의 해결과 지역공동체의 강화를 위해 상호 협력하고 참여해 온 전통을 갖고 있다. 시민사회가 활성화된 현대사회에서 지역사회 참여 활동은 일부 계층의 전유물이 아니라 모든 연령대와 계층에서 보편화돼 있다. 하지만 정부의 사회복지서비스는 공식적인 행정조직에 의해 수행되기 때문에 지역사회 시민들이 자발적으로 참여하고 역할을 수행할 여지가 많지 않다. 반면, 민간사회복지조직은 자원봉사활동, 기부활동, 지역사회조직활동, 이사회와 위원회 활동 등 시민참여의 기반을 제공한다.

여섯째, 민간사회복지조직은 정부의 사회복지활동에 대해 압력단체의 역할을 할 수 있다. 정부의 사회복지활동은 행정조직이 수행하기 때문에 관료적 형식주의와 공급자주의에 치우쳐 지역주민과 클라이언트의 욕구에 대한 반응성이 부족할 수 있다.

또 재정적 보수주의를 견지할 경우 정부는 사회문제 해결과 취약계층 보호를 위한 책임 있는 노력을 소홀히 할 수 있다. 이때 민간사회복지조직은 지역사회의 클라이언트와 밀접한 연계를 형성하고 있기 때문에 정부 사회복지서비스를 모니터하고 평가해 개선 방안을 제안하는 역할을 맡을 수 있다. 또 지역사회 시민들의 참여에 기반을 두고 있는 민간사회복지조직은 시민들의 의견을 수렴해 정부가 사회문제 해결과 취약계층 보호를 위해 제도적 복지 확충의 적극적인 역할을 맡도록 요구할 수 있다.

일곱째, 민간사회복지조직의 활동은 국가의 사회복지비용을 절감하는 효과를 발휘하기도 한다. 제도적인 사회복지가 확충된 복지국가 이후 사회복지공급에 대한 국가의 책임과 역할은 확대돼 왔다. 대표적으로 사민주의국가들은 국가가 사회복지서비스를 직접 공급하는 역할을 강화해 왔다. 그러나 작은 정부를 운영해 온 자유주의 국가들뿐 아니라 복지지출 수준이 높은 대륙유럽국가들도 민간사회복지조직의 역할에 크게 의존하고 있다. 최근 미국을 중심으로 복지지출을 축소하고 합리화하는 흐름과 함께 공공복지조직의 민영화, 계약과 보조금지급을 통한 민간사회복지조직 활용, 민간사회복지조직의 서비스에 대한 평가 등의 추세가 확대되고 있다. 이처럼 최근 정부는 민간사회복지조직의 역할을 강화하면서 국가의 사회복지비용을 절감하는 부수적인 효과를 기대하고 있다.

2) 사회복지서비스 역할분담의 필요성과 기준

정부와 민간 간의 사회복지서비스 역할분담의 필요성은 다음과 같다(최성재, 남기민, 2016).

첫째, 제한된 자원을 고려할 때 정부가 전적인 복지 공급 역할을 맡기 힘들기 때문에 공급자들 간의 역할분담이 필요하다. 정부는 국민의 사회보장을 위한 활동에 치중하는 경향이 있다. 사회보험제도는 산업사회가 낳은 소득의 중단과 상실의 사회적 위험을 방지하고자 고안됐다. 공적부조제도는 노동시장에서의 소득과 가족 내 자원이 부족해 빈곤 위험에 처한 계층의 최저생활을 유지하기 위한 것이다. 반면, 민간사회복지조직은 개별화된 사회복지서비스를 통해 클라이언트의 개별적이고 특수한 욕구를 충족시키려 한다.

둘째, 정부와 민간 각각의 단점을 극복하고 장점을 극대화하기 위해서는 역할분담이 필요하다. 앞서 설명한 바와 같이, 정부가 사회복지서비스를 공급하게 되면 법령에 의해 권리로서의 급여를 제공해 책임행정을 구현할 수 있는 장점이 있다. 그러나 행정조직의 특성상 형식주의에 치우쳐 획일적인 서비스를 제공하는 경향이 있고, 일반 관료조직은 관료주의로 변질돼 공급자주의의 한계에 갇히는 경우가 있기 때문에 정부 실패의 위험도 있다. 반면, 민간에게는 자원의 제약 및 전문 분야와 클라이언트에 치중하는 민간 실패의 한계는 있지만 유연하고 창의적인 서비스를 제공할 수 있는 장점이 있다. 따라서 정부와 민간 간의 적절한 역할분담을 통해 정부 실패와 민간 실패의 위험을 최소화하고 장점을 극대화할 수 있다.

셋째, 사회구성원들의 다양한 욕구에 효율적으로 반응하기 위해서는 역할분담이 필요하다. 정부는 사회보장과 필수적이고 공통적인 사회복지서비스에 중점을 둔다. 그러나 현실적으로 정부가 다양하고 특수한 욕구를 모두 충족시키는 일은 불가능하다. 그 이유는 정부가 사용할 수 있는 사회복지 분야의 재원에는 현실적인 제약이 있고, 정부는 사회구성원 다수가 공통적으로 겪는 정형화된 욕구에 치중하는 경우가 많기 때문이다. 따라서 민간사회복지조직의 개별화된 서비스를 통해 정부가 충족시킬 수 없는 사회구성원들의 다양하고 특수한 욕구를 충족시킬 필요가 있다.

정부와 민간 간의 사회복지서비스 역할분담의 기준은 다음과 같다(최성재, 남기민, 2016).

첫째, 서비스의 공공재적 성격의 정도와 외부효과를 고려해야 한다. 공공재는 모든 사람이 이용하는 재화이기 때문에 대가를 지불하지 않은 사람에게도 비배제적인 효과가 발생한다. 공공재의 공급을 전적으로 민간에 맡기면 과소공급되는 한계를 극복할 수 없다. 또 외부효과가 큰 재화의 경우 역시 비용을 지불하지 않은 사람에게도 편익이 발생해 편익과 비용 간의 일치성이 확보되지 않게 된다. 외부효과가 큰 재화를 민간이 전적으로 공급하면 역시 과소공급된다.

둘째, 정보의 비대칭성 때문에 정보 획득에 어려움을 겪는 경우를 고려해야 한다. 소비자는 재화에 대한 정보를 확보하고 있을 때 합리적인 선택을 할 수 있다. 그러나 소비자의 정보가 제약돼 있거나 소비자에 비해 공급자의 정보량이 압도적으로 많다면 개별 소비자는 합리적인 의사결정을 할 수 없다. 정보의 비대칭성의 특징을 갖고 있는 재화를 민간이 전적으로 공급하면 소비자들의 합리적인 의사결정이 어려워져 사회적 자원배분이 왜곡되는 현상이 발생한다. 이때 효율적인 자원배분을 위해 정부가 직접 공급하거나 정부가 개입해 서비스의 형태, 가격, 질 등에 대한 품질 규제 역할을 강화하고, 소비자를 위해 체계적으로 정보를 제공할 수 있다.

셋째, 대규모 혹은 강제적 공급이 기술적인 측면에서 바람직한 경우가 있다. 전통사회와는 달리 현대사회는 구성원들에게 집합적인 위험을 초래하는 경우가 많다. 위험에 처할 확률이 상당하고 생애주기적인 공통성이 있다면 규모의 경제를 실현하기 위해 대규모적이고 강제적으로 재화를 공급하는 편이 합리적이다. 사회보험의 경우 현대 산업사회의 집합적인 위험에 대해 보호하기 위한 제도적 장치라 할 수 있다. 반면, 재화의 성격이 개별적이고 특수한 위험에 기반을 두고 있다면, 정부가 대규모적이고 강제적으로 서비스를 공급하기보다는 개별화된 서비스를 제공하는 민간이 역할을 맡을 수 있다.

넷째, 재화의 속성상 정부와 민간의 보완적인 역할 수행이 바람직한 경우가 있다. 일반적으로 재화의 성격은 대체재와 보완재로 구분할 수 있다. 대체재는 서로 다른 재화를 사용할 때 같은 효용을 얻을 수 있어 재화 간에 경쟁적인 관계가 있는 경우다. 보완재는 서로 다른 재화를 사용할 때 얻을 수 있는 효용의 수준이 증가하는 협동적 관계에 있는 경우다. 사회복지서비스는 정부와 민간이 함께 제공할 때 서비스의 향상을 가져올 수 있다. 이를테면, 앞서 언급한 것처럼 민간사회복지조직이 정부가 제공하는 서비스와 같은 종류의 서비스를 제공할 경우 경쟁이 촉진돼 클라이언트의 선택권을 보장하고 정부의 사회복지서비스를 혁신하는 계기가 될 수 있다.

다섯째, 서비스 제공의 주요 가치가 평등인 경우 정부가 서비스를 제공하는 편이 바람직하다. 앞서 설명한 바와 같이, 정부는 법령에 의해 권리로서의 급여를 제공해 책임행정을 구현하는 장점이 있다. 따라서 정부가 사회복지서비스를 제공하면 시민적 권리를 확립하기 용이해진다. 이처럼 정부에게는 동일한 욕구를 가진 사람들에게 차별 없이 보편적인 사회복지서비스를 제공할 수 있는 장점이 있다. 정부는 소규모의 선별적인 제도를 도입하더라도 이후 국민의 요구에 반응해 서비스의 내실화와 보편성의 확대를 추구하는 경향이 있다. 반면, 민간에게는 자원의 제약 및 전문 분야와 클라이언트에 치중하는 민간 실패의 한계가 있어 시민적 권리로서 사회복지서비스를 제공하기에는 적절하지 않을 수 있다.

여섯째, 서비스가 단편적이어서는 안되고 지속적이고 안정적으로 제공돼야 하는 경우 정부가 제공하는 편이 타당하다. 정부의 사회복지서비스는 조세를 기반으로 운영되기 때문에 재원을 안정적으로 확보할 수 있는 장점이 있다. 특히 국민적 합의를 기반으로 제도를 설계한다면 사회복지서비스의 지속 가능성을 담보할 수 있다. 반면, 민간사회복지조직은 재정기반이 취약하고 사회적 인가를 바탕으로 정당성을 확보해야 하기 때문에 지속적이고 안정적인 공급 주체가 되기에는 어려움이 있다. 따라서 보편화를 지향하는 사회복지서비스의 경우 서비스의 지속성을 확보하기 위해서는 민간보다는 정부가 공급의 책임을 맡는 편이 합리적이다.

일곱째, 서비스 제공의 가치가 개별적 공평성인 경우 민간부문이 제공하는 편이 타당하다. 비영리적인 사회복지서비스의 경우 개별적 공평성은 개별화된 욕구에 대한 반응성을 기준으로 삼을 수 있다. 앞서 언급한 것처럼, 정부의 사회복지서비스는 사회구성원 다수가 공통적으로 겪는 정형화된 욕구에 치중하는 경우가 많다. 또 법령과 지침에 의해 행정을 시행하는 정부 관료조직의 특성상 표준화된 형태의 서비스를 제공하기 때문에 일선 전문가의 자유재량의 여지가 적은 편이다. 반면, 민간사회복지조직은 개별화된 욕구에 부응해 개별적 공평성의 가치를 구현하기에 적합하다.

여덟째, 욕구 형태가 유연하고 변화 가능성이 크다면 민간부문을 활용하는 편이 좋다. 앞서 언급한 것처럼 현대사회에서는 전통사회나 산업화 시기와는 달리 사회구성원들의 다양한 욕구가 출현하고 있다. 그런데 정부조직은 일반관료제에 의해 운영되기 때문에 다양한 욕구의 출현에 능동적으로 대처하는 데 한계가 있다. 반면, 앞서 언급했듯이 민간사회복지조직은 조직을 유연하게 운영하고 지역사회 클라이언트의 욕구 변화에 민감하게 반응하는 장점이 있다. 따라서 욕구 형태가 유연하고 변화 가능성이 크다면 획일적이고 관료적인 특성을 갖는 정부가 맡기보다는 비표준화된 서비스 제공에 특화된 민간사회복지조직을 활용하는 편이 좋다.

3) 사회복지서비스 역할분담의 방향

지금까지의 논의를 바탕으로 정부와 민간 간의 사회복지서비스 역할분담의 방향을 정리하면 다음과 같다(최성재, 남기민, 2016).

첫째, 전체 국민의 최소한의 소득보장의 역할은 정부가 담당하는 편이 바람직하다. 최소한의 소득보장은 공공재적 성격이 강하고 외부효과가 큰 재화로 알려져 있다. 자유방임주의의 한계를 통해 시장경제의 작동만으로는 취약계층의 빈곤 위험을 극복하기 어렵다는 점이 확인돼 왔다. 또 빈곤 극복은 개인적인 복지를 증진시킬 뿐 아니라 노동력의 인적자본 축적, 자본주의 시장경제의 유효수요 창출, 사회적 격차와 갈등의 감소 등 외부효과를 발생시킨다.

근대국가는 생산수단을 합리적으로 관리해 자본주의경제의 재생산을 촉진하는 발전국가를 거쳐 복지국가로 발전해 왔다. 복지국가는 국민의 정치적 · 법적 권리뿐 아니라 사회적 시민권을 보장하는 역할을 담당한다. 사회적 시민권은 모든 국민이 빈곤의 위험에서 벗어날 수 있도록 하는 최소한의 소득보장을 바탕으로 구현된다. 이처럼 소득보장은 현대 복지국가의 핵심적인 역할에 해당한다.

둘째, 의료보장 역시 정부가 담당하는 편이 바람직하다. 의료부문은 공공재적 성격, 외부효과, 정보의 비대칭성 등의 성격이 복합적으로 반영돼 있는 재화라고 할 수 있다. 의료부문 중 특히 예방의료의 경우 전체 사회가 혜택을 입어 비배제성의 속성을 갖는 공공재라 할 수 있다. 대부분의 의료서비스는 개인적인 건강의 증진뿐 아니라 건강과 관련된 사회적 비용 감소, 사회구성원들의 노동력 증진 등 다양한 외부효과를 발생시킨다. 전문적인 의료영역은 공급자와 소비자 간의 정보의 비대칭성이 상존하는 대표적인 분야다.

이에 따라 대부분의 국가에서 정부가 의료보장의 역할을 담당하고 있다. 그러나 의료서비스의 영역에 따라 다양한 양상을 보이고 있다. 대부분의 국가에서 의료의 현물급여에서는 정부가 상당한 책임을 맡고 있다. 의료공급체계에서 예방 서비스는 공공의료시스템으로 운영하고, 치료 및 요양 서비스는 정부가 독점하거나 정부와 민간이 역할을 분담한다. 의료의 현금급여는 유럽국가들에서는 정부가 담당하지만 미국이나 우리나라는 사보험에 의존한다.

셋째, 주거보장은 정부와 민간이 적절히 역할을 분담하는 편이 타당하다. 주거보장은 소득보장이나 의료보장과는 달리 비용부담과 혜택의 주체가 특정돼 있어 공공재의 성격이 약하고 외부효과도 적은 편이다. 또 재화의 성격상 주거는 정보의 비대칭성도 크지 않다고 볼 수 있다. 따라서 정부가 주거보장을 전적으로 책임질 근거는 부족하다고 볼 수 있다. 따라서 대부분의 국가에서 주거보장을 위해 정부와 민간이 역할을 분담하고 있다.

대부분의 국가에서 정부는 저소득층의 주거보장을 위해 상당한 책임을 맡고 있다. 주거빈곤층은 구매력이 부족하기 때문에 빈곤층에 특화된 시장공급이 부족하고, 빈곤층의 주거복지는 필수적인 욕구에 해당하기 때문이다. 그러나 일반주거에 있어서는 다양한 양상을 보이고 있다. 주거를 비시장적 재화로 간주해 공적 공급을 확대하고 민간 공급의 비중을 축소함으로써 직접적으로 주거 안정화를 추구하는 경우가 있다. 반면, 주거시장을 사적재로 간주해 시장공급을 장려하되 주거이용자에 대한 보조금 지급, 세제 해택 등의 간접적인 방법으로 주거안정화를 꾀하기도 한다.

넷째, 사회복지서비스는 정부와 민간이 적절한 역할을 맡는 편이 타당하다. 사회복지서비스는 소득보장, 의료보장에 비해 공공재의 성격이 부족하고 외부효과도 적은 편이다. 따라서 사회복지서비스를 정부가 독점적으로 제공할 근거는 부족하다고 할 수 있다. 반면, 사회복지서비스는 정보의 비대칭성의 성격을 갖는 재화다. 개별적인 클라이언트보다는 공급자가 서비스와 관련된 체계적인 정보를 갖고 있는 경우가 대부분이기 때문이다. 이로 인해 명목상의 소비자주의에도 불구하고 소비자의 선택권이 제약되는 문제가 발생할 수 있다.

현실적으로 사회복지서비스 공급체계는 국가마다 상이하다고 볼 수 있다. 사민주의국가들은 사회복지서비스 제공에서 국가가 중요한 책임을 맡고 있다. 이 국가들은 사회복지서비스를 여성의 일-가정 양립, 여성 노동시장 참여 확대 등 외부효과를 발생시키는 공적 재화로 간주하는 경향이 있다. 그 이외의 국가들은 사회복지서비스 제공에서 제한적인 역할을 맡고 있다. 취약계층에 대한 사회복지서비스 제공에서는 국가가 상당한 책임을 맡지만, 일반적인 경우에는 민간사회복지조직에 재정을 지원하는 경우가 많다. 그럼에도 불구하고 정보의 비대칭성과 공급자주의의 한계를 극복하기 위해, 경쟁전략을 바탕으로 하는 계약 방식의 확대, 소비자 선택권 확대를 위한 증서(voucher) 방식 도입, 사회복지서비스 품질관리와 정보제공체계 도입 등이 시도되고 있다.

4) 사회복지서비스 역할분담의 유형

정부와 민간 간의 사회복지서비스 역할분담의 일반적 유형은 다음과 같다(Kramer, 1981; 최성재, 남기민, 2016).

첫째, 국유화모형(nationalization model)은 정부부문 서비스 전달체계의 대부분을 차지하고 민간부문은 극소수인 경우다. 이 유형은 정부부문이 독점하는 형태에 가까울 정도로 민간부문이 주변적인 역할에 머문다. 포괄성과 보장성이 높은 사회보험이나 영국의 국영의료시스템(National Health System: NHS)을 예로 들 수 있다.

둘째, 정부주도모형(government operation model)은 정부부문의 비중이 크고 민간부문의 비중은 적은 경우다. 형평성의 차원에서 정부부문이 보편적인 서비스를 제공하는 역할을 맡는다. 반면, 민간부문은 국유화모형처럼 주변적인 정도는 아닐지라도 보충적인 역할을 맡는 데 그친다. 국유화모형과 정부주도모형은 정부부문이 서비스 제공을 주도하는 정도를 기준으로 구분된다. 영국의 시영주택(Council Housing)이나 스웨덴의 공보육을 예로 들 수 있다.

셋째, 실용적 동반자모형(pragmatic partnership model)은 서비스 제공에서 정부의 책임과 재정적 기여는 인정하지만 정부가 직접 제공하는 대신 민간부문을 활용하는 경우다. 이 모형은 정부주도모형과 마찬가지로 서비스 제공에 대해 정부의 책임이 부여되기 때문에 보편적인 서비스를 형평성 있게 제공하려 한다. 그러나 정부는 실제 서비스 공급의 역할을 맡기보다는 계약을 통해 민간비영리부문에 보조금을 지급하고 운영권을 위임한다. 사회복지 분야의 위탁경영을 예로 들 수 있다.

넷째, 민간강화모형(empowerment voluntary organization model)은 정부는 서비스 제공의 기준만 설정하고 실제 활동은 민간부문의 자율적인 노력에 의존하는 경우다. 이 모형에서 정부는 재정적 기여에 대한 책임을 명확하게 천명하지는 않는다. 따라서 민간부문은 정부의 보조금보다는 기부금, 이용료, 기타 민간재원에 크게 의존한다. 민간부문의 자율성을 강조하는 견해이지만, 정부의 재정적 기여가 부족하게 되면 사회복지서비스 공급이 위축되는 결과가 초래될 수 있다.

다섯째, 민영화모형(privatization model)은 영리부문을 활용하고 시장경제에서의 경쟁에 의존하는 경우다. 이 모형은 정부의 책임과 재정적 부담을 축소하려는 의도하에 사회복지서비스 공급에서 영리부문의 역할을 강화하고자 한다. 즉, 정부는 규제와 감독 기능에 국한하고, 영리부문의 이윤 추구 동기를 활용해 사회복지서비스 분야의 비효율을 극복하고 시장경제의 원리에 따라 최적의 자원배분을 이루려는 것이다.

정부와 민간의 사회복지서비스 공급 구조는 〈표 6-3〉과 같이 유형화될 수 있다(Gidron, Kramer, & Salamon, 1992; 변재관, 이인재, 홍경준, 김원종, 이재원, 심재호, 2000).

첫째, 병행보완모형(parallel supplement model)은 공공부문과 민간부문이 각각 재원을 조달하고 급여의 대상은 다른 경우다. 이 유형에서 공공과 민간의 파트너십은 급여의 대상자를 결정하는 과정에서 이루어진다. 가령, 민간부문은 공공급여의 사각지대에 놓인 수요자에게 급여를 제공하는 역할을 수행한다.

둘째, 병행보충모형(parallel complement model)은 공공부문과 민간부문이 각각 재원을 조달하고 급여의 대상도 같지만, 서로 상이한 급여를 제공하는 경우다. 동일한 복지수요자에게 민간부문은 사회복지서비스를 제공하고 공공부문은 현금급여를 제공하는 경우가 여기에 해당된다. 공공과 민간의 파트너십은 급여의 내용을 결정하는 과정에서 이루어진다.

셋째, 협동대리모형(collaborative vendor model) 혹은 종속적 대행자형(dependent vendorism)은 공공이 재원을 조달하고 민간부문은 급여의 책임을 맡는 경우다. 공공과 민간의 관계가 일방적이라는 특징을 가진다. 이 모형에서 민간부문은 정부의 대리인의 역할을 수행한다. 정부는 민간부문의 역할을 세부적으로 규제하고 평가하며 감독한다. 정부와 민간의 파트너십은 재원을 배분하는 과정에서 이루어진다.

넷째, 협동동반모형(collaborative partnership model)은 공공이 재원 조달의 책임을 맡고 민간부문이 급여를 제공하지만 공공과 민간의 관계가 쌍방향적이다. 즉, 공공이 재원을 조달하고 민간부문이 급여를 제공한다는 점은 협동대리모형과 동일하지만, 공공과 민간의 관계가 종속적이지 않다는 측면에서 차이가 있다. 이 모형에서 민간부문은 프로그램 관리나 정책 개발에서 상당한 재량권을 가질 뿐 아니라 공공의 정책 결정 과정에도 영향을 끼친다.

〈표 6-3〉 정부와 민간의 사회복지서비스 공급 구조 유형

	병행보완모형	병행보충모형	협동대리모형	협동동반모형
재원조달책임	공공, 민간		공공	
급여제공책임	공공, 민간		민간	
공공과 민간의 급여대상(예시)	다름 (공공: 법정대상, 민간: 사각지대)	동일	-	
공공과 민간의 급여내용(예시)	같음	다름 (공공: 현금급여, 민간: 서비스)	-	
공공과 민간의 관계	급여의 대상에 대해 상호보완적	급여의 내용에서 상호 보완적	민간은 정부의 대리인	상호적 영향

출처: 한국복지행정학회(2014), p. 294 수정.

5. 사회복지서비스 전달체계의 실제

1) 공공사회복지전달체계

(1) 공공사회복지전달체계의 현황

〈표 6-4〉 중앙정부 사회복지서비스 및 담당부처 개괄

구 분		관련 법 및 담당부처
공통		사회보장기본법(보건복지부)
사회보험	연금보험	국민연금법(보건복지부), 공무원연금법(행정자치부), 사립학교교직원연금법(교육부), 군인연금법(국방부), 기초노령연금법(보건복지부), 국민연금과직역연금의연계에관한법률(보건복지부)
	국민건강보험	국민건강보험법(보건복지부), 농어촌주민의보건복지증진을위한특별법(보건복지부)
	산업재해보험	산업재해보상보험법(고용노동부)
	고용보험	고용보험법(고용노동부)
	노인장기 요양보험	노인장기요양보험법(보건복지부)
공적부조	최저생활보장	국민기초생활보장법(보건복지부), 긴급복지지원법(보건복지부)
	의료부조	의료급여법(보건복지부)
	보훈급여	국가유공자등예우및지원에관한법(총리실 보훈처), 일제하일본군위안부피해자에대한생활안정지원및기념사업등에관한법(총리실 보훈처), 독립유공자예우에관한법(총리실 보훈처), 한센인피해사건의진상규명및피해자생활지원등에관한법률(보건복지부), 보훈기금법(총리실 보훈처)
	재해구호	재난및안전관리기본법(국민안전처), 재해구호법(국민안전처), 의사상자예우에관한법(보건복지부)
	교정보호	보호관찰등에관한법(법무부)
	북한 이탈주민 보호	북한이탈주민의보호및정착지원에관한법(통일부)
사회복지서비스	공통 · 총괄 사항	사회복지사업법(보건복지부), 저출산 · 고령사회기본법(보건복지부), 사회복지공동모금회법(보건복지부), 기부금품의모집및사용에관한법(행정자치부), 공익법인의설립 · 운영에관한법(정부부처 전체), 보조금의예산및관리에관한법(기획재정부), 사회보장급여의이용 · 제공및수급권자발굴에관한법률(보건복지부), 사회서비스이용및이용권관리에관한법률(보건복지부), 사회복지사등의처우및지위향상을위한법률(보건복지부), 식품기부활성화에관한법률(보건복지부)

사회복지서비스	가정복지	가정폭력방지및피해자보호등에관한법(여성가족부), 건강가족기본법(여성가족부), 성폭력범죄의처벌및피해자보호등에관한법(여성가족부), 가정폭력범죄의처벌등에관한특례법(법무부)
	아동·청소년복지	아동복지법(보건복지부), 입양특례법(보건복지부), 입양촉진및절차에관한특례법(보건복지부), 영유아보육법(보건복지부), 유아교육진흥법(교육부), 보호시설에있는미성년자의후견직무에관한법(보건복지부), 청소년기본법(여성가족부), 청소년진흥법(여성가족부), 청소년복지지원법(여성가족부), 아동의빈곤예방및지원등에관한법률(보건복지부), 실종아동등의보호및지원에관한법률(보건복지부), 보호시설에있는미성년자의후견직무에관한법률(보건복지부), 기타 재량사업인 학교사회복지사업(교육부 및 보건복지부업무)
	장애인복지	장애인복지법(보건복지부), 장애아동복지지원법(보건복지부), 장애인고용촉진및직업재활에관한법(고용노동부), 특수교육진흥법(교육부), 장애인·노인·임산부등의편의증진보장에관한법(보건복지부), 중증장애인생산품우선구매특별법(보건복지부), 장애인활동지원에관한법률(보건복지부), 장애인연금법(보건복지부), 장애인차별금지및권리구제등에관한법률(보건복지부), 장애아동복지지원법(보건복지부), 발달장애인권리보장및지원에관한법률(보건복지부), 한국수화언어법(문화체육관광부)
	노인복지	노인복지법(보건복지부), 고령친화산업진흥법(보건복지부), 대한노인회지원법(보건복지부), 고용상연령차별금지및고령자고용촉진에관한법(고용노동부), 노인보호구역지정및관리에관한규칙(행정자치부), 효행장려및지원에관한법률(보건복지부)
	여성복지	성매매방지및피해자보호등에관한법(여성가족부), 양성평등기본법(여성가족부), 경력단절여성등의경제활동촉진법(여성가족부), 남녀고용평등법(고용노동부)
	모자복지	한부모가족지원법(여성가족부), 모자보건법(보건복지부)
	군사회복지	군인사법(국방부)
	교정복지	보호관찰등에관한법(법무부), 사회보호법(법무부)
	정신보건복지	정신보건법(보건복지부), 자살예방및생명존중문화조성을위한법률(보건복지부)
	노숙인복지	노숙인등의복지및자립지원에관한법률(보건복지부)
	다문화복지	다문화가족지원법(여성가족부)
	보건의료	의료법(보건복지부), 지역보건법(보건복지부), 국민건강증진법(보건복지부), 농어촌등보건의료를위한특별조치법(보건복지부), 보건의료기본법(보건복지부), 보건의료기술진흥법(보건복지부), 치매관리법(보건복지부)
	노동복지	근로기준법(고용노동부), 고용정책기본법(고용노동부), 근로자복지기본법(고용노동부), 사내근로자복지기본법(고용노동부), 직업안정법(고용노동부), 직업능력개발법(고용노동부), 근로자퇴직급여보장법(고용노동부), 청소년실업해소특별법(고용노동부)
	주거복지	임대주택법(국토교통부), 주택임대차보호법(국토교통부), 주택공급에관한규칙(국토교통부), 주거급여법(국토교통부), 에너지법(산업통상자원부)

출처: 최성재, 남기민(2016), pp. 134-136 재구성.

〈표 6-4〉는 중앙정부의 사회복지서비스 및 담당부처를 개괄적으로 소개하고 있다. 중앙정부의 사회복지시책은 크게 사회보험, 공적부조, 사회서비스로 구분할 수 있다. 사회보험은 연금보험, 국민건강보험, 산재보험, 고용보험, 노인장기요양보험으로 구성된다. 공적부조는 최저생활보장, 의료부조, 보훈급여, 재해구호, 갱생보호, 북한이탈주민보호로 구분할 수 있다. 사회복지서비스는 가정복지, 아동 및 청소년복지, 장애인복지, 노인복지, 여성복지, 모자복지, 군사회복지, 교정복지, 정신보건복지, 노숙인복지, 다문화복지, 보건의료, 노동복지, 주거복지로 나눌 수 있다.

각 부처에 공통적으로 적용되는 사회복지서비스와 관련된 업무는 법률에 의해 보건복지부 소관업무로 규정돼 있다. 「사회보장기본법」이 대표적이다. 사회보험 중 국민연금 및 기초노령연금 등 연금보험, 국민건강보험, 노인장기요양보험은 보건복지부가 담당하고, 산재보험과 고용보험은 고용노동부 소관이다. 이 밖에 공무원연금과 사립학교교직원연금은 각각 행정자치부와 교육부가 담당한다.

공적부조업무 중 최저생활보장과 의료부조는 보건복지부 소관업무로 규정돼 있다. 대표적으로 국민기초생활보장, 긴급복지지원, 의료급여 등이 여기에 해당된다. 보훈급여 중 국가유공자, 독립유공자, 일제하 위안부피해자의 복지를 위한 업무는 총리실의 보훈처가 담당한다. 재해구호의 기본적인 업무는 국민안전처, 교정보호는 법무부, 북한이탈주민보호는 통일부가 각각 담당한다.

사회복지서비스 중 공통적인 업무는 보건복지부가 담당한다. 대표적으로 「사회복지사업법」, 「사회서비스이용및이용권관리에관한법률」 등은 사회복지서비스 업무에 관한 기본적인 사항을 규정하고 있고, 「저출산 · 고령사회기본법」은 저출산 · 고령화에 대한 각 부처의 공통적인 업무를 규정하고 있다. 나아가 보건복지부는 사회복지서비스의 대부분의 분야에서 중추적인 역할을 맡고 있다.

여성가족부는 가정복지, 아동 및 청소년복지 중 청소년복지, 여성복지, 모자복지, 다문화복지의 업무를 주로 담당한다. 고용노동부는 아동 및 청소년복지 중 청소년실업대책업무, 장애인복지 중 장애인고용촉진 및 직업재활업무, 노인복지 중 고령자고용촉진업무, 여성복지 중 남녀고용평등 관련 업무, 「근로기준법」을 비롯한 노동복지 전반의 업무를 담당한다. 법무부는 가정복지 중 가정폭력범죄처벌 등의 업무, 「보호관찰등에관한법」에 의한 보호관찰관제도 운영 등 교정복지 전반의 업무를 담당한다. 국방부는 「군인사법」에 의한 병영생활전문상담관제도를 운영한다. 교육부는 아동 및 청소년복지 중 유아교육업무, 장애인복지 중 특수교육진흥업무를 담당한다. 그밖에 아동 및 청소년복지 중 학교사회복지사업의 경우 법령이 아닌 재량사업으로 진행되고 있다. 교육부는 교육복지우선지원사업, 보건복지부는 아동통합서비스지원(드림스타트)사업을 각각 실시하고 있다. 참고로 지자체는 학교사회복지사업을 실시하고, 지역 단위의 민관협력사업으로 위스타트사업을 실시하고 있다. 주거복지에서는 보건복지부는 「국민기초생활기본법」상의 개별급여로 주거급여를 운영하지만, 그 외의 주거복지제도는 국토교통부와 산업통상자원부가 담당한다. 국토교통부는 「주거급여법」에 의한 주거바우처제도, 산업통상자원부는 「에너지법」에 의한 에너지바우처제도를 각각 운영한다.

[그림 6-1]은 공공사회복지전달체계를 개괄적으로 소개하고 있다. 사회보험제도는 특별행정기관을 통해 시행되고 있다. 특별행정기관이란 중앙행정기관 소속으로 지방자치단체와는 별도로 관할구역 내에서 행정사무를 관장하는 국가의 지방행정기관

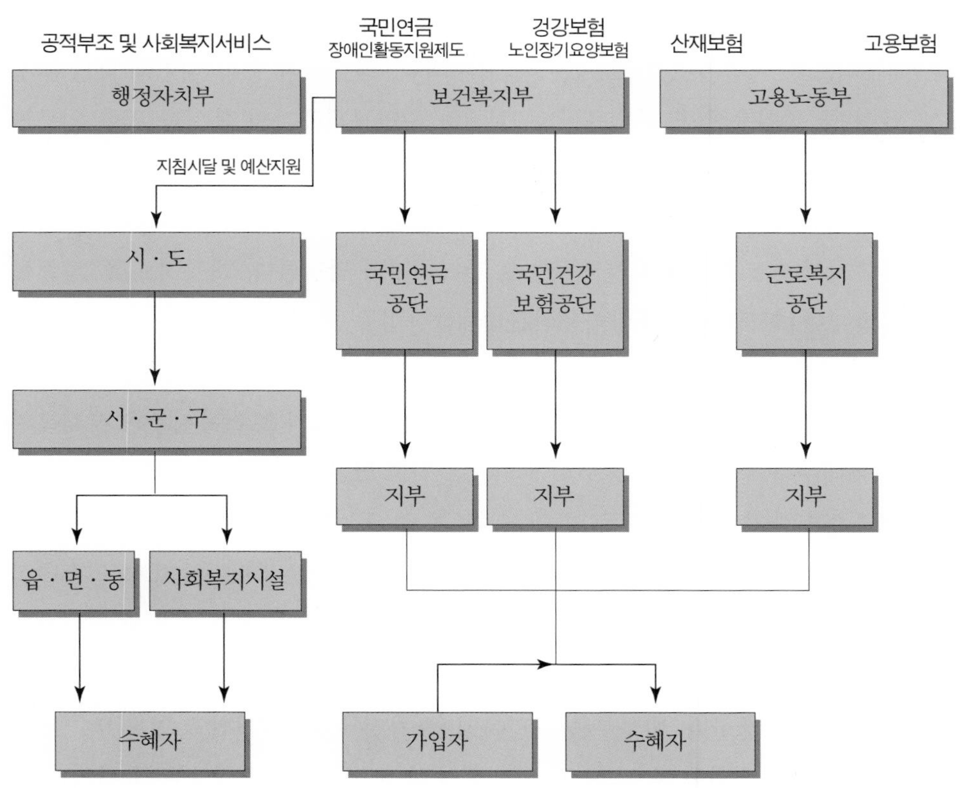

그림 6-1 공공사회복지전달체계 개괄

출처: 양승일(2014), p. 154 재구성.

이다. 국민연금은 국민연금공단, 국민건강보험과 노인장기요양보험은 국민건강보험공단, 산재보험과 고용보험은 근로복지공단을 통해 시행된다. 장애인활동지원제도는 지방자치단체가 시행하되 국민연금관리공단이 운영한다. 시·군·구와 읍·면·동은 활동지원급여 신청 접수 및 등급 결정, 활동보조인 교육기관 지정 관리를 담당하고, 국민연금관리공단은 활동지원 급여 신청의 조사, 수급자격위원회 운영, 표준급여 이행 계획서 작성 및 관리, 수급자에 대한 정보제공 및 상담, 활동지원기관의 관리 및 평가를 담당한다. 장애인활동지원제도는 일반조세를 기반으로 운영된다. 이 밖에도 공무원연금은 공무원연금관리공단, 사립학교교직원연금은 사립학교교직원연금공단, 군인연금은 국방부의 군인연금과가 담당한다.

보건복지부와 여성가족부의 공적부조와 사회복지서비스 관련 업무는 행정자치부 소속 지방자치단체를 통해 실시된다. 중앙부처가 지침을 시달하고 예산을 지원하면 시·도, 시·군·구, 읍·면·동과 사회복지시설을 통해 지역 주민에게 전달된다. 한편, 보건복지부의 보건의료업무는 보건소와 국공립의료시설을 통해 집행된다. 또한 교육부는 지방교육청, 법무부는 교정기관, 국방부는 군조직을 통해 사회복지 관련 업무를 집행하고 있다.

(2) 공공사회복지전달체계의 개선방향

그간 공공사회복지전달체계에 대해서는 다양한 문제점이 지적돼 왔다(최성재, 남기민, 2016). 대표적인 문제점은 3가지로 요약할 수 있다.

첫째, 상의하달식의 수직적 전달 체계의 문제점이다. 대부분의 사회복지서비스는 중앙정부가 기본 정책 및 계획을 수립하고 지침을 하달하면 지방자치단체는 그 지침에 따라 업무를 수행하는 상의하달 형태로 운영되고 있다. 이에 따라 지방자치단체가 지역적 특성과 지역주민의 욕구를 반영해 자율적·능동적으로 사회복지서비스를 시행할 여지가 부족했다.

둘째, 사회복지행정의 전문성과 자율성이 부족하다. 앞서 살펴본 것처럼 공적부조와 사회복지서비스는 행정자치부의 지방행정체계를 통해 집행된다. 이에 따라 오랫동안 지방자치단체의 사회복지 전문인력은 일반행정체계에 편입돼 있었다. 1999년 10월 행정자치부의 「사회복지전문요원일반직전환및신규채용지침」에 따라 사회복지전문요원은 별정직에서 사회복지직으로 전환됐고 명칭도 사회복지전담공무원으로 바뀌어, 사회복지행정의 전문화를 위한 제도적 기반을 마련하게 됐다. 앞으로 전문성의 원칙에 입각해 공공사회복지전달체계가 구축될 수 있도록 전문인력을 보강하고, 전문직관료제모형에 따라 일반관료제모형과는 다른 전문적인 자율성을 확보해야 한다.

셋째, 사회복지서비스의 통합성이 결여돼 있다. 앞서 살펴본 것처럼, 그간 공공사회복지전달체계는 중앙정부 부처 간의 칸막이현상이 두드러질 뿐 아니라 지역사회 차원에서도 지방자치단체와 특별행정기관 간의 분절화가 고착화돼 있었다.

최근 정부는 희망복지지원단을 중심으로 공공사회복지전달체계 개편을 추진해 왔다. 이 개편은 다음과 같은 취지를 갖고 있다(보건복지부, 2016c).

첫째, 원스톱(One-stop) 맞춤 서비스 제공을 통한 복지 체감도 향상을 도모하고 있다. 21개 부처(청) 360개 사회보장사업의 핵심적 복지전달체계의 역할을 담당하고 있는 지자체 복지업무의 병목현상이 심화되고 있지만, 인력 · 조직 · 근무 여건이 충분히 개선되지 못해 일선 복지담당공무원들의 업무 부담이 가중돼 왔다. 게다가 복지 · 고용 · 보건 등 서비스들이 각각 다른 기관을 통해 분절적으로 공급됨에 따라 원스톱 맞춤 서비스 제공에 한계가 있다. 이에 지방자치단체의 복지업무 병목현상을 해소하고, 원스톱 통합서비스 등 체감도 높은 복지를 구현하는 맞춤형 복지전달체계를 구축하고자 한다.

둘째, 국민 중심의 맞춤형 복지전달체계 구축과 함께 동 주민센터의 복지기능을 강화하고자 한다([그림 6-2] 참조). 복지담당공무원 확충 등으로 현장 밀착형 공공복지서비스 제공의 기반을 구축하고, 동 주민센터의 일반행정 업무부담을 경감하고 사무 · 인력 등 동 주민센터의 복지기능을 보강한다. 이를 위해 읍 · 면 · 동의 방문상담 및 사례관리 등 현장밀착형 서비스 제공 모델 개발을 위한 읍 · 면 · 동 복지기능 강화 1, 2차 시범사업을 추진해 모델을 정교화한다. 이를 위해 최일선 행정기관인 읍 · 면 · 동에 대해 2014년부터 2017년까지 복지공무원 6천 명을 확충하고, 사각지대를 발굴 · 지원하고 찾아가는 서비스를 제공한다. 이와 함께 연차별 인력확충 상황에 맞춰 현재 시 · 군 · 구 본청 희망복지지원단에서 수행 중인 민관협력 및 사례관리 업무를 조정한다.

공공사회복지전달체계 개편을 통해 다음과 같은 효과를 기대하고 있다.

첫째, 원스톱서비스가 실현될 것으로 기대하고 있다. 현재 읍 · 면 · 동에서 수행 중인 상담 · 신청 등의 사회복지서비스를 내실화하고 장애인, 노인, 아동 등 대상별 복지서비스 종합 안내 등 단계적으로 서비스 확대를 추진하고자 한다.

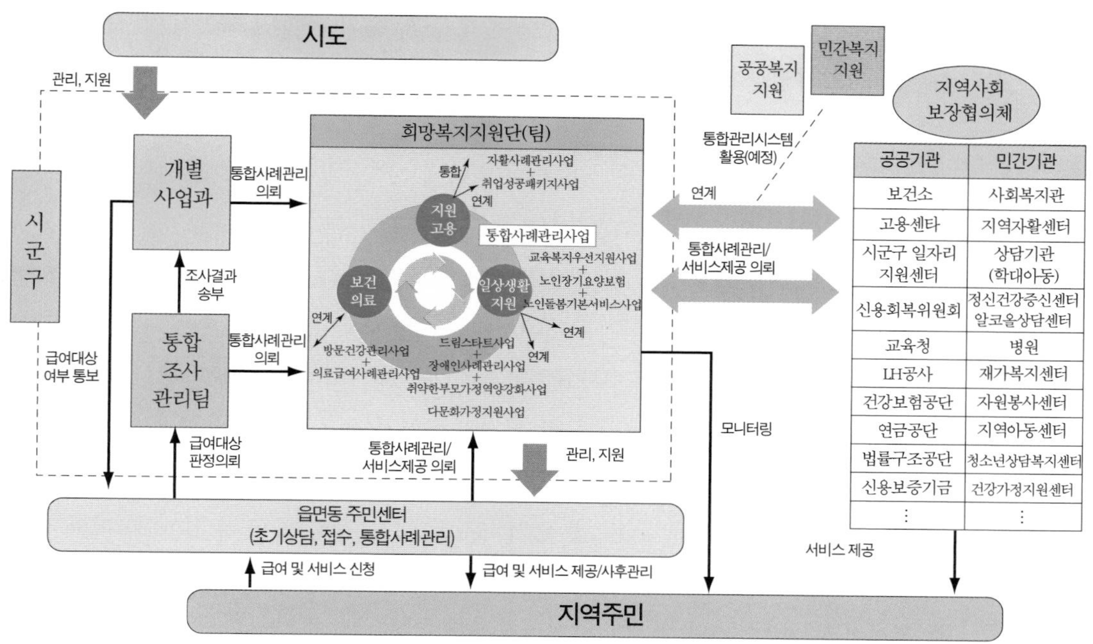

그림 6-2 시군구 희망복지지원단 운영체계

출처: 보건복지부(2016c), p. 38.

둘째, 찾아가는 서비스가 활성화될 것으로 기대하고 있다. 노인, 장애인 등 이동제약계층에 대한 방문상담 및 신청 등 취약가구에 대한 관리가 체계화될 것으로 본다.

셋째, 통합서비스가 제공될 수 있을 것으로 기대하고 있다. 복합적인 욕구를 갖고 있는 저소득가구에 대해 복지, 보건, 고용, 교육, 주거 등 맞춤서비스를 제공하고자 한다.

넷째, 주민 주도의 지역 내 문제해결을 기대하고 있다. 공공과 민간 복지 간 연계 협력 활성화를 통해 복잡하고 다양해지는 국민의 복지욕구에 탄력적으로 대응할 수 있을 것으로 본다.

지금까지의 추진 경과는 다음과 같다(보건복지부, 2015a). 제3장에서 살펴본 것처럼, 2009년 10월 '시 · 군 · 구 복지전달체계 개선 대책' 발표와 함께 시범사업과 시스템 구축 등을 거쳐 2012년 4월 지역단위 수요자 중심의 사회복지전달체계의 일환으로 시 · 군 · 구에 희망복지지원단이 구성됐다. 희망복지지원단은 통합사례관리, 지역 공공 · 민간 자원관리, 긴급복지, 개별사례관리 및 방문형 서비스 연계체계를 운영한다. 2014년 4월까지 동 주민센터에 복지기능을 보강하고, 2014년 7월부터 12월까지 찾아가는 서비스, 통합사례관리, 보건 · 복지 연계 등의 읍 · 면 · 동 복지기능 강화 1차년도 시범사업을 추진했고, 2015년 1년간 2차년도 시험사업을 전개했다.

2016년에는 읍 · 면 · 동을 복지허브화해 맞춤형 통합서비스 담당기관으로 재편하고 있다(강혜규, 박세경, 함영진, 2016). 2016년에는 700개 읍 · 면 · 동에 맞춤형 복지전담팀을 설치하고, 2018년까지 전국 읍 · 면 · 동의 복지허브화를 추진한다. 읍 · 면 · 동을 공적부조의 신청 · 처리 중심에서 다양한 서비스로 복지 욕구를 해결하는 맞춤형 통합서비스 담당기관으로 재편한다는 것이다. 이를 위해 충원되는 복지공무원뿐 아니라 민간 순환 파견근무자를 활용해 읍 · 면 · 동에서 방문상담, 사례관리 등을 시행하도록 할 예정이다. 이와 함께 복지경력자 읍 · 면 · 동장 목표제, 사례관리 전문직위제 등을 도입해 복지전문성을 제고하고, 시 · 도에 총괄 관리 전담기능 부여, 희망복지지원단의 읍 · 면 · 동 평가 · 조정 기능 강화 등도 추진한다. 이와 함께 고용복지플러스센터도 40개소에서 2017년까지 100개소로 확대해 주민센터를 매개로 고용복지서비스를 원스톱으로 제공하고자 한다.

2) 민간사회복지전달체계

(1) 사회복지시설의 분류

사회복지시설은 「사회복지사업법」 제2조에 따라 사회복지사업을 실시할 목적으로 설치된 시설을 말한다(보건복지부, 2016b). 여기에서 사회복지사업이란 개별 법령에 의한 보호 · 선도 또는 복지에 관한 사업과 사회복지상담, 직업지원, 무료숙박, 지역사회복지, 의료복지, 재가복지, 사회복지관 운영, 정신질환자 및 한센병력자 사회복귀에 관한 사업 등 각종 복지사업과 이와 관련된 자원봉사활동 및 복지시설의 운영 또는 지원을 목적으로 하는 사업을 말한다. 일반적으로는 사회복지시설이란 문제를 겪고 있거나 그러한 문제의 위험을 갖고 있는 사람들에게 수용, 통원, 기타의 방법으로 일정한 범위의 사회복지서비스를 제공하기 위한 물리적 · 기능적 자원의 총체로 정의된다(엄미선, 양숙미, 백은령, 한주민, 2016).

사회복지시설의 유형은 설립 및 운영 주체, 시설 이용 형태, 이용자에 대한 이용 부담, 이용 대상에 따라 분류된다. 설립 및 운영 주체에 따라 국 · 공립 공영시설, 국 · 공립 민영시설, 사립 국 · 공영시설, 사립 민영시설, 개인 운영시설로 분류할 수 있다.

① 국 · 공립 공영시설은 국가 또는 지방자치단체가 설립해 직접 운영하는 시설로서 민간이 설치 · 운영하기 어려운 시설이나 시범적인 사회복지시설이 해당된다.
② 국 · 공립 민영시설은 국가 또는 지방자치단체가 설립하고 민간법인에 위탁해 운영하는 사회복지시설이다.
③ 사립 국 · 공영시설은 민간이 설립하고 국가 또는 지방자치단체에 기증해 운영하는 사회복지시설이다.
④ 사립 민영시설은 민간이 설립하고 민간이 국가 또는 지방자치단체의 지원을 받아 직접 운영하는 시설이다.
⑤ 개인 운영시설은 개인이 설립하고 운영하는 사회복지시설이다.

시설 이용 형태에 따라 생활(수용)시설과 이용시설로 구분할 수 있다. 생활(수용)시설은 요보호대상자를 수용해 24시간 보호하는 시설이다. 이용시설은 재가 혹은 보호시설의 요보호대상자를 통원토록 해 대개 낮 동안 서비스를 제공하는 시설이다.

이용자에 대한 이용료 부담에 따라 유료시설, 무료시설, 실비시설로 구분할 수 있다(엄미선, 양숙미, 백은령, 한주민, 2016).

① 유료시설은 이용자 또는 부양의무자로부터 모든 요금을 수납해 운영하는 사회복지시설을 말한다. 수납액에는 시설을 유지하기 위한 관리비, 인건비, 기타의 모든 비용이 포함되고, 규정에 따라 정액제로 징수된다.
② 무료시설은 국가 또는 지방자치단체의 지원 아래 전액 무료로 서비스를 제공하는 시설이다.
③ 실비시설은 실비의 요금을 수납하는 시설로 시설 이용자에게 직접 투여된 비용만 포함될 뿐 기타의 비용은 포함되지 않는다.

(2) 사회복지시설의 세부 분류

사회복지시설은 사회복지서비스 이용 대상에 따라 크게 아동복지시설, 노인복지시설, 장애인복지시설, 한부모가족복지시설, 기타 복지시설로 유형화할 수 있다(엄미선, 양숙미, 백은령, 한주민, 2016). 〈표 6-5〉는 보건복지부와 여성가족부 소관의 사회복지시설을 소개하고 있다. 보건복지부 소관 사회복지시설에는 노인복지시설, 복합노인복지시설, 아동복지시설, 장애인복지시설, 어린이집, 정신보건시설, 노숙인시설,

〈표 6-5〉 사회복지시설의 종류

<table>
<tr><th rowspan="2">소관 부처</th><th rowspan="2">시설 종류</th><th colspan="2">세부 종류</th><th rowspan="2">관련법</th></tr>
<tr><th>생활시설</th><th>이용시설</th></tr>
<tr><td rowspan="10">보건 복지부</td><td>노인복지시설</td><td>• 노인주거복지시설
• 노인의료복지시설</td><td>• 재가노인복지시설
• 노인여가복지시설
• 노인보호전문기관
• 노인일자리지원기관</td><td>「노인복지법」</td></tr>
<tr><td>복합노인복지시설</td><td colspan="2">• 농어촌 지역에 한해 「노인복지법」 제31조 노인복지시설을 종합적으로 배치한 복합노인복지시설을 설치 · 운영 가능</td><td>「농어촌주민의보건복지증진을위한특별법」</td></tr>
<tr><td>아동복지시설</td><td>• 아동양육시설
• 아동일시보호시설
• 아동보호치료시설
• 자립지원시설
• 공동생활가정</td><td>• 아동상담소
• 아동전용시설
• 지역아동센터</td><td>「아동복지법」</td></tr>
<tr><td>장애인복지시설</td><td>• 장애유형별 거주시설
• 중증장애인 거주시설
• 장애영유아 거주시설
• 장애인단기 거주시설
• 장애인공동생활가정</td><td>• 장애인지역사회재활시설
• 장애인직업재활시설
• 장애인의료재활시설
• 장애인생산품판매시설</td><td>「장애인복지법」</td></tr>
<tr><td>어린이집</td><td>-</td><td>• 어린이집</td><td>「영유아보육법」</td></tr>
<tr><td>정신보건시설</td><td>• 정신요양시설
• 사회복귀 시설 중 생활시설</td><td>• 사회복귀시설 중 이용시설</td><td>「정신보건법」</td></tr>
<tr><td>노숙인시설</td><td>• 노숙인자활시설
• 노숙인재활시설
• 노숙인요양시설</td><td>• 노숙인종합지원센터
• 노숙인일시보호시설
• 노숙인급식시설
• 노숙인진료시설
• 쪽방상담소</td><td>「노숙인등의복지및자립지원에관한법률」</td></tr>
<tr><td>사회복지관
결핵 · 한센시설</td><td>• 결핵 · 한센시설</td><td>• 사회복지관</td><td>「사회복지사업법」</td></tr>
<tr><td>지역자활센터</td><td>-</td><td>• 지역자활센터</td><td>「국민기초생활보장법」</td></tr>
<tr><td colspan="4"></td></tr>
<tr><td>여성 가족부</td><td>성매매피해지원시설</td><td>• 일반지원시설
• 청소년지원시설
• 외국인여성지원시설
• 자립지원공동생활시설</td><td>• 자활지원센터</td><td>「성매매방지및피해자보호등에관한법률」</td></tr>
</table>

	성폭력피해보호시설	• 성폭력피해자보호시설	• 성폭력피해상담소	「성폭력방지및피해자보호등에관한법률」
	가정폭력보호시설	• 가정폭력피해자보호시설	• 가정폭력상담소	「가정폭력방지및피해자보호등에관한법률」
	한부모가족복지시설	• 모자가족복지시설 (기본, 공동, 자립) • 부자가족복지시설 (기본, 공동, 자립) • 미혼모자가족복지시설 (기본, 공동) • 일시지원복지시설	• 한부모가족복지상담소	「한부모가족지원법」
	다문화가족지원센터	-	• 다문화가족지원센터	「다문화가족지원법」

출처: 보건복지부(2016b), p. 5.

사회복지관, 결핵 · 한센시설, 지역자활센터가 있다. 여성가족부 소관 사회복지시설은 성매매피해지원시설, 성폭력피해보호시설, 가정폭력보호시설, 한부모가족복지시설, 다문화가족지원센터 등으로 구분된다.

〈표 6-6〉은 보건복지부 소관 사회복지시설을 정리하고 있다. 노인생활시설은 양로시설과 노인공동생활가정, 노인복지주택 등 주거시설, 노인요양시설, 노인요양공동생활가정 등 의료시설로 구분된다. 노인이용시설은 재가노인복지시설 등 재가시설과 노인복지관, 경로당, 노인교실 등 여가시설로 나눌 수 있다. 아동생활시설은 아동양육시설과 공동생활가정, 아동일시보호시설, 아동보호치료시설, 자립지원시설로 구성된다. 아동이용시설은 아동상담소와 아동전용시설, 지역아동센터로 구분된다. 장애인생활시설은 장애유형별 거주시설, 중증장애인 거주시설, 장애영유아거주시설, 장애인단기거주시설, 장애인공동생활가정으로 구성된다. 장애인이용시설은 장애인복지관, 장애인주간보호시설, 장애인체육시설, 장애인수련시설, 장애인생활이동지원센터 등 지역사회재활시설, 장애인의료재활시설, 장애인보호작업장과 장애인근로작업장 등 직업재활시설, 장애인생산품판매시설로 구성된다. 영유아이용시설은 어린이집이 대표적이다. 정신질환자생활시설에는 정신요양시설, 사회복귀시설(입소생활시설), 정신질환자지역사회재활시설 등이 있다. 정신질환자이용시설에는 사회복귀시설(주간재활시설)이 대표적이다. 노숙인 등의 생활시설에는 노숙인자활시설, 노숙인재활시설, 노숙인요양시설이 있고, 이용시설에는 노숙인종합지원센터, 노숙인

일시보호시설, 노숙인급식시설, 노숙인진료시설, 쪽방상담소가 있다. 지역주민 이용시설에는 사회복지관이 대표적이다. 기타 시설에는 복합시설인 결핵 · 한센시설, 이용시설인 지역자활센터가 있다.

〈표 6-6〉 보건복지부 소관 사회복지시설의 세부 분류

대상자별	형태	시설 종류		소관부서	관련법령
노인	생활	• 주거	- 양로시설, 노인공동생활가정 - 노인복지주택	요양보험운영과	「노인복지법」 제31조
		• 의료	- 노인요양시설 - 노인요양공동생활가정		
	이용	• 재가	- 재가노인복지시설(방문요양, 주 · 야간보호, 단기보호, 방문목욕)		
		• 여가	- 노인복지관 - 경로당, 노인교실	노인정책과	
		• 노인보호전문기관			
		• 노인일자리지원기관		노인지원과	
아동	생활	• 아동양육시설, 공동생활가정		아동복지정책과	「아동복지법」 제52조
		• 아동일시보호시설			
		• 아동보호치료시설			
		• 자립지원시설			
	이용	• 아동상담소, 아동전용시설			
		• 지역아동센터		아동권리과	
장애인	생활	• 생활시설	- 장애유형별 거주시설 - 중증장애인 거주시설 - 장애영유아 거주시설 - 장애인단기 거주시설 - 장애인공동생활가정	장애인권익지원과	「장애인복지법」 제58조
	이용	• 지역사회 재활 시설	- 장애인복지관 - 장애인주간보호시설 - 장애인체육시설, 장애인수련시설, 장애인생활아동지원센터 - 수화통역센터, 점자도서관, 점서 및 녹음서 출판시설		
		• 장애인의료재활시설			
		• 직업재활시설	- 장애인보호작업장 - 장애인근로사업장	장애인자립기반과	
		• 장애인생산품판매시설			

영유아	이용	• 어린이집	국공립, 법인, 직장, 가정, 부모협동, 민간	보육기반과	「영유아보육법」 제10조
정신 질환자	생활	• 정신요양시설, 사회복귀시설[정신질환자생활시설(입소생활시설), 정신질환자지역사회재활시설(공동생활가정, 단기보호시설), 중독자재활시설, 정신질환자종합시설]		정신건강정책과	「정신보건법」 제10조, 제15조 및 제16조
	이용	• 사회복귀시설[정신질환자지역사회재활시설(주간재활시설), 정신질환자직업재활시설, 정신질환자생산품판매시설, 정신질환자종합시설]			
노숙인 등	생활	• 노숙인자활시설		자립지원과	「노숙인등의복지및자립지원에관한법률」
		• 노숙인재활시설			
		• 노숙인요양시설			
	이용	• 노숙인종합지원센터			
		• 노숙인일시보호시설			
		• 노숙인급식시설			
		• 노숙인진료시설			
		• 쪽방상담소			
지역주민	이용	• 사회복지관		사회서비스자원과	「사회복지사업법」
기타시설	복합	• 결핵 · 한센시설		질병관리본부	「사회복지사업법」
	이용	• 지역자활센터		자립지원과	「국민기초생활보장법」

출처: 보건복지부(2016b), p. 6.

제7장 사회복지조직과 환경

1. 조직에 대한 이해

1) 조직의 개념

조직의 개념에 대해 베버(Weber, 1947)는 "조직이란 계속적이고 의도적으로 작동하는 특정한 종류의 활동체계"라고 정의했다. 에티오니(Etzioni, 1964)는 "조직이란 특정한 목표를 추구하기 위해 일정한 구조를 지닌 사회적 단위"라고 정의했다. 홀(Hall, 1991)은 "조직이란 환경 내에서 지속적으로 존재하면서 특정한 목적을 달성하기 위해 활동하는 인간들의 집합체"라고 규정했다(박용치, 송재석, 2006). 이를 종합하면, 조직이란 특정한 목표를 달성하기 위해 구성된 인간들의 집합체로서 의식적으로 만들어진 사회적 단위라고 정의할 수 있다.

풀머(Fulmer, 1978)는 조직의 개념에는 다음의 3가지 구성요소가 있다고 보았다(Skidmore, 1983).

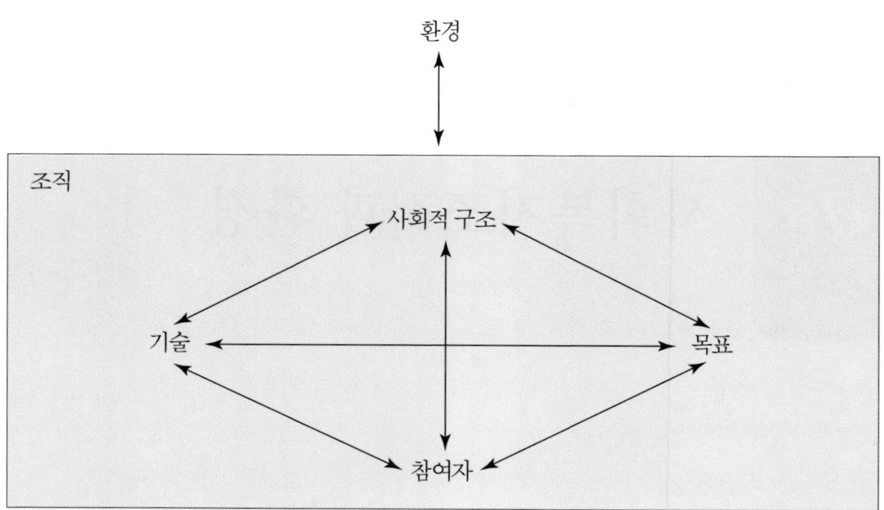

그림 7-1 조직의 구성요소

출처: 최성재, 남기민(2016), p. 165.

① 조직은 과업수행을 위해 구성원들의 활동을 체계적으로 조직화한 산물이다.
② 조직은 사람, 업무, 자원을 효율적으로 결합시키는 관리활동을 포함한다.
③ 조직은 인간의 집합체이기 때문에 조직에서는 구성원들 간의 개인적 · 집단적 상호작용이 중요시된다.

스코트(Scott, 1987)는 조직의 구성요소를 사회적 구조, 참여자, 목표, 기술, 환경 등 5가지로 제시했다(Skidmore, 1983; [그림 7-1] 참조). 5가지 구성요소는 각기 독립적인 특성을 갖는다. 그러나 각 요소는 부단히 상호작용하면서 상호 의존적으로 조직에 영향을 끼친다.

① 사회적 구조: 가치와 역할기대 등에 의해 구조화된 조직구조와 규범을 말한다.
② 참여자: 목표 달성을 위해 참여하는 사람들을 말한다. 조직은 공동의 목표를 지향하는 인간의 집합체다.
③ 목표: 조직이 존재하는 궁극적인 원인으로, 참여자들이 조직활동을 통해 달성하고자 하는 바람직한 미래의 상태를 말한다.
④ 기술: 목표 달성을 위해 참여자들이 사용하는 물질적 장비 및 조직활동에 적용

되는 비물질적 지식과 기법을 포함한다.

⑤ 환경: 조직의 생존 및 활동에 영향을 끼치고 상호작용하는 사회적 체계로 물리적 · 기술적 · 문화적 · 사회적 조건 등을 포괄한다.

2) 조직의 일반적 분류

(1) 에치오니의 분류

에티오니(Etzioni, 1964)는 권력의 사용과 복종의 형태에 따라 조직을 분류했다. 권력은 권력 행사의 수단에 따라 강제적 권력, 보상적 권력, 규범적 권력으로 나뉜다. 강제적 권력은 위협이나 신체적 탄압 등 물리적 수단을 사용한다. 보상적 권력은 물질적 수단을 활용한다. 규범적 권력은 지위, 존중, 위신 등 상징적 보상을 이용한다. 한편, 복종이란 조직의 상층부가 사용하는 권력에 대한 심리적 연계의 상태, 즉 권력을 행사하는 조직 상층부에 대한 심리적 구속감의 정도를 말한다(박용치, 송재석, 2006).

〈표 7-1〉 권력의 사용과 복종의 형태에 따른 조직 분류

권력행사의 수단	복종의 형태		
	소외적	타산적	도덕적
강제적	1 (강제적)	2	3
보상적	4	5 (공리적)	6
규범적	7	8	9 (규범적)

출처: 최성재, 남기민(2016), p. 166 수정.

〈표 7-1〉은 권력의 사용과 복종의 형태에 따라 9가지 성격의 조직을 분류한 것이다(Smith, 1970). 이 중 강제적 조직(제1유형), 공리적 조직(제5유형), 규범적 조직(제9유형)이 대표적인 조직 형태라고 할 수 있다. 강제적 조직에서는 강제적 권력을 사용하고, 조직구성원들은 소외적 관여의 형태를 보여 형식적 복종에 머문다. 교도소, 강제수용소, 정신병원 등이 여기에 속한다. 공리적 조직에서는 보상적 권력을 사용해 물질적 자원과 보수를 활용하고, 조직구성원들은 타산적 관여의 형태를 보여 조건부로

복종하게 된다. 기업이나 이익집단들이 여기에 속한다. 한편, 규범적 조직에서는 규범적 권력의 지위, 존중, 위신 등 상징적 보상이 주요 통제수단이고, 조직구성원들은 조직에 대해 도덕적으로 관여해 헌신적인 태도와 사명감을 갖는 등 내면적으로 복종한다. 여기에는 정치조직, 종교단체, 자발적인 사회단체 등이 포함된다.

(2) 블라우와 스코트의 분류

블라우와 스코트(Blau & Scott, 1962)는 수혜자를 기준으로 조직을 분류했다. 이들은 조직이 서비스를 제공하는 수혜자의 범주를 해당 조직의 구성원, 조직의 소유자나 관리자, 클라이언트, 일반 대중으로 구분하고, 이를 기준으로 호혜적 조직, 사업조직, 서비스조직, 공공조직으로 분류했다.

호혜적 조직은 조직의 구성원들이 주요 수혜자인 조직을 말한다. 여기에는 정당, 노동조합, 클럽, 직능단체 등이 포함된다. 사업조직은 조직의 소유자나 관리자가 주요 수혜자인 조직이다. 기업조직들이 대표적이다. 서비스조직은 조직과 직간접적인 관계를 맺고 서비스를 제공받는 클라이언트가 주요 수혜자인 조직이다. 사회복지조직, 병원, 학교, 법률상담소 등이 포함된다. 공공조직에서는 일반 대중이 주요 수혜자가 된다. 행정기관, 공기업, 군대, 경찰서, 소방서 등이 여기에 속한다.

(3) 리커트의 분류

리커트(Likert, 1967)는 조직 상층부의 의사결정 유형과 조직구성원들의 참여도를 기준으로 조직을 분류했다. 여기에서는 수탈적 권위체제, 온정적 권위체제, 협의체제, 참여집단체제로 구분할 수 있다. 수탈적 권위체제에 가까울수록 조직구성원들의 사기가 낮고 생산성이 저하된다. 반대로 참여집단체제는 조직구성원들의 사기진작과 생산성 향상에 기여한다.

수탈적 권위체제에서는 조직 상층부가 단독으로 의사결정권을 행사하고, 조직구성원들의 이익이나 의사는 전혀 고려하지 않는다. 따라서 비참여적인 체제라고 할 수 있다. 온정적 권위체제에서는 조직 상층부가 주요 정책을 결정한다. 그러나 조직구성원들은 조직의 규정에 의해 위임된 업무에 일정한 결정권을 행사하고, 최종적으로 조직 상층부의 결재를 얻어 정책을 시행한다. 협의체제에서는 조직 상층부가 주요 정책을 결정하지만, 조직구성원들은 조직의 규정에 의해 위임된 업무에 결정권을 갖는다. 이는 전결(專決)이라고 볼 수 있는데, 조직구성원이 위임받은 업무에 대해 조직 상층부를 대신해 결재하는 제도다. 참여집단체제에서 조직 상층부는 상당한 권한을 위임해 조직구성원들이 집단적으로 의사결정에 참여할 수 있도록 허용한다. 따라서 조직구성원들의 재량권이 대폭 허용된다.

(4) 체계이론의 분류

조직의 기능을 중심으로 조직을 분류하는 방법이 있다. 체계이론에서 조직은 체계유지를 위해 AGIL 기능을 갖추어야 한다고 본다(Parsons & Smelser, 1956). 적응(adaptation: A) 기능은 외부환경의 요구를 수용해 적응하고 환경으로부터 충분한 자원을 확보해 체계 내부에 제공하는 기능이다. 목표 달성(goal attainment: G) 기능은 목표들 간의 우선순위를 설정하고 자원을 동원해 목표를 달성하는 기능이다. 통합(integration: I) 기능은 내부단위들 간의 상호 관계를 조정하고 유지하는 기능이다. 잠재성(latency: L) 기능에는 유형유지(pattern maintenance)와 긴장관리(tension management) 기능이 포함된다. 유형유지 기능은 체계 내 구성원들이 동기부여, 욕구충족, 역할수행을 통해 체계를 유지하는 기능이고, 긴장관리 기능은 가치와 규범을 재생산해 체계 내의 긴장을 관리하고 조정하는 기능이다.

체계이론의 가정은 사회체계에도 적용될 수 있다고 본다. 이것은 경제조직, 정치조직, 통합조직 및 유형유지조직으로 분류할 수 있다(Parsons, 1960; Landsberger, 1961). 경제조직은 사회체계가 환경에 적응하는 기능을 수행하는 조직이다. 경제적 재화의 생산과 배분을 주요 기능으로 삼는 기업이 여기에 속한다. 정치조직은 사회체제의 목표를 수립·집행하는 기능을 담당하는데, 목표 달성을 위해 자원을 효과적으로 배분하는 역할을 수행한다. 행정기관이나 정당이 여기에 속한다. 통합조직은 사회구성원들 간의 관계를 확립하고 갈등을 조정하며 일탈을 방지해 안정을 유지하는 한편, 사회적 규범을 창조하고 유지하는 기능을 담당한다. 정부, 사법기관, 경찰, 정신병원 등이 여기에 속한다. 유형유지조직은 사회체계의 유형을 유지하고 사회의 문화적 가치를 창조·전승하는 등 문화적·교육적 기능을 수행한다. 학교, 교회, 학술단체 및 연구소, 예술 및 문화 단체 등이 포함된다(Katz & Kahn, 1966).

3) 사회복지조직의 분류

(1) 하센펠드의 분류

하센펠드(Hasenfeld, 1983)는 사회복지조직에서는 원료(raw material)가 인간이라는 점에 착안해 조직의 기술과 클라이언트의 유형에 따라 사회복지조직을 분류했다. 클라이언트는 정상기능(normal functioning)과 비정상기능(malfunctioning)으로 분류할 수 있다. 사회복지조직이 적용하는 기술은 인간식별기술(people-processing technologies), 인간유지기술(people-sustaining technologies) 및 인간변화기술(people-changing technologies)로 구분된다.

인간식별기술은 클라이언트의 개인적 속성을 변화시키지는 않고 다른 유관 기관들이 바람직하게 관리할 수 있도록 사회적 명칭과 공식적 지위를 부여하는 기술을 말한다. 인간유지기술은 클라이언트의 개인적 복지와 안녕의 악화를 예방하고 문제를 완화시켜 현재 상태를 유지할 수 있도록 개입하는 기술을 말한다. 인간변화기술은 심리치료, 교육, 의료적 처치 등 직접적으로 클라이언트의 개인적 속성의 변화를 목표로 하는 개입기술을 말한다.

〈표 7-2〉 조직의 기술과 클라이언트의 형태에 따른 사회복지조직의 분류

클라이언트 유형	조직의 적용 기술		
	인간식별기술	인간유지기술	인간변화기술
정상기능	유형 I 대학의 신입생 선발기관 신용평가기관	유형 III 사회보장기관 노인 전용 아파트	유형 V 공립학교 YMCA
비정상기능	유형 II 소년법원 임상진료기관	유형 IV 공적 부조기관 요양시설	유형 VI 병원 주거치료시설

출처: Hasenfeld(1983), p. 6.

〈표 7-2〉는 조직이 적용하는 기술과 클라이언트의 유형에 따른 사회복지조직의 분류를 정리한 것이다. 인간식별기술은 유형 I처럼 정상기능의 클라이언트에게 적용할 수 있다. 대학의 신입생 선발기관, 신용평가기관을 예로 들 수 있다. 유형 II는 비정상기능의 클라이언트에게 적용한 것이다. 소년법원과 1차 의료기관인 임상진료기

관이 그 예다. 인간유지기술은 유형 Ⅲ처럼 정상기능의 클라이언트에게 적용할 수 있다. 사회보장기관, 노인 전용 아파트를 예로 들 수 있다. 유형 Ⅳ는 비정상기능의 클라이언트에게 적용한 것이다. 공적 부조기관과 요양시설이 그 예다. 인간변화기술은 유형 Ⅴ처럼 정상기능의 클라이언트에게 적용할 수 있다. 공립학교와 YMCA를 예로 들 수 있다. 유형 Ⅵ는 비정상기능의 클라이언트에게 적용한 것이다. 병원과 주거치료시설이 그 예다.

(2) 스미스의 분류

스미스(Smith, 1970)는 업무의 통제성에 따라 사회복지조직을 분류했다(최성재, 남기민, 2016). 여기서는 관료제조직, 일선 조직, 전면통제조직 및 투과성조직으로 나눌 수 있다.

관료제조직에서는 합리적인 규칙과 절차에 의해 합법적 · 합리적 권위가 확립되고, 위계적 명령은 합리적 수단을 통해 이루어진다. 일선 조직에서는 조직의 주도권이 일선 업무단위에 있고 각 업무단위는 상호 독립적으로 업무를 수행해 조직 상층부의 직접적인 통제가 어렵다. 이 조직은 비일상적인 과업을 수행할 때 적용될 수 있는 전문직 관료제모형과 가깝다고 할 수 있다. 전문직관료제모형은 권한의 수평적인 배분, 직무에 관한 과도한 규칙과 규정의 완화, 공통적인 규칙의 최소화 등의 특징을 갖고 있기 때문이다. 전면통제조직은 조직의 관리자들이 클라이언트에 대해 전면적인 통제권을 행사하는 조직을 말한다. 정신병원, 기숙사, 교도소, 요양시설을 예로 들 수 있다. 투과성조직은 조직구성원들이 자발적으로 참여하고 조직활동이 거의 공개되며, 조직의 규정과 조직문화가 조직구성원들의 업무에 갖는 통제력이 매우 약한 특징이 있다. 이 조직에서는 조직구성원 개인의 생활에 어떠한 침해도 하지 않는다. 자원봉사조직을 예로 들 수 있다.

(3) 스토에즈의 분류

스토에즈(Stoesz, 1989)는 전형적인 사회복지조직을 4가지 유형으로 구분했다. 〈표 7-3〉에서 보여 주듯이, 자원부문은 비영리를 기반으로 운영되는 전통적인 복지공급주체다. 지역사회 복지조직들과의 조직적 연계를 중시한다. 그러나 최근 영리화의 확산과 함께 비중이 감소되는 추세에 있다. 복지국가부문은 사회문제에 대한 정부의 책임을 강조한 결과 확장돼 왔다. 복지국가가 확립되면서 이 복지국가부문이 지배적

〈표 7-3〉 전형적인 사회복지조직의 분류

구 분	주 체	추 세	주요 활동	사 례
자원부문	전통적 공급자	감소	지역사회 복지주체들과의 조직적 연계	비영리기관
복지국가	복지관료	지배적	사회문제에 대한 정부의 책임	연방 및 주 정부의 복지부서
개업실천	임상치료센터	출현	개인 문제에 대한 전문적 치료	개인 및 집단 치료
복지기업	사회복지경영조직	도전	사회복지시장에 대한 기업의 개척	영리 기반 건강 및 복지기업

출처: Stoesz(1989), p. 102 수정.

인 유형으로 자리 잡고 있다. 복지관료의 이해관계를 반영하는 관료제의 속성을 갖고 있기도 하다. 개업실천부문은 영리를 기반으로 운영되는 임상치료센터 등을 말한다. 최근 영리화와 함께 그 비중이 증가하는 추세에 있다. 개인 문제에 대한 전문적 치료의 기능을 주로 담당한다. 복지기업부문은 영리를 기반으로 운영되는 사회복지경영조직을 말한다. 최근 사회복지시장의 규모가 증가하면서 시장을 개척하고 있다. 영리 기반의 건강 및 복지 기업이 대표적이다.

또한 스토에즈(1989)는 전형적인 사회복지조직을 조직의 규모와 경제적 속성에 따라 분류했다. [그림 7-2]에서 보여 주듯이 조직의 규모는 소규모와 대규모로, 경제적

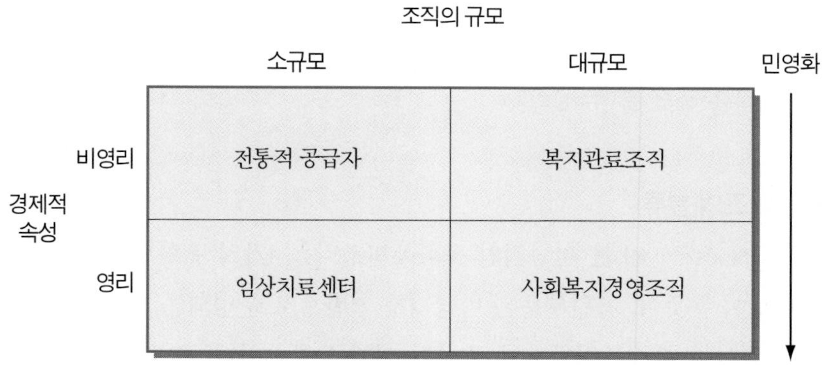

		조직의 규모		
		소규모	대규모	민영화 ↓
경제적 속성	비영리	전통적 공급자	복지관료조직	
	영리	임상치료센터	사회복지경영조직	

그림 7-2 조직의 규모와 경제적 속성에 따른 전형적인 사회복지조직 분류

출처: Stoesz(1989), p. 106.

속성은 비영리와 영리로 구분할 수 있다.

전통적인 복지공급주체는 소규모이면서 비영리기반을 기반으로 하는 조직들이다. 전통적인 복지공급주체는 민간영역에서 활동한다. 복지관료조직은 비영리를 기반으로 운영되지만 대규모적 특징이 있다. 복지국가부문이 여기에 속한다. 임상치료센터는 영리를 추구하는 민간의 소규모 사적 조직을 말한다. 사회복지경영조직은 대규모 조직으로 영리를 추구하는 복지기업을 말한다. 최근에는 민영화 추세와 함께 국가부문에 속하는 복지관료조직과 전통적인 민간 비영리부문 공급자의 영향력이 축소되는 경향이 있다. 대신 영리 기반의 소규모 임상치료센터와 대규모의 복지기업인 사회복지경영조직들의 비중과 영향력이 증가하고 있다.

4) 조직의 다양성

지금까지 조직에 대한 전형적인 분류를 살펴보았다. 그런데 조직들은 일률적으로 규정할 수 없는 다양한 특징을 갖고 있다. 여기서는 현실적인 조직의 다양성을 살펴보고자 한다. 공식 · 비공식 조직, 수직 · 수평 조직, 다양한 조직 형태로 나누어 살펴보면 다음과 같다.

(1) 공식조직과 비공식조직

조직은 공식조직이 대표하지만, 모든 조직에는 비공식조직이 불가피하게 생겨난다. 공식조직이란 조직의 목표 달성을 위해 업무와 역할을 할당하고 권한과 책임을 부여하는 전형적 조직을 말한다. 다음에서 설명하겠지만, 공식조직은 계층적 · 기능적 과정, 조직구조, 통제의 범위 등을 구성요소로 한다. 반면, 비공식조직은 구성원 상호 접촉이나 친밀도에 의해 구성되는 비전형적 조직이다(민진, 2014).

공식조직과 비공식조직은 다음의 측면에서 차이가 있다.

첫째, 조직의 생성과 소멸 면에서 다르다. 공식조직은 인위적 · 계획적으로 생성 · 소멸되지만, 비공식조직은 조직구성원들의 욕구나 희망에 따라 자연적으로 형성되고 소멸된다.

둘째, 문서화 여부가 다르다. 공식조직은 문서화된 규정에 따라 운영되고 조직기구표에 반영되지만, 비공식조직은 인간관계에 의해 운영된다.

셋째, 목표가 다르다. 공식조직은 조직의 목표 달성을 위해 인적 · 물적 자원을 동원하지만, 비공식조직은 조직구성원들의 욕구충족을 우선시 해 구성원 간의 다양성과 개성을 강조한다.

넷째, 지배적인 가치가 다르다. 공식조직은 조직의 목표 달성을 위해 합리성의 원리에 따라 능률 극대화의 가치를 추구하지만 비공식조직은 인간적인 관계에 좌우되므로 감정의 논리가 지배한다.

다섯째, 가시성 여부가 다르다. 공식조직은 인위적으로 형성된 대규모 조직인 경우가 많고 문서화된 규정에 따라 운영돼 가시적인 반면, 비공식조직은 소규모의 자발적인 조직이어서 구성원들 사이에서는 가시적이지만 전체 조직 차원에서는 비가시적이다.

여섯째, 영향력의 범위가 다르다. 공식조직은 최상층부터 최하위층까지 전체 조직에 영향을 끼치지만, 비공식조직은 참여하는 구성원 간에만 영향력이 있다.

비공식조직은 순기능과 역기능이 있다(박용치, 송재석, 2006). 순기능으로는 사회화의 욕구충족, 공식조직의 기능 보완, 조직구성원의 사기와 생산력 향상, 집단 내의 불평등과 불만 해소 등을 꼽을 수 있다. 반면, 역기능에는 파벌집단 조성으로 인한 대립 · 갈등 · 분열, 전체 조직의 목표에 대한 도전이나 대항, 특정 개인의 사조직화, 근거 없는 소문이나 거짓정보 유포 등이 있다.

비공식조직의 역기능을 감소시키고 순기능을 향상시키기 위해서는 다음과 같은 조치가 필요하다(유종해, 2000; 민진, 2014).

첫째, 공식조직의 목표와 비공식조직의 목표를 일치시킨다.

둘째, 비공식조직의 존재를 인정하고 공식조직과 비공식조직 간의 대립과 갈등을 해소해 구성원들의 불안감을 해소시킨다.

셋째, 조직구성원들이 직무에 대한 만족감과 공식조직에 대한 자부심을 고취하도록 민주적인 지도력과 인간관계 관리 기법을 적용한다.

넷째, 비공식조직의 지도자들에게 공식조직의 목표를 이해시키고 협조를 구한다.

(2) 수직조직과 수평조직

대부분의 조직은 수직조직과 수평조직으로 구성된다. 수직조직은 계선(係線, line) 조직, 수평조직은 참모[參謀 혹은 막료(幕僚), staff]조직이라고도 불린다(민진, 2014). 수직조직은 상하의 명령-복종관계를 가진 계층적 조직을 말한다. 수직조직은 조직의 목표 달성을 위한 핵심 과업을 수행하는 집행체계다. 그런데 정보의 복잡성이 증가함에 따라 수직조직만으로 합리적인 의사결정을 수행하기에는 어려움이 커지고 있다. 이에 따라 수직조직은 점차 수평조직을 활용하는 경향이 있다. 수평조직은 수직조직이 기능을 원활하게 수행하도록 하기 위해 지원하는 기관으로, 자문, 권고, 협의, 조정, 정보의 수집과 분석, 연구, 기획, 인사, 회계, 법무, 공보, 조달 등의 기능을 수행한다.

수직조직과 수평조직의 특징은 다음과 같다.

첫째, 목표 달성 측면에서 수직조직은 조직의 목표 달성을 직접적으로 책임지지만, 수평조직은 수직조직의 활동을 지원해 조직의 목표 달성에 간접적으로 기여한다.

둘째, 권한 측면에서 수직조직은 의사결정과 집행 권한을 갖고 있지만, 수평조직은 조언할 수 있을 뿐이다.

셋째, 조직원리 측면에서 수직조직에는 계층제의 원리와 명령통일의 원리가 적용되지만, 수평조직은 수직조직에 부속돼 수직조직의 의사결정 역량을 강화시킨다.

넷째, 고객 측면에서 수직조직은 클라이언트와 직접 접촉하지만 수평조직은 수직조직의 기관장이나 주요 관리자들과 대면한다.

수직조직과 수평조직은 각기 장단점을 갖고 있다(유종해, 2000; 민진, 2014). 수직조직은 권한과 책임의 한계가 명확하고, 활동이 신속하고 능률적이고, 조직의 안정성을 확보해 준다는 장점이 있다. 반면, 최고의사결정자가 독단적인 의사결정을 할 수 있고, 전문지식의 활용이 제한될 수 있는 단점이 있다. 수평조직은 최고 의사결정자의 의사결정 역량을 강화시키고, 수평적인 업무 조정을 원활히 할 수 있고, 전문적인 지식을 합리적으로 이용하고, 조직의 신축성과 변화 가능성을 확보할 수 있는 장점이 있다. 반면, 수평조직은 최종 책임을 지지 않고, 수평조직의 비중이 커지면 수직조직의 의사결정에 혼란을 초래할 수 있다.

수직조직과 수평조직 사이에는 다음과 같은 갈등이 발생할 수 있다(Pfiffner & Sherwood, 1960; Price, 1968; Engel, 1970; 박용치, 송재석, 2006).

첫째, 수직조직은 현실적이고 상식적인 수준에서 문제를 해결하려고 하지만, 수평조직은 이상적이고 개혁적인 방향을 지향한다.

둘째, 수직조직은 종합적이고 전체적인 차원에서 문제를 조망하지만, 수평조직은 부분적이고 전문적인 입장을 취한다.

셋째, 수평조직은 교육 수준과 지위 및 보수가 높아 수직조직의 하위구성원들의 질시의 대상이 된다.

넷째, 수평조직은 수직조직의 최고 상층부와 수시로 접촉하지만 위계적 질서 속에 있는 수직조직의 하위구성원들은 최고 상층부와 심리적 거리감이 상대적으로 크다.

수직조직과 수평조직 간의 갈등을 해결하기 위해서는 다음과 같은 노력이 필요하다(Dimock & Dimock, 1960; Sjoberg, 1966; 박용치, 송재석, 2006).

첫째, 수직조직과 수평조직 간에 인사교류를 실시하면 수직적인 관료제 구성원들의 전문적 경력 개발 및 상호 이해 증진에 도움이 된다.

둘째, 수직조직과 수평조직 간의 연석회의를 개최해 활발한 의견을 교환하도록 함으로써 갈등 가능성을 사전에 줄인다.

셋째, 수직조직과 수평조직 간의 책임과 역할을 명확히 구별한다.

넷째, 수평조직은 수직조직의 최고 상층부와만 관계하지 않고 수직조직 내의 일선 단위들과 활발히 교류함으로써 조직 내 상황을 정확히 파악한다.

다섯째, 수직조직의 최고 상층부는 이해나 설득 등 조정 역할을 강화해야 한다.

(3) 다양한 조직 형태

조직의 형태에는 직선(line)식 조직구조, 직능식 조직구조, 사업부제 조직구조, 팀제 조직구조 등이 있다(송교석, 김경희, 2013). 직선식 조직구조는 최상층의 의사결정이 최하위층에게 직선적으로 전달되는 군대식 조직구조다. 조직구조의 형태가 단순해 책임과 권한이 명확하고, 명령계통이 일원화돼 있고, 의사결정이 신속하고, 관리자는 하위층의 업무에 대해 지휘권을 가질 수 있다. 반면, 최상층의 독단으로 인한 폐해가 발생할 수 있고, 부문 간의 유기적 연계가 어렵고, 관리자는 하위층의 업무를 피라미드식으로 관리하기 때문에 다양한 직무와 관련된 역량을 갖추어야 한다.

직능식 조직구조는 직선식 조직구조의 결함을 시정하고 과학적 관리기법을 적용하기 위해 고안된 것으로, 업무를 기능별로 전문화해 세세하게 부문화하고 각 부문에 전문적인 관리자를 두는 방식이다. 전문적 지식을 갖춘 관리자들은 해당 분야에 대한 관리역량을 발휘할 수 있어 효율적인 관리감독이 가능하다. 반면, 세세하게 부문화된 부서 간의 칸막이가 형성돼 할거주의가 조장되고 부서 간에 조정과 협력이 어려워질 수 있다.

사업부제 조직구조는 지나친 전문적 세분화를 낳는 직능식 조직구조의 한계를 극복해 조직을 제품별 · 지역별 · 고객별 사업부 단위로 나누고, 각 사업부의 책임자가 해당 사업부의 조직 운영에 대해 고유 권한을 갖고 책임도 지도록 하는 방식이다. 지나친 전문적 분화의 한계를 극복하기 때문에 사업부 차원의 유기적 업무수행이 가능하고, 융통성 있는 조직 운영을 통해 환경 변화에 대응할 수 있다. 반면, 각 사업부 단위의 조직 운영은 자원의 낭비를 초래할 수 있고, 사업부 간의 갈등과 지나친 경쟁의식을 극복하기 어려운 측면도 있다.

팀제 조직구조는 기능별로 분산된 업무를 팀 차원에서 통합하고, 팀구성원들에게 업무수행에 필요한 권한을 이양해 팀 차원에서 신속한 의사결정과 대처가 가능도록 하는 방안이다. 이는 기존 조직구조의 한계인 기능별로 세분화되고 수직적으로 서열화되어 경직된 업무 관계를 극복하기 위한 것이다. 팀은 상호 보완적인 능력을 가진 구성원들이 공동의 목표 달성을 위해 노력하고 그 결과에 대해 함께 책임지는 집단이다. 팀은 고유의 목적을 갖고 있고, 팀구성원들은 상호 보완적인 능력을 갖고 있으며, 팀 작업은 협력적이고 참여적인 환경에서 이루어져야 한다. 성공적인 팀 운영을 위해서는 팀 구성원들의 역량강화가 이루어져야 하는데, 권한의 실질적인 위임, 과업완성에 대한 자신감 확보, 업무수행의 역량과 의지 강화 등이 필요하다.

2. 조직의 구조적 요인

스코트(Scott, 1961)은 조직의 4대 구조적 요인으로 분업(division of labor), 계층적인 기능적 과정, 조직구조, 통제의 범위를 들었다(Fulmer, 1978). 이 요인들은 모든 조직의 구조를 설계하는 데 필요한 핵심 요소들이다. 따라서 조직구조를 설계할 때에는 각 요소에 대한 분명한 조직적 기준을 수립해야 한다(Skidmore, 1983).

1) 분업

분업은 특정한 업무에 대한 전문화를 의미한다. 조직은 분업화를 통해 조직활동의 합리성을 추구할 수 있다(Patti, 1983).

첫째, 각 조직단위에서 수행하는 업무와 기술이 단순화돼 숙련 수준이 낮아도 쉽게 업무에 적응할 수 있다.

둘째, 한정된 업무만을 담당하기 때문에 노동집약적인 서비스 분야의 경우 해당 업무에 특화된 전문기술이 개발되기도 한다.

셋째, 단순 반복 업무에 대한 능률이 향상되면 생산성이 증가해 조직 운영의 미시적인 효율성이 증진될 수 있다.

넷째, 업무의 단순성으로 인해 업무 과정에 대한 관찰과 통제가 용이해져 관리감독이 쉽다.

극단적인 분업화는 문제점을 낳을 수 있다(Skidmore, 1983). 현대의 대량생산을 위한 조립라인(assembly line)은 분업화의 극단적인 예다.

첫째, 극단적인 분업화는 단순 업무의 반복, 기계 위주의 생산 방식으로 인한 노동의 소외 등 많은 문제점을 낳았다.

둘째, 업무의 지나친 세분화는 조직의 파편화로 이어져 조직단위 간의 조정을 위한 비용 확대를 초래한다.

이와 같은 문제점들에 대처하고자 업무 순환, 업무 영역 확대, 업무 조정, 의사결정 참여 확대를 위해 노력하는 경향이 있다. 특히 기업의 의사결정에 직원들을 참여시키면 직원들의 업무에 대한 이해도 증진, 업무 개선, 집단적인 조직문화 확대, 사기진작, 동기부여 등이 이루어지기 때문에 기업과 직원 모두에게 도움이 된다.

사회복지조직에서는 고도의 전문화(specialization)와 일반적인 전문화의 상반된 방향의 분업화가 이루어질 수 있다.

첫째, 고도의 전문화란 기능의 세분화(differentiation)를 말하는 것으로, 업무를 세분화해 한 사람이 다른 사람들과 중첩되지 않는 특정한 과업만 담당하도록 하는 것이다. 예를 들어, 노인복지센터에서 서비스를 급식서비스, 재가복지봉사서비스 등으로 세분화해 담당자를 정하는 것은 고도의 전문화에 속한다고 볼 수 있다. 그러나 이 방법은 클라이언트에 대한 서비스의 분절화를 낳는 문제점이 있다.

둘째, 일반적인 전문화는 업무의 과도한 세분화 대신 업무 영역을 확장해 서비스 연계를 통해 다양한 욕구나 문제를 관리가 가능할 수 있게 하는 것이다. 예를 들어, 노인복지센터에서 일반적인 전문화는 사례관리 기능, 서비스 제공 기능, 지역조직화 기능 등 일반적인 수준으로 업무 영역을 나누고 부서나 팀 차원에서 유기적인 서비스 연계가 가능하도록 하는 것이다.

2) 계층적인 기능적 과정

계층적인 기능적 과정은 계층제 조직에서의 의사결정과 집행을 위한 일련의 과정을 말하는데, 지휘계통, 권한의 위임, 명령의 통일성 등을 포함한다.

첫째, 지휘계통이란 상부에서 하부로 연결되는 서열적 구조에 의한 의사결정권의 체계를 말한다. 조직에는 위계적 질서가 존재하고, 하부에서 상부에 이르는 계층에 따라 명령의 사슬이 구성된다. 궁극적으로 조직의 최상부에는 권한과 책임을 갖는 한 명의 지휘자가 존재한다.

둘째, 권한의 위임이란 특정한 지휘계통의 권한을 하부에 분산시켜 자율성을 부여하는 것이다. 현대 관료제조직에서는 최고 의사결정권자가 모든 권한과 책임을 독점하는 것이 불가능하다. 따라서 책임과 함께 권한을 적절히 위임하기 위한 조직화가 무엇보다 중요하다.

셋째, 명령의 통일성이란 지휘계통을 통해 하달되는 지침은 해당하는 단위에 대해 기본적인 목표와 원칙 면에서 단일성이 있어야 한다는 것이다. 명령의 통일성은 조직활동의 일관성을 확립하고 상급자에 의한 자의적 통제를 방지하기 위해 필요하다. 이를 통해 조직구성원들은 명확한 역할기대를 부여받고 안정적으로 직무를 수행할 수 있게 된다.

특히 권한의 위임에 대해 쿤츠와 오도넬(Koontz & O' Donnell, 1976)은 다음의 5가지 조건을 갖추어야 한다고 보았다.

① 수용적인 태도: 다른 사람들의 생각에 대해 개방적으로 반응해야 한다.
② 위임에 대한 적극적인 자세: 권한을 하부에 위임하는 데 소극적이어서는 안 된다.
③ 다른 사람들의 실수에 관대한 태도: 하급자의 실수를 두려워해 하급자의 결정을 번복하거나 세세히 지시하려는 태도를 가져서는 안 된다.
④ 하급자를 신뢰하는 자세: 권한을 위임받는 하급자는 적임 능력을 갖출 수 있다는 신뢰를 가져야 한다.
⑤ 다양한 통제수단의 설정과 이용: 하급자의 활동에 대한 통제는 조직의 정책에 따라 계획된 목표의 실행을 관리하는 활동의 일환이다. 사전에 설정된 통제 기준에 따라 비교 · 검토해 실행을 평가하고, 사후평가보다는 조직활동의 전 과정에서 체계적으로 평가가 이루어지는 것이 바람직하다.

3) 조직구조

조직구조는 조직의 목표를 효과적 · 효율적으로 달성하기 위해 구조적 · 기능적으로 확립된 조직의 체계를 말한다.

첫째, 구조적인 측면의 조직구조는 조직의 권력, 권한, 책임이 수직적 · 수평적으로 배분되는 형태를 말한다. 일반적으로 조직에는 수직적 지휘계통과 수평적 협조체계가 공존한다. 수직적 지휘계통은 계층제 조직에서의 의사결정과 집행을 위한 일련의 과정을 말한다. 수평적 협조체계는 의사소통, 협력활동, 의견 조정 등의 필요 때문에 다양한 지휘계통에 소속된 구성원들을 참여시켜 운영한다.

둘째, 기능적 측면의 조직구조는 조직활동을 수행하는 데 필요한 기능적 편제를 구성하는 것을 말한다. 기능적 편제는 일반적으로 생산 및 서비스 제공 부서, 관리 및 지원 부서로 구분된다. 생산 및 서비스 제공 부서는 조직의 핵심 목표를 달성하기 위해 조직에서 통용되는 핵심 기술을 적용하는 고유 활동을 수행한다. 관리 및 지원 부서는 생산 및 서비스 제공 활동을 관리하고 외부환경과 상호작용하는 역할을 담당한다.

4) 통제의 범위

통제의 범위는 한 행정가가 영향력을 행사하는 하급자의 수와 이들 간의 관계를 말한다. 통제의 범위는 조직의 성격과 업무의 특성에 따라 상이할 수 있다. 일반적으로 표준적인 과업을 수행하는 전형적인 관료제모형의 경우, 한 행정가가 관리하는 하급자의 수가 많고 조직적인 의사결정의 권한이 조직의 상층부에 집중되는 경향이 있다. 반면, 업무의 비표준화와 일선 직원들의 전문성이 중요한 전문직관료제모형에서는 한 행정가가 관리하는 하급자의 수가 적고 의사결정의 권한이 일선 조직원들에게 상당히 위임돼 일선 조직원들이 자율성을 갖는 경우가 많다.

최근에는 서비스 전달에서 팀제가 대안으로 제시되고 있다. 팀은 팀 지도자와 팀 구성원으로 구성된다. 팀제는 전형적인 관료제모형의 수직적인 계통을 대폭 단축해 팀 차원에서 책임과 권한을 행사하고, 업무의 지나친 세분화를 줄이고 팀 차원의 유기적인 협력활동을 강조한다. 팀제는 전형적인 관료제모형보다 서비스전달의 효율성을 제고시키는 것으로 파악된다.

이에 대해 브리드랜드, 브릭스와 로이엔베르거(Brieland, Briggs, & Leuenberger,

1973)는 사회복지조직에서는 팀제가 클라이언트에 대한 서비스 제공의 효율성을 증진시킨다고 본다. 팀 지도자는 클라이언트의 다양한 욕구충족과 문제해결을 위해 역량에 따라 팀구성원들에게 업무를 배정할 수 있다. 팀제의 장점은 한 분야의 업무를 담당하는 팀구성원들 간의 긴밀한 협력이 가능하다는 점이다. 이에 따라 클라이언트는 한 사회복지사와 원조관계를 맺지만 한 팀 내의 여러 사회복지사에게서 상호 연결된 서비스를 제공받을 수 있다.

3. 사회복지조직의 설계

1) 사회복지조직의 모형

사회복지조직은 조직활동의 성격에 맞게 조직모형을 선택할 필요가 있다(Weinbach, 1990). 사회복지조직의 모형에는 생산일선조직모형, 연계조직모형 및 고객서비스조직모형이 있다(최성재, 남기민, 2016).

생산일선조직모형은 조직 효과성을 추구하기 위해 조직 과정을 고도로 합리화하는 방안이다. 이 모형은 표준화된 서비스를 전달하는 조직에 적용된다. 여기에서는 업무 단위는 중첩되지 않도록 세분화되고, 조직의 주요 기능은 업무단위별로 병렬 나열돼 수행된다. 사회보험관리조직을 예로 들 수 있다. 그러나 이 모델은 일선 조직 구성원들의 전문적인 활동에 의존하는 대부분의 사회복지조직에 적용하기에는 한계가 있다. 사회복지조직들은 주로 적용하는 이론의 효과성을 측정하기 어렵고, 서비스 제공에 윤리 및 가치 판단이 개입되기 때문에 서비스 전달 과정을 표준화할 여지가 크지 않다. 게다가 개입 결과의 바람직한 상태인 목표에 대한 합의 가능성이 높지 않기 때문에 조직활동의 합리성 수준을 판단할 기준을 마련하기 어렵다.

연계조직모형은 조직의 일차적 기능이 중계자의 역할인 조직에 적용되는 모형이다. 연계조직은 사람과 서비스를 연결지어 주는 활동을 주된 업무로 삼는다. 입양기관과 사회복지서비스 안내 및 의뢰 기관을 예로 들 수 있다. 이 조직의 세부적인 역할은 지역사회 자원에 대한 자료수집, 타 기관의 접수 담당요원과의 연결 체계의 구축, 개인과 서비스가 잘 연계되도록 하는 계약 관계의 주선 등이다.

고객서비스조직모형은 서비스의 비표준화가 특징인 조직에 적용되는 모형이다.

많은 사회복지조직에 적용되는 모형으로 전문직관료제모형과 유사하다. 이 모형에서는 조직의 목표 달성과 기능 수행에 있어서 일선 조직구성원들의 개별화된 서비스의 비중이 절대적이다. 일선 조직구성원들의 전문적인 서비스 제공 활동에 크게 의존하기 때문에 이들은 전문적인 업무 수행에 관해 상당한 자율성을 갖는다.

2) 사회복지조직의 조직화 방법

조직화란 조직의 목표 달성을 위해 조직이 최적의 조직 효과성을 발휘하도록 조직구조를 설계하는 것을 말한다(Skidmore, 1990). 사회복지조직의 조직 효과성을 높이기 위한 핵심적인 조직화 과제는 조직 전체의 업무를 적절한 단위로 부문화하는 것이다. 이는 관리에 적합하고 슈퍼비전에 적절한 서비스 단위로 조직을 기능적으로 분할하는 것을 의미한다(최성재, 남기민, 2016). 여기에는 수 기준 부문화, 시간 기준 부문화, 기능 기준 부문화, 지리적 영역 기준 부문화, 서비스 기준 부문화, 고객 기준 부문화, 서비스 접근통로 기준 부문화 등이 있다(Gurlick, 1937; Wallace, 1953; Weinbach, 1990).

수 기준 부문화는 한 슈퍼바이저 밑에 같은 역할을 수행하는 슈퍼바이지들을 소속시키는 방법이다. 그런데 이 기준만을 적용하면 개인의 능력 차이를 고려하지 못하게 된다. 이에 따라 다른 기준들과 같이 적용되는 경우가 많다.

시간 기준 부문화는 야간이나 주말에도 서비스를 제공해야 하는 경우 업무 시간을 2교대 또는 3교대로 부문화하는 방법이다. 요양시설, 의료 및 보건서비스 조직 등 종일서비스를 제공해야 하는 조직에 적용하게 된다. 이 방법의 단점은 야간이나 주말 근무를 해야 하기 때문에 유능한 직원을 채용하기가 어렵다는 점, 야간 및 주말 서비스는 서비스의 질이 낮다고 인식되기 쉽다는 점, 교대하는 업무조 간에 활동상의 연결이 제대로 되지 않으면 조직의 기능이 단편화될 가능성이 있다는 점 등이다.

기능 기준 부문화는 조직구성원들의 능력, 선호도, 관심 등에 근거해 직무상 적성에 맞는 사람을 해당 분야에 배치하는 방법이다. 영업 조직에서 생산, 판매, 경리 분야 등에 배치하는 방식과 유사하게, 사회복지조직에서도 직접적 서비스 전달, 홍보, 모금이나 자원배분 등의 기능을 기준으로 배치할 수 있다. 이 방법의 단점은 업무 단위 간의 경쟁이 심해지면 협조 부족이나 부서 이기주의 등의 경향이 나타날 수 있다는 점이다.

지리적 영역 기준 부문화는 잠재적인 클라이언트들이 거주하는 지역에 따라 지리적 영역을 부문화해 서비스의 효율성을 높이고 고객에 대한 서비스의 책임 단위를 명확히 설정하고자 하는 방법이다. 이 방법의 단점은 서비스 지역 간 업무량의 격차가 생기고, 클라이언트의 속성에 따른 가시적 성과의 차이, 지역사회의 관심의 차이, 동원 가능한 자원의 차이 등 때문에 고(高)성과지역이 아닌 지역을 담당하는 업무 단위의 사기가 저하되며, 지리적 구분의 엄격성으로 인해 인근 지역임에도 업무 연계가 부족하게 돼 비효율성이 발생할 수 있다는 점이다.

서비스 기준 부문화는 사회복지 실천 방법에 따라 조직을 세분화해 서비스 제공의 전문화를 촉진하는 방법이다. 예를 들어, 케이스워크, 그룹워크, 지역복지 등에 따라 부문화하는 것이다. 이 방법은 복합적인 문제나 욕구를 가진 클라이언트에 대한 통합적인 서비스 제공이 어렵다는 단점이 있다.

고객 기준 부문화는 클라이언트의 종류와 문제에 따라 고객 기준을 부문화함으로써 특정 문제에 특화하고 적정 업무량을 유지하게 하는 방법이다. 여기서는 한 명의 사회복지사가 복합적인 문제를 가진 클라이언트를 담당하게 된다. 클라이언트의 유형별로는 아동, 장애인, 노인, 여성 등으로 부문화할 수 있고, 문제별로는 비행문제, 가족문제, 학업문제, 고용문제, 경제적 문제 등으로 나눌 수 있다. 이 방법의 단점은 한 클라이언트의 문제가 복합적일 경우 한정된 지식과 기술을 가진 특정 서비스 제공자는 다양한 욕구에 대해 포괄적인 서비스를 효과적으로 제공할 수 없다는 점이다.

서비스 접근통로 기준 부문화는 클라이언트가 서비스에 접근할 수 있는 통로별로 업무를 부문화해 관리 업무를 특화함으로써 클라이언트의 접근성을 제고하도록 전문화하는 방법이다. 예를 들어, 병원과 알코올중독치료센터, 병원과 정신건강서비스센터 등 서비스에 따라 명확한 접근 통로가 있는 경우에 적용할 수 있다. 그런데 현재 대부분의 사회복지조직은 학교, 병원, 경로당, 대중매체 등 다양한 접근통로를 갖고 있어 적용성이 떨어지는 경우가 많다.

3) 네트워크조직

최근에는 네트워크조직이 주목을 받고 있다(김영종, 홍현미라, 이현주, 이혜원, 이민영, 진재문, 2008; 송교석, 김경희, 2013; 황성철, 정무성, 강철희, 최재성, 2014). 네트워크(network)는 사전적으로는 그물망 혹은 연계망을 뜻한다. 네트워크조직은 일반적으로는 특정 활동을 수행하기 위해 각 단위가 긴밀하게 연결돼 조직적이고 효율적으로

움직일 수 있도록 만든 조직활동의 체계를 의미한다. 이처럼 네트워크조직은 조직 간의 의사소통과 협력 활동을 활성화하기 위한 조직 운영 방식이다. 애초에 네트워크조직은 외부 자원을 활용해 유연성을 확보하는 기업 간 네트워크를 지칭하는 의미로 사용됐다.

네트워크조직은 사회복지조직에도 유용하게 적용될 수 있다. 사회복지조직에서의 네트워크는 지역사회에서 상호 관련된 조직들의 협력체계로 이해될 수 있다. 알터(Alter, 2000)는 네트워크조직의 필요성에 대해 다음의 5가지로 제시하고 있다.

첫째, 자원 획득을 위해 필요하다. 한 조직만으로는 자원 획득이 어려운 경우 공동으로 자원 획득을 시도할 수 있다.

둘째, 새로운 조직활동 영역을 확충하기 위해 필요하다. 보충적 서비스 제공 기관 간의 연계는 조직의 활동 영역 확충에 기여한다.

셋째, 경쟁력 강화를 위해 필요하다. 비교열위의 조직들이 연계해 자원과 역량을 확충함으로써 과업환경 내에서 비교우위의 경쟁조직에 대해 경쟁력을 보충할 수 있다.

넷째, 변화하는 환경에 적응하기 위해 필요하다. 이를테면, 선도적인 사업을 시범적으로 시행하기 위해 인적자원을 공동으로 운영할 수 있다.

다섯째, 규모의 경제 실현과 비용 절감을 위해 필요하다. 같은 서비스 대상에게 상이한 서비스를 제공하는 조직들은 접수창구 등을 공동으로 운영할 수 있다.

네트워크조직은 조직군, 핵심 조직, 네트워크 유지 구조라는 3가지 요소로 이루어져 있다. 조직군은 특정한 네트워크에 속해 있는 모든 조직을 말한다. 여기에는 유사한 영역의 민간 및 공공, 행정 및 집행 체계에 속해 있는 기관과 프로그램들이 포함된다. 핵심 조직은 조직군에서 핵심이 되는 조직이다. 이 조직은 네트워크를 구성하는 조직들 간의 다양한 교환관계에서 조정 역할을 수행하는데, 공식적 · 합법적으로 자원 및 활동을 통제하는 경우가 많다. 네트워크 유지 구조는 조직들 간의 네트워크를 개발하고 유지하는 데 필요한 구조를 말한다. 여기에는 비공식적인 모임, 공식적인 협의체, 기획기구 등이 있고, 네트워크 활동을 수행하기 위한 별도의 조직구조를 설계할 수도 있다.

[그림 7-3]은 네트워크조직의 모형을 제시하고 있다. 네트워크조직에는 체인네트워크모형, 스타네트워크모형, 집단네트워크모형이 있다(Hardcastle, Stanley, & Patricia, 1997). 체인네트워크모형은 네트워크조직 내에서 상호작용하는 조직들이 사슬처럼 연결돼 상호작용하는 경우다. 여기서는 조직 간의 상호작용이 매우 제한적인 단위로

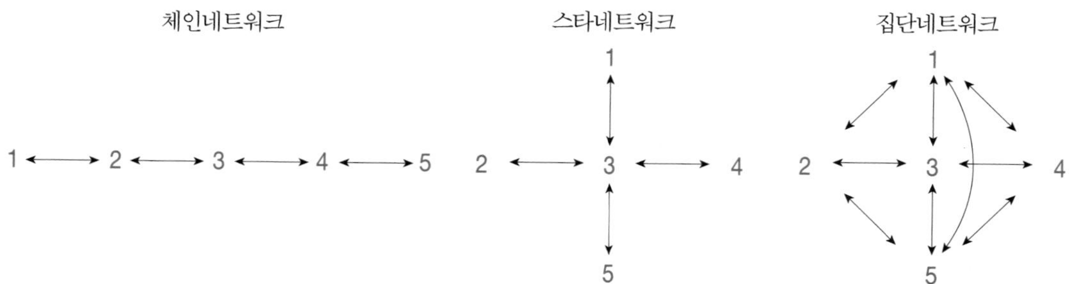

그림 7-3 네트워크조직의 모형

출처: 김영종, 홍현미라, 이현주, 이혜원, 이민영, 진재문(2008), pp. 52-53 수정.

이루어진다. 참여 조직 3이 집중도와 접근도가 가장 우세하다. 참여 조직 1, 5가 참여 조직 3과 교류하기 위해서는 반드시 참여 조직 2, 4를 거쳐야 하기 때문에 참여 조직 2, 3, 4는 참여 조직 1, 5보다 유리한 위치에 있다. 스타네트워크모형은 핵심 조직 등 어느 한 단위를 중심으로 개별 단위들이 상호작용하는 경우다. 개별 조직들은 핵심 조직과만 상호작용할 뿐 개별 조직 간의 상호작용은 제약되는 특징이 있다. 참여 조직 3이 집중도와 접근도가 가장 우세하다. 집단네트워크모형은 참여 조직들 간의 상호작용이 활발히 전개되는 경우다. 핵심 조직인 참여 조직 3이 집중도와 접근도가 가장 우세하지만, 참여 조직들 간에는 개별적인 상호작용이 가능하기 때문에 핵심 조직에 대한 집중도와 접근도가 감소한다. 따라서 핵심 조직의 영향력이 줄어들고 참여 조직들은 균등하게 영향력을 행사할 수 있다.

4. 법인과 기구

1) 법인

(1) 법인에 대한 이해

법인(法人, juridical person)이란 자연인이 아니면서 자연인과 같은 권리와 의무의 주체가 되는 조직을 말한다(엄미선, 양숙미, 백은령, 한주민, 2016; 최성재, 남기민, 2016). 법인은 「민법」 또는 각 단행법(單行法)에 근거해 설립할 수 있다. 대표적으로, 「민법」

제32조(비영리법인의 설립과 허가)는 학술, 종교, 자선, 기예, 사교, 기타 영리가 아닌 사업을 목적으로 하는 사단 또는 재단은 주무관청의 허가를 얻어 법인을 설립할 수 있도록 하고 있다. 이처럼 「민법」상의 비영리법인은 재단법인과 사단법인으로 구분된다. 재단법인은 출연된 재산을 중심으로 구성되고 이사회가 그 재산을 사용하는 활동에 대한 중요 정책의 최고의결기관이 된다. 사단법인은 사람을 중심으로 구성되고 사원총회가 중요 정책의 최고의결기관이 된다.

한편, 「공익법인의설립 · 운영에관한법률」은 민법상 비영리법인인 재단법인이나 사단법인 중 사회 일반의 이익에 이바지하기 위해 학자금 · 장학금 또는 연구비의 보조 및 지급, 학술 및 자선 사업을 목적으로 하는 법인을 공익법인으로 지정할 수 있도록 하고 있다. 동법 제4조(설립허가 기준)는 주무관청은 공익법인의 설립 허가 신청을 받으면 관계 사실을 조사해 기본재산, 즉 재단법인은 출연 재산의 수입, 사단법인은 회비 · 기부금 등으로 조성되는 재원의 수입으로 목적사업을 원활히 수행할 수 있다고 인정되는 경우에만 설립 허가를 한다고 명시한다. 공익법인은 재단법인과 사단법인을 불문하고 이사회와 감사를 두어야 한다.

(2) 사회복지법인에 대한 이해

「사회복지사업법」은 사회복지사업을 실시할 목적으로 설립된 법인에 대해 별도의 사회복지법인으로 규정하고 있다. 사회복지법인은 「민법」상 재단법인이자 동시에 공익법인에도 속한다고 볼 수 있다. 사회복지법인은 시설 설치 및 운영법인과 지원법인으로 구분된다. 시설 설치 및 운영법인은 시설기준에 적합한 시설과 부지를 갖추거나 시설과 부지를 갖출 수 있는 목적사업용 기본재산이 있어서 시설설치가 가능한 지역에서 시설을 설치 · 운영할 수 있는 법인을 말한다. 지원법인은 사회복지시설을 직접 운영하지는 않고 일정한 출연 재산에서 발생하는 수익 등으로 다른 사회복지사업을 지원하는 목적을 갖는 법인을 말한다.

사회복지법인의 허가관청은 시 · 도지사다. 목적사업의 범위가 2개 이상의 시 · 도에 걸쳐 있는 경우에는 관련 시 · 도의 의견을 충분히 수렴해 결정해야 한다. 신청절차는 시 · 군 · 구청장에게 설립신청을 하면 시 · 도지사가 허가를 하도록 돼 있다(보건복지부, 2016a).

사회복지법인의 이사회는 이사 7인 이상과 감사 2인 이상을 두도록 돼 있다. 「사회복지사업법」은 이사회에 대해 세부적인 규정을 제시하고 있다.

첫째, 친족, 즉 특별한 관계인은 이사 총수의 1/5을 초과할 수 없다.

둘째, 이사 정수의 1/3 이상을 사회복지위원회, 지역사회보장협의체가 2배수로 추천하는 사람 중에서 선임해야 한다.

셋째, 이사의 임기는 3년, 감사의 임기는 2년으로 하되, 각각 연임이 가능하다.

넷째, 이사는 법인이 설치한 사회복지시설의 장을 제외한 해당 시설의 직원을 겸할 수 없다.

다섯째, 외국인인 이사는 이사 현원의 1/2 미만이어야 한다.

여섯째, 감사는 이사와 특별한 관계에 있는 사람이 아니어야 하고, 감사 중 1명은 법률 또는 회계에 관한 지식이 있는 사람 중에서 선임해야 한다.

일곱째, 대통령령에 따라 세입이 30억 원 이상인 사회복지법인은 시・도지사의 추천을 받아 회계법인에 속한 사람을 감사로 선임해야 한다.

개인이 일정한 재산을 출연해 법인을 설립했다고 해도 일단 법인재산이 되면 개인의 소유권은 인정되지 않고 법인의 공유재산이 된다(최성재, 남기민, 2016). 법인에 대한 투자는 기업에 대한 투자와는 엄격히 다른 것이다. 이에 따라 어느 이사도 재산권에 근거해 권한을 독단적으로 혹은 상대적 우위에서 행사할 수 없다. 이처럼 이사들은 법인의 활동뿐만 아니라 재산권 행사에 있어서도 동등한 권한과 책임을 갖는다. 따라서 법인과 사회복지시설이 일부의 의지대로만 운영되는 부정적인 전통을 극복하기 위해서는 모든 이사가 책임의식을 갖고 적극적인 참여를 위해 노력할 필요가 있다.

한편, 현재 「사회복지사업법」은 사회복지법인 이외의 단체들도 사회복지사업을 할 수 있도록 하고 있다. 그러나 사회복지사업의 공익성을 고려할 때, 사회복지서비스를 제공하려 할 경우 법인을 설립해 운영하는 것이 바람직하다. 그 이유는 정부로부터 법인체로 허가를 받는 것은 그 법인의 사회복지사업을 사회적으로 공인받는 것이고 사회로부터도 간접적으로 인가받는 의미를 지니기 때문이다. 공신력을 획득한 법인체는 지역사회의 후원을 지속적으로 받을 수 있고 지역사회의 복지증진에 기여해 공신력을 강화할 수 있다.

2) 위원회와 이사회

(1) 위원회에 대한 이해

위원회는 조직이 목표 달성에 필요한 특별한 과업 수행이나 문제해결을 위해 조직의 일상적인 업무수행 조직과는 별도로 구성한 전문가 또는 업무 관련자들의 활동기구를 말한다(Skidmore, 1990; 지은구, 2005; 최성재, 남기민, 2016). 위원회는 계속성의 필요에 따라 인사위원회, 예산위원회 등 정규적으로 발생하는 특별 업무를 처리하기 위한 상임위원회와 비정규적인 특별 업무를 처리하기 위한 임시위원회로 구분할 수 있다. 위원회의 구성은 능력이 있는 자, 해당 과업이나 문제에 관심이 있는 자, 시간과 정력을 제공할 용의가 있는 자, 과업이나 문제에 관련된 여러 측면에서 대표자가 될 수 있는 자, 경우에 따라서는 소수집단을 대표할 수 있는 자로 이루어지는 것이 바람직하다.

위원회의 책임과 권한은 사전에 분명히 명시될 필요가 있다. 순전히 자문 역할만 하는 위원회인지 아니면 기획 및 의사결정까지 하는 위원회인지 성격이 구분돼야 한다. 기관장은 위원회의 책임과 권한에 대해 명문화할 필요가 있고, 위원회 구성 단계에서부터 이에 대해 분명히 이해시킨 뒤 참여토록 해야 한다. 물론 위원회가 활동에 대한 책임만 지지 않고 어느 정도의 권한을 부여받는 편이 위원회 활동의 효과성 증진에 도움이 된다.

위원회의 회의는 각자 역할에 기초해 주의 깊게 준비돼야 한다. 시설장은 위원회에 의사결정의 준거를 충분히 공유시켜 회의의 운영이 조직에 실제로 도움이 되도록 기반을 조성해야 한다. 여기에는 회의의 안건과 관련된 외부적 환경, 조직 내의 여건, 준비 정도, 위원회에 요구하는 사항 등이 포함된다. 위원장은 적절한 절차를 밟아 회의를 준비하고 능동적으로 주도해야 하며, 관련 업무에 대해서도 정통해야 한다. 위원들은 활동에 적극적으로 참여하고, 조직에서 원하는 내용에 대해 창의력을 발휘해 기여하고, 상호 신임하는 태도를 갖고, 융통성을 발휘하고, 전체를 위해 양보하는 태도를 가져야 한다.

위원회 운영의 장점은 다음과 같다(Bedeian, 1993).

첫째, 관련 사안에 대한 협조와 정보 획득에 효율적이다.

둘째, 조직의 제안에 대해 전문가의 의견과 평가를 체계적으로 얻을 수 있다.

셋째, 관련된 여러 사람의 의견을 한꺼번에 들을 수 있다.

넷째, 정책 수립에 외부 전문가들을 참여시키기 때문에 시설장과 직원들만의 의사결정이 아닌 참여적 관리행정의 수단이 된다.

다섯째, 관련된 사람들의 헌신적인 참여를 이끌 수 있다. 여섯째, 행정책임자의 결정을 보조해 준다.

반면, 위원회 운영의 단점은 다음과 같다.

첫째, 비용이 많이 든다.

둘째, 문제의 처리에 시간이 걸린다.

셋째, 의견이 상충될 경우 결정이 타협적으로 이루어질 가능성이 있다.

넷째, 결정에 대한 책임소재가 모호하기 때문에 책임성을 희석시킨다.

다섯째, 이해관계가 얽힌 사람들을 포함시키면 위원회가 객관적인 시야를 갖기 어렵다.

「사회복지사업법」은 운영위원회에 대한 규정을 다음과 같이 두고 있다. 시설의 장은 운영위원회를 두어야 한다. 운영위원회의 위원은 다음의 사람 중에서 관할 시·군·구청장이 임명하거나 위촉한다. 즉, ① 시설의 장, ② 시설거주자 대표, ③ 시설거주자의 보호자 대표, ④ 시설종사자의 대표, ⑤ 해당 시·군·구 소속의 사회복지 업무를 담당하는 공무원, ⑥ 후원자대표 또는 지역주민, ⑦ 공익단체에서 추천한 사람, ⑧ 그 밖에 시설의 운영 또는 사회복지에 관해 전문적인 지식과 경험이 풍부한 사람이다. 다음으로, 시설의 장은 다음의 사항을 운영위원회에 보고해야 한다. 즉, ① 시설의 회계 및 예산·결산에 관한 사항, ② 후원금 조성 및 집행에 관한 사항, ③ 그 밖에 시설운영과 관련된 사건·사고에 관한 사항이다.

(2) 이사회에 대한 이해

이사회는 조직이 목표를 달성할 수 있도록 법률적으로 책임을 지고 있는 법인의 최고의사결정기구다(Gelman, 1987). 따라서 이사회는 자연인이 아니면서 자연인과 같은 권리와 의무의 주체가 되는 법인의 상설적 기관이다. 이처럼 이사회는 법인의 사무를 집행하고 원칙적으로 법인을 대표하며 법인의 법률행위에 대해 직무권한을 갖는다.

사회복지조직은 이사회를 구성하고 운영해야 할 필요가 있다. 사회복지조직은 지역사회의 복지증진을 위해 일하는 조직이기 때문에 지역사회 거주자 또는 지역사회에서 활동하고 있는 사람들로 이사회를 구성할 필요가 있다. 구체적으로, 사회복지조직의 이사회는 지역사회로부터 피드백을 얻고, 지역사회의 욕구를 확인하고 그 해결 방법을 지도받으며, 조직의 목표를 효과적·효율적으로 달성하는 데 있어서 책임성을 부여받기 위한 중요한 장치다. 따라서 사회복지조직의 이사회의 구성은 조직과 조직의 사업에 관심이 있는 자, 지역사회의 여러 집단의 대표자가 될 수 있는 자, 개인적으로 능력이 있는 자, 시간과 정력을 할애할 용의가 있는 자로 이루어져야 한다.

사회복지조직의 이사회는 사회복지조직의 법인격 구축의 기반, 제반 정책의 결정기관, 조직활동의 배후 후원기관의 성격을 동시에 갖는다. 구체적인 기능은 ① 조직의 목적 또는 목표 설정, ② 조직의 운영기구의 설정, ③ 필요한 인적·물적 자원의 조달, ④ 조직의 행정책임자 채용 및 임명, ⑤ 정책의 결정, ⑥ 예산 인준 및 위탁, ⑦ 수익재산의 구입에 필요한 역할수행 등 재정원천에의 접근 촉진, ⑧ 조직운영의 점검 및 평가, ⑨ 인적자원 확충, ⑩ 지지적 여론 조성 등 조직과 지역사회 간의 중개, ⑪ 지역사회 계획에의 참여, ⑫ 정관의 변경 등이다(Trecker, 1971).

사회복지조직의 이사회, 시설장, 직원의 역할은 다음과 같이 구분된다. 이사회는 조직의 운영과 시설장 및 직원의 직무수행을 포함한 조직 전반에 대해 궁극적으로 책임을 지는 주체이고, 재정, 조직활동 등 조직의 주요 방침을 결정하며, 시설장에 대한 임명권을 행사한다. 시설장은 이사회가 고용한 사람으로 이사회의 요청에 따라 조직 운영의 전반에 대한 사항을 위임받아 집행하며, 그 결과 이사회에 대해 책임을 져야 한다. 직원은 시설장이 임명한 사람으로 이사회의 위임을 받은 사회복지시설의 직무를 실행하는 주체이며, 시설장에 대해 책임을 진다.

사회복지조직의 이사회, 시설장, 직원 간의 관계는 명확한 역할 분담에 입각한 협조적 관계가 되는 편이 바람직하다(Bailey & Grochau, 1993). 삼자 간의 관계를 분명히 하고 갈등을 피하기 위해서는 역할, 책임, 권한을 명시한 직무 규정을 마련할 필요가 있다. 사회복지조직의 민주적·참여적·협조적 의사결정의 특성에 맞게 직무규정에는 고용자와 피고용자의 일방적 관계보다는 동료적 입장에서 협조적 관계를 형성하도록 하는 편이 바람직하다. 특히 시설장을 비롯한 실무책임자들이 이사회와 함께 일하기 위해서는 조력자의 역할, 정화기의 역할, 중개자의 역할, 동원가의 역할을 담당해야 한다(Levy, 1962).

이사회가 위원회와 다른 점은 다음과 같다(O' Donnell & Reid, 1978).

① 이사회는 위원회와는 달리 시설장의 참석 없이 회의를 개최하는 경우가 드물다.
② 이사회는 위원회와는 달리 시설장 이외에는 조직의 직원이 구성원이 될 수 없다.
③ 이사회의 구성원의 수는 위원회보다 적은 경우가 많다.
④ 이사회는 위원회에 비해 수혜자가 참여하는 경우가 드물다.
⑤ 이사회는 위원회보다 조직의 운영과 서비스 전달에 많은 영향을 끼친다.

⑥ 이사회는 정책을 결정하고 위원회는 건의하는 역할을 주로 맡는다.

5. 조직환경과 대응전략

1) 조직환경에 대한 이해

조직은 진공상태에서는 존재하지 않는다. 조직은 반드시 환경 속에 존재하고, 환경과 끊임없이 상호작용하며 영향을 주고받는 속성을 갖고 있다(Hasenfeld, 1983). 1950년대까지는 조직을 폐쇄체계로 간주해 주로 조직 내부의 문제에만 주목하고 조직환경에 대해서는 소홀히 취급하는 경향이 있었다. 그러나 1960년대 이후 체계이론의 등장과 함께 조직과 환경의 유기적 관계에 대한 관심이 고조되기 시작했다.

특히 사회복지조직은 환경의 포로라고 불릴 수 있을 만큼 환경으로부터 지대한 영향을 받는다(Carlson, 1964). 주로 비영리기반의 활동을 전개하는 사회복지조직은 독자적인 자원생산 능력이 부족해 지역사회로부터 투입되는 자원에 의존하고, 뿐만 아니라 사회복지조직 활동의 정당성의 원천 또한 국가 및 지역사회가 부여하는 권위에 있기 때문이다.

조직환경이란 일반적으로는 조직과 상호작용하는 외부적 요소들을 총칭한다. 구체적으로 사회복지조직의 조직환경은 조직의 활동과 생존에 필요한 자원의 공급처이자 조직적인 목표 설정과 실행 시 순응해야 하는 각종 규제의 집합체다(Schmid, 2000).

[그림 7-4]에서 보여 주듯이, 조직환경은 일반환경과 과업환경으로 나누어 볼 수 있다(Hall, 1977). 일반환경이란 사회복지조직이 변경시킬 수 없고 영향을 받는 관계에 있는 주어진 조건을 말한다. 여기에는 정치적 · 경제적 · 법적 · 문화적 · 인구사회학적 · 기술적 조건 등이 있다. 과업환경은 사회복지조직이 활동에 필요한 자원과 정당성을 제공받고 구체적으로 상호작용하는 요소들을 말한다. 여기에는 재정자원의 제공자, 정당성과 권위의 제공자, 클라이언트 및 클라이언트의 제공자, 보충적 서비스의 제공자, 조직산출물의 소비자와 인수자, 경쟁조직과 네트워크환경 등이 있다.

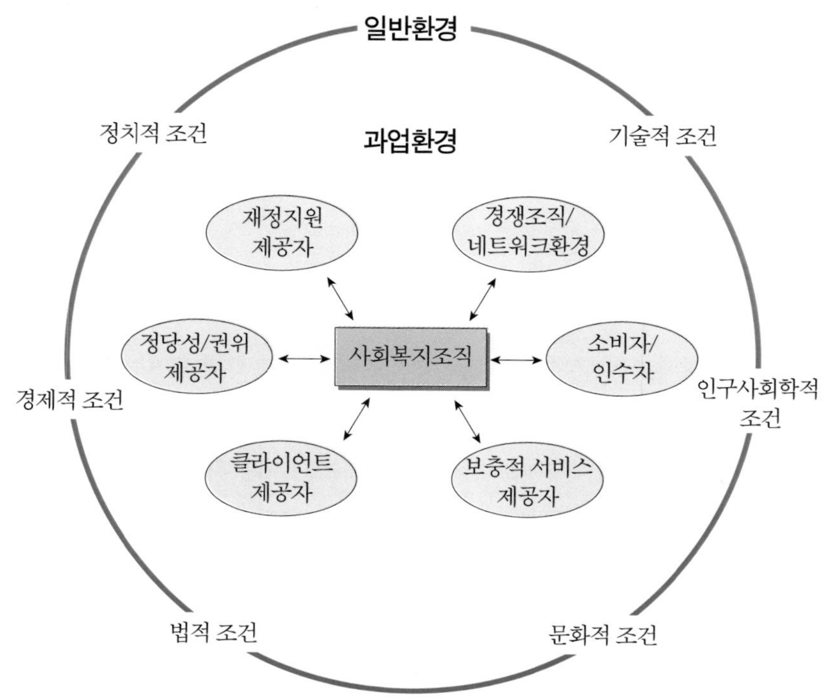

그림 7-4 사회복지조직의 조직환경

출처: 황성철, 정무성, 강철희, 최재성(2014), p. 32 재구성.

2) 사회복지조직의 일반환경과 과업환경

(1) 사회복지조직의 일반환경

사회복지조직의 일반환경에는 정치적 조건, 경제적 조건, 법적 조건, 문화적 조건, 인구사회학적 조건 및 기술적 조건이 있다(Hasenfeld, 1983; 최성재, 남기민, 2016).

정치적 조건은 사회복지조직의 활동에 대한 정치적 지지의 기반을 제공한다. 정부는 사회복지조직의 활동에 각종 규제와 재정적 지원을 통해 통제력을 행사한다. 특히 정부의 공적복지 확충에 대한 의지는 사회복지조직의 활동에 영향을 끼친다. 정부가 공적복지 확충에 인색할 경우, 명목상의 법·제도를 운영하더라도 실질적인 재원과 전달체계 마련을 등한시 할 것이고 민간사회복지조직은 불가피하게 주된 복지 공급자의 역할을 떠맡는 상황이 생길 수 있다. 정부가 공적복지 확충에 적극적인 의지를 갖고 있다면 공적복지의 충분한 재원 확보 및 공공전달체계의 확립을 통해 사회복지행정이 공공영역을 중심으로 구축되고 민간영역은 보충적인 기능을 담당하는 방식으로 역할 분담이 이루어질 것이다.

경제적 조건은 사회복지조직의 재정적 기반 마련과 관련이 있다. 국가적 차원에서는 경제성장률이 높으면 사회복지재정의 기반이 확충되지만, 반대로 경제가 후퇴할 때에는 소득불평등이 심해지고 근로빈곤층이 늘어나 공적부조의 비용부담이 커진다. 나아가 소득불평등이 크고 계급 간 양극화가 심해지면, 사회복지에 대한 수요가 증가하는 한편, 조세의 기반을 확충하기 어렵다. 지역사회의 경우 지역경제가 호전되면 지방정부의 재정기반이 확충되고 지역주민의 기부 활성화를 기대할 수 있다. 반대로 경제상황이 악화되면 사회복지조직의 재정적 기반이 약화된다. 나아가 경제구조의 변화는 지역주민의 욕구를 다변화시켜 사회복지조직의 서비스 공급에 민감하게 영향을 끼친다. 이를테면 대규모의 실업은 고용서비스, 보육서비스, 정신건강서비스, 가족서비스 등에 대한 수요를 증대시키는 경향이 있다.

법적 조건은 사회복지조직의 활동을 인가하는 기준이 된다. 클라이언트 선정, 재원 마련, 서비스 인력 확충, 서비스 기술 적용 등 사회복지조직의 대부분의 활동은 법적 인가에 바탕을 두고 있다. 법적 조건이 사회복지조직의 활동에 영향을 끼치는 경우는 매우 다양하다. 「기부금품모집및사용에관한법」은 모집 비용 충당 비율을 모집 금액의 15% 이하(모집 금액이 10억 원 이하인 경우)로 제한하고 있는데, 이는 민간부문의 자율적인 재원 마련을 어렵게 한다는 평가를 받고 있다. 보건복지부는 「사회복지사업법」을 비롯한 법령과 '사회복지관 운영관련 업무처리 안내' 등 각종 지침을 통해 민간사회복지조직들의 활동을 통제하고 있다. 또 재량사업이나 법정사업 등을 통해 사회복지서비스가 신설 혹은 변경되면 민간사회복지전달체계는 결정적인 영향을 받는다.

문화적 조건은 사회복지조직 활동의 사회적 기반을 형성한다. 사회복지조직은 사회적 정당화를 위해 지배적인 사회적 가치를 반영하는 속성을 갖고 있다. 문화적 조건은 사회복지조직이 제공하는 서비스의 형태, 클라이언트의 선택, 문제를 규정하는 시각 등에 영향을 끼친다. 자유주의사상이 지배적이면 노동윤리의 영향이 크기 때문에 근로빈곤층에 대한 일방적인 급여 제공에 대한 사회적 저항이 크다. 반면, 집합주의적인 사상이 지배적이면 근로빈곤층에게 생계 지원과 다양한 고용 서비스를 제공하지만, 이는 고용 서비스에의 참여의 대가일 뿐 공적부조 수급 자격과 연계시키는 강제성은 약하다.

인구사회학적 조건은 욕구와 사회문제의 내용을 규정하기 때문에 사회복지조직의 활동에 민감하게 영향을 끼친다. 따라서 사회복지조직은 국가 및 지역사회의 인구사회학적 변화에 대응해 클라이언트의 선택, 서비스 기술의 적용 등의 적응성을 신장할 필요가 있다. 연령 면에서 고령화가 되면 다양한 노인문제가 발생하고 노인의 경제적 · 신체적 · 문화적 욕구가 커지기 때문에 사회복지조직의 대처의 필요성이 증가한다. 성별 면에서 경제적 자원이 취약하고 평균 수명이 긴 여성노인이 증가하면 경제적 지원과 함께 독거노인에 대한 가족기능보충서비스가 확대될 필요가 있다. 가족구성 면에서 여성한부모가구가 증가하면 보육서비스와 취약한 고용능력을 보완하는 고용 서비스에 대한 수요가 증가한다. 거주지역 면에서 지역 특성은 상이한 사회문제를 형성한다. 농촌 지역에는 농촌노인과 경제적 활력화 문제, 대도시 지역에는 근로빈곤 같은 전형적인 도시문제와 지역공동체 형성 문제 등이 현안으로 대두된다.

기술적 조건은 사회복지조직이 적용하는 서비스 기술의 내용과 수준을 규정한다. 사회복지조직의 기술 수준은 인간문제에 대한 사회적 기술 및 연구의 수준과 밀접한 관련이 있다. 기술적 환경이 사회복지조직의 활동에 영향을 끼치는 경우는 다양하다. 정신건강분야에서 1950년대 이후 향정신성의약품(antipsychotic drug agents)이 개발돼 지역사회 정신보건서비스가 기존의 격리와 수용 치료 위주의 접근을 대체하는 계기를 제공했다. 심리학에서의 행동수정이론은 아동 · 청소년 분야 등에서 사회복지서비스의 기술을 향상시키는 데 기여했다. 통계학에서는 패널(panel) 연구방법이 개발되면서 동일한 표본에 대한 장기간의 관찰과 통계적 접근이 가능하게 돼 복지통계 생산의 혁신이 이루어졌다.

(2) 사회복지조직의 과업환경

사회복지조직의 과업환경으로는 대표적으로 다음의 6가지를 고려할 수 있다(Hasenfeld, 1983). 즉, 재정자원의 제공자, 정당성과 권위의 제공자, 클라이언트 및 클라이언트의 제공자, 보충적 서비스의 제공자, 조직산출물의 소비자와 인수자, 경쟁조직과 네트워크환경에 대해 살펴본다.

재정자원의 제공자는 사회복지조직 활동의 재정적 기반을 제공하는 외부환경을 말한다. 비영리를 기반으로 운영되는 사회복지조직은 독자적인 재정 확충 능력이 없기 때문에 재정자원의 제공자는 사회복지조직에게 가장 큰 영향을 끼치는 과업환경이라고 할 수 있다. 재정자원의 제공자에는 국가 및 지방정부, 사회복지공동모금회,

재단을 비롯한 민간단체, 기업 · 단체 및 개인 후원자 등이 있다. 국가 및 지방정부는 정부의 보조금에 의존하는 사회복지조직의 가장 중요한 재정자원 제공자다. 사회복지공동모금회와 재단을 비롯한 민간단체 등은 정부의 보조금만으로는 충족시킬 수 없는 서비스 제공 목표를 달성하기 위한 보충적인 재정자원 제공자다. 기업 · 단체 및 개인 후원자들은 사회복지조직의 재정 원천을 다각화해 특정 재정자원 제공자에 대한 의존성을 줄이고 자율성을 확대하는 데 기여한다.

정당성과 권위의 제공자는 사회복지조직의 정치적 기반을 제공한다. 인간문제를 다루는 사회복지조직은 사회적으로 인가된 활동을 전개해야 한다. 따라서 사회복지조직의 존재는 사회적 권위에 기반을 두고, 모든 활동은 사회적으로 정당화돼야 한다. 사회복지조직은 법률과 정부의 인가에 의해 합법적인 권위를 획득하고, 지역사회보장협의체와 지역사회복지협의회를 비롯한 지역사회의 사회복지 주체들과 전문가 집단으로부터 전문적인 활동의 정당성을 부여받는다. 나아가 클라이언트와 클라이언트집단, 지역사회의 여론은 사회복지조직 활동의 정당성을 확충해 준다. 사회복지조직과 조직구성원들이 전문적이고 윤리적인 실천활동을 전개하고 클라이언트의 참여를 확대하면 클라이언트로부터 좋은 평판을 얻고, 사회복지조직 활동에 대한 지역사회의 지지기반을 확충할 수 있다.

클라이언트 및 클라이언트의 제공자는 사회복지조직의 서비스 제공 활동의 원천이 되는 클라이언트를 공급하는 역할을 한다. 모든 사회복지조직은 고유의 목표를 달성하기 위해 특정한 문제를 다루게 되고, 이에 따라 지역사회 구성원들 중 특정 집단을 주된 클라이언트로 설정하게 된다. 이처럼 클라이언트 제공자와의 긴밀한 협력관계는 사회복지조직 활동의 목표 수행에 크게 기여하게 된다. 조직활동의 성격과 서비스의 목표에 따라 타 사회복지기관이나 공공기관뿐 아니라 병원, 학교, 경찰, 언론, 교회 등 지역사회의 주체들과 협력관계를 형성할 필요가 있다. 나아가 사회복지조직은 클라이언트와도 지지적 관계를 형성할 필요가 있다. 클라이언트의 참여를 바탕으로 조직 운영을 하게 되면 클라이언트집단과 지역사회 속에서 정당성의 기반을 확충할 수 있기 때문이다.

보충적 서비스의 제공자는 서비스 제공 활동에 필요한 사회복지조직 간의 협력 활동의 원천이다. 일반적으로 개별 조직만으로는 클라이언트의 모든 욕구를 충족시키거나 다양한 문제를 해결하기에는 한계가 있기 때문에 서비스 제공의 포괄성의 원칙을 구현하지 못한다. 따라서 사회복지조직은 보충적 서비스 제공자와의 공식적 · 비공식적 협력 활동을 강화해야 한다. 최근에는 필요한 서비스들을 체계적으로 연결하기 위해 통합성의 원칙이 강조되고 있다. 이를 위해서는 사회복지조직 간에 의뢰체계 등 유기적인 연계와 협조체제를 잘 갖추어야 하고, 서비스 제공 장소가 서로 가까워 클라이언트의 지리적 접근성을 제약하지 않아야 하며, 사회복지조직들의 서비스가 적절히 전문화되고 가급적 중복되지 않는 것이 좋다. 나아가 연합화 전략에 따라 사회복지조직 간의 서비스 공조체제를 구축해 자원을 지역적으로 집중시킬 필요가 있다.

조직산출물의 소비자와 인수자는 사회복지조직의 서비스 제공 활동 이후 기능이 향상된 클라이언트를 제공받는 지역사회의 환경체계다. 사회복지조직은 자원을 투입해 특정 클라이언트의 욕구를 충족하고 문제를 해결하기 위해 노력한다. 이때 사회복지조직은 주로 적용하는 서비스 기술에 따라 다양한 소비자 및 인수자와 관계를 형성한다. 인간식별기술과 인간유지기술을 주로 적용하게 되면 클라이언트의 기능 향상을 직접 지향하기 어렵기 때문에 보충적 서비스 제공자와의 더욱 긴밀한 협조체제가 필요하다. 반면, 인간변화기술을 주로 적용하는 사회복지조직은 클라이언트의 기능 향상을 목표로 삼기 때문에 서비스 제공 결과에 따라 가족, 학교, 직장 등 지역사회의 환경체계가 조직산출물의 소비자와 인수자가 되는 경우가 많다. 따라서 사회복지조직은 서비스 종료 이후에도 지역사회의 환경체계와 긴밀한 협조체계를 형성할 필요가 있다.

경쟁조직과 네트워크환경은 사회복지조직이 지역사회에서 직면하는 사회복지전달체계의 사회복지 관련 조직 간 관계를 말한다. 사회복지조직들은 제한된 자원을 획득하기 위해 불가피하게 경쟁관계가 형성된다. 여기에는 서비스 제공에 필수적인 클라이언트 확보를 위한 경쟁, 모금기관의 프로그램 선정을 위한 경쟁, 위탁계약이나 보조금 지급을 위한 사회복지조직 간의 경쟁 등 다양한 형태가 있다. 한편, 최근 사회복지조직들 간의 네트워크환경의 중요성이 강조되고 있다. 모든 조직은 지역사회의 사회복지전달체계 내에서 공공사회복지조직 혹은 민간사회복지조직들과 관계를 형성하게 된다. 이 때 네트워크환경에 대한 분석은 사회복지조직의 생존과 발전을 위한 네트워크전략 수립에 기여할 수 있다. 네트워크활동은 공동의 자원 획득, 보충적 서비스 제공 기관 간의 연계를 통한 조직의 활동 영역 확충, 경쟁조직에 대한 경쟁력 강화, 변화하는 환경에 대한 적응, 규모의 경제 실현과 비용 절감 등에 기여할 수 있기 때문이다. 네트워크분석에서는 조직군에 대한 파악, 네트워크유형 분석, 중심 조직과 이에 대한 집중도 및 접근성 분석 등이 필요하다. 이와 함께 사회복지조직 간의 네트워킹에 영향을 끼치는 개인적 · 조직적 · 환경적 요인을 분석하고 대응 전략을 마련할 필요가 있다.

3) 환경의존에 대한 대응전략

(1) 환경의존에 대한 대응방향

환경에 대한 의존성이 매우 높은 사회복지조직은 환경에 대한 의존도를 낮추고 자율성을 획득하고자 하는 기대를 갖고 있다. 이를 위해서는 의존-권력 관계를 강화하거나 약화시키는 조건이 무엇인지 파악할 필요가 있다(Hasenfeld, 1983).

〈표 7-4〉에서 볼 수 있듯이 서비스에 대한 국가의 규제가 강할 때, 조직의 서비스에 대해 제도화된 법규가 아닌 외부의 재량적인 관여를 허용할 때, 원활한 서비스 제공을 목표로 하는 타 조직의 보충적 서비스에 대한 수요가 높을 때, 조직의 목표를 수립하려면 외부로부터 인가를 받아야 할 때, 과업환경과의 의존-권력 관계를 탈피하는 데 필요한 비용과 이득에 대한 정보가 부족할 때 과업환경에 대한 의존성이 강화된다. 반면, 외부로부터 상당한 재량권을 확보할 때, 핵심적인 자원을 개발해 재정적 독립성을 추구할 수 있을 때, 대체적인 보충적 서비스 제공 기관을 확보하거나 자체적으로 서비스를 개발할 때, 독자적인 조직이념을 설정해 자체적인 정당화의 기반을 확보할 때, 과업환경과의 의존-권력 관계를 탈피하는 데 필요한 비용과 이득에 대한 정보의 획득이 가능할 때 과업환경에 대한 의존성을 약화시킬 수 있다.

〈표 7-4〉 과업환경에 대한 의존성 강화 및 약화 조건

의존성 강화 조건	의존성 약화 조건
국가정책에 의한 규제	외부로부터의 재량권의 확보
조직의 서비스에 대한 외부의 재량적 관여	핵심적인 자원의 소유
타 조직의 보충적 서비스에 대한 높은 수요	대체적인 서비스의 개발
조직의 목표 수립에 대한 외부에서의 인가	자율적인 조직이념 설정 가능성의 개발
의존관계 탈피의 대안에 대한 정보 부족	대안에 대한 효과적인 정보의 획득

출처: Hasenfeld(1983), p. 68.

(2) 의존-권력 관계 변화 전략

과업환경에 대한 의존-권력 관계를 변화시키기 위한 전략에 대해 살펴본다(Hasenfeld, 1983; 최성재, 남기민, 2016). 의존-권력 관계의 변화 전략에는 권위주의 전략, 경쟁적 전략, 협동적 전략, 방해전략이 있다. 사회복지조직의 의존-권력 관계를 개선하기 위한 전략 선택의 기준은 사회복지조직이 필요로 하는 자원이 과업환경에 집중돼 있는 정도(특정 주체에게 집중돼 있는가, 분산돼 있는가), 사회복지조직이 통제할 수 있는 전략적 자원의 수준(직접 통제할 수 있는 전략적 자원의 수준이 어느 정도인가)에 의해 결정된다. 즉, 조직이 필요로 하는 자원이 과업환경 내의 특정 주체에게 집중돼 있거나 조직 내의 전략적 자원이 적을수록 과업환경에 대한 의존-권력 관계를 개선할 수 있는 능력이 미약해진다.

권위주의 전략은 과업환경에 대해 행동을 명령하지만 보상은 지불하지 않는 수직적 명령을 통해 권력을 행사하는 방식을 말한다. 이 전략은 조직의 자율성을 유지하는 가운데 과업환경을 변화시킬 수 있다는 점에서 이상적인 전략이라 할 수 있다. 이 전략이 적용될 수 있으려면 과업환경이 명령을 이행하지 않을 때 효과적인 제재를 가할 수 있는 충분한 권력(권위, 재정자원 등)을 갖고 있어야 한다. 그러나 이 전략을 사용할 경우, 명령에 대한 순응 여부를 감시해야 하기 때문에 감시 비용이 많이 들고 과업환경은 실질적인 순응이 아닌 상징적인 순응에 머무를 가능성이 있다는 문제점이 있다.

경쟁적 전략은 서비스의 내용, 질적 수준, 절차 등을 개선해 과업환경 내의 조직들과 경쟁함으로써 권위나 명성 등의 지위를 향상해 권력을 증강시키는 방식을 말한다. 이 전략은 자원이 과업환경 내에 분산돼 있고, 사회복지조직은 경쟁 조직들과 대등한 권력 관계를 유지할 수 있을 정도로 충분한 자원을 보유하고 있을 때 채택할 수 있다. 이 전략은 클라이언트에게도 선택의 폭이 넓어지고 서비스의 질이 개선된다는 이점이 있다. 그러나 이 전략을 사용할 경우, 투입 대비 산출의 효율성을 중시하면 복합적인 욕구와 취약한 문제에 노출돼 있는 클라이언트가 배제되는 클라이언트선별(creaming out)의 위험성이 있고, 지불 능력이 있는 집단을 주요 클라이언트층으로 삼아 저소득층이 배제될 수 있으며, 과도한 경쟁으로 인한 기관 간의 서비스 중복은 지역사회의 자원 낭비를 초래할 수 있다는 문제점이 있다.

협동적 전략은 과업환경 내에 있는 다른 조직과 서로 필요로 하는 서비스를 교환해 자원을 보충함으로써 권력을 증강시키는 방식을 말한다. 협동적 전략에는 계약,

연합 및 흡수가 있다.

계약은 두 조직이 자원 혹은 서비스 교환에 대해 합의를 맺음으로써 권력을 증강하는 방식이다. 이 방식은 자원이 과업환경 내에 집중돼 있는 반면, 사회복지조직도 해당 자원과 서비스 제공에 대해 어느 정도 통제력을 갖고 있어 서로에 대한 권력 행사가 가능할 때 채택될 수 있다. 이 방식을 통해 사회복지조직은 불확실한 과업환경에 대한 의존도를 줄일 수 있다. 그러나 이 방식을 사용할 경우, 사회복지조직의 선택의 범위가 좁아져 자율성이 침해되고, 나아가 제공되는 자원의 특성에 맞추기 위해 조직의 주요 목적과 어긋나는 서비스를 제공할 수 있으며, 평가 결과에 따른 자원 조정이 불가능하기 때문에 서비스의 효과성 평가가 무의미해질 수 있고, 자원 수급을 독점하면서 서비스를 부주의하게 전달해 도덕적 해이가 발생할 수 있는 문제점이 있다.

연합은 여러 조직이 공동의 이익을 추구하려는 목적으로 공동활동에 대한 의사결정기구를 만들어 협상력을 높이고 권력을 증강하는 방식이다. 이 방식은 과업환경의 표적조직에 비해 각 조직은 비교적 세력이 약하고, 조직들 간에는 협력을 통해 이익을 교환하지만 이해관계의 상충이 없고, 각 조직은 연합에 가담할 때 얻을 수 있는 이득이 지불해야 하는 비용보다 크다는 확신을 갖고 있을 때 채택될 수 있다. 이 방식을 통해 조직들은 연합조직을 만들어 과업환경의 표적조직과 효과적으로 협상할 권력자원을 확보할 수 있다. 연합은 공통의 목표를 달성하기 위한 한시적인 조직체일 경우가 많다. 그러나 이 방식을 사용하면 정보교환이나 실무 담당 등 단위조직일 때에는 없었던 과업이 부과돼 연합활동에 대한 비용을 지불해야 하고, 연합활동의 역할 부여를 둘러싸고 이견이 발생할 수 있으며, 연합활동의 결과 산출되는 이익을 배분하는 방식을 둘러싸고 갈등이 생기는 문제점이 있다.

흡수는 과업환경 내 표적조직의 핵심 인사들을 조직의 지도부 등 정책수립기구에 참여시켜 조직적인 세력을 넓힘으로써 조직 생존의 위협을 피하고 조직 유지에 필요한 권력을 확충하는 방식이다. 이 방식을 사용하면 사회복지조직은 교섭력을 획득해 표적조직으로부터의 위협을 감소시킬 수 있고, 나아가 표적조직과의 우호적인 관계 형성을 기대할 수 있다. 이 방식은 표적조직과의 경쟁에 필요한 전략적 자원을 갖고 있지 않을 때, 나아가 사회복지조직은 자원 부족 때문에 현재 직면해 있는 위험을 통제할 수 없을 때 채택될 수 있다. 그러나 이 방식을 사용할 경우 조직 운영에 대해 외부에서 유입된 사람들의 관여가 허용되기 때문에 조직의 자율성이 침해될 수 있고,

조직의 가치와 문화가 이질화 돼 갈등이 초래될 수 있으며, 나아가 조직 목표의 성격과 활동 방향을 수정하게 되는 문제점이 있다.

방해전략은 과업환경 내의 표적조직의 자원생산 능력을 위협하는 적대적인 행동을 의도적으로 취함으로써 양보를 얻어 내 권력을 증강시키는 방식을 말한다. 이 전략은 사회복지조직의 권력이 약한 조건에서 표적조직은 평화적인 요구를 묵살하는 경향이 있을 때, 사회복지조직이 방해전략을 사용한 결과 실패에 따른 손해의 위험부담이 크지 않을 때, 사회복지조직은 표적조직에 갈등 해소를 위한 기본 규칙을 제공해 영향력을 행사할 수 있는 제삼의 외부조직과 상호작용을 하고 있지 않을 때, 사회복지조직과 표적조직 사이에 이념적 갈등이 있을 때 채택될 수 있다. 그러나 이 전략을 사용할 경우, 단기적으로는 부분적인 양보를 얻을 수 있지만 표적조직은 내면적인 순응이 아닌 강요에 의해 비자발적으로 참여하는 결과가 초래되고, 지속적인 감시가 어렵기 때문에 장기적으로는 구조적인 문제에 대한 관심을 회피하는 수단으로 변질될 수 있는 문제점이 있다.

제4부 사회복지행정의 관리 영역

제8장 인적자원관리

1. 사회복지조직 인적자원관리의 이해

사회복지조직은 기계적 조직관에 바탕을 둔 전통적인 인사관리의 관점이 적용되기에는 한계가 있다. 인간 대상 서비스 제공 활동이 주된 조직활동이기 때문에 클라이언트와 일선 사회복지사 간의 개별적인 관계가 중시돼 업무의 표준화 가능성이 매우 낮다. 조직효과성은 일선 사회복지사의 전문직 가치와 윤리적 의무의 내면화 정도, 전문성의 수준과 경험, 인간관계의 특성, 슈퍼바이지와 슈퍼바이저의 관계 등에 의해 결정적으로 영향을 받는다.

이에 따라 사회복지조직은 조직구성원들을 하나의 생산요소로 간주할 게 아니라, 조직구성원들은 희소가치가 높고 대체 불가능한 인적자원이기 때문에 투자의 대상으로 중시할 필요성이 대두돼 왔다(Pecora & Wagner, 2000). 사회복지조직은 구성원들의 참여와 협동을 장려하는 조직문화와 함께, 경제적 효율성의 관점을 극복해 조직구성원들의 욕구충족을 지향하고, 업무 과정에서 자율성을 부여하며 동기부여와 만족의 극대화를 추구해야 한다.

실제로 사회복지조직이 경제적 효율성 관점에 매몰되면 조직활동의 성과는 기대에 미치지 못하게 될 수 있다(Rapp & Poertner, 1992). 개인적인 욕구가 충족되지 않거나 무시되면 조직구성원들은 조직활동에 몰입하기 어렵고 냉소적으로 변화하는 경향이 있다. 또 경직된 관료제적 조직 과정과 문화 때문에 업무 과정에서 자율성을 부여받지 못하고 자아실현의 기회가 제공되지 않으면, 능동적이고 헌신적인 활동을 기대하기 어려워진다.

2. 채용

1) 채용을 위한 지침

채용(placement)은 인적자원관리의 중요한 영역 중 하나다. 일반적으로 채용은 사회복지조직이 공석인 지위에 대한 직무분석에 기초해 최소 자격 이상의 요건을 갖춘 사람을 신규로 충원하는 것을 의미한다(Pecora, 1998). 채용 절차는 새로운 직원을 선발해 직위를 부여하고 직무를 시작할 수 있도록 오리엔테이션을 제공하는 과정을 포함한다(Shafritz, Hyde, & Rosenbloon, 1986).

일반적으로 채용 과정은 다음의 5단계로 구성된다(Pecora & Wagner, 2000).

① 직무분석을 바탕으로 학위, 경험, 기술 등에 대한 최소한의 자격 조건을 마련한다.
② 채용공고를 하고 홍보한다.
③ 응시자의 응시원서와 이력서에 대한 검토, 기관이 마련한 체크리스트 활용, 시험 등을 통해 심사한다.
④ 전화와 면접심사를 활용한다.
⑤ 최적의 채용후보자를 선발하고 다른 응시자들에게 통보한다.

채용 업무에서 주의해야 할 사항은 다음과 같다(Rapp & Poertner, 1992).

① 조직이 필요로 하는 것을 파악해야 한다

채용 과정의 출발은 업무분석을 바탕으로 직무기술서를 작성하는 일이다. 이는 신규 직원을 채용해야 하는 필요성을 확인하는 작업이다. 나아가 선발 과정에서 제시하는 자격 기준의 합리적인 근거가 된다.

② 조직의 배경을 파악해야 한다

채용 과정에서는 2가지 측면에서 조직의 배경에 대해 명확히 이해할 필요가 있다. 첫째, 조직의 공식적인 인사정책과 절차를 정확히 파악해야 한다. 나아가 기관의 방침이 취업과 관련된 최근의 법률이나 판례에 부합하는지 검토하고, 개선할 점이 있다면 채용 절차가 시작되기 전에 수정해야 한다. 둘째, 조직의 가치와 규범을 정리하고 채용 과정에 반영할 수 있어야 한다. 채용후보자는 조직의 가치와 규범에 대해 수용적이고 긍정적인 상호작용을 할 수 있는 잠재력을 가져야 하기 때문이다.

③ 선발 기준에 부합하는 채용후보자들을 가능한 한 많이 확보해야 한다

모집 과정에서 공식적 · 비공식적 방식을 최대한 활용해 유능한 응시자를 많이 확보하려는 노력이 중요하다. 나아가 채용후보자 후보군을 정할 때에도 응시자들을 손쉽게 배제하기보다는 한 두 가지 자격요건이나 잠재력을 갖추었다면 후보군에 포함시키는 편이 낫다. 최종후보자를 결정하기 이전에 최대한 많은 후보 자원을 확보한다면 신중하고 합리적인 의사결정에 도움이 되기 때문이다.

④ 채용후보자가 자격 요건에 부합한다는 근거를 수집해야 한다

채용후보자를 결정할 때에는 학위, 훈련, 경험 면에서 최소한의 자격 요건에 부합한다는 명백한 근거를 마련해야 한다. 이는 그가 제출한 응시원서와 이력서, 증명서, 과업성취의 증거물(사례계획 등)뿐만 아니라 면접심사, 시험 등의 과정을 통해 확보할 수 있다. 나아가 채용후보자가 사회복지전문직의 가치와 윤리적 의무의 내면화, 조직의 가치와 규범의 수용성, 긍정적이고 효과적인 의사소통 역량 구비 등의 조건을 갖추었는지 근거를 제시해야 한다.

⑤ 신규 직원이 적극적으로 직무를 수행할 수 있는 여건을 제공해야 한다

모든 조직은 해당 직위에 대해 최적의 자격 요건을 갖춘 사람을 선발해 채용하고

자 하고, 이를 위해 많은 노력을 기울인다. 그런데 막상 최종 채용후보자를 결정할 때에는 걸림돌이 발생하는 경우가 많다. 조직은 능력이 있는 채용후보자가 선발될 수 있도록 장애물을 극복하기 위해 노력해야 한다. 여기에는 거주지역, 보수수준, 아동양육 등 다양한 요소가 있다.

2) 채용 절차

일반적으로 채용 절차는 모집(recruitment), 선발(selection), 임명(appointment)의 단계를 거친다. 여기에서는 각 단계의 과업에 대해 개괄적으로 살펴본다.

(1) 모집

모집은 조직이 신규 직원을 선발하기 위해 자격 조건을 갖춘 양질의 지원자를 확보하는 과정이다. 모집 활동의 성공을 평가하는 기준은 유능한 지원자를 얼마나 확보하는가이다(Kingsley, 1953). 적격의 채용후보자를 선발하기 위해서는 다수의 유능한 지원자를 확보하는 과정이 필수적이다. 조직구성원은 조직에서 가장 중요한 자원인 만큼, 모집 활동은 조직의 인적자원관리의 핵심 과정이라고 평가할 수 있다.

모집 활동과 선발 과정을 비교하면, 모집은 적극적인 활동이고 선발은 소극적인 활동이라고 평가할 수 있다. 모집 활동은 행동 반경에 거의 제한이 없고 조직적인 노력의 투입 여부에 따라 성과를 달리한다. 반면, 선발 과정은 결정적으로 모집 활동의 성과에 따라 규정된다. 따라서 모집 활동을 경시하는 일반적인 통념과는 달리 그 중요성을 강조할 필요가 있다. 모집 활동 결과 다수의 유능한 지원자를 확보하지 못한다면 선발 과정에서 질적으로 우수한 채용후보자를 발견하기가 쉽지 않기 때문이다(박경규, 2016).

특히 사회복지조직에서의 모집의 목적은 전문적인 능력을 갖추고 클라이언트 및 다른 조직구성원들과 긍정적인 인간관계를 맺을 수 있는 능력을 갖춘 신규 직원을 채용하는 것이다(Skidmore, 1983). 사회복지조직에서는 클라이언트와의 긍정적인 상호작용을 기반으로 서비스를 제공하는 활동이 가장 중요하고, 그 과정에서 다른 조직구성원들과의 협동 및 조정의 노력이 필수적으로 요구되기 때문이다. 일반적으로 직원의 전문적인 능력은 학위, 훈련, 경험 등에 기초해 기본적인 식별이 가능하고, 인간관계 능력은 성격에 대한 파악과 함께 훈련과 경험 등을 바탕으로 이해할 수 있다.

모집의 절차는 다음과 같다(Pecore, 1998).

첫째, 직무분석을 통해 최소한의 자격 조건을 마련해야 한다. 직무분석은 모집 대상이 되는 해당 직위의 핵심적인 과업에 대한 명확하고 특정된 기술을 포함해야 한다. 여기에서는 지식, 기술, 능력, 학위, 경력 등을 명확하게 제시해야 하고, 학위나 경력 등에 대한 최소한의 자격 조건은 해당 업무와 실제적인 연관성을 갖고 있어야 한다.

둘째, 구체적인 모집 활동을 전개한다. 먼저, 채용공고를 한다. 채용공고에는 일반적으로 ① 직무명, 직무분류 및 봉급범위, ② 근무지역 및 근무부서, ③ 상세한 직무 내용, ④ 최소한의 자격 요건, ⑤ 시험 및 면접일시, ⑥ 신청절차, ⑦ 지원 신청 마감일시 등이 포함된다(Klinger, 1988). 성공적인 모집 활동을 위해서는 채용공고의 내용에 대해 신규 직원을 채용할 부서의 책임자와 인사담당자가 면밀히 상의하고 합의할 필요가 있다(최성재, 남기민, 2016).

이때는 채용공고에 대해 면밀하게 검토해야 한다. 직무 내용, 자격 요건 등에 대해 명확한 용어로 기술돼 있는지, 지원 신청 마감일시는 채용공고의 전파와 홍보 기간을 감안해 현실적인지, 즉 응시자가 서류를 준비하고 접수할 충분한 기간을 보장하는지 판단해야 한다(Pecore, 1998).

응시원서에는 응시자의 학위, 훈련, 경험 등에 대해 파악하는 데 필요한 정보를 포함시켜야 한다. 또한 응시원서에는 응시자가 해당 직무에 적합한 수준의 훈련 및 경험의 구비 여부를 기술하는 이력서를 제출하도록 해야 한다. 한편, 응시원서에 최근의 고용 관련 법률에 저촉되는 항목이 있다면 이를 검토하고 수정해야 한다.

다음으로, 구체적인 모집 활동을 전개한다. 모집 활동은 공식적 · 비공식적 통로를 모두 활용할 필요가 있다. 지역사회, 전문가집단, 기타 집단 등을 충분히 활용해야 한다. 나아가 공식적인 홍보뿐 아니라 비공식적인 네트워크를 모두 활용하는 적극적인 자세가 필요하다. 모집 활동에 대한 평가와 모집 활동의 경험 및 네트워크의 유지 · 개선을 위해서는 공식적 · 비공식적 모집 활동의 현황에 대한 기록을 유지하는 것이 바람직하다.

(2) 선발

선발은 모집 활동의 결과 확보된 지원자 중에서 최소한의 자격 조건을 갖춘 채용 후보자 명부를 작성하는 일련의 과정을 말한다. 일반적으로 선발 과정의 목표는 지원자들 중 우수한 후보자를 찾아내는 것이다. 선발 활동은 직무와 지원자 간의 적합성을 기준으로 삼아야 한다. 현실적으로 선발 활동의 목표는 지원자들을 대상으로 채용 대상의 직무에 가장 적합한 지원자를 식별하는 것이다(박경규, 2016).

사회복지조직에서는 선발 과정에서 직무적합성을 판단하는 기준으로 3C, 즉 능력(competence), 배려(caring), 헌신성(commitment)을 고려할 필요가 있다(Skidmore, 1983). 직무적합성을 정확하게 판단하기 위해서는 합리적이고 체계적인 선발 절차를 마련하고 주기적으로 개선하기 위해 노력할 필요가 있다. 능력은 학위, 훈련, 경험 등을 통해 파악할 수 있다. 이는 응시원서와 이력서, 증명서, 과업성취의 증거물(사례계획 등), 면접 등을 통해 확인하고 필요한 경우 시험을 거칠 수도 있다. 배려는 응시원서에 나타난 자기소개 내용과 면접심사의 언어적 · 비언어적 의사소통 과정에서 확인할 수 있다. 헌신성은 사회복지전문직의 가치와 윤리의 내면화, 조직의 가치와 규범의 수용성 등을 파악하는 것이다. 이는 응시원서에 나타난 자기소개 내용뿐 아니라 면접심사를 통해서도 검토할 수 있다(Rapp & Poertner, 1992; Pecore, 1998).

선발 과정에서는 우선 서류심사를 통해 최소한의 자격 요건 충족 여부를 검토하게 된다. 그런데 채용공고가 구체적이고 정확하다면 대부분의 응시자는 최소한의 자격 요건을 충족하고 있는 것으로 기대할 수 있다. 서류심사 과정에서 거주지역과 근무지역의 불일치 등 추가적인 확인이 필요한 사항에 대해서는 전화 등을 통해 파악할 수 있다. 서류심사를 통과한 응시자들은 원칙적으로 면접심사의 대상이 될 수 있다.

면접심사는 선발 과정의 필수요소다. 면접심사는 응시자의 인품, 성격, 태도를 비롯해 사회복지전문가로서의 자질 및 업무와 관련된 역량을 종합적으로 파악할 수 있는 유일한 방법이다. 그러나 심사자의 주관적 편견이 개입될 여지가 있고, 다수의 심사자가 참여할 경우 신뢰도가 떨어질 수 있다는 단점이 있다(박용치, 송재석, 2006). 따라서 좋은 면접시험을 위해서는 면접관의 훈련, 면밀한 면접조사 방법의 개발 등이 필요하다.

면접심사에서는 다음의 5가지 사항이 반영될 필요가 있다(박경규, 2016).

① 학위와 학업성적에 대한 정확한 해석: 업무와 관련된 주요 과목의 성적 수준에 대한 파악과 함께 전반적인 고학점 부여 경향으로 인한 후광효과(halo effect)는 없는지 규명한다.

② 지원자의 전반적인 능력 파악: 지원자의 외모의 단정함, 언어구사력, 자세, 수용

적이고 긍정적인 인간관계능력, 지식, 기술, 능력 등 업무와 관련된 역량, 사회복지전문직의 가치와 윤리적 의무의 내면화 정도, 조직의 가치와 규범의 수용성 등 기본적인 능력을 파악한다.

③ 직업경력의 파악: 지원자의 직업 관련 경력을 구체적으로 확인하고 채용하려는 직위와의 실제적인 업무 관련성을 파악한다.

④ 활동과 관련된 관계망 파악: 과거 일했던 조직과 지역사회의 네트워크에서 지원자가 어떤 관계망을 형성했고 그 수준은 어떠한지 파악하고 평가한다.

⑤ 지원자의 경력욕구 파악: 지원자가 지향하는 경력목표, 기타 업무 관련 조건 등을 파악한다.

특히 사회복지조직은 3C의 요소들에 대해 골고루 균형 있게 파악해야 하기 때문에 면접심사가 특히 중요하다. 면접 과정에서는 편안한 분위기에서 응시자의 적격성과 관련된 사실에 대한 확인뿐 아니라 내면의 생각이나 감정까지 나눌 수 있어야 한다. 이때 면접심사에 필요한 기본적인 사항들이 구비됐는지 점검할 필요가 있다. 즉, 선발 절차와 원칙에 대한 면접관 훈련, 공통적인 질문 목록 마련, 정숙한 면접 장소 확보, 면접관들 중 면접심사 과정을 주도할 면접관 선정, 면접심사의 시각표 마련 및 응시자들에게 자신의 심사시간 고지 등이 필수적인 사항이다(Pecore, 1998).

한편, 응시생들의 업무에 대한 역량, 즉 지식, 기술, 능력을 파악하기 위한 방법으로 시험을 고려할 필요가 있다. 시험은 많은 지원자 중에서 적격의 사람을 선발하는 중요한 수단이 될 수 있다. 시험이 효용성을 갖기 위해서는 최소한의 자격 요건을 갖춘 응시자들에게 균등한 기회가 부여돼야 하고, 모든 응시자에게 공정한 절차와 척도를 적용해야 하며, 응시자들의 우열이 충분히 드러날 수 있어야 하고, 응시자의 업무에 대한 역량을 정확하게 측정할 수 있어야 한다. 이를 위해서 시험은 객관성, 타당성, 신뢰성, 변별성, 실용성의 요소를 갖추어야 한다. 객관성은 시험 성적 산정 때 채점자의 편견이나 시험 외적 요인들이 개입돼서는 안 된다는 것이다. 타당성은 시험은 업무와 관련된 역량을 정확히 측정해야 한다는 것이다. 신뢰성은 같은 시험을 반복해 치렀을 때에도 측정도구로써의 일관성을 가져야 한다는 것이다. 변별성은 난이도가 적절하고 응시자의 우열을 확인할 수 있어야 한다는 것이다. 실용성은 시험의 실시 및 채점이 용이하고 비용이 적게 들어야 한다는 것이다(박용치, 송재석, 2006).

시험에는 필기시험(written test)과 실기시험(performance test)이 있다. 필기시험은 시험 관리가 간단하고, 비용이 적게 드는 장점이 있다. 이 중 주관식 시험은 통찰력, 추리력, 판단력 등 복잡한 사고능력을 측정하는 데 효과적이고 시험출제에 비교적 적은 시간이 소요되지만, 객관성을 확보하기 어렵고 채점하기 힘들다는 단점이 있다. 객관식 시험은 채점하기 쉽고 객관성을 확보할 수 있지만, 복잡한 사고능력을 측정하는 데에는 효과적이지 못하다(최성재, 남기민, 2016). 실기시험은 응사자로 하여금 직무수행에 필요한 기술을 실행해 보게 함으로써 업무 관련 역량을 평가하는 방법이다. 타당성이 높은 장점이 있지만 객관성과 신뢰성을 확보하기 어렵고, 많은 응시자를 대상으로 실시하기 곤란하고, 비용이 많이 드는 단점이 있다(박용치, 송재석, 2006).

(3) 임명

임명은 선발 과정에서의 결과를 토대로 채용후보자명부(eligible list)를 작성하고 모집 인원에 따라 최종 채용하는 단계다. 채용후보자명부는 직급별로 선발 과정에서의 성적순으로 작성하는 것이 원칙이다. 채용후보자명부에는 선발 성적, 전공 분야, 기타 필요한 사항을 기재할 수 있다. 채용후보자명부는 실제 채용할 수보다는 여유 있게 채용 인원을 작성하는 편이 유용하다. 채용후보자 중 입직(入職), 즉 채용을 거부하는 응시생이 있을 수 있기 때문이다. 이 경우 차순위의 채용후보자와 접촉해 입직 의사를 타진하고 채용을 통보하게 된다(Weiner, 1990; 박용치, 송재석, 2006; 최성재, 남기민, 2016).

임명 과정에서는 다음의 사항을 체크해 볼 수 있다(Pecore, 1998).

첫째, 채용후보자의 수를 충분하게 확보해야 선택의 기회를 넓힐 수 있다.

둘째, 자질 있고 적격이라고 생각하는 최선의 채용후보자의 정보에 대해 신중하게 평가해야 한다.

셋째, 채용후보자 중 최종적으로 임명되는 사람의 적격성에 대해 확신을 가질 수 있어야 한다.

넷째, 다른 응시자들의 실망감을 최소화시킬 수 있는 세심한 문구를 담아 응시에 대해 감사의 편지를 보내야 한다.

한편, 사회복지조직에서 직원의 채용은 관리자에게 조직을 해석하고 설명할 기회를 제공한다(최성재, 남기민, 2016). 직원 채용은 모집과 선발 과정에서 조직의 목표, 조직구성, 직원들, 이사회, 다른 조직 및 지역사회와의 관계, 조직의 잠재력 등에 대한 체계적인 정보를 제공해야 하기 때문에 조직을 점검하는 기회가 된다. 또한 채용

계획 수립 과정에서 구체적인 직무와 책임, 급여 관련 사항, 직원개발계획 등을 확인하고 인적자원관리정책을 보완하는 계기가 되기도 한다. 따라서 사회복지행정가는 신규 직원 채용 과정을 조직의 전반적인 정책과 행정뿐 아니라 인적자원관리정책을 점검 및 평가하고 개선하는 기회로 삼을 필요가 있다.

3. 직원개발

1) 직원개발의 이해

(1) 직원개발의 의의

직원개발(staff development)이란 조직구성원들의 능력을 향상시키기 위한 조직적인 활동을 말한다. 현대사회의 공적 조직은 능력을 향상시켜야 하는 필요성에 직면해 있다. 공공성을 지니는 조직들은 그 활동이 사회구성원 전반에게 지대한 영향을 끼치기 때문에 조직구성원들의 직무와 관련된 역량을 개발할 필요가 있다. 또 변화하는 환경에 직면해 새로운 영역의 전문성과 기술을 확충해야 한다. 나아가 새로운 지식과 기술을 습득해 조직구성원들의 능력이 향상되면, 조직구성원들은 개인적·집단적으로 사기가 진작되고 개인적 만족감이 고취된다.

사회복지조직은 조직구성원들의 전문적인 지식 수준의 향상과 올바른 가치관 및 태도의 함양을 위해 직원개발을 중시할 필요가 있다. 사회복지조직이 사회로부터 위임된 책무를 이행하기 위해서는 최근의 이론과 모델에 정통할 필요가 있다. 이는 사회복지조직이 제공하는 서비스의 질적 수준을 제고하는 데 결정적 영향을 끼친다. 특히 사회복지조직은 외부적 환경 변화에 크게 영향을 받기 때문에, 환경 변화에 대한 적응력을 향상시키기 위해서는 조직구성원들의 역량을 적시에 향상시킬 필요가 있다(Skidmore, 1983).

나아가 사회복지조직의 직원개발에서는 조직구성원들이 주체적으로 참여하는 집단적인 상호작용을 통해 집단응집력을 강화할 필요성이 강조된다(Weiner, 1980). 사회복지조직이 클라이언트에게 효과적인 서비스를 제공하기 위해서는 조직구성원 간의 협동적이고 조정적인 활동이 필요하기 때문이다. 조직구성원들이 적극적으로 참여하는 가운데 대화하고, 서로의 감정을 교류하고, 공동활동을 전개하게 되면 집단응집력이 강화돼 조직과 자원 및 서비스에 대한 이해의 폭이 넓어지고 서비스의 질적 수준이 제고될 수 있다.

사회복지조직의 직원개발은 조직구성원들에게 긍정적인 영향을 줄 수 있다. 우선 조직구성원들은 전문적 지식과 기술의 개발에 힘입어 개인적인 업무역량이 개선돼 클라이언트에 대한 서비스의 질적 수준이 향상될 수 있다. 또한 조직구성원들은 직원개발을 통해 전문적인 가치관과 태도가 함양돼 전문가로서 성장할 기회를 얻게 된다.

(2) 직원개발의 과정

직원개발은 직무와 관련된 조직구성원들의 능력을 개발하기 위해 조직에 의해 실시되는 계획적인 노력이다(Noe, Hollenbeck, Gerhart, & Wright, 2012). 따라서 직원개발은 일련의 단계에 따라 체계적으로 제공될 필요가 있다. 골드스타인(Goldstein, 1993)은 4단계의 직원개발 과정을 제시했다. 각 단계는 교육훈련에 대한 욕구조사단계, 훈련단계, 평가단계, 훈련효과의 검토단계로 구성된다.

교육훈련에 대한 욕구조사단계에서는 2가지의 과제를 수행하게 된다. 우선, 조직, 개인, 직무차원에서의 교육의 욕구를 파악하게 된다. 조직차원에서는 조직의 장기전략과 당면과제에 비추어 필요한 교육내용을 도출한다. 개인차원에서는 조직구성원 개개인이 갖고 있는 교육욕구를 파악한다. 직무차원에서는 조직구성원 개인과 각 업무단위가 수행하는 과업에 비추어 필요한 교육훈련의 내용을 도출한다. 정확한 교육욕구의 파악 없이는 교육훈련의 성과를 기대할 수 없기 때문이다. 자료조사법, 작업표본법, 질문지법, 전문가자문법, 면접법, 델파이기법 등을 활용할 수 있다(박경규, 2016). 다음으로, 교육훈련에 우호적인 조직환경을 조성하고 조직구성원들에게 교육훈련의 필요성과 효과에 대해 동기부여를 할 필요가 있다. 조직구성원들이 교육훈련에 어느 정도 동기화돼 있는지 파악하고, 개인적인 욕구충족과 자기효능감의 향상 등 교육훈련을 통해 얻게 되는 효과를 인지시켜야 한다.

훈련단계는 2가지의 세부 단계로 구성된다. 먼저, 교육훈련을 위한 프로그램을 선택하고 설계하는 단계다. 교육훈련의 목표는 욕구조사의 결과와 밀접한 관련이 있어야 하고, 교육훈련 프로그램과 내용은 현재의 과업의 수행에 적절히 기여해야 하며, 교육훈련의 시점은 업무 여건 측면에서 적절하게 선택돼야 한다. 이와 관련해 교육훈련 프로그램을 최종 확정하기 전에 적절한 환류를 제공받는 것이 바람직하다. 다음으로, 교육훈련의 방법을 선택하고 시행하게 된다. 이때 강의 등 전형적인 방법에 국한하지 않고 교육대상의 수준과 교육내용에 비추어 교육효과를 극대화할 수 있는 다양한 방법을 고려할 필요가 있다.

평가단계는 사전에 설정된 교육훈련평가의 기준에 의해 실시된다. 교육훈련의 평가기준은 수준에 따른 분류와 시간에 따른 분류로 구분할 수 있다(Goldstein, 1986). 수준에 따른 분류에는 반응기준, 학습기준, 행태 혹은 전이 기준, 결과기준이 있다. 반응기준은 피훈련자의 인상이나 느낌을 측정해 호의적 반응의 수준을 알아보는 것이다. 학습기준은 훈련한 내용을 실제로 익혔는지 알아보는 것으로 지식, 기술, 태도 등 다차원적인 기준이다. 행태 혹은 전이 기준은 훈련에서 배운 내용을 직무수행에 실제로 적용할 수 있는지 측정하는 것이다. 결과기준은 훈련에 참여한 사람들의 행태가 조직의 목표 달성에 실제로 기여했는지 알아보는 것이다. 시간에 따른 분류는 즉시적 기준, 근접기준, 시간이 상당히 경과한 후의 기준으로 나눌 수 있다. 즉시적 기준은 훈련 실시 중의 평가기준이다. 근접기준은 훈련 종료 후 바로 실시하는 평가의 기준이다. 시간이 상당히 경과한 후의 기준은 훈련으로 습득한 바를 직무수행에 적용하는 단계의 평가기준이다(오석홍, 2013).

훈련효과의 검토단계는 교육훈련이 종결된 뒤 실제 효과가 어느 정도인지 파악하는 단계다. 여기에서는 훈련타당도, 전이타당도, 조직 내 타당도, 조직 간 타당도를 판단할 수 있다. 훈련타당도는 조직, 개인, 직무 차원의 욕구와 계획된 교육훈련 프로그램의 실제적인 연관성의 정도를 의미한다. 전이타당도는 조직구성원들이 교육훈련을 마치고 현업에 복귀한 뒤 교육훈련의 내용에 따라 실제로 직무를 수행하는 정도를 의미한다. 조직 내 타당도는 교육훈련 프로그램에 참여한 조직 내 서로 다른 부서에 속한 구성원들에게도 효과를 거두는 정도를 말한다. 조직 간 타당도는 같은 분야의 다른 조직이나 상이한 분야에 속하는 조직의 교육훈련 참여자들에게도 효과를 발휘하는 정도를 의미한다.

2) 직원개발의 적용

(1) 직원개발의 종류

직원개발의 종류에는 신규채용자교육(오리엔테이션), 일반직원교육, 감독자(슈퍼바이저)교육, 관리자교육이 있다(Pecora & Wagner, 2000; 박용치, 송재석, 2006; 오석홍,

2013).

신규채용자교육은 신규 채용자가 업무를 시작하기 전에 조직의 목적과 규칙, 담당할 직무의 내용과 업무 수행 방법 등에 대해 일반적인 수준의 교육을 실시한다. 신규채용자교육을 통해 신규 채용자는 조직환경과 직무에 적응할 수 있고 심리적인 안정도 얻을 수 있다. 그런 점에서 신규채용자교육은 적응훈련 또는 기초훈련이라고 할 수 있다. 신규채용자교육에서는 조직의 철학과 사명, 조직의 목적과 목표, 조직의 프로그램과 서비스의 종류, 조직의 고용정책, 근무시간과 근로조건, 급여, 직원복지, 직원의 권리와 의무, 업무 수행에 대한 평가 및 슈퍼비전과 승진정책, 직원개발, 조직에 대한 기초적인 사항, 해고 및 사직 관련 규정 등을 다룬다.

일반직원교육은 조직에서 가장 큰 비중을 차지하는 일반 직원들에게 주기적 · 계속적으로 새로운 지식과 기술을 제공하고 바람직한 가치관과 행동규범을 함양하기 위해 실시하는 교육이다. 일반적으로 보수교육이라고도 불린다. 일반직원교육은 업무를 수행하는 가운데 실시된다는 점에서 현직훈련[in-service training 혹은 on-the-job training(OJT)] 의 일종이다.

감독자교육은 부하의 직무수행을 지휘감독하고 부하의 직무수행에 대해 책임을 지는 중간관리자로서의 슈퍼바이저에게 실시하는 교육이다. 감독자교육에서는 일반적으로 전문적인 지식과 기술 등 실제 업무와 관련된 내용은 다루지 않고, 인간관계 개선, 의사전달, 인사행정, 근무평정, 사무관리 등의 사항을 취급한다. 일반직원교육과 마찬가지로 현직훈련의 일종이고, 훈련방법으로는 강의, 사례연구, 토론, 분임토의, 연구과제 부여 등이 주를 이룬다.

관리자교육은 중급 이상의 관리자를 대상으로 실시된다. 이 교육은 조직과 관련된 일반환경 및 과업환경에 대한 이해, 지도력과 의사결정 역량, 정책분석 능력 등을 함양하려는 취지를 갖고 있다. 개인과 전체 의견의 형성을 모두 중시해야 하기 때문에 순환보직, 회의, 사례연구, 감수성 훈련, 신디케이트(syndicate) 방식 등이 효과적인 방식이라고 알려져 있다.

(2) 직원개발의 방법

직원개발의 방법에는 강의, 회의 혹은 토의, 사례연구, 역할연기, 시찰, 현장훈련, 전직 및 순환 보직, 집단행동 혹은 감수성 훈련, 신디케이트, 집단토의, 임시대역(understudy), 멘토링 등이 있다(Skidmore, 1983; 박용치, 송재석, 2006; 박경규, 2016).

강의는 교육대상자들을 한 장소에 모아 놓고 강사 한 명이 교육내용을 전달해 일방향의 교육을 실시하는 방식이다. 이 방법은 단기간에 많은 사람에게 교육을 실시할 수 있다는 장점이 있다. 반면, 개별적인 교육욕구를 충족시키기 어렵고, 강사와 교육대상자 간의 구체적인 상호작용이 이루어지지 못한다는 단점이 있다. 따라서 최소한 질문이나 토론할 수 있는 기회를 제공하는 편이 바람직하다.

회의 혹은 토의는 여러 사람이 의견을 개진하고 토론하는 방법이다. 이 방법은 전체 구성원이 참여해 생각과 정보를 교환하고 집중적인 토론을 통해 특정한 결론을 도출하는 과정을 강조한다. 회의는 참여적이고 집단 주도적인 방식이라는 장점이 있지만, 다수가 참여할 경우 효율적인 토론이 어렵고 역량과 수준에 따라 참여 수준과 주도성에서 차이가 있을 수 있다는 단점도 있다. 따라서 참여자들은 사전에 토의주제에 대해 어느 정도 준비해야 하고, 민주적인 토론의 규칙, 경청과 상호 의견 존중의 예의에 대해 숙지할 필요가 있다.

사례연구는 사전에 선정된 사례에 대해 발표하고 토론하는 과정에서 그 사례가 내포하고 있는 이론 및 모델과 관련된 원리를 터득하게 하는 방법이다. 사례연구는 집단적으로 진행되는데, 사례에 대한 발표 후 전체 구성원은 자유롭게 참여해 활발하게 의견을 개진하며 토론을 전개한다. 이 방법은 구성원들이 참여와 토론 등을 통해 활발히 상호작용할 수 있게 하고 내용적인 면에서 일정 수준의 성취를 달성할 수 있다는 장점이 있다. 반면, 사례가 잘못 선정되거나 사례발표자의 발표 내용이 수준에 미달하게 되면 토론 과정에서 질 높은 의견을 공유하기 어렵다. 따라서 목표와 밀접하게 관련이 있는 사례를 선정하도록 하고, 토론 과정을 체계적으로 조직화하는 노력이 필요하다.

역할연기는 특정 사례에 대해 몇 사람이 전체 구성원 앞에서 실제 행동으로 연기한 뒤 사회자의 주도로 이에 대해 평가하고 토론하면서 특정한 합의를 발견하는 방법이다. 이를테면 부부관계와 부모-자녀 간의 역할을 이해하기 위해서는 4명이 각각의 역할을 맡아야 하는데, 성별과 부모-자녀 간의 역할을 바꾸는 방법도 효과적이다. 이 방법은 특정한 상황과 관련해 역할연기자와 전체 구성원의 감정적 공유 및 반성적 사고를 돕는다. 따라서 흥미를 유발할 수 있고 긍정적인 학습경험을 제공한다는 장점이 있다. 그러나 연기를 못하거나 실제 사례의 복잡한 맥락을 표현하지 못할 경우 통찰력을 제공하는 데에는 한계가 있을 수 있다. 따라서 역할연기의 내용과 방법에 대해 많은 준비가 필요하다.

시찰은 교육대상자들이 실제로 현장에 가서 상황을 접하고 현황을 구체적으로 파악하는 방법이다. 언어와 문서를 통한 상황의 이해에는 한계가 있기 때문에 시찰은 현장에 대한 이해를 확충하는 데 기여한다. 그런데 시찰을 위해서는 시간과 비용이 들고, 교육 목적이나 취지에 부합하지 않는 시찰 내용은 큰 성과를 거두기 어렵다. 따라서 시찰은 다른 교육방법과의 연계하에 이루어질 필요가 있고, 사전에 시찰의 대상과 내용의 교육적 가치에 대해서 면밀히 검토하고 준비할 필요가 있다.

현장훈련은 교육대상자가 자신의 원래 직무를 수행하는 가운데 슈퍼바이저로부터 슈퍼비전을 받는 방법이다. 모든 사회복지조직은 슈퍼비전을 조직의 고유활동으로 간주하고 슈퍼비전체계를 확립해야 한다. 효과적인 슈퍼비전은 교육대상자인 슈퍼바이지의 현재 과업과 관련된 직무능력을 향상시키는 데 크게 기여할 수 있다. 그런데 현재 과업과 관련이 없는 범용의 지식과 기술을 획득하기에는 한계가 있고, 교육대상자 간의 상호작용이 어려우며, 슈퍼바이저가 능력이 부족하거나 바쁘면 효과를 얻을 수 없는 측면이 있다. 따라서 현장훈련은 다른 교육방법과 연계해 적용되는 경향이 있고, 집단슈퍼비전과 동료슈퍼비전 등의 방법을 병행하기도 한다.

전직 및 순환 보직은 한 직위에서만 업무를 수행하지 않고 다른 직위나 직급에서 일할 수 있는 기회를 제공하는 방법이다. 이 방법을 통해 조직운영에 대한 시야를 확충하고 전반적인 경험을 쌓을 수 있다. 나아가 거대 관료제조직의 경우 부서 간의 할거주의와 부정적인 하위문화를 극복하고, 통합적인 조직문화를 형성해 조직 내의 협력과 조정의 경향을 확산시킬 수 있다. 그러나 조직구성원의 직무적합성과 과업에 대한 구체적인 경쟁력을 고려하지 않으면 조직의 성취에 부정적인 결과를 초래하고, 개인적인 만족도도 떨어질 수 있다.

집단행동 혹은 감수성 훈련은 교육대상자들을 외부환경과 차단시킨 가운데 대인관계에 대한 이해와 감수성을 높이려는 태도 변화 훈련의 방법이다. 이는 구체적인 업무 내용을 교육하기보다는 집단 내에서 자신의 위치에 대한 이해를 증진시키고 인간관계의 개선을 추구하는 것이다. T(training)-집단 중심의 감수성 훈련은 15명 정도의 구성원과 지도자로 구성된 소집단을 중심으로 운영된다. 집단구성원들은 '지금-여기'의 문제를 중심으로 자유롭게 상호작용한다. 구성원 사이의 자유로운 활동과 다양한 반응을 통해 각자의 감정과 생각을 표현하고, 스스로를 관찰 · 분석 · 평가하고, 새로운 행동을 실험하며, 서로에 대해 환류를 제공한다. 감수성 훈련의 과정에서 구성원들은 대화 내용뿐 아니라 집단 운영 방식과 상호작용의 분위기나 감정에 대해 더욱 관심을 갖게 된다. 지도자는 자유로운 분위기를 조성하면서 상호작용의 모범을 제시하고, 집단 스스로 집단활동의 기준을 발전시키도록 자극하는 등 조력자의 역할을 담당한다.

신디케이트는 분임토의라고도 불린다. 교육대상자들을 몇 개의 분과로 나누고 연구과제를 부여한 뒤, 각 분과가 토론을 통해 형성한 연구결과를 전체 구성원에게 보고하고 전체 토론에 부치는 방법이다(Dimock, 1956). 이 방법은 회의 혹은 토의에 많은 사람이 참여하기 어렵다는 단점을 극복할 수 있고, 집단토의 과정에서 숙의(熟議)를 통해 문제와 해결방법을 도출한 뒤 많은 사람과 공유할 수 있다는 점에서 효율적이다. 이 방법은 민주적인 토론을 통해 건전한 토론문화를 정착시키고 조직구성원 간의 의사소통을 활성화시킬 수 있다. 또 한 사람의 생각보다는 두 사람 이상의 생각이 더 합리적이기 때문에 혼자 힘으로는 극복하기 어려운 문제를 공동으로 해결할 수 있게 한다. 나아가 집단토의를 거쳐 전체 구성원 간에 합의된 의견은 조직적인 정당성을 얻고 실천 과정에서 상당한 추진력을 얻을 수 있다.

집단토의에는 패널토론, 심포지엄, 포럼 등이 포함된다. 다수의 교육대상자를 상대로 주제발표자가 발표를 하고 토론자가 토론하는 방법이다. 강의가 강사와 청중 사이의 일방적인 관계라면, 집단토의는 토론자를 구성해 운영하기 때문에 주제발표 내용에 대한 구체적인 상호작용이 가능하고 환류를 제공할 수 있다. 이를 통해 교육대상자들은 주제에 대한 다양한 측면의 접근, 주제의 배경과 맥락, 주제와 관련된 이론적 · 정책적 · 실천적 쟁점 등에 대해 식견을 얻을 수 있다. 이는 강의식 교육에서는 획득할 수 없는 성과다.

임시대역은 조직의 관리자를 대상으로 직무지식을 획득하게 하는 교육기법으로, 직속 상사 밑에서 미래에 그 자리를 계승할 예정인 자가 같이 일하면서 그 상사로부터 업무에 관한 자세한 내용을 교육받게 하는 제도다. 교육이 개인별로 이루어져 학습 효과가 높고, 실무 내용을 교육받기 때문에 학습한 내용을 실무에 적용하기에 유용하며, 교육 참가자가 미래에 현재의 상사가 수행하는 직무를 맡을 예정이기 때문에 학습 의욕이 매우 높은 장점이 있다. 반면, 우수한 상사가 반드시 우수한 교사가 되지 않는 경우도 있고, 업무 수행 과정에서 교육이 이루어지기 때문에 형식적인 교육에 치우칠 가능성도 있다.

멘토링은 경험과 역량을 갖춘 멘토가 신입 구성원인 멘티에게 역할모델을 제공할 뿐 아니라 도전적인 직무를 부여하고, 상담 및 조직에 대한 지식 등을 제공해 대인관계를 개발하며, 경력관리에 도움을 주는 활동을 말한다(Noe, 1988). 멘토의 기능수행 단계는 멘티에게 조직과 직무에 대한 정보를 제공하는 지도활동단계, 멘티에게 자신을 내보이고 개인적 보살핌을 통해 감정적으로 동화되는 심리적 상담 및 개인적 지원활동단계, 멘토-멘티 관계의 차원을 넘어 조직에서 신규 조직원의 존재를 알리고 독립적인 주체로서 인정받도록 안내하는 조직적 개입 활동단계를 거친다. 멘토의 유형에는 어떤 이슈가 생길 때 거의 모든 영역에서 도움을 줄 수 있는 선배나 가족 등의 1차적 멘토와 특정 관심 영역에서 도움을 줄 수 있는 자로서 전문적 지식이 있는 2차적 멘토가 있다. 또한 공식적 멘토는 조직에서 지정해 주는 멘토이고, 비공식적 멘토는 조직과 상관없이 신규 조직원과 개인적인 관계를 맺는다.

4. 동기부여 및 관련 요인

1) 동기부여의 이해

(1) 동기부여의 개념

동기부여(motivation)는 원래 심리학에서 욕구-동인(動因)-유인(誘因)의 기능적 관계를 설명하기 위해 사용하는 개념으로 알려져 있다. 일반적으로 욕구가 자극되면 이는 동인이 될 수 있고, 환경으로부터 유인이 제공되면 목표 달성을 위한 행동에 나서며, 목표가 달성되면 욕구가 충족돼 동인도 소멸한다고 본다. 조직적인 차원에서 보면, 동기부여는 조직이 구성원들의 욕구를 충족시킬 수 있는 유인에 해당한다. 동기부여는 조직구성원들이 직무에 헌신하도록 심리적인 자원을 제공하는 과정이다(Schemerhorn, Hunt, & Osborn, 2008). 이처럼 동기부여는 조직구성원들로 하여금 적극적으로 직무를 수행하게 함으로써 조직의 목표 달성과 개인적 욕구충족을 동시에 추구할 수 있도록 하는 조직적인 노력으로 정의할 수 있다.

동기부여의 관점은 조직구성원들의 능력만으로는 조직의 목표를 달성할 수 없다는 견해에 기초하고 있다. 즉, 조직구성원들이 직무수행 능력을 갖추면서도 동기부여가 돼 있어야 성과를 거둘 수 있다는 것이다. 이는 유사한 수준의 직무능력을 갖고 있는 조직들 간에 상이한 성과가 산출되는 원인을 설명해 준다. 심리학자들은 같은 능력을 가진 조직구성원들이라도 동기부여 여부에 따라 성과가 30% 정도 차이가 난다고 설명하기도 한다.

조직구성원들에게 동기부여를 해 주려면 조직의 목표와 개인의 욕구를 동시에 고려하고, 조직의 목표와 개인의 욕구가 일치하는 영역을 중시할 필요가 있다. 이를 통해 조직과 개인 간에 유인과 기여의 균형이 이루어질 수 있기 때문이다. 즉, 이 기여에 상응하는 보상을 지불할 때, 조직구성원들이 목표 달성에 헌신하게 하는 유인이 될 수 있다(Barnard, 1938). 예를 들어, 직무의 자율성 확대, 다양한 보상 프로그램 운영, 참여적인 의사결정 등은 조직의 목표와 개인의 욕구가 일치하는 영역이다. 이 분야들이 활성화되면 결근율 및 이직률의 감소, 사기 진작 및 업무의 질 향상, 생산성 증가 등의 성과를 거둘 수 있다(박경규, 2016).

동기부여는 사회복지조직의 활동이 성과를 거두기 위해 필요한 요인으로 중시된다(Skidmore, 1983). 사회복지조직에서는 업무의 표준화 가능성이 낮고, 상당한 자율성을 갖는 일선 사회복지사들의 적극적인 활동에 의해 조직효과성이 달성될 수 있다. 따라서 사회복지조직은 경제적 효율성에 치중하기보다는 조직구성원들의 욕구를 충족시켜 동기부여를 할 수 있도록 유인을 제공해야 한다는 것이다.

동기부여를 위해서는 조직의 목표와 개인의 욕구를 동시에 고려하는 관점이 필요하다(Vinokur-Kaplan & Bogin, 2000). 사회복지조직은 서비스의 효과성 증진, 생산성 향상, 자원획득, 조직구성원들의 사기진작, 업무 수행의 효율성 증진에 목표를 둔다. 조직구성원들은 클라이언트의 욕구충족과 문제해결, 도전적이고 자기 성장에 기여할 수 있는 과업수행, 활동의 자율성과 자기결정권 확보 등에 대해 욕구를 갖고 있다(Weiner, 1990). 따라서 사회복지조직의 노력은 조직의 목표와 개인의 욕구의 공통적인 측면에 집중함으로써 조직구성원들의 동기에 대한 적합성(motivational fit)을 가져야 한다(Kanfer & Heggestad, 1997).

(2) 동기부여의 이론

〈표 8-1〉에서 보여 주듯이, 동기부여에 관한 이론은 크게 내용이론과 과정이론으로 구분할 수 있다. 내용이론은 조직구성원들에게 동기를 부여하는 욕구의 내용에 초점을 맞춘 이론이다. 과정이론은 조직구성원들에게 유인이 제공돼 욕구가 동인이 됨으로써 동기부여가 되는 과정에 초점을 맞춘 이론이다.

내용이론은 전통적 이론, 욕구이론, 동기부여-위생이론으로 구분할 수 있다. 전통적 이론에는 고전이론과 인간관계이론이 포함된다. 인간관계이론에는 전통적 인간

〈표 8-1〉 동기부여이론의 관점과 내용

이론	관점	내용
내용이론	동기부여의 내용에 초점	전통적 이론 욕구이론 동기부여-위생이론
과정이론	동기부여의 과정에 초점	행동수정이론 혹은 강화이론 기대이론 형평성이론

관계이론과 이후 전개된 XYZ이론이 있다. 욕구이론에는 5단계의 욕구위계이론, 3단계의 욕구이론, 4유형의 획득된 욕구이론이 포함된다. 과정이론은 행동수정이론 혹은 강화이론, 기대이론 및 형평성이론으로 구분할 수 있다.

① 전통적 이론

전통적 이론은 조직목표와 개인목표의 양립 가능성을 인정한다는 점에서 공통점이 있다. 고전이론은 조직목표인 생산성 · 능률성의 향상 및 합리성의 추구와 조직구성원의 개인목표인 인간의 행복 추구 사이에는 근본적인 모순이 없으며, 조직목표와 개인목표는 양립할 수 있다고 보았다. 그런데 고전이론은 인간을 합리적 존재로 가정하고 조직구성원의 동기는 주로 개인적인 경제적 욕구의 충족에 있다고 본다. 이에 따라 고전이론은 경제적 인간관에 입각해 능력과 업적에 따른 보상체계를 중시한다. 실제로 테일러(Taylor, 1911)는 성과급을 동기부여의 유인기제로 제시했다.

반면, 인간관계이론은 사회적 인간관에 기초해 개인은 사회적 욕구에 의해 동기부여가 된다고 보고 집단적 규범과 사회심리적 동기를 중시한다. 조직과 구성원 사이에는 보수 이상의 관계가 있다고 보고, 경제적 안정감뿐 아니라 자아실현의 욕구충족, 도전적이고 창의적으로 일할 수 있도록 하는 업무영역의 확충과 자율성 부여를 동기부여의 주요 요소로 규정한다(Likert, 1961). 사회복지조직에서는 일선 사회복지사가 클라이언트에게 서비스를 제공할 때 공감에 기초한 융통성 있는 원조관계를 형성할 수 있어야 한다. 이를 위해서는 과도한 관료적 통제를 완화하고 전문적인 자율성을 부여할 필요가 있다.

인간관계이론의 연장선상에서 맥그리거(McGregor, 1960)는 X이론과 Y이론을 제시해 동기부여에 대한 확장된 시야를 제공하고자 했다. 전통적인 X이론은 사람들은 본성적으로 일을 싫어하기 때문에 지시받고 강제적으로 일해야 조직의 목표를 달성할 수 있다고 본다. 이 관점에 따르면, 조직구성원의 참여는 최소화되고 중앙집권적이고 권위적인 통제가 필요하다. 하지만 Y이론은 사람들은 본성적으로 일하기를 원하고 조직의 목표에 일체화되면 자기통제와 자기지시하에 일할 수 있다고 본다. Y이론은 사람들이 조직에서 그들 자신의 상상력과 창조성을 실행하고 잠재력을 현실화시킬 수 있다고 보는 것이다. 이 관점에서는, 조직구성원들에게 동기부여를 하기 위해서는 조직적인 통제를 최소화하고 자발성과 창의성을 발휘할 수 있도록 조직구성원들을 인간적으로 존중하며 자율적인 참여를 보장해야 한다고 본다. 이후 룬트슈테트(Lundstedt, 1972)의 자유방임형의 Z이론, 라모스(Ramos, 1972)의 괄호인(parenthetical man)의 Z이론 등에 따르면 조직구성원들의 자율성과 자아실현 추구 등을 동기부여의 요인으로 고려할 필요가 있다. 종합적으로, Z이론은 고전이론이나 X이론의 기계적이고 통제순응적인 인간관을 극복하고, 인간은 자율성과 창의성을 부여받고 자아실현이 가능해질 때 동기부여가 된다는 관점을 취한다는 점에서, 인간적인 욕구충족을 동기부여의 조직적인 유인기제로 강조하는 경향이 있다.

② 욕구이론

욕구이론은 매슬로(Maslow, 1970)의 5단계의 욕구위계이론에서 출발했다. 생리적 욕구는 의식주를 비롯한 생존에 필요한 욕구를 말한다. 안전의 욕구는 신체적 · 정서적 측면에서 위험으로부터 자유롭고 안정감을 갖고자 하는 욕구다. 사회적 욕구는 사회적으로 인정받고 원만한 인간관계를 유지하고자 하는 욕구다. 자아존중의 욕구는 자기효능감을 느끼고 내면적으로뿐 아니라 인간관계 측면에서 자존감을 획득하고자 하는 욕구다. 자아실현의 욕구는 자신의 능력을 발휘하고 성장잠재력을 구현하고자 하는 욕구로 도전적이고 자율적인 업무를 수행함으로써 자신의 발전을 달성하고자 하는 것이다. 매슬로는 생리적 욕구, 안전의 욕구, 사회적 욕구를 결핍욕구(deficiency needs)로 보아, 건강한 생활을 위해서는 반드시 충족돼야 하는 것으로 판단했다. 자아존중의 욕구와 자아실현의 욕구는 성장욕구(growth needs)로서 개인의 잠재력 실현을 지향한다고 규정했다. 나아가 인간의 욕구는 계층을 이루고 있어 우선순위에 따라 순차적으로 충족될 필요가 있다고 보았다(Dessler, 1991). 하위단계의 욕구가 충족되면 그 욕구의 강도는 약해지기 때문에 충족된 욕구는 동기부여의 요인으로써의 의미를 상실하게 된다. 따라서 낮은 단계의 욕구를 충족시키되 궁극적으로 높은 단계의 욕구까지 충족시킬 수 있는 기회가 제공돼야 한다.

알더퍼(Alderfer, 1972)는 매슬로의 5단계 욕구 중 공통적이고 핵심이 되는 요인들을 중심으로 존재욕구(existence needs), 관계욕구(relatedness needs), 성장욕구(growth needs)의 3단계 욕구이론을 제시했다. 이 이론은 각 욕구의 첫 글자를 따서 ERG이론이라고도 한다. 매슬로의 욕구 피라미드의 관점이 욕구들 간의 상호작용과 동태성을 고려하지 못한다는 점에 착안한 것이다. 존재욕구는 매슬로의 생리적 욕구와 안전의 욕구 중 물리적 안전과 관련된 욕구를 포함한다. 관계욕구는 안전의 욕구 중 인간관계의 안전과 관련된 욕구, 사회적 욕구, 자아존중의 욕구 중 타인에게 존중받으려는 욕구로 구성된다. 성장욕구에는 자아존중의 욕구 중 내면적인 자존감의 욕구와 자아실현의 욕구가 속한다. 그는 매슬로와 마찬가지로 인간의 욕구가 단계적으로 나타난다는 만족-진행(satisfaction-progression) 관점을 취하지만, 상위 욕구가 좌절되면 하위 욕구에 집착해 이에 대한 만족을 추구하는 경향이 있다고 보아 좌절-퇴행(frustration-regression) 관점도 인정했다. 나아가 3가지 욕구가 복합적으로 나타나면 더욱 강력한 동기부여의 동인이 된다고 보아, 매슬로의 단계론적 접근의 한계를 극복하고자 했다.

맥클리랜드(McClelland, 1961)는 인간은 사회적 학습을 통해 욕구를 습득하고 성취된 욕구는 인간행동의 동인이 된다는 성취동기이론(Need for Achievement Theory)을 제시했다. 그는 인간의 욕구는 성취욕구, 권력욕구, 관계욕구, 자율성욕구로 구성된다고 보았고, 이 중 성취욕구가 높은 사람은 적극적으로 행동하고 성공할 확률이 높다고 보았다. 성취욕구는 도전적인 과업을 성취하려는 욕구, 자신과 관련된 환경을 지배하고자 하는 욕구, 원하는 바를 성취하기 위해 실천하려는 욕구, 목표 추구 과정에서 발생하는 장애를 극복하려는 욕구 등으로 구성된다. 이 관점을 조직운영에 적용하면, 조직구성원들은 자기 책임 하에 과업을 수행하고, 어느 정도 도전적인 과업을 부여받고, 자신의 과업수행에 대해 환류를 제공받기를 원한다. 따라서 성취욕구를 추구할 수 있도록 유인을 제공하면 사회적 학습을 통해 성취욕구가 강화되고 이는 동기부여의 동인이 될 수 있다.

한편, 브래드쇼(Bradshow, 1972)는 인식하는 기준에 따른 분류를 제시했다. 그는 욕구를 규범적 욕구(normative needs), 인지된 욕구(felt needs), 표현적 욕구(expressed needs), 비교적 욕구(comparative needs)로 구분할 수 있다고 보았다. 규범적 욕구는 전문가 등에 의해 사회적으로 확립된 기준으로서의 욕구를 의미한다. 즉, 사회적으로 바람직한 욕구충족의 기준을 정해 놓고 실제 욕구수준과 비교해 기준을 충족하지 못한 사람들에 대해 욕구 상태에 있다고 규정하는 것이다. 인지된 욕구는 욕구를 가진 당사자가 구체적으로 느끼는 욕구다. 욕구는 설문조사 등을 통해 파악되는데, 주관적인 측면이 있기 때문에 개인 간에도 차이가 난다. 표현적 욕구는 욕구를 가진 사람들에 의해 실제 욕구를 충족시키기 위한 구체적인 행위로 표출된 것이다. 인지된 욕구를 표출했다면 정책이나 사회복지서비스에 대한 현실적인 수요가 발생했다고 볼 수 있다. 비교적 욕구는 다른 사람들과의 비교를 통해 자신이 부족하다고 느껴 욕구를 확인하는 경우로 상대적 욕구라고 볼 수 있다. 사회적 기준에 따라 다른 사람들과 비교해 욕구가 정해지기도 하고 서비스 제공 혜택의 차이에서 욕구를 확인하기도 한다.

③ 동기부여-위생이론

동기부여-위생이론(Motivation-Hygiene Theory)은 직무만족도를 좌우하는 직무에 대한 태도는 동기요인과 위생요인이라는 이질적인 요인들에 좌우된다고 보는 이론이다. 이 이론은 허즈버그(Herzberg, 1966)가 제시한 것으로 2요인이론이라고도 불린다.

인간의 욕구는 자신의 잠재력을 실현하고 개인적인 성장을 추구하려는 적극적 동기부여의 욕구, 불만이나 고통을 피하고 위생적인 문제를 겪지 않으려는 소극적 동기부여의 욕구로 구성된다. 전자와 관련된 요인은 동기요인이라고 불리고 이를 충족시키면 만족이 증대되고 동기부여가 된다. 후자와 관련된 요인은 위생요인인데, 이를 충족시키지 못하면 불만족이 생기고 동기가 약화되지만 충족시킨다고 해서 만족이 증대되거나 동기부여가 되지는 않는다. 동기요인은 업무 내용과 관련이 있고, 위생요인은 직무의 맥락이나 직무환경 등 외재적인 영역으로 볼 수 있다. 즉, 업무와 관련된 성취는 만족을 증진시켜 동기부여의 요인이 되고, 직무와 관련된 조건이나 환경이 열악하면 불만족이 생겨 동기가 약화된다.

동기요인에는 성취, 인정, 일 자체, 책임, 성장 등이 있다. 위생요인에는 조직의 행정, 슈퍼비전, 상사와의 관계, 작업조건, 급여, 동료관계, 직무가 개인생활에 끼치는 영향, 부하직원과의 관계, 지위, 직무안정성 등이 포함된다.

④ 행동수정이론 혹은 강화이론

행동수정이론(Behavior Modification Theory) 혹은 강화이론(Reinforce Theory)은 인간의 행동은 보상과 처벌에 대한 기대의 영향을 받기 때문에 지속적인 보상 혹은 처벌은 동기부여에 영향을 준다고 본다(Hull, 1943). 스키너(Skinner, 1974)에 따르면, 조직에서 처벌을 최소화하고 보상을 강화하면 조직구성원들에게 긍정적 강화가 제공돼 동기부여의 유인으로 작용할 수 있다. 즉, 조직구성원들은 학습된 행동을 하기 때문에 개인이 이룬 새로운 성과에 대해 긍정적 강화가 제공되지 않으면 새로운 행동이 지속되지 못하고 사라진다고 본다. 즉, 보상받은 행동은 지속되지만 보상을 받지 않으면 지속성을 상실한다는 것이다(Cascio, 1992).

조직구성원들이 동기부여 될 수 있도록 유인이 되는 기본적 규칙으로는 ① 처벌 사용을 피할 것, ② 바람직한 행동을 적극적으로 강화할 것, ③ 바람직한 반응과 강화 사이의 시차를 최소화할 것, ④ 적극적 강화를 상대적으로 자주 적용할 것, ⑤ 각 개인의 반응수준을 확인해 최후의 복합적인 반응을 얻기 위한 구체적 절차를 사용할 것, ⑥ 개인이 적극적으로 또는 소극적으로 경험하는 상황들을 확인할 것, ⑦ 바람직한 행동을 명백한 용어로 명시할 것 등이 제시된다(Jablonsky & DeVries, 1972).

⑤ 기대이론

기대이론(Value Expectancy Theory)은 인간은 보상에 대한 기대에 기초해 동기부여가 된다는 관점을 취한다(Lewin, 1938; Tolman, 1959). 인간은 보상 가능성에 대한 기대에 따라 목표 달성을 위해 노력하고, 자신이 거둔 성과만큼 공평한 보상을 받았다고 인지할 때 만족을 얻고 동기부여 되며, 이는 다음 단계의 지속적인 노력의 가능성에 영향을 끼친다고 보는 것이다.

브룸(Vroom, 1964)은 기대이론의 주요 개념으로 기대감, 수단성(instrumentality), 유인성(valence), 동기, 능력, 결과를 제시했다. 기대감은 일정한 노력을 기울이면 성과를 거둘 수 있다는 가능성에 대한 주관적 확률과 관련된 믿음을 의미한다. 수단성은 특정한 수준의 성과를 달성하면 바람직한 보상이 주어질 것이라고 믿는 정도를 말한다. 유인성은 개인이 원하는 특정한 보상에 대한 선호의 강도를 말한다. 동기는 개인이 선택 가능한 행동 대안 중 특정한 방향을 선택하는 힘을 말한다. 능력은 어떤 과업을 달성해 목표 달성에 기여할 수 있는 잠재력을 말한다. 결과는 행동의 소산을 의미하는데, 1차적 결과인 개인행동의 성과와 2차적 결과인 성과에 따른 보상으로 구성된다. 브룸은 1차적 결과인 성과는 동기×능력, 동기는 유인성×기대감, 유인성은 2차적 결과인 보상×수단성의 함수관계라고 보았다. 따라서 조직이 조직구성원들의 성과를 극대화하기 위해서는 구성원들이 선호해 유인성을 갖는 적절한 보상체계를 활용하고, 성과에 따른 보상을 확고히 함으로써 수단성을 증진시킬 필요가 있다.

포터와 롤러(Porter & Lawler, 1967; Porter & Lawler, 1968)는 브룸의 기대이론을 수정해 인간은 자신이 거둔 성과에 따라 보상을 받게 되면 만족감이 증가한다는 관점을 제시했다. 즉, 성과, 보상, 만족 간에 일관된 관계가 확립돼야 동기부여가 된다고 본 것이다. 성과에 따라 개인이 받게 되는 보상은 내적 보상과 외적 보상으로 구분된다. 내적 보상은 성취감 등 개인의 심리 내적인 측면의 보상이고, 외적 보상은 보수, 승진, 상찬 등의 조직적인 보상을 의미한다. 내적 보상과 외적 보상은 반드시 일치하지는 않을 수도 있다. 개인들은 심리 내적인 측면의 독특성을 갖고 있기 때문에 조직구성원들이 내적 보상에 대해 만족감을 느끼고 동기부여 되는 정도는 개인마다 다를 것이다. 내적 보상에 대한 만족도는 크지 않지만 외적 보상을 매우 중시하는 사람이 있는 반면, 외적 보상보다는 개인적인 만족도에 따른 내적 보상에 높은 가치를 부여할 수도 있는 것이다. 따라서 조직적인 관점에서는 외적 보상을 통해 동기부여의 유인을 제공하는 데 집중할 필요가 있다. 조직구성원들은 자신의 기여와 성과에 상응하는 보상을 받게 되면 만족도가 높아지고 동기부여 되지만, 그렇지 않으면 불만족하고 동기가 감소하기 때문이다.

⑥ 형평성이론

형평성이론(Equity Theory)은 인간은 다른 사람들과 공평한 처우를 받는다고 여길 때 동기부여 된다고 본다. 반대로 다른 사람들과 비교해 과소한 보상을 받게 되면 불만이 생겨 동기가 감소하고, 반대로 과다한 보상을 받으면 정당성이 부족하다고 느껴 부담감을 줄이는 방향으로 행동한다는 것이다. 따라서 조직은 모든 조직구성원에게 공평한 기여의 기회를 제공하고 그 기여의 결과에 대해 형평성 있는 보상체계를 마련하기 위해 주의를 기울일 필요가 있다.

아담스(Adams, 1963; 1965)는 형평성이론의 주요 개념으로 투입, 산출, 준거인물, 형평성 또는 비형평성을 들었다. 투입은 업무 수행에 필요한 노력, 기술, 교육, 경험, 사회적 지위 등을 통칭한다. 산출은 투입의 결과로 얻게 되는 보상을 말한다. 준거인물은 자신의 투입 대비 산출과 비교할 대상을 말한다. 형평성 또는 비형평성은 자신과 준거인물의 투입 대비 산출을 비교한 결과 갖게 되는 형평성에 대한 지각을 의미한다. 인간의 동기부여와 관련된 행위를 유발하는 요인으로는 호혜주의규범과 인지일관성의 경향이 있다. 호혜주의규범은 공평한 교환을 지향하는 규범적 의식을 말한다. 인지 일관성은 자신의 생각과 행동을 일치시키려는 경향을 말한다. 준거인물과 자신의 투입 대비 산출이 일치하면 만족한다. 준거인물에 비해 자신의 투입 대비 산출이 작다면 준거인물을 변경하거나 자신의 투입을 줄이기도 하지만, 동료집단 속에서 불만을 표현하거나 최종적으로는 직장을 이동하기도 한다. 준거인물에 비해 자신의 투입 대비 산출이 크다면 정당성의 부족 때문에 부담을 느끼게 되는데, 자신의 투입이나 산출을 과거 시점을 기준으로 해석하는 등 왜곡해 보기도 하지만, 결국 보상의 감소를 요청하거나 투입을 확대하게 된다.

2) 동기부여의 요인

스키드모어(Skidmore, 1983)는 동기부여의 공통적 요인으로 다음의 6가지를 들었다.

① 개인적 관심: 자신의 직무에 대한 개인적 관심은 조직구성원이 동기부여 되는 1차적인 요인으로 간주된다. 개인적 관심은 업무 성과의 양적·질적 개선에 기여할 수 있다. 유능한 행정가는 조직구성원들의 직무에 대한 개인적 관심을 제고하기 위해 노력해야 한다. 이를 위해서는 조직구성원들이 자신의 직무에 대한 개인적 관심이 어느 정도인지를 스스로 표현할 수 있게 해야 한다. 나아가 개인적 관심을 제고하기 위해 사례와 경험을 나누거나, 조직 운영에 대한 구성원들의 민주적·참여적 환경을 조성하는 데 최선을 다해야 한다.

② 시간관리: 행정가는 조직구성원 개개인의 시간 가치의 존중이 조직의 사기와 생산성을 높이는 일임을 중시해야 한다. 이를 위해서는 조직과 관련된 각종 활동에서 시간을 효율적으로 사용해야 한다. 위원회 운영과 의사결정을 구조화해 최소한의 시간 내에 최대한의 결과를 도출할 수 있도록 할 필요가 있다. 시간관리를 효율화하면 조직구성원들은 상당한 시간을 실제 업무에 할애할 수 있기 때문에 자기주도적으로 노력해 창의성과 생산성을 향상시킬 수 있다. 이는 조직구성원들이 업무 능력의 개선과 전문적인 역량의 제고 등 자기계발을 위해 시간을 창조적으로 투여할 수 있음을 의미한다.

③ 행정적 지지: 행정적 지지는 조직구성원들의 업무에 대한 적절한 인정과 승인

을 통해 생산성을 높이고 사기를 진작시키기 위한 행정가의 지지적 활동을 말한다. 조직구성원들은 행정가로부터 신뢰받을 때 업무에 대한 성취욕을 자극받고 조직적인 협력활동에 적극적으로 임하게 된다. 따라서 행정가는 개인적 차원뿐 아니라 직원회의 등 공식적인 자리에서 지지적 활동을 적극적으로 할 필요가 있다. 이는 개인적인 사기진작, 협력적인 조직문화 조성, 조직의 생산성 향상에 기여한다.

④ 책임과 권한의 명확화: 일반적으로 조직구성원들에게 책임을 지우되 권한을 부여하는 데에는 인색한 경향이 있다. 그 결과 조직구성원들은 자율성이 침해돼 능동적인 업무 수행에 장애를 겪게 된다. 책임과 권한의 명확화는 구체적이고 분명한 책임과 권한을 부여해 조직구성원들로 하여금 업무에 대해 긍정적인 감정을 갖게 함으로써 동기를 부여하려는 행정가의 노력을 말한다. 조직구성원들은 직무에 대해 고유한 책임을 부여받고 이를 이행할 수 있는 권한이 주어질 때 적극적인 자세를 가질 수 있고, 이는 곧 동기부여로 이어질 수 있다.

⑤ 승인과 감사: 행정가는 조직구성원들의 업무 수행에 대해 적절한 환류를 제공해 조직구성원들의 사기진작에 기여해야 한다. 조직구성원들은 자신들의 업무 수행에 대해 객관적으로 평가받기를 원한다. 이와 같은 환류를 통해 개인은 조직의 목표 달성과 서비스의 질적 수준 유지에 기여하고 있음을 승인받게 된다. 나아가 조직구성원들의 사기진작을 위해 개인적인 면담이나 직원회의에서 개인과 집단 차원의 업무 성취에 대해 감사를 표현할 필요가 있다.

⑥ 성취의 기회: 조직구성원들은 도전적인 과업을 부여받을 때 성취욕을 자극받고 사기가 진작돼 동기유발이 이루어진다. 과업을 성공적으로 완수해 성취를 달성하면 업무에 대해 진정한 만족을 얻고 긍정적인 조직관이 형성되기 때문이다. 반면, 과업이 도전적이지 않다면 초조감과 무력감을 느끼고 업무에 대한 적극적 자세를 갖지 못하게 돼, 조직활동의 비효율성과 비효과성을 초래한다. 따라서 행정가는 진정한 성취 기회를 개방적으로 부여해 직원들에게 안정감을 주고, 그들이 사기진작과 동기부여를 이룰 수 있도록 해야 한다.

3) 동기부여의 관련 개념

동기부여와 밀접한 관련이 있는 개념들에 대해 검토할 필요가 있다. 여기에서는 직무만족과 소진 극복에 대해 간략히 살펴본다.

(1) 직무만족

직무만족(job satisfaction)이란 조직구성원들이 자신의 직무에 대해 갖는 태도로, 자신의 직무 또는 직무경험을 평가함으로써 얻게 되는 만족스럽거나 긍정적인 정서적 반응을 의미한다(Locke, 1976). 즉, 직무만족이란 조직구성원들이 자신의 직무에 대해 느끼는 태도, 신념, 가치, 욕구 등의 긍정적인 감정적 지향의 정도를 뜻한다(Porter & Steers, 1999). 이는 개인이 직무를 통해 얻고자 하는 기대와 실제로 얻는 결과를 비교해 얻게 되는 주관적 개념이다.

직무만족은 직무상의 역할에 대한 전체적인 감정적 반응인 총체적 만족과, 직무와 관련된 직접적인 경험을 통해 얻는 정서적 반응으로서의 요인별 만족으로 구분된다(차명진, 제석봉, 2009). 따라서 직무만족을 측정하는 방법도 전체적인 직무만족을 측정하거나 직무만족의 세부 영역을 측정하는 방법이 있다. 직무만족에 대한 세부적인 측정은 업무만족, 인간관계에 대한 만족, 복리후생에 대한 만족으로 구분하거나, 직무, 기관, 슈퍼비전, 동료관계, 이직, 승진, 보수 등으로 구성하여 이루어진다(김경호, 강미자, 2012).

직무만족에는 개인적 요인과 함께 직무 및 조직적 요인이 영향을 끼치는 것으로 알려져 있다(진혜민, 박병선, 2013). 개인적 요인으로는 급여수준, 자아존중감, 자기효능감, 임파워먼트, 사회적 지지, 소진 등이 관련이 있다. 직무요인으로는 직무자율성, 직무도전성, 직무다양성, 직무중요성, 업무량, 역할과다, 역할갈등, 역할모호, 전문성 수준, 인정, 직무스트레스 등을 들 수 있다. 조직적 요인으로는 보상체계, 근무환경, 승진, 직원 수, 동료 · 상사 · 클라이언트 등 조직 내 인간관계, 리더십, 조직문화, 조직풍토, 슈퍼비전 요인 등이 고려된다.

직무만족의 중요성은 개인적 차원과 조직적 차원으로 구분해 볼 수 있다. 개인적으로는 직무만족을 하게 되면 직무에 대한 성취감과 보람을 느끼고 궁극적으로는 동기부여가 된다. 조직적으로는 조직의 효과성이 증진되고 긍정적인 조직문화 형성에 기여하게 된다. 반면, 직무불만족은 조직구성원의 결근, 이직, 낮은 생산성, 조기퇴직, 조직몰입의 감소, 정신적 · 신체적 건강의 악화, 생활만족도의 하락 등의 문제로 이어질 수 있다(김경호, 강미자, 2012).

(2) 소진 극복

소진(burnout)은 직업적인 스트레스의 결과로 발생하는 신체적 · 정서적 고갈의 징후로 정의된다. 이는 장기간 사람들과 집중적으로 연관을 맺으면서 받는 지속적이고 반복적인 정서적 압박의 결과로 나타나는 고갈반응으로, 에너지나 신체적 자원의 과도한 소비로 쇠약해졌거나 과도하게 지친 상태를 말한다. 소진은 오랜 기간 지속되고 누적된 스트레스가 형성되는 것으로 영속적이고 만성적인 상태다. 소진을 겪게 되면 부정적인 자아개념이 발달하고 업무와 클라이언트에 대한 관심과 감정이 결여된다(Selye, 1974). 소진의 단계는 뭔가 잘못돼 있다는 것을 느끼는 단계인 경고반응단계, 스트레스 요인들에 저항하는 단계인 저항단계를 거쳐, 스트레스 요인들이 물러나지 않아 소진에 이른 단계인 기진맥진(exhaustion) 단계로 나뉜다.

스트레스와 긴장의 근원은 행정적 · 교육적 슈퍼비전, 클라이언트, 일 자체의 특성, 관료제적 조직구조, 사회복지실천이나 사회복지전문직에 대한 지역사회의 인식 등을 포함한다. 이때 사회복지사는 역할모호, 역할갈등, 역할과중, 역할긴장 등의 문제를 겪으며 스트레스가 쌓이게 된다. 과도한 스트레스로 인한 정신적 고통을 일컫는 디스트레스(distress)를 낳는 요인에는 목표 달성의 장벽, 열악하고 불편한 작업조건, 조화될 수 없는 요구들, 모호한 역할기대, 과도한 사례량, 일방적인 마감기한, 사례를 끝마치지 못하게 되는 상황 등이 있다. 나아가 소진을 일으키는 요인에는 힘든 일, 타인을 돕는 일, 떠맡는 어떤 과업에의 헌신의 중요성에 대한 가치나 신념의 영향, 자기 자신과 클라이언트에 대한 높고 비현실적인 기대 등이 포함된다.

일반적으로 사회복지사는 열성의 단계, 침체의 단계, 좌절의 단계, 무관심의 단계를 거치며 소진에 이르게 된다(Edelwich & Brodsky, 1983). 열성의 단계는 자기 일에 대한 희망과 열정, 때로는 비현실적인 기대를 갖고 많은 시간을 투자하는 단계다. 침체의 단계는 다른 모든 것을 대체할 만큼의 흥미를 느끼지는 않는 단계로, 오히려 보수, 근무시간과 근무환경, 개인적인 욕구충족을 더 중요하게 여긴다. 좌절의 단계는 자신의 직무수행 능력과 일 자체의 가치에 의문을 느끼며, 업무 환경의 제한을 자신의 일에 대한 위협으로 보고 클라이언트와의 접촉을 회피하거나 피로, 두통, 복통 등의 경험을 호소한다. 무관심의 단계는 자신을 좌절로부터 방어하기 위해 냉담해지는 단계로, 정신적 · 신체적 기권 상태에서 클라이언트에게 무관심해지거나 아예 직업을 떠나기도 한다.

사회복지사는 소진을 겪게 되면 자아와 직업에 대한 부정적인 태도, 클라이언트에 대한 관심이나 감정의 상실로 인한 냉소적이고 경직된 반응, 불쾌감, 무력감, 절망감, 불안, 슬픔 등의 심리적 상황에 놓이게 된다. 나아가 클라이언트에 대한 열의와 감정의 상실에 따른 서비스 효율성의 저하, 지각 · 결근 등의 근무태만, 전직 혹은 전문직으로부터의 이탈에까지 이른다. 소진이 나타나면 진실된 정서가 가장된 정서로 바뀌고 일하는 자아와 현실적 자아가 분리된다. 이로 인해 사회복지사가 클라이언트로부터 심리적으로 분리될 때에는 클라이언트와 감정이입적이고 수용적인 진실한 반응에 따라 의사소통하기 어렵고, 결국 소진은 클라이언트에 대한 비인간화의 결과로 나타난다. 따라서 소진을 극복하는 과정은 바로 자아를 강화시키는 과정이다. 소진된 행동은 성공적이고 만족스러운 원조행위의 가능성을 낮춘다. 이는 또다시 절망감, 무력감, 소진감을 증폭시키고 강화시킨다.

먼슨(Munson, 1983)은 사회복지사가 소진을 극복하도록 하기 위해서는 지지적 슈퍼비전을 통해 현재 일어나고 있는 소진 징후에 대해 인식하도록 하고 이를 관리하는 방법을 개발해야 한다고 본다. 소진에 대처하기 위해서는 다음의 원칙을 지켜야 한다. 첫째, 통찰력을 증진시켜야 한다. 슈퍼비전 회기에서 소진문제를 토론함으로써 자신의 소진을 인지하고 소진을 통제하기 위한 통찰력을 개발할 수 있도록 촉진한다. 둘째, 최선의 업무 환경을 조성해야 한다. 셋째, 교육과 훈련을 강화해야 한다. 훈련을 더 받을수록 소진을 경험할 가능성이 작으므로, 자발적으로 훈련을 받을 수 있도록 한다. 넷째, 역할모델을 제공해야 한다. 긍정적인 태도와 효과적인 업무 습관의 시범을 통해 소진 극복 전략을 간접적으로 전달할 수 있다(김융일, 양옥경, 2002).

볼랜드(Borland, 1981)는 소진 극복을 위해 다음의 방안을 제시한다.

첫째, 조직구성원 간의 의사소통을 활성화한다.

둘째, 조직구성원들에게 긍정적인 환류를 제공한다.

셋째, 다양한 업무활동의 기회를 부여한다.

넷째, 조직구성원들 간의 지지체계를 발전시키고 생각과 감정의 교류를 촉진한다.

다섯째, 행정가는 조직구성원들에게 자신이 그들을 지지한다는 확신을 갖게 한다.

여섯째, 의사결정 과정에 조직구성원들을 참여시킨다(Skidmore, 1983).

5. 직원유지

1) 직무분석

(1) 직무분석의 이해

직무분석(job analysis)은 효율적인 인적자원관리에 필요한 정보를 제공하기 위해 직무에 대한 광범위한 정보를 체계적으로 확보하는 활동이다. 그런 점에서 직무분석은 특정 직무의 내용과 직무수행에 필요한 직무수행자의 행동, 육체적 및 지적 능력을 밝히는 체계적인 활동으로 정의된다(박경균, 2016).

직무분석은 다음과 같은 질문에 대해 대답을 제공한다.

① 특정 직무의 수행에는 어느 정도의 시간이 필요한가?
② 어떤 일들(tasks)이 모여서 하나의 직무가 되는가?
③ 특정 직무를 성공적으로 수행하기 위해 어떤 행동이 투입돼야 하는가?
④ 특정 직무의 수행자는 어떤 기능, 능력, 자질을 갖추어야 하는가?

직무분석을 통해 직무 내용과 직무수행자의 자격정보에 대한 정보를 얻을 수 있다.

① 직무 내용에 대한 정보

- 직무수행자는 누구인가?
- 직무수행에 필요한 원재료는 무엇인가?
- 직무수행에 필요한 장비와 시설은 무엇인가?
- 해당 직무를 어떤 방법과 과정을 통해 수행하는가?
- 해당 직무가 수행되는 작업조건(근무시간, 작업장소, 재해위험도, 기타 환경 등)은 무엇인가?
- 해당 직무는 다른 직무와 어떤 관계가 있는가?

② 직무수행자에 대한 정보

- 해당 직무를 성공적으로 수행하기 위해 어떤 지식과 기능이 필요한가?

- 직무수행자는 어떤 지적 능력을 갖고 있어야 하는가? (예: 창의력, 판단력, 적응력, 인내심 등)
- 직무수행자에게 필요한 신체적 조건은 무엇인가? (예: 체력, 시력 등)
- 직무수행자에게 부여되는 책임은 어느 정도인가?

직무분석은 직무설계, 직원채용, 직원개발, 직원유지 등 인적자원관리의 제 과정에 활용할 수 있다.

첫째, 직무분석은 새로운 직무설계의 토대를 제공한다. 외부적인 환경 변화와 조직의 새로운 목표 설정 때 직무구조를 재설계하게 되는데, 이때 직무분석은 새로운 직무설계의 기반이 된다.

둘째, 직무분석은 직원채용에 활용될 수 있다. 조직의 인력수요를 산정하는 토대가 되고, 모집과 선발 과정에서는 자격 요건의 기준으로 쓰이며, 최종 채용 시에는 직무와 채용후보자 간의 적합성을 판단하는 근거가 된다.

셋째, 직무분석은 직원개발에서도 유용하게 활용된다. 업무 수행평가의 기준이 되고, 교육훈련의 수요를 산정하는 근거가 되며, 조직구성원들의 경력개발활동의 방향을 제시한다.

넷째, 직무분석은 직원유지활동에 활용된다. 직무분석을 기초로 업무 수행평가가 이루어져 목표 달성 여부를 검증하고 합리적인 보상을 제공하는 근거가 되며, 직무수행 관련 위험도를 알 수 있기 때문에 안전사고 예방활동의 수요를 제공한다. 또한 직무구조 개선 활동을 통해 유능한 조직구성원들의 이직을 방지할 수 있다.

(2) 직무분석의 방법

직무분석에는 직무와 관련된 정확한 정보를 수집하려는 노력이 필수적이다. 직무정보를 수집하는 방법에는 관찰법, 면접법, 질문지법, 작업기록법, 중요사건기록법 등이 있다(Mondy & Noe, 1993). 직무분석의 목적과 분석 대상 직무의 특성, 직무수행자의 특성(생산직, 사무직 등), 소요되는 시간과 노력 등을 고려해 적합한 방법을 선택해야 한다. 대개 여러 가지 방법을 복합적으로 사용하는데, 질문지법과 면접법을 병행하는 경우가 많다.

첫째, 관찰법은 직무분석자가 직무수행자의 직무수행 과정을 관찰하고 기록하는 방법이다. 이 방법은 실시하는 데 간편하다는 장점이 있지만, 지적 활동은 관찰이 불가능하고, 장시간이 소요되는 직무는 관찰이 곤란하고, 직무수행자가 관찰되고 있다고 인지할 경우 직무수행의 왜곡현상이 발생할 수 있다.

둘째, 면접법은 직무분석자가 직무수행자에게 면접을 실시해 직무에 관한 정보를 획득하는 방법이다. 장시간이 소요되는 직무나 지적 활동에도 적용할 수 있는 장점이 있어 가장 많이 사용되지만, 직무수행자가 직무분석의 결과 자신에게 손해가 생길지 모른다고 생각한다면 해당 직무에 대한 정확한 정보제공을 꺼릴 수 있다.

셋째, 질문지법은 질문지를 통해 직무수행자로부터 직무에 대한 정보를 획득하는 방법이다. 직무 내용, 수행방법, 수행목적, 수행과정, 직무수행자의 자격 요건 등에 대한 질문을 포함하고, 개방식 질문지나 구조화된 질문지를 선택할 수 있다. 정보수집을 위한 시간과 노력을 절약하는 장점이 있지만, 질문지 작성이 어렵고 질문 내용을 정확히 이해하지 못하거나 정직하게 응답하지 않을 수 있다.

넷째, 작업기록법은 직무수행자에게 작업일지 등을 기록하게 해 직무에 대한 정보를 수집하는 방법이다. 관찰하기 어려운 고숙련의 직무에 대한 정보를 얻을 수 있고 장기간의 정보를 확보할 수 있는 장점이 있지만, 직무에 대한 심층적인 정보를 얻기 어렵다는 지적도 있다.

다섯째, 중요사건기록법은 직무수행자의 직무활동 가운데 성과에 직결되는 핵심적인 직무행동에 대해 효과적인 행동과 비효과적인 행동을 구분하여 사례를 수집하고, 이를 바탕으로 직무성과에 효과적인 행동패턴을 분류하는 방법이다. 직무행동과 직무성과 간의 관계를 직접 파악할 수 있는 장점이 있지만, 직무행동을 분류·평가하는 데 많은 시간과 노력이 소요되고 핵심적인 직무행동만으로는 직무수행자의 전체 직무수행에 대한 포괄적인 정보를 획득하는 데 어려움이 따른다는 문제가 있다.

〈표 8-2〉와 같이, 직무분석의 결과를 바탕으로 직무기술서(job description)와 직무명세서(job specification)가 마련될 수 있다. 직무기술서는 직무분석의 결과를 바탕으로 직무의 능률적인 수행을 위해 필요한 직무의 성격, 요구되는 개인의 자질 등 중요사항을 기록한 문서다. 직무명세서는 인적자원관리의 특정 목적에 맞도록 직무기술서의 내용을 세분화해 구체적으로 기술한 문서다.

〈표 8-2〉 직무기술서와 직무명세서에 포함되는 사항

직무기술서	직무명세서
• 직무 명칭	• 직무 명칭
• 직무의 소속 직군 및 직종	• 직무의 소속 직군 및 직종
• 직무 내용의 요약	• 요구되는 교육 수준
• 수행되는 과업	• 요구되는 기능 및 기술 수준
• 직무수행의 방법	• 요구되는 지식
• 직무수행의 절차	• 요구되는 지적 특성(창의성, 판단력 등)
• 사용되는 원재료, 장비, 도구	• 요구되는 육체적 능력
• 타 직무와의 관계	• 요구되는 작업경험
• 작업조건(작업집단의 인원 수, 상호작용의 정도 등)	• 책임의 정도

출처: 박경규(2016), p. 138 수정.

2) 직무수행평가

(1) 직무수행평가의 이해

직무수행평가(performance appraisal)란 직무분석 결과에 기초해 승진, 보수, 직원개발, 경력개발 등에 활용하기 위하여 해당 직무 담당자의 직무수행결과를 평가하는 과정이다. 직무수행평가는 타당성, 신뢰성, 실용성, 수용성의 요소를 갖추어야 한다.

업무 수행평가에서는 수용성의 요소가 특별히 강조될 필요가 있다(박경규, 2016). 수용성이란 피평가자가 업무 수행평가가 적법하고 필요하다고 믿으며, 평가의 공정성과 평가 결과가 활용되는 평가 목적에 동의하는 정도를 의미한다.

직무수행평가에 대해 수용성이 낮으면 조직구성원들의 저항에 부딪힌다. 그 이유는 다음과 같다.

첫째, 직무수행평가제도의 목적에 대해 신뢰감을 상실했기 때문이다. 조직구성원들의 직원개발이나 경력개발이 목적이라면 동의하기 쉽지만, 저성과자에게 불이익을 주는 부정적인 방향이라면 동의를 얻기 쉽지 않다.

둘째, 직무수행평가제도에 대해 정보가 부족하기 때문이다. 정보 부족은 곧 불안감의 증가로 이어진다.

셋째, 직무수행평가제도의 도입으로 인해 조직구성원과 관리자 간의 종속적 관계가 강화될 것으로 우려되기 때문이다. 근로자의 입장에서는 개별화된 평가제도가 도입되고 업적에 따른 성과급이 지급되는 등 경쟁체제가 강화되면 조직구성원 개개인은 관리자의 평가에 크게 의존하게 된다는 걱정이 생기게 마련이다.

이에 따라 조직은 직무수행평가제도를 실시할 때 조직구성원들의 수용성을 높이기 위한 방안을 마련할 필요가 있다(Kotter & Schlesinger, 1979).

첫째, 평가제도를 개발할 때 그 목적과 필요성을 조직구성원들에게 투명하게 알리고 필요한 경우 교육을 실시할 필요가 있다.

둘째, 평가제도는 통제적인 목적보다는 조직구성원들의 능력 개발의 취지를 살릴 필요가 있다. 저성과자에 대해 불이익을 주는 부정적인 방향이라면 통제적인 목적으로 여겨지지만, 직원개발이나 경력개발이 목적이라면 지원적인 목적이기 때문에 수용될 가능성이 높다.

셋째, 평가제도를 개발할 때 조직구성원들의 대표를 포함시킬 필요가 있다. 이를 통해 새로운 아이디어를 얻고 간과하기 쉬운 평가 내용을 보완할 수 있으며, 나아가 평가제도의 정당성을 확보할 수 있다.

넷째, 평가의 신뢰성을 최대한 보장할 있도록 제도를 만들고 평가자교육에 대해 투자를 늘려야 한다.

다섯째, 실제 평가 과정에서는 피평가자의 참여를 보장할 필요가 있다. 피평가자가 제도적으로 참여하면 수용성이 높아질 것이고, 자기평가의 기회가 제공돼 비교가 가능해진다면 더욱 바람직할 것이다.

(2) 직무수행평가의 단계와 측정도구

로빈스(Robbins, 1990)에 따르면, 직무수행평가는 총 6단계의 과정을 통해 진행될 수 있다(최성재, 남기민, 2016).

첫째, 직무수행의 기준을 확립한다. 직무수행의 기준은 직무기술서와 직무명세서를 통해 제시된다.

둘째, 조직구성원들에게 직무수행의 기대치를 전달한다. 여기에는 문서화된 직무기술서와 직무명세서를 해당 직무수행자들과 주기적으로 상호 검토하고 수정하는 노력이 필요하다.

셋째, 직무수행의 측정도구를 적용해 본다.

넷째, 실제 직무수행을 직무수행 기준과 비교해 본다. 이를 통해 타당성, 신뢰성, 실용성, 나아가 수용성의 요소를 갖추었는지 판단하는 것이다.

다섯째, 평가 결과를 조직구성원들과 토의한다. 평가회의에서는 1단계부터 4단계까지의 자료를 검토해 직무수행 평가 결과, 직무수행 기준과 비교방식 등에 대해 의견을 교환한다.

여섯째, 직무수행의 기대치 및 직무수행 기준을 수정한다. 이때 수정은 건설적이고 구체적으로 이루어져야 한다.

다음으로 직무수행 측정도구에 대해 살펴본다. 여기에는 도표평정식(graphic rating scale), 개조서열식(alteration ranking scale), 이분비교식(paired comparison scale), 강제배분식(forced distribution scale), 중요사건평가식(critical incident description scale), 행동기준평정식(behaviorally anchored rating scale) 등이 있다(Meenaghan, Washington, & Ryan, 1982; 박용치, 송재석, 2006; 최성재, 남기민, 2016).

첫째, 도표평정식은 실적 · 능력 · 태도 등 각각의 평정요소에 따라 평가자가 조직구성원들의 직무수행에 대해 등급을 매기거나 숫자로 표시하는 방법이다. 평정표 작성이 간단하고 평정이 쉽지만, 직위 간의 직무 차이를 구별하지 못하고, 평정 요소가 일반적이며, 후광효과(halo effect), 집중화 경향(central tendency), 관대화 경향(leniency)을 극복하기 어려워 직무기대에 따른 직무수행을 평가하는 데에 한계가 있다.

둘째, 개조서열식은 각각의 평정요소에 대해 모든 조직구성원의 서열을 매기는 방법이다. 이에 따라 전체 조직구성원에게는 최상부터 최하까지 순위가 부여된다. 도표평정식과 비슷하나 전체 조직구성원을 경쟁 상황에 몰아넣는 점이 특징이다. 도표평정식의 한계를 극복한다는 점에서 신뢰도가 높은 방법이지만, 서열만 나타날 뿐 적격의 직무수행기준이 무엇인지에 대한 타당도는 확보하기 어렵다.

셋째, 이분비교식은 각각의 평정요소에 대해 해당 조직구성원 개인을 제외한 다른 모든 사람과 비교하는 방법이다. 서열등급이 아닌 자신 이외의 다른 사람들과 비교해 평가하는 것이다. 조직구성원들에게 기대되는 직무에 대해 좀 더 구체적으로 평가할 수 있다는 점이 특징이다.

넷째, 강제배분식은 직무수행 등급이 정상분포를 이루도록 강제로 분산시키는 방법이다. 예를 들어, 10:20:40:20:10의 비율로 성적을 배분하고 이를 도표로 나타내면 종형인 정상분포곡선이 된다. 이 기법은 도표평정식에 기반을 두고 있지만, 도표평정식에서 나타나는 집중화 경향, 관대화 경향 등의 결점을 배제하기 위한 것이라는 점이 특징이다.

다섯째, 중요사건평가식은 슈퍼바이저가 해당 조직구성원의 직무 중 가장 바람직한 실적과 가장 나쁜 실적을 기록하게 하고 반기 혹은 분기마다 당사자와 함께 검토하는 방법이다. 가장 바람직한 실적에 대해서는 강화를 제공하고 가장 나쁜 실적에 대해서는 개선 방안을 강구한다. 이 기법은 전문적인 직무의 실제를 평가하는 데 유용한 평가 기법으로 평가받고 있다.

여섯째, 행동기준평정식은 중요사건평가식과 도표평정식의 장점을 혼합한 방법이다. 우선 델파이(delphi)기법을 사용해 전문가로 하여금 중요한 사건들을 선별하게 하고 이에 대해 등급을 매기게 한다. 이어 해당 업무 수행의 결과에 대해 등급을 매기거나 개인별로 평점을 매긴다. 마지막으로 가장 높은 등급의 행동을 직무수행의 기대치로 삼는다. 이 기법은 타당도가 높은 방법이지만 시간과 비용이 많이 드는 단점이 있다.

(3) 직무수행평가에 대한 새로운 관점

최근에는 직무수행평가와 관련해 조직적인 관점을 중시하는 견해가 대두되고 있다. 이는 기존의 직무수행평가가 평가도구의 개발에 지나치게 치중해 미시적인 인사관리의 측면에 과도하게 몰두한다는 비판에 따른 것이다. 기존의 방식으로는 조직구성원의 직무능력 향상 및 조직적인 목표와 성과 달성에 기여하지 못한다는 것이다.

목표관리방식은 1960년대부터 직무수행평가방법의 하나로 정착되기 시작했다. 목표관리방식은 조직구성원들의 참여 속에서 조직의 목표를 공동으로 결정하고 자기주도적으로 활동을 수행하도록 하는 참여적이고 성과지향적인 관리기법이다(Carroll & Tosi, 1973). 직무수행평가방법 면에서 평가 내용을 성과에 국한하고, 평가 과정에 피평가자를 참여시키고, 목표 설정 과정과 평가 과정에서 관리자와 조직구성원들 간의 의사소통이 활성화된다는 특징이 있다.

목표관리방식은 다음의 5단계로 구성돼 있다(Drucker, 1954). ① 전체 조직의 목표 수립, ② 전체 조직의 목표를 조직구성원들에게 적용해 각 업무단위와 개인의 목표 설정, ③ 업무 수행에 대한 조직적인 모니터링, ④ 성과평가, ⑤ 보상시행 등의 단계를 거친다(자세한 내용은 제5장 참조).

최근에는 성과관리방식이 주목을 받고 있다. 성과관리란 성과향상을 위한 체계적인 조직관리 방법으로, 조직의 목표와 활동계획을 수립해 시행하고, 그 결과를 평가해 환류하고 조직관리와 활동에 반영시켜 조직의 성과를 극대화하는 것이다. 이 방식은 조직 전체가 유기적으로 작동해야 조직적인 성과를 거둘 수 있다고 본다. 즉, 전체 조직의 성과관리를 위해서는 조직의 목표가 합리적이어야 하고, 전체 목표와 단위부서 및 개인 목표가 체계적으로 연계돼야 하며, 각 조직 단위와 개인의 업무실적을 정확히 측정할 수 있어야 하고, 성과와 관련된 정보를 합리적으로 활용해야 한다는 것이다(김계수, 김용철, 박주영, 장정근, 2008).

특히 조직구성원들이 능동적으로 직무를 수행해 조직의 성과 목표를 달성할 수 있도록 피드백하고 역량 개발의 기회를 부여하고자 한다(한태영, 2013). 피드백의 내용은 조직구성원들의 직무능력, 동기부여 수준, 직무성과에 관한 정보 등이다(Kluger & DeNisi, 1996).

체계적인 성과관리를 위한 구성요소는 다음과 같다.

① 미션: 조직의 임무와 설립 목적 및 역할
② 비전: 조직이 달성하고자 하는 미래의 모습
③ 목표체계: 중장기적인 전략적 목표와 연도별 성과 목표
④ 목표 관련 성과지표: 목표의 실현 정도를 측정하기 위한 지표
⑤ 사업 및 활동계획서: 목표를 실현하기 위해 추진하는 세부 활동 내용
⑥ 목표에 영향을 끼치는 외부 요소: 조직활동 외에 목표의 성취에 영향을 끼치는 긍정적 · 부정적 외부 요소
⑦ 성과지표의 적용과 성과정보의 수집방법: 성과지표에 입각한 성과측정을 위해 해당 자료를 측정 · 수집하는 방법
⑧ 성과지표의 활용 방법: 성과측정 결과 산출된 성과정보의 활용 방안

일반적인 성과관리시스템 구축 절차는 다음과 같다(행정자치부, 2006).

① 성과관리시스템 구축 환경 조성
② 조직의 미션 · 비전 · 목표 수립
③ 목표체계에 따른 전체 조직 및 팀별 · 개인별 성과지표 개발
④ 사업계획의 수립과 외부 요소 규명
⑤ 성과의 측정과 평가(업무 수행 중 및 업무 종료 후)
⑥ 측정 · 평가된 성과정보의 분석과 활용이다.

성과관리시스템의 운용을 위해 균형성과기록표(Balanced Score Card: BSC)가 활용된다(Kaplan & Norton, 1996). 이 방법은 조직의 성과를 균형 있게 측정 · 분석하고 피드백할 수 있는 성과관리 시스템으로, 성과목표의 달성 여부를 실시간으로 확인 · 수정 · 보완해 목표의 달성을 유도하고자 한다. 균형성과기록표(BSC)의 핵심지표는 재무, 고객, 내부 비즈니스 프로세스, 학습과 성장의 4분야로 구성돼 있다. 이 핵심 성과지표들 간의 연관관계를 규명해 피드백을 제공함으로써 효율적으로 조직을 관리하고자 한다.

3) 승진 및 보수 관리

(1) 승진

승진(promotion)은 조직구성원이 조직 내에서 현재보다 더 나은 직무로 이동하는 것을 의미한다. 보다 나은 직무가 되기 위해서는 직무 내용 면에서 과거보다 권한 및 책임의 크기가 증가해야 하고, 임금 · 지위 등 보상이 나아져야 한다(Skidmore, 1983; 박경규, 2016). 이는 승급과는 다른 개념이다. 승급은 같은 등급 내에서 호봉이 상승하는 것을 말한다.

승진이 조직구성원들에게 주는 의미는 각별하다.

첫째, 승진을 하게 되면 자기 자신뿐 아니라 관계적 측면에서 권위가 확대된다. 대개의 경우 직무보다는 직위에 관심을 갖기 때문이다.

둘째, 개인적으로는 권한의 증가를 가져다 준다.

셋째, 승진은 본질적으로 보상의 증가를 동반한다.

넷째, 승진은 개인의 성장욕구를 충족시킬 수 있는 기회를 제공한다. 도전적이고 수준 높은 직무를 부여받기 때문에 이전보다 자신의 잠재능력을 더 개발할 수 있다.

다섯째, 승진은 대부분의 경우 직장안정(job security)으로 연결돼 심리적 안정감을 제공한다.

이에 따라 조직구성원들에게 수용될 수 있는 공정한 인사제도를 확립할 필요가 있다. 승진은 조직구성원들에게 경력개발을 위한 실천활동을 자극하는 순기능을 갖지만, 인사 공정성에 대한 지각이 낮다면 좌절을 겪고 경력개발의 의욕이 저하될 것이기 때문이다. 따라서 공정한 인사제도는 적정성의 원칙, 공정성의 원칙, 합리성의 원칙을 견지해야 한다. 적정성의 원칙이란 과거 및 유사 조직과의 비교에서 조직구성원들에게 가급적이면 많은 승진기회를 부여해야 한다는 것이다. 공정성의 원칙은 조직 내에서 승진기회를 공정하게 배분해야 한다는 것이다. 합리성의 원칙은 조직구성원들이 조직의 목표 달성을 위해 공헌한 내용을 정확히 파악해 상응하는 승진기회를 제공해야 한다는 것이다.

따라서 조직은 연공주의(seniority orientation)와 능력주의(competence orientation)에 대한 태도를 명확히 표명할 필요가 있다.

첫째, 연공주의란 한 조직 내지 해당 직급에서의 개인의 근속기간을 의미하는 연공(年功)수준이 높은 구성원을 우선적으로 승진시켜야 한다는 입장이다. 연공주의가 뿌리내리는 이유는 장유유서(長幼有序)의 사회적 가치관의 영향, 연령이나 근속연수를 중시하는 조직문화에서 연공서열이 부서 내 및 부서 간 협동시스템 구축에 용이하다는 현실적인 판단, 연공이 개인의 숙련수준에 대한 대리지표라는 인식, 신뢰할 만한 직무수행평가제도가 부재하다는 실질적인 이유 때문이다.

둘째, 능력주의는 승진후보자가 보유하는 능력을 중시해야 한다는 입장이다. 능력주의는 기술이 급격히 변화하는 현실에서는 연공과 숙련이 정비례한다는 기존의 통념에 근거가 부족하다고 본다. 능력주의는 직무수행평가와의 연관성이 높아 개인적인 동기부여와 조직의 혁신에 기여한다는 장점이 있다. 그러나 현실적으로 적용되기에는 어려움이 따르는데, 그 이유는 신뢰할 만한 직무수행평가제도를 확립하기 어렵고, 조직 내 인간관계가 중시되는 분야에서는 연령 혹은 연공이 조직문화의 바탕을 이루기 때문이다.

승진의 기준에는 경력평정, 인사평가, 연수평정 등이 있다.

첫째, 경력평정은 해당 직급에서의 근속연수를 기준으로 판단하는 방법이다. 이 방식은 연공을 반영하려는 취지를 갖고 있는데, 근속연수가 많아지면 능력 수준이 증가하고 그 결과 업적도 많아질 것이라는 전제를 갖고 있다. 그러나 대개의 경우 연공과 능력 · 업적 수준의 관계는 개인적인 기능의 노후화 현상이나 매너리즘 경향 때문에 정비례하지 않고 곡선의 관계에 있는 것으로 알려져 있다.

둘째, 인사평가는 능력, 개인적 특성, 직무행동, 업적, 시험성적 등을 기준으로 평가해 승진에 반영하는 방법이다. 이때 개인의 능력, 특히 잠재능력이 중요한 평가요소가 돼야 한다. 승진할 직위에 부합하는 능력을 보유하고 있는지가 매우 중요하기 때문이다.

셋째, 연수평정은 조직에서 실시하는 교육훈련 프로그램에 참가해 획득한 학습성과를 기준으로 평가하는 방법이다. 연수평정은 개인의 잠재능력을 간접적으로 평가하는 기준이 될 수 있다. 그러나 교육훈련 프로그램이 미래의 직무수행에 필요한 지식 및 기능을 정확하게 제공하기 어렵고, 교육훈련의 기간이 짧아 실제적으로 적용성이 떨어질 수 있다.

(2) 보수

보수란 직무수행의 대가로 지급하는 금전적 보상을 의미한다. 보수는 임금과 복리후생(fringe benefits)으로 구성된다. 보수는 조직과 개인 차원에서 중요한 의미를 갖는다. 조직차원에서는 유능한 인력을 확보해 조직에 특화된 인적자원을 유지하는 원천이고, 조직구성원들에게 동기를 부여해 조직의 생산성 향상과 목표 달성에 기여하게 한다. 개인 차원에서는 생계에 필요한 재화와 용역을 구입하고 생활의 질 향상을 기할 수 있으며, 보수 상승은 조직에 대한 개인의 공헌도를 인정받아 더 높은 지위를 부여받은 결과이므로 사회적 신분 상승에도 도움이 되고 존경욕구(esteem needs)도 충족시킬 수 있게 된다(박경규, 2016).

임금은 노동에 대한 대가로 받는 금품 일체를 말한다. 임금제도의 가장 큰 쟁점은 임금공정성의 확보에 관한 것이다. 여기에는 배분공정성과 절차공정성이 있다. 배분공정성이란, 임금은 조직구성원의 공헌에 대한 대가이기 때문에 공헌보다 대가가 크거나 최소한 공헌과 대가가 일치해야 공헌을 계속한다는 것이다. 여기에는 타 조직과 비교하는 외부공정성, 조직 내 임금수준의 격차의 정당성에 관한 내부공정성이 있다. 절차공정성은 임금결정이 이루어지는 절차가 공정해야 임금제도에 대한 수용성이 확보된다는 것이다. 이를 위해서는 임금 관련 정보의 정확성, 문제제기에 따른 수정 가능성, 조직구성원들의 관심과 가치관을 반영하는 대표성, 조직구성원들의 임금 배분 절차에 관한 윤리관을 반영하는 도덕성 등이 확보돼야 한다.

임금체계에는 직무급, 연공급, 직능급, 성과급, 수당 등이 있다.

첫째, 직무급은 직무평가에 기초해 각 직무의 상대적 가치를 판단하고 그에 입각해 임금액을 결정하는 방법이다. 조직 목표 달성에 대한 개별 직무의 중요성, 직무수행상의 난이도, 작업 환경 등에 기초해 상대적 가치를 부여함으로써 임금을 차등화하고, 동일한 가치의 직무 내에서는 능력 · 연공 · 학력과 관계 없이 동일한 임금을 지급한다.

둘째, 연공급은 조직구성원의 근속연수를 기준으로 임금액을 결정하는 방법이다.

이는 연공에 따른 숙련상승설과 생계비보장설에 바탕을 두고 있다. 전자는 연공에 따라 근로자의 숙련이 미숙련 → 반숙련 → 숙련의 단계를 거친다는 가정이고, 후자는 가구주의 연령 상승에 따라 증가하는 필요 생계비를 충당하기 위한 방편이라는 입장이다.

셋째, 직능급은 조직구성원이 소유하고 있는 직무수행 능력(직능)을 기준으로 임금액을 결정하는 방법이다. 연공은 같지만 직능이 다른 경우 상이한 임금을 받고, 역시 동일한 직무를 수행하더라도 직능이 상이할 경우 임금액이 달라진다. 최근에는 직능급 대신 역량급(competency-based pay)이 적용되는 경향이 있는데, 개인적인 직능뿐 아니라 조직(팀)의 역량도 측정해 반영하고자 하는 취지다. 직능급을 실시하기 위해서는 직능을 분류하고 평가하는 직능자격제도가 구축돼야 한다.

넷째, 성과급은 조직구성원이 달성한 성과의 크기를 기준으로 임금액을 결정하는 방법이다. 성과급은 기업의 부가가치 창출에 대한 개인의 기여도를 기준으로 삼는다는 점에서 인건비의 비율이 높고 원가경쟁이 치열한 기업조직들에서 공정한 임금체계로 주목받고 있다. 성과급을 도입하기 위해서는 임금율의 기준이 되는 표준성과의 제시, 개인의 성과 측정, 고성과자와 저성과자 간의 차등, 개인성과급제도 및 집단성과급제도와 같은 성과급제도의 설계 등이 필요하다.

다섯째, 수당은 임금 외의 임금으로서 임금공정성을 보완하려는 데 본질적인 목적이 있다. 특히 연공급이 확산돼 있는 우리나라에서는 직무가치, 조직구성원의 능력 등의 경쟁적 요소들을 수당을 통해 반영하려는 경향이 있다. 한편, 최근에는 인건비 절감의 수단으로도 활용되고 있는데, 기본급을 인상하면 상여금에 반영되기 때문에 임금 인상의 부담을 덜기 위해 수당을 활용하는 것이다. 수당에는 법정수당과 법정 외 수당이 있다. 법정수당은 「근로기준법」에서 규정한 수당으로 초과근무수당, 야간근로수당, 연차유급수당 등이 있다. 법정외 수당은 직책수당, 자격수당, 가족수당, 통근수당, 지역수당, 주택수당 등이 있다.

한편, 복리후생은 기업복지라고도 불리는데, 임금 이외에 기업의 부담으로 추가적으로 제공되는 편익이라고 할 수 있다. 복리후생제도의 운영에는 경제적 · 사회적 · 정치적 · 윤리적 목적이 있다. 경제적 측면에서는 조직구성원의 사기진작, 조직에 대한 헌신과 기여도 증가에 기여할 수 있다. 사회적으로는 불리한 지위에 있는 조직구성원을 보호하고 사회적 욕구충족에 기여할 수 있다. 정치적으로는 특히 법정 복리후생의 경우 기업과 국가에 대한 통합기능을 달성할 수 있다. 윤리적인 면에서는 시민으로서의 최저생활 확보에 기여하려는 취지가 있다.

복리후생프로그램에는 법정 복리후생, 법정 외 복리후생, 카페테리아식(cafeteria style) 복리후생 등이 있다.

첫째, 법정 복리후생은 법률에 근거해 시행되는데 기업 종업원을 보호하려는 취지를 갖고 있고 국가의 사회복지제도에 대한 보조수단으로도 활용되는 측면이 있다. 여기에는 사회보험료 부담, 퇴직금제도, 유급휴가제도 등이 있다.

둘째, 법정 외 복리후생은 국가가 법률로 정한 복리후생 프로그램 이외에 기업이 도입하는 제도를 말한다. 강제성 측면에서 단체협약상의 복리후생과 자발적인 복리후생으로 구분된다. 여기에는 생활시설(주택, 급식시설 등), 경제시설 및 제도(구매시설, 금융제도, 공제제도, 기타 결혼식장 등), 보건위생시설(진료시설, 휴양시설, 보건시설 등), 문화체육오락시설(학교, 도서관, 체육관, 운동장, 골프장 등) 등이 있다.

셋째, 카페테리아식 복리후생은 선택적 복리후생(flexible benefit plan)이라고도 불리는데, 조직구성원들의 욕구충족과 만족도 극대화를 위해 개인들이 다양한 복리후생프로그램 중에서 스스로 선택할 수 있게 하는 제도다. 이 제도에는 핵심 항목을 고정하는 선택항목 추가형, 몇 개의 복리후생프로그램을 집단화해 제시하는 모듈형(modular plan), 개인에게 제공되는 예산 범위에서 자유롭게 선택하게 하는 선택적 지출계좌형이 있다.

제9장 재정자원관리

1. 재정관리의 이해

재정관리란 재무행정이라고도 불리는데, 조직의 정책을 시행하는 데 필수불가결한 재정자원을 합리적 · 계획적으로 조달하고 효율적으로 관리 · 운영하는 일련의 과정을 의미한다(박용치, 송재석, 2006). 모든 조직은 조직의 목표를 달성하기 위해 가용한 재정자원을 활용하게 된다. 대부분의 조직활동은 재정지출을 동반할 수 밖에 없기 때문에, 재정자원관리는 조직행정에서 매우 중요한 과업이라고 할 수 있다(White, 1926). 일반적으로 재정관리의 영역은 예산수립, 예산집행, 결산, 회계로 구분된다.

사회복지조직의 재정관리에서는 조직의 목표 달성과 사회복지서비스의 안정적인 제공을 위해 필요한 재정자원을 합리적 · 계획적으로 동원하고 예산을 수립하며 그것을 효율적으로 집행해야 한다(황성철, 정무성, 강철희, 최재성, 2014). 일반적으로 재정관리는 인적자원관리, 리더십, 슈퍼비전, 기획, 프로그램 관리, 홍모와 모금 등 전형적인 행정가의 역할과는 구분되는 독특한 과업으로 인식돼 왔다. 이에 따라 조직 내외의 전문가들에게 크게 의존하는 경향이 있다.

그러나 사회복지조직의 행정가는 재정관리에 대해 각별한 주의를 기울일 필요가 있다 (Lohmann, 1980). 그 이유는 다음과 같다.

첫째, 재정이란 사회복지조직의 물적 자원의 운영을 의미하기 때문에 재정관리는 조직활동의 효율성과 직결된다. 전형적인 사회복지조직은 지역사회로부터 투입받은 자원을 서비스로 변형해 클라이언트에게 제공하는 활동을 전개한다. 따라서 재정자원의 효율적 관리는 지역사회로부터 위임받은 조직의 목표 달성을 위해 매우 중요한 책무다.

둘째, 재정관리는 조직의 전반적인 활동을 통제하는 중요한 원천이다. 사회복지조직의 대부분의 활동은 예산계획 수립과 집행 등 재정 관련 활동을 필수적으로 동반한다. 따라서 실질적이고 체계적인 재정관리가 없다면 조직활동에 대한 실질적인 통제는 불가능하다.

셋째, 사회복지조직은 재정자원의 확보와 효율적인 관리에 관심을 덜 갖는 경향이 있다. 특히 협동대리모형(collaborative vendor model) 혹은 종속적 대행자형(dependent vendorism)으로 분류되는 민간사회복지조직은 서비스 제공의 책임만 맡고 재원조달에 대해서는 정부에 의존하고 있다(Gidron, Kramer, & Salamon, 1992). 이 경우 주로 규제당국인 정부와의 관계에 주목하고, 재정자원 확충을 위한 자발적인 노력은 부족해질 우려가 있다(Hasenfeld, 1992a).

넷째, 사회복지조직의 재원 구성이 점차 다양해짐에 따라 재정자원관리에 대한 행정가의 역할이 주목을 받고 있다. 최근 공공기관의 민영화, 계약, 보조금, 이용권(voucher) 제도 도입, 영리화의 경향 등에 따라 각기 다른 보고절차, 의무이행, 계약의 준수 등 재정관리의 복잡성이 증가하고 있다. 따라서 사회복지조직의 행정가는 재정자원의 관리에 각별한 관심을 기울이고 엄격한 재정관리체계를 구축하기 위한 전문적인 노력을 강화해야 한다(Gronbjerg, Kimmich, & Salamon, 1985).

다섯째, 다양한 재정원천으로부터 재원을 확보하기 위한 적극적인 노력을 강화할 필요가 있다. 민간사회복지조직은 보조금에 거의 의존했던 과거의 경향으로부터 탈피할 수밖에 없는 상황이다. 따라서 다양한 재정원천에 접근하는 노력이 필요한데, 정부와의 계약, 제안서 작성, 기금모금, 이용권 제도 관리, 수익사업 기획 및 실행 등 다양한 과업이 제기되고 있다.

사회복지조직의 재정관리는 「사회복지법인및사회복지시설재무 · 회계규칙」에 의해 이루어지고 있다. 이 규칙은 사회복지법인 및 사회복지시설의 재무 · 회계 그리고 후원금 관리에 관한 사항을 규정해 재무 · 회계 및 후원금 관리의 명확성 · 공정성 · 투명성을 기하고 사회복지법인 및 사회복지시설의 합리적인 운영에 기여하려는 목적을 갖고 있다. 「사회복지법인및사회복지시설재무 · 회계규칙」은 예산과 결산, 회계, 후원금의 관리, 감사에 대해 규정하고 있다.

2. 예산 수립

1) 예산의 개요

예산(budget)의 개념은 장래의 예정된 회계연도 동안의 재정적 수입과 지출에 대한 계획이라고 할 수 있다(Burkhead & Miner, 1975). 결산(closing)이 재정 집행 이후 수입과 지출에 대해 집계하는 활동이라면, 예산은 대개 장래의 1회계연도 동안의 수입과 지출의 예정에 대한 계산이라고 할 수 있다. 1회계연도는 예산의 단위 기간으로서 예산의 세입과 세출을 구분하고 정리하기 위한 기간을 말한다. 대개 회계연도는 1년을 기준으로 삼기 때문에 1회계연도 역시 통상적으로 1년이다. 사회복지조직의 회계연도에 대해 「사회복지법인및사회복지시설재무 · 회계규칙」은 정부의 회계연도에 의하도록 하고 있다. 따라서 사회복지조직의 회계연도는 매년 1월 1일부터 12월 31일까지다.

예산에는 본예산, 수정예산, 추가경정예산, 준예산 등이 있다(엄미선, 양숙미, 백은령, 한주민, 2016). 본예산은 이사회의 심의를 거쳐 확정돼 성립된 예산이다. 수정예산은 예산안을 이사회에 제출한 후 부득이한 사정으로 그 내용의 일부를 수정해 제출하는 예산안이다. 추가경정예산은 예산 성립 후에 생긴 사유로 인해 필요한 경비의 부족이 생길 때 추가 또는 변경한 예산이다. 준예산은 회계연도 개시 전까지 예산이 성립되지 않을 때 시 · 군 · 구청장에게 그 사유를 보고하고 전년도 예산에 준해 집행하는 예산이다.

예산의 기능은 재정통제의 기능, 정치적 기능, 법적 기능, 경제적 기능, 행정관리의 기능으로 구분할 수 있다(박용치, 송재석, 2006; 강태혁, 2013).

첫째, 재정통제의 기능 면에서는, 방만한 재정 집행을 억제하고 계획적으로 집행하게 함으로써 재정사업의 효율화를 기할 수 있다.

둘째, 정치적 기능 면에서는, 재정집행에 대해 이해관계를 갖고 있는 조직 안팎의 이해관계자들 간의 갈등, 협상, 타협의 결과다.

셋째, 법적 기능면에서는, 사회복지조직의 경우 「사회복지법인및사회복지시설재무・회계규칙」에 따라 예산 편성지침을 마련하고 이사회의 의결 등 조직적 의사결정 절차를 따라야 하는 과정이다.

넷째, 경제적 기능 면에서는, 회계연도 동안의 조직의 재정활동을 안정화시키는 안정 기능, 매년 조직의 재정적 성장을 확인하고 재정전략을 수립하는 원천이 되는 성장 촉진 기능, 조직활동의 제 분야 간의 자원배분을 조정하는 자원배분 기능을 수행한다.

다섯째, 행정관리의 기능 면에서는, 각 부서와 단위 활동을 검토하고 승인하는 관리 과정의 성격을 갖고 있다.

2) 예산수립의 성격과 절차

예산수립(budgeting)은 회계연도 동안의 수입과 지출의 재정계획을 수립하는 행위다. 사회복지조직의 예산수립은 복합적인 성격을 갖고 있다(Weiner, 1990; 최성재, 남기민, 2016).

① 정치적 과정이다: 이는 예산의 정치적 기능에 기인한다.
② 프로그램 기획 과정이다: 예산수립은 프로그램 기획 과정에 반드시 수반돼야 하는 과정이다.
③ 프로그램 관리 과정이다: 예산집행 과정에서 각 단위의 활동, 책임자, 시행 일정 등에 대한 검토가 불가피하다.
④ 회계 절차다: 조직 내외의 자금 흐름을 통제하고 재정 활동을 승인하는 근거가 된다.
⑤ 인간적인 과정이다: 조직구성원, 클라이언트, 지역사회 등 예산집행의 영향을 받는 주체들과 의견을 교환하고 합의를 추구하는 과정이 필요하다.
⑥ 미래를 변화시키는 과정이다: 예산수립은 장래의 활동계획에 대한 재정계획이다.

사회복지조직의 예산수립 절차는 다음의 7단계로 정리할 수 있다(United Way of America, 1975; Skidmore, 1990; 최성재, 남기민, 2016).

① 조직의 단기적 · 구체적 목표 설정: 현재의 단기적 목표가 장기적 목표와 부합되는지 또는 새로운 단기적 목표를 설정하는 경우 장기적 목표와 어떤 관계를 갖는지 명시해야 한다. 단기적 목표는 달성의 정도를 정기적으로 평가할 수 있도록 관찰 및 측정 가능하게 제시돼야 한다.
② 조직운영에 대한 자료수집: 조직의 과거 및 현재의 운영 전반에 대한 정보를 수집해야 한다. 여기에는 조직 전체와 부서별 및 개인별 업무와 프로그램 실적, 프로그램 평가, 조직 내외의 가용 자원, 재정사항 등의 정보가 포함돼야 한다.
③ 운영 대안의 고려: 수집된 정보를 기초로 기존의 목표 혹은 새로 설정된 목표를 달성하기 위한 가능한 대안을 비교 가능한 기준에 근거해 검토해 보아야 한다.
④ 조직 활동의 우선순위 결정: 각 운영 대안 중 조직의 장기적 · 단기적 목표와의 관련성, 조직 차원에서의 필요성, 시급성, 효과성, 효율성, 재정의 가용성 등을 비교해 우선순위를 결정해야 한다.
⑤ 우선순위에 따른 예산안의 잠정적 확정: 재정자원의 동원 가능성을 최대한으로 고려해 우선순위에 따라 지출예산을 운영 단위, 프로그램 단위, 기능 단위에 배정해 지출 예산안을 잠정적으로 확인해야 한다.
⑥ 재정원천과의 접촉 및 확인: 잠정적으로 마련된 예산안에 대해 동원 가능한 재정원천과 접촉해 수입을 확인해야 한다.
⑦ 예산안 수정 및 확정: 확보 가능한 수입이 확인되면 수입예산과 지출예산을 수정해 최종 예산안을 확정해야 한다.

3) 사회복지조직의 예산 수립

사회복지조직의 예산 편성 시 고려해야 할 사항은 다음의 5가지로 정리할 수 있다.

① 사업계획에 근거해 수입 및 지출 예산을 편성한다.
② 예산 편성은 전년도 또는 수 년 간의 실적을 종합적으로 검토한 뒤 수입과 지출 규모를 추정해야 한다.

③ 사회복지조직의 예산은 정부 및 지방자치단체의 보조금 확정액이 얼마인지 확인하고 편성해야 한다.

④ 지출 예산은 해당 부서의 예산 요구액을 근거로 편성하되 조직 차원의 역점사업에 우선권을 부여한다.

⑤ 지출단가에 대한 정부지침(예산 편성기준)이 있는 경우 이를 적용한다. 또한 물가상승률을 고려할 수 있다.

[그림 9-1]은 「사회복지법인및사회복지시설재무 · 회계규칙」에 따른 예산총계주의원칙에 입각한 사회복지조직의 예산 편성 절차를 보여 주고 있다. 사회복지조직에서는 시 · 군 · 구의 예산 편성 지침 등에 기초해 먼저 법인과 산하 시설의 예산 편성 지침을 결정한 뒤, 법인 대표이사 및 시설의 장이 법인회계, 시설회계, 수익사업회계 등 회계별 예산을 수립한다. 시설회계는 시설 운영위원회의 보고 절차를 거쳐야 한다. 이어 법인은 회계별 예산안에 대해 이사회에서 의결해 확정하게 된다. 확정된 예산안은 시 · 군 · 구청장에게 제출하고, 회계별 예산안에 따른 세입세출명세서를 시 · 군 · 구, 법인, 시설의 게시판과 인터넷 홈페이지에 20일 이상 공고해야 한다.

4) 예산수립과 재정자원의 운영

재정원천으로부터의 예상수입 추정 방법은 다음과 같다(United Way of America, 1975; 최성재, 남기민, 2016). 이 중 조건적 판단법이 가장 바람직하다.

① 자동예측법: 최근 연도의 수입액으로 산정하는 방법

② 평균예측법: 최근 3~5년의 평균으로 산정하는 방법

③ 경험적 판단법: 개인의 경험과 판단력에 의한 방법

④ 체계적 자료분석법: 과거의 경제 상태와 세입규모의 상관관계 분석, 기부 예상자 및 일반인에 대한 설문조사 등에 의한 방법

⑤ 조건적 판단법: 체계적 자료분석과 경험적 판단법을 함께 사용하는 방법

사회복지조직의 재정원천은 다음과 같다.

주요 내용	주 체	일 정
시 · 군 · 구에서 법인 또는 시설에 특히 필요하다고 인정하는 사항에 관해 예산 편성 지침 통보 가능	법인 또는 시설 소재지 관할 시장 · 군수 · 구청장	회계연도 개시 2개월 전까지
⬇		
법인은 법인과 법인 산하 시설의 예산 편성 지침을 결정	법인 대표이사	회계연도 개시 1개월 전까지
⬇		
회계별 예산(법인회계, 시설회계, 수익사업회계) 편성	법인 대표이사 및 시설의 장	회계연도 개시 전까지
⬇		
시설회계 예산안에 대한 시설 운영위원회 보고 ※ 법인이 설치 · 운영하는 시설의 경우에도 시설회계는 법인 이사회 의결 전 시설 운영위원회에 보고 필요 ※ 법인회계 및 수익사업회계에 대해서는 불필요	시설의 장	예산안 편성 완료 시
⬇		
법인의 회계별 예산(법인회계, 시설회계, 수익사업회계)안에 대한 이사회 의결, 예산안 확정 ※ 법인이 설치 · 운영하는 시설의 시설회계도 포함 ※ 법인이 아닌 경우에는 시설 운영위원회 보고로 예산안이 확정됨	법인 이사회	예산안 편성 완료 시
⬇		
확정된 예산안을 시장 · 군수 · 구청장에 제출 ※ 법인은 법인의 회계별 예산(법인회계, 시설회계, 수익사업회계)을 법인 소재지를 관할하는 시장 · 군수 · 구청장에 제출하고, 시설의 장(법인이 운영하는 시설도 포함)은 해당 시설의 시설회계를 시설 소재지 관할 시장 · 군수 · 구청장에 제출	법인 대표이사 및 시설의 장	회계연도 개시 5일 전까지
⬇		
법인과 시설의 회계별 세입 · 세출 명세서를 시 · 군 · 구, 법인, 시설의 게시판과 인터넷 홈페이지에 20일 이상 공고 ※ 「사회복지사업법」 제6조의 제2항에 따른 정보시스템에 게재하거나 「영유아보육법」 제49조의 제2항에 따른 공시로 갈음 가능	시장 · 군수 · 구청장, 법인 대표이사, 시설의 장	예산안 제출 20일 이내

그림 9-1 사회복지조직의 예산 편성 절차

출처: 보건복지부(2016b), p. 156.

① 정부 측 재정원천

「사회복지사업법」 제42조(보조금)에 따른 보조금, 「사회서비스이용및이용권관리에관한법률」 제20조(사회서비스 제공비용의 예탁 및 지급)에 따른 정부지급 서비스비용 등

② 민간 측 재정원천

일반 기부금, 기금조성 기부금, 결연후원금, 특별행사, 유증(遺贈), 개인 및 타 조직으로부터 받는 회비, 동료 회원조직으로부터의 기부, 공동모금회의 배분, 서비스 이용요금, 자체 수익사업의 수익 등

「사회복지법인및사회복지시설재무 · 회계규칙」에 따른 사회복지조직 중 복지관 등의 시설회계의 세입예산과목은 다음과 같이 구성된다(보건복지부, 2016b).

① 사업 수입: 시설 제공 서비스 이용자로부터 받은 수입

② 과년도 수입

③ 보조금 수입
- 국고보조금: 경상보조금 및 자본보조금
- 시 · 도보조금: 경상보조금 및 자본보조금
- 시 · 군 · 구보조금: 경상보조금 및 자본보조금
- 기타 보조금: 그 밖에 국가, 지자체, 사회복지사업기금 등에서 공모사업선정으로 받은 보조금

④ 후원금 수입
- 지정후원금: 후원 목적이 지정된 수입
- 비지정후원금: 후원 목적이 지정되지 않은 수입과 자선행사 등으로 얻어지는 수입

⑤ 차입금: 금융기관 차입금

⑥ 전입금
- 법인전입금: 법인으로부터의 전입금
- 법인전입금(후원금): 법인전입금 중 후원금

⑦ 이월금
- 전년도이월금: 전년도 불용액으로서 이월된 금액

- 전년도이월금(후원금): 전년도 후원금에 대한 불용액으로서 이월된 금액
- ○○이월사업비: 전년도에 종료되지 못한 ○○사업의 이월된 금액

⑧ 잡수입

- 불용품매각대: 비품, 집기, 기계, 기구 등과 그 밖의 불용품의 매각대
- 기타 예금 이자 수입: 기본재산예금 외의 예금 이자 수입
- 기타 잡수입: 그 밖의 재산매각수입, 변상금 및 위약금 수입 등과 다른 과목에 속하지 않는 수입

「사회복지법인및사회복지시설재무 · 회계규칙」에 따른 사회복지조직 중 복지관 등의 시설회계의 세출예산과목은 다음과 같이 구성된다(보건복지부, 2016b).

① 사무비: 인건비(급여, 제 수당, 일용잡급, 퇴직금 및 퇴직적립금, 사회보험부담금, 기타 후생경비), 업무추진비(기관운영비, 직책보조비, 회의비), 운영비(여비, 수용비 및 수수료, 공공요금, 제세공과금, 차량비, 연료비, 기타 운영비)

② 재산조성비: 시설비, 자산취득비, 시설장비유지비

③ 사업비: 시설에서 이용자에게 제공하는 사업을 성격별 · 유형별로 구분해 목으로 설정

④ 과년도지출: 과년도 미지급금 및 과년도 사업비의 지출

⑤ 상환금: 부채상환금(원금상환금, 이자상환금)

⑥ 잡지출: 시설이 지출하는 보상금, 사례금, 소송경비 등

⑦ 예비비 및 기타: 예비비, 반환금(정부보조금 반환금)

5) 예산체계모형

예산체계모형에는 품목별예산(Line-Item Budgeting: LIB), 성과주의예산(Performance Budgeting: PB), 계획예산(Planning-Programing-Budgeting Systems: PPBS), 영기준예산(Zero-Based Budget: ZBB) 등이 있다(박용치, 송재석, 2006; 강태혁, 2013; 최성재, 남기민, 2016). 〈표 9-1〉은 4가지 예산체계 유형을 비교하고 있다.

〈표 9-1〉 예산체계 유형의 비교

	항목별예산	성과주의예산	계획예산	영기준예산
특징	• 통제중심 예산 • 전년도 예산이 주요 근거가 됨 • 회계계정별 · 구입품목별로 편성 • 통제 기능이 강함 • 회계실무자에게 유리	• 성과 지향 예산 • 관리 중심 예산 • 단위원가 × 업무량 = 예산 • 장기적 계획을 고려하지 않음 • 효율성을 중시함 • 관리 기능이 강함 • 관리자에게 유리	• 계획지향 예산 • 장기적 계획과 단기적 예산 편성을 구체적인 사업실행계획을 통해 연결 • 장기적 계획에 유리 • 목표의 명확화 및 목표 달성 강조 • 계획자에게 유리	• 우선순위 지향 • 사업목표와 수행능력에 따라 매년 새로 편성 • 동등한 기회 부여 • 사업의 비교평가에 기초함 • 의사결정 기능이 강함 • 소비자에게 유리
장점	• 지출 근거가 명확하게 드러남 • 예산 통제에 효과적 • 간편성으로 인해 쉽게 사용 가능	• 목표와 사업을 분명히 이해함 • 자금 배분의 합리성 • 사업별 통제가 가능 • 사업의 효율성 제고	• 목표 및 사업과 예산 간의 괴리 극복 • 합리적 자금 배분 • 장기적 사업계획에 유리 • 사업의 효과성 제고	• 예산 절약과 사업의 쇄신에 기여 • 탄력적 · 합리적자금배분 • 사업의 효율성 · 효과성 제고
단점	• 예산의 신축성 저해 • 예산 증대의 정당성의 근거 희박 • 결과나 목표 달성에 대한 고려 부족 • 사업내용 파악 곤란 • 효율성 무시	• 예산 통제가 어려움 • 비용산출의 단위 설정과 비용책정이 어려움 • 효율성을 강조해 효과성이 무시됨	• 목표 설정의 어려움 • 결과에 치중해 과정이 무시됨 • 권력과 의사결정이 중앙 집중화 되는 경향이 있음	• 의사소통, 의사결정, 사업평가 등 관리자훈련 필요 • 정치적 · 심리적 요인이 무시됨 • 장기계획에 의한 사업수행이 곤란함

출처: 사회복지교육연구센터(2016), p. 237; 최성재, 남기민(2016), pp. 300-302 재구성.

(1) 품목별예산

품목별예산(LIB)은 세출예산의 요소별 지출항목에 따라 예산을 분류하는 방식으로 가장 전통적인 예산체계다(Kettner, Martin, & Moroney, 1999; 〈표 9-2〉 참조). 품목별예산은 지출이 당초 정해진 용도에 따라 오류나 부정 없이 합법적이고 정확하게 이루어지도록 통제하려는 데 주안을 둔다. 전년도 예산이 주요 근거가 되고 회계계정별 · 구입품목별로 예산 편성을 한다. 따라서 통제 기능이 강하고 회계실무자가 주도적인 역할을 담당한다.

품목별예산의 장점으로는 지출근거를 명확하게 확인할 수 있어 예산 통제에 효과

〈표 9-2〉 품목별예산서 예시(미국사회복지기관의 경우) (단위: 원)

지출항목	2015년도	2016년도	증(△)감
급여	85,460,000	90,000,000	4,540,000
직원 보건 및 퇴직급여비	6,155,000	7,000,000	845,000
임금세	9,135,000	9,000,000	△135,000
전문가 이용비	3,650,000	3,900,000	250,000
소모품비	4,653,000	4,700,000	47,000
전화비	1,120,000	1,200,000	80,000
우편요금	800,000	850,000	50,000
사무실 점유비	15,000,000	20,000,000	5,000,000
장비 임대 및 정비	3,570,000	4,000,000	430,000
인쇄 및 출판비	900,000	1,000,000	100,000
여비	4,500,000	5,000,000	500,000
회의비	2,500,000	3,000,000	500,000
수혜자 특별원조비	2,300,000	2,500,000	200,000
회비	500,000	600,000	100,000
상품 및 보조금	2,000,000	2,000,000	0
잡비	4,000,000	4,500,000	500,000
지출예산 총계	146,243,000	159,250,000	13,007,000

출처: 최성재, 남기민(2016), p. 343 재구성.

적이고, 작성과 운영이 간편하기 때문에 쉽게 사용할 수 있다는 점을 들 수 있다. 반면, 예산 증대의 신축성을 저해하고, 프로그램과의 연계성이 드러나지 않기 때문에 예산 증대의 정당성의 근거를 제시하기 힘들다. 또한 결과나 목표 달성에 대해 고려하기 곤란하다. 따라서 재정자원을 효율적으로 활용하려는 예산제도의 취지를 살리기 어렵다.

(2) 성과주의예산

성과주의예산(PB)은 기능주의예산(Functional Budget) 혹은 프로그램예산(Program Budget)이라고도 불린다(〈표 9-3〉 참조). 예산항목을 사업계획과 활동별로 분류한 뒤 세부사업별 '단위원가×업무량=예산액'으로 표시해 편성하는 예산방식이다. 여기에서 단위원가란 1개를 산출하는 데 소요되는 경비를 말하고, 업무량은 업무 측정 단위에 의해 표시된 업무의 양을 의미한다. 따라서 예산 통제보다는 프로그램을 관리

〈표 9-3〉 성과주의예산서 예시(사회복지관의 경우)

팀	사업명	세입	세출
기획	• 지역사회 자원개발 및 관리 일반후원: 26,864×60명×12회 = 19,342,000 결연후원: 14,800×80명×12회 = 14,208,000	33,550,000	3,063,000
상담지도	• 청소년 집단상담 참가비: 5,000/명×7명=350,000	350,000	200,000
	• 열린전화 상담원교육 참가비: 30,000×30명 = 900,000	900,000	3,320,000
	• 심리치료 이용료: 8,000/명×11월×80% = 7,040,000	7,040,000	1,400,000
	• 심리진단 5,000/명×25명/월×11월 = 1,375,000	1,375,000	800,000
총 계		43,215,000	8,873,000

출처: 신복기, 박경일, 이명현(2008), p. 323.

하는 기능이 강해 회계실무자가 아닌 관리자에게 유리한 방식이다.

성과주의예산의 장점으로는 예산 편성의 목표와 예산이 적용되는 사업을 분명히 이해할 수 있고, 성과 지향적이기 때문에 자금배분의 합리성을 추구할 수 있다는 점이다. 또한 사업별 통제가 가능하고, 투입 대비 산출의 비교를 지향해 사업의 효율성 제고를 지향한다는 장점도 있다. 반면, 예산 통제가 어렵고, 비용산출과 비용책정에 어려움이 따를 수 있다. 나아가 효율성을 강조하기 때문에 프로그램의 궁극적인 목표인 클라이언트의 문제해결이나 욕구충족 등의 효과성을 고려하지 못할 수 있다.

성과주의예산의 수립이 가능하기 위해서는 여러 가지의 요건이 필요하다.

① 사업계획과 집행계획을 계량적으로 수립하고 성과를 측정하는 등 과학적 관리가 가능해야 한다.
② 예산서는 사업계획과 연계해 작성돼야 한다.
③ 사업계획 간의 우선순위를 결정하는 기준을 확립해야 한다.
④ 사업량과 단가를 계산하기 위한 관련 통계자료의 확보와 필요 자금의 산출이 가능해야 한다.

⑤ 예산수립과 성과측정에 대한 통일된 지침과 상세한 설명서를 관련된 여러 부서와 사업단위에 제시해야 한다.

⑥ 예산 당국은 각 부서의 예산 수립을 지원하는 후견적 기능을 수행해야 한다.

⑦ 효율적인 행정을 위해서는 모든 프로그램이 한 조직 내에 집중돼 있는 편이 낫다.

⑧ 사업단위들 간 업무단위당 실제 원가 산출방법을 통일시켜야 한다.

⑨ 사업부서는 프로그램 관리의 책임뿐 아니라 회계의 책임도 져야 하고, 프로그램 계획과 예산 계획을 유기적으로 연결시켜야 한다.

⑩ 경상적 지출과 자본적 지출을 명백히 분리해야 한다.

⑪ 발생주의회계의 원칙과 원가계산방식 등 기업회계의 원리에 능통해야 한다. 발생주의원칙이란 현금흐름을 적용하는 현금주의방식이 아니라 거래 발생 시점을 중심으로 회계를 적용해 수익과 비용 대응의 원칙에 따른 경영성과의 합리적 대응이 가능하게 하는 방법이다.

⑫ 예산 집행의 효율적 통제를 위해 보고제도를 강화해야 한다.

⑬ 각 부서의 재정집행의 성과를 종합적 · 유기적으로 파악하기 위해 재무보고체계를 확립해야 한다.

(3) 계획예산

계획예산(PPBS)은 장기적인 사업계획을 세우고 프로그램 계획과 이를 뒷받침하는 예산을 통합해 수립하는 예산 체계다(〈표 9-4〉 참조). 따라서 계획 지향의 예산이고, 장기적 계획과 단기적 예산 편성을 구체적인 사업 실행계획을 통해 연결하는 특징을

〈표 9-4〉 계획예산서 예시(농어촌 주민의 보건복지향상을 위한 계획예산의 경우)

<table>
<tr><th>목표
연도별 세부목표</th><th colspan="12">농어촌 주민의 보건복지향상(전체 예산 3조 원)</th></tr>
<tr><td>농어촌 사회안전망 확충
(2006)</td><td colspan="4">기초생활보장 및 자활지원
(5,000억 원)</td><td colspan="4">치매노인 그룹홈 설치
(3,000억 원)</td><td colspan="4">국민연금 확충
(2,000억 원)</td></tr>
<tr><td>농어촌 보건복지
공급기반 개선(2007)</td><td colspan="3">공공의료기관 확대
(4,000억 원)</td><td colspan="3">응급의료시설 확충
(3,000억 원)</td><td colspan="3">5대암 조기검진
(2,000억 원)</td><td colspan="3">건강보험 개선
(1,000억 원)</td></tr>
<tr><td>주민의 복지참여
(2008)</td><td colspan="4">가사간병인력 확대배치
(3,000억 원)</td><td colspan="4">농어촌 재가복지센터 확충
(4,000억 원)</td><td colspan="4">농어촌지역 복지네트워크 구축
(3,000억 원)</td></tr>
</table>

출처: 신복기, 박경일, 이명현(2008), p. 332.

갖고 있다. 나아가 장기적 계획을 지향하고, 목표의 명확화 및 목표 달성을 강조하기 때문에 계획자에게 유리한 방식이다.

계획예산은 예산을 계획과 연결시킬 수 없었던 기존 방식들의 한계를 극복하려는 취지를 갖고 있다. 계획예산의 기본 원리로는 다음의 5가지를 들 수 있다.

① 합목적성: 모든 사업계획과 예산사업은 조직의 목표 달성에 적합하도록 적용돼야 한다.
② 경제적 합리성: 예산제도가 갖는 정치적 성격보다는 비용-효과분석에 입각한 경제적 합리성을 지향한다.
③ 효과성: 계획과 예산이 분리되면 조직활동의 효과성을 반영할 수 없어 비능률을 시정하기 어렵지만, 계획과 예산이 통합되기 때문에 목표 달성을 위한 각종 대안을 검토할 수 있어 효과성을 달성할 수 있다.
④ 능률성: 재정자원을 능률적으로 사용해야 한다는 취지를 갖고 있다.
⑤ 과학적 객관성: 비용-효과분석 등 과학적이고 객관적인 판단을 중시해 의사결정자의 주관이 개입될 여지를 최소화한다.

계획예산의 장점은 목표 및 사업과 예산 간의 괴리를 극복할 수 있고 계획에 따른 합리적인 자금배분을 기할 수 있다는 점이다. 따라서 장기적인 사업계획에 유리하고, 조직활동의 궁극적인 목표 달성 등 사업의 효과성을 제고하는 데에도 기여한다. 반면, 목표 설정에 어려움이 따르면 적용하기 어렵고, 결과에 치중해 과정에 대한 통제를 소홀히 할 우려가 있다. 나아가 권력과 의사결정이 계획자에게 중앙집중화되는 경향이 있다.

계획예산의 수립 절차는 다음과 같다.

① 조직의 장기적인 목표를 확인 또는 개발한다.
② 장기적인 목표를 달성하기 위해 구체적이고 시간 제한적이며 계량적인 목표를 잠정적으로 정한다.
③ 구체적인 목표 달성과 관련된 사실(필요한 자원, 가용 자원, 제약조건 등)에 대한 정보를 수집한다.
④ 수집된 자료를 근거로 구체적인 목표를 설정하고 우선순위를 정한다.

⑤ 목표 달성을 위한 수단으로써의 대안들을 개발하고 최적의 대안을 선택한다.
⑥ 선정된 프로그램에 대한 예산을 수립해 실행 가능성을 검토한다.
⑦ 현실성 있게 예산안을 수정한다.
⑧ 최종적인 예산안을 채택한다.

(4) 영기준예산

영기준예산(Zero-Based Budget: ZBB)은 전년도 예산을 기준으로 하는 점증주의적 예산 편성 방식에서 탈피해 모든 사업의 타당성을 근본적으로 재검토해 예산을 편성하는 방식이다. 모든 예산사업을 대상으로 사업의 타당성부터 예산액 배분 규모의 적정성까지를 총체적으로 재검토하는 예산 편성 방식인데, 조직의 모든 사업과 활동에 대해 영기준을 적용해 각각의 효율성, 효과성, 중요도 등을 체계적으로 분석하고, 사업의 존속 · 축소 · 확대 여부를 검토한 뒤, 우선순위가 높은 사업과 활동을 선택해 실행예산을 결정하는 방식이다. 여기서 영기준이란 전년도 예산을 기준으로 하지 않고 영의 수준에서 출발해 모든 측면을 재평가해 예산을 편성한다는 의미를 담고 있다.

이처럼 영기준예산의 특징은 조직의 목표 달성에 기여하는 우선순위가 높은 사업을 지향하고 사업목표와 수행능력에 따라 매년 새로이 편성하는 방식이라는 점이다. 모든 사업에 대해 동등한 기회를 부여하고, 사업들 간의 비교평가에 기초해 평가한다. 따라서 의사결정 기능이 강하고, 사업 간 경쟁이 촉진되고 목표 달성 기능이 중시되기 때문에 궁극적으로는 소비자에게 유리한 방식이다.

영기준예산의 장점은 예산 절약과 조직 내 각 사업의 쇄신에 기여한다는 점이다. 나아가 탄력적이고 합리적인 자금배분이 가능하고, 사업의 효율성과 효과성을 제고할 수 있다. 하지만 조직의 관리자는 사업의 우선순위 결정 과정에서 의사소통, 의사결정, 사업평가 등에 대한 역량이 필요하기 때문에 관리자에 대한 훈련이 필요하다. 나아가 기존 사업의 실행가와 클라이언트의 반발 등 정치적 · 심리적 요인이 무시되고, 사업의 지속성에 대한 보장이 어렵기 때문에 장기계획에 의한 사업에는 적용하기 곤란하다는 지적도 있다.

영기준예산에서 중요시하는 질문은 다음과 같다.

① 현재의 프로그램은 효율적이고 효과적인가?
② 우선순위가 높은 다른 프로그램에 예산을 배정하기 위해 현재의 프로그램을 중

단하거나 예산을 줄여야 하는가?

영기준예산의 수립 절차는 다음과 같다.

① 의사결정에 필요한 활동단위를 확인한다.

의사결정의 단위란 전체 조직 중 서로 중첩되지 않게 세분화된 활동단위를 말한다. 이를 바탕으로 타 활동단위의 활동과 중첩되지 않게 비교평가를 시행할 수 있다.

② 의사결정의 결정항목을 판단하고 분석한다.

결정항목이란 각 활동단위의 활동과 관련하여 개발된 몇 가지 대안에 대해 의사결정할 수 있는 기준이다. 결정항목에는 목적과 목표, 활동수단, 비용과 효과, 업무량과 실적측정단위, 목표 달성을 위한 선택적 수단, 노력 수준 등이 포함된다. 이에 기초해 각 활동단위의 프로그램에 대한 대안을 활동과 소요 예산 차원에서 분석한다. 의사결정자는 이 결정항목에 근거해 사업의 폐지, 감소된 수준, 현 수준, 증가된 수준 중 어느 하나를 택하게 된다.

③ 각 대안을 비교하고 우선순위를 부여한다.

이 단계는 조직의 재정자원을 효율적으로 사용할 수 있는 수준을 판단하고 순위를 부여하는 과정이다. 상위관리자는 하위관리자가 제출한 각 결정단위의 결정항목을 심사해 승인 여부를 결정하고 자금을 배정하게 된다. 우선순위를 결정할 때에는 조직의 장단기 목표 달성 여부 및 사업의 중요도 등을 종합적으로 고려해야 하고, 지출한도액을 감안해야 한다.

④ 채택된 대안에 대해 예산을 배정하고 실행예산을 편성한다.

결정항목에 대한 우선순위가 결정돼 수행해야 할 사업이 확정되면 그에 대한 실행예산을 편성한다. 전통적인 점증주의적 예산 수립 방식에서는 신규 사업이 편성돼 예산의 급격한 변화가 초래될 경우 불가피하게 삭감해야 하는 사업을 함께 결정해야 하지만, 영기준예산에서는 결정항목과 순위에 의해 삭감 대상이 자동적으로 결정된다.

3. 예산 집행

예산 집행은 수입과 지출에 대한 관리나 통제의 의미뿐 아니라, 회계의 통제, 프로그램 관리 통제, 인사관리의 통제, 산출(서비스)의 통제, 관리행위의 통제의 의미도 갖고 있다(최성재, 남기민, 2016).

예산 통제의 기본원칙은 다음의 4가지 요소를 포함하고 있다.

① 활동의 허가 및 금지
② 한계, 표준, 구체적 요구조건을 정해 규칙을 해석하게 하는 기준 제공
③ 규칙이나 기준에 따른 이해 혹은 상호 동의 확립
④ 규칙이나 기준에 의해 타결된 합의의 문서로서의 합의서 작성

예산 통제의 원칙은 다음의 9가지로 정리할 수 있다.

① 개별화의 원칙: 재정통제체계는 개별 단위의 제약조건, 요구사항, 기대사항에 맞게 고안돼야 한다.
② 강제의 원칙: 규칙의 동일한 적용을 통해 공평성을 확보하고 활동을 공식화해야 한다.
③ 예외의 원칙: 예외적 상황에 적용되는 규칙도 명시해야 한다.
④ 보고의 원칙: 보고는 재정 관련 행위의 공식적 감시 · 통제의 도구다.
⑤ 개정의 원칙: 규칙은 시간제한적이거나, 그렇지 않더라도 주기적으로 개정해 부작용에 대비해야 한다.
⑥ 효율성의 원칙: 통제는 비용과 노력을 최소화하는 정도에서 효율적으로 이루어져야 한다.
⑦ 의미의 원칙: 통제의 규칙 및 기준 등은 관련된 사람들이 쉽게 이해하도록 분류 · 이해돼야 한다.
⑧ 환류의 원칙: 규칙 적용 시 발생되는 부작용과 장단점을 수렴해 개선의 기초로 삼아야 한다.
⑨ 생산성의 원칙: 재정통제의 대전제는 생산적인 서비스 전달을 하는 데 장애와

갈등을 초래해서는 안 된다는 점이다.

예산 집행의 통제기제에는 다음의 7가지가 있다.

① 분기별 할당: 재정수입의 불규칙성에 대비해 수입과 지출의 균형을 유지하기 위한 것이다.
② 지출의 사전승인: 일정액 이상의 지출에 통제를 가하는 것으로, 수입과 지출의 균형을 유지하고 지출을 억제하려는 의도를 갖고 있다.
③ 자금지출의 취소: 자금지출의 취소는 확보된 재정원천으로부터의 예상된 수입에 차질이 있을 때 이루어진다.
④ 정기적 재정현황보고서 제도: 여기에는 수입 · 지출의 현황, 변제비용, 인원당 비용, 기능별 비용, 서비스 단위당 비용 등이 포함되는 것이 좋다.
⑤ 대체: 사업별 · 계정별로 과다 및 과소 지출이 발생할 때 지출을 조정하는 것이다.
⑥ 지불연기: 수입예산이 입금되는 데 시간적 여유를 갖기 위해 조직 내외로부터의 지불 요청에 대해 의도적으로 지불을 연기하는 것이다.
⑦ 차용: 수입예산이 계획대로 확보되지 않을 경우 이루어진다.

4. 결산

[그림 9-2]는 사회복지시설의 결산절차를 설명하고 있다. 「사회복지법인및사회복지시설재무 · 회계규칙」에 따르면, 법인의 대표이사 및 시설의 장은 법인회계와 시설회계의 세입 · 세출 결산보고서를 작성해 각각 이사회의 의결 및 시설 운영위원회 보고를 거친 후 다음 연도 3월 31일까지 시장 · 군수 · 구청장에게 제출해야 한다. 다만, 법인이 설치 · 운영하는 시설인 경우에는 시설 운영위원회에 보고한 후 법인 이사회의 의결을 거쳐 제출해야 한다. 시장 · 군수 · 구청장은 결산보고서를 제출받은 때에는 20일 이내에 법인 및 시설의 세입 · 세출결산서를 시 · 군 · 구의 게시판과 인터넷 홈페이지에 20일 이상 공고하고, 법인의 대표이사 및 시설의 장으로 하여금 해당 법인 및 시설의 게시판과 인터넷 홈페이지에 20일 이상 공고하게 해야 한다.

주요 내용	주 체	일 정
법인회계와 시설회계의 세입 · 세출 결산보고서 작성	법인 대표이사 및 시설의 장	출납 완료 시
⬇		
결산보고서의 시설 운영위원회 보고 ※ 법인이 설치 · 운영하는 시설의 경우에도 시설회계는 법인 이사회 의결 전 시설 운영위원회에 보고 필요 ※ 법인회계 및 수익사업회계에 대해서는 불필요	시설의 장	결산보고서 작성 후
⬇		
결산보고서의 법인 이사회 의결 ※ 법인이 설치 · 운영하는 시설의 시설회계도 포함 ※ 법인이 아닌 경우에는 시설 운영위원회 보고로 결산보고서 확정	법인 대표이사	결산보고서 작성 후
⬇		
확정된 결산보고서를 시장 · 군수 · 구청장에 제출 ※ 법인은 법인회계, 시설회계, 수익사업회계 결산을 법인 소재지를 관할하는 시장 · 군수 · 구청장에 제출하고, 시설의 장(법인이 운영하는 시설도 포함)은 해당 시설의 시설회계 결산보고서를 시설 소재지 관할 시장 · 군수 · 구청장에 제출	법인 대표이사 및 시설의 장	다음연도 3월 31일까지
⬇		
법인과 시설의 세입 · 세출 결산보고서를 시군구, 법인, 시설의 게시판과 인터넷 홈페이지에 20일 이상 공고 ※ 「사회복지사업법」 제6조의 제2항에 따른 정보시스템에 게재하거나 「영유아보육법」 제49조의 제2항에 따른 공시로 갈음 가능	시장 · 군수 · 구청장, 법인 대표이사, 시설의 장	결산보고서 제출 20일 이내

그림 9-2 사회복지조직의 결산 절차

출처: 보건복지부(2016b), p. 160.

5. 회계

1) 회계의 개요

회계(accounting)란 정보 이용자가 조직운영과 관련해 합리적인 의사결정을 할 수 있도록 재무상의 자료를 일반적으로 인정된 회계원칙에 따라 처리해 유용하고 적정한 정보를 제공하는 활동이다(엄미선, 양숙미, 백은령, 한주민, 2016). 구체적으로는 재정적 거래를 분류 · 기록 · 요약하고, 그 결과를 해석하는 표준화된 기술적 방법이다(최성재, 남기민, 2016).

회계의 기능은 다음의 3가지로 정리할 수 있다.

① 측정기능: 조직의 재정 현황을 측정하는 기능이다.
② 전달기능: 측정된 회계정보를 관련자들에게 전달하는 기능이다.
③ 관리기능: 조직의 재정자원의 손실을 방지하고 합리적으로 관리하는 기반을 제공한다.

2) 회계의 종류

(1) 재무회계와 관리회계

회계에는 재무회계(financial accounting)와 관리회계(managerial accounting)가 있다. 재무회계란 내외부의 정보 이용자가 경제적 의사결정을 하는 데 유용하도록 일정 기간의 수입과 지출 사항을 측정해 조직의 회계 내용을 보고하는 것이다. 이는 조직의 자원 배분 결정에 필요한 정보를 제공하고, 서비스 제공 능력을 평가하는 데 유용한 정보를 제공한다. 관리회계란 행정책임자가 행정적 의사결정을 하는 데 필요한 재정 관계 자료를 정리하는 것이다. 주요 내용은 예산단위의 비용을 계산해 예산의 실행 성과를 분석하는 것이다.

(2) 재무제표의 작성

재무회계의 결과 재무제표를 작성하게 된다. 이는 일정 기간의 조직의 경영 성과와 재무상태를 정리한 보고서류다. 여기에는 조직의 경영 성과를 나타내는 손익계산서, 이익의 처분 상황을 나타내는 이익잉여금(결손금) 처분계산서, 현금흐름의 변동 내용을 명확하게 보고하기 위한 현금흐름표, 중요한 회계방침 등 필요한 사항을 표기하는 주기와 주석 등이 포함된다.

재무제표 작성 시 준수해야 하는 회계원칙은 다음의 6가지로 요약할 수 있다.

① 신뢰성의 원칙: 회계처리와 보고는 신뢰할 수 있도록 객관적인 자료와 증거에 의해 공정하게 처리해야 한다.

② 명료성의 원칙: 재무제표의 양식, 과목, 회계용어는 이해하기 쉽도록 간단명료하게 표시해야 한다.

③ 충분성의 원칙: 중요한 회계방침과 회계처리의 기준, 과목, 금액은 그 내용을 재무제표에 충분히 표시해야 한다.

④ 계속성의 원칙: 회계 처리 및 절차는 매기 계속해 적용하고 정당한 사유 없이 이를 변경해서는 안 되며 분기별 비교가 가능하도록 유지해야 한다.

⑤ 중요성의 원칙: 회계처리와 재무제표 작성에 있어서 과목과 금액은 중요성에 따라 실용적인 방법에 의해 결정해야 한다.

⑥ 안정성의 원칙: 재무처리 과정에서 몇 개의 가능한 방법이 있는 경우에는 재무적 가치를 견고히 하는 관점에 따라 회계처리를 해야 한다.

3) 부기

부기(bookkeeping)란 거래 사실을 요약 · 정리해 장부에 기록하는 활동이다. 즉, 수입과 지출에 대한 다양한 장부를 마련해 회계원칙에 따라 장부를 기록하는 기록업무를 말한다. 기록방식에는 단식부기(single-entry bookkeeping)와 복식부기(double entry book-keeping)가 있다.

단식부기란 현금을 수불한 시점을 기준으로 하는 현금주의에 입각해, 현금이 수입되면 현금출납장에 기재하고 수입에 대한 반대급부 내역은 장부의 비고란에 기재하는 등 현금의 흐름을 기재하는 기장방식이다. 이 방법은 재정현황에 대한 총괄적이고 체계적인 파악이 곤란하고, 자산 · 부채를 명확하게 인식하기 어려워 회계의 건전성 파악 능력이 결여돼 있다. 또한 자산 · 부채 · 현금수지 등이 각각의 대장에 독립적으로 기록돼 회계의 상호 연계성을 체계적으로 파악할 수 없어 오류의 자기 검증 및 회계 간 연계성 분석 기능이 결여되는 단점이 있다.

복식부기란 근원적으로 자산과 부채에 영향을 끼치는 사건을 기준으로 하는 발생주의에 입각해, 거래의 인과관계를 회계장부의 차변과 대변에 기록하고, 차변의 합계와 대변의 합계를 반드시 일치시킴으로써 자기 검증 기능을 갖는 기장방식이다. 이 방법은 자산과 부채를 계정과목 순으로 체계적으로 배열해 재무구조에 관한 총체적 정보를 제공할 수 있고, 자산 · 부채를 적정하게 인식해 재무건전성 파악이 가능하며, 오류의 자기 검증 및 회계 간의 연계성 분석이 가능해 재정활동의 효율성, 투명성, 책임성을 제고할 수 있다.

4) 정리업무와 재정보고서 작성 및 발행

이 밖에도 정리업무와 재정보고서 작성 및 발행업무가 있다. 정리업무란 장부에 기록된 회계사항을 주기적으로 종결해 정리하는 업무다. 재정보고서는 일일보고서, 월간보고서, 분기별 보고서, 반기별 보고서, 연간보고서로 구분된다. 일일보고서는 업무일지, 일계표 및 예금 입출금명세서를 포함한다. 월간보고서에는 월간회계보고서 및 사업실적보고서가 있다. 분기별 보고서에는 보조금 정산보고서 등이 있다. 반기별 보고서에는 후원금 수입명세서 및 사용결과보고서 등이 있다. 연간보고서에는 결산보고서, 사업실적보고서, 후원금 회계보고서, 재물조사 현황보고서 등이 포함된다.

5) 회계감사

회계감사란 조직의 수입 · 지출의 결과에 관한 사실을 확인 · 검증하고 이에 대해 보고하기 위해 장부 및 기타 기록을 체계적으로 검사하는 행위를 말한다. 회계감사는 다음과 같이 구분된다.

감사 실시의 주체에 따라 내부감사와 외부감사로 분류할 수 있다. 내부감사는 조직 내의 최고 행정책임자나 중간 행정책임자가 실시하는 것이다. 외부감사는 조직 외부의 독립된 회계기관, 회계사, 정부의 업무감독기관이 실시하는 것이다.

또한 감사의 대상 조직에 따라 다음과 같이 구분할 수 있다. 공적 사회복지기관에 대한 감사는 정부의 감독관청이나 감사원이 행한다. 법인에 대한 감사는 법인의 감사, 법인에서 지정한 외부의 회계기관 및 정부의 감독관청이 행한다. 사회복지조직에 대한 감사는 당해 법인, 외부 회계기관, 감독관청이 실시한다.

회계감사의 접근 방법에는 전체점검방법과 일부점검방법이 있다. 전체점검방법은 재정사항 전부를 점검하는 방식이다. 일부점검방법은 재정사항의 일부를 표본으로 추출해 점검하는 방식이다.

「사회복지법인및사회복지시설재무 · 회계규칙」에 따르면, 법인의 감사는 해당 법인과 시설에 대해 매년 1회 이상 실시해야 한다. 법인의 대표이사는 시설의 장과 수입원 및 지출원이 사망하거나 경질된 때에는 수입, 지출, 재산, 물품 및 현금 등의 관리 상황을 감사하게 해야 한다. 감사를 실시할 때에는 전임자가 입회해야 하며, 전임자가 입회할 수 없는 경우에는 그 전임자 혹은 법인의 대표이사가 관계직원 중에서 지정한 입회인이 입회하게 해야 한다.

감사는 감사를 실시한 뒤에는 감사보고서를 작성해 해당 법인의 이사회에 보고해야 하며, 재산 상황 또는 업무집행에 관해 부정 또는 불비한 점이 발견된 때에는 시장 · 군수 · 구청장에게 보고해야 한다. 감사보고서에는 감사가 서명 또는 날인해야 한다.

제 10장 정보자원관리

1. 정보관리시스템의 이해와 적용

1) 정보관리에 대한 이해

(1) 정보관리의 중요성

1960년대 이후 많은 미래학자가 정보사회의 도래를 예측해 왔다(Drucker, 1968; Bell, 1973; Toffler, 1981). 미래학자들은 사회의 패러다임이 수렵사회, 농경사회, 산업사회를 거쳐 정보사회로 변화한다고 보았다. 정보사회란 사회의 모든 영역에서 정보가 지배적으로 사용되고, 정보가 사회구성원들의 욕구를 충족시키는 데 핵심적인 역할을 하며, 정보의 상대적 가치가 다른 어떤 재화나 서비스보다 높게 평가되는 사회를 말한다.

정보관리(Information Management)란 조직의 효과적 운영에 적합한 정보의 획득, 조직, 통제, 전파, 사용, 저장 등에 관한 원칙을 정하는 활동을 말한다(Wilson, 2002).

즉, 조직에서의 정보관리란 조직의 목표 달성을 위해 필요한 각종 형태의 공식적 · 비공식적 자료와 정보를 수집, 기록, 분석, 전달, 배포, 보관하는 활동에 대한 체계와 절차를 말한다.

정보관리의 중요성이 제기된 배경은 다음과 같다.

첫째, 정보의 효율적 관리, 즉 자료의 구축, 정보의 저장과 인출, 정보의 경제성 추구 등이 사회의 여러 활동과 학문 분야에서 중요한 관심사가 됐기 때문이다.

둘째, 컴퓨터체계에 근거한 정보의 가치와 비용-편익 관계가 새로운 관심 분야로 부상했기 때문이다.

셋째, 정보체계의 활용 폭이 크게 확대됐기 때문이다(최성재, 남기민, 2016).

(2) 정보체계의 개념과 내용

정보체계(Information System)란 공식적으로 정보를 수집, 조작, 복구, 소통하기 위한 인력, 정보, 장비체계로 정의된다(Schein, 1985). 여기에서 정보란 수신자에게 의미 있는 형태로 처리된 데이터로서 현재 또는 미래의 결정이나 행동에서 실제적이거나 인지된 가치를 지니는 것을 의미한다(한국복지행정학회, 2014). 체계란 정보관리의 목표를 달성하기 위해 정보를 관리하는 조직되고 통합된 과정을 말한다. 이는 사용자의 특성에 따라 정보를 획득, 저장, 복구, 이전, 소통하는 과정을 포함한다.

정보체계에서 사용하는 정보는 다음의 5가지로 분류된다.

① 문자: 현재 데이터와 조합되거나 단독으로 사용되는 글자, 숫자, 상징을 말한다(예: A e 121 ⓐ).

② 데이터: 사실, 실체, 사건을 나타내는 약속된 문자를 말한다[예: 15(나이를 나타냄)].

③ 정보: 부가적인 의미를 추가하기 위해 처리되는 데이터를 말한다(예: 15% 오류율).

④ 지식: 사실에 대한 기술이나 관계의 형태로 표현돼 있는 정보를 말한다(예: 기술– "이혼한 사람도 아이를 가질 수 있다." 관계– "이전의 일탈행동은 이후의 일탈행동의 가능성을 증가시킨다.").

⑤ 개념: 지식이나 경험을 통해 형성된 일반화된 생각이나 모델을 말한다(예: 환류, 아동학대, 빈곤).

일반적인 정보체계는 다음의 5가지 요소로 구성된다.

① 담당인력: 정보를 수집, 저장, 복구, 조작, 제공하는 사람을 말한다(회계기록자 등).
② 정보: 담당인력이 조직운영의 내용(급여, 작업시간 등)에 대해 기록하는 특성, 수치, 상징을 말한다.
③ 도구: 정보 관련 업무 수행을 돕는 장비를 말한다(복사기, 컴퓨터 등).
④ 방법과 절차: 조직의 과업과 관련된 구조와 과정을 말한다(기금의 회계방법, 회계기록자가 급여명세서를 작성할 때 따라야 하는 절차 등).
⑤ 기록: 정보체계를 묘사한 내용과 정보체계의 작동에 대한 지시문을 말한다(전산화를 위한 사용자 매뉴얼 등).

정보체계의 위계는 다음의 4단계로 구성된다.

① 정보의 항목 · 요소 · 분야: 한 단위의 정보나 정보단위에 부여된 명칭을 말한다(예: 클라이언트의 이름, 성, 출생일 등).
② 기록: 각 단위의 정보나 정보단위 간에 연관된 정보항목의 체계를 의미한다(예: 클라이언트 기록).
③ 파일: 한 단위로 이루어지는 동일한 성격의 기록의 모음을 말한다(예: 클라이언트 기록의 핵심 파일).
④ 데이터베이스: 다양한 파일에서 다양한 기록으로 구성된 정보의 집합으로, 쉽게 접근하고 조작이 가능하게 하기 위해 불합리성을 최소화하는 방식으로 구성된다(일반적으로 조직의 데이터베이스는 회계연도, 클라이언트, 서비스, 조직원 파일로 구성된다.).

2) 정보관리시스템의 내용

(1) 정보관리시스템의 정의

정보관리시스템(Management of Information System: MIS)이란 조직의 목표 달성을 위해 개발된 정보자원을 활용해 각종 정보를 산출 및 제공하는 시스템으로 정의된다.

1950년대 이전에는 수작업을 통해 자료를 처리하거나 전자계산기를 다루는 정도였다. 1950년대에는 일반사무의 처리를 위해 회계 또는 재고관리에 사무자동화(Office Automation: OA)를 적용하기 시작했다. 그런데 1960년대 이후 도입된 정보관리시스템은 기존의 사무자동화보다 넓은 개념으로, 조직행정의 효율성을 기하기 위한 정보의 구성 및 운영에 대한 전반적인 관리체계를 의미한다.

정보관리시스템의 정보자원은 시스템지원, 통합처리, 데이터베이스, 처리 모형 및 절차로 구성된다(박용치, 송재석, 2006). 시스템지원에는 컴퓨터와 통신망 등 하드웨어자원과 소프트웨어자원이 포함된다. 통합처리는 소규모의 정보시스템들을 연합해 하나의 정보시스템으로 통합하는 것을 말한다. 데이터베이스는 일정한 장소에 저장돼 있는 파일시스템(조직이 공유할 수 없는 분리된 파일)을 데이터베이스시스템(조직 전체가 공유할 수 있도록 한 곳에 집합시켜 관리하는 응용프로그램)으로 통합해 관리하는 것을 말한다. 처리 모형 및 절차는 조직관리를 위한 의사결정모형을 적용해 정보를 처리하고 개발 및 관리하는 방법을 시행하는 것이다.

조직관리를 위한 의사결정모형에는 의사결정지원시스템(Decision Support Systems: DSS), 최고경영자시스템(Executive Information System: EIS), 전략적 정보시스템(Strategic Information System: SIS) 등이 있다. 정보시스템을 개발 및 관리하는 방법에는 시스템개발 생명주기(System Development Life Cycle: SDLC), 원형개발(Prototyping Approach: PA), 고속응용개발(Rapid Application Development: RAD) 등이 있다.

(2) 정보관리시스템의 분류

〈표 10-1〉에서 보여 주듯이, 일반적으로 정보관리시스템은 데이터 처리(Data Processing: DP), 관리정보시스템(Management Information System: MIS), 지식기반시스템(Knowledge-Based System: KBS), 의사결정지원시스템(Decision Support System: DSS), 업무수행지원시스템(Performance Support System: PSS)으로 분류된다(황성철, 정무성, 강철희, 최재성, 2014).

정보관리시스템은 발전 단계에 따라서도 분류할 수 있다(사회복지교육연구센터, 2016). 1960년대에는 비용절약형의 생산성 지향 정보시스템이 출현했다면, 1980년대에는 경쟁력 제고 중심의 정보시스템이 발달했다. 2000년대 이후에는 성과중심의 정보관리시스템이 강조되고 있다.

조직 내부의 관리 영역에 따른 분류도 가능하다. 인사관리정보시스템은 조직구성

〈표 10-1〉 정보관리체계의 유형

정보관리체계유형	목적	기 능	사 례
전산자료처리시스템	효율	• 업무처리 과정, 기록보관, 업무보고 • 사무적 업무처리의 능률 향상에 역점	월급명세서
관리정보시스템	보고	• 구조화된 의사결정을 위한 사무적 능률성 향상 • 정보교환의 매체를 통해 운영 하부 시스템을 상호 연결해 조직의 산출을 최적화하는 데 목적을 둠 • 의사결정에 필요한 정보를 제공하고 상승 작용을 할 수 있는 체계 조직 • 일상적이고 구조화된 의사결정의 능률 향상에 목적을 둠	클라이언트 정보체계
지식기반시스템	의사 결정 지원	• 클라이언트와 직접서비스 제공자의 상호작용을 지원하기 위한 복잡성을 다루고 있음 • 전문가시스템(Expert System), 사례기반추론(Case-Based Reasoning), 자연음성처리(Natural Language processing)가 있음	직원자문 시스템
의사결정지원시스템	효과	• 의사결정과 집행을 돕도록 설계 • 의사결정의 효과성과 조직의 효과에 초점 • 비구조화되거나 준구조화된 의사결정을 위해 모델링기법을 이용해 의사결정을 도와줌 • 관리능률을 향상시키는 데 강조점을 두고 있음	일반적 지원 인테이크
업무수행지원시스템	성과	• 업무 완성에 필요한 정보를 통합 제공해 업무를 향상시키는 것이 목적 • 서비스제공자의 성과에 초점을 두고 있음 • 사용자가 업무 수행을 위해 어떤 정보가 필요한지 확인시켜 주고 도와줌	컴퓨터 지원 서비스 계획

출처: 황성철, 정무성, 강철희, 최재성(2014), p. 404 수정.

원의 채용, 승진, 승급의 관리에 적용되는 시스템이다. 조직관리정보시스템은 서비스 전달 과정, 조직 내 커뮤니케이션의 관리에 적용되는 시스템이다. 재정관리정보시스템은 조직의 재정관리에 적용되는 시스템이다.

시스템 용도에 따라서는 다음의 3가지로 분류된다. 데이터베이스관리시스템은 데이터를 체계적으로 관리하는 시스템이다. 모델베이스관리시스템은 데이터를 분석하기 위한 모델을 체계적으로 관리하는 시스템이다. 대화생성관리시스템은 사용자와 시스템이 지속적으로 대화할 수 있도록 개발된 시스템이다.

조직 내 계층별로 적용되는 경영정보시스템을 중심으로도 분류할 수 있다. 〈표 10-2〉에서 전략적 경영정보시스템, 관리적 경영정보시스템, 작업적 경영정보시스템으로 분류하여 제시하고 있다.

(3) 정보관리시스템의 구축 단계

일반적으로 정보관리시스템 구축은 다음의 4단계의 과정을 거친다(최성재, 남기민, 2016).

① 전체 정보체계 구상 단계: 조직이 새로운 정보체계를 필요로 하는 근거의 타당성을 확립하는 단계다. 조직의 목적 변경에 따른 새로운 정보체계의 필요성, 조직의 경제적, 기술적 그리고 운영 차원의 문제점 개선을 위한 필요성 등을 검토할 수 있다.

② 현재 정보체계 분석과 새로운 정보체계 설계 단계: 현재 사용하고 있는 정보체계를 정확히 분석하고 장단점을 파악해 새로운 체계의 설계에 적극 반영하는 단계다. 설계의 주요 내용은 조직이 필요로 하는 정보를 양적 · 질적 측면에서

〈표 10-2〉 조직 내 계층별 정보관리시스템의 유형

유 형	계 층	시스템	기 능	데이터	기 법
전략적 경영정보시스템	최고 경영자	전체 시스템	전략적 목표의 방침 설정, 장기기업모델 작성	예측정보, 외부정보, 부정기적 정보	시뮬레이션, PPBS, 위험분석, 체계분석, 인더스트리얼 다이내믹스
관리적 경영정보시스템	관리자	흐름도표 시스템	종합적 동시관리	내부정보, 기간정보	시뮬레이션, 다변량해석, 인더스트리얼 다이내믹스
작업적 경영정보시스템	현장 관리자	하위 시스템	정형관리의 자동화, 예외관리, 확장 작성	매일의 정보	프로그래밍, 대기이론

출처: 김형식, 이영철, 신준섭(2009), p. 279 수정.

조사해 시스템의 내용을 결정하고 소프트웨어를 개발하는 것이다.

③ 새로운 시스템의 물리적 구축 단계: 실제 시스템을 설치하고 조직에 적용하는 단계다. 중요한 점은 조직구성원이 시스템에 적응할 수 있는 조건과 환경을 마련하는 것인데, 교육, 훈련, 실험적 운영 등이 필요하다.

④ 시스템 유지보수와 평가 단계: 시스템이 설치된 이후 시스템의 운영에 따른 규칙 · 표준 · 지침을 설정하고, 정보체계에 필요한 자원의 효율적 관리 방법을 정하고, 객관적 평가기준을 정해 새로운 시스템을 주기적으로 평가하는 단계다.

2. 사회복지조직의 정보관리시스템

1) 사회복지조직의 정보관리

(1) 사회복지정보의 특징

사회복지정보란 사회복지활동에서 생산되고 체계적으로 축적 · 가공 · 전달 · 활용되는 제반 지식, 자료 또는 메시지다. 이는 사회복지 공급자의 의사결정이나 클라이언트의 행동을 위해 사용될 수 있는 의미 있는 내용이라고 할 수 있다(한국복지행정학회, 2015). 사회복지정보는 사회복지조직 내의 부서 · 계층 및 개인별로 발생되는 제반 문제와 조직 외부에서 발생하는 문제에 대한 해결 방안 수립, 당면 과제의 추진과 목표 달성을 위한 의사결정, 현재의 상황에 대처하는 데 필요한 지식의 확보와 상황 인식, 판단, 결정, 대응, 예측 등을 위해 필요하다.

사회복지정보는 다음과 같은 특징을 지니고 있다.

첫째, 사회복지정보는 사회복지활동 과정에서 생산되고 사회복지업무를 지원할 수 있는 정보다. 여기에는 정책적 업무, 관리적 업무, 임상적 업무, 일상적 업무가 포함된다. 사회복지정보는 그 자체가 목적이라기 보다 수단적 · 지원적 · 이차적 기능을 갖는다.

둘째, 사회복지정보는 지식, 자료, 메시지 등 정보의 일반적인 순환과정을 거친다.

셋째, 사회복지정보는 사회복지활동의 주체인 사회복지조직과 사회복지사 등 공급자 측은 물론 수요자인 클라이언트를 위해서도 사용될 수 있어야 한다.

넷째, 사회복지정보는 정보사용자의 의사결정이나 행동을 위해 의미가 있어야 하고, 의사결정이나 행동의 변화에 영향을 줄 수 있어야 한다.

(2) 사회복지정보의 종류

사회복지조직에서 필요로 하는 사회복지정보는 다음의 5가지로 구분할 수 있다(황성철, 정무성, 강철희, 최재성, 2014).

① 지역사회정보: 인구통계학적 정보, 사회적 · 경제적 특성에 관한 정보, 서비스를 제공받고 있는 대상자의 신원 확인 정보, 실질적인 서비스와 재원의 목록 등
② 클라이언트정보: 클라이언트의 현재 문제, 개인력, 서비스 수혜 유형, 서비스 기간, 사회경제적 · 가족적 특성, 고용 상태, 만족도 측정과 서비스 성과에 대한 정보 등
③ 서비스정보: 사회복지조직이 제공하는 서비스의 단위, 클라이언트의 수, 주어진 기간 내에 서비스를 제공받은 클라이언트의 수와 서비스가 종결된 클라이언트의 수, 서비스와 관련된 활동에 대한 설명 등
④ 직원정보: 사업 수행에 참여한 시간, 원조를 제공한 클라이언트의 수, 서비스 제공의 양, 서비스의 차별성 등
⑤ 자원할당정보: 전체 비용, 특정 서비스의 비용, 예산 및 결산 보고서 작성을 위해 필요한 정보 등

(3) 사회복지정보체계의 영역

일반적으로 사회복지정보체계는 다양한 영역으로 구성된다. 게이츠(Gates, 1980)는 사회복지정보의 유형을 클라이언트정보체계, 조직정보체계, 성과정보체계로 구분했다.

첫째, 클라이언트정보체계는 클라이언트 및 클라이언트와 프로그램의 상호작용에 관한 정보의 생산 · 조직 · 보급과 관련된 정보를 말한다(〈표 10-3〉 참조).

둘째, 조직정보체계는 조직의 욕구조사, 시설 및 운영기획, 예산, 인사, 회계, 비용통제 등에 관한 정보다. 조직의 관리층과 외부 재정지원자가 필요로 하는 경우가 많다.

셋째, 성과정보체계는 의사결정의 향상이나 프로그램의 생산성 · 효과성의 다양한 측면을 평가하기 위해 필요한 정보다. 성과정보체계는 클라이언트정보와 조직정보

〈표 10-3〉 클라이언트정보의 단계와 정보원

단 계	자료 및 정보
이용자 확인	프로그램의 잠재적 수요자명단(다른 기관들의 의뢰, 비공식 접촉, 다양한 아웃리치 활동 등)
인테이크	개인이나 가족에 관한 인구학적 및 개인력 자료, 해결되어야 할 개인 및 가족 문제 등
수혜 자격 여부 결정	해당자의 프로그램 수혜 자격 여부 판단에 적합한 자료(정부기관, 보험, 의뢰기관, 클라이언트 자신 등을 포함한 서비스 비용 지불자의 정보도 포함)
문제진단, 해결 계획	문제·욕구·계획의 관계에 관한 기록, 문제사정은 때로 구술 형식으로 되어 있지만 문제해결 계획은 구체적인 목표를 서술하는 것이 바람직
서비스 전달	언제, 누구에 의해, 어떤 서비스가 제공되는지 등에 관한 자료로, 연결된 서비스의 경우 그 과정에 대한 자료도 포함
사례 모니터링	문제해결 계획과 활동을 비교하는 자료로, 계획과 활동에 차이가 있으면 그 차이에 관한 자료도 포함
사례 평가	각 사례 혹은 개인의 서비스 결과에 관한 정보로, 사례 종료 직전 혹은 직후에 실시할 수도 있음
사례 종료	사례 종료 시점과 이유에 관한 정보(자발적 종결, 목표의 성공적 달성 또는 실패, 다른 지역으로의 이전 등을 포함)

출처: 최성재, 남기민(2016), p. 419 수정.

를 결합시켜 의해 얻을 수 있다. 기획정보는 기획과정에서 필요한 제반 정보, 평가정보는 조직의 효과성·효율성을 평가하기 위해 필요한 정보를 말한다(최성재, 남기민, 2016).

한편, 사회복지조직에는 사회복지정보체계를 필요로 하는 다양한 업무 영역이 존재한다. 업무 영역은 사무관리, 클라이언트정보체계, 의사결정 지원, 임상적 사정, 직접개입, 전자네트워킹, 교육과 훈련, 조사연구와 정보검색으로 구분할 수 있다(신복기, 박경일, 이명현, 2008; 〈표 10-4〉 참조).

〈표 10-4〉 사회복지정보체계 활용 업무 영역

활동영역	활용방법	비고
사무관리	사례기록, 보고서 작성, 자원봉사자와 직원 등 주소 관리, 회계 원장과 급료명세서 등	일반적 워드프로세싱
클라이언트 정보체계	클라이언트에게 제공된 서비스 전달과 달성 결과에 대한 정보가 담긴 데이터베이스시스템	기초 데이터베이스
의사결정 지원	클라이언트 진척사항 모니터링, 치료계획, 서비스 효과 평가, 개입 방법 분석, 예상되는 문제 분석, 재정흐름 분석, 최적의 이용료 결정, 인테이크 유형 분석, 기관자원의 활용 계획 등의 의사결정 지원	
임상적 사정	컴퓨터상의 표준화 된 심리테스트, 개인력에 관한 기록 관리, 보고서 작성, 진단적 면접수행, 전문가시스템 활용 등	정신보건분야의 초기 활동영역
직접 개입	이완기법, 우울증치료, 성문제를 가진 부부 등의 치료와 같은 컴퓨터를 활용한 실질적인 개입 활동	시작 단계
전자네트워킹	전자우편 등을 통한 정보제공을 비롯해 사회복지실천에서의 새로운 가능성을 보여 주는 의사소통 방법	조직 내부 · 외부 연결
교육과 훈련	대학에서 사회복지현장 상황(면접 상황, 프로그램작성, 예산편성 등)의 시뮬레이션 등을 통한 학습경험 제공, 인테이크 교육훈련	시작 단계
조사연구와 정보검색	요인분석 등의 조사분석, 클라이언트의 변화에 대한 통계분석, 클라이언트 행동 변화의 그래픽화, 문헌검색	

출처: 신복기, 박경일, 이명현(2008), p. 384 수정.

2) 사회복지조직 정보관리시스템의 전망

(1) 사회복지조직 정보관리시스템의 필요성

사회복지조직에서 정보관리시스템이 필요한 이유는 다음과 같다(Schoech, 1995; Lewis, 2001; 김영종, 2001; Wilson, 2002; 황성철, 정무성, 강철희, 최재성, 2014; 최성재, 남기민, 2016).

① 사회복지조직의 활동은 정보관리가 요구되는 특징을 갖고 있기 때문이다.

사회복지조직은 단편적이고 표준적인 현금지원보다는 서비스 제공 활동을 주된 활동 영역으로 삼는다. 따라서 사회복지조직에서는 서비스 제공 활동과 관련된 기획, 실천 과정, 평가 등에 대한 기록이 중요하다. 나아가 클라이언트에 대한 자료의 기록, 분석, 보관도 매우 중요하다.

② 사회복지조직의 책임성과 효과성 입증에 도움이 되기 때문이다.

지역사회는 공적 자원을 활용해 서비스를 제공하는 사회복지조직의 활동에 대한 검증을 점점 더 요구하고 있다. 사회복지조직은 정보관리시스템을 통해 자신의 활동 정보를 체계적으로 관리함으로써 이와 같은 요구에 부응할 수 있다.

③ 클라이언트가 정보자원의 성과를 활용하는 데 도움이 되기 때문이다.

최근 민영화, 계약, 이용권 제도, 영리화 등으로 사회복지서비스의 분절화가 확대되고 있다. 이때 정보관리시스템은 서비스 정보에 대한 클라이언트의 통합적인 접근성 제고에 도움이 되고, 궁극적으로는 정보불평등과 정보양극화를 극복하는 데 유효한 자원으로 활용될 수 있다.

④ 사회복지조직의 구성원들의 욕구를 충족시키는 데 도움이 되기 때문이다.

조직구성원들은 클라이언트의 욕구충족과 문제해결에 기여해 만족을 얻으려는 욕구를 갖고 있다. 정보관리시스템은 효율적인 업무 수행을 지원함으로써 서비스 제공 활동의 성과를 극대화하는 데 기여한다.

⑤ 사회복지조직이 제공하는 서비스의 내용과 품질을 개선하는 데 기여하기 때문이다.

적절한 정보관리시스템은 조직이 제공하는 사회복지서비스를 평가하고 환류를 제공하는 데 필요한 체계적인 정보를 제공한다.

(2) 사회복지조직 정보관리시스템의 요소

성공적인 정보관리시스템을 구축하기 위해서는 다음의 6가지 요소를 갖출 필요가 있다(문신용; 1999; 남일재, 문영주, 오주, 2011).

① 정보관리시스템의 구축은 최고 관리층의 리더십과 지휘 아래 이루어져야 한다.

최고 관리층은 조직의 정보관리에 대한 의사결정을 주도하고 장단기 전략을 마련하며 정보 관리의 수행 기준을 정해야 한다. 나아가 정보관리시스템을 운영할 책임 단위를 결정해야 한다.

② 정보관리시스템에 대한 의사결정은 전략적인 관리 과정에 통합돼야 한다.

대부분의 조직은 계획 수립, 사업 수행, 평가 등 일련의 전략적인 관리 과정을 수행한다. 정보관리시스템의 운영은 이와 같은 전략적인 관리 과정의 일부로 통합돼야 한다.

③ 조직의 목표와 정보관리시스템의 운영은 성과 관리를 통해 연결돼야 한다.

성과측정을 통해 정보관리시스템이 조직의 목표 달성에 어느 정도 기여했는지 평가해야 한다.

④ 정보관리시스템의 운영은 단순한 비용이 아니라 장기적으로 효용을 창출하는 투자로 간주돼야 한다.

정보관리시스템의 성과는 단기적인 이득이 아니라 기여도, 위험, 편익과 비용 등에 대한 장기적 관점을 기준으로 결정해야 한다.

⑤ 정보관리시스템을 효율적으로 설계하기 위해서는 조직 전반에 걸친 혁신적인 조직 설계와 연계하는 편이 좋다.

성공적인 조직은 정보관리시스템의 도입과 함께 업무를 재설계하는 경향이 있다. 현재의 업무와 성과를 측정하고 조직 운영의 개선 가능성을 진단한 뒤, 정보관리시스템과 연계해 조직 운영을 혁신할 필요가 있다.

⑥ 조직의 리더십과 기술적인 요소를 고려해 정보관리시스템의 담당자와 효율적인 인간관계를 정립해야 한다.

정보관리시스템의 담당자는 일선의 조직구성원들과 연계해 정보관리업무를 수행할 수 있어야 한다. 이를 통해 일선 조직구성원들은 정보관리시스템 담당자의 지원 아래 업무를 수행하고 조직의 목표 달성에 기여하게 된다.

(3) 사회복지조직 정보관리시스템 구축의 원칙

사회복지조직에서는 사회복지서비스의 효율성을 증진시키고 다양한 복지수요에 적절히 부응하는 정보관리시스템을 구축하기 위해 다음의 원칙을 고려할 필요가 있다(신복기, 박경일, 이명현, 2008; 한동일, 전해황, 김종명, 박상도, 송낙길, 이승현 외, 2009).

① 수요자 중심의 정보화

정보관리시스템은 사회복지서비스의 질 향상을 위해 수요자 중심의 관점을 견지해야 한다. 사회복지정보화의 수혜자는 클라이언트, 조직구성원, 자원봉사자를 포함한다. 예를 들면, 클라이언트는 서비스 제공 방법을 온라인상에서 쉽게 확인할 수 있어야 한다. 조직구성원들이나 자원봉사자를 위해서는 조직의 서비스 제공 활동을 적절히 지원할 수 있도록 서비스가 고안돼야 한다.

② 온라인과 오프라인상에서의 사회복지서비스 연계

오늘날 대부분의 사회복지조직은 홈페이지를 운영하고 온라인상에서 기본적인 서비스를 제공하기 위해 노력하고 있다. 그러나 사회복지조직의 핵심적인 서비스는 사회복지사와 클라이언트의 대면관계를 통해 제공된다. 따라서 온라인상의 정보체계는 오프라인상의 사회복지서비스와 적절히 연계되고 지원되어야 한다.

③ 개인정보보호에 대한 고려

사회복지조직의 활동과 관련된 각종 정보가 전자화되면서 클라이언트의 개인정보와 신상기록이 조직 외부뿐 아니라 조직 내에서도 노출될 가능성이 커지고 있다. 특히 클라이언트의 서비스 이력 정보, 성문제, 가정문제, 심리적 문제 등에 대한 진단내용, 기타 노출되기 꺼리는 민감한 문제들이 공개되면 비밀보장의 원칙에 위반된다. 따라서 사회복지조직에서는 정보관리시스템을 구축하고 운영할 때 개인정보를 보호할 수 있는 안전장치 마련에 민감한 주의를 기울일 필요가 있다.

④ 사회복지서비스 영역별 정보화의 연계

상당수의 클라이언트는 복합적인 욕구와 문제를 지니고 있다. 이를 위해서는 한 조직 내에서뿐 아니라 여러 조직에서 제공하는 서비스를 연계시킬 필요가 있다. 복합적인 접근이 필요한 클라이언트에 대해 통합성의 원칙을 구현하기 위해서는 다양한 분야 간, 나아가 민간과 정부 간 정보관리체계를 연계할 필요가 있다. 이를 위해서는 각 분야와 영역에서 운영하는 정보체계를 표준화하는 노력이 필요하다.

⑤ 정보의 접근성 강화

오늘날 고도의 정보화사회가 되면서 정보화사회의 성과가 확산되고 그것이 사회적 웰빙에 기여하고 있다. 그런데 정보화사회는 정보양극화의 어두운 이면을 갖고 있기도 하다. 사회복지조직의 정보관리시스템은 취약계층의 정보문해(information literacy)를 위해 각별히 노력하고 정보취약계층의 정보접근성을 강화해 취약계층의 복지 향상에 기여하는 데 주안점을 두어야 한다.

⑥ 조직구성원의 참여 및 교육과 지속적 개선

정보관리시스템은 조직 운영을 개선하고 조직구성원들의 활동을 지원하려는 취지를 갖고 있다. 따라서 정보관리시스템의 설계와 운영에 대해 조직구성원들이 적극적으로 의견을 개진하고 참여할 수 있어야 한다. 나아가 조직구성원들을 대상으로 한 교육을 통해 활용도를 극대화해야 한다. 정보관리시스템은 한 번 구축된 채 고착화되지 않도록 지속적으로 평가하고 수정할 수 있어야 한다.

(4) 사회복지조직 정보관리시스템 구축의 고려 사항

한편, 정보관리시스템의 도입으로 조직에는 다음과 같은 주요한 변화가 유발된다 (Schoech, 1988; 김형식, 이영철, 신준섭, 2009).

① 정확하고 시의적절한 정보가 조직의 최고책임자에게 집중되기 때문에 조직 상층부의 실질적인 권한이 강화된다.
② 행정정보시스템을 이해하고 활용할 수 있는 조직구성원의 권한이 강화된다.
③ 행정정보시스템 시행 과정에서 업무 영역이 확장되고 다른 분야와 연계된 업무를 수행하는 조직구성원의 권한이 강화된다.
④ 조직의 정보가 최고책임자에게 집중되기 때문에 추가된 정보를 반영하는 정책결정도 더욱 복잡해진다.
⑤ 정보가 체계적으로 집적되기 때문에 결정의 책임 단위가 선명해지고 계량적이고 합리적인 의사결정이 가능해진다.

⑥ 전체 부서에 공통적으로 적용되는 정보체계가 활용되기 때문에 부서 간 상호 의존도가 높아진다.

그런데 사회복지조직에서는 정보관리시스템을 도입하는 데 장애요인도 존재한다 (정영철, 2008; 한동일, 전해황, 김종명, 박상도, 송낙길, 이승현, 이장희, 장정순, 2009).

① 사회복지가치의 내재적 속성

사회복지의 기본가치는 인간의 존엄성과 독특성을 중시하는 데 있고, 클라이언트의 개별화된 특성에 맞게 서비스를 제공해야 하는 원칙을 갖고 있다. 따라서 서비스 제공 방법이나 서비스 유형 등을 표준화하기 어렵다. 이는 표준적인 운영 절차를 필요로 하는 정보관리시스템 구축에 장애 요인이 될 수 있다.

② 사회복지활동의 특성

사회복지서비스는 일선 사회복지사와 클라이언트 간의 개별화된 원조관계를 통해 제공되는 특성을 갖고 있다. 이로 인해 의사결정 과정은 사회복지사의 전문적인 지식과 기술에 크게 의존하고, 원조 내용에 대한 기술 내용도 매우 다양하고 서술적인 특징이 있다. 이는 계량화된 서비스 제공 관련 프로그램 개발에서 난관을 초래할 수 있다. 나아가 부호화 과정에서 서비스의 질적 정보가 왜곡될 수 있다.

③ 클라이언트 중심의 가치체계와 인간적 상호작용

사회복지영역은 일선 사회복지사와 클라이언트 간의 대면접촉을 통해 서비스를 제공하는 데 있어서 클라이언트 중심의 가치체계를 견지하고 있다. 서비스 제공 과정에서는 우호적 관계 형성과 상호작용이 중시된다. 이는 비인간적인 속성을 지니고 있는 정보관리시스템에 대한 정서적 장애 요인이 될 수 있다.

④ 의사결정 권한의 탈집중화와 조직의 다양성

의사결정의 권한이 조직의 상층부에 집중돼 있는 일반 관료제조직과는 달리, 사회복지조직에서 일선 사회복지사와 조직단위는 의사결정의 상대적인 자율성을 지니고 있다. 이는 표준화된 정보화 절차를 마련하는 데 장애가 될 수 있다. 또 사회복지조직은 분야, 규모, 재정 형편 등의 측면에서 매우 다양한 특성이 있다. 이로 인해 조직 간에는 정보화 예산, 필요 인력, 정보화 수준 면에서 천차만별인 경우가 많다.

(5) 사회복지조직 정보관리시스템 구축의 과제

사회복지조직은 정보관리시스템을 활성화 하기 위해 노력할 필요가 있다. 이를 위한 과제를 정리하면 다음과 같다.

① 정보체계 구축을 위한 정부의 지원: 우리나라 민간사회복지조직은 정부의 재정지원에 절대적으로 의존하기 때문에 재정의 자율성이 매우 낮은 특성이 있다. 게다가 사회복지조직은 분야와 규모 면에서 매우 다양하기 때문에 공통적인 수준의 정보화 역량을 기대하기 어렵다. 따라서 정부와 민간의 협력 차원에서 민간사회복지조직의 정보화를 위한 제도적 지원을 확대할 필요가 있다. 이는 개별 사회복지조직이 정보화를 추진하는 경우보다 규모의 경제를 실현해 비용과 시간을 절약할 수 있고, 취약한 분야와 조직의 서비스 제공 활동 수준을 향상하고 합리화하는 데에도 기여할 수 있다.

② 본격적인 정보관리시스템의 도입: 사회복지 분야도 컴퓨터의 도입과 활용 등에 힘입어 전산자료처리시스템(DP) 등 초보적인 행정전산화의 기본적인 토대를 갖추고 있다고 판단된다. 이제는 본격적으로 관리정보시스템(MIS), 지식기반시스템(KBS), 의사결정지원시스템(DSS), 업무수행지원시스템(PSS) 등의 정보관리시스템을 도입해 사회복지서비스의 질적 향상을 도모할 필요가 있다. 이를 통해 클라이언트는 사회복지서비스에 대한 접근성을 제고할 수 있고, 일선 사회복지사는 서비스 제공 활동에 필요한 정보를 체계적으로 활용할 수 있다. 나아가 조직 차원에서도 계획, 조직 관리, 평가와 환류 등에서 정보자원을 체계적으로 활용할 수 있다.

③ 수요자 중심의 정보 관리: 사회복지조직의 정보관리시스템은 수요자의 입장에서 서비스에 대한 접근성 제고, 서비스 간의 연계와 통합을 지향할 필요가 있다. 이때 유비쿼터스(ubiquitous) 개념에 입각한 정보 관리는 유용한 접근이 될 수 있다. 예를 들면, 공공장소에서의 터치스크린이나 가정 내 IP TV를 이용한 주문형 복지서비스 검색 및 신청 모형, 인터넷 상담을 통한 인테이크와 전문상담과의

연계모형, 현장 복지업무 담당자를 위한 PDA 등 전용단말기 활용을 통한 u-Work모형, 무선감지장치 및 위치안내서비스 등 RFID를 활용한 요보호대상자 관리모형, 상황인지정보(체온, 혈압, 맥박, 심전도, 동작 감지 등)를 활용한 시설안전관리모형 등이 있다.

3. 사회복지시설 정보시스템[1)]

여기에서는 정부가 운영하는 사회복지시설 정보시스템을 소개한다.

① 추진 배경 및 목적

- 사회복지시설 정보시스템은 사회복지 정보화를 위해 전자정부 로드맵 추진 과제의 일환으로 보건복지부에서 구축
- 사회복지시설 정보화 기반 조성, 회계의 투명성 제고, 시설관리 업무의 간소화 및 표준화, 사회복지정책 기초자료 확보 등을 목적으로 함

② 사회복지조직에 대한 기여

- 업무의 표준화: 아동시설, 노인시설, 장애인시설, 노숙인시설, 정신요양시설, 모 · 부자 시설의 내부 관리업무를 분석하고 표준화함. 시설의 종별에 관계없이 모든 생활시설 및 이용시설에서 공통으로 사용 가능한 시설 내 수기문서 관리 및 복잡한 업무 처리를 간소화함
- 업무 처리의 간소화와 효율화: 한 시설 내 수기문서 관리 및 복잡한 업무 처리를 간소화함. 시스템 내 모든 업무가 연결성을 갖고 처리되어 업무의 중복을 방지함. 과거 자료 조회시 간편성을 제공하고 필요한 통계자료를 산출하는 기능을 자동적으로 수행함
- 자료 작성의 간편화: 외부 제출자료 작성의 편의성이 증진됨. 기본적이고 다양한 감사자료를 제공함. 사용자의 목적에 맞게 다양한 별지서식(세입세출명세, 현금명세서, 예금명세서 등)을 제공함

1) 이 내용은 보건복지부(2016b), 사회보장정보원 홈페이지(http://www.ssis.or.kr)에 바탕을 두고 있다.

③ 추진 경과

- 2005년부터: 장애인, 노인, 아동, 사회복지관 등 순차적으로 사회복지시설 운영의 전자화 추진
- 2008년: 보조금 신청 및 보고를 온라인으로 수행
- 2010년: 행복e음으로 보조금 신청 및 보고 등 연계시스템 변경, 시설 생계급여, 시설 운영비 및 사업비 등 행복e음으로 전산지급 의무화
- 2012년: 보조금 전용카드제도 전국 시행 확대, 후원금의 수입명세서 및 사용결과보고서 보고 의무화
- 2013년: 사회복지시설정보시스템 고도화(1차) 구축 사업
- 2014년: 사회복지시설정보시스템 고도화(2차) 구축 사업
- 2015년: 사회복지시설 평가 및 안전 점검 기능 확대

④ 운영기관: **사회보장정보원**

⑤ 주요기능

- 통합회계관리: 예산관리, 회계관리, 인사 · 급여 · 자산(비품, 소모품) · 세무 관리

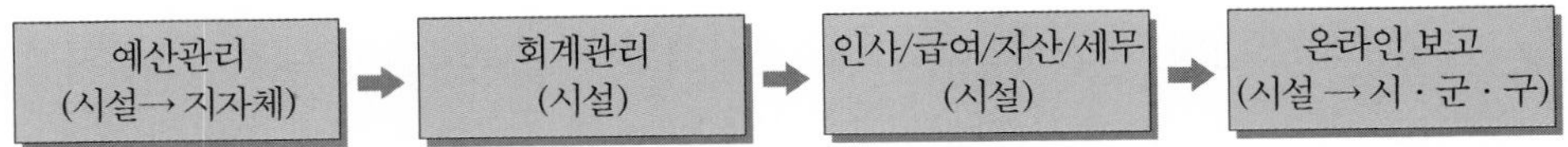

그림 10-1 통합회계관리 절차

출처: 보건복지부(2016b), p. 82

- 통합고객관리: 후원자 및 후원금 관리, 시설의 후원금(품) 처리 내역은 사회복지시설정보시스템 홈페이지 및 스마트 서비스를 통해 개인별 · 시설별로 조회가 가능하도록 제공

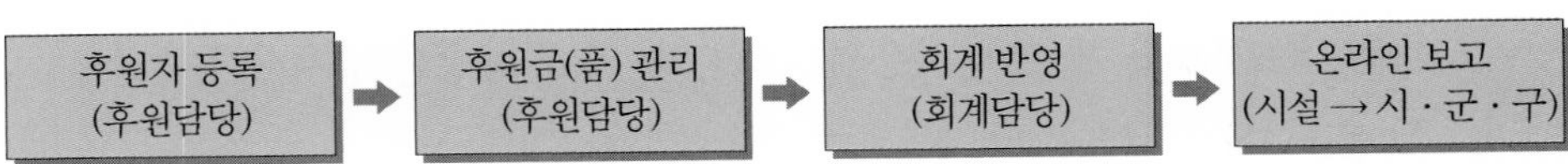

그림 10-2 통합고객관리 절차

출처: 보건복지부(2016b), p. 82

- 온라인 보고: 행복e음으로 시설 수급자 생계급여, 운영비 등 보조금을 신청 · 정산, 입소자 · 종사자 · 예결산 · 후원금 등에 대한 보고 및 신청, 지방자치단체 공지사항 · 질의응답 등 지역사회 내의 의사소통 정보를 연계
- 시설 유형별 사회복지서비스 이력 관리(11종): 생활인 및 이용인 관리, 수혜서비스 관리, 사례 관리, 각종 일지 관리 등(노인생활 · 재가, 아동생활/지역아동센터, 장애인생활/직업재활, 지역자활, 한부모가족, 노숙인 등), 노인/사회복지관, 정신보건 등의 분야에도 구축
- 사회복지시설 보조금 전용 카드 사용 내역 모니터링: 사회복지시설의 보조금 전용 카드 지출결의 내역 열람 및 모니터링, 광역자치단체별 보조금 전용 카드제 도입, 보조금 전용 카드 사용 내역 연계 등 모니터링
- 중앙부처 및 지자체 시설 관리 업무 지원: 사회복지시설정보시스템 수집 정보를 기반으로 보건복지부, 지자체 담당 공무원에게 통계(시설, 입소자, 종사자 현황 등) 및 정책 기초자료 제공

⑥ 사용 대상

- 사회복지시설 중 보건복지부 소관의 사회복지시설 및 사회복지법인(사회복지시설을 설치 · 운영하는 법인 또는 국가나 지방자치단체로부터 보조금을 받는 법인)
- 어린이집, 경로당, 노인교실 등은 대상 시설에서 제외

⑦ 사회복지시설정보화 시스템 구성도

그림 10-3 사회복지시설정보화 시스템 구성도

출처: 사회보장정보원 홈페이지(http://www.ssis.or.kr).

제5부 사회복지행정가의 기술

- 제11장 리더십과 슈퍼비전
- 제12장 기획과 의사결정
- 제13장 프로그램개발과 마케팅

제11장 리더십과 슈퍼비전

1. 리더십

1) 사회복지조직 리더십에 대한 이해

사회복지조직에서는 리더십이 중요하다. 그 이유는 다음과 같다(Neugeboren, 1985; Bargal, 2000).

첫째, 사회복지조직에는 전문가의 자율적 욕구와 조직의 통제 욕구 사이의 긴장이 존재하는데, 리더십은 조직구성원들이 조직의 규칙과 규정을 준수하도록 동기를 부여해 준다.

둘째, 사회복지조직은 매우 불확실한 환경에서 활동하기 때문에 리더십은 끊임없이 변화하는 환경적 압력에 적절히 대응해 조직의 변화를 주도해야 한다.

셋째, 복잡하고 가변적인 인간과 사회문제를 다루는 사회복지조직에서 리더십은 새로운 기술과 활동의 도입으로 초래되는 내부적 변화가 새로운 통합으로 귀결되도록 유도하는 데 중요한 역할을 한다.

넷째, 리더십은 조직과 개인의 욕구를 균형 있게 고려함으로써 조직구성원 개개인의 목표와 조직의 목표를 일치시키는 데 기여한다.

2) 리더십이론

(1) 리더십이론의 유형

일반적으로 효과적인 리더십에는 다양한 측면이 있는 것으로 알려져 있다. 스톡딜(Stogdill, 1974)에 따르면, 리더십에 대한 접근 방법으로는 인성과 그 영향으로서의 리더십, 목표 달성의 수단으로서의 리더십, 영향력 행사로서의 리더십, 권력관계로서의 리더십, 행동으로서의 리더십, 집단 과정의 초점으로서의 리더십, 분화된 역할로서의 리더십, 구조 주도로서의 리더십, 순응을 유도하는 기술로서의 리더십, 설득 형태로서의 리더십, 상호작용의 결과로서의 리더십 등이 있다(서도원, 이덕로, 2016).

많은 연구자가 다양한 관점에서 리더십이론을 전개해 왔다. [그림 11-1]은 다양한 리더십이론을 설명하고 있다. 리더십이론은 1940~1950년대의 특성이론(Trait Theory), 1950~1960년대의 행동이론(Behavioral Theory), 1970년대의 상황이론(Situational Theory), 1980년대 이후의 새로운 리더십이론으로 구분할 수 있다.

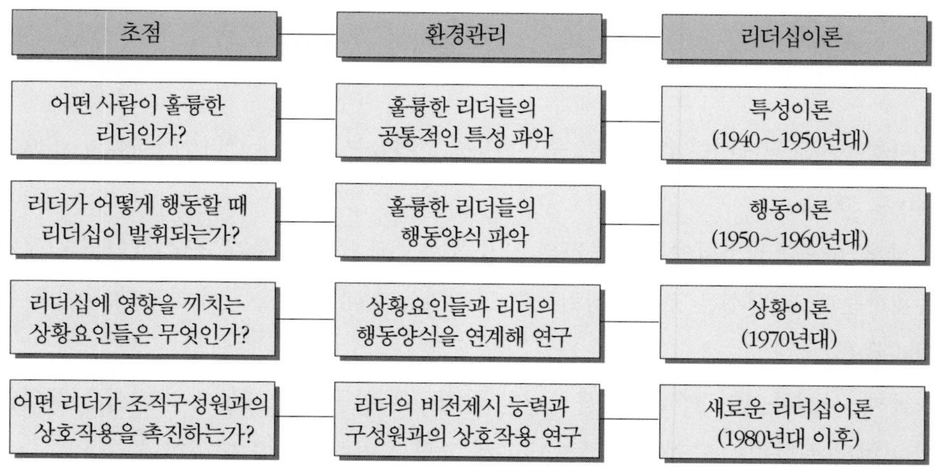

그림 11-1 리더십이론의 전개

출처: 정기한, 신재익, 오재신, 김대업, 박귀정, 박소영(2016), p. 184 재구성.

리더십 특성이론은 어떤 특성을 가진 사람이 훌륭한 리더인지 규명하는 데 초점을 맞춘다. 이 이론은 훌륭한 리더들의 공통적인 특성을 파악하려는 접근 방법을 채택했다. 즉, 자질론이나 위인이론(great man theory)에 입각해, 리더가 고유한 개인적인 특성을 갖고 있으면 상황이나 환경과 관계없이 항상 지도자가 될 수 있다고 보았다.

그러나 특성이론은 리더의 특성과 조직효과성 간의 실질적인 관계를 규명하는 데 한계를 보였다. 즉, 리더의 특성이 특정한 상황에서 효과를 발휘하더라도 보편적으로 조직효과성에 긍정적인 영향을 준다는 점을 입증하는 데 실패한 것이다. 그 이유는 다음과 같다(Hellriegel, Jackson, & Slocum, 2005).

첫째, 리더의 특성과 리더십 행동 간의 일관성 있는 상관관계가 발견되지 않았고 리더가 팔로어(follower)의 행동에 영향을 끼치는 행동 유형을 제시하지 못했다.

둘째, 리더의 특성이 상황적 요인의 영향에 의해 무시되는 현상이 발견된다.

셋째, 리더의 특성을 측정하는 적절한 도구를 마련하기 어렵다.

넷째, 하위자의 욕구와 상황적 요인들을 무시했다.

행동이론은 리더의 특성보다는 리더가 리더십을 표출하는 행동에 초점을 맞추는 방식이 바람직하다고 본다. 초기의 리더십 특성이론이 효과적인 리더십 유형을 규명하는 데 실패하자, 리더들의 행동양식을 파악해 효과적인 리더십을 규명하려는 현실적인 접근에 치중한 것이다. 여기에는 아이오와 연구, 오하이오 연구, 미시간 연구, 블레이크와 무튼(Blake & Mouton)의 관리격자이론(Managerial Grid Theory), 리커트(Likert)의 시스템(System) IV이론 등이 있다.

그러나 행동이론 역시 보편적인 결과를 얻는 데 실패했다. 연구 결과는 상황에 따라 일관성이 부족해 리더십 유형과 조직효과성의 관계에 대해 일반화된 결론을 얻지 못했다. 이는 리더십의 효과성에 기여하는 상황적 요인들을 고려하지 않아 현실 적합성이 부족하기 때문이다.

상황이론은 리더십에 영향을 끼치는 상황적 요인들에 주목하는 견해다. 이는 모든 상황에서 획일적으로 적용되는 리더의 특성이나 행동 유형을 파악하기란 사실상 불가능하다는 인식에 근거하고 있다. 따라서 조직의 성과에 영향을 끼치는 상황적 요인들을 규명해 그것이 조직효과성에 영향을 끼치려는 리더의 행동양식과 어떤 관계가 있는지 규명하고자 한다. 즉, 상황이론에서의 리더십이론은 리더(leader), 팔로어(follower), 상황적 요소(situational factors)들의 함수관계, 즉 L=f(L, F, S)라고 본다.

상황적 요인으로는 리더와 팔로어의 관계, 리더의 기대와 행동, 팔로어의 특성, 과업의 특성, 조직의 문화와 정책, 동료의 기대와 행동, 팔로어의 성숙도, 직위에 따른 권한 등이 언급된다(유종해, 이덕로, 2015; 서도원, 이덕로, 2016). 상황이론에는 피들러(Fiedler)의 상황적합이론(Contingency Theory), 브룸과 예톤(Vroom & Yetton, 1973) 및 브룸과 자고(Vroom & Jago, 1988)의 의사결정 중심의 리더십이론, 하우스(House, 1971)의 경로-목표이론(Path-Goal Theory), 허시와 블랜차드(Hersey & Blanchard, 1977)의 수명주기이론(Life Cycle Theory) 등이 있다.

새로운 리더십이론들은 팔로어인 조직구성원들과의 상호작용을 통해 효과적인 리더십을 발휘하는 리더의 유형을 규명하는 데 초점을 맞춘다. 새로운 리더십이론들은 기존의 리더십이론에 대해 리더의 핵심적인 활동이 조직구성원들에게 끼치는 일방적인 영향을 강조하기 때문에 리더의 직권성(headship)에 바탕을 둔 접근이라는 문제의식을 갖고 있다. 직권성이란 공식적인 직위를 근거로 일방적이고 강제적인 영향력을 행사하는 경향으로, 팔로어의 심리적인 수용을 전제하는 것은 아니다. 반면, 새로운 리더십이론에서는 리더십은 리더의 개인적 권위를 근거로 상호적이고 자발적인 과정을 통해 영향력이 행사되며, 팔로어의 심리적 수용을 통해 발휘돼야 한다고 본다(권기헌, 2014).

이처럼 새로운 리더십이론들은 리더와 팔로어 간의 상호작용을 촉진하고 비전을 제시하는 능력을 갖춘 리더십 유형을 규명하기 위해 노력한다. 여기에는 번스(Burns, 1978)가 제기한 거래적 · 변혁적 리더십이론(Transactional Transformational Leadership Theory), 하우스(House, 1977)의 카리스마적 리더십이론(Charismatic Leadership Theory), 그린리프(Greenleaf, 1970)의 서번트 리더십이론(Servant Leadership Theory), 켈리(Kelly, 1988)의 팔로어십이론(Followship Theory)이 있다.

(2) 특성이론

특성이론은 리더와 리더가 아닌 자를 구분 짓는 구체적인 특성을 찾는 데 집중해 왔다. 특성이론은 자질론이나 위인이론을 근거로 리더는 태어나는 것이지 만들어지는 것은 아니라는 입장을 견지했다(서도원, 이덕로, 2016). 이를테면 데이비스(Davis, 1989)는 지능, 사회적 성숙과 종합적 사고능력, 내적 동기부여와 성취욕구, 인간관계의 태도 등 4가지의 특성이 리더십과 상관관계가 있다고 보았다. 버나드(Barnard, 1956)는 리더에게 필요한 특성으로 추진력, 지구력, 결단력, 설득력, 책임감, 지적능력 등을 들었다.

실증연구에서는 성공적인 리더의 자질로 민주적 태도, 추진력, 적극성, 친절, 몰입, 동정심, 신뢰, 인내심을 들고, 실패하는 리더의 특성으로는 무지, 소심, 옹졸함, 자기과시, 이기심, 우둔함, 변덕스러움, 완고함 등을 지적한다. 최근까지도 리더의 특성을 연구하고 있는 바스와 스톡딜(Bass & Stogdill, 1981)은 특성이론을 적용한 1848년 이후의 연구들을 분석해 효과적인 리더의 특성을 제시했다. 여기에서는 신체적 특성, 사회적 배경, 지능, 성격, 과업 특성, 사회적 특성 등으로 범주화하고 있다(〈표 11-1〉 참조).

〈표 11-1〉 효과적인 리더의 특성

신체적 특성	사회적 배경	지능
• 연령 • 신장 • 체중 • 용모	• 교육 정도 • 사회적 신분 • 사회적 관계	• 판단력 • 결단력 • 표현능력
성격	**과업 특성**	**사회적 특성**
• 독립성 • 자신감 • 지배성 • 공격성	• 성취욕구 • 솔선수범 • 지구력 • 책임감 • 인간에 대한 관심 • 결과지향성	• 관리능력 • 협조성 • 대인관계 기술 • 권력욕구 • 청렴성

출처: 서도원, 이덕로(2016), p. 622 수정.

(3) 행동이론

① 아이오와 연구

1939년에 아이오와 대학교의 커윈, 리피트와 화이트(Kewin, Lippitt, & White, 1939)는 십대 소년들을 대상으로 리더십을 연구했다. 이들은 리더십을 민주적(democratic) 리더십, 전제적(autocratic, 권위주의적) 리더십, 자유방임적(Laissez-fair 또는 free rein) 리더십으로 구분했다.

민주적 리더십은 의사결정의 권한을 팔로어에게 대폭 위임하는 유형이다. 집단토

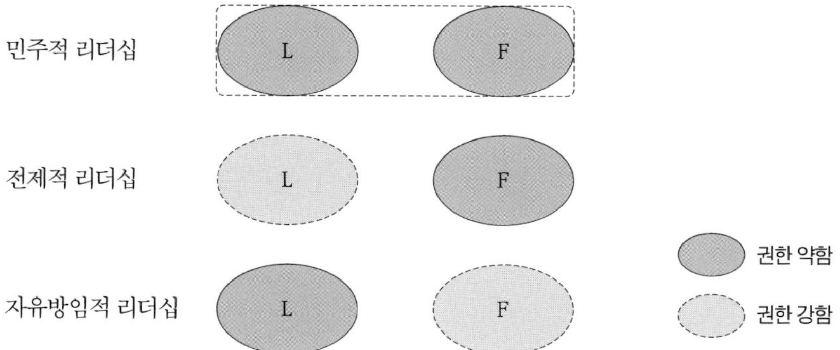

그림 11-2 아이오와 연구의 리더십 유형

출처: 서도원, 이덕로(2016), p. 623 재구성.

의 권장, 객관적 입장에서의 칭찬과 격려, 평등한 분위기의 발전 등의 특징이 있다. 전제적(권위주의적) 리더십이란 리더 혼자서 조직 내의 모든 의사결정을 독점하는 리더십을 말한다. 명령·지시적, 집단활동의 토론 회피, 참여의 비허용 등의 특징이 있다. 자유방임적 리더십은 리더가 가능한 한 의사결정 과정에 참여하거나 간섭하지 않고 팔로어들에게 의사결정의 권한을 완전히 위임하는 리더십을 말한다. 집단활동에 대한 불간섭, 팔로어들만의 자율적 결정, 사실상의 리더가 없는 점 등의 특징이 있다([그림 11-2] 참조).

이 연구의 유효성과 관련해 많은 연구가 진행됐다. 생산성 및 성과 면에서 보았을 때, 자유방임적 리더십이 가장 성과가 적다는 데에는 의견 일치를 보았다. 이 유형은 지원이 부족해 업무에 대한 무관심을 낳고 부정적인 반응을 유발할 수 있다. 그러나 민주적 리더십과 전제적 리더십에 대해서는 상황에 따라 일관되지 않은 결과가 나왔다. 일반적으로는 민주적 리더십이 집단구성원들에게 만족을 가져다 주는데, 집단구성원들과의 관계, 집단행동의 특성, 리더 부재 시 구성원들의 태도 등의 면에서 전제적 리더십보다 긍정적인 결과를 보였다. 반면, 전제적 리더십은 조직구성원에게 좌절감을 안겨 주고 부정적인 행동을 초래할 수 있다. 따라서 생산성과 성과가 동일할 경우 민주적 리더십이 전제적 리더십보다 바람직하다고 볼 수 있다. 실제로 팔로어들은 민주적 리더십을 훨씬 더 선호하고, 이어 자유방임적 리더십, 전제적 리더십의 순이었다.

② 오하이오 연구

1945년에 시작된 오하이오 주립대학교의 연구에서는 각각 15개의 항목으로 구성된 리더십의견질문서(Leadership Opinion Questionnaire: LOQ)와 리더행동기술질문서(Leaser Behavior Description Questionnaire: LBDQ)를 사용해 여러 형태의 집단과 상황에서의 리더십을 분석했다(Mores & Wagner, 1978). 그 결과 구조주도(initiating structure) 행동과 배려(consideration) 행동이라는 뚜렷이 구분되는 리더십 유형을 발견했다. 구조주도 행동의 리더십은 과업의 조직화 및 정의, 업무할당, 의사소통의 망 확립, 업무집단의 성과평가 등의 행동적 특징을 갖고 있다. 배려 행동의 리더십은 신뢰, 상호 존경, 우정, 지원, 팔로어의 복지에 대한 관심 등의 행동적 특징이 있었다.

이 연구는 배려와 구조 주도의 리더십 행동에 따른 다양한 조합을 설명하기 위해 리더십의 4분면을 개발했다([그림 11-3] 참조). 실증연구 결과 구조 주도와 배려가 모두 높은 리더십이 둘 다 낮거나 둘 중 하나가 낮은 유형보다 더욱 효과적인 리더십 유형인 것으로 나타났다. 이 이론은 리더십을 체계적으로 분류하고 유형별 리더십 행동을 구체적으로 설명하고 있다는 점에서 높게 평가받고 있다. 나아가 리더십이론의 기초를 마련해 이후의 리더십 연구의 기틀을 제공했다는 의의가 있다.

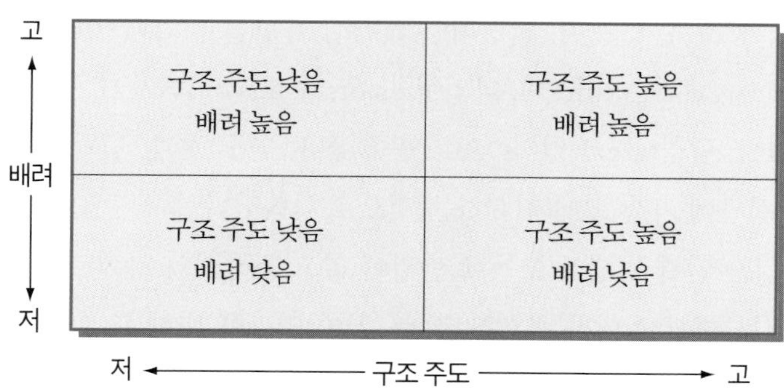

그림 11-3 오하이오 연구의 리더십 유형

출처: 서도원, 이덕로(2016), p. 625.

③ 미시간 연구

1947년에 미시간 대학교의 사회조사연구소는 업무집단의 성과와 팔로어의 만족에 기여하는 효과적인 리더십의 유형을 발견하기 위해 폭넓은 연구를 실시했다(Likert, 1961). 연구 결과 리더의 행동을 과업중심적 리더십 유형(job-centered leadership style)

과 구성원중심적 리더십 유형(employee-centered leadership style)으로 구분할 수 있다고 보았다. 과업중심적 리더십 유형은 엄격한 감독, 합법적 · 강제적 권력 활용, 업무계획에 따른 실천과 업무 성과에 대한 평가에 초점을 맞춘다. 반면, 구성원중심적 리더십유형은 인간지향적 측면, 책임의 위임, 구성원의 복지 · 욕구 · 승진과 개인적 성장에 대한 관심에 초점을 둔다.

이 연구에서는 리더십의 효과성을 평가하기 위해 조직적인 성과 등의 양적인 지표뿐 아니라 팔로어의 직무만족, 결근율, 이직률 등 질적인 성과지표도 고려했다. 연구결과 구성원중심적 리더십 유형이 직무중심적 리더십 유형보다 생산성과 팔로어의 직무만족에 기여하는 것으로 나타났다.

④ **관리격자이론**

1964년에 블레이크와 무튼(1964)은 오하이오 연구와 미시간 연구를 바탕으로 생산과 인간관계의 개념을 교차시킨 관리격자이론(Managerial Grid Theory)을 제시했다. 관리격자에는 리더십의 지향을 2차원으로 구분했다. 횡축은 생산에 대한 관심의 정도, 종축은 인간에 대한 관심의 정도를 나타낸다. 횡축과 종축은 각각 9등급으로 나뉜다.

[그림 11-4]에서 볼 수 있듯이, 전형적인 리더십 유형을 무기력형(impoverish) 리더(1.1), 사교형(country club) 리더(1.9), 과업형(autocratic task) 리더(9.1), 중도형(middle of the road) 리더(5.5), 팀형(team) 리더(9.9)로 분류했다. 연구 결과, 팀형 리더의 리더십 유형이 조직의 성과에 가장 크게 기여하는 것으로 나타났다.

무기력형 리더는 인간과 생산 모두에 관심이 없고 소극적인 자세로 업무를 수행한다. 사교형 리더는 생산에 대한 관심은 적은 반면, 인간에 대한 관심이 크다. 따라서 팔로어와 원만한 인간관계를 맺고 즐거운 근무환경을 조성하기 위해 노력하지만, 업무에 관해서는 소극적인 자세를 갖는 데 그친다. 과업형 리더는 생산에 대한 관심이 크지만 인간에 대한 관심은 적어 전제적이고 지휘자적인 업무 방식을 적용한다. 중도형 리더는 인간과 생산의 두 측면에서 중간 정도의 관심을 갖는다. 과업지향성과 우호적인 인간관계 사이의 적절한 균형을 유지하기 위해 노력하지만 업무 성과는 중간 정도에 머무른다. 팀형 지도자는 인간과 생산의 두 측면에 모두 관심이 높다. 이 유형은 조직의 목표 달성과 팔로어의 인간적인 만족을 동시에 추구하기 때문에 이상적인 형태로 평가된다.

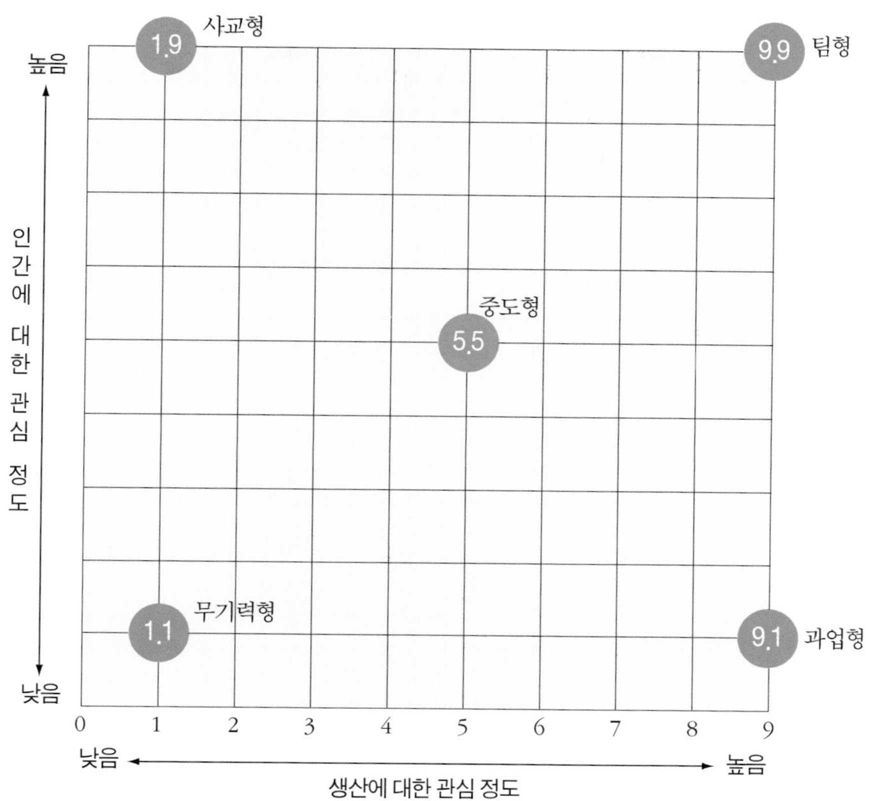

그림 11-4 관리격자모형

출처: 정기한, 신재익, 오재신, 김대업, 박귀정, 박소영(2016), p. 187 재구성.

⑤ 시스템 IV 이론

1967년에 리커트(1967)는 조직에서의 인적자원의 중요성을 인식하고 인적자원관리를 위한 리더십 유형을 연구해 왔다. 그 결과 이른바 시스템(System) IV이론을 제시해 조직에서의 인적자원관리가 시스템 I에서 시스템 IV로 진화하고 있음을 밝혔다(〈표 11-2〉 참조).

시스템 I은 착취적 · 전제적 리더십 유형이다. 리더는 팔로어를 불신하고, 의사결정 과정에 그들을 참가시키지 않고 의견을 반영하지도 않는 상명하복식의 수직적 의사결정 구조를 갖는다. 리더는 팔로어의 생리적 욕구나 안전의 욕구만을 충족시킬 뿐이고 그 이상의 고차적인 욕구는 충족시키지 못한다. 리더는 징벌, 협박, 공포 등의 수단을 동원하기 때문에 리더와 팔로어 사이에는 공포와 불신의 분위기가 조성된다.

〈표 11-2〉 리커트의 시스템 Ⅳ이론

유형 특징	시스템 Ⅰ 착취적 · 전제적	시스템 Ⅱ 온정적 · 전제적	시스템 Ⅲ 상담형	시스템 Ⅳ 참여적
신뢰의 정도	전혀 신뢰 안 함	약간 신뢰함	상당히 신뢰함	전적으로 신뢰
자유재량 정도	전혀 없음	거의 없음	꽤 있음	전적으로
의견 반영 정도	거의 반영 안 함	가끔 반영함	보통 반영함	항상 반영함
동기 부여 방식	상, 벌	상, 벌	상	상

출처: 김태열, 이덕로(2014), p. 90 수정.

시스템 Ⅱ는 온정적 · 전제적 리더십 유형이다. 리더는 팔로어를 어느 정도 신뢰하지만 자유재량을 거의 부여하지 않기 때문에 온정적인 주인과 머슴 같은 관계라고 할 수 있다. 상명하복식의 수직적 의사결정 구조를 갖지만 리더는 팔로어의 의견을 어느 정도 반영할 수 있다. 팔로어에 대한 동기 부여는 보수와 처벌에 의존한다.

시스템 Ⅲ는 상담형 리더십 유형이다. 리더는 팔로어를 어느 정도 신뢰하고 자유재량을 상당히 인정한다. 팔로어의 의사결정 과정 참여가 어느 정도 허용되기도 한다. 상의하달식의 의사 전달과 하의상달식 의사 전달 등 쌍방향의 수직적 의사소통이 동시에 존재할 수 있다. 팔로어에 대한 동기 부여는 기본적으로 적절한 보상에 기초해 있다.

시스템 Ⅳ는 참여적 리더십 유형이다. 리더는 팔로어를 전적으로 신뢰하고 자유재량을 광범위하게 인정하며 항상 의견을 반영하기 때문에 분권적 조직 관계라고 할 수 있다. 상의하달식의 의사 전달과 하의상달식의 의사 전달 등 쌍방향의 수직적 의사소통뿐 아니라 수평적 의사소통도 활발하다. 팔로어들은 보수 결정뿐 아니라 조직 과정 전반에 참여할 수 있기 때문에 동기 부여될 수 있다.

시스템 Ⅰ의 리더십 유형은 과학적 관리이론 등 고전이론의 과업 중심의 권위주의적 리더십 유형이고 맥그리거(McGregor)의 X이론에 대응된다. 반면, 시스템 Ⅳ의 리더십 유형은 인간관계이론과 유사한 리더십 유형으로서 Y이론에 부합한다. 그리고 시스템 Ⅱ와 시스템 Ⅲ의 리더십 유형은 중간적인 유형이다. 리커트는 시스템 Ⅳ의 리더십 유형에 가까울수록 조직의 생산성이나 업적이 높다고 보는데, 조직에서는 인적자원관리에 대한 투자와 조직구성원들의 적극적인 참여 없이는 성과를 거둘 수 없기 때문이다.

(4) 상황이론

① 상황적합이론

1967년에 피들러(1967)는 리더십 효과성과 관련이 있는 상황적 요인을 규명하기 위해 상황적합이론(Contingency Theory)을 제시했다. 그는 과업지향적 리더와 관계지향적 리더를 구분하기 위해 리더십의 영향력에 대한 최소선호동료(the Least Preferred Coworker: LPC) 척도를 고안했다.

상황변수로는 리더와 팔로어의 관계, 과업구조, 직위권력(position power)을 반영했다. 리더와 팔로어의 관계는 팔로어가 리더에게서 느끼는 신뢰, 믿음, 존경의 정도를 말한다. 과업구조는 과업이 구조화된 정도로서 목표 달성을 위한 수단의 다양성, 의사결정 결과의 확인 가능성, 의사결정의 구체성과 관련이 있다. 직위 권력은 리더가 징계, 보상, 진급 · 승진에 대한 추천권이나 결정권을 행사할 수 있는 정도를 말한다.

그는 상황적 요소가 리더에게 유리한지를 기준으로 8가지 범주를 설정한 후 각 상황 범주에 적합한 리더십 유형을 찾으려 했다([그림 11-5] 참조). 연구 결과 과업지향적

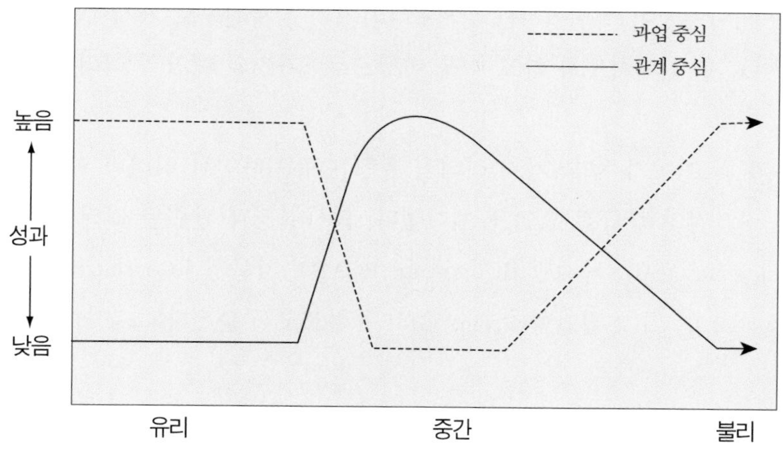

카테고리(범주)	I	II	III	IV	V	VI	VII	VIII
리더-부하 관계	좋음	좋음	좋음	좋음	나쁨	나쁨	나쁨	나쁨
과업 구조	높음	높음	낮음	낮음	높음	높음	낮음	낮음
직위 권력	강함	약함	강함	약함	강함	약함	강함	약함

그림 11-5 상황적합이론의 모형

출처: 서도원, 이덕로(2016), p. 632.

리더는 상황이 매우 유리하거나 불리할 때 적합하다. 반면, 관계지향적 리더는 상황이 중간 정도일 때 적합한 것으로 나타났다.

상황적합이론은 리더십의 효과성에 대한 상황적 요인의 영향을 설명하는 선구적인 시도로 인정받고 있다. 그러나 이 이론은 다음과 같은 한계가 있다. 상황변수들이 복잡하고 측정하기 어렵다는 점, 팔로어의 특성에는 별로 관심을 두지 않았다는 점, 리더나 팔로어의 기술적 능력의 변화엔 관심을 두지 않았다는 점, 실증결과 상관관계가 비교적 약하다는 점, 리더십유형을 분류하는 측정도구인 최소선호동료(LPC)척도의 타당도가 의문시된다는 점 등이다(최성재, 남기민, 2016)

② 의사결정 중심의 리더십이론

브룸과 예톤(1973) 그리고 브룸과 자고(1988)는 의사결정 중심의 리더십이론을 제시했다. 이 이론은 상황적 요인에 따라 적용되는 의사결정의 단계를 제시함으로써 의사결정과 관련된 리더십 유형을 제시하고자 했다.

브룸과 예톤은 리더의 의사결정에 초점을 맞춘 리더십이론을 고안했다(김재명, 2015). 이들은 효과적인 리더가 되기 위해서는 좋은 의사결정을 해야 한다는 점을 강조했다. 의사결정이 이루어지는 상황을 7가지의 상황변수로 제시했는데, 각 변수에 '예/아니요'를 선택하도록 하고 이를 바탕으로 5가지의 대안적 리더십 유형을 결합시켰다.

브룸과 자고는 기존의 5가지 리더십 유형은 유지하면서 리더의 의사결정을 필요로 하는 8가지의 상황적 요인을 제시했다. 의사결정과 관련된 리더십 유형은 독재형 I(Autocratic I: AI), 독재형 II(Autocratic II: AII), 자문형 I(Consultant I: CI), 자문형 II(Consultant II: CII), 집단형(Group: G)의 유형으로 구분된다([그림 11-6] 참조).

- 리더가 혼자 의사결정을 한다(AI).
- 리더가 팔로어로부터 정보를 전달받아 혼자 의사결정을 한다(AII).
- 리더는 팔로어 개개인과 함께 상황을 파악하고 팔로어 개개인의 의견을 참고하지만 혼자 의사결정을 한다(C1).
- 리더는 팔로어들과 함께 집단적으로 상황을 파악하고 팔로어 집단의 의견을 수렴하지만 혼자 의사결정을 한다(CII).
- 리더는 팔로어들과 집단적으로 상황을 파악하고 팔로어 집단과 함께 논의한 뒤

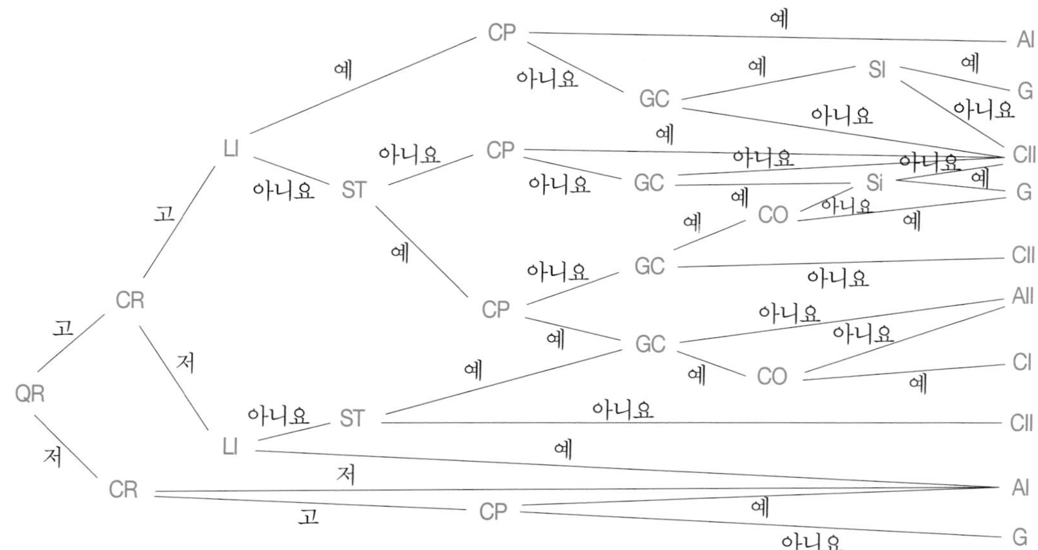

그림 11-6 브롬과 자고의 의사결정나무모형

출처: 황성철, 정무성, 강철희, 최재성(2014), p. 153 수정.

집단의 의견을 반영해 의사결정을 한다(G).

브롬과 자고가 제시한 8가지의 상황적 요인은 다음과 같다.

- 질적 요구(Quality Requirement: QR): 의사결정이 질적으로 얼마나 중요한가?
- 몰입의 요구(Commitment Requirement: CR): 의사결정에 대한 부하의 몰입이 얼마나 중요한가?
- 리더의 정보(Leader's Information: LI): 리더는 질 높은 의사결정을 할 수 있을 정도로 충분한 정보를 갖고 있는가?
- 문제의 구조(Problem Structure: PS): 문제는 잘 구조화돼 있는가?
- 팔로어의 몰입 가능성(Commitment Probability: CP): 팔로어가 스스로 의사결정을 한다면 그 팔로어는 의사결정에 몰입할 것이 분명한가?
- 목표의 일치(Goal Congruence: GC): 팔로어는 문제해결 과정에서 조직의 목표를 공유하고 있는가?
- 팔로어들 간의 갈등(Subordinate Conflict: SC): 선택한 의사결정 방향에 대해 팔로

어들 간에 갈등이 있을 것인가?

- 팔로어의 정보(Subordinate Information: SI): 팔로어는 질 높은 의사결정을 할 수 있을 정도로 충분한 정보를 갖고 있는가?

③ 경로–목표이론

하우스(1971)는 오하이오 연구와 동기부여의 기대이론을 결합하고 정교하게 발전시켜 경로–목표이론(Path-Goal Theory)을 제시했다. 그는 각각의 이론을 통합하는 차원을 넘어 리더십 유형을 재정의하고 상황적 요소들을 추가했다. 경로–목표이론은 리더의 어떠한 리더십 유형이 팔로어의 유인성(valence), 수단성(instrumentality), 기대감에 영향을 끼쳐 팔로어를 동기 부여함으로써 바람직한 결과를 산출하는지에 관심을 갖는다. 유인성은 개인이 원하는 특정한 보상에 대한 선호의 강도를 말한다. 수단성은 특정한 수준의 성과를 달성하면 바람직한 보상이 주어질 것이라고 믿는 정도를 말한다. 기대감은 일정한 노력을 기울이면 성과를 거둘 수 있다는 가능성에 대한 주관적 확률과 관련된 믿음을 의미한다.

그는 리더십 유형을 지시적 리더십, 지원적 리더십, 참여적 리더십 및 성취지향적 리더십으로 구분했다([그림 11-7] 참조). 지시적 리더십은 구조적 측면을 강조해 과업을 기획하고 조직하여 적극적으로 지시하고 조정하는 유형이다. 지원적 리더십은 배려의 측면을 강조하고 팔로어의 욕구충족과 복지를 중시하며 긍정적인 집단문화를 형성하는 데 주력하는 유형이다. 참여적 리더십은 팔로어들과 정보를 공유하고 그들의 의견을 적극 반영해 의사결정을 하는 유형이다. 성취지향적 리더십은 높은 수준의 목표를 설정하고 이를 달성하기 위해 팔로어의 능력을 신뢰하며 동기 부여하는 유형이다.

경로–목표이론은 효과적인 리더십은 한 유형으로 고착되지 않고 상황적 특성에 따라 다양하게 출현할 수 있다고 본다. 리더십의 효과성에 영향을 끼치는 상황적 요인으로는 팔로어의 개인적 특성과 환경적 요인을 제시한다. 팔로어의 개인적 특성에는 능력, 통제의 위치, 욕구와 동기 등이 있다. 팔로어의 업무 환경의 특성으로는 과업의 특성, 통제의 범위, 업무 집단 특성 등을 들었다(Schermerhorn, 2001).

연구 결과 지시적 리더십 유형은 비구조화된 과업의 특성을 업무 환경으로 삼는 팔로어를 동기 부여하여 바람직한 결과를 산출하는 데 기여한다. 지원적 리더십 유형은 구조화된 과업에 종사하는 팔로어의 긍정적 행동에 더 효과적이었다. 이는 팔

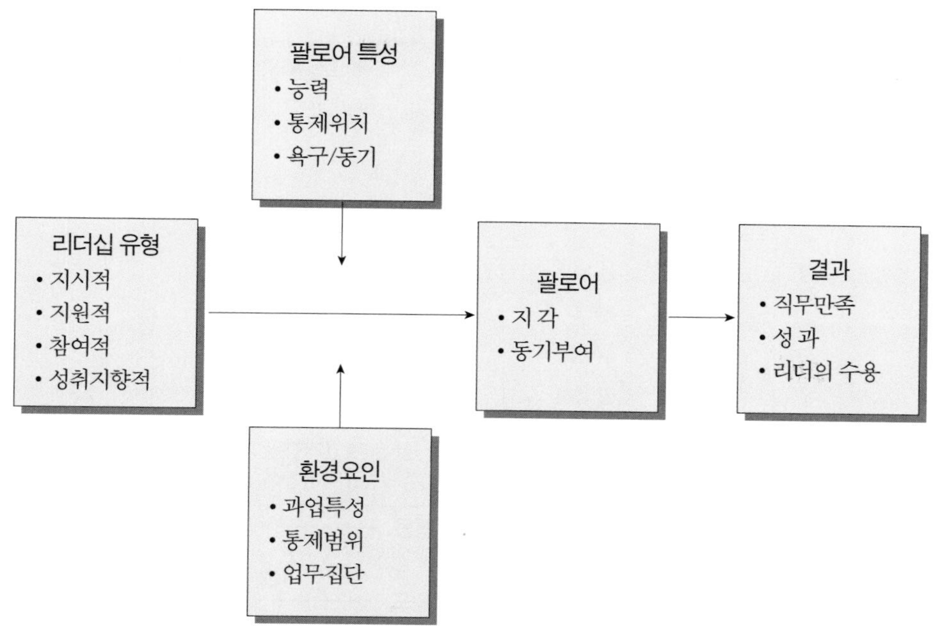

그림 11-7 경로-목표이론의 모형

출처: 서도원, 이덕로(2016), p. 633 수정.

로어들의 개인적 특성이나 업무 환경의 특성이 리더십의 효과성과 밀접한 관련이 있음을 의미한다. 따라서 리더는 상황적 요건들을 고려해 효과적인 리더십 유형을 적용할 수 있도록 노력해야 한다.

④ 수명주기이론

허시와 블랜차드(1977)는 팔로어의 성숙도(maturity)에 따라 효과적인 리더십이 다양하게 적용될 수 있다는 관점에서 수명주기이론(Life Cycle Theory)을 제시했다. 팔로어의 성숙도는 지식, 경험, 기술 등 업무 능력의 차원과 믿음, 헌신, 동기 등 의지의 차원의 조합에 따라 4가지 유형으로 나눌 수 있다. 따라서 팔로어의 준비 상황은 팔로어가 업무 능력과 의지가 모두 없는 경우(M1), 능력은 없지만 의지는 있는 경우(M2), 능력이 있지만 의지가 없는 경우(M3), 능력과 의지 모두 있는 경우(M4)로 구분된다([그림 11-8] 참조).

리더의 행동 유형에 대해 과업행동과 관계행동으로 구분하고, 리더십 유형으로는 지시적(telling) 리더십(S_1), 설득적(혹은 제시적, selling) 리더십(S_2), 참여적(participatory)

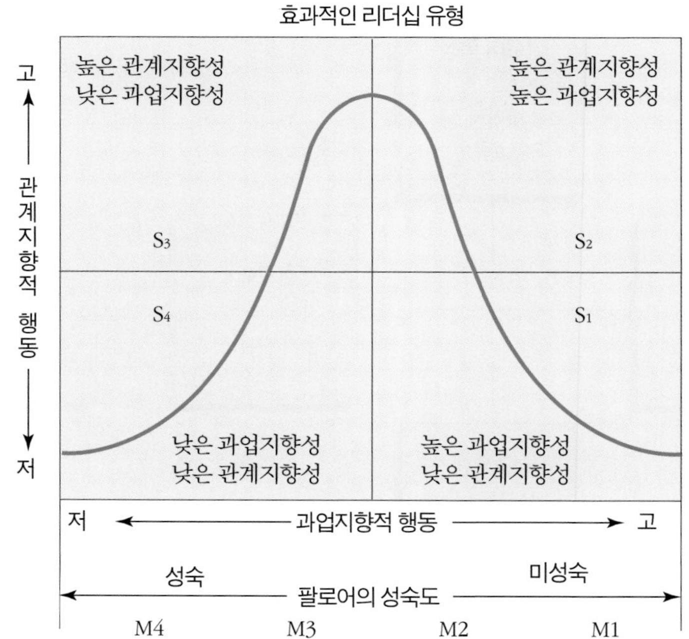

그림 11-8 수명주기이론의 모형

출처: 유종해, 이덕로(2015), p. 290 재구성.

리더십(S_3) 그리고 위임적(delegating) 리더십(S_4)으로 분류했다. 지시적 리더십은 과업행동이 높고 관계행동이 낮은 유형으로 상명하달식의 의사전달과 리더중심의 결정을 특징으로 한다. 설득적(혹은 제시적) 리더십은 과업행동과 관계행동이 모두 높은 유형인데 쌍방향적인 수직적 의사소통과 과업에 대한 자세한 설명을 통해 팔로어의 자발적인 행동을 유도하는 특징이 있다. 참여적 리더십은 낮은 과업행동과 높은 관계행동의 유형으로 쌍방향적인 수직적 의사소통뿐 아니라 의사결정을 공유하는 특징이 있다. 위임적 리더십은 과업행동과 관계행동이 모두 낮은 유형인데 리더는 팔로어의 자율적인 행동과 자기통제에 크게 의존하는 특징이 있다.

수명주기이론에서는 팔로어의 준비 상태에 따라 리더십이 유연하게 적용될 필요가 있다고 보았다. 팔로어의 준비 상황이 M1 → M2 → M3 → M4로 성숙돼 간다면, 단계마다 적용될 수 있는 리더십 유형이 다양할 수 있다는 것이다. M1 단계에서는 팔로어의 능력과 의지 등 준비 상태가 미약하기 때문에 지시적 리더십이 효과가 있을 것이다. M2 단계는 팔로어가 능력은 부족하지만 의지가 있다는 점에 착안해 역량을 개발할 수 있도록 안내하는 설득적(혹은 제시적) 리더십이 적용될 수 있다. M3 단계는 능력이 있지만 의지가 떨어진 상황이므로 팔로어의 참여 욕구를 자극해 의지를 회복시켜 줄 수 있는 참여적 리더십이 바람직하다. M4 단계는 팔로어의 능력과 의지가 모두 고양돼 있는 상황이므로 팔로어가 자율적인 조직구성원이 되고 실질적인 파트너가 될 수 있도록 하기 위해 위임적 리더십이 적용될 수 있을 것이다.

(5) 최근의 리더십이론

① 거래적 리더십과 변혁적 리더십

지금까지 살펴본 리더십이론은 리더와 팔로어의 관계를 수직적인 지배-복종관계로 보는 전통적인 관점에 바탕을 두고 있다. 그런데 새로운 리더십이론들은 리더와 팔로어의 관계가 단순한 통솔관계가 아니라 구체적인 상호작용이 이루어지는 과정이라는 점에 초점을 맞춘다. 대표적으로 번스(Burns, 1978)는 리더와 팔로어 간 상호작용의 특징을 기준으로 리더십이론을 전개했다. 그는 리더십을 거래적(transactional) 리더십과 변혁적(transformational) 리더십으로 분류했다(Bass, 1990; 〈표 11-3〉 참조).

거래적 리더십에서는 리더와 팔로어의 관계가 교환관계를 중심으로 형성된다고 본다. 리더는 팔로어가 목표 달성을 위해 적극적으로 노력할 수 있도록 배경을 제공하고 팔로어는 성과 달성의 대가로 보상을 받게 된다는 것이다. 따라서 리더는 팔로어의 보상에 대한 욕구를 구체적으로 파악하고 욕구충족을 위한 보상기제를 개발해 팔로어에게 동기를 부여함으로써 목표 달성을 위한 팔로어의 적극적인 헌신을 자극

〈표 11-3〉 거래적 리더십과 변혁적 리더십의 비교

거래적 리더	변혁적 리더
• 팔로어의 노력과 업적에 따라 보상하고 칭찬함 • 높은 성과에 대해 보상을 약속함 • 팔로어의 행동이 규정이나 관례에 어긋나지 않는지 감독, 관찰, 사정함 • 책임을 피하고 중요 결정사항은 상부나 하부로 미룸	• 팔로어들에게 비전과 미션을 제시하고 신뢰하며 자긍심을 부여함 • 팔로어들의 지혜와 논리성, 문제해결 능력 등을 일깨움 • 팔로어 개개인을 존중하며 개별적 관심을 둠 • 목표를 쉽게 설명하고 높은 기대를 갖도록 동기를 부여하며 영감을 불어넣음

출처: 유종해, 이덕로(2015), p. 290 수정.

해야 한다는 것이다.

변혁적 리더십은 팔로어와의 교환관계에 머물지 않고 조직의 혁신을 위해 비전을 제시하며 팔로어의 행동의 변화를 추동하는 역할을 수행한다. 이를 위해서 리더는 비전을 명확히 제시할 수 있는 창조적인 능력을 갖추어야 한다. 리더는 팔로어의 혁신적인 노력을 자극하고 격려하며, 조직 활동의 변화와 오래된 조직 문화의 개혁을 위해 동기를 부여한다. 변혁적 리더는 비전을 제시하고 역할모델이 됨으로써 이상적인 영향력 행사, 조직 목표를 내면화해 헌신하도록 하는 영감적 동기 부여, 창의성과 혁신을 위한 지적 자극, 개인적 욕구충족과 성장을 위한 개별화된 배려 등의 역량을 갖추어야 한다(Bass, 1985; Bass, 1990).

이에 따라 변혁적 리더십은 거래적 리더십과는 차별적인 효과를 갖는다.

첫째, 변혁적 리더십은 조직구성원들이 자기주도적인 문제해결 역량을 개발하도록 함으로써 리더로 발전시킨다.

둘째, 변혁적 리더십은 팔로어가 낮은 단계의 욕구(생리적 욕구, 안전의 욕구 등)를 넘어 높은 단계의 욕구(자아존중의 욕구와 자아실현의 욕구 등)를 지향할 수 있도록 동기를 부여한다.

셋째, 변혁적 리더십은 팔로어가 물질적 교환관계에 입각해 개인의 욕구충족을 지향하는 차원을 넘어 조직 전체의 비전을 추구할 수 있도록 방향을 제시한다.

넷째, 변혁적 리더십은 팔로어로 하여금 물질적 교환관계에 의한 행동보다 높은 수준으로 조직적으로 헌신하도록 자극한다.

거래적 리더십과 변혁적 리더십 중 양자택일을 할 필요는 없다. 일상적이고 안정적인 환경에서는 거래적 리더십이 적용성이 있는 것으로 판단된다. 반면, 비일상적이고 불안정한 환경에서는 조직의 변화와 혁신을 위해 변혁적 리더십의 적용성이 더 높을 것이다. 이때 변혁적 리더십은 명확한 조직적 비전을 제시하고 팔로어의 혁신적인 노력을 격려함으로써 조직적 성과를 거둘 수 있고, 팔로어의 만족과 조직 내의 인간관계 개선에도 기여할 수 있다. 그 결과 생산성 향상, 팔로어의 창의성 제고, 이직률 감소, 만족도 증가 등의 효과가 발휘될 것이다.

② 카리스마적 리더십

베버(Weber, 1947)의 관료제이론은 전통적 권위(traditional authority)나 카리스마적 권위(charismatic authority)가 아닌 합법적 · 합리적 권위(legal-rational authority)에 기반

을 둔 리더십을 강조했다. 관료적 리더십은 합리적인 규칙과 절차에 따라 관료제가 형성되고 위계적 명령은 합리적 수단을 통해 이루어져야 한다는 점을 강조한다. 지도자는 선거, 임명, 승진 등의 합법적 수단을 통해 우월성을 성취해야 한다(Hasenfeld, 1983).

그런데 최근 리더의 카리스마적 권위를 중시하는 카리스마적 리더십이론이 주목을 받고 있다. 카리스마적 권위는 개인의 능력에 대한 특별하고 예외적인 승인, 영웅주의, 개인의 모범적인 개성 등에 대한 가치 부여를 바탕으로 형성된다. 카리스마적 리더십은 하우스(1977)에 의해 최초로 제시됐다(천정웅, 김용환, 김승돈, 2015).

하우스는 카리스마적 리더의 특성이 어떻게 나타나는지 규명하는 데 관심을 기울였다. 즉, 카리스마적 리더가 어떤 방식으로 행동하고, 어떤 상황에서 카리스마적 리더가 나타나는지 밝히고자 했다. 카리스마적 리더는 높은 자기확신, 명확한 비전 제시, 팔로어에게 영향력을 행사하려는 욕구, 자신의 비전에 대한 확신, 기존의 조직 규범에 얽매이지 않는 대안적인 조직의 활동 방향 제시, 변화와 혁신의 추구, 변화하는 환경에 대한 민감성, 팔로어와의 의사소통 중시, 열정적이고 활동지향적인 태도 등의 핵심 요소를 갖고 있다고 보았다.

한편, 콘거와 카눈고(Conger & Kanungo, 1987)는 카리스마적 리더의 개인적 특성에 원인을 돌리는 귀인이론(attribution theory)의 관점에서 카리스마적 리더십을 규명하고자 했다. 카리스마적 리더의 영웅적 특성에 주목하는 것이다. 카리스마적 리더는 수준 높은 비전을 제시하고 자신의 비전에 대해 팔로어를 설득하는 능력, 비전을 달성하기 위해 기존의 관행에 안주하지 않고 혁신적으로 행동하는 능력, 실패에 대해서도 책임지는 등 희생을 감수하는 능력을 갖추어야 한다는 것이다.

한편, 샤미르, 자카이, 브레이닌과 포퍼(Shamir, Zakay, Breinin, & Popper, 1998)는 카리스마적 리더십의 행동 유형을 규명하는 데 관심을 기울였다. 카리스마적 리더의 행동에는 조직의 이데올로기적 사명을 팔로어에게 제시하는 행동, 이 이데올로기를 반영하는 가치와 정체성을 슬로건과 구체적인 표현을 통해 확산시키는 행동, 팔로어에게 조직의 독특성과 중요성을 강조하는 행동이 요구되고, 리더 개인적으로는 강한 자기확신, 과업에 대한 몰입, 자기희생과 사명의식, 사회적 및 육체적 용기, 개인적 모범 창출의 행동 등이 주목된다. 이 연구자들에 따르면, 카리스마적 리더는 대체로 이데올로기 제시, 역할모델의 모범 창출, 조직의 집단적인 정체성 유도 등을 지향하는 행동 유형을 갖고 있다.

카리스마적 리더십은 조직의 업무성과와 팔로어의 직무만족 향상에 긍정적인 영향을 끼치는 것으로 알려져 있다. 카리스마적 리더의 역할은 몇 가지 요인에 기인한다.

첫째, 카리스마적 리더는 조직의 이데올로기와 비전을 제시하고 이를 팔로어와 공유하며 스스로 역할모델을 제시함으로써 조직의 집단응집력을 강화하고 팔로어가 조직의 목표 달성에 헌신하도록 한다.

둘째, 팔로어는 리더의 비전을 내면화함으로써 동기 부여되고 조직의 목표가 달성되면 자신감과 자기만족이 증진된다.

셋째, 비일상적이고 불안정한 환경에서 카리스마적 리더십은 비전을 제시하고 이를 바탕으로 조직의 통합을 이루어 새로운 목표 달성을 위해 헌신하도록 하는 데 효과적인 역량을 발휘할 수 있을 것이다.

넷째, 카리스마적 리더는 타고난 측면도 있지만 효과적인 리더십은 개발할 수 있기 때문에 카리스마적 리더십의 요소를 갖추기 위해 노력할 필요가 있다.

다섯째, 카리스마적 리더십은 팔로어와의 긍정적인 상호작용을 바탕으로 발휘될 때 조직의 성과와 팔로어의 동기부여 및 만족에 효과를 발휘할 수 있다. 하지만 카리스마적 리더의 특성에만 초점을 맞추어 충동적이고 일방통행적인 리더십행동으로 귀결될 경우 문제가 야기될 수 있다.

③ 서번트리더십이론

그린리프(1970)의 서번트리더십이론(Servant Leadership Theory)은 기존의 리더십이론들과는 다르게 리더의 가장 중요한 덕목으로 서번트가 되려는 마음가짐을 갖는 것을 꼽는다. 그는 인간은 서번트가 되려는 본성을 타고 났기 때문에 인간의 가장 근본적인 욕구는 다른 사람을 섬기고자 하는 서번트의 욕구라고 본다. 즉, 리더가 되려면 먼저 다른 사람을 섬기려는 욕구를 충족시켜야 하고, 이를 바탕으로 다른 사람을 이끌려는 리더의 욕구가 형성된다는 것이다.

그는 서번트리더십을 팔로어를 섬기는 가운데 그들에게 영향력을 발휘하는 리더십으로 정의한다. 섬긴다는 의미는 팔로어가 과업을 달성해 성공을 거두고 인간적으로 성숙하고 역량이 강화돼 인간적인 성장을 이룰 수 있도록 도와준다는 것이다. 따라서 서번트리더의 가장 큰 관심사는 팔로어를 가장 효율적으로 지원하는 일이다. 이를 위해 팔로어의 성장 욕구를 파악하고 이를 실현할 수 있는 조직적인 환경을 조성함으로써 업무상의 목표와 개인적인 목표를 달성할 수 있도록 강구한다.

서번트리더십이론은 기존의 리더십이론들과는 달리 과업지향형과 인간관계 중시의 리더-팔로어 관계를 구분하지 않고 이를 통합하려 한다. 즉, 서번트리더는 이타적인 자세로 팔로어를 보살피고 그들의 욕구를 충족시키는 인간적인 노력을 중시하면서도, 팔로어의 성장과 발전을 위해 지원하고 코칭하는 역할에도 충실하다(Northouse, 2009). 어떤 리더가 서번트리더인지 판별하는 방법은 팔로어가 리더와의 조직적인 관계에서 인격적으로 성숙해 가는지, 건전하고 현명한 사고방식을 발전시키고 자율적인 의사결정을 내리게 되는지, 팔로어 스스로 서번트리더로 성장해 가는지 살펴보는 것이다.

스피어스(Spears, 1998)는 서번트 리더십의 특징으로 다음의 10가지를 제시했다.

① 경청(listening): 서번트 자세의 출발로서의 경청
② 공감(empathy): 서번트 리더는 최고의 공감가
③ 치유(healing): 자신과 서번트를 치유할 수 있는 능력
④ 자기인식(awareness): 윤리 및 가치와 관련된 이슈를 통찰하고 상황을 통합적 · 전체적 시각에서 조망하는 능력
⑤ 설득(persuasion): 강제적인 복종보다 자발적 순응 유도
⑥ 개념화(conceptualization): 조직의 상황과 문제에 대한 개념적 인식 및 비전 제시
⑦ 예지력(foresight): 조직의 과거와 현재로부터의 미래 전망
⑧ 청지기(stewardship): 팔로어의 욕구충족을 우선시함으로써 신뢰 관계 조성
⑨ 성장지원(commitment to the growth of people): 팔로어의 개인적 · 전문직업적 · 정신적 성장을 위해 자신의 권한 사용
⑩ 공동체 구축(building community): 공동체적인 조직문화 조성

서번트리더십이론의 주장은 리더와 팔로어의 관계에 대한 인간관계 중심의 시각을 제공한다. 리더가 먼저 서번트의 욕구를 충족시킨다면 팔로어를 우선적으로 배려하고 팔로어의 처지에서 문제를 바라볼 수 있을 것이다. 반면, 리더의 욕구만을 생각한다면 원만한 의사소통이나 합의가 어려울 때 일방적인 힘과 강제력에 의존하려는 경향을 가지게 된다. 이렇듯 서번트리더십은 권력지향적인 카리스마적 리더십을 역할모델로 내세우지 않는다.

④ 팔로어십이론

리더십에 대한 전통적인 이론들은 직권성(headship)을 가진 리더가 팔로어에게 영향을 끼치는 수직적인 관계를 전제로 한다. 반면, 새로운 리더십이론들은 리더와 팔로어 간의 상호작용을 통해 효과적인 리더십이 발휘될 수 있다는 관점에 바탕을 두고 있다(Hersey & Blanchard, 1998). 이러한 관점에 따르면, 효과적인 리더십은 공식적인 지위보다는 리더의 개인적인 권위를 바탕으로 팔로어들의 심리적 수용을 이끌 수 있는 상호작용을 중시한다. 즉, 팔로어는 효과적인 리더십 발휘에 있어서 수동적인 존재가 아니라 능동적인 주체로 간주돼야 한다는 것이다(Shamir, Zakay, Breinin, & Popper, 2007).

이에 따라 새로운 리더십이론에서는 효과적인 리더십 발휘의 한 축인 팔로어의 역할에 대해 주목하기 시작했다. 켈리(1988)가 제기한 팔로어십이론(Followership Theory)은 최초로 팔로어를 주제로 삼는다. 효과적인 팔로어(effective follower)란 셀프리더십(self-leadership)을 가진 팔로어라고 본다. 셀프리더십이란 팔로어가 리더의 지도에 수동적으로 따르는 게 아니라 스스로가 자신의 리더가 돼 자율적으로 통제하고 적극적으로 행동할 수 있다는 관점을 말한다.

이처럼 팔로어십이론은 조직의 성공을 위해서는 리더의 역할 못지않게 팔로어십, 즉 팔로어의 역할이 중요하다고 본다. 조직적인 차원에서 팔로어십은 리더를 도와 리더십이 발휘될 수 있도록 능동적인 역할을 하는 팔로어의 자세라고 할 수 있다. 켈리는 조직의 성과에 기여하는 리더의 역할은 10~20%에 불과할 뿐이라고 본다. 80~90%는 팔로어십이 결정한다. 기존의 팔로어에 대한 인식을 바꾸어 팔로어를 독립적이고 능동적인 주체로 인식하지 않는다면 효과적인 리더십 발휘는 물론 조직의 성공에도 어려움이 따를 수 있다는 것이다.

그는 관여 수준과 사고 경향을 중심으로 5가지 팔로어십 유형을 분류했다. 관여 수준에서는 적극성과 소극성, 사고 경향에서는 독립적 · 비판적 사고와 의존적 · 무비판적 사고의 두 축을 구성했다([그림 11-9] 참조).

소외형 팔로어는 독립적 · 비판적 사고의 경향이 있지만 소극적인 관여 수준을 나타낸다. 이들은 조직적 책임성 면에서 방관적이고 리더와는 심리적 · 정서적 거리가 크기 때문에 부정적인 측면을 주로 지적해 조직의 발전을 위해 건설적인 역할을 하기 어렵다.

순응형 팔로어는 의존적 · 무비판적 사고 경향이 있지만 적극적인 관여 수준을 나

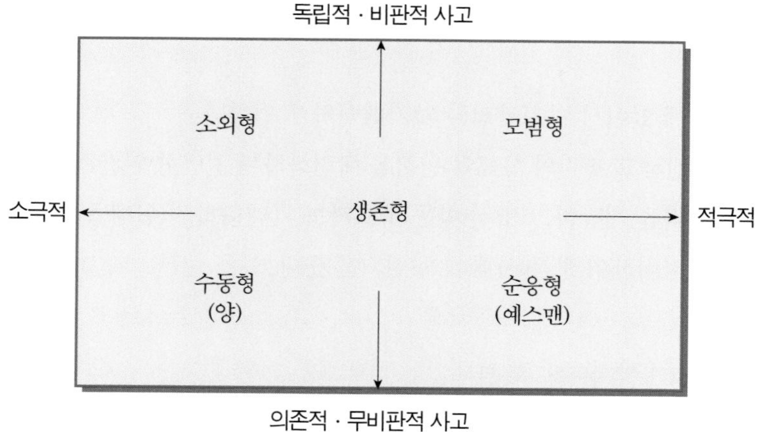

그림 11-9 팔로어십의 모형

출처: Kelley(1988), p. 145 수정.

타낸다. 독자적인 사고 역량을 갖지 못해 리더의 견해에 수용적이면서도 적극적으로 행동하기 때문에 예스맨(Yes People)이라고 할 수 있다. 비판적인 문제의식이 결여돼 있으면 조직의 발전에 장애가 될 수 있다.

수동형 팔로어는 의존적 · 무비판적 사고경향이 있고 소극적인 관여 수준을 나타낸다. 이들은 순한 양 같은 존재로 주어진 명령과 지시에만 따르고 책임감이나 진취적인 자세는 결여돼 있다.

모범형 팔로어는 독립적 · 비판적 사고 경향이 있으면서도 적극적 관여 수준을 나타내기 때문에 효과적인 팔로어다. 이들은 리더에 대해 수용적이고 리더를 도와주면서 적극적인 자세로 조직활동에 관여한다. 그러나 자기주도적이고 독립적이고 비판적인 사고를 하기 때문에 결코 예스맨은 아니다.

생존형 팔로어는 사고 경향과 관여 수준 모두 중간적인 수준을 나타내기 때문에 중간형 팔로어라고 할 수 있다. 이들은 리더의 교체나 조직의 목표 및 과업의 변화에 민감하고 리더와 조직의 요구에 적절히 반응한다. 그러나 리더와의 관계에서 독립적 · 비판적 사고를 하지 않기 때문에 소외형 팔로어와는 다르다. 또한 조직 활동에 적극적으로 관여하지 않기 때문에 순응형 팔로어도 아니다. 이들은 리더의 효과적인 리더십 발휘나 조직의 성공보다는 조직에서 자신의 이익을 지키는 데 더욱 관심을 갖는 부류다.

효과적인 팔로어는 다른 유형과는 다른 자질을 갖고 있다.

- 조직 활동에 있어서 자기관리와 자기책임하에 일한다.
- 조직에 헌신하고 조직의 목표와 원칙을 내면화하며 원만한 인간관계를 형성한다.
- 자신의 능력을 개발하고 조직 활동의 효과를 극대화하기 위해 노력을 집중한다.
- 용감하고 정직하며 모든 사람에게 신뢰를 준다.

3) 기타 리더십 유형 분류

(1) 칼라일의 리더십 유형

칼라일(Carlisle, 1979)은 조직의 리더십 유형에 대해 지시형, 참여형 및 자유방임형으로 구분했다(〈표 11-4〉 참조).

〈표 11-4〉 칼라일의 리더십 유형

구분	지시형	참여형	자유방임형
초점	리더중심	집단중심	개인중심
결정	리더가 결정	팔로어가 결정에 참여	팔로어가 결정
자율성	최소한의 행동의 자유	어느 정도의 자율성	고도의 자율성
의사소통	일방적	쌍방향적	자유롭고 개방적
권력 사용	권한과 규칙을 적용	강제가 아닌 설득	자기통제에 의존
하급자의 기분	무관심	고려됨	주로 고려
지향	과업중심	사람 및 집단 중심	개인성취 중심
리더의 역할	지시	집단적인 참여 중시	지지적 자원 제공
심리적 결과	복종과 의존	협력과 참여	독자성과 개인적 성취

출처: 김영종(2010), p. 195 수정.

지시형 리더는 리더중심적이기 때문에 리더가 결정하고 팔로어의 자유는 최소화된다. 일방적인 의사소통이 이루어지고 리더는 권한과 규칙을 주로 적용한다. 팔로어의 심리 상태는 거의 고려되지 않는다. 과업중심의 지향을 갖기 때문에 지시에 의존한다. 따라서 심리적으로 팔로어는 리더에게 복종하고 의존성을 갖게 된다.

참여형 리더는 집단중심적이어서 팔로어는 결정에 참여하고 어느 정도의 자율성을 갖게 된다. 쌍방향적인 의사소통이 활성화되고 리더는 강제가 아닌 설득을 주로 적용한다. 팔로어의 심리 상태도 고려된다. 사람 및 집단 중심의 지향을 갖기 때문에 팔로어의 집단적인 참여를 중시한다. 따라서 심리적으로 팔로어의 협력과 참여가 활성화된다.

자유방임형 리더는 팔로어 개인중심적이기 때문에 팔로어가 결정하고, 팔로어는 고도의 자율성을 누린다. 의사소통은 자유롭고 개방적인 특징이 있고 리더보다는 팔로어의 자기통제에 의존한다. 팔로어의 심리 상태가 주로 고려된다. 팔로어의 개인적인 성취가 지향점이기 때문에 리더는 지지적 자원을 제공하는 데 그친다. 따라서 심리적으로는 팔로어의 독자성과 개인적인 업무 성취가 지배적인 양상을 띤다.

지시형 리더와 참여형 리더는 각각 장단점을 갖는다.

① 지시형 리더의 장단점

• 장점
- 중앙집중적 통제와 조정이 가능하다.
- 정책의 해석과 집행에 일관성이 있다.
- 팔로어와 의논할 필요가 없으므로 신속한 의사결정이 가능하다.
- 변화를 창출하고 위기에 대처할 수 있는 강력한 지도력을 형성할 수 있다.

• 단점
- 팔로어는 과도한 통제를 싫어하므로 사기가 저하된다.
- 팔로어에게 잠재력 개발의 기회가 제공되지 않는다.
- 일방적인 의사소통에 치중해 팔로어의 동의를 이끌지는 못한다.
- 지나친 지시는 팔로어의 적대감과 소외 의식을 낳고 조직관계의 경직화를 초래한다.

② 참여형 리더의 장단점

• 장점
- 팔로어에게 자유를 부여하고 그들의 심리 상태를 중시하기 때문에 동기유발에 유리하다.
- 집단의 지식과 기술을 활용할 수 있다.
- 팔로어의 의견이 존중되기 때문에 팔로어는 조직 활동에 헌신하게 된다.
- 개인의 중요성과 인간적인 가치가 존중되며, 상호 신뢰와 개방적 관계가 형성된다.
- 팔로어의 정보에 대한 접근성이 증진되고 참여가 확대돼 능력 개발에 도움이 된다.
- 개방적인 의사소통을 촉진한다.

• 단점
- 팔로어의 참여로 인해 의사결정이 지연될 수 있다.
- 의사결정을 타협적으로 하게 되고 결정의 명확성이 약화될 우려가 있다.
- 팔로어의 참여와 책임의 분산 때문에 활동성이 떨어질 수 있다.
- 지도자의 혁신과 비전 추구가 어렵다.
- 자기주도성이 강한 리더의 경우 참여의 리더십 기술을 학습하고 적용하기가 쉽지 않다.
- 참여의 효과는 팔로어 간 업무 조건, 지식 및 지위가 유사할 때 기대할 수 있다.

(2) 탄넨바움과 슈미트의 리더십 연속성

탄넨바움과 슈미트(Tannenbaum & Schumidt, 1957)는 리더중심성과 팔로어중심성을 기준으로 한 연속체의 개념으로서 리더의 행동을 7가지 경향으로 유형화했다([그림 11-10] 참조). 리더중심적 리더는 주로 리더의 권위 행사에 의존하는 리더십 유형이다. 반면, 팔로어중심적 리더는 팔로어의 자율성의 범위를 확대하는 리더십 유형이다.

리더중심성에는 3가지 경향이 있다. 가장 극단적인 형태는 리더가 일방적으로 결정하고 통보하는 유형이다. 다음으로는 리더가 결정하지만 동의를 구하는 유형이다. 이보다 완화된 형태는 리더가 결정하지만 결정하기 전에 아이디어를 제시하고 팔로

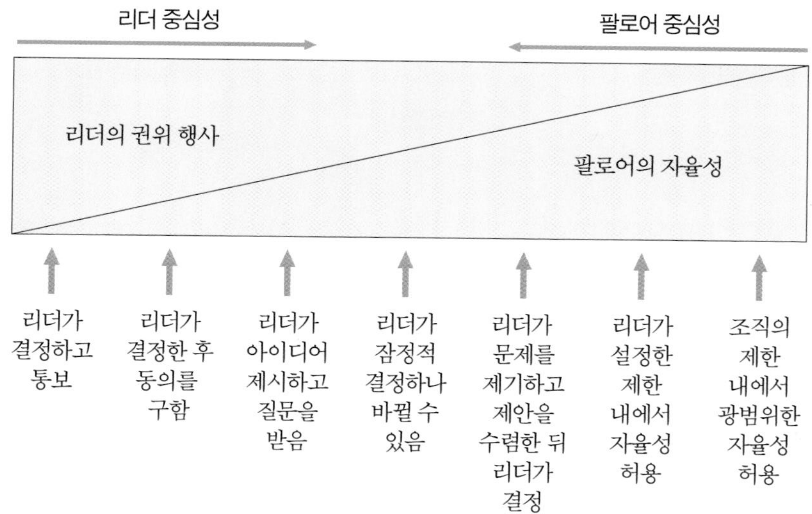

그림 11-10 탄넨바움과 슈미트의 리더십 유형

출처: Tannenbaum & Schumidt(1957), p. 99.

어들의 질문을 받는 유형이다.

리더중심적 리더와 팔로어중심적 리더의 중간 형태를 고려할 수 있다. 이는 리더가 잠정적인 결정을 하지만 팔로어의 견해에 따라 최종 결정 단계에서 수정할 수 있는 유연한 유형이다.

한편, 팔로어중심적 리더에는 3가지 경향이 있다. 가장 극단적인 형태의 리더는 조직의 상층부가 결정한 제한 내에서 팔로어에게 광범위한 자율성을 허용하는 유형이다. 다음으로는 리더가 제한을 설정하고 그 범위에서 팔로어가 의사결정을 할 수 있도록 허용하는 유형이 있다. 더욱 완화된 형태는 리더가 팔로어에게 의사결정을 위임하지는 않고, 리더 스스로 문제를 제기하고 팔로어의 제안을 수용한 뒤 의사결정은 리더 스스로 내리는 유형이다.

(3) 퀸의 경쟁가치모형

퀸(Quinn, 1988)은 체계유지-경쟁력 강화와 중앙집중화-탈중앙집중화 가치의 두 축으로 구성된 경쟁가치모형에 입각해 리더십 유형 분류를 시도했다([그림 11-11] 참조). 그는 개방체계유형, 합리목표유형, 인적자원유형, 내부과정유형으로 분류했다.

개방체계유형은 경쟁력 강화와 중앙집중화 가치의 축으로 구성된다. 리더는 조직

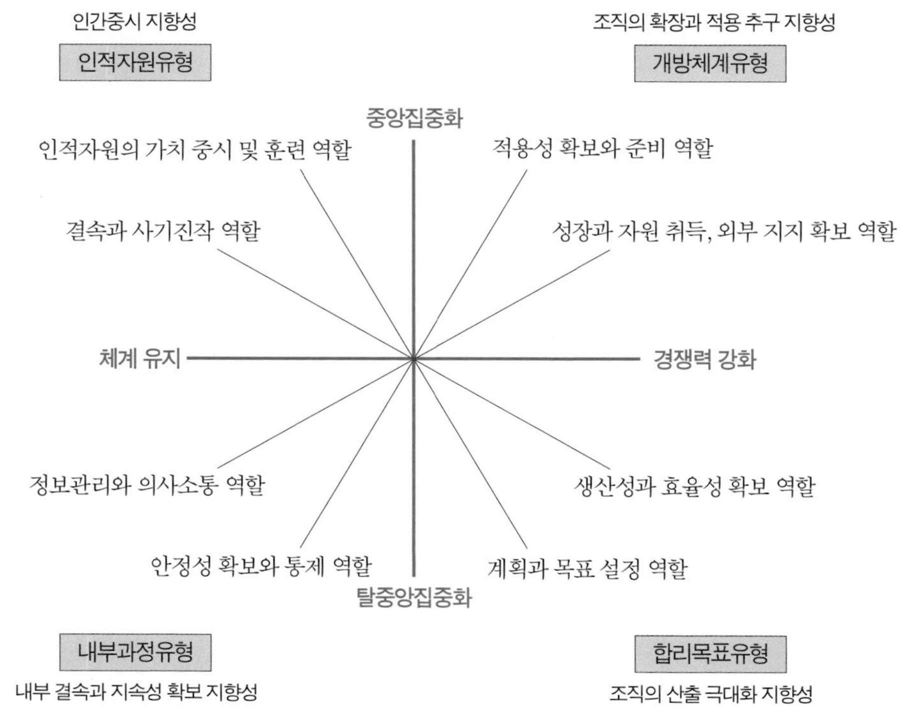

그림 11-11 퀸의 경쟁가치모형

출처: Quinn(1988), p. 86 수정.

의 확장과 적응을 추구하는 지향성(toward expansion and adaptation)을 갖는다. 여기에서는 적응성 확보와 이에 대한 준비의 역할, 조직의 성장과 자원 취득 및 외부 지지 확보의 역할이 중시된다.

합리목표유형은 경쟁력 강화와 탈중앙화 가치의 축으로 구성된다. 리더는 조직의 산출을 극대화하려는 지향성(toward maximization of output)을 갖는다. 여기에서는 조직의 생산성과 효율성 확보의 역할, 계획과 목표 설정의 역할이 중시된다.

인적자원유형은 체계 유지와 중앙집중화 가치의 축으로 구성된다. 리더는 인간을 중시하는 지향성(toward human commitment)을 갖는다. 여기에서는 결속과 사기진작의 역할, 인적자원의 가치 중시 및 훈련의 역할이 중시된다.

내부과정유형은 체계 유지와 탈중앙화 가치의 축으로 구성된다. 리더는 내부 결속과 지속성 확보의 지향성(toward consolidation and continuity)을 갖는다. 여기에서는 정보관리와 의사소통의 역할, 안정성 확보와 통제의 역할이 중시된다.

한편, 에드워드와 오스틴(Edwards & Austin, 1991)은 퀸의 경쟁가치모형을 사회복지조직에 적용했다(최성재, 남기민, 2016). 경쟁가치는 내부지향성-외부지향성과 융통성-통제의 두 축으로 구성된다. 내부지향성-외부지향성은 조직이 개방체계적인 정도와 관련이 있다. 융통성-통제는 조직활동이 구조화되고 정형화된 특성을 지니고 있는 정도와 관련이 있다([그림 11-12] 참조).

그들은 차원들 간의 4개의 조합에 따라 리더십 특성, 즉 리더십 유형, 리더십 기술, 리더십 역할이 구성된다고 본다. 이는 서비스의 질, 조직의 계속성 등 조직의 성과에 영향을 끼치는 요인이 된다고 본다.

1상한은 융통성과 외부지향성의 가치 개념으로 구성된다. 리더십 유형은 혁신적·모험적 유형(inventive and risk-taking style)으로 정의된다. 리더는 경계를 이어 주는 기술(boundary-spanning skills)을 주로 적용한다. 혁신자 역할(inventor role)과 중개자 역할(broker role)이 요구된다.

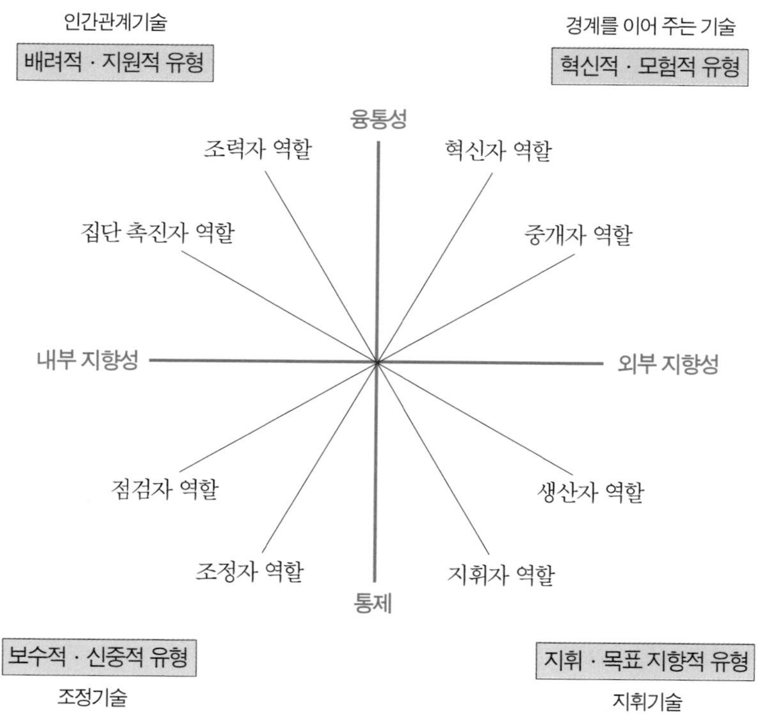

그림 11-12 경쟁가치모형의 사회복지조직에 대한 적용

출처: 최성재, 남기민(2016), p. 523 수정.

2상한은 융통성과 내부지향성의 가치 개념으로 구성된다. 리더십 유형은 배려적 · 지원적 유형(concerned and supportive style)으로 정의된다. 리더는 인간관계 기술(human relations skills)을 주로 적용한다. 조력자 역할(assistant role)과 집단촉진자 역할(group facilitator role)이 요구된다.

3상한은 통제와 내부지향성의 가치 개념으로 구성된다. 리더십 유형은 보수적 · 신중적 유형(conservative and cautious style)으로 정의된다. 리더는 조정기술(coordinating skills)을 주로 적용한다. 점검자 역할(monitor role)과 조정자 역할(coordinator role)이 요구된다.

4상한은 통제와 외부지향성의 가치 개념으로 구성된다. 리더십유형은 지휘 · 목표지향적 유형(directive and goal-oriented style)으로 정의된다. 리더는 지휘기술(directing skill)을 주로 적용한다. 지휘자 역할(director role)과 생산자 역할(producer role)이 요구된다.

2. 슈퍼비전

1) 슈퍼비전에 대한 이해

슈퍼비전이란 일반적으로 사회복지조직의 슈퍼바이저가 지식과 기술을 적절히 사용해 효율적 · 효과적으로 서비스를 전달하도록 슈퍼바이지에게 도움을 주는 활동을 말한다. 이는 잘 훈련되고, 경험이 많고, 능력이 있고, 전문적 지식과 기술을 갖추고 있으면서 전문직업적 태도를 가진 사람은 경험, 지식, 기술이 부족한 사람들에게 도움을 줄 수 있다는 전제에서 이루어지는 것이다.

슈퍼비전의 개념을 좀 더 상세히 살펴보면 다음과 같다(김융일, 양옥경, 2002).

① 중간 관리자인 슈퍼바이저의 유형과 일선 실천가인 슈퍼바이지의 반응 간의 위계적이면서도 긍정적인 슈퍼비전 관계 속에서
② 특정 분야나 상황의 고유한 특성을 고려하면서
③ 그 분야의 정책과 절차에 따라 클라이언트에게 질적 · 양적으로 최선의 서비스를 제공할 목적으로

④ 행정적 · 교육적 · 지지적 기능들과 기능별 고유 역할 · 과제 · 활동들을
⑤ 슈퍼비전 관련 윤리강령에 입각해 다양한 내용과 구조 및 시간 적용을 통해 수행함으로써
⑥ 슈퍼바이저가 슈퍼바이지의 업무 수행을 지시하고 조정하고 향상시키고 평가하는
⑦ 의무적이고 구조화돼 있고 정규적이고 일관성 있고 사례 중심적인 상호작용 과정으로서
⑧ 슈퍼바이지에 대해서는 직접적이지만 클라이언트에 대해서는 간접적인 전문적 서비스

슈퍼비전의 목표에 대해 모리슨(Morison, 2001)은 다음과 같이 제시하고 있다(안정선, 최원희, 2010).

① 슈퍼바이지가 자신의 역할 및 책무성을 명확히 확보하는 것
② 클라이언트의 욕구충족과 문제해결을 위해 최대한의 관심을 기울이도록 하는 것
③ 기관의 목적과 기준에 대해 명확히 이해시키는 것
④ 업무 수행 역량을 개발해 적절한 업무량을 확보하는 것
⑤ 전문적 실천과 조직의 직무 수행을 위해 지지적인 분위기를 형성하는 것
⑥ 사회복지사의 발전을 촉진하는 것
⑦ 효율적인 업무 수행을 위한 사회복지사의 노력을 지지하는 것
⑧ 조직과 슈퍼바이지 간의 명확한 의사소통을 촉진하는 것

슈퍼비전은 훈련 및 자문을 다음과 같이 구분된다(Middleman & Rhodes, 1985). 훈련은 특정한 직무를 수행할 수 있는 직원을 양성하기 위한 강제적이고 종속적인 학습-피교육과정이다. 현임교육(in-service training)이나 워크숍 등을 통해 임상가를 수련시키는 내용을 많이 포함하고 있고, 가장 직접적이고 통제적이다. 자문은 조언을 듣고 참조하기 위한 것으로, 자문요청자(consultee)가 자문가(consultee)의 자문 내용의 수용 여부를 결정할 수 있기 때문에 가장 덜 직접적이고 덜 통제적이다.

슈퍼비전이 훈련 및 자문과 구분되는 측면은 다음과 같다. 슈퍼비전은 훈련과 자

문의 중간 정도의 직접성과 통제성을 갖고 있다. 슈퍼비전은 훈련과는 달리 상호 협력에 의해 목표를 정하거나 슈퍼바이지의 의견을 어느 정도 반영하고, 자문과는 달리 수직적인 집행관계(line relationship)로서 권력 체계의 불평등한 지위를 포함하고 있으며, 정규적이고 의무적인 것이다.

한편, 자문은 특정 업무에 대해 능력 있고 배려가 깊은 전문가가 행정적 권력관계와 관계없이 개인 또는 집단에게 문제해결을 위해 조언하는 활동을 말한다. 자문이 슈퍼비전과 구별되는 구체적인 특징은 자문요청자로부터 요청된다는 점, 양측이 행정적 권력관계에 있지 않다는 점, 관련 지식과 기술이 상당히 전문화돼 있는 경우가 많다는 점이다.

2) 슈퍼비전의 적용

(1) 슈퍼비전의 기능

카두신(Kadusin, 1992)은 슈퍼비전의 기능을 행정적 · 교육적 · 지지적 슈퍼비전으로 분류했다(〈표 11-5〉 참조). 행정적 슈퍼비전에서는 기관의 정책과 행정적 절차의 효과적이고 적절한 이행이 주요 관심사다. 슈퍼바이지에 대한 작업 배경 제공을 목표로 하고, 기관의 자원에 접근하는 방법을 제공해 효율적으로 과제를 수행하는 사회복지사를 배출하고자 한다. 행정적 슈퍼비전의 내용은 직원의 선발 및 배치, 업무계획 및 분장, 업무 평가 및 조절 등이다.

교육적 슈퍼비전에서는 직무수행에 필요한 지식, 태도, 기술에 대한 사회복지사의 무지 또는 부적절함이 주요 관심사다. 슈퍼바이지의 업무 능력 개선을 목표로 하고, 업무에 필요한 지식과 기술을 제공해 자질 있고 능력 있는 사회복지사를 배출하고자 한다. 교육적 슈퍼비전의 내용은 슈퍼바이지 자신에 대한 자아인식의 증진, 사회복지 관련 학문 및 전문적 사회복지 지식과 기술, 대인관계 기술 향상, 문제해결 능력 제고, 지역사회와의 관계에서 변화 촉진 역할 등이다.

지지적 슈퍼비전에서는 사회복지사의 사기와 직무 만족을 통한 전문적 정체성 형성이 주요 관심사다. 업무에 대한 만족감 고취를 목표로 하고, 효과적인 업무수행을 위한 심리적 자원을 제공해 공감적이고 이해심 많은 사회복지사를 배출하고자 한다. 지지적 슈퍼비전의 내용은 심리적 · 대인관계적 자원 제공, 스트레스의 경감과 사명감 및 동기 부여 등이다.

〈표 11-5〉 슈퍼비전의 유형

구 분	행정적 슈퍼비전	교육적 슈퍼비전	지지적 슈퍼비전
목 표	작업배경 제공	업무능력 개선	업무만족감 고취
장애물	비합리적 조직	무지와 낮은 인지능력	정서 불안정
내용	조직의 구조와 사회복지사의 업무를 도울 수 있는 기관 자원에의 접근법 제공	업무에 필요한 지식과 기술 제공	효과적으로 업무를 수행할 수 있도록 심리적 자원 제공
관심 영역	효율적인 조직에 사회복지사를 연결시켜 사회복지사가 조직의 구조와 자원을 효율적으로 이용할 수 있도록 하는 것	지식과 기술의 향상을 통해 사회복지사의 효율성을 증대시키는 것	업무수행을 방해하는 스트레스를 감소시키고 사기를 증진시켜 사회복지사의 효율성을 증대시키는 것
사회복지사 모델	효율적으로 과제를 수행하는 사회복지사	자질 있고 능력 있는 사회복지사	공감적이고 이해심 많은 사회복지사
과제	직원의 채용과 선발, 직원의 임명과 배치, 업무계획, 업무할당, 업무위임, 업무 모니터링(검토 및 평가), 업무조정, 의사소통 촉진, 행정적 완충, 변화 대행	가르침, 학습 촉진, 훈련, 경험과 지식의 공유, 정보 제공, 명확화, 가이드 제공, 사회복지사 원조, 전문적 성장 제고, 조언, 제안, 문제해결 원조	스트레스 유발 상황 방지, 스트레스 해소, 스트레스 대처 원조, 신뢰 형성, 관점 공유, 결정에 대한 책임 공유, 성공을 위한 기회 제공, 동료를 통한 지지 제공, 업무관련 긴장 완화

출처: 김융일, 양옥경(2002), p. 16 수정.

(2) 슈퍼비전의 일반 원칙

슈퍼비전의 기본 원칙은 다음과 같다(Skidmore, 1990)

① 슈퍼바이저는 조직과 서비스에 대한 정확한 지식, 원칙과 기술을 교육한 뒤에 슈퍼바이지를 업무에 투입해야 한다.

② 슈퍼바이지는 슈퍼바이저가 제시한 원칙과 지식을 준수하는 범위에서 자율적으로 업무를 수행해야 한다.

③ 슈퍼바이저는 슈퍼바이지에게 정규적인 슈퍼비전을 제공하고, 도움을 필요로 할 때 언제든지 도울 수 있어야 한다.

④ 슈퍼바이지는 필요할 때에는 슈퍼바이저에게 도움을 요청해야 한다.

⑤ 슈퍼바이지는 슈퍼바이저에게 자신의 업무 수행에 대해 보고하고 슈퍼바이저와 함께 서비스 제공에 대한 목표와 계획을 수립해야 한다.

슈퍼바이저의 영향력의 원천은 다음과 같다(Levy, 1973).

① 슈퍼바이저는 기관으로부터 위임받은 행정적 권한을 바탕으로 슈퍼바이지의 업무에 관여한다.
② 슈퍼바이저는 기관과 슈퍼바이지와의 관계를 조정한다.
③ 슈퍼바이저는 일반적으로 슈퍼바이지의 채용과 해고 등 인사관리에 관여한다.
④ 슈퍼바이저는 슈퍼바이지의 급여 및 승진에 관여하고 슈퍼바이지의 업무 수행을 평가한다.
⑤ 슈퍼바이저는 슈퍼바이지에 비해 전문적 능력 이외에도 행정적 · 지지적 측면에서 더 많은 지식과 경험을 갖고 있다.
⑥ 슈퍼바이저는 슈퍼비전 관계를 통해 슈퍼바이지와 관련된 사항을 알게 된다.
⑦ 일반적으로 슈퍼바이저의 영향력은 슈퍼바이저의 기관 내 직책과 관련된 범위를 넘어서는 경우가 많다.

양옥경, 이기연, 최소연과 현진희(2010)는 바람직한 슈퍼바이지의 특성으로 다음의 9가지를 제시했다.

① 배우고 능력을 개발하려는 열정과 자세
② 슈퍼바이저의 피드백에 대해 수용적인 자세
③ 개방적이고 융통성 있는 성격 특성
④ 전문적 지식과 업무 관련 구체적 지식
⑤ 지적능력
⑥ 책임감과 슈퍼비전을 준비하는 자세
⑦ 자율성과 위험을 기꺼이 감수하려는 태도
⑧ 원만한 대인관계와 의사소통 기술
⑨ 공감, 자기수용, 통찰, 일관성, 질문하는 능력

(3) 슈퍼비전의 절차와 유형

상담 분야의 일반적인 슈퍼비전의 과정과 각 단계의 과업을 사회복지 분야의 특성에 맞게 적용하면 다음과 같이 요약할 수 있다(Haynes, Corey, & Moulton, 2003; 안정선, 최원희, 2010).

① 초기 단계의 과업

- 관계의 본질 명확히 하기
- 협력적이고 효과적인 슈퍼비전 방법 개발하기
- 슈퍼비전 계약 설계하기
- 지지적인 학습과 개입 방법 선택하기
- 슈퍼바이지의 능력 개발하기
- 원조계획 세우기

② 성숙 단계의 과업

- 슈퍼바이지의 개인적 특성 파악하기
- 슈퍼바이지와의 유대관계 촉진하기
- 슈퍼바이지의 사례 개념화 기술 발전시키기
- 슈퍼바이지의 자기확신 수준 향상시키기
- 전문적인 업무 수행과 관련된 슈퍼바이지의 문제 탐색하기

③ 종결 단계의 과업

- 협력적 업무 관계 확대하기
- 슈퍼바이지가 이론과 실제를 더욱 완전하게 연결시킬 수 있도록 지원하기
- 슈퍼바이지에게 지시하는 관계 지양하기
- 종결의 의미와 종결 관련 생각 및 감정에 대한 토론을 포함해 총괄 평가하기

슈퍼비전의 유형은 참여 범위, 슈퍼비전 제공 시기, 슈퍼비전 인력 활용 등을 기준으로 구분할 수 있다(양옥경, 이기연, 최소연, 현진희, 2010).

① 슈퍼비전 참여 범위에 따른 유형

- 개별슈퍼비전: 개별슈퍼비전은 슈퍼바이저와 슈퍼바이지의 일대 일 만남을 통해 제공하는 방법이다. 개인의 전문적 발전을 돕는 핵심적인 슈퍼비전 방법이다. 슈퍼바이저가 슈퍼바이지에게 관심을 기울이고 초점을 맞출 수 있는 장점이 있다.
- 집단슈퍼비전: 한 명의 슈퍼바이저와 다수의 슈퍼바이지로 구성되는 방법이다. 집단의 역동성을 활용하기 위해 집단의 통일적인 목표를 설정하고 구성원 간의 상호작용을 촉진한다. 집단과정을 통해 상호 학습과 교정의 기회를 제공할 수 있다.

② 슈퍼비전 제공 시기에 따른 유형

- 현장슈퍼비전: 슈퍼바이지가 클라이언트를 만나거나 서비스를 제공하는 업무 현장에서 슈퍼비전을 제공하는 방법을 말한다. 슈퍼바이지의 독자적인 업무 수행 능력이 형성되지 못했거나 슈퍼바이지에 대한 지지 등 업무 수행상 필요할 때 제한적으로 사용될 수 있다.
- 즉각슈퍼비전: 슈퍼바이지의 업무 수행이 종료되자 마자 슈퍼비전을 제공하는 방법이다. 업무 수행에 대한 슈퍼바이지의 정리 및 고찰의 시간을 부여하지 않기 때문에 슈퍼바이저의 영향력이 강화될 수 있다. 관찰이나 기록 등이 어렵거나 불필요한 특징을 지닌 업무에 적합하다고 볼 수 있다.
- 지체슈퍼비전: 슈퍼바이지의 업무수행이 종료된 뒤 일정 시간이 경과한 후에 제공하는 슈퍼비전 방법이다. 고찰과 평가의 시간을 제공해 슈퍼바이지의 반성적 실천에 기여할 수 있다. 정규적 슈퍼비전에 적용될 수 있는데, 슈퍼바이저는 관련 정보를 세부적으로 파악하기 위해 노력해야 한다.

③ 슈퍼비전 인력 활용에 따른 유형

- 내부슈퍼비전: 조직 내부의 구성원 중에서 슈퍼바이저 직무를 부여해 슈퍼비전을 제공하는 방법이다. 내부슈퍼바이저는 교육적 슈퍼비전뿐 아니라 조직과 관련된 행정적 슈퍼비전을 제공할 수 있다. 슈퍼비전 관계의 안정화와 슈퍼바이지에 대한 옹호 기능 수행에 유리하다.
- 외부슈퍼비전: 외부전문가를 위촉해 슈퍼비전을 제공하는 방법이다. 내부슈

퍼바이저 선정이 여의치 않은 경우, 혹은 특정 영역의 전문적 지식의 습득을 위해 관련 전문가와 연계할 수 있다. 슈퍼바이저의 전문성을 고려할 수 있고 슈퍼비전의 시간 · 빈도 · 내용을 안정적으로 확보할 수 있다.

제12장 기획과 의사결정

1. 기획

1) 기획에 대한 이해

기획(planning)이란 조직의 목표를 달성하기 위해 활용할 수 있는 조직 활동의 방법 및 절차를 의식적으로 개발하는 과정이다(Waterston, 1966). 기획은 다음의 7가지 요소를 포함하고 있다(Dror, 1963).

① 기획은 하나의 연속적인 과정이다.
② 기획은 집행을 위한 결정을 준비하는 과정이다.
③ 기획은 일단의 복합적인 결정으로 구성된다.
④ 기획은 행동지향적인 활동이다.
⑤ 기획은 미래지향적인 활동이다.

⑥ 기획은 목표를 성취하기 위한 활동이다.

⑦ 기획은 효율적인 수단을 강구하는 과정이다.

기획은 정책 및 계획과 유사하지만 구분되는 특징을 갖고 있다.

첫째, 기획과 정책은 구분된다. 정책은 보다 일반성을 지니는 데 비해 기획은 정책보다 특정성과 구체성을 갖는다. 따라서 정책과 기획은 각각 목표와 수단의 역할을 수행한다(Breton & Henning, 1961).

둘째, 기획은 계획과 구분된다. 기획은 계획을 수립하는 과정을 의미하지만 계획은 기획의 결과 얻어지는 산물로 최종적인 결과물이다.

사회복지조직에서 기획이 필요한 이유는 다음과 같다(Skidmore, 1990).

첫째, 불확실성을 감소시키기 위해 필요하다. 사회복지조직은 외부환경의 변화가 심하기 때문에 목표 설정에 어려움이 많고, 조직구성원과 클라이언트가 권력지향적인 행정책임자에게 희생당할 가능성이 있다. 체계적인 기획 과정은 이와 같은 불확실성을 감소시키는 데 기여한다.

둘째, 합리성을 증진시키기 위해 필요하다. 합리적인 기획 과정이 존재하지 않는다면 조직 상층부의 개인적인 판단 및 직관, 조직의 관행 등에 의해 의사결정이 이루어질 것이다. 이처럼 기획은 경험적으로 증명되고 타당하게 적용될 수 있는 조직활동의 수단을 제공한다.

셋째, 효율성을 증진시키기 위해 필요하다. 기획 과정 없이 목표 달성에 효율적인 방안을 발견하기란 쉽지 않다. 이처럼 체계적인 기획은 최소비용으로 서비스 목표를 달성할 수 있는 효율적인 방안을 찾는 지름길이다.

넷째, 효과성을 증진시키기 위해 필요하다. 사회복지조직의 가장 큰 사명은 클라이언트의 욕구충족과 문제해결에 기여해야 한다는 점이다. 사회복지조직의 기획 역량은 클라이언트를 위한 가장 효과적인 서비스를 설계하는 데 결정적으로 기여한다.

다섯째, 책임성을 증진시키기 위해 필요하다. 사회복지조직은 지역사회로부터 권한을 위임받아 서비스 제공의 업무를 수행하고 있다. 사회복지조직이 고도로 전문화된 기획 활동을 통해 서비스를 제공한다면 조직활동의 효과성과 효율성이 증진될 것이고 이는 조직의 책임성을 이행하는 중요한 요인이 된다.

여섯째, 조직구성원들의 사기진작을 위해 필요하다. 조직구성원들이 자신들의 업무 수행과 관련이 있는 의사결정에서 배제된다면 소외감을 느끼게 되고 적극적인 자세를 갖기 어렵다. 반면, 일련의 체계적인 기획 과정에 참여하게 된다면 기획의 산물인 서비스 계획에 대해 인정하고 수용성을 가질 것이며, 서비스 제공 결과에 대한 성취감도 배가될 것이다.

트레커(Trecker, 1971)는 사회복지조직의 바람직한 기획의 특성을 다음과 같이 제시했다.

① 책임성: 개별 프로그램에 대한 기획을 제외한 대부분의 기획은 조직 상층부의 고유 업무다. 따라서 조직 상층부는 조직 전체에 대한 기획, 장기적 기획, 전략적 기획, 운영 기획 등 고유의 기획 업무를 위임하거나 경시해 책임을 방기해서는 안 된다.

② 전망 제시: 기획은 현재를 바탕으로 미래를 전망하는 노력의 일환이다. 따라서 기획을 통해 현재의 조직 상태에 대한 진단을 바탕으로 실현 가능한 미래의 전망을 제시할 수 있어야 한다.

③ 체계성: 기획은 일련의 체계를 통해 논리적으로 이루어져야 한다. 일반적인 기획이든 전략적인 기획이든 모든 기획은 목표 설정부터 프로그램 등 세부적인 실행 계획에 이르기까지 합리적으로 이루어져야 한다.

④ 명확성: 기획은 장래 조직의 행동 기준이기 때문에 명확한 판단과 방침을 담고 있어야 효과를 발휘할 수 있다. 따라서 훌륭한 기획이 되기 위해서는 목적, 프로그램, 책임 주체, 업무 관계 등에 대한 구체적인 사항을 포함해야 한다.

⑤ 역동성: 기획은 본질적으로 현재의 상태에 대해 변화와 개혁을 추구해 조직에 역동성을 부여하기 위한 노력이다. 따라서 기획은 조직과 관련된 환경 변화와 조직 내의 상태에 대한 진단을 기초로 미래지향적인 활동을 설계하는 과정이라고 할 수 있다.

⑥ 행동 지향: 기획은 실제 조직 활동과 동떨어진 비현실적이고 관념적인 결과물로 전락해서는 안 된다. 기획은 조직의 목적을 달성하기 위해 필요한 프로그램 등 실제적인 조직 활동을 수행하는 데 분명한 지침이 되도록 행동지향성을 내포해야 한다.

2) 기획의 세부 내용

(1) 기획의 유형

① 조직의 위계 수준에 따른 유형

기획은 조직의 위계 수준에 따라 유형화될 수 있다. 〈표 12-1〉에서 볼 수 있듯이, 기획은 최고 관리층, 중간 관리층, 일선 관리층 및 일선 실무자 차원으로 구분할 수 있다.

최고 관리층은 조직 전체에 대한 기획과 장기적 · 전략적 기획에 집중한다. 중간 관리층은 자신이 이끌고 있는 부문의 전반적인 프로그램과 그 운영을 기획한다. 일선 관리층은 서비스 제공 업무와 관리 업무를 동시에 맡기 때문에 구체적인 프로그램 기획과 함께 운영 기획도 담당한다. 일선 실무자는 자신이 맡고 있는 서비스 제공 업무에 대한 구체적인 프로그램 기획에 집중한다.

〈표 12-1〉 조직의 위계 수준에 따른 기획의 유형

위계 수준	기획의 유형
최고 관리층	조직 전체 기획, 장기적 기획, 전략적 기획
중간 관리층	부문별 프로그램 기획, 운영 기획
일선 관리층	구체적 프로그램 기획, 운영 기획
일선 실무자	구체적 프로그램 기획

출처: 최성재, 남기민(2016), p. 245 수정.

② 시간 차원에 따른 유형

시간 차원의 기획에서는 장기기획과 단기기획, 혹은 장기기획, 중기기획 및 단기기획으로 유형화된다. 먼저 장기기획과 단기기획으로 구분할 때는, 장기기획은 최소 1년 이상부터 5년 내지 10년 또는 그 이상의 기간에 걸친 기획을 말한다. 장기기획은 예상되는 미래의 외부환경의 영향을 고려해 주기적으로 조직의 발전을 위한 목적과 목표를 설정하려는 의도를 가지며, 단기기획의 밑그림에 해당한다. 단기기획은 주로 1년 이하의 기간에 대한 프로그램 기획을 말한다. 구체적이고 상세하고 행동지향적이며 실행 방법에 관한 내용으로 구성돼 있고, 장기기획의 바탕 위에서 수립된다(최성재, 남기민, 2016).

한편, 시간 차원의 유형 분류에서는 장기기획, 중기기획 및 단기기획으로 구분할 수도 있다. 장기기획은 보통 10년 이상에 걸친 기획을 말한다. 장기기획은 예측성이 떨어지지만 개연성 있는 미래의 시나리오를 제공한다는 점에서 의의가 있다. 중기기획은 기간을 5년 정도로 정한다. 보통 가장 많이 적용되는 기획 유형이다. 단기기획은 1년 정도를 기준으로 한다. 기본적으로 운영 기획의 성격이 강하다(박용치, 송재석, 2006).

③ 기획 대상에 따른 유형

기획은 기획 대상에 따라 전략적 기획과 운영 기획으로 구분할 수 있다(최성재, 남기민, 2016). 전략적 기획(strategic planning)의 대상은 조직의 목표 설정, 우선순위 설정, 자원 획득 및 배분에 관한 것이다. 따라서 전략적 기획은 조직의 구체적인 목표의 설정 및 변경, 구체적인 목표 달성을 위한 자원의 획득 · 사용 · 분배에 대한 정책을 결정하는 과정을 말한다. 반면, 운영 기획(operational planning)의 대상은 자원의 관리에 관한 것이다. 따라서 운영 기획은 획득된 자원을 조직의 목표를 효과적 · 효율적으로 달성할 수 있도록 사용하는 방안에 대해 결정하는 과정을 말한다.

(2) 기획 과정

기획 과정은 다음과 같이 설명할 수 있다(Skidmore, 1990).

① 구체적 목표의 설정

일반적 목표와 구체적 목표는 다음과 같이 구분된다. 일반적 목표는 조직의 특정 활동이 지향하는 성취 과제를 추상적으로 표현한 것이다. 구체적 목표란 일반적 목표를 달성하기 위한 하위 목표로, 주어진 기간 내에 계량화될 수 있는 의도된 결과를 말한다. 구체적 목표는 해당 프로그램에 적합한 것이어야 하고, 바라는 결과가 명시돼야 하고, 바라는 결과는 계량화될 수 있어야 하며, 결과를 얻기까지의 시간을 명시해 서술하는 것이 바람직하다.

② 관련 정보의 수집 및 가용자원 검토

기획의 대상과 구체적인 목표에 대한 다양한 정보를 수집하고 프로그램의 실시에 필요한 인적 · 물적 · 사회적 자원을 검토하는 단계다. 정보수집을 위해서는 관련 문헌의 검토, 면접, 관찰, 설문조사 등의 방법을 사용할 수 있다. 또한 조직의 예산, 프로그램을 담당할 수 있는 실무자, 프로그램 시행 장소, 조직 외부의 보충적 자원 제공자와 경쟁기관에 대해서도 검토해 보아야 한다.

③ 목표 달성을 위한 대안적 방법 모색

수집된 정보에 기초해 목표 달성을 위해 동원할 수 있는 다양한 방법을 개방적으로 검토하는 단계다. 창의성을 발휘해 목표를 달성하는 다양한 방법을 모색해야 한다. 이를 위해서는 수집된 정보, 개별적 대화나 집단토의 등을 활용할 수 있다. 그레샴의 법칙(Gresham's Law)에 따르면, 자료나 분석 능력 부족, 환경 변화에 대한 무지, 시간과 자원 부족, 관료제적 타성, 확립된 서비스 제공 관행 때문에 창의적이고 혁신적인 대안을 채택하지 못하고 기존의 서비스 제공 관행에 얽매이는 경향이 있다.

④ 대안의 실시 조건 및 기대효과 평가

제안된 대안들에 대해 가중치가 부여되어 일정하게 계량화된 평가 틀에 기초해 실시에 따른 조건과 기대효과를 평가하는 단계다. 각 대안의 실시 조건은 제반 비용, 활용할 수 있는 내부 · 외부의 자원, 타 업무와의 조정 가능성 등을 중심으로 검토할 수 있다. 가중치란 해당 기획에서 중시하는 평가 영역에 대해 특별히 중요도를 부여하는 것을 말한다.

⑤ 최종 대안의 선택

평가 결과 가장 점수가 높은 대안을 최종 대안으로 선택하는 단계다. 여기서의 평가란 앞 단계에서의 각 대안의 실시 조건과 기대효과에 대한 평가를 말한다. 이때 특정 대안에 대한 편견을 배제하고 각 대안의 장점과 단점을 균형 있게 고려하는 자세가 필요하다. 이를 위해서는 공통적으로 적용되는 객관적인 검토 및 평가 영역을 적용해 평가를 진행할 필요가 있다.

⑥ 구체적인 실행 계획 수립

이 단계는 선택된 대안을 실시하는 데 필요한 구체적인 계획을 수립하는 단계다. 프로그램 계획에는 시간 계획 및 프로그램과 관련된 활동을 포함해야 한다. 이때 뒤에서 설명할 기획에 활용되는 기법들이 적용된다.

3) 기획에 활용되는 기법

(1) 시간별 활동계획도표

시간별 활동계획도표 혹은 갠트도표(Gantt Chart)는 제1차 세계대전 때인 1910년 무렵에 갠트(Gantt)가 병기 제조의 계획 · 관리를 목적으로 고안해 낸 도표다([그림 12-1] 참조). 갠트도표는 특정 사업계획을 완성하기 위한 일정 기간의 계획적인 활동을 막대도표로 나타내는 방법이다. 특정 사업을 영역별로 구분한 분야별 목표와 그에 따른 세부 활동 내용을 표기하고, 이어 수평막대로 작업 진행 실적을 표시해 추진 상황을 파악할 수 있도록 한다. 하나의 활동에는 2개의 수평막대를 만드는데, 위의 것은 계획에 해당하고 아래의 것은 실제 추진 실적을 나타낸다(성규탁, 1988).

갠트도표를 작성하기 위해서는 사업계획(분야별 목표 및 세부 활동 내용, 시간 계획 등)을 수립하는 기획 활동이 이루어져야 한다. 이 방법은 계획과 실적을 비교할 수 있게 하고 만들기 쉬우며 누구나 육안으로 이해할 수 있기 때문에 기획의 통제 기능을 적절히 수행할 수 있다. 복잡하지 않은 사업계획을 수립하고 운영할 때 적용될 수 있는 매우 유용한 방법이기 때문에 모든 분야에서 광범위하게 사용된다.

반면, 이 방법은 고유의 한계를 갖고 있다. 활동 간 상호 의존성을 알 수 없고, 개별 활동에서도 최대 허용 시간과 최소 허용 시간 간 여유시간을 나타내지 못한다. 또한 계획 시행 과정에서 분야별 목표나 세부 활동 내용 간 기능을 조정할 수 없고, 세부 활동 간 선후 관계를 적절히 나타낼 수 없는 한계도 있다.

(2) 월별 활동계획카드

월별 활동계획카드(Shed-U Graph)는 레밍턴랜드(Remington-Rand) 회사에서 설계한 것으로 갠트도표와 유사한 측면이 있다(성규탁, 1988). 이는 필요한 활동이나 업무를 조그만 카드에 기입해 해당하는 월 아래의 공간에 삽입하여 부착하는 방법이다.

원래 개발된 형식은 3″×5″카드를 삽입하는 주머니를 갖고 있는 24″×42″ 크기의 도표였다. 이 도표의 상단에 각 월이 기입돼 있다. 즉, 수행돼야 할 활동이나 업무들을 3″×5″ 크기의 카드에 기입하고, 이를 해당하는 월의 도표 중 적합한 공간에 삽입하는 것이다([그림 12-2] 참조).

월별 활동계획카드는 갠트도표처럼 만들기 쉽고 누구나 육안으로 이해할 수 있기 때문에 기획의 통제 기능을 적절히 수행할 수 있다. 복잡하지 않은 사업계획을 운영

— 계획　… 실시현황

주요 목표			기간(월별)													
	활동		1	2	3	4	5	6	7	8	9	10	11	12	1	2
1.0		취업알선센터 운영팀 구성	— …	— …												
	1.1	책임자 및 실무자 임명	— …													
	1.2	자원봉사자 모집		— …												
2.0		취업알선센터 장소 확보			— …											
	2.1	전체 공간 검토		— …												
	2.2	공간 재조정		— …												
	2.3	사무실 확보			—	…										
3.0		사무실 정비 및 비품 확보				—	— …	— …								
	3.1	사무실 공간 설계				—	…									
	3.2	컴퓨터 및 프린터 구입					—		…							
	3.3	전용 전화 가설				— …										
	3.4	기타 사무비품 확보							— …							
4.0		취업알선센터 홍보				— …	— …	— …	— …	— …	— …	— …				
	4.1	언론기관 이용							—	— …	— …	— …				
	4.2	반상회 회보 이용				—	—	—	— …	— …	— …	— …				
	4.3	동사무소 및 시청에 광고							— …	— …	— …	— …				
5.0		노인 인력 수요 단체 파악						—	— …	— …	— …	— …				
	5.1	경제단체 접촉						—	— …	— …	— …	— …				
	5.2	고용노동부 및 보건복지부 접촉							—	— …	…					
6.0		취업알선센터 인가								—	—	— …				
	6.1	구청에 서류 제출								— …						
	6.2	인가받음									—	— …				
7.0		취업알선센터 개소										— …				

그림 12-1 시간별 활동계획도표(취업알선센터 개소의 예)

출처: 최성재, 남기민(2016), p. 251 수정.

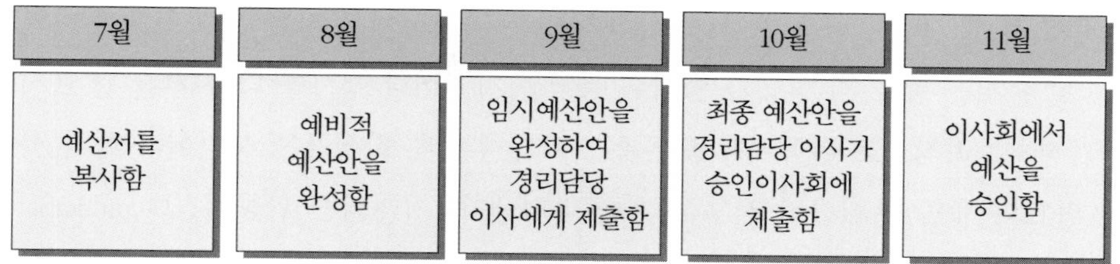

그림 12-2 월별 활동계획(예산서 작성의 예)

출처: 최성재, 남기민(2016), p. 254.

할 때 유용하기 때문에 일상생활에서 광범위하게 적용된다. 그런데 이 방법은 갠트 도표보다 기획 기능이 부족하다고 볼 수 있다. 필요한 과업을 수행하는 데 소요되는 시간을 파악할 수 없어 체계적인 통제 기능을 발휘할 수 없기 때문이다.

(3) 프로그램 평가검토기법

프로그램 평가검토기법(Program Evaluation and Review Technique: PERT)은 명확한 목표를 가진 프로그램을 조직화하고, 진행시간표를 작성하고, 예산을 세우고, 프로그램 진행 상황을 추적하는 데 유용한 관리도구다(Lauffer, 1978; 성규탁, 1988; [그림 12-3] 참조). 특히 일정 기간에 성취해야 하는 행사를 위한 과업들을 규정하고 통합적으로 관리하는 데 유용한 관리기법이다. 이 기법은 미국 해군이 개발한 것인데, 듀퐁(Du Pont)사가 개발한 임계경로법(Critical Path Method: CPM)과 거의 구분 없이 사용된다. 이 기법은 모든 과업이 한 망에 나타나기 때문에 프로그램 기획가가 시간 · 자원 · 기술 등을 예정된 일자에 맞추도록 관리하고 예정대로 행사를 완료할 수 있도록 돕는다.

프로그램 평가검토기법의 기본 원칙은 특정한 프로그램을 수행하기 위한 세부 활동 간의 관계, 주 행사와 세부 행사 간의 관계의 논리적 · 시간적 순서를 눈에 보이도록 표현하는 것이다. 행사는 보통 원으로 표현되고, 각 행사는 한 원에서 다른 원으로 이끄는 선으로 연결되며, 한 원은 다른 원에 의해 선행된다. 따라서 그 선은 특정한 행사가 있기 이전에 선행돼야 할 활동들(leader activities)을 나타낸다.

이처럼 행사 및 활동 간의 관계는 하나의 망으로 표현될 수 있다. 관리자는 행사 및 활동의 망을 설계하기 위해 최종 목표 또는 행사에서부터 역방향으로 활동을 연결하는 작업을 실시한다. 이는 필요한 절차나 단계를 빠뜨리지 않도록 하는 기술이다.

주요 표시 기법은 다음과 같다. 하나의 망은 명확하게 규정된 실행 목표를 나타낸다. 원 표시는 종료 시 상태가 명시된 특정한 사건이나 행사를 나타낸다. 원 표시는 시간적 · 논리적으로 왼쪽에서 오른쪽으로 진행된다. 화살표는 사건이나 행사 사이의 완료와 출발의 시간적 선후 관계를 나타낸다. 기대되는 활동시간(t_e, anticipated time)은 비슷한 활동이 여러 번 반복된다면 가장 흔히 소요되는 평균적인 시간을 나타낸다. 공식은 $t_e = (O + 4M + P)/6$로 나타낼 수 있다. 이때 O는 가장 짧게 소요되는 시간(optimistic time), M은 가장 흔히 소요되는 시간(most likely time), P는 가장 길게 소요되는 시간(pessimistic time)을 나타낸다.

임계통로(critical path)란 가장 긴 시간이 걸리는 통로를 말한다. [그림 12-3]에서의 임계통로는 '취업알선센터 운영팀 구성 → 취업알선센터 장소 확보 → 취업알선센터 인가 → 취업알선센터 개소'로 이어지는 일련의 업무 흐름이다. 즉, 취업알선센터를 개소하는 데에는 취업알선센터 운영팀 구성으로부터 총 46주가 소요된다.

프로그램 평가검토기법은 많은 조직구성원이 참여하는 활동을 통합적으로 관리할 필요가 있을 때, 일련의 복잡한 과업들을 완수해야 할 때 유용하다. 또한 프로그램과 관련된 활동을 추적할 수 있게 하고, 필요할 때에는 시정하거나 통제할 수 있는 근거를 제공한다. 즉, 계획에 따른 진전 사항을 도표화할 수 있으므로 업무를 통제할 수

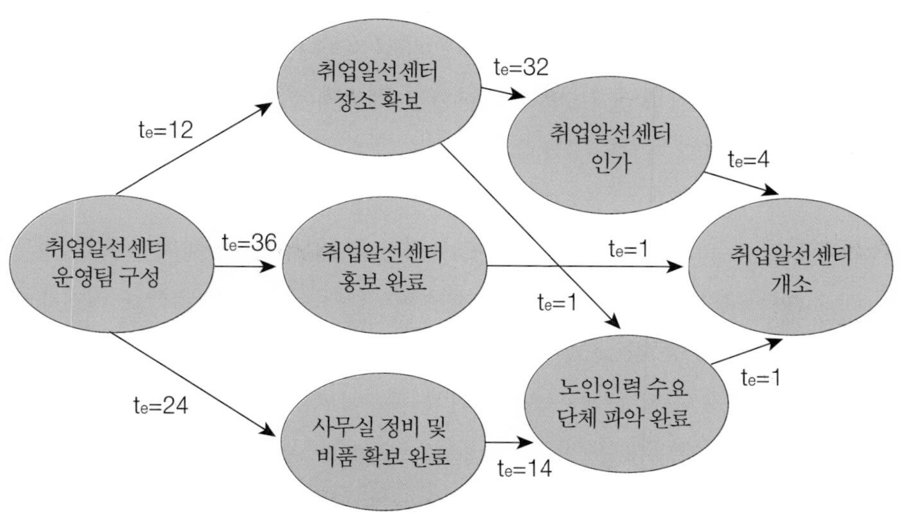

그림 12-3 프로그램 평가검토기법(취업알선센터 개소의 예)

출처: 최성재, 남기민(2016), p. 253.

있고, 필요한 경우에는 조직구성원들의 업무 부담도 조정할 수 있으며, 계획된 비용과 실제 소요되는 비용을 비교함으로써 재정적인 통제를 할 수 있는 근거도 제공한다. 그러나 프로그램 평가검토기법은 일상적인 행사나 간단한 행사에는 사용하지 않는다. 또 행사를 치르는 데 필요한 세부활동과 목표가 명확하게 기획되지 않으면 적용할 수 없는 한계가 있다.

(4) 방침관리기획

방침관리기획(Breakthrough Planning)은 방침관리(方針管理, Hoshin Kanri)라는 일본 기업의 기획 방법에 기초한 것이다(황성철, 정무성, 강철희, 최재성, 2014). 이 기법은 PDCA 주기, 즉 계획(Plan), 실행(Do), 확인(Check), 조치(Action)로 이어지는 주기에 따라 프로그램을 관리하는 방법이다. 이 방법은 조직의 문제를 해결(breakthrough)하고 핵심 목표를 달성하기 위해 조직의 자원을 결집시키는 데 초점을 맞추고 있으며, 공통 목표를 달성하기 위해 조직구성원 전체의 노력을 적절하게 조정하기 위해 사용하는 기법이다(Cassafer, 1996).

방침관리기획은 PDCA 주기에 따른 일련의 절차를 하나의 프로그램 기획 및 관리 과정으로 통합하는 것이다([그림 12-4] 참조). 방침관리기획의 수행 절차는 다음과 같

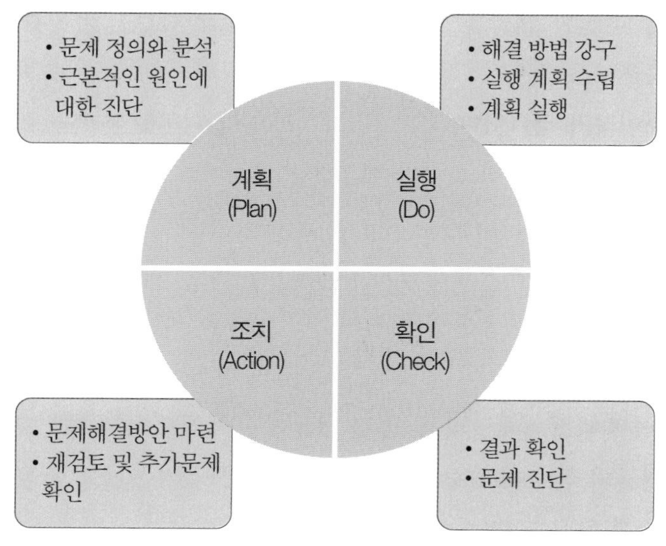

그림 12-4 방침관리기획의 과정(PDCA 주기)

출처: Cassafer (1996), p. 178 재구성.

다. PDCA 주기에 따라 계획이 수립되면 이를 실행하는 과정에서 발생하는 문제를 확인해 원래의 계획을 수정 및 조정하는 조치를 취하는 것이다.

방침관리기획은 목표관리방법(MBO)에 비해 상대적으로 과정을 중시하는 기법으로 평가된다. 또한 이전의 기법들에 비해 포괄적이고 체계적인 기획 기법으로 받아들여진다. 계획에 따른 결과인 실행을 규칙적으로 확인, 즉 측정 및 평가하고, 문제가 발생한 것으로 판단되면 조치를 취해 수정 및 조정함으로써 합리적인 프로그램 관리를 가능하게 하기 때문이다.

2. 의사결정

1) 의사결정에 대한 이해

의사결정은 조직활동의 성과를 좌우하는 중요한 요소로 평가된다. 의사결정은 조직의 목표를 달성하기 위해 여러 가지 대안 중에서 가장 좋은 대안을 선택하는 행위라고 정의할 수 있다. 여러 연구자의 정의도 이와 유사하다(서도원, 이덕로, 2016). 몬디와 프리모우(Mondy & Premeaux, 1993)는 의사결정에 대해 대안들을 탐색 및 평가해 그중에서 가장 적절한 대안을 선택하는 과정으로 규정했다. 바톨과 마틴(Bartol & Martin, 1998)은 의사결정이란 조직의 관리자가 조직의 문제를 찾아내고 해결하려고 시도하는 과정이라고 정의했다. 대프트(Daft, 2000)는 의사결정이란 조직의 관리자가 조직의 문제와 기회를 확인하고 이를 해결하는 과정이라고 보았다.

사회복지조직에서도 의사결정은 매우 중요하다. 전체적인 조직 활동에 대한 의사결정은 사회복지조직의 활동의 방향과 내용을 좌우하기 때문에 기관이 제공하는 사회복지서비스의 효과성과 효율성에 결정적인 영향을 끼친다. 또 실제 서비스 제공활동에 있어서도 프로그램이나 원조와 관련된 의사결정은 개인, 집단, 가족, 지역사회의 다수 구성원의 문제해결과 삶의 질 개선에 구체적으로 기여할 수 있다. 무엇보다 조직구성원들의 참여에 바탕을 둔 체계적인 의사결정은 조직구성원들의 사기증진에도 영향을 끼친다(Skidmore, 1990).

한편, 트레커(Trecker, 1971)는 의사결정에서의 사회복지행정가의 역할을 다음의 5가지로 포괄적으로 제시하고 있다.

① 조직 구조를 개선해 의사결정 과정이 효율적으로 이루어질 수 있도록 함으로써 의사결정 자체가 조직적인 활동의 원동력이 될 수 있도록 해야 한다.
② 의사결정 과정에서 조직구성원들의 의견 개진과 참여를 적극적으로 보장해야 한다.
③ 분권화된 의사결정과 민주적인 조직활동이 이루어질 수 있도록 해야 한다.
④ 조직의 최상부에는 한 명의 의사결정자가 있어야 하고, 권한의 위임은 한 가지 사안에 대해 하나의 결정이 이루어질 수 있도록 명확해야 한다.
⑤ 조직의 효과성과 효율성을 제고하기 위해 조직 구조와 운영을 부단히 개선해야 한다.

2) 의사결정의 절차

스키드모어(Skidmore, 1990)는 사회복지조직에 적용될 수 있는 의사결정의 절차를 제시했다. 그의 절차는 ① 문제와 상황의 규정, ② 사실과 관련된 자료의 수집 및 검토, ③ 선택, ④ 선택의 결과 예측, ⑤ 감정의 고려, ⑥ 대안의 선택, ⑦ 실행, ⑧ 융통성의 유지로 구성돼 있다. 그의 ③~⑥ 단계가 중복되는 측면이 있는 만큼, 여기서는 에이블스와 머피(Ables & Murphy, 1981)를 반영해 부분적으로 수정했다(최성재, 남기민, 2016).

① 문제와 상황의 규정: 의사결정의 객관적인 토대를 마련하기 위해 중심적인 문제를 규명하고 문제와 관련된 상황을 구체적으로 파악하는 단계다. 만일 잘못된 선입견을 갖고 있다면 유용한 의사결정은 불가능할 것이기 때문이다. 문제와 관련된 상황, 심리적 · 사회적 · 문화적 요인, 관련자의 감정, 문제의 심각성과 피해자, 문제를 해결하려는 조직구성원의 내면적 욕구 등도 파악해야 한다.

② 사실과 관련된 자료의 수집 및 검토: 문제 및 문제 상황과 관련이 있는 자료를 충분히 확보해 검토함으로써 의사결정의 판단 근거를 확보하는 단계다. 자료수집에는 다양한 방법을 동원할 수 있다. 문제를 제기하는 사람들로부터는 사실과 관련된 자료와 함께 감정과 생각을 전달받을 수 있다. 또한 기록을 통해서도 객관적인 상황을 파악할 수 있다. 자료에는 내용의 질적인 수준과 객관적인 중

요도에 따라 우선순위를 부여해야 한다.

③ 다양한 대안의 개발: 공평하고 합리적인 의사결정의 기반을 제공하기 위해 선택 가능한 다양한 대안을 개발하는 단계다. 무엇보다 현재의 기관의 관행이나 관련자들이 선호하는 경향 등을 고려하지 않고 편견 없이 잠재적인 대안들을 확인하는 작업이 필수적이다. 잠재적인 대안들은 비교 가능한 방법으로 구성되고, 기술 내용에는 각 대안의 장단점, 성공 가능성, 기대효과 등이 포함돼야 한다.

④ 선택의 결과 예측: 의사결정에 필요한 준거를 확충하기 위해 각 대안을 선택할 때 어떤 결과가 초래될 것인지 예측하는 단계다. 어떤 대안의 선택은 불가피하게 조직과 조직구성원들에게 예측하지 못한 결과를 초래할 수 있기 때문이다. 조직의 지향과 목표의 변동, 조직의 변화와 혁신, 부서 및 구성원 간의 업무 관련 역할과 권한의 변화, 서비스 제공 시기의 변화 등이 야기될 수 있다.

⑤ 감정의 고려: 조직구성원들이 갖는 실제 감정을 고려해 의사결정에 반영하는 단계다. 조직의 모든 의사결정은 순수한 합리주의모형에 따라서만 이루어질 수는 없다. 각 대안에 따라 조직구성원들은 공포, 증오, 불안, 분노, 미움 같은 다양한 감정을 가질 수 있다. 훌륭한 행정가는 의사결정을 할 때 조직구성원들의 실제 감정을 이해하고 최종 판단 이전에 심리적 수용성을 고려해야 한다.

⑥ 최종 선택: 문제해결에 가장 적합한 대안을 선택하는 단계다. 조직의 철학과 목표, 현실적 · 잠재적 제약 사항, 가중치, 선택이 초래할 결과, 조직구성원들의 감정, 윤리적 측면 등을 종합적으로 고려해 우선순위를 정하고 최종 선택을 내려야 한다. 의사결정은 적기에 내려야 하고, 조직구성원들의 참여 속에 체계적으로 이루어지는 편이 바람직하다.

⑦ 실행: 선택된 최종 대안을 실천하는 단계다. 일단 결정이 내려지면 목표를 완수하기 위해 최선의 노력을 경주해야 한다. 기관 내의 개인, 부서, 조직 전체의 참여와 협조 속에 업무가 추진돼야 한다. 이를 위해서는 결정 사항을 충분히 알리

고 조직구성원들의 동의를 획득하는 과정을 거치는 것이 필수적이다.

⑧ 융통성의 유지: 의사결정과 실천의 전 과정에서 적절한 환류를 통해 문제를 발견하고 융통성 있게 개선하기 위해 노력할 필요가 있다. 융통성은 2가지 측면에서 적용돼야 한다.

첫째, 매 단계의 의사결정 과정에서 개방적인 태도와 유연성을 가져야 한다. 각 과정 자체, 각 과정에서 달성된 것, 실행 결과에 대한 평가, 개선이 필요한 사항 등에 대해 의견을 듣고 재검토할 필요가 있다.

둘째, 확정된 계획을 실행하는 과정에서도 충분한 환류를 통해 문제를 개선하는 노력이 필요하다. 기획과 의사결정 단계에서 발생 가능한 모든 결과를 예측하기란 불가능하기 때문에 기존 계획의 합리적인 수정을 거부하는 경직성은 목표 달성을 저해할 수 있다.

3) 의사결정모형

(1) 의사결정 주체와 절차 기준의 분류

① 직관적 의사결정과 판단적 의사결정

의사결정의 중요성에도 불구하고 실제로는 의사결정의 중요성이 덜 강조되는 경향이 있다. 칼라일(Carlisle, 1979)은 현실에는 직관적(intuitive) 의사결정이 적용되는 경우와 판단적 의사결정이 적용되는 경우가 있다고 보았다.

직관적 의사결정 방법은 의사결정자의 주관적인 판단과 육감(hunch) 같은 느낌에 근거해 결정하는 방법을 말한다. 많은 경우 사람들은 어떤 객관적인 근거도 없이 개인적인 직관에 의해 의사결정을 하는 경향이 있다. 판단적 의사결정 방법은 개인이 갖고 있는 지식과 경험에 의해 의사결정을 하는 방법을 말한다. 사람들은 자신의 과거 활동과 업무 수행 과정에서 체득한 실천지혜(practice wisdom) 및 경험에 의존해 판단하는 경향이 있다.

② 문제해결적 의사결정

문제해결적 의사결정(problem solving decision making) 방법은 정보 수집, 연구, 분

석 등 합리적이고 과학적인 절차를 밟아 이루어지는 의사결정의 방법이다. 칼라일은 문제해결적 의사결정 방법을 이상적인 의사결정의 대안으로 제시했다. 그러나 신속한 판단을 요하는 상황에서는 실제로 활용되지 못하고, 시간적 여유가 있는 의사결정 및 상대적으로 중요한 의사결정에만 적용되는 경향이 있다고 보았다.

칼라일은 문제해결적 의사결정을 위해서는 다음과 같은 사항들을 고려해야 한다고 보았다.

- 현재의 문제 상황에 대한 인정과 바람직한 목표의 구상
- 목표 달성에 대한 장애 요소의 정리 및 분석
- 문제의 본질 규명
- 문제 상황 개선 노력을 제한하는 요소의 파악
- 문제해결을 위한 대안들의 개발
- 여러 대안을 평가할 수 있는 자료 수집
- 선택
- 결정과 시행에 대한 지지 확보
- 환류 체계 구성 및 운영

(2) 의사결정의 합리성 기준의 분류

① 합리모형

합리모형은 의사결정에 관한 고전적 방법이다. 합리적인 인간은 완전한 정보를 갖고 있고, 가장 합리적인 의사결정을 할 수 있다는 전제에 입각해 있다. 이상적인 방법이지만 정보의 획득과 처리에 대한 인간의 능력이 제한적이고 고도의 합의에도 현실적인 제약이 따른다는 점에서 실행 가능성이 희박하다고 할 수 있다(최성재, 남기민, 2016).

합리모형의 전제는 다음과 같다(서도원, 이덕로, 2016).

- 완전한 정보: 의사결정에 필요한 모든 정보가 존재하고 이 정보들은 수집 가능하다.
- 완전한 대안: 의사결정자는 고려될 수 있는 모든 대안을 인식하고 있다.

- 완전한 선호체계: 의사결정자는 대안 분석에 있어서 완전하고 일관된 선호체계를 갖고 있다.
- 합리적 의사결정: 의사결정자는 항상 최적의 합리적 대안을 선택한다.
- 계산의 무한계성: 의사결정자는 대안을 분석할 때 가중치, 확률, 기타 복잡한 계산이 무제한 가능하기 때문에 아무리 어려운 의사결정에 대해서도 계산할 수 있다.

② 만족모형

만족모형은 인간은 합리적인 대안을 추구하기보다는 현실의 문제를 개선하는 선에서 자기만족적인 대안을 선호한다는 전제에 입각해 있다. 이 방법은 인간은 원천적으로 완벽한 합리성을 추구할 수 없는 동기적 · 인지적 계산 능력상의 한계를 갖고 있다는 관점을 지닌다. 나아가 목표가 동태적이어서 불확실성에 노출돼 있고, 정보가 완전하지 못하고, 시간과 비용에 따른 제약 조건이 존재하며, 환경적 요소도 무시할 수 없다고 본다. 따라서 조직에서의 의사결정은 조직의 지도자나 다수 조직구성원이 선호하는 대안을 반영하고 만족을 추구하는 관리적 측면이 강하다고 본다(서도원, 이덕로, 2016).

이 방법의 가정은 다음과 같다.

- 인간의 지적능력에는 한계가 있어서 한정된 대안들만 지각할 수 있고 각 대안의 결과에 대해서도 일부만을 알고 있다.
- 인간의 지각능력에도 한계가 있어서 실제 세계를 제한적으로 인식해 단순하게 여기거나 간과하는 경향이 있다.
- 대안선택에 있어서도 최적의 합리적인 대안보다는 현재보다 나은 대안을 만족스러운 대안의 기준으로 선택하는 경향이 있다.

③ 점증모형

점증모형의 전제는 인간의 정보 수집과 처리 능력에는 제한이 있고 의사결정에서의 고도의 합의도 어렵다는 것이다. 의사결정자는 현실적인 제약을 먼저 고려해 현재 문제가 되고 있는 것에만 초점을 맞추어 정보를 수집한다. 이어 기존의 방법에서 몇 가지 점에서만 개선된 제한적인 대안을 개발하고 현실적인 여건에 부합하게 적용될 수 있는 대안을 선택한다(최성재, 남기민, 2016).

점증모형은 저항을 가장 적게 받고 문제를 효율적으로 해결할 수 있는 장점이 있다. 과거의 경험과 정형적인 문제해결 습관에 의거해 문제를 해결하는 과정이고 현재 문제가 되고 있는 이슈에만 관심을 두기 때문이다. 그러나 과거의 결정이 반드시 타당한 것은 아니고 급속한 환경 변화에 점진적으로 대응할 수밖에 없기 때문에 변화와 혁신이 필요한 상황에는 적용이 어렵다는 단점이 있다. 즉, 현실을 인정하고 혁신을 배제한다는 점에서 보수적이고, 의사결정에서 지나치게 현실의 여건과 정치적 수용성을 강조하기 때문에 체계성과 과학성이 떨어진다(황성철, 2005).

④ 혼합모형

혼합모형은 합리모형과 점증모형의 한계를 보완해 혼합한 방법으로 제한된 합리모형이라고도 불린다. 이 방법은 인간의 정보 수집 및 처리 능력의 한계와 현실적 제약을 인정하면서도 문제를 해결하는 데 가장 나은 대안을 선택해야 한다는 전제에 입각해 있다. 의사결정자는 현실적인 제약을 고려하지 않고 문제를 전체적으로 검토한 뒤, 현실적인 제약 안에서 가능한 모든 대안을 개발해 효과성 · 효율성이 가장 높다고 판단되는 대안을 선택한다(최성재, 남기민, 2016).

혼합모형은 합리모형이 추구하는 지나치게 이상적인 측면을 다소 완화하는 동시에 점증모형의 보수성을 극복한다는 점에서 장점이 있다. 그러나 조직구성원들의 광범위한 동의가 없다면 장기사업, 핵심 및 주요 사업에 대한 안정되고 일관된 의사결정을 하기 어렵다는 단점이 지적된다(황성철, 2005).

⑤ 최적모형

최적모형은 합리모형과 점증모형 등 기존의 모형에 대한 비판적 검토에 입각해 대안을 제시하고자 한다. 합리모형은 고도로 합리적인 대안을 추구하려 한다는 점에서 지나치게 이상적이고, 다른 모형들은 현실지향적으로 편향돼 있어서 의사결정의 역할이 제한된다고 본다. 이 방법은 기본적으로 합리모형에 바탕으로 두고 있으면서도 의사결정자의 직관 · 판단 · 창의력 등 초합리적 요소도 반영하려 한다(천정웅, 김용환, 김승돈, 2015). 또한 기존의 모형들과는 달리 의사결정의 단계를 중시하기 때문에 의사결정자는 희소자원을 최적으로 활용하는 의사결정을 할 수 있도록 고도로 훈련될 수 있다고 본다.

최적모형의 의사결정은 3단계로 이루어진다. 초정책결정단계(meta-policy making stage)는 정책 결정에 대한 정책 결정을 하는 단계로 정책 결정 여부에 대한 판단을 포함해 정책 결정의 구조와 절차 등을 결정하는 단계다. 정책결정단계(policy making stage)는 문제해결을 위해 다양한 대안을 준비하고 선택하는 실제적인 결정단계다. 정책결정이후단계(post policy making stage)는 정책결정 이후 환류를 통해 수정하는 일련의 과정을 말한다.

⑥ 쓰레기통모형

기존의 의사결정이론들은 조직이 처한 불확실성에 대한 대처에 대해 설명력을 제공하는 데에는 실패했다. 이와 같은 한계는 조직의 목표가 불확실하고 기술이 불확실하며 결정적인 효과성을 입증하기 어려운 경우에 두드러진다. 쓰레기통모형은 조직의 주요 의사결정에서는 문제, 해결 방안, 참여자, 선택의 기회(결정을 필요로 하는 상황) 등 4가지 상대적으로 독립적인 흐름이 복합적으로 작용한다고 본다. 최종 의사결정은 합리적인 요소보다는 4가지 흐름의 복합적인 작용에 따라 이루어진다는 것이다. 쓰레기통은 문제와 관련된 이슈, 조직구성원들의 선호가 반영돼 있는 결정의 방향, 문제해결과 만족을 추구하는 참여자들이 만나는 장이다.

쓰레기통모형은 합리성의 원리에 의해 운영되지 않는 많은 상황에서 적용될 수 있다. 최종 의사결정은 상대적으로 독립적인 여러 흐름의 복합적인 작용에 따라 이루어진다. 쓰레기통모형에 의한 의사결정은 3가지의 형태를 나타낸다.

첫째, 간과(oversight)의 형태로 현존하는 문제에 집중하지 못한 채 선택이 이루어진다.

둘째, 유리(flight)의 형태로 문제와 유리된 채 결정이 이루어지고 따라서 어떠한 문제도 해결하지 못한다.

셋째, 해결(resolution)의 형태로 문제를 해결하는 선택이 이루어진다.

⑦ 공공선택모형

공공선택모형은 경제학의 방법론을 적용해 의사결정모형을 구축하려 한다. 인간은 기본적으로 경제적 인간의 속성을 갖고 있기 때문에 사적 이익의 극대화를 추구한다고 본다. 조직 차원에서도 의사결정자는 사회 전체의 공익보다는 자신과 자신이 속한 조직의 이익의 극대화를 추구하려 할 것이다. 이는 방법론적 개인주의에 바탕을 두고 있는 견해라고 볼 수 있다. 사회는 하나의 유기체라기보다는 모래알 같은 개인적인 행위자들의 집합에 불과하다는 것이다. 이처럼 공공선택이론은 정부를 비롯한 공적 조직들의 의사결정을 경제적 관점에서 해석했다는 점에 의의가 있다. 현실적으로 많은 경우 정부, 관료, 정당, 공공조직 등이 행하는 의사결정에서는 사적인 이익추구의 경향을 배제할 수 없기 때문이다. 이는 공공부문의 비효율성과 비능률성을 낳는 원인으로 지목되기도 한다.

그러나 공공선택이론은 공공부문의 특수성을 부정한다는 비판도 제기될 수 있다. 사적인 비용과 이익으로 환원될 수 없는 공공재적 성격의 재화를 무시할 수 없기 때문이다. 즉, 비배제성과 비경합성이 모두 적용되는 공적 재화의 경우 공공선택모형의 적용성이 제한될 수 있다. 따라서 지대추구(rent-seeking) 등 공공부문의 사적 이익추구 경향을 억제하는 공적 통제를 강화하면서도 공적 영역의 순기능을 유지하는 접근을 강구할 필요가 있다.

(3) 의사결정의 정형성 기준의 분류

사이몬(Simon, 1977)은 의사결정이 프로그램화돼 있는지 그렇지 않은지에 따라 정형적(programmed) 의사결정과 비정형적(nonprogrammed) 의사결정으로 구분했다(Ivancevich, Konopaske, & Matteson, 2011; 〈표 12-2〉 참조). 여기서 정형적이란 구조화된(structured) 혹은 명확한 매개변수(parameter)를 갖는다는 의미의 컴퓨터 용어에서 착안한 것이다.

〈표 12-2〉 정형적 및 비정형적 의사결정의 비교

구분	정형적 의사결정	비정형적 의사결정
문제 유형	빈번하고 반복적이고 일상적이며 인과관계에 대해 상당한 확실성이 있는 문제	새롭고 비구조적이고 인과관계에 대해 상당한 불확실성이 있는 문제
절차	방침, 규칙 및 명확한 절차에 의존	창의성과 직관 필요
예	• 기업: 재고품의 주기적인 재주문 • 대학: 성적 관리 • 의료기관: 환자의 등록 절차 • 정부: 공무원의 승진용 인사고과	• 기업: 제품 다각화와 시장 다변화 • 대학: 새로운 강의실 건축 • 의료기관: 실험기자재 구입 • 정부: 정부기관의 재조직

출처:서도원, 이덕로(2016), p. 428 수정.

① 정형적 의사결정

정형적 의사결정이란 예측 가능한 상황에서 이루어지기 때문에 역시 예측 가능한 결과를 얻는 의사결정이다. 결과를 예측할 수 있는 이유는 유사한 결정이 이전의 상황에서 종종 이루어졌기 때문이다. 이처럼 정형적 의사결정에서 의사결정자는 이전의 유사한 문제에 대한 경험을 바탕으로 분명한 판단의 준거를 갖고 있을 뿐 아니라 문제 자체가 이미 상당히 구조화돼 있고 대안도 정립돼 있는 경우가 많다. 실제로 조직에서는 많은 결정이 조직적인 방침, 지시, 절차 등에 따라 구조화돼 있다.

② 비정형적 의사결정

의사결정자는 종종 이전에 경험해 보지 못한 상황에 직면하게 된다. 비정형적 의사결정이란 독특한 상황에서 이루어지고 예측할 수 없는 결과를 낳게 되는 의사결정이다. 정형적 의사결정과는 달리 프로그램화할 여지가 적고, 개인의 경험, 판단, 능력 등의 영향을 많이 받는다. 비정형적 의사결정은 대부분 조직의 지도층에 의해 이루어진다. 지도층의 과업은 조직의 성패와 관련돼 있는 비정형적 문제에 대해 의사결정 하는 일이라고 해도 과언이 아니다.

민츠버그(Mintzberg, 1980)는 경영자들은 구조화돼 있지 않은 문제에 대한 비정형적 의사결정에서 4가지의 역할을 맡는다고 한다.

첫째, 혼란조정자의 역할로 비정형적인 문제에 직면해 혼란에 처한 조직 상황을 극복하기 위해 책임 있는 의사결정을 하는 것이다.

둘째, 기업가의 역할로 가장 중요한 문제에 대해 혁신적인 해결책을 제시하는 것이다.

셋째, 협상자의 역할로 반대의견을 수렴하고 타협해 특정 이슈를 둘러싼 갈등을 완화하고 조직적인 통합을 추구하는 것이다.

넷째, 자원배분자의 역할로 새로운 환경이나 예측 못한 자원의 변화에 직면해 자원을 효율적으로 활용하기 위한 방안을 모색하는 것이다.

4) 의사결정의 기술

(1) 개인의사결정기술

① 의사결정나무분석

의사결정나무분석(decision tree analysis)은 대안 선택에 따라 초래될 결과를 쉽게 예측할 수 없는 불확실한 상황에서 의사결정을 하는 방법이다([그림 12-5] 참조). 복잡하고 다양한 대안에 대해 '예/아니요'를 선택해 도식화함으로써 발생할 수 있는 상황을 예측하여 최종적인 의사결정에 반영하도록 하는 것이다. 의사결정나무를 구성하는 요소에는 나무의 골격에 해당하는 대안의 종류, 각 대안을 채택 혹은 기각할 수 있는 경우, 각각의 선택에 따라 발생할 수 있는 이익과 손실로서의 결과가 있다.

의사결정나무분석은 최종적으로 의사결정자의 선택에 따라 발생할 수 있는 불확실한 상황인 결과가 발생할 수 있는 확률을 계산해 최적의 대안을 선택한다. 이때 확률은 과거의 경험에 대한 자료, 관련 정보, 전문가의 의견, 의사결정자의 개인적 판단 등을 토대로 부여하게 된다.

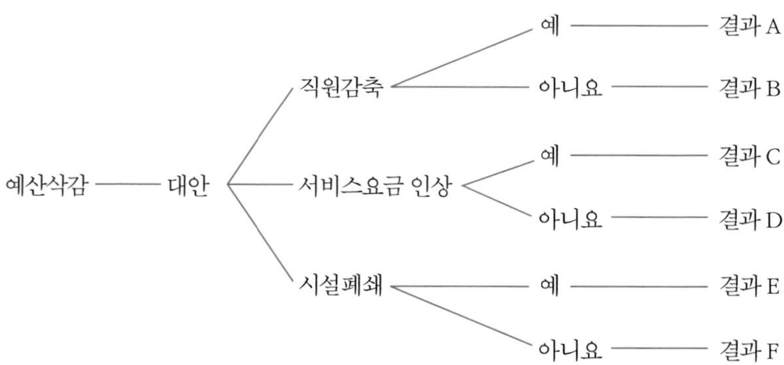

그림 12-5 의사결정나무분석 예시

출처: 최성재, 남기민(2016), p. 266 수정.

② 대안선택흐름도표

대안선택흐름도표(alternative choice flow chart)는 각 단계에서의 선택에 따른 예상결과에 '예/아니요'로 답하면서 대안을 채택하는 방식이다([그림 12-6] 참조). 목표가 명확하고 문제해결의 경로를 분명히 제시할 수 있으며 각 선택 상황에 따른 대안의 수가 비교적 단순할 때 적용될 수 있다.

대안선택흐름도표는 의사결정나무분석과는 상이한 조건에서 적용될 수 있다. 의사결정나무분석은 다양한 대안이 존재하고 대안 선택에 따른 결과를 확률 수준으로밖에 예상할 수 없는 불확실한 상황에서 적용될 수 있다. 반면, 대안선택흐름도표에서는 대안의 수가 매우 제한적이고 문제해결의 경로가 명확하며 대안 선택에 따른 결과를 분명히 예상할 수 있어야 한다.

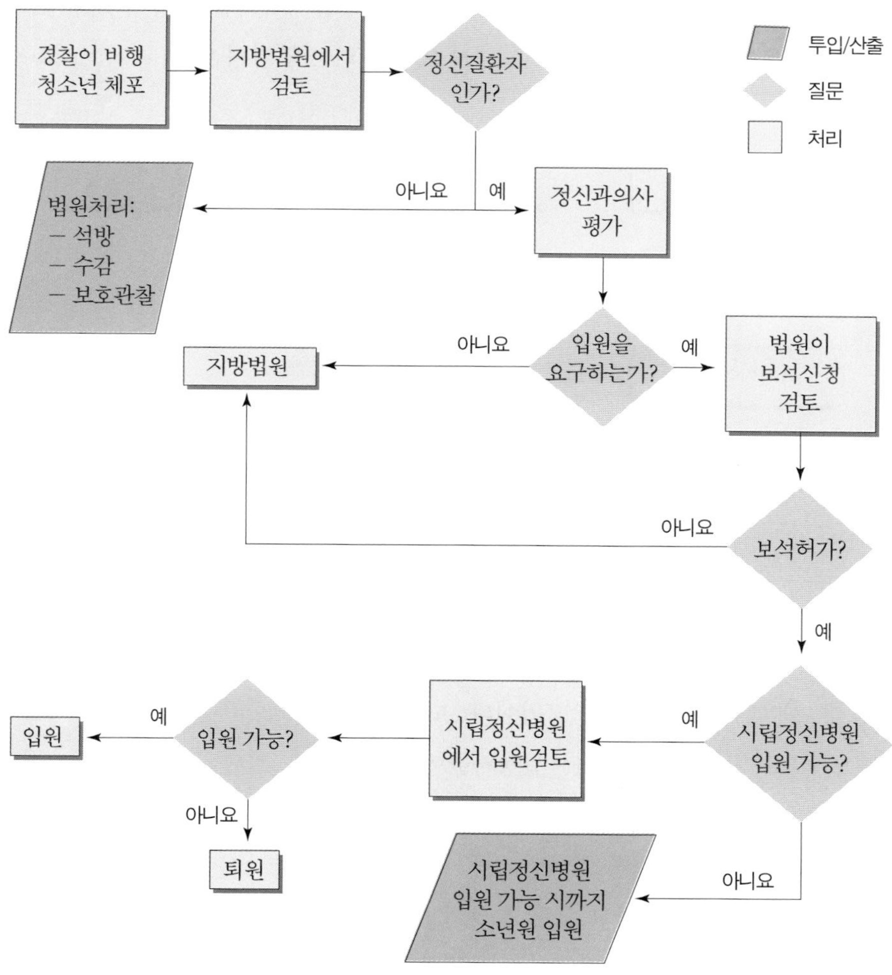

그림 12-6 대안선택흐름도표(체포된 비행청소년의 법적 처리 및 입원 결정의 예)

출처: 최성재, 남기민(2016), p. 267 수정.

(2) 집단의사결정기술

① 소집단투표 의사결정법

소집단투표 의사결정법 혹은 명목집단기법(Nominal Group Technique: NGT)은 일단의 전문가 또는 관련자들을 한 장소에 모아 의견을 적어 내게 하고 이를 종합해 정리한 뒤 이 의견들에 대해 집단이 각각의 의견을 검토해 만족스러운 합의를 이루고자 하는 방법이다(Moody, 1993; [그림 12-7] 참조). 보통 6~9명의 소집단을 대상으로 실시한다(최성재, 남기민, 2016).

이 방법의 장점은 다양한 의견을 청취할 수 있고 참여의식을 높일 수 있다는 점이다. 반면, 많은 사람이 참여할 경우 시간이 오래 걸리는 단점이 있다.

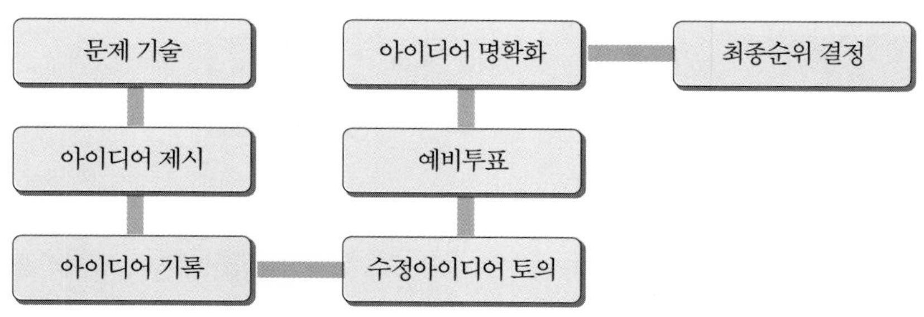

그림 12-7 소집단투표 의사결정법의 단계

출처: 서도원, 이덕로(2016), p. 434 수정.

② 델파이방법

델파이(Delphi)방법이란 의사결정의 방향이 불확실한 사항에서 전문가들의 합의를 얻으려고 할 때 주로 적용하는 방법이다(Mondy & Premeaux, 1995; [그림 12-8] 참조). 원래 랜드(Rand)기업연구소의 의사결정자들이 개발하였다. 일단의 전문가 또는 관련자들로부터 의견이나 정보를 수집해 그 결과를 분석한 후 다시 응답자에게 보내 의견을 묻는 과정을 만족스러운 결과를 얻을 때까지 계속하는 것이다. 이는 소집단 투표 의사결정법에 비해 복잡하고 오랜 시간이 소요되는 방법으로, 집단구성원들의 출석을 요구하지 않는다는 점을 제외하고는 명목집단기법과 매우 유사하다.

델파이방법의 장점은 전문가들이 자유로운 시간에 의견을 개진할 수 있고, 다른 사람과 의견을 비교해 재검토할 수 있다는 점이다. 반면, 시간이 많이 걸리고 절차가

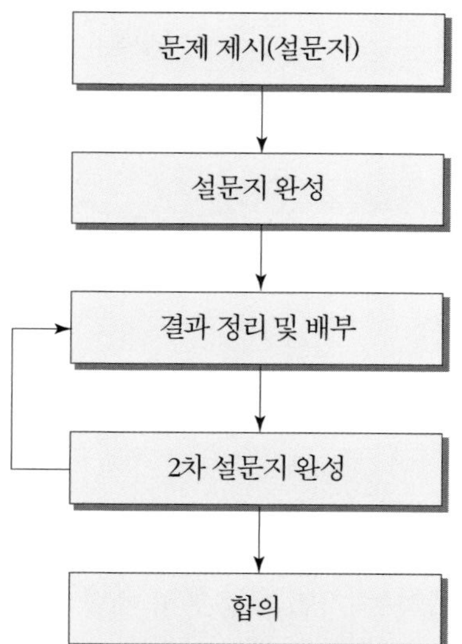

그림 12-8 델파이방법의 단계

출처: 서도원, 이덕로(2016), p. 436.

반복되는 동안 응답자의 수가 줄어드는 단점도 있다(최성재, 남기민, 2016).

③ 브레인스토밍

브레인스토밍(brainstorming)은 1939년 미국 광고회사인 BBDO가 창안한 아이디어 창출 기법으로, 두뇌(Brain)에 폭풍(Storm)을 일으킨다는 뜻에서 두뇌착란법이라고 불리기도 한다(Holt, 1993; [그림 12-9] 참조). 원래 10명 전후의 집단을 대상으로 1,060분에 걸쳐 한 주제에 대해 다각도로 토론하게 함으로써 많은 아이디어를 얻게 한 것으로, 자유연상법(free association)의 전형적인 방법이다. 처음에는 광고산업에서 창조적인 아이디어를 개발하기 위해 사용됐는데, 오늘날에는 전 분야에서 광범위하게 적용되고 있다. 여기서는 비판을 하지 않지 않고 다양한 대안을 제시할 수 있도록 장려한다. 브레인스토밍을 통해 정형화된 사고의 틀을 벗어나기 위해서는 비판금지의 원칙, 결합개선의 원칙, 자유분방의 원칙, 질보다 양 우선의 원칙이 철저히 준수돼야 한다.

이 방법의 효과는 인간관계의 원활화, 적극적 태도 확립, 동기 부여, 창의적 및 진취적 태도 배양, 문제해결 능력 함양, 합리적인 사고 습관 증진 등이 있다. 그러나 위험이나 불확실성이 매우 큰 이슈보다는 비교적 덜 중요한 의사결정에만 적용될 수 있고, 시간이 오래 걸리고 비용이 많이 들고, 피상적인 아이디어밖에 얻지 못할 수 있

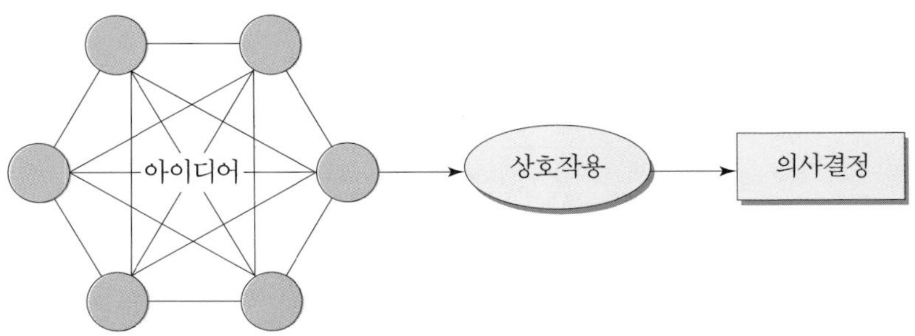

그림 12-9 브레인스토밍의 과정

출처: 서도원, 이덕로(2016), p. 437.

으며, 다양한 아이디어를 결합하는 기법은 충분히 개발돼 있지 못한 점 등이 단점으로 지적된다.

④ 변증법적 토의

변증법(dialectic)이란 정립 · 반정립 · 합, 즉 정(正) · 반(反) · 합(合)의 3단계 과정을 거쳐 진리를 파악하는 논리적 방법이다. 정(正)의 단계는 현재 진실이라고 믿지만 모순이 포함돼 있는 사물의 상태다. 반(反)의 단계는 현재 진실이라고 믿는 사물에 내재해 있는 모순을 자각하는 단계다. 합(合)의 단계는 정립과 반정립이 종합되는 상태인데, 여기서는 모순이 극복되고 정립과 반정립을 넘어서는 새로운 통일이 이루어진다.

변증법적 토의는 의사결정이 필요한 사안에서 특정한 대안을 채택할 때 문제점을 충분히 파악해 이를 극복할 수 있는 대안을 채택하려는 집단토의 방법이다. 특정한 잠정적인 대안에 대해 찬반의견을 충분히 제시하게 하고, 최종 대안을 선택할 때는 반대 측 사람들이 개진한 문제점들에 대한 해결 방안을 반영하도록 하는 것이다. 이 방법은 최종 대안을 채택하기 이전에 잠정적인 대안의 문제점을 충분히 탐색해 의사결정에 반영할 수 있고, 반대의견을 체계적으로 개진할 수 있도록 보장함으로써 조직 내의 비판적인 토론을 활성화할 수 있는 장점이 있다. 하지만 토론 참여자들의 책임감 있는 자세가 부족하다면 기대했던 성과를 거두지 못할 수 있다. 따라서 토론 참여자들은 조직적인 의사결정을 위한 토론 과정의 일환이라는 점을 중시해, 단순히 반대를 위한 맹목적인 반대가 아니라 문제를 제시하고 해결책을 강구하는 데 책임감을 갖고 참여할 필요가 있다.

제13장 프로그램개발과 마케팅

1. 프로그램개발

1) 프로그램설계

(1) 프로그램설계에 대한 이해

① 프로그램설계의 정의

라프와 포트너(Rapp & Poertner, 1992)는 프로그램을 하나의 목표를 달성하기 위한 활동들의 집합체로 보았다. 패티(Patti, 1983)는 기관의 설립이념 또는 사명을 구현하기 위해 기관의 서비스 기술을 클라이언트집단에 적용해 활동을 전개하는 체계라고 정의했다. 로이스, 사이어, 패젯과 로건(Royse, Thyer, Padgett, & Logan, 2001)은 프로그램이란 특정한 목표를 달성하기 위한 조직화된 활동의 체계라고 정의하고, 궁극적으로 클라이언트에게 긍정적인 영향을 주기 위한 개입이나 서비스를 의미한다고 보았다.

이를 종합하면, 프로그램이란 특정한 목적을 달성하기 위해 자원과 기술을 투입하고 일정한 절차에 따라 진행하는 조직의 계획적인 활동체계라고 정의할 수 있다. 이와 같은 정의에서 핵심이 되는 단어는 목적, 자원과 기술, 계획적 활동이다. 이는 프로그램으로 인정되기 위한 기본적인 구성요소라고 볼 수 있다(황성철, 2005).

프로그램설계(program design)란 구체적인 프로그램 실행 절차와 자원을 연결해 일관성 있는 계획으로 완성하는 작업이다. 그런데 프로그램설계는 생산물(product)인 동시에 하나의 방법(method)이라고 할 수 있다(Rapp & Poertner, 1992).

생산물로서의 프로그램설계는 클라이언트에게 효과적인 서비스를 제공하고 프로그램의 목표를 달성하기 위해 '생산물로서의 서비스'를 설계하는 문서를 의미한다. 이는 사회복지조직의 전형적인 생산적 활동으로서 투입된 자원을 프로그램을 통해 서비스라는 생산물로 변형시켜 클라이언트에게 제공하는 것이다. 방법으로서의 프로그램설계는 조직관리에 대한 일련의 결정을 내리는 활동이라고 볼 수 있다. 조직구성원들의 조직활동에 방향과 초점을 제시하고, 조직의 인적·물적 자원의 운영에 대한 구체적인 관리적 결정을 내리는 활동의 일환이기 때문이다.

② 프로그램설계의 개선

프로그램설계는 조직활동에서 매우 중요한 활동이다. 그런데 현실적으로는 체계적이고 과학적인 프로그램설계가 이루어지지 않는 경우가 많다. 프로그램설계가 잘못되는 경우는 다음과 같은 원인과 관련이 있다(정무성, 2005; 최성재, 남기민, 2016).

- 애매한 프로그램 목표, 개입의 성격의 불명확성, 사명의 달성 여부를 평가할 수 있는 성과 기준의 결여
- 편의성이나 기존 관행에 의한 서비스 제공 경향
- 치료 효과를 거두기 쉽고 협조적인 클라이언트만을 선정해 서비스를 제공하는 풍토
- 정부, 유관기관, 후원자 등 과업환경의 지지 결여
- 직원들의 낮은 직무만족도

잘못된 프로그램설계로 인해 나타나는 공통적인 문제점들은 다음과 같다(Rapp &

Poertner, 1992).

- 관리자와 조직구성원들은 적은 자원으로 많은 성과를 거두도록 요구받는다.
- 프로그램 실행자와 클라이언트들은 목적과 기대효과를 분명히 알지 못한다.
- 유관기관, 전문가, 클라이언트, 지역사회의 구성원들은 프로그램의 명확한 목적을 모르기 때문에 프로그램에 대한 이해도가 낮을 것이고, 이는 갈등과 지원 부족으로 이어질 수 있다.
- 과업환경의 자원제공자들은 프로그램의 기대효과를 정확하게 이해하기 어려울 것이다.
- 프로그램의 명확성 부족은 불필요한 회의나 서류업무의 증가로 이어져 프로그램의 효과적인 관리와 체계적인 진행에 장애를 초래할 것이다.
- 프로그램과 관련된 위기 파악 및 상황마다 제기되는 과업처리 때문에 에너지를 소모하지만 성과는 향상되지 않는다.
- 프로그램 기획 시 현재 적용되고 있는 대안만을 고려하기 때문에 잠재적으로 영향력이 더 큰 대안을 선택할 수 없게 된다.

프로그램설계를 개선한다면 다음과 같은 효과가 나타날 것이다.

- 프로그램수행에 대한 책임성이 커진다.
- 프로그램의 효과성과 효율성이 증진된다.
- 과업환경의 자금제공자에게 명확한 프로그램계획을 제시할 수 있다.
- 유관기관, 전문가, 클라이언트, 지역사회의 구성원들은 프로그램의 목적과 목표를 분명히 알 수 있게 된다.
- 조직구성원들에게 과업과 역할기대를 분명하게 제시할 수 있다.
- 조직구성원들의 직무만족도가 향상된다.
- 지역사회 자원의 무절제한 남용이 방지된다.
- 클라이언트의 역량이 강화된다.

(2) 프로그램설계 이전에 고려할 사항

① 사회복지프로그램과 사회복지 가치의 조화

사회복지프로그램이 지향해야 할 사회복지의 주요 가치는 환경 속의 개인의 관점에서 클라이언트의 약점이 아닌 강점을 중심으로 클라이언트의 역량을 강화하는 것이다(Rapp & Poertner, 1992; 최성재, 남기민, 2016). 첫째, 사회문제의 원인을 개인에게 돌리는 관점은 희생자비난(blaming-the-victim)의 시각이다. 따라서 이 관점은 비교적 지원과 승인을 받기 쉽지만 사회복지의 가치로는 적절하지 않을 수 있다. 둘째, 사회환경에 원인을 돌리는 관점은 환경비난(blaming-the-environments)의 시각이다. 이 관점을 취하면 여러 정책을 프로그램의 개입 대상으로 삼아야 하기 때문에 이해관계자가 많아 실현 가능성이 떨어지고, 클라이언트에 대한 직접적인 서비스를 제공해 문제에 대한 내적 대처역량을 강화하는 노력은 소홀해질 수 있다.

또한 최근 지역사회통합(community integration)이 중요한 가치로 부각되고 있다. 사회복지프로그램은 프로그램의 대상자들을 시설 등으로 분리시키지 않고, 이들에 대한 역량강화와 함께 지역사회에서 거주할 수 있는 방안을 마련함으로써 이웃과 더불어 살아가게 하려는 정상화(normalization)의 가치를 반영하고 있다.

② 프로그램설계에 필요한 정보의 확보

효과적인 프로그램의 설계를 위해서는 프로그램을 설계하는 단계에 따라 필요한 정보를 계속해서 확보할 수 있어야 한다. 여기에는 사회문제에 대한 정보, 사회문제에 노출된 사람들의 범위와 구체적인 상황에 대한 정보, 관련 문제에 대한 과거의 개입 자료 등이 포함된다. 정보의 자원에는 인구조사, 정부의 통계자료, 전문적인 조사 보고서, 조직구성원들의 과거 경험을 반영하는 실천지혜 등이 있다.

그런데 현실적으로는 몇 가지 장애에 직면할 수 있다.

첫째, 최신의 유용한 개입이론은 관련 연구의 부족으로 실제 활용에 장애를 초래할 수 있다.

둘째, 인기 있는 특별한 프로그램에 대한 평판에 기초해 개입 방법을 선택하면 효과적인 개입에 장애가 초래될 수 있다.

셋째, 새로운 문제나 새로운 표적집단에 대해 기존에 기관이 사용하는 개입 방법을 관성적으로 적용하게 될 경우 개입의 효과를 발휘하는 데 장애가 초래될 수 있다.

넷째, 효과가 실증된 가장 최신의 이론 및 모델과 프로그램에 대한 정보 확보에 소홀해지고 알려진 접근방법에만 의존할 경우 개입 효과를 극대화할 수 없다.

③ 다양한 개입 수준의 적용

최근의 사회복지실천의 생태학적 시각은 클라이언트에 대한 개입 전략이 개인, 집단, 조직, 기관, 지역사회, 전체 사회 등 다양한 사회적 수준에서 검토돼야 한다고 강조한다. 과거에는 주로 개인 수준에 대한 개입에만 초점을 맞추어 왔다. 그러나 인간이 직면하는 문제는 복잡성을 지니고 있기 때문에 개입의 효과를 거두기 위해서는 복합적인 수준의 개입이 필요하다. 일반적으로 복합적인 수준에 초점을 맞춘 개입방법은 개입의 효과성을 증진시키고 프로그램의 목적 달성에도 기여할 수 있다.

이에 따라 클라이언트에 대한 개입 방법을 선택하는 데에는 다음과 같은 원리가 적용될 필요가 있다.

첫째, 생태학적 시각은 사회문제에 대한 개입 방법 결정에 유용한 방법이다.

둘째, 클라이언트의 수치심을 야기하는 낙인적인 방법이 아니라 클라이언트의 보호를 위한 개입이 이루어져야 한다.

셋째, 개인과 환경의 강점을 고려해야 한다.

넷째, 개입은 클라이언트의 욕구와 전체 사회의 욕구가 조화되는 방향으로 이루어져야 한다.

다섯째, 다양한 수준에서의 개입이 바람직하다.

(3) 프로그램설계의 단계

프로그램설계에는 다양한 모형이 있다(황성철, 2005). 카머만(Kamerman, 1975)은 최초로 기획(planning)-개시(initiation)-실행(implementation)의 3단계 모형을 제시했다. 패티(1983)는 설계(design)-실행(implementation)-안정화(stabilization)의 3단계 모형을 제시했다. 토마스(Thomas, 1988)는 분석(analysis)-디자인(design)-개발(development)-평가(evaluation)-확산(diffusion)-채택(adoption)으로 구성된 디자인개발(design and development)모형을 제시했다. 케트너, 모로니와 마틴(Kettner, Moroney, & Martin, 1999)은 문제분석-욕구사정-전략선택과 목표수립-프로그램설계-정보관리체계-예산수립-프로그램평가로 구성된 설계관리(design and management)모형을 제시했다. 키스트-애시먼과 헐(Kist-Ashman & Hull, 2001)은 PREPARE로 구성된 일반사회복지실천(general practice)모형을 제시했다. 이 모형은 문제(Problem)확인-거시적 또는 개인적 현실(Reality)검토-주요 목적수립(Establish)-영향력 행사 인사(People)확인-비용과 편익의 잠정적 사정(Assessment)-전문적 또는 개인적 위험(Risk) 검토, 잠정적 성과평가(Evaluate)로 이루어져 있다. 또 이들은 기관 차원의 프로그램 개발에 적용될 수 있는 IMAGINE모형을 제시했는데, 아이디어(Idea) 개발-지지규합(Muster)-자산(Assets) 확인-목적(Goal)·목표 설정-실행(Implement)-저항 중립화(Neutralize)-과정 및 효과 평가(Evaluate)로 구성된다. 최근에는 설계 단계에 치중된 기존 모형의 한계를 극복하고 프로그램 전 과정의 관리와 운영에 대한 관리자의 역할을 강조하기 위해 PIE모형이 제시되고 있다. 이 모형은 기획(Planning) 및 설계 단계-실행단계(Implementation)-평가(Evaluation)단계로 구성된다.

여기서는 라프와 포트너(1992)의 모형을 중심으로 설명한다.

① 제1단계: 사회문제 분석

사회문제는 다음과 같은 특징을 지니고 있어야 한다(Rapp & Poertner, 1992; 황성철, 2005; 최성재, 남기민, 2016). 어떤 현상이 사회적 가치에서 벗어나고, 상당수의 사람이 그 현상으로 인해 부정적인 영향을 받고 있고, 그 원인이 사회적이고, 다수의 사람이나 영향력 있는 일부의 사람이 문제로 판단하고 있으며, 사회가 그 개선을 원하고 있고, 개선을 위해 집단적·사회적 행동이 요청되는 것이어야 한다.

사회문제를 분석할 때에는 테이버와 피니건(Taber & Finnegan, 1980) 그리고 요크(York, 1982)의 분석틀을 적용할 수 있다. 이에 대해 간단히 소개하면 다음과 같다.

테이버와 피니건의 사회문제 분석틀은 사회문제의 다면적인 특성에 초점을 맞추고 있다(〈표 13-1〉 참조).

- 개인에 대한 문제: 물질적인 최저기준의 미달, 학대와 착취 등의 위협, 사회참여에의 장애 등 사회문제의 존재로 개인에게 일차적으로 영향을 끼치는 요소
- 사회에 대한 문제: 사회적으로 비용을 부담해야 할 필요성이 있는 문제, 사회구성원의 건강과 안전에 위협이 되는 문제, 사회통합 등 사회적 가치에 위협이 되는 문제
- 사회문제의 존재나 확산에 영향을 주는 요인: 사회문제 존재의 근본적 원인이나 사회문제 확산에 기여하는 개인, 가족, 지역사회, 전체 사회 등의 요인

〈표 13-1〉 테이버와 피니건의 사회문제분석틀(치매노인 문제의 예)

분석틀	치매노인 문제
Ⅰ. 사회에 대한 문제	Ⅰ. 사회에 대한 문제
1. 사회가 부담해야 할 비용과 부담	1. 치매노인 보호 및 치료비용 급증
2. 사회구성원의 건강과 안전에 대한 위협	2. 노인의 건강과 생명, 삶의 질 위협
3. 사회가 중요시하는 가치에 대한 위협	3. 경로효친사상 제고
Ⅱ. 개인과 가족에 대한 문제	Ⅱ. 개인과 가족에 대한 문제
1. 건강과 발전을 위한 최소 기준 결여	1. 재가치매노인의 생활문제와 가족갈등
2. 학대나 착취와 같은 위협	2. 치매노인에 대한 가족의 방치 또는 학대
3. 적극적이고 능동적인 사회참여의 장벽	3. 건강한 노후생활과 사회활동의 제약
Ⅲ. 사회문제의 존재나 확산에 영향을 주는 요인	Ⅲ. 사회문제의 존재나 확산에 영향을 주는 요인
1. 생물학적 또는 물리적	1. 알츠하이머병
2. 행동적	2. 가족의 보호부담 가중
3. 사회적 또는 심리적	3. 허약한 노인 경시
4. 정치경제적	4. 노인의 사회적 가치 평가절하
5. 개인 또는 가족	5. 가족의 무관심과 방치
6. 지역사회	6. 적절한 보호기관 부족
7. 역사 또는 문화	7. 노인경시풍조의 만연
8. 사회	8. 질병노인에 대한 무관심과 정책 부재

출처: 황성철(2005), p. 93 수정.

요크의 사회문제 분석틀은 다음의 10가지 질문에 답하는 방식으로 이루어져 있다.

- 바람직하지 못한 상황과 조건은 무엇인가?
- 누가 그 문제로 고통받는가?
- 누가 그 문제로부터 이득을 얻는가?
- 누가 그것을 사회문제로 규정하는가?
- 누가 그것을 사회문제로 규정하지 않는가?
- 문제의 원인이 무엇인가?
- 그 문제를 다루는 현재의 프로그램은 무엇인가?
- 이 프로그램들을 중단할 때 예상되는 결과는 무엇인가?
- 사회변화의 목표는 무엇인가?
- 욕구와 자원 간의 격차를 줄이는 데 찬성하는 사람과 반대하는 사람은 누구인가?

② 제2단계: 프로그램 대상자 결정

프로그램설계에서 중요한 과업 중 하나는 누가 프로그램의 직접적인 수혜자, 즉 대상자가 될 것인지 결정하는 일이다. 지금까지는 객관적이고 합리적인 근거 없이 프로그램의 대상자를 결정하는 경향이 있었다. 이로 인해 사회복지조직과 클라이언트집단 간의 갈등이 초래되기도 하고, 효과를 발휘하기 쉬운 대상자를 선별하는(creaming) 현상이 발생하기도 한다. 따라서 프로그램 대상자를 결정하는 일은 프로그램 관리자 개인의 독단이나 자유재량의 영역이 될 수 없다.

이때 인구집단깔때기(population funnel)분석은 프로그램 대상자를 선정하는 유용한 방법이 될 수 있다([그림 13-1] 참조). 인구집단은 다음과 같은 성층을 이루고 있다(Taber & Finnegan, 1980).

- 일반집단(general population): 문제가 있는 해당지역의 모든 사람을 포함한다.
- 위험집단(at-risk population): 일반 인구집단의 하위집단으로 사회문제에 특히 취약한 인구집단을 말한다.
- 표적집단(target population): 위험 인구집단 중 프로그램 대상자로 자격이 있는 인구집단을 말한다. 자격기준을 정할 때는 법률이나 규정, 프로그램과 관련된 이론, 기관의 자원, 후원기관의 요구 등을 고려한다.

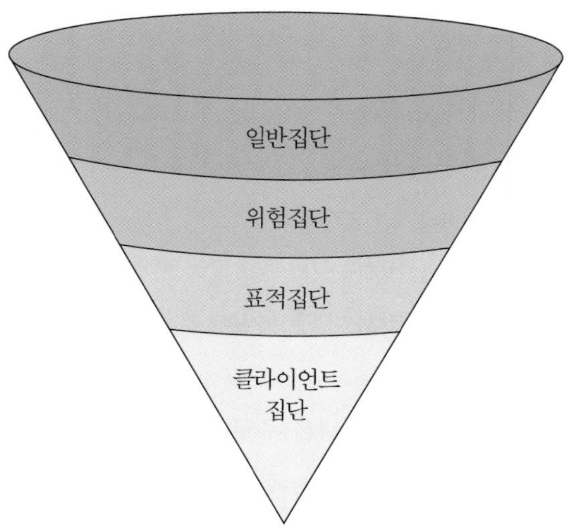

그림 13-1 인구집단깔때기

• 클라이언트집단(client population): 표적 인구집단의 하위집단으로서 프로그램의 대상자인 클라이언트가 되는 사람들을 말한다. 클라이언트집단을 결정할 때는 인적·물적 자원과 관련된 기관의 능력을 의미하는 실용성, 클라이언트의 자발성을 비롯한 윤리성, 클라이언트의 접근성 및 참여 의지 등 특정 프로그램의 기회를 이용할 수 있는 최소한의 능력으로서의 클라이언트의 능력을 고려해야 한다.

③ 제3단계: 개입이론 결정

개입이론의 결정은 바람직한 성과의 도출과 직결된 문제이기 때문에 프로그램설계 과정 중 가장 중요한 부분이 될 수 있다. 개입이론은 설정된 목표를 달성하기 위한 것으로 목표와 밀접한 관련이 있어야 한다. 개입이론과 연관된 프로그램설계의 요소에는 클라이언트의 일반적인 성과목표, 클라이언트의 구체적인 성과목표, 클라이언트의 기대사항, 사회복지사의 기대사항 등이 있다. 이들 요소들은 상호 밀접하게 관련돼 있다. 일반적 목표에 근거해 구체적 목표가 설정되고, 클라이언트의 기대사항과 사회복지사의 기대사항은 구체적 목표에 반영되기 때문이다.

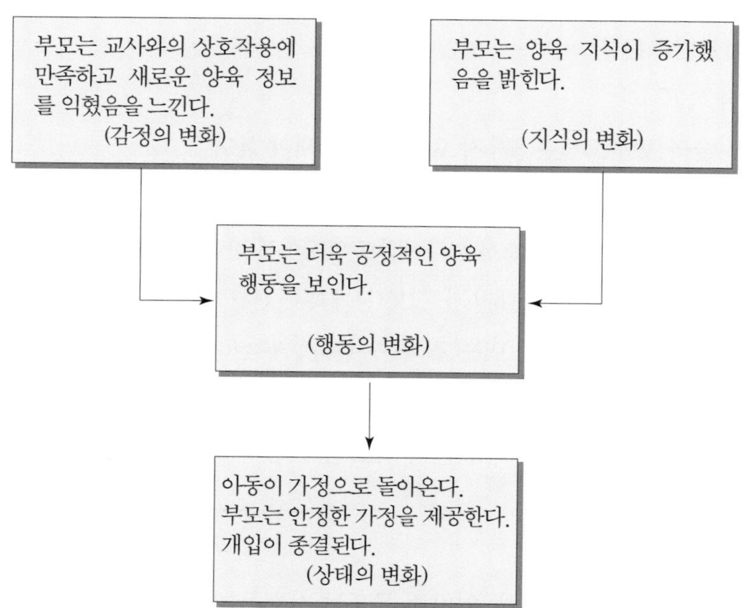

그림 13-2 부모교육 프로그램에 대한 개입이론의 적용

출처: Rapp & Poertner(1992), p. 49.

일반적으로 개입이론을 결정할 때에는 감정-지식-환경-행동-상태의 연속적인 변화를 고려해야 한다. 즉, 감정-지식-환경의 변화가 선행할 때 행동-상태의 변화가 이루어져 성과를 거두는 것이 일반적이다. 이는 자녀를 학대하거나 유기한 적이 있는 부모를 대상으로 한 부모교육 프로그램을 설명하는 [그림 13-2]의 예를 통해 살펴볼 수 있다. 부모는 교사와의 상호작용이 즐겁고, 배우고 있다고 느끼고(감정의 변화), 양육 지식의 증가를 확인하면(지식의 변화), 양육형태에서 긍정적인 변화가 이루어지고(행동의 변화) 최종적으로는 가정의 안정이 달성되고 개입이 종료된다(상태의 변화).

④ 제4단계: 목표 설정

목표는 대개 일반적 목표와 구체적 목표로 구성돼 있다. 그런데 모든 프로그램은 프로그램 실행을 통해 달성되기를 바라는 조직의 기타 목표를 갖기 마련이다. 또한 이 단계에서 클라이언트와 사회복지사의 기대사항이 정리될 필요가 있다. 따라서 목표 설정 단계는 일반적 목표와 구체적 목표, 기타 목표, 클라이언트와 사회복지사의 기대사항으로 구성된다. 그 밖에 목표를 분류하는 기타 방법을 소개하면 다음과 같다(황성철, 2005).

• 목표의 일반적 분류

- 일반적 목표
- 목표진술의 포준모델은 3가지 요소를 포함해야 한다.

ⓐ 누가(who): 참여자(반드시 클라이언트 입장에서 진술돼야 함)
ⓑ 무엇을(what): 변화의 내용과 정도(문제와 관련된 핵심 요소)
ⓒ 어떻게 한다(do): 행위 또는 결과('~한다', '~된다' 등으로 표현)

대부분의 프로그램은 하나의 일반적 목표를 표방하고 있다. 일반적 목표를 설정하는 기준은 다음과 같다.

ⓐ 문제-목표 관계의 명료화: 일반적 목표는 사회문제 분석과 연관돼야 한다.
ⓑ 클라이언트를 위한 성과측정 가능: 일반적 목표는 결과지향적이어야 한다.
ⓒ 재정적 · 기술적 · 윤리적 · 법적 측면: 일반적 목표는 실현 가능해야 한다.

ⓓ 프로그램 존재의 핵심적 이유 반영: 일반적 목표는 명확하게 설정돼야 한다.
ⓔ 클라이언트집단의 명시: 일반적 목표는 클라이언트집단을 언급해야 한다.
ⓕ 관찰 및 측정 가능성: 일반적 목표는 정확해야 한다.
ⓖ 성취 지향성: 일반적 목표는 긍정적인 변화를 지향해야 한다.

- 구체적 목표

일반적으로 구체적 목표를 설정할 때는 SMART 원칙을 중시한다.

ⓐ S(specific): 구체적이어야 한다.
ⓑ M(measurable): 측정할 수 있어야 한다.
ⓒ A(achievable): 성취할 수 있어야 한다.
ⓓ R(result-oriented): 결과지향적이어야 한다.
ⓔ T(time-bounded): 달성할 날짜를 표시해야 한다.

구체적 목표를 설정하는 자세한 기준은 다음과 같다.

ⓐ 적절한 성과를 단일한 기준하에 제시: 구체적 목표는 단일기준을 설정해야 한다.
ⓑ 측정 및 관찰 가능성: 구체적 목표는 측정할 수 있어야 한다.
ⓒ 시간제한의 진술: 구체적 목표는 시간의 한계를 명시해야 한다.
ⓓ 일반적 목표를 구체적인 서비스에 대한 기술로 분해: 구체적 목표는 일반적 목표와 연관돼야 한다.
ⓔ 성취 지향성: 일반적 목표와 구체적 목표는 긍정적인 변화를 지향해야 한다.
ⓕ 재정적 · 기술적 · 윤리적 · 법적 측면: 구체적 목표는 실현 가능해야 한다.
ⓖ 프로그램 존재의 핵심적 이유 반영: 일반적 목표는 명확하게 설정돼야 한다.

- 기타 목표

사회복지조직은 조직적인 관점에서 프로그램을 실행하면서 추구하는 기타 목표를 고려할 수 있다. 조직적인 프로그램 실시를 통해 조직 내외의 변화가 동반되기 때문이다. 따라서 프로그램 기획가는 목표 설정 단계에서 조직의 기타 목표가 무엇인지 제시할 필요가 있다.

조직의 기타 목표는 다양하게 고려할 수 있다. 프로그램 실시를 통해 서비스 제공의 질적 수준과 조직구성원들의 전문적인 직무능력 향상, 행사 개최를 통한 조직적인 효과 향상, 조직구성원들의 사기진작, 조직운영의 효율성에 대한 관점 제고 등을 예로 들 수 있다.

• 목표의 기타 분류

– 과정목표와 성과목표

과정목표(process objective)는 프로그램 수행단계별로 달성돼야 하는 목표를 말한다. 성과목표(outcome)는 일련의 프로그램을 수행한 결과 획득되는 최종적인 목표다. 취업이 성과목표라면, 직업훈련을 통한 기능습득, 구직을 위한 이력서 제출 및 면접기술 습득은 과정목표에 해당한다.

– 기관목표와 활동목표

기관목표(agency objective)는 특정한 프로그램을 수행하는 기관의 입장에서 설정한 목표를 말한다. 활동목표(activity objective)는 프로그램 수행 주체가 설정한 활동상의 목표다. 클라이언트에 대한 상담서비스 제공이 기관목표라면, 사례관리대상 10 사례 확보는 활동목표에 해당한다.

– 영향목표와 서비스목표

영향목표(impact objective)는 특정 프로그램을 수행한 결과 전체 사회문제 해결과 클라이언트집단의 욕구충족에 기여하는 정도를 말한다. 서비스목표(service objective)는 프로그램에 참여하는 개별 클라이언트가 서비스 제공 결과로 얻게 되는 효과다. 지역사회 독거노인 1,400세대 중 80%에게 식사배달서비스 제공을 목표로 정한 경우는 영향목표이고, ○○ 클라이언트의 소득 50% 증가 등의 방식은 서비스목표에 해당한다.

• 클라이언트와 사회복지사의 기대사항

목표 설정 단계에서 클라이언트와 사회복지사의 상호 기대사항을 분명히 제시할 필요가 있다. 이를 통해 클라이언트와 사회복지사의 상호 권한과 책임을 명확히 확인할 수 있다. 나아가 원조활동과 관련된 상호작용 및 관계의 본질과 내용을 확인할

〈표 13-2〉 클라이언트와 사회복지사의 일반적 기대사항

요인	가능한 기대
1. 전문가 또는 기관의 윤리 2. 클라이언트의 욕구 3. 개입의 본질 4. 기관의 정책 5. 전문가 위임 6. 주의 법령 7. 계약 검토	1. 비밀유지 2와 3. 모든 가족구성원이 참여했을 때에만 강좌가 열릴 것이다. 4. 한 달간 활동에 참여하지 못하면 활동 중지 상태가 되며 회원을 재모집한다. 5. 본인의 동의 없이는 클라이언트에 대해 어떠한 조치도 취해서는 안 된다. 6. 문서화된 계획은 3주 이내에 완수될 것이다. 7. 클라이언트와 사회복지사는 3개월마다 계약을 재검토할 것이다.

출처: Rapp & Poertner(1992), p. 53 수정.

수 있게 된다. 〈표 13-2〉는 클라이언트와 사회복지사의 일반적 기대사항을 제시하고 있다.

⑤ 제5단계: 서비스 제공 절차 구체화

이 단계는 서비스를 구성하고 서비스가 작동되는 중요한 요소들을 결정하는 과정이기 때문에 프로그램설계의 심장에 해당한다. 서비스제공 절차에 포함되는 구체적인 내용은 사정-계약-개입-평가 등 각 원조단계, 각 단계의 길이, 각 단계의 기대되는 성과, 각 단계의 주요 결정사항 등이다. 이때 원조단계는 세분화될수록 좋다.

다음은 서비스 제공 절차의 예다.

• 사례관리

- 사정　　　　　- 포괄적인 개입 계획 수립　　　　- 서비스 제공
- 슈퍼비전 및 지원　　　　- 추적 및 지원

• 동료프로그램

- 클라이언트 의뢰 요청 및 자원봉사자 모집
- 클라이언트 접수 및 자원봉사자 심사
- 사회복지사에 대한 전문가교육 및 자원봉사자 훈련
- 자원봉사자 계약
- 초기 · 중간 · 종결 단계의 개입

- 평가

• 심리사회적 직업교육 프로그램

- 직무기술훈련단계
- 신청단계
- 업무착수 및 사정단계
- 계약단계
- 업무수행단계

⑥ 제6단계: 클라이언트에게 필요한 주요 인물 확인

사회복지서비스의 효과성은 사회복지사와 클라이언트뿐 아니라 프로그램과 관련된 2차적 관련자들의 협조에 의해 영향을 받는다. 예를 들어, 만성적인 정신질환자에 대한 프로그램은 관련된 모든 사람의 협력 없이는 성공할 수 없다. 병원의 퇴원 관리자, 관련 기관의 관리자나 사회복지사, 그룹홈 관리자, 고용주, 행정가, 자원봉사자, 이사회 등은 서비스 결과에 영향을 끼친다.

이때 다음과 같은 질문에 답할 수 있어야 한다.

- 관련된 주요 인물이 누구인가?
- 그 인물은 구체적 목표 달성을 위해 어떤 구체적 행동을 지속적으로 수행해야 하는가?
- 그 행동을 끌어내기 위해 프로그램 관리자는 어떤 역할을 해야 하는가?

⑦ 제7단계: 원조환경 구체화

사회복지실천의 강점 중 하나는 인간의 기능 수행에 있어서 환경의 중요성을 인지하는 것이다. 원조환경과 관련된 장소는 클라이언트와 사회복지사의 상호작용을 촉진하고, 궁극적으로 클라이언트의 효과성을 증진하는 데 기여해야 한다. 서비스 장소는 물리적 환경, 사회적 환경, 특수한 환경으로 구성된다.

첫째, 물리적 환경은 클라이언트의 접근성이 높고, 참여 및 상호작용을 촉진시킬 수 있는 제반조건을 구비해야 한다. 예를 들어, 비밀보장 등 특별한 욕구가 있으면 이를 고려해야 하고, 장애인의 경우 물리적 접근성 증진에 신경써야 한다.

둘째, 사회적 환경은 클라이언트가 최대한 편안해 하고 상호작용을 촉진할 수 있는 적절한 수준이어야 한다. 클라이언트에게 친숙하고 자주 모이는 장소, 상징적인 면에서 심리적으로 제약이 되지 않는 장소 등이 접근성 제공에 도움이 되는지 여부를 면밀히 검토할 필요가 있다.

셋째, 특수한 환경은 프로그램의 특성상 제공돼야 하는 환경을 의미한다. 예를 들어, 아동 양육 여성을 대상으로 한 프로그램을 운영할 때는 보육프로그램을 고려해야 한다. 다문화가정을 대상으로 한 프로그램은 출신국가나 인종적 특성을 충분히 고려할 필요가 있다.

⑧ 제8단계: 실제 원조행동 서술

이 단계에서는 각 원조단계에서의 최소한의 행동목록을 제시하고, 사회복지사와 클라이언트의 관찰 가능한 대표적인 행동들이 서술된다. 실제 원조행동을 서술하는 일은 쉽지 않다. 그러나 의사소통, 행동방식, 전형적인 활동 등은 어느 정도 제시될 수 있을 것이다. 이와 같은 전형적인 원조행동은 각 원조단계의 본질적인 특징에 부합하게 서술돼야 한다. 이때 사회복지사와 클라이언트의 우호적 관계 및 권력 관계의 변화, 클라이언트의 역량강화의 정도, 원조활동이 진행된 기간 등 다양한 측면이 고려될 필요가 있다.

원조행동에 대한 서술은 프로그램 관리자가 각 단계의 활동을 전개하고, 클라이언트와의 상호작용, 클라이언트의 향상 수준 등을 가늠하는 데 준거가 될 수 있다. 따라서 원조행동에 대해서는 개괄적으로 요약될 뿐 아니라 사례가 제시될 필요가 있다. 예를 들어, 보호작업장의 클라이언트는 숙련 수준이 향상돼 할당된 업무에 대한 수행능력이 개선될 것으로 기대된다. 또 성폭력 피해자와 관계하는 사회복지사는 피해자의 말을 주의 깊게 경청하고, 따뜻하고 지지적인 행동을 보이며, 증거가 될 수 있는 사실관계를 주의 깊게 다룰 것이다.

⑨ 제9단계: 감정적 반응 확인

클라이언트의 감정과 사회복지사의 감정은 프로그램의 성공을 좌우하는 중요한 요소이기 때문에 분명히 표현돼야 한다. 모든 사회복지사와 클라이언트는 원조과정에서 감정적 반응을 경험하게 된다. 휴먼서비스의 특성상 상호작용을 할 때의 감정은 프로그램 제공의 불가피한 산물이라는 관점을 가질 필요가 있다. 따라서 각 단계의 전형적인 감정적 반응을 제시하고 미리 이에 대한 대처 방안을 마련할 필요가 있다. 이는 프로그램의 성공뿐 아니라 클라이언트가 질적 개선을 이루는 데에도 기여한다.

이 단계에서의 구체적인 과업은 다음과 같다.

- 클라이언트가 경험했을 것으로 예상되는 감정들을 확인하고 이 감정에 가장 도움이 되는 반응을 구체화하는 것
- 사회복지사가 경험했을 것으로 예상되는 감정과 그에 대한 반응을 확인하는 것
- 사회복지사를 돕기 위한 대응 방안(슈퍼비전 제공, 팀 개입, 지지집단의 참여, 훈련 제공 등)을 설계하는 것

2) 프로그램평가

(1) 프로그램평가의 이해

① 프로그램평가의 목적

프로그램평가는 프로그램의 기획, 실행 및 결과에 관한 자료를 과학적 절차와 방법을 통해 수집 · 분석하여 서비스와 프로그램의 개발 및 프로그램의 질적 향상을 위한 의사결정의 자료로 삼기 위한 조사활동이라고 정의할 수 있다(황성철, 2005). 프로그램평가의 목적은 프로그램의 궁극적인 성공 여부 확인, 프로그램 진행상의 문제점 발견, 프로그램 기술 및 개발에 필요한 정보 제공으로 정리할 수 있다.

프로그램평가는 다음과 같은 특징을 지니고 있다.

- 효과성 측정과 의사결정: 프로그램평가의 궁극적인 목적은 프로그램의 개입 효과를 측정하는 것이다. 평가를 통해 프로그램관리자는 프로그램의 투입, 전환, 산출 및 성과에 관한 판단 근거를 확보할 수 있다. 이를 바탕으로 프로그램의 수정과 보완, 축소와 확대 등에 대한 의사결정을 할 수 있다.
- 체계적 절차와 과학적 조사 방법 활용: 평가는 기본적으로 사회조사의 방법을 활용하게 된다. 평가계획 수립, 평가조사 설계 및 조사 방법 결정, 평가자료 수집 및 분석, 평가조사보고서 작성의 체계적 절차를 통해 실시된다. 평가조사는 과학적인 조사 방법을 적용해 실시해야 한다.
- 조직과 지역사회의 정치사회적 과정: 평가는 본질적으로 이해관계의 충돌을 초래할 수 있다는 점에서 정치사회적 함의를 갖는다. 조직구성원들, 클라이언트, 지역사회의 구성원들은 다양한 이해관계를 가질 수 있다. 평가 결과에 따라 기존 프로그램이 유지 및 확대되거나 축소될 수 있고 심지어 폐지될 수도 있기 때

문이다.

② 프로그램평가의 필요성

프로그램평가의 필요성은 다양한 측면에서 제기될 수 있다(성규탁, 1988; 황성철, 2005).

• 프로그램에 대한 환류 제공 및 행정적 통제

프로그램평가는 프로그램의 효과성과 효율성, 프로그램의 운영 과정에 대한 환류를 제공한다. 이는 프로그램의 확대 · 지속 · 감축 · 중단의 판단 근거가 되고 프로그램 운영의 개선점을 발견하는 토대가 되므로 행정적 통제의 중요한 원천으로 작용한다.

• 지식기반 확충 및 서비스 개선에의 기여

프로그램평가는 사회문제 해결을 위한 개입 및 실천 방법의 효과성을 확인하는 중요한 원천이 된다. 평가 결과 효과성이 입증된다면 인간과 사회문제에 대한 지식기반의 확충에 기여하게 되고, 이는 향후 서비스의 개선으로 이어질 수 있다.

• 사회복지조직의 책임성 증진에의 기여

사회복지조직은 사회로부터 위임된 권한을 행사하는 공적 주체로서 책무성을 이행해야 한다. 프로그램평가는 서비스의 전문성을 입증하고 효과성과 효율성을 제시하기 위한 노력의 일환이기 때문에 사회복지조직의 책임성을 강화하는 기반이 된다.

(2) 프로그램평가의 기준

① 노력성

노력성은 프로그램운영에 투입된 자원의 정도와 양을 의미한다(황성철, 2005). 프로그램에 투입된 인력, 예산 및 활동의 양이 얼마나 되는지 판단하는 것이다. 사회복지조직의 활동은 그 효과성을 평가하기 어려운 측면이 있기 때문에 노력성은 가장 빈번히 사용되는 평가 기준이다.

노력성의 요소에는 다음과 같은 것들이 있다.

- 참여한 클라이언트의 수: 상담 건수, 의뢰 건수, 집단활동 참여자의 수 등
- 인적자원 투입 정도: 사회복지사의 수, 자원봉사자의 수, 참여 전문가의 수 등
- 물적 자원 투입 정도: 예산지출액수, 기자재 및 장비투입 횟수, 시설공간의 이용률 등
- 업무수행 활동: 면접횟수, 가정방문 횟수, 치료 건수, 집단활동 횟수, 출장횟수 등

② **효과성**

효과성은 특정 프로그램이 당초 의도한 목표를 어느 정도 달성했는지, 또 클라이언트에게는 예측한 변화가 일어났는지 측정하는 기준이다. 그러나 사회문제에 대한 상이한 가치 때문에 효과성에 대한 기준이 상충돼 사회적 합의가 쉽지 않은 경우가 많다.

클라이언트의 상태 변화를 기준으로 효과성을 측정하는 기준에는 다음과 같은 것들이 있다.

- 클라이언트의 인지 · 정서 · 행동의 변화: 객관화된 척도와 상담기록지를 활용한 측정 등
- 클라이언트의 가족 및 사회적 기능의 변화: 만족도, 취업률, 이용률, 참여도 등

③ **효율성**

효율성은 투입 대비 산출 또는 성과의 정도로 정의된다. 특정 프로그램의 산출 또는 성과가 투입된 비용에 비해 얼마나 큰 지에 관심이 있다. 효율성은 노력성 지표와 성과 및 효과성 지표를 결합하여 측정한다.

효율성 측정을 위해 필요한 자료와 측정 방법의 예는 다음과 같다.

- 단위 프로그램의 비용 대비 이용자의 수(유사 프로그램과 비교)
- 단위 프로그램의 비용 대비 취업 클라이언트의 수(다른 기관 프로그램과 비교)

④ **서비스의 질**

서비스의 질은 제공된 서비스의 내용 자체보다는 서비스제공자의 자격 요건이나 서비스제공 방법이 전문적인 기준에 부합하는지를 검토하여 평가한다. 그런데 전문

가적 자격 기준은 외형적 기준만 충족하면 동일한 서비스의 질로 평가될 수밖에 없는 한계가 있다.

그럼에도 불구하고 서비스의 질은 사회복지 프로그램평가에서 가장 흔히 사용되는 기준이다.

- 자격증 소지자의 비율
- 전문교육을 받은 횟수
- 외부전문가의 자문 정도

⑤ 영향

프로그램의 목적이 클라이언트의 변화에 초점을 맞추었다면, 영향에 대한 평가는 해당 프로그램이 지역사회의 사회문제 해결에 어떤 기여를 했는지에 관심을 둔다. 이는 문제나 욕구를 가진 전체 인구집단 중에서 이 프로그램을 통해 효과를 얻은 사람들의 비율로 계산할 수 있다.

프로그램의 영향에 대한 평가에는 다음과 같은 예들이 있다.

- 지역사회에 등록된 장애인 비율의 증가
- 지역사회 장애인 취업률의 상승
- 지역사회 구성원들의 장애인에 대한 인식 개선 정도

(3) 프로그램평가의 절차

프로그램평가의 절차에 대해 요크(York, 1982)는 6단계를 제시했다. 즉, 프로그램에 대한 확인 → 평가 기준의 선정 → 평가 조사의 설계 → 자료수집 → 결과 분석 → 평가의 잠재성과 한계 제시 등이다.

여기서는 황성철(2005)에 따라 3단계로 요약한다(〈표 13-3〉 참조).

① 평가 기획 및 설계 단계: 기관 차원에서 평가의 목적을 구체화한다. 누가 어떤 목적으로 프로그램평가를 요구하고 그 필요성은 분명하게 인정되는지 검토할 필요가 있다. 평가의 목적이 명확해야 평가의 방향과 내용이 구체적으로 설계되고 평가 결과의 활용도가 높아질 수 있다. 그리고 평가 방법과 도구, 평가의

〈표 13-3〉 프로그램평가의 단계

단계	주요 과업	
1단계: 평가 기획 및 설계	• 평가의 목적 확인 • 평가의 대상과 범위 설정	• 평가 방법과 도구 결정 • 평가 절차와 일정 확인
2단계: 자료 수집 및 분석	• 자료의 출처 확인과 선정 • 지표의 정리 및 선정 • 평가 결과의 종합 정리	• 자료수집 방법에 따른 체계적 수집 • 적절한 분석 방법과 기법의 활용
3단계: 결과 판단 및 활용	• 평가 결과의 추론과 가치판단 • 평가 결과의 활용	• 평가보고서 작성 및 제출

출처: Rapp & Poertner(1992), p. 53.

대상과 범위, 평가의 절차와 일정을 설정한다.

② 자료 수집 및 분석 단계: 평가를 위한 적절한 자료를 수집하고 분석하는 단계다. 취합되는 자료의 출처를 확인하고 조사의 목적에 부합하는 자료인지 판단한다. 이때는 기획 및 설계 단계에서 계획한 자료수집 방법에 따라 체계적으로 수집하는 편이 좋다. 이어 지표를 정리하고 선정하며, 적절한 분석 방법과 기법을 활용해 평가하고 평가 결과를 종합적으로 정리한다.

③ 결과 판단 및 활용 단계: 수집된 자료가 평가 기준에 따라 분석되면 결과가 도출된다. 평가에서는 평가자의 판단이 큰 의미를 갖기 때문에 평가 결과를 추론하고 가치판단을 하는 과정을 거치게 된다. 이어 평가 목적을 반영해 성취기준 달성 여부를 판단하고 보고서를 작성한다. 평가보고서에는 평가 결과의 정리와 함께 종합적 판단과 정책 제언이 포함된다. 보고서의 판단은 형성평가에서는 기존 프로그램 개선의 근거가 되지만, 총괄평가에서는 프로그램의 성패를 좌우한다.

(4) 프로그램평가의 분류

① 총괄평가와 형성평가

총괄평가는 프로그램이 종료된 뒤 실시하는 평가로 효과성과 효율성 등 프로그램의 성과와 영향을 파악하려는 목적으로 수행된다. 즉, 총괄평가는 프로그램의 대상인 표적집단에 어떤 변화가 일어났는지 그리고 투입된 비용에 비추어 그 성과는 정당화될 수 있는지에 관심이 있다. 이는 프로그램의 유지, 확대, 취소 등에 대한 행정적 결정의 근거가 되고, 긍정적 결과가 확인될 경우 프로그램을 확산시키게 된다.

형성평가는 프로그램의 운영 중에 실시하는 평가로 프로그램 수행 과정에서의 문제점을 발견해 프로그램을 수정 · 보완하기 위한 조사다. 형성평가는 프로그램 진행 도중에 이루어지기 때문에 과정평가라고 하기도 한다. 형성평가에는 프로그램에 대한 모니터링과 서비스의 질 관리를 위한 노력이 포함된다.

② 양적 평가와 질적 평가

조사 방법과 수집되는 자료의 성격에 따라 양적 평가와 질적 평가로 구분한다. 양적 평가는 계량화된 자료를 수집하고 계량적 조사 방법을 적용하는 연역적 분석 방법이다. 양적 평가는 주로 설문조사나 구조화된 질문지를 이용하고 숫자, 비율 등의 자료를 활용한다.

질적 평가는 수량화되지 않는 소수의 표본을 활용해 귀납적으로 분석한다. 질적 평가에서는 인터뷰나 관찰 등을 통해 수량화될 수 없는 자료를 수집한다. 질적 평가에서는 프로그램 관계자들에 대한 면접이나 관찰 등을 통해 프로그램의 배경과 상황 등 다양한 측면을 파악하게 된다.

③ 적합성 평가와 메타평가

적합성 평가는 개별 프로그램에 대한 평가가 이루어지기 전에 그 프로그램의 가치를 규명해 평가 대상으로 적합한지를 판단하는 평가다. 즉, 본격적인 평가에 앞서 평가 대상이 되는 프로그램의 목표가 사회적 가치나 정책적 함의 면에서 바람직한지 여부를 평가하는 것이다.

메타평가는 이미 진행된 프로그램평가에 대해 사후에 종합적으로 검토하는 평가로 평가에 대한 평가다. 이미 완성된 평가 결과에 대해 최종 보고서로 발간하기 이전에 적정성, 자료수집의 오류 여부, 평가 결과 해석의 타당성 등을 종합적으로 검토하는 것이다.

④ 프로그램평가와 기관평가

프로그램평가는 프로그램의 효과성, 효율성, 영향, 질, 클라이언트의 만족도 등을 평가하는 것이다. 반면, 기관평가는 기관이 설립 이념과 설립 목적에 따라 운영되고 있는지에 초점을 맞춘다.

일반적으로 기관평가에는 기관이 시행하는 프로그램에 대한 평가가 포함된다. 이 밖에도 기관평가에는 조직 및 시설 관리, 재정관리, 인력관리, 지역사회 관계 등 조직 운영에 대한 전반적인 사항들이 포함된다.

⑤ 내부평가와 외부평가

내부평가는 사회복지조직의 최고 관리자, 프로그램 관리자, 프로그램 수행자 등 조직의 내부 구성원들에 의해 진행되는 평가다. 내부평가는 조직이나 프로그램의 운영 과정 혹은 결과에 대한 자기반성적 평가의 성격을 갖는다.

외부평가는 프로그램을 수행하는 내부 구성원들이 아닌 조직 밖의 전문가가 수행하는 평가다. 외부평가자는 조직과 프로그램의 문제해결을 위해 도움을 주는 자문가로 활동하는 경우가 많다. 외부평가의 목적도 내부평가와 마찬가지로 조직 운영과 프로그램의 개선이다.

(5) 논리모델의 적용

① 논리모델의 개념과 구성요소

논리모델은 프로그램의 투입, 전환, 산출, 성과 간의 관계를 논리적으로 연결해 프로그램을 체계적으로 기획하고 성과를 구체적으로 측정해 평가함으로써 성과 관리를 가능하게 하는 방법이다(황성철, 2005). 프로그램의 투입에서 결과까지의 연결고리를 그림으로 표시해 프로그램에 대한 이해를 증진시키고 성과평가와 환류를 위한 논리적 기반을 제공한다.

최근 프로그램의 기획과 평가에서 논리모델을 주목하고 있는 이유는 다음과 같다.

첫째, 논리모델은 프로그램의 목적과 목표를 분명히 인식하는 데 도움을 준다.

둘째, 프로그램 진행 과정을 시각적으로 표시하기 때문에 프로그램의 전 과정을 이해하는 데 유용하다.

셋째, 잠정적인 성과와 최종 성과를 구분하기 때문에 과정평가와 성과평가를 통합적으로 운영할 수 있는 장점이 있다.

넷째, 일련의 활동 및 평가를 통해 성과를 평가하고 환류를 제공해 조직적인 고성과 달성을 위한 성과 관리의 기반을 제공한다.

논리모델은 다음의 5가지 구성요소로 이루어져 있다.

- 투입: 프로그램이 사용하는 자원
- 활동: 투입 요소를 활용해 전개되는 프로그램의 목표 달성을 위한 조직적인 노력
- 산출: 프로그램 활동의 결과로 나타나는 산출
- 성과: 프로그램 참여로 인해 클라이언트가 얻게 되는 변화
- 성과지표: 프로그램의 성패를 추정할 수 있는 구체적인 정보와 자료 · 프로그램의 성과로 나타나는 관찰 가능하고 측정 가능한 클라이언트의 변화를 서술함

② 논리모델의 작성 방법

사회복지프로그램의 성과를 평가하기 위한 논리모델은 다음과 같이 작성한다([그림 13-3] 참조). 논리모델은 문제상황에 대한 설정에서 시작해 왼쪽에서 오른쪽으로

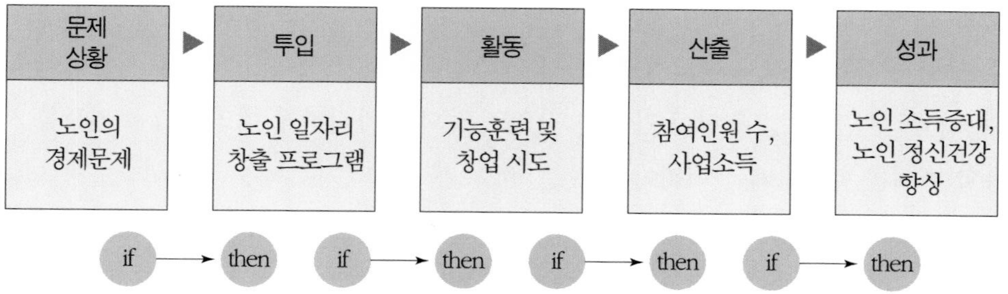

그림 13-3 논리모델 구성 절차(노인의 경제적 문제에 대한 개입의 예)

출처: 황성철(2005), p. 312 수정.

그림을 그려 나간다.

- 클라이언트 집단의 문제와 욕구확인: 사회복지프로그램이 시작되기 전 주어진 사회적 상황이나 문제 상황에서 개입 대상이 되는 클라이언트 집단이 당면한 문제나 욕구를 구체적으로 확인한다. 문제나 욕구는 프로그램의 목표로 환원돼 구체적이고 측정 가능한 형태로 진술됐는지 확인한다.
- 투입 요소의 내용 구성: 클라이언트 집단의 문제나 욕구를 해결하기 위해 필요한 프로그램, 인적 · 물적 자원, 프로그램의 기술적 요소를 규명한다. 이러한 투입 요소들이 전 단계의 문제나 욕구의 해결에 도움이 되는지에 대해, 만일(if) 문제가 주어졌다면, 그러면(then) 투입의 요소가 문제해결에 필수적인지를 조건관계로 파악한다.
- 활동 내용과 과정의 명확화: 활동 요소는 프로그램을 수행하기 위한 서비스 제공 활동, 행정 활동, 지역사회 활동을 포함한다. 이러한 활동은 프로그램 수행 인력이 담당한다. 프로그램 관리자는 프로그램을 총괄 · 조정하는 역할을 한다. 구체적인 프로그램의 내용을 명확히 규정하고 활동 과정과 기간도 설정할 필요가 있다.
- 산출과 성과지표의 구체화: 프로그램 수행 활동으로 획득할 수 있는 산출물과 성과를 구체화한다. 산출물은 주로 산술적 지표로 표시된다. 성과는 클라이언트 집단이나 지역사회에 대한 프로그램의 영향을 의미한다. 성과는 단기, 중기, 장기 혹은 단기와 중기로 나눈다.

성과지표에서는 좋은 지표를 사용해야 한다(김영종, 2010). 성과지표는 상식적이고 구체적이어야 하고, 성과의 제반 측면을 반영할 수 있도록 포괄적이어야 하고, 시간과 자원 제약을 고려해 현실적으로 유용해야 하고, 적절한 수의 지표를 사용해야 하며, 가급적이면 직접 측정이 가능한 것으로 하되 불가피하게 대리(proxy) 지표를 사용할 때에는 합당하게 선택해야 한다.

성과 측정 방법에는 산술적 계산, 표준화된 측정도구, 기능수준척도(Level of Functioning Scale: LOF) 등이 있다. 산술적 계산은 프로그램 제공에 따른 클라이언트의 조건 · 상태 · 행동 등을 측정하는 방법이다. 표준화된 측정도구는 개입 전후의 상태를 검증해 클라이언트를 사정하기 위해 사용된다. 기능수준척도(LOF)는 프로그램 및 서비스 제공과 관련이 있는 클라이언트의 주요 기능 수준에 대해 개입 전과 비교한

〈표 13-4〉 논리모델의 세부 내용(아동학대 예방 및 홍보 프로그램의 예)

투입	활동	산출	성과		
			초기	중기	장기
• 석사학위 소지 및 10년 경험의 사회복지사 • 방송국 임원이 자문위원으로 참여 • 의사 및 교사가 자문가로 투입	• 아동학대 예방을 위한 홍보물·책자·안내지 작성 • 방송용 사례 모음과 시나리오 작성으로 메시지의 명확성 검토	• 홍보물, 책자, 안내지 배포 수 • 상점 및 거리에 붙인 포스터 수 • 라디오와 텔레비전에 방송된 횟수	일반 대중, 부모, 교사, 의사 등 관련된 사람들이 라디오와 텔레비전을 통해 정보를 얻음	표적인구집단의 구성원들이 아동학대와 예방의 징후를 발견하고 적절한 조치를 취함	표적인구집단의 구성원들이 아동학대 현장을 목격하고 신고함

출처: 황성철(2005), p. 312 수정.

개입 후의 변화를 측정하는 사정도구다.

〈표 13-4〉는 논리모델을 세부적으로 적용해 아동학대 문제에 대한 일련의 개입 과정을 정리한 것이다. 여기서는 성과지표를 초기, 중기, 장기로 나누어 작성했다.

2. 마케팅

1) 마케팅에 대한 이해

(1) 마케팅의 개념

마케팅이란 소비자의 목표를 달성하기 위해 시장에서 교환이 일어나도록 하는 일련의 활동으로 정의된다(최성재, 남기민, 2016). 구체적으로, 개인이나 조직의 목표를 충족시키는 교환을 창출하기 위해 교환 당사자들이 교환의 대상에 대해 교환을 가능하게 하는 일련의 활동을 계획하고 집행하는 과정으로 정의된다. 교환을 가능하게 하는 활동 과정으로서의 마케팅 과정은 단순하고 일시적인 과정이 아니라 의도적이고 계획된 체계적인 일련의 활동이다. 마케팅 활동은 아이디어 창출, 재화 및 서비스의 개념 설정, 가격 정책, 교환이 일어나도록 하는 촉진 및 유통의 제반 활동을 포함한다.

① 목표 달성은 조직이나 소비자 개인의 필요와 욕구를 충족시키는 것이다. 영리조직의 목표는 이윤 창출이고, 비영리조직인 사회복지조직의 목표는 사회문제의 해결과 클라이언트의 욕구충족이라고 할 수 있다.
② 교환의 창출은 교환이 가능하도록 하는 것을 말한다. 교환 당사자는 보상에 있어서 비용보다 가치가 더 크거나 최소한 동등할 때 교환에 참여할 것이다.
③ 교환 당사자는 개인과 개인, 개인과 조직, 조직과 조직 모두가 될 수 있다.
④ 교환의 대상은 재화, 서비스, 아이디어, 정서적 · 인지적 변화 등이 될 수 있다. 영리조직에서는 재화, 서비스, 아이디어가 주된 교환의 대상이지만, 비영리조직에서는 그 외에도 정서적 · 인지적 변화가 주된 교환 대상이 될 수 있다.

(2) 마케팅 철학의 변천

마케팅 철학은 제품지향적 마케팅, 생산지향적 마케팅, 판매지향적 마케팅, 고객지향적 마케팅, 사회지향적 마케팅으로 변화해 왔다(최성재, 남기민, 2016).

① 제품지향적 마케팅: 1900년대 초에 공급자는 소비자가 효용이 높다고 생각하는 우수한 품질의 제품을 생산하는 데 초점을 맞추었다.

② 생산지향적 마케팅: 1910년대에는 소비자가 저가의 상품을 선호한다는 가정 아래 기술혁신과 대량생산을 통해 저가로 상품을 만들고 유통구조를 개선하는 데 초점을 맞추었다.

③ 판매지향적 마케팅: 1930년대 이후부터는 소비자의 생활수준이 향상됨에 따라 소비자가 선호하는 상품을 값싸게 생산해 대량으로 판매하는 판촉활동에 초점을 맞추었다.

④ 고객지향적 마케팅: 1950년대에 이르러 기업의 활동은 고객의 욕구를 만족시켜야 기업의 목표를 달성할 수 있다고 생각하게 됐다. 제품 자체보다는 고객을 위한 서비스를 홍보하는 데 주력함으로써 제품 판매 효과를 가져왔다. 반면, 고객서비스에 지나치게 집중함으로써 제품 자체의 혁신에는 장애가 초래되고, 원료

공급자, 중간 재생산자, 소매자 등 관련된 주체들의 의사가 무시됐다는 비판도 받았다.

⑤ 사회지향적 마케팅: 1970년대에 이르러 제품을 구매하는 고객에만 집중하고 기업의 이익만을 추구하는 고객지향적 마케팅이 전체 고객과 사회적 이익을 침해할 수 있다는 비판이 제기됐다. 이에 사회책임투자(Social Responsibility Investment: SRI) 등 기업의 사회적 책임이 강조됐고, 사회 전체의 이익에 기여하는 활동 및 이를 홍보하는 활동의 중요성이 커졌다.

2) 사회복지조직의 마케팅

(1) 마케팅 개념의 확대

① 사회복지서비스의 특징

사회복지서비스는 영리부문과는 다른 특징을 다음과 같이 지닌다(황성철, 정무성, 강철희, 최재성, 2014).

첫째, 서비스의 무형성(intangibility)이다. 영리조직의 상품은 재원에 대한 정보 등을 통해 그 상품을 파악할 수 있기 때문에 탐색재에 해당한다. 그러나 사회복지조직이 제공하는 서비스는 정형화된 상품이 아니기 때문에 이용하기 전에는 특성을 알 수 없는 경험재의 성격을 갖고 있다. 따라서 공급자가 서비스에 대한 정보를 독점하는 정보의 비대칭성을 극복하기 위해 서비스의 품질에 대한 정보 공개 범위를 확대할 필요가 있다.

둘째, 서비스의 다양성(heterogeneity)과 복잡성(complexity)이다. 영리조직의 상품은 대개 대량소비를 촉진하기 위해 표준적인 절차에 따라 생산되고 일정한 통일성을 지닌다. 그러나 사회복지조직이 제공하는 서비스는 제공자의 전문성과 경력, 적용되는 이론과 모델, 상호작용의 특성에 따라 다양하고 복잡한 성격을 갖고 있다. 따라서 기관과 서비스 제공자의 전문성 및 질적 수준을 제고하고 윤리적 실천을 강화할 필요가 있다.

셋째, 생산과 소비가 동시에 발생하는 동시성(simultaneity)이다. 영리조직의 상품은 생산-유통-판매의 일련의 절차를 통해 시차를 두고 소비자에게 제공된다. 그러나 사회복지조직의 서비스는 생산에 앞서 판매되는 경우는 있지만 판매에 앞서 생산이 선행되는 경우는 없다. 따라서 사실상 생산과 소비가 분리되지 않고 서비스 제공자와 이용자가 생산 과정에 공동으로 참여한다. 이는 사회복지서비스에서 상호작용을 중시하는 근거가 된다.

넷째, 서비스의 소멸성(perishability)이다. 영리조직의 상품은 품질이 유지되는 한 시장에서의 판매를 기대하고 일정한 재고 기간을 갖게 된다. 그러나 사회복지조직의 서비스는 저장이 불가능하고 모든 서비스는 개별화된 특성을 갖기 때문에 일단 서비스가 제공되기 시작하면 중도에 중단하더라도 재생이 불가능하고 소멸될 뿐이다. 따라서 꼭 필요한 대상자에게 서비스가 제공될 수 있도록 해 서비스의 효과를 극대화할 필요가 있다.

② 비영리조직 마케팅

전통적으로 제품은 가시적이고 물질적인 재화(goods)로 한정됐다. 그러나 최근에는 비영리조직이 제공하는 비물질적인 서비스도 마케팅의 대상으로 인정받고 있다(최성재, 남기민, 2016). 이를테면, 사회복지조직이 제공하는 비물질적인 서비스인 의료서비스, 상담, 컨설팅, 사회심리적 개입도 교환의 대상이 된다는 점에서 상품과 같은 특성을 지니는 것으로 인정받고 있다.

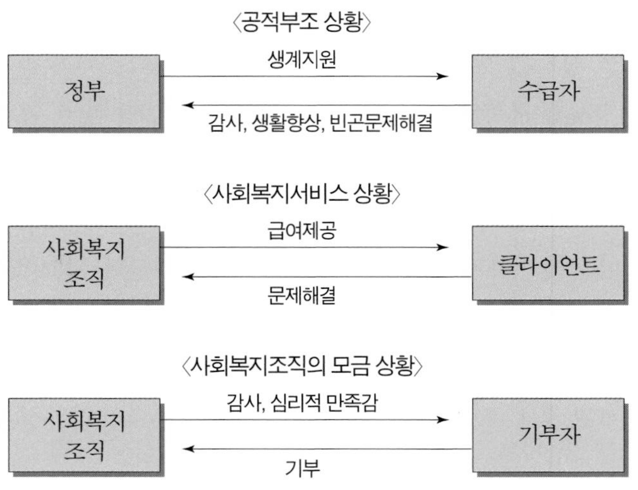

그림 13-4 사회복지분야에서의 교환관계의 예

출처: 최성재, 남기민(2016), p. 381 재구성.

예를 들어, 공적부조 수급자가 생계지원을 받는 경우 수급자는 정부나 국민에 대한 감사, 생활의 향상, 빈곤문제의 해결 등을 생계지원 수급과 교환하는 것이다. 사회복지조직은 적절한 급여를 자격이 있는 수급자나 소비자에게 전달하고 수급자나 소비자는 문제해결이라는 것을 사회복지조직에 제공한다는 면에서 교환 관계가 성립된다. 사회복지조직에 기부하는 경우 기부자는 감사의 표시를 받고 사회문제 해결에 기여했거나 타인을 돕는 일에 참여했다는 심리적 만족감을 얻는다고 볼 수 있다([그림 13-4] 참조). 마케팅이 교환활동의 계획과 집행이라는 점을 고려한다면 사회복지서비스도 마케팅의 대상이 되는 것이다.

③ 비영리조직 마케팅의 특성

영리조직의 마케팅은 이윤 추구를 위해 특정 소비자의 구매 행동에 대해 분석하고 제품의 판매를 촉진하기 위한 의사결정을 하는 내용으로 구성된다. 그러나 비영리조직의 마케팅은 이와는 다른 특성을 갖고 있다(정익준, 2005).

첫째, 이윤 추구보다는 조직의 목표를 얼마나 효과적 · 효율적으로 달성하는지에 주안을 둔다.

둘째, 마케팅을 통해 조직이 얻는 이득은 사회의 이득이 되는 경우가 일반적이다.

셋째, 마케팅을 통해 교환되는 대상은 비물질적인 것이 대부분이다.

넷째, 마케팅을 통해 제공되는 사회복지서비스는 공공서비스 등 다른 서비스에 비해 명확하지 못하거나 그 효과가 잘 인식되지 못한다. 이는 이론적 기반의 불명확함, 효과의 장기성과 복합성 등에 기인한다.

다섯째, 마케팅을 통해 제공되는 서비스가 인간의 태도나 행동의 변화와 관련이 있을 경우 성과를 달성하기가 어려운 측면이 있다.

3) 사회복지조직의 구매행동

(1) 구매행동의 이해

① 구매행동의 요인

마케팅의 요체는 실질적인 교환행위로서의 구매행동이 일어나도록 하는 것이다(최성재, 남기민, 2016). 이때 구매행동에서의 핵심은 개인이나 단체가 비용(돈, 시간, 노력 봉사, 마약의 중단, 헌혈 등)을 지불하고 어떤 보상(물질, 정신적 만족, 칭찬, 감사, 사회적 인정 등)을 받는 교환행동이 실제로 일어나도록 하는 것이다(Andreasen & Kotler, 2003).

비영리 마케팅의 구매행동에는 다음의 것들이 있다.

- 사람들이 상품과 서비스를 구입하도록 하는 것
- 사람들이 바람직하지 않은 행동을 포기하게 하는 것
- 사람들이 바람직한 새로운 행동을 하게 하는 것
- 사람들이 돈이나 시간을 기부하게 하는 것
- 조직의 구성원이나 자원봉사자가 특별한 행동을 수행하도록 하는 것
- 입법가가 바람직한 법률에 찬성하게 하거나 프로그램에 재정 지원을 하도록 하는 것
- 대중매체가 특정한 사건이나 프로그램을 보도하게 하는 것

구매행동의 요인은 이익(보상), 비용, 자기효능감, 기타 요인 등 3가지다.

- 이익(보상)과 비용은 교환이론에 기초해 있다. 사람들은 이익(보상)이 비용보다 크거나 적어도 동등할 때[이익(보상) ≧ 비용] 구매행동에 참여하게 된다.
- 자기효능감도 구매행동의 중요한 유발 요인이 될 수 있다. 자기효능감은 기대한 구매행동의 결과를 실제로 얻을 수 있다는 믿음을 의미한다.
- 기타 요인은 구매 행동에 영향을 끼치는 제반 상황들을 말한다(가족이나 친구의 권유 등).

② 구매행동의 구분

교환관계를 형성할 가능성이 있는 사람들은 구매 경험, 가격, 종류 등에 따라 구매행동에 관여하는 정도에 차이를 보인다(최성재, 남기민, 2016). 구매행동은 고관여 구매행동과 저관여 구매행동으로 구분된다(Andreasen & Kotler, 2003). 고관여 구매행동은 처음 구매할 때, 가격이 높을 때, 구매 행동이 자신의 품위 및 이미지를 반영할 때 이루어진다. 저관여 구매행동은 구매 경험이 많을 때, 가격이 낮을 때, 구매 자체가 자신의 품위 및 이미지를 반영하지 않을 때 적용된다.

사회복지조직의 구매행동은 고관여 구매 행동의 성격을 갖는 경우가 많다. 고관여 구매행동이 이루어질 가능성이 높은 경우는 다음과 같다.

- 소비자의 행동이 자신의 이미지를 반영하는 경우
- 구매행동이 개인적 또는 경제적으로 높은 비용을 요하는 경우
- 잘못 결정하면 개인적 또는 경제적으로 손실을 초래할 위험이 큰 경우
- 구매행동의 찬성 또는 반대에 대해 주위 사람들의 압력이 상당히 큰 경우

(2) 구매행동의 단계

구매행동은 다음의 4단계에 걸쳐 이루어진다(Andreasen & Kotler, 2003; 최성재, 남기민, 2016).

① 사전 숙고 단계: 고객이나 소비자가 특정한 구매행동에 대한 욕구를 인식하지 못하거나 욕구가 나타나지 않은 상태다. 이는 욕구에 대한 이해가 부족하고 욕구를 인식할 기회나 자극이 없었기 때문일 수 있다. 따라서 마케팅 담당자는 이들의 욕구를 인식시킬 필요가 있다.

② 숙고 단계: 숙고 단계는 초기 숙고 단계와 후기 숙고 단계로 나눌 수 있다. 초기 숙고 단계는 교환의 필요성을 인식한 사람이 구매행동의 이익과 비용에 관심의 초점을 두는 단계다. 마케팅 담당자는 구매행동으로 인한 이익, 특히 사회적 이익보다는 개인적 이익에 초점을 맞추어 강조할 필요가 있다. 후기 숙고 단계는 이익을 인식한 사람이 그에 수반되는 비용에 대해 깊이 생각하는 단계다. 잠재적 고객은 수집된 정보에 기초해 선택의 세트(choice set)를 구성하고, 각각의 선택대안을 평가할 기준을 정하고, 최종적으로 선택을 하게 된다. 마케팅 담당자는 잠재적 고객의 판단 과정에 도움을 주어야 한다. 특히 비용을 줄이거나 비용에 부담을 느끼지 않을 수 있는 방법을 제시하고, 구매행동을 하도록 사회적 압력을 활용할 수 있어야 한다.

③ 준비 및 행동 단계: 최종 대안을 선택한 후 구매행동을 하기로 결정하고 실제로 구매행동을 하는 단계다. 마케팅 담당자는 잠재적 고객이 구매행동에 의구심을

품거나 연기하지 않도록 구매행동의 기회를 최대한 확대해 구매를 촉진해야 한다. 특별히 자기효능감을 재차 강조할 필요가 있다.

④ 유지 단계: 구매자의 구매행동이 계속 유지되는 단계다. 마케팅 담당자는 구매행동이 일회적으로 끝나지 않고 계속 유지되도록 해야 한다. 이를 위해 감사 표시, 선택 행위의 만족감을 유지하도록 하는 정보제공 활동(뉴스레터 등) 등을 할 필요가 있다. 무엇보다 구입한 상품이나 서비스에 대한 의견 청취의 통로를 마련해 환류를 제공받음으로써 상품과 서비스를 개선하려는 노력을 소홀히 하지 말아야 한다.

4) 전략적 마케팅계획

전략적 마케팅은 개별 제품에 대한 마케팅 차원을 넘어 조직활동의 변화를 추구하기 위해 조직 전체 차원에서 전개되는 마케팅이라고 할 수 있다. 전략적 마케팅계획은 다음과 같은 단계를 통해 수행된다(최성재, 남기민, 2016).

(1) 조직 및 외부환경 분석

마케팅 담당자는 마케팅이 이루어지는 환경을 분석해야 한다. 여기에서는 조직의 내부환경과 외부환경에 대한 SWOT[강점(Strength), 약점(Weakness), 기회(Opportunity), 위협(Threat)]분석을 하게 된다. 조직과 관련해서는 조직의 설립 목적, 일반적 목표와 구체적 목표, 조직의 문화, 조직의 강점 및 약점을 분석할 필요가 있다. 외부환경에서는 공중, 과업환경으로서의 경쟁조직, 사회적 · 정치적 · 기술적 · 경제적 환경 등의 일반 환경을 분석해 위기와 기회를 파악한다.

(2) 목표 설정

사회복지조직의 설립 목적과 일반적 목표를 반영해 구체적 목표를 설정한다. 구체적 목표는 일반적 목표를 달성하기 위한 것으로 일반적 목표와 밀접한 관련이 있어야 한다. 무엇보다 구체적 목표는 계량 가능하고 시간 제한적으로 설정해야 한다.

(3) 사업 포트폴리오 결정

전략적 사업단위(strategic business unit)가 드러날 수 있도록 사업 포트폴리오(portfolio)를 작성하는 단계다. 사업 포트폴리오란 조직을 구성하는 사업단위와 제품의 집합체, 즉 수행하고 있거나 앞으로 수행할 수 있는 사업 종류의 목록 또는 그 사업 수행 단위의 목록을 의미한다. 사업 포트폴리오 분석을 통해 조직의 설립 목적과 일반적 목표 달성에 대한 기여를 기준으로 중요성 및 공헌도를 구분하고 어떤 사업을 구성할 것인지 결정해야 한다.

(4) 핵심전략 결정

사업 포트폴리오가 정해지면 그 사업의 목표를 달성하기 위한 핵심적 마케팅 전략을 결정해야 한다. 핵심적 마케팅 전략은 마케팅 목표를 달성하기 위해 상당 기간 동안 조직이 취하는 기본적인 무기라 할 수 있다. 핵심적 마케팅전략은 표적시장(target markets) 선택, 경쟁적 포지션 설정(competitive positioning), 마케팅믹스(marketing mix) 등의 3가지 요소로 구성된다.

① 표적시장 선택: 소비자의 연령, 성별, 지리, 생활양식 등의 특성에 따라 시장을 세분화한 뒤 특정 대상을 선택하는 것이다. 시장세분화(segmentation)는 세분화의 수준에 따라 대량 마케팅, 세분화 마케팅, 틈새시장 마케팅, 미시적 마케팅으로 구분된다(Armstrong & Kotler, 2000; 황성철, 정무성, 강철희, 최재성, 2014).

- 대량 마케팅: 제품 시장 내 고객들을 세분화하지 않고 전체 소비자에게 하나의 마케팅 프로그램을 제공하는 방법이다. 고객의 다양한 욕구에 접근해야 하는 상품의 경우에는 제품 수명 주기 중 도입기에만 제한적으로 적용할 수 있다.
- 세분화 마케팅: 최근에는 고객들의 욕구가 다양해짐에 따라 시장을 세분화해 마케팅 노력과 자원을 집중하는 경향이 있다. 이를 통해 표적시장에서 경쟁사의 제품에 비해 경쟁우위를 확보하려 한다.
- 틈새시장 마케팅: 틈새시장이란 세분화된 시장보다 더욱 작은 소비자집단을 의미하는데, 세분화된 시장보다 시장규모는 작지만 경쟁자가 많지 않은 특징이 있다. 규모가 작은 기업들이 제한적인 자원을 집중해 비교우위를 확보할 수 있는 전략이다.
- 미시적 마케팅: 개별적인 고객 수준에서 고객들의 욕구에 맞춰 제품과 마케팅

프로그램을 개발하여 제공하는 방법이다. 최근에는 정보화의 성과로 고객정보에 대한 분석과 처리가 가능해짐에 따라 데이터베이스(database: DB) 마케팅 차원에서 활성화되고 있다.

② 경쟁적 포지션 설정: 동일한 표적시장에 제공되는 제품이나 서비스가 다른 경쟁조직과 차별성을 갖는 경쟁적 요소로서, 상대적으로 우세한 위치이자 강점을 말한다. 차별화는 제품이나 서비스의 차별화, 관련 직원의 차별화, 이미지 차별화 등으로 나타날 수 있다.

- 제품이나 서비스의 차별화: 경쟁조직들보다 비교우위에 있는 상품의 특징에 대해 차별화하는 방법이다. 사회복지서비스의 경우 서비스의 전문성 수준, 제공기간과 양, 효과 및 만족과 관련된 기존 성과 등이 될 수 있다.
- 관련 직원의 차별화: 사회복지서비스의 경우 개별화된 형태로 제공되기 때문에 서비스 제공자의 경쟁력은 매우 중요한 요소다. 여기서는 전문성 수준을 대리하는 학위, 전문적 교육 이수 여부, 서비스 제공의 경력 등이 검토될 수 있다.
- 이미지 차별화: 기관의 긍정적 이미지는 소비자의 신뢰를 획득하는 데 매우 중요한 요소다. 기관의 법적 근거, 설립 이념과 철학, 역사, 평가 실적, 후원자와 자원봉사자의 규모, 언론보도 등이 이미지 개선에 활용될 수 있다.

③ 마케팅믹스: 표적시장에서 마케팅 목표를 달성하기 위해 마케팅 담당자가 사용하는 마케팅 도구를 말한다(황성철, 2005; 최성재, 남기민, 2016). 마케팅믹스는 표적시장의 욕구를 충족시키기 위해 면밀하게 설계돼야 한다. 주요 도구로는 대중(public), 제품(product), 가격(price), 촉진(promotion), 유통(place)의 5P가 있다(Lauffer, 1984).

- 대중은 마케팅의 표적으로서 표적시장에 해당한다. 일반 기업조직에서의 대중은 제품 판매의 대상이 되는 고객계층이라고 할 수 있다. 사회복지조직의 대중은 일반적으로는 사회복지조직의 프로그램과 서비스의 주 이용 대상이라고 할 수 있다.
- 제품은 사회복지조직이 표적시장에 제공하는 물품이나 서비스를 말한다. 서비스의 질적 수준은 제품의 핵심 요소이며, 서비스에 각종 패키지(package; 예: 기부 시 공연 관람권 부여 등)를 포함시키는 것도 질을 향상시키는 데 기여한다.

• 가격은 서비스를 획득하기 위해 고객이나 소비자가 지불해야 하는 비용을 말한다. 가격에는 금전뿐만 아니라 자존심의 약화나 사회적 낙인 같은 비금전적인 비용도 포함된다. 제품의 가격은 서비스의 질에 부합하는 적절한 수준이어야 구매를 촉진할 수 있다. 한편, 가격이 높으면 질도 높다고 생각하는 풍토도 고려할 필요가 있고, 가격의 범위 및 급간을 넓게 하거나 하나의 제한선만 정하는 방안도 효과적일 수 있다.

• 촉진은 제품이나 서비스의 유익함을 알리고 표적시장에서 구매하도록 설득하는 홍보활동을 말한다. 홍보의 내용에는 사회복지조직의 운영 철학, 법인조직, 후원자, 이미지 등에 대한 홍보도 포함된다. 여기에서는 홍보 방법이 반드시 제시되어야 한다. 홍보 방법에는 다음과 같은 것들이 있다(황성철, 2005; 최용민, 김치영, 김경희, 이종모, 2015).

  - 다이렉트 마케팅(Direct Marketing: DM): 기관의 운영 현황, 서비스와 프로그램에 대한 정보를 우편, 이메일 등 다양한 방법으로 제공하는 전통적인 방법이다.
  - 고객 관계 관리 마케팅(Customer Relationship Management Marketing: CRM): 고객을 특성별로 분류해 맞춤형으로 마케팅하는 방법이다. 즉, 고객과 관련된 조직 내외의 자료를 분석 · 통합해 고객의 특성에 기초한 마케팅 활동을 계획 · 지원하고 평가하는 과정이다. 고객 데이터를 세분화해 신규고객 획득, 우수고객 유치, 고객가치 증진, 잠재고객 활성화, 평생 고객화 등의 주기를 거침으로써 고객을 적극적으로 관리하고 고객가치의 극대화를 추구한다.
  - 공익 연계 마케팅(Cause-Related Marketing: CRM): 사회지향적 마케팅의 일환으로 상품 판매를 공익활동과 연계하는 방법이다. 공익적인 기업활동과 연계해 기업이나 제품을 사회적 명분이나 이슈에 전략적으로 결부시킨다.
  - 데이터베이스 마케팅(DB Marketing): 기관에 접근한 경험이 있는 사람들의 데이터베이스를 구축해 활용하는 방법이다. 프로그램 이용 현황, 기관이나 프로그램에 대한 태도, 기호와 생활양식 등을 파악 및 분류해 활용한다.
  - 인터넷 마케팅(Internet Marketing): 인터넷매체를 통해 고객에게 정보를 전달하고 마케팅에 활용하는 방법이다. 최근 정보화의 고도화와 함께 시간, 공간, 비용, 정보의 양 측면에서 매우 경제적인 홍보 방법으로 각광받고 있다.
  - 사회 마케팅(Social Marketing): 사회지향적 마케팅의 일환으로 기업이 건강, 안전, 환경, 사회복지 등 공익을 위해 기여하는 활동을 전개하는 방식이다. 공익

연계 마케팅과의 차이점은 기업이나 상품의 판매와는 구체적으로 연계시키지 않는다는 점이다.

- 모금활동을 할 때는 이 외에도 다양한 방법을 고려할 수 있다. 인터넷 모금은 이용자 중심의 기관 홈페이지를 개설하고 포털사이트와 협력을 맺어 배너광고 및 공익연계 캠페인을 전개하는 방법이다. ARS(Audio Response System, 자동응답시스템) 모금은 시청자가 ARS 시스템을 통해 전화를 걸면 통화당 일정 금액의 후원금이 자동으로 전화요금에 부과되도록 하는 방법이다. 캠페인 모금은 특정한 사회적 이슈 해결이나 기관의 재정자원 확보를 위해 캠페인을 전개하고 목적사업에 사용하는 방법이다. 이벤트 모금은 대규모 이벤트를 열어 잠재적 후원자를 개발하는 방법으로, 국내에서는 월드비전의 기아체험, 기아대책기구의 자선달리기 등이 대표적이다. 최근에는 은행의 CMS(Cash Management Service, 자금관리서비스)를 활용한 자동이체(direct debit) 모금이 활성화되고 있다. 이는 매월 통장에서 일정 금액을 이체하는 방법이다. 한번 약정하면 별도의 요청 프로그램 없이도 일정 기간 안정적으로 수금할 수 있는 장점이 있다.

• 유통은 고객이나 소비자가 서비스를 쉽게 이용할 수 있도록 하는 조직적 활동을 말한다. 여기에는 지리적 접근성 제고, 심리적 장애의 제거 등이 포함된다.

(5) 조직의 설계

마케팅 전략을 효과적으로 수행하기 위해서는 조직의 구조가 뒷받침할 수 있어야 한다. 이를 위해서는 별도 부서의 편성, 전문가 채용 등의 조직적 설계가 필요하다.

(6) 전략의 수행

구매행동이 일어나도록 '사업 포트폴리오 결정' 에서 결정된 핵심 전략을 수행한다.

(7) 수행평가

마케팅 전략을 수행한 후에는 마케팅 목표를 적절한 시기에 효과적 · 효율적으로 달성했는지 평가하는 것이 바람직하다. 이때 조직의 사업평가라는 일반적인 차원이 아닌, 마케팅의 개념에 입각해 평가를 위한 틀을 확립하고 평가 관련 정보를 체계적으로 확보한 후 이에 기초해 평가하여 결과를 보고해야 한다.

제6부 사회복지행정의 전망

- **제14장** 사회복지조직의 책임성과 혁신

제 14장 사회복지조직의 책임성과 혁신

1. 사회복지조직의 책임성과 윤리

1) 사회복지조직의 책임성

(1) 사회복지조직 책임성의 이해

책임성(accountability)은 통상적으로 사용하는 책임감(responsibility)보다 넓은 의미로 이해된다(Gates, 1980). 책임성이란 어떤 활동과 그 활동을 수행하는 주체 사이에 형성되는 개념이다(유종해, 이덕로, 2015). 일반적으로 책임성이란 어떤 조직이 활동을 수행함에 있어서 윤리적 · 기술적 · 법적 기준에 따라 행동해야 하는 의무라고 볼 수 있다. 이처럼 책임성이란 어떤 조직이 외부기관이나 외부기관에 의해 정해진 행동기준에 대해 의무를 지는 것이라고 볼 수 있다(Pfiffner & Prethus, 1967).

책임성은 일반적으로 다음과 같은 특성을 갖고 있다.

① 책임성은 의무의 이행을 전제로 발생한다.
② 책임성은 일정한 권한이 있는 경우에만 발생한다.
③ 개인의 요구보다 공익적 요구에 충실해야 하며, 스스로 정한 것이 아니라 외부에서 정한 기준에 따라야 한다.
④ 책임성은 주로 행동의 결과에 대해 발생한다.
⑤ 책임성의 보장을 위해 통제수단이 적용된다.

사회복지조직은 자신들이 제공하는 서비스와 프로그램이 클라이언트집단의 욕구를 충족시키고 당면한 사회문제를 해결하고 있다는 증거를 보여 줘야 한다(황성철, 2005). 사회복지조직은 책임성의 이행과 관련해 외부기관 등 지역사회와의 관계뿐 아니라 조직 내의 상호작용에서도 정당성을 확보해야 한다(Kettner, Martin, & Moroney, 1999).

첫째, 책임성은 특정한 업무수행에 대해 책임을 진다는 의미를 갖고 있다(김영종, 2010). 이는 외부기관이나 외부기관에 의해 정해진 행동기준 준수를 의미하는 일반적인 책임성의 개념과 일맥상통한다고 볼 수 있다.

둘째, 책임성은 업무수행의 결과에 대한 책임뿐 아니라 투입단계부터 산출단계까지의 업무수행 과정에 대한 정당성을 확보해야 한다는 의미를 갖고 있다(김형식, 이영철, 신준섭, 2009). 이는 조직 내부적으로는 효과성뿐 아니라 효율성도 고려해야 하고, 업무수행과 관련된 조직적인 의사결정과 집행과정의 적절성이 확보돼야 한다는 것이다.

일반적으로 사회복지조직이 책임성을 입증해야 하는 대상은 정부 및 재정자원제공자, 사회복지조직, 사회복지전문직, 클라이언트로 구분할 수 있다.

① 정부 및 재정자원제공자에 대해서는 그들이 요구에 부응하는 수준의 서비스를 제공하고 있음을 확인할 수 있는 증거를 제시해야 한다.
② 사회복지조직 차원에서는 기관의 설립 목적과 제 규정에 입각해 활동하고 있음을 입증해야 한다.
③ 사회복지전문직에 대해서는 전문가집단이 요구하는 지식과 기술을 적용하고 있고 윤리강령에 위배되지 않는 전문적 실천을 하고 있다는 사실을 입증해야 한다.

④ 클라이언트에 대해서는 사회복지조직이 제공하는 서비스가 클라이언트의 욕구 충족에 기여하고 클라이언트의 변화에 효과적임을 입증해야 한다.

사회복지조직의 책임성의 유형은 다음과 같이 분류된다(Rossi & Freeman, 1985; 황성철, 2005).

① 적용 대상 책임성: 사회복지조직이 제공하는 서비스와 프로그램의 적용 대상의 성격 및 숫자와 관련해 적격의 대상자들이 서비스를 제공받고 있는지에 관한 것이다.
② 서비스 전달 책임성: 서비스 제공 계획 및 실행의 관련성 측면에서 적절한 수준의 서비스가 제공되는지, 자격을 갖춘 인력에 의해 제공되는지에 관한 것이다.
③ 재정적 책임성: 사회복지조직의 재원은 적절히 사용되는지, 사용된 재원은 예산에서 설정한 한계의 범위 내에서 집행되는지에 관한 것이다.
④ 법적 책임성: 서비스 제공과 관련된 제반 법령에 위배되지 않고 서비스가 제공되는지, 기관의 자체 기준에 따라 적절히 제공되는지에 관한 것이다.

(2) 사회복지조직 책임성의 적용

사회복지조직의 책임성에는 다양한 요인이 영향을 끼친다. 이에 대해서는 내부적 요인과 외부적 요인으로 구분해 볼 수 있다(Day & Klein, 1987; 정무성, 1998).

내부적 요인에는 서비스의 다양성, 기술의 복잡성, 목표의 불확실성 등이 있다.

① 서비스의 다양성: 현실적으로 사회복지조직은 단일한 유형보다는 다양한 유형의 서비스를 제공하는 경향이 있다. 각 서비스는 획일적인 기준으로 책임성을 규명하기 어렵고, 한 기관 내에도 서비스 유형에 따라 다양한 책임성의 수준이 존재하게 된다.
② 기술의 복잡성: 사회복지조직이 제공하는 다양한 서비스는 여러 사람이 참여하는 가운데 복잡한 기술이 적용된다. 이는 서비스 제공의 수행 성과에 대한 책임 소재를 명확히 규명하기 어려운 요인이 된다.
③ 목표의 불확실성: 사회복지조직은 상충하는 가치와 규범이 존재하는 사회적 배경에서 활동하게 된다. 이에 따라 조직이 제공하는 서비스의 궁극적 목표가 불

확실하기 때문에 목표 달성과 관련된 책임성을 규명하기에는 한계가 있다.

외부적 요인에는 공급주체의 다원화, 민영화 경향, 법률의 영향 등이 있다.

① 공급주체의 다원화: 최근 사회복지 공급주체가 다원화되면서 기존의 전형적인 사회복지조직들의 활동에 대해 비판적인 관점이 제기되고 있다. 특히 종교기관이나 시민단체들에 의해 사회복지조직들의 비민주적인 운영, 투명성 부족 등에 대한 문제제기가 지속적으로 이루어지고 있다.
② 민영화 경향: 우리나라에서는 사회복지시설에 대한 민간위탁이 일반화되면서 민간사회복지조직들은 사회복지 공급의 중추적인 역할을 맡고 있다. 이에 따라 정부규제에 대한 종속성이 커지면서 지역사회의 다양한 욕구와 문제에 대한 대응성을 확보해야 할 필요성이 대두되고 있다.
③ 법률의 영향: 1997년 「사회복지사업법」이 개정되면서 1999년부터 사회복지시설 평가제가 실시되고 있다. 이 제도는 사회복지시설의 운영을 효율화하고 서비스의 질을 제고하며 정보 제공을 통해 국민의 선택권을 확대하려는 취지를 갖고 있다.

사회복지조직의 책임성을 확보하기 위한 통제의 효율화 방안은 다음과 같다.

① 행정정보의 공개를 통해 조직의 개방성을 유도해야 한다. 정보 공개는 평가와 책임성 확보의 일환이기 때문에 그 자체가 통제의 수단이다.
② 정책 과정에 대한 시민의 참여 기회를 확대해야 한다. 시민참여로 관료주의의 폐단을 시정하고 시민의 욕구에 부응할 수 있게 되며 정책의 정당성이 확보된다.
③ 사회복지전문직의 전문성을 향상시키고 권한을 강화해야 한다. 전문성 확보는 서비스 질 제고의 주요 수단이다. 또한 사회복지전문직은 통제 과정에 주도적으로 참여하도록 보장돼야 한다.
④ 외부통제와 내부통제의 균형이 이루어져야 한다. 외부통제기관의 독립성과 전문성을 강화하되, 자율적인 내부통제를 통해 부작용을 예방하고 감시비용을 줄일 필요가 있다.
⑤ 평가제도를 내실화해야 한다. 평가제도는 사회복지조직의 운영과 활동에 대한

주요 통제수단이기 때문에 평가의 전문성과 객관성 확보, 연속성과 환류성 등을 강조할 필요가 있다.

2) 사회복지행정의 윤리

(1) 윤리경영의 이해

일반적으로 윤리경영은 도덕적 책임 및 도덕적 행위기준에 입각한 조직활동이라고 정의된다. 조직활동에서 윤리를 최우선 가치로 두고, 모든 조직활동을 윤리규범에 기초해 투명하고 공정하고 합리적으로 수행하는 것이다(양옥경, 최명민, 2010).

기업조직의 윤리경영은 기업의 사회적 책임(Corporate Social Responsibility: CSR)의 일환으로서 기업과 기업의 내부 · 외부 이해관계자와의 관계를 중시하는 방침으로 이해된다. 즉, 기업의 이해관계자인 고객, 주주, 협력업체, 지역사회 등 모두의 발전을 도모해 지속 가능한 기업이 되려는 것이다. 이를 통해 기업의 경제적 · 사회적 · 환경적 책임을 전략적으로 활용해 경쟁우위를 창출하고자 한다.

일반적으로 윤리경영의 요소에는 3C가 포함된다(문현주, 2007).

① 윤리강령(code of conduct): 조직구성원들의 행동지침인 조직의 윤리강령을 구체적이고 성문화된 형태로 제시한다.

② 감독조직(compliance check organization): 윤리경영을 실현하기 위한 조직과 제도를 구비한다(윤리경영 전담부서 및 임원, 내부고발 및 보고 시스템, 감사 및 평가 시스템 등)

③ 윤리교육(consensus by ethics education): 기관의 윤리를 준수하기 위해 반복적이고 일상적인 교육을 제공한다.

(2) 사회복지조직의 윤리경영

2000년대 중반 이후 사회복지조직들 사이에서는 윤리경영 및 투명성 제고를 위한 자발적인 노력이 전개돼 왔다(양옥경, 최명민, 2010). 2006년에는 사회복지단체와 보건복지부 간에 사회복지 분야 투명사회협약이 체결돼 2007년부터 본격적인 활동에 들어갔다. 이 협약 제26조(사회복지 윤리강령 준수)는 사회복지 관련 단체와 사회복지시설이 자발적인 윤리경영과 투명성 제고를 위해 윤리강령을 준수하도록 하고 있다.

특히 2006년부터 한국사회복지사협회는 사회복지공동모금회의 후원으로 '사회복지종사자 역량강화와 투명성 확립을 위한 교육지원사업'을 진행했다. 이 사업을 통해 사회복지 윤리경영 교육 및 실천매뉴얼 제작, 사회복지 윤리경영 전문가 양성 및 보수교육 실시 등이 이루어졌다. 특히 중점 사업의 하나로써 사회복지 윤리경영 선도기관을 육성하기 위해 2007년부터 매해 기관을 선정한 후 윤리경영사업을 진행해 성과를 거두었다(한국사회복지사협회, 2010).

이처럼 윤리경영의 개념은 사회복지조직에도 적용될 수 있다. 사회복지 윤리경영이란 사회적 책임과 지속 가능한 경영 등의 광의의 개념을 포괄하는 것으로, 사회복지조직이 지속 가능한 성장을 목표로 클라이언트를 비롯한 다양한 이해관계자와 우호적인 관계를 맺고 경제적 · 사회적 · 환경적 책임을 전략적으로 활용해 경쟁우위를 창출하는 것으로 볼 수 있다.

사회복지조직의 윤리경영을 위한 자가점검지표는 다음과 같이 요약할 수 있다.

① 기관의 윤리경영 철학 및 전략

- 법인: 법인은 합리적으로 이사진 자격을 규정하고 이사회를 운영한다. 법인은 산하기관을 윤리적으로 운영한다.
- 기관장: 기관장은 윤리경영에 대한 의지가 확고하다. 기관장이 윤리적인 면에서 대내외적으로 신뢰를 얻고 있다.
- 기관 운영 철학: 기관의 윤리지침이 되는 분명한 운영 철학과 원칙이 있다. 직원들이 기관의 윤리경영방침에 동의하고 자발적으로 참여한다. 기관의 윤리경영을 대내외적으로 알리고 있다.
- 재정 및 회계: 기관은 건강한 재무구조와 재정여건을 갖추고 있다. 기관의 예산운영이 투명하고 적절하다. 서비스 이용요금이 합리적으로 책정되고 관리된다.

② 기관의 직원에 대한 윤리성

- 인적자원관리: 직원선발은 규정에 따라 공정하게 진행된다. 업무배치는 직원의 적성과 경력 등을 고려해 합리적으로 이루어진다. 인사고과는 충분하고 정확한 정보에 의해 이루어지고 있다. 인사고과의 결과는 직원들과 공유되며 이에 대해 기관 측에 의문을 제기하고 대답을 들을 수 있다. 인사고과 점수는 합리적으로

주어진다. 윤리적 업무수행에 대해 평가와 보상이 따른다. 승진 기준 및 절차는 공정하다. 기관은 직원의 능력 개발을 위해 적절히 투자하고 있다. 교육훈련 설계에 직원의 요구가 적절히 반영되고 있다. 교육기회가 공평하게 주어지고 있다. 필요하고 적절한 슈퍼비전이 제공되고 있다. 의사소통의 통로가 열려 있다. 직원의 사기를 진작할 수 있도록 돕는다.

- 복리후생 및 노무관리: 근무환경은 동종 업종 기관들에 비해 쾌적하다. 직원만족도를 높이기 위해 많은 노력을 기울이고 있다. 직원 가족에 대해서도 적절히 배려하고 있다. 복리후생시설과 제도는 만족스럽다. 기관은 근로계약을 준수하고 있다. 근로시간을 준수하는 편이며 초과근무 시 할증임금을 지급한다. 비정규직(기간제 근로자)에 대한 차별금지원칙을 따르고 있다. 정해진 휴일 및 휴가를 사용하도록 하고 있다. 고충처리는 잘 되고 있다.
- 직원보호: 기관은 클라이언트의 폭력을 방지하기 위해 노력한다. 기관은 클라이언트의 폭력이 발생할 때 적절히 대처한다. 슈퍼바이저는 직원에게 인격적 · 성적으로 수치심을 주는 행위를 하지 않는다.

③ 기관 및 직원의 클라이언트에 대한 윤리성

- 클라이언트 중심 운영: 기관운영에서 클라이언트의 만족을 중시한다. 기관운영에서 클라이언트의 안전을 강조한다.
- 클라이언트의 권리 및 권익 존중: 클라이언트가 자기결정권을 최대한 행사할 수 있는 규정 및 기준을 갖고 있으며 이를 지키고 있다. 클라이언트의 권익을 존중하고 이익을 최대한 대변하는 원칙과 절차를 갖추고 있으며 이를 지키고 있다. 클라이언트의 자기 서류 열람권을 존중하는 원칙과 절차를 갖고 있으며 이를 준수하고 있다.
- 클라이언트의 비밀보장 및 사생활보호: 클라이언트의 사생활 및 비밀보장을 위한 원칙과 절차를 갖고 있으며 이를 지키고 있다. 클라이언트의 사생활 및 비밀보장을 위한 시설과 장비를 갖추고 있다. 정보공유 및 공개에 대한 원칙 및 절차를 갖추고 있으며 이를 지키고 있다.
- 고지된 동의 및 클라이언트의 알 권리: 고지된 동의의 절차에 대해 적절하고 충분하게 설명하는 원칙과 절차를 갖고 있으며 이를 지키고 있다. 고지된 동의의 양식은 정당하고 적절히 사용된다. 고지된 동의의 예외사항을 적절히 규정하는

원칙과 절차를 갖고 있으며 이를 지키고 있다.

- 전문적 관계: 클라이언트와 전문적 관계 외에 다른 관계를 금지하는 원칙과 절차를 갖고 있으며 이를 지키고 있다. 사적 이익을 위해 클라이언트와의 전문적 관계를 이용하지 않도록 하는 원칙과 절차를 갖고 있으며 이를 지키고 있다. 클라이언트의 특별대우나 차별을 금지하는 원칙과 절차를 갖고 있으며 이를 지키고 있다.
- 자격 및 전문성: 직원은 담당 직무를 수행하는데 적합한 자격을 갖추고 있다. 직원(사회복지사)은 전문적 가치와 윤리가 확고하다. 직원은 업무에 필요한 적절한 슈퍼비전을 받고 있다.
- 서비스의 질: 제공되는 서비스는 적절한 이론적 · 경험적 기반을 갖추고 있다. 서비스에 관한 전문적 자문을 활용하고 있다. 서비스는 친절하게 제공된다.
- 윤리적 민감성 및 윤리적 의사결정: 직원들은 당면한 윤리적 이슈 및 딜레마를 인식할 수 있다. 직원은 윤리강령 및 윤리지침을 숙지하고 있다. 기관은 윤리적 이슈 해결을 모색하는 원칙과 절차를 갖고 있으며 이를 지키고 있다.
- 다양성의 존중: 다양성에 따른 차별과 특별대우를 금지하는 원칙과 절차를 갖고 있으며 이를 지키고 있다. 다양한 문화에 대한 이해를 바탕으로 문화의 차이를 고려한 서비스를 제공하는 원칙과 절차를 갖고 있으며 이를 지키고 있다.

④ 직원의 기관, 동료 및 전문가조직에 대한 윤리성

- 소속 기관에 대한 윤리: 직원은 업무시간을 준수한다. 직원은 주어진 업무권한을 기관을 위해 사용한다. 직원은 업무규정 및 법규를 준수한다. 직원은 기관의 자산 및 정보를 보호한다. 직원은 할당된 책임을 성실히 수행한다. 직원은 투명하고 공정하게 일을 처리한다. 유언비어를 유포하거나 조직에 대한 불신풍조를 조성하는 행위를 하지 않는다.
- 동료에 대한 윤리: 직원은 동료에 대해 전문가로서의 지위와 인격을 존중한다. 직원은 동료와 협력하며 갈등 해결을 위해 노력한다. 직원은 성희롱 예방규칙을 숙지하고 철저히 지킨다. 직원은 출신지역, 성별, 학벌, 종교, 신체장애 등에 따라 차별대우를 하지 않는다. 직원은 동료(상사, 부하)와 민주적인 직무관계를 형성하고 있다. 직원은 동료의 비윤리적 행위에 대한 적절한 대처방법을 확보하고 있다.

• 전문가조직에 대한 윤리: 직원은 사회복지사협회 등 전문가단체의 보수교육에 적극적으로 참여한다. 직원은 사회복지사협회 등 전문가단체의 활동에 적극적으로 참여하고 회비를 성실히 납부한다.

⑤ **기관 및 직원의 기관 관련자에 대한 윤리성**

• 실습생: 실습생교육을 위한 합리적인 규정을 갖추고 준수한다. 실습 운영 절차가 잘 마련돼 있고 그 운영이 적절하다. 실습생의 안전과 권리를 보장하기 위한 제도를 마련해 시행하고 있다.
• 자원봉사자: 자원봉사자의 선발, 교육, 운영이 합리적이다. 자원봉사자의 안전과 권리를 보장하기 위한 제도를 마련해 시행하고 있다.
• 후원자: 후원자의 권리를 존중한다. 후원자와 합리적인 관계를 형성한다.
• 협력기관: 협력기관은 공정하고 객관적인 기준에 의해 선정한다. 협력기관에 대해 우월적 지위를 이용한 부당행위를 강요하지 않는다.
• 중앙정부와 지방자치단체: 중앙정부 및 지방자치단체에서 요구하는 평가 및 보고에 대해 의무를 성실히 수행한다. 정책기관 및 단체와 부당한 청탁을 주고받지 않는다.
• 지역사회: 사회적 약자의 보호 및 사회정의 향상에 관한 의무를 수행한다. 지역사회의 문제해결 및 정책수립에 관심을 갖고 적극적으로 참여해 지역사회 발전에 기여한다. 지역사회 기관들과 협력적 관계를 형성하며 상호 발전에 기여하고 있다. 기관 운영에 친환경 정책 및 규범을 적용한다.

2. 사회복지조직 평가와 혁신

1) 사회복지조직 평가

(1) 사회복지조직 평가의 이해

사회복지조직의 관점에서 체계적인 평가가 필요한 이유는 다음과 같다(Patti, 1983).

① 관리통제: 관리통제란 조직의 관리자가 원래의 목표와 계획에 따라 조직활동이

수행되는지 판단하고 문제점을 발견해 수정을 가하는 관리 과정이다. 체계적인 평가는 조직의 관리자에게 관리상의 통제에 대한 정보를 제공하는 원천이다.

② 환류의 제공: 평가를 통한 환류는 담당자에게 업무에 대해 시정할 기회를 제공하는 과정이다. 조직 차원에서는 조직구성원들에게 자기 평가의 기회 제공, 교육훈련의 수요 파악, 인사행정의 기초자료 확보, 전문성과 직무수행 능력 제고를 위한 슈퍼비전의 방향 제시 등 중요한 의미를 지닌다.

③ 서비스의 혁신: 평가는 서비스의 혁신을 추동하는 데 유용하게 사용될 수 있다. 예를 들어, 평가를 통해 클라이언트의 특성의 변화, 특정한 기술의 효과성, 충족되지 않은 욕구의 존재 등이 확인되거나 입증된다면 조직의 서비스를 혁신해야 하는 명백한 필요성이 드러난다.

④ 책임성과 순응: 정부 및 재정자원 제공자는 법과 규칙에 따른 업무수행, 기대하는 목표의 달성 등에 대해 입증할 것을 요구한다. 평가를 통해 업무수행 과정, 서비스와 프로그램의 효과성 및 효율성에 대한 자료를 확보해 책임성 이행과 기대에 대한 순응의 근거를 제공할 수 있게 된다.

⑤ 대외홍보: 평가의 결과는 관리자가 조직활동의 성취 결과를 지역사회에 홍보할 수 있게 하는 기회를 제공한다. 이는 조직의 서비스에 대한 지지를 확보하고 조직에 대한 부당한 비난을 교정하게 하는 원동력이 되고 계획된 조직활동을 홍보하는 데에도 기여한다.

사회복지조직에 대한 평가의 취지는 조직운영을 개선해 궁극적으로 클라이언트에 대한 서비스를 향상시키는 것이다. 이에 따라 많은 조직에서 체계적인 평가의 필요성을 인식하고 평가업무에 상당한 자원을 투입하는 경향이 있다.

그런데 현실적으로는 조직적인 평가결과가 실제 조직운영을 개선하는 데에는 제대로 반영되지 않는 경향이 있다. 그 원인으로는 무엇보다 조직에 대한 객관적인 평가를 어렵게 하고 평가결과를 실제 활용으로 연결시키지 못하는 조직적인 분위기를 들 수 있다. 이는 전적으로 사회복지행정가의 리더십과 관련된 요인이다(Patti, 1983).

따라서 사회복지조직에 대한 평가결과를 실제적으로 활용하기 위해서는 사회복지행정가가 조직에 대한 체계적인 평가를 주도하고 객관적인 평가결과를 도출하며 이를 활용할 수 있는 조직적인 분위기와 여건을 조성해야 할 것이다.

이를 위해서는 무엇보다 사회복지행정가가 자기 평가와 비판에 대해 개방적인 태도를 갖고, 능동적으로 서비스 혁신을 추구하고, 조직적인 역량 개선에 기여하는 지식 습득을 위한 교육훈련에 적극 투자하고, 구성원들의 의사결정 참여를 확대할 필요가 있다(Rothman, 1980). 나아가 평가결과를 공개해 지역사회 구성원들이 조직운영을 확인하고 의견을 개진할 수 있게 할 필요가 있다. 이는 사회복지조직에 대한 지역사회의 지지기반을 확충하고, 상충하는 이해관계와 의견을 표출하게 해 조직 내외의 이해관계자 간의 합의와 의견 통일을 성취할 수 있게 하는 발판이 된다(Gates, 1980).

(2) 사회복지시설평가제도 운영 현황

① 평가의 목적

- 사회복지시설에 대한 평가를 통해 사회복지시설의 운영을 효율화하고 서비스의 질을 제고함으로써 사회복지시설 이용자 및 생활자에 대한 사회복지서비스의 질 향상 도모
- 합리적 평가지표와 평가체계의 개발을 통해 사회복지시설에 대한 객관적인 평가 틀 마련
- 전국적인 사회복지시설 평가를 통해 사회복지시설 운영 수준에 대한 지역별 · 시설종별 차이를 파악하고, 이의 개선을 목표로 하는 사회복지시설 운영 수준의 균형화 대책을 마련하기 위한 기초 자료 확보
- 사회복지 수요 증대에 조응해 사회복지시설 운영 상태에 대한 정보를 제공함으로써 사회복지시설에 대한 국민의 선택권 보장 및 확대
- 국민에게 직접 사회복지서비스를 제공하는 사회복지시설의 기능을 향상하여 사회안전망을 강화하고 시설 운영을 선진화함으로써 국민의 복지수준 향상에 기여

② 평가의 법적 근거

- 「사회복지사업법」 제43조의2(시설의 평가)

① 보건복지부장관과 시 · 도지사는 보건복지부령으로 정하는 바에 따라 시설을

정기적으로 평가하고, 그 결과를 시설의 감독 · 지원 등에 반영하거나 시설거주자를 다른 시설로 보내는 등의 조치를 할 수 있다.

- 「사회복지사업법시행규칙」 제27조의2(시설의 평가)
  ① 보건복지부장관 및 시 · 도지사는 3년마다 1회 이상 시설에 대한 평가를 실시해야 한다.
  ② 제1항의 규정에 의한 시설의 평가기준은 다음과 같다.
    1. 입소정원의 적정성
    2. 종사자의 전문성
    3. 시설의 환경
    4. 시설거주자에 대한 서비스의 만족도
    5. 기타 시설의 운영개선에 필요한 사항
  ③ 평가의 방법: 기타 평가에 관해 필요한 사항은 보건복지부장관이 정한다.

③ 평가 관련 제반 사항

- 1997년 8월 「사회복지사업법」 개정에 따라 3년마다 1회 이상 사회복지시설 평가 의무화
  - 「사회복지사업법」 제43조의2(시설의 평가) 및 같은 법 시행규칙 제27조(시설의 평가)
- 사회복지시설평가를 전문기관에 위탁할 수 있는 법적 근거 마련(2004년 「사회복지사업법시행령」)
  - 사회복지관 등 11개 유형은 한국사회복지협의회, 지역아동센터는 중앙지원단 평가센터, 노인보호전문기관은 중앙노인보호전문기관 등 시설 유형에 따라 전문기관에 위탁 평가 실시
- 한국사회복지협의회가 위탁 평가하는 11개 유형에 대해 평가지표 개발 및 5기에 걸쳐 평가 완료
  - 제1기: 1999~2001년(1,060개소), 제2기: 2002~2004년(1,185개소), 제3기: 2005~2007년(1,297개소), 제4기: 2008~2010년(1,454개소), 제5기: 2011~2013년(2,190개소), 제6기: 2014~2016년(3,300여 개소)

④ 연도별 평가 현황

〈표 14-1〉 사회복지시설 평가 현황

기	연도	평가대상시설(개소)	계	시행기관
계			11,103	
1기	1999	장애인복지관(36), 정신요양시설(59)	95	보건 사회 연구원
	2000	아동복지시설(28), 노인요양시설(60), 여성생활시설(61), 정신지체생활시설(52), 노숙인시설(33), 사회복지관(285)	519	
	2001	노인양로시설(79), 아동복지시설(243), 장애인복지시설(130)	452	
2기	2002	정신요양시설(55), 노숙인시설(33), 장애인복지관(56)	144	
	2003	노인복지시설(261), 모자복지시설(56), 사회복지관(334)	651	
	2004	아동복지시설(261), 장애인생활시설(199)	460	한국 사회 복지 협의회
3기	2005	정신요양시설(55), 사회복귀시설(74), 노숙인시설(37), 장애인복지관(83)	249	
	2006	사회복지관(351), 노인생활시설(224), 노인복지회관(74), 모 · 부자복지시설(75)	724	
	2007	아동복지시설(260), 장애인생활시설(231)	491	
4기	2008	정신요양시설(55), 사회복귀시설(113), 노숙인복지시설(36), 장애인복지관(119)	323	
	2009	사회복지관(295), 노인생활시설(62), 노인복지회관(139), 모 · 부자복지시설(80)	576	
	2010	아동복지시설(266), 장애인생활시설(292), 공동생활가정(330)	888	
5기	2011	정신요양시설(59), 사회복귀시설(163), 노숙인복지시설(37), 장애인복지관(152)	411	
	2012	노인복지관(190), 양로시설(63), 사회복지관(412), 한부모가족복지시설(100)	765	
	2013	아동복지시설(275), 장애인거주시설(372), 장애인직업재활시설(367)	1,014	
6기	2014	정신요양시설(59), 사회복귀시설(220), 노숙인복지시설(37), 장애인복지관(182)	498	
	2015	노인복지관(248), 양로시설(66), 사회복지관(429), 한부모가족복지시설(96)	839	
	2016	아동복지시설(294), 장애인직업재활시설(479), 장애인복지시설(1,231)	2,004	

출처: 한국사회복지협의회 시설평가실(2016), p. 7.

⑤ 평가결과에 따른 사후지원

- 평가 우수시설에 대한 인센티브 제공
  - 평가 우수시설에 금전적 인센티브 제공
  - 우수프로그램 선정 및 시상
- 평가결과 운영 개선이 필요한 시설에 대해 서비스 품질관리 지원
  - 품질관리 대상 시설의 취약요인을 분석해 맞춤형 컨설팅 제공
  - 품질관리 대상 시설 종사자에게 평가 우수시설 방문 기회 제공 및 품질관리평가회 지원

⑥ 평가영역

〈표 14-2〉 사회복지시설 공통 평가 항목(2017년)

평가 영역		평가 항목
시설 및 환경	A1	편의시설의 적절성
	A2	안전관리
	A3	응급상황에 대한 안전체계 구축
	A4	화재예방 및 피난대책
재정 및 조직운영	B1	경상보조금 대비 운영법인의 자부담(법인전입금) 이행률
	B2	경상보조금 대비 사업비 비율
	B3	경상보조금 대비 후원금 비율
	B4	회계의 투명성
인적자원관리	C1	법정직원수 대비 직원충족률
	C2	전체 직원 대비 자격증 소지 직원 비율
	C3	직원의 근속률
	C4	직원의 외부교육 참여 시간
	C5	직원채용의 공정성
	C6	시설장의 전문성
	C7	최고중간관리자(사무국장)의 전문성
	C8	직원교육
	C9	직원복지
이용자의 권리	E1	이용자의 비밀보장
	E2	이용자의 고충처리
지역사회관계	F1	외부자원개발
	F2	자원봉사자관리
	F3	후원금(품) 사용 및 관리

출처: 한국사회복지협의회 시설평가실(2016), p. 7.

⑦ 평가의 원칙 및 과제

사회복지시설 평가제도 운영의 원칙은 다음과 같다(천정웅, 김용환, 김승돈, 2015; 엄미선, 양숙미, 백은령, 한주민, 2016).

- 서비스 질 향상의 원칙: 사회복지시설 운영 개선 및 서비스의 질 제고를 유도한다.
- 평가절차의 투명성 확보의 원칙: 평가기준, 평가과정 및 평가결과를 누구나 이해할 수 있도록 투명성을 확보한다.

- 평가참여의 원칙: 평가대상자가 능동적으로 평가과정에 참여할 수 있도록 한다.
- 기본선 확보의 원칙: 평가를 통한 시설 간 순위 부여보다는 전체적으로 일정 수준 이상을 달성하도록 유도한다.
- 이용자 중심의 원칙: 이용자 중심의 관점을 최대한 반영해 이용자의 만족도와 서비스의 질을 고려하지 않으면 좋은 평가를 받을 수 없도록 한다.
- 지역사회 관계의 원칙: 사회복지시설이 지역사회와의 원활한 상호 관계를 유도하는 방향으로 평가 내용을 구성해 지역사회와의 관계 강화를 유도한다.

향후 사회복지시설 평가제도 개선 방향에 대해서는 다음과 같은 점들이 지적된다(정홍원, 정해식, 김정은, 이정은, 2013; 황성철, 정무성, 강철희, 최재성, 2014; 천정웅, 김용환, 김승돈, 2015; 사회복지교육연구센터, 2016).

① 자의적 판단의 여지를 최소화할 수 있도록 평가지표 문항과 기준을 명확화 하고 정교하게 정량화하는 방안을 강구할 필요가 있다.

② 이용자 및 거주자 또는 보호자의 참여를 보장하기 위해 일정한 틀을 갖춘 만족도조사를 체계적으로 실시할 필요가 있다.

③ 공통지표를 강화해 가급적 평가지표를 단일화하고 시설별 특성에 따른 지표는 보완적으로 사용하는 편이 바람직하다.

④ 시설환경이나 종사자 처우 등 법적 기준 충족 여부에 관한 평가는 인증제로 전환해 독립적인 기구가 담당하도록 하고 프로그램 중심의 평가에 집중할 필요가 있다.

⑤ 서비스 최소 기준을 중심으로 서비스품질과 관련된 평가지표를 재구성해 시설 간의 불필요한 경쟁을 줄이고 우수사례 공유 등 지역사회 내의 협조체계를 강화할 필요가 있다.

⑥ 운영개선이 필요한 시설뿐 아니라 전체 시설의 실무자에 대한 지속적인 교육을 통해 평가 기준과 결과가 조직의 운영과 서비스 개선으로 이어질 수 있도록 노력할 필요가 있다.

⑦ 평가제도의 개선과 내실화를 바탕으로 지역사회와 기관 이용자들이 쉽게 알아보고 서비스 이용에 대한 의사결정에 반영할 수 있도록 평가결과를 제공할 필요가 있다.

⑧ 궁극적으로 일회적인 평가체계 대신 전문평가인증제도(accreditation)를 도입해 기관운영 및 서비스 제공의 표준을 설정하고 전문가가 과정 관리를 할 수 있도록 전환할 필요가 있다.

2) 사회복지조직의 혁신

(1) 혁신에 대한 이해

혁신의 개념은 조직변화에 대한 새로운 아이디어를 창출해 이를 도입하고 실천하는 과정으로 정의된다(Thomson, 1965). 혁신은 조직의 여러 분야에서 조직의 현 상태와 조직이 바라는 수준과의 간극이 인식될 때 일어나는 것이다. 조직이 생존하려면 환경 변화에 적응하거나 환경 자체를 창출해 상대적인 경쟁력을 확보하려는 미래지향적인 혁신의 관점을 견지할 필요가 있다. 이를 위해서 행정가는 조직의 구조와 과정을 유지하면서도 환경 변화에 탄력적으로 대응함으로써 조직의 비전을 효과적으로 달성하기 위한 경쟁우위적인 혁신전략을 수립하고 집행해 나가야 한다(송교석, 김경희, 2013).

혁신의 목적은 조직의 목표 달성을 위해 조직의 효과성과 능률성을 개선하고 조직구성원들의 만족도를 증진시키는 것이다. 구체적으로는 조직의 생산성 향성, 업무수행 능력 제고, 조직응집력 강화, 동기부여, 협력증진, 의사소통 향상, 이직률 및 갈등 감소 등을 들 수 있다.

혁신의 대상에는 과업, 인간, 기술, 구조 등이 있다(Leavitt, 1964).

① 과업혁신은 사회복지조직의 경우 서비스와 프로그램의 혁신을 말한다.

② 인간혁신은 조직 내의 행위자들을 말하며, 인간 자체뿐 아니라 인적자원관리 전반에 대한 전략적인 혁신을 추구한다.

③ 기술혁신은 사회복지조직이 적용하는 전문적 실천과 함께 관리적 실천 및 이와 관련된 업무기술의 혁신을 말한다.

④ 구조혁신은 의사소통, 권한과 역할의 할당, 조직활동의 체계 등의 혁신을 추구한다.

혁신의 대상인 4가지 요인은 상호 의존성이 있다. 따라서 조직적인 혁신을 추구할 때에는 한두 가지 요인의 변화가 다른 요인들의 변화를 동반할 수밖에 없음을 인지하고, 전체적인 시각에서 4가지 요인에 대한 전략적인 접근을 시도할 필요가 있다.

조직적인 혁신을 추구할 때 관리자는 다음과 같은 관점을 견지할 필요가 있다(Kast & Rosenzweig, 1985).

① 현재 추진하고 있는 목표를 달성하기 위해서는 조직적 안정성을 충분히 유지할 필요가 있다.
② 혁신의 목표와 수단의 연관성을 확보하기 위해 조직변화에 대한 관리에 집중해야 한다.
③ 내부적인 조건의 변화뿐 아니라 외부환경의 기회나 요구에도 적절히 반응할 수 있도록 조직적인 적응력을 충분히 갖추어야 한다.
④ 조직적 변화를 주도할 수 있도록 혁신적인 자세를 충실히 견지해야 한다.

(2) 혁신에 대한 관리

지금까지의 검토를 종합할 때 조직적인 혁신에는 몇 가지 특징이 있다(민진, 2014).

① 조직적인 혁신은 목표 지향적이다.
② 조직적인 혁신은 자연적인 변화가 아니라 계획적인 변화다.
③ 조직적인 혁신에는 저항이 뒤따른다.
④ 조직적인 혁신의 범위는 부분적이고 미시적인 것이 아니라 전면적이고 거시적이다.

이와 같이 조직의 혁신은 복잡한 과정이고 다양한 요인이 영향을 끼칠 수 있음을 고려할 필요가 있다. 조직적인 혁신에 대한 영향 요인에는 다음의 사항이 있다.

① 혁신추진자의 능력, 의지, 특성, 신뢰 기반

혁신추진자의 능력, 의지 및 특성은 조직적인 혁신의 성공에 결정적인 역할을 할 것이다. 혁신추진자의 능력에는 포용적인 리더십이 포함되는데, 혁신의 필요성을 적기에 인식하고 필요한 자원을 동원하고 집행에 필요한 강제적 권력과 보상권력을 적절히 사용할 필요가 있다. 혁신추진자의 의지가 약할수록 저항에 더 많이 노출된다.

혁신추진자의 특성으로는 혁신 주체세력의 정통성, 신뢰의 기반 등의 요인이 중요하다. 혁신의 대상자가 혁신의 주체세력이 되어서는 곤란하다. 신뢰의 기반 면에서는 조직적인 혁신이 혁신추진자의 단기업적을 위한 것이 아니라 조직의 생존과 발전을 위한 것인지가 중요하다.

② 혁신조직의 특성

조직의 특성은 조직적인 혁신에 영향을 끼친다. 공공조직보다는 민간조직이나 영리조직에서 혁신이 성공할 가능성이 크다. 뛰어난 업적을 이룬 조직보다는 그렇지 못한 조직일수록 혁신의 요구가 일찍 나타날 수 있다. 그러나 극도로 실패하거나 극도로 성공한 조직은 혁신을 포기하거나 혁신에 대해 관심이 적을 것이다. 대규모 조직은 변화보다는 안정과 질서유지에 익숙하다. 규모가 큰 관료제 조직일수록 저항이 작고, 규모가 작을수록 저항이 크다. 조직의 역사가 오래될수록 규칙과 절차가 보수화 돼 저항이 커진다. 조직구성원이 다양할수록 혁신의 분위기가 확산될 가능성이 크고 저항이 줄어들 것이다.

③ 혁신의 여건과 환경

혁신을 둘러싼 여건과 환경은 조직적인 혁신에 영향을 끼친다. 파산하는 조직이 많아지면 조직적 혁신에 대한 관심이 높아진다. 혁신에 성공하는 조직이 많아질수록 조직적인 혁신의 필요성이 공감된다. 유사한 조직에서 혁신에 대한 시도가 많아지면 모방심리가 생기기 때문에 혁신에 대한 관심이 커진다.

(3) 사회복지조직 혁신의 적용

사회복지조직 혁신의 필요성은 환경적 요인과 조직 내부의 요인으로 구분해 볼 수 있다. 다음은 몇 가지 예를 설명한 것이다(Hasenfeld, 1983; Patti, 1983).

① 환경적 요인

- 인간과 사회문제에 대한 도덕적 가치가 변화하면 기존 서비스의 가치기반이 훼손돼 서비스의 혁신이 불가피해진다.
- 정부정책과 법률의 변화는 새로운 클라이언트집단의 생성, 서비스의 변화, 조직의 행정절차의 변경 등을 초래한다.

- 재정자원제공자의 지원조건과 기준, 지원규모 등의 변화는 조직의 활동에 상당한 영향을 끼친다.
- 지역사회의 클라이언트의 특성과 욕구가 변화하면 새로운 사회문제가 대두돼 이에 부응하기 위해서는 조직적인 혁신이 불가피해진다.
- 새로운 서비스 기술과 프로그램이 개발되면 신기술을 도입하는 사회복지조직의 경쟁력이 강화되고, 환경 속의 인간 등 환경 중시 관점이 강조되면서 탈시설화 등 사회복지전달체계의 변화가 초래된다.

② 조직 내부의 요인

- 일선 사회복지사가 직무에 대한 자율성 및 재량권, 의사결정 참여 등의 확대를 요구하면 조직 내의 수직적 권력관계의 변화가 초래된다.
- 일선 사회복지사는 전문적 개입에 도움이 되지 않고 클라이언트의 문제해결에 기여하지 못하는 조직의 기존 활동방식과 업무절차의 수정을 요구하기도 한다.
- 일선 사회복지사는 새로운 치료방법 등 서비스 개혁을 요구하고 이를 적용하려는 권한을 주장할 수 있다.
- 일선 사회복지사들은 클라이언트에 대한 서비스 제공 업무에 집중할 수 있도록 행정 및 관리 업무의 경감을 요구할 수 있다.
- 나아가 조직구성원들이 자신들의 요구를 관철시키기 위해 집단적인 압력을 행사하게 되면 이는 조직적인 혁신의 촉매역할을 하게 된다.
- 조직의 관리자는 조직구성원들의 낮은 사기, 저조한 의사소통 수준, 개인 및 부서 간의 갈등, 비효과적인 협조관계 등을 개선하기 위해 독자적으로 조직적인 혁신을 추진할 수 있다.

사회복지조직 혁신의 장애요인으로는 다음과 같은 사항들이 지적된다(Hasenfeld, 1983).

① 지역사회 네트워크에서의 위치: 기존의 사회복지조직은 지역사회 네트워크 안에서 교환관계를 확보하고 자원을 안정적으로 유통하기 위해 최적화돼 있다. 따라서 특정 사회복지조직이 기존 네트워크에서 이탈해 혁신을 추구하려 한다면 이는 기존 네트워크의 협동체계와 이익교환 관계에 변화를 초래할 수 있다.

따라서 지역사회 네트워크 속에서의 위상이 확고할수록 혁신에 장애가 될 수 있다.

② 자원의 결여와 매몰비용: 자원이 부족한 사회복지조직은 외부자원에 대한 의존도가 높고 재정자원 제공자는 특정한 제약조건을 제공하기 때문에 혁신 노력에 부정적인 영향을 끼친다. 기존 서비스와 프로그램의 매몰비용(sunk cost)은 혁신에 저항적인 사유가 된다. 혁신은 기존 방식에 전문적으로 특화된 조직구성원들에게는 회수 불가능한 손실을 초래할 수 있기 때문이다.

③ 조직의 이념: 대개 사회복지조직은 조직 설립의 근거이자 내부 일체감을 유지하는 원동력인 특수한 이념을 갖고 있다. 이는 조직활동에 일관성을 부여하고 조직구성원들의 행동 방향수립의 지침이 된다. 나아가 서비스와 프로그램의 방향 및 기술 선택과도 유기적인 관련을 맺고 있다. 따라서 조직의 기존 이념은 조직적인 혁신 노력에 장애를 초래할 수 있다.

④ 내부적 세력균형: 사회복지조직은 다른 조직들과 마찬가지로 조직 내의 세력균형에 의해 안정성을 유지하고 있다. 이는 권력관계뿐 아니라 보상체계에 의해서도 지탱된다. 따라서 많은 사람이 기존의 조직관계에 만족한다면 혁신에 의욕을 갖지 못한다. 특히 혁신을 통한 잠재적 손실은 이득보다 뚜렷이 보이기 때문에 현상유지적인 경향을 가질 수 있다.

이와 같은 혁신에 대한 장애를 극복하기 위한 관리자의 역할은 다음과 같이 제시된다(Delbecq, 1978; Hasenfeld, 1983).

① 조직의 최고관리층으로부터 혁신의 일반적 목표에 대한 지지를 얻고 혁신의 계획 과정에 합의할 것
② 현재와 혁신 이후의 조직의 차이를 상세히 문서화할 것
③ 잠재적 대안과 그 상대적 효과성에 대한 자료를 광범위하고 충실하게 파악할 것
④ 조직 내의 광범위한 지지를 얻을 수 있는 혁신 연합 구성 방안을 개발할 것
⑤ 혁신의 효과성을 증명하기 위해 혁신안의 효과에 대해 사전에 검증할 수 있는

능력을 개발할 것

(4) 사회복지조직 혁신의 유형과 전략

사회복지조직의 혁신전략을 패티(Patti, 1983)는 다음의 6가지 측면에서 제시했다.

① 혁신에 대해 작용하는 힘: 혁신을 추동하는 힘이 혁신에 저항하는 힘보다 크고, 혁신을 추동하는 힘이 내부 · 외부에서 모두 생기는 경우 다양한 방식의 지도력을 적용할 수 있다. 반면, 저항하는 힘이 추동하는 힘보다 크다면 참여적 형태가 유리하다. 변화에 대한 이해와 위임을 통해 저항을 줄이거나 완화할 수 있기 때문이다.

② 시간: 만약 관리자가 즉시 문제를 해결해야 하는 상황에 직면한다면 지시적인 형태만이 가능할 것이다. 만약 관리자가 참여적 형태를 좋아하나 시간적으로 촉박해 일방적인 형태를 취할 수밖에 없다면 조직구성원들에게 지시적인 방법을 써야만 하는 이유를 설명하는 것이 중요하다.

③ 문제의 본질: 문제가 쉽게 규정되고 해결방안도 명백하게 나타나 있으며 관리자는 그 문제에 대해 결정을 내리는 데 필요한 정보를 충분히 갖고 있다면 참여적 결정은 오히려 불필요하고 부자연스러울 수 있다. 반대로 문제가 모호하고 정보가 부족한 경우에는 참여적인 방법을 통해 조직구성원들의 다양한 경험과 지식을 반영할 필요가 있다.

④ 조직구성원들의 경험과 기대: 조직구성원들은 혁신안을 결정하고 수행방법을 채택하는 데에 참여하기를 원하는 정도가 매우 다양하다. 참여적 관리의 전통이 있다면 지시적인 방법은 기존의 규범을 위반하기 때문에 분노와 불신을 야기할 수 있다. 반면, 위로부터의 변화에만 익숙하다면 참여적인 방법을 사용하기 이전에 참여에 관한 새로운 규범을 모색할 필요가 있다.

⑤ 관리자의 권한: 관리자가 보상권력을 행사할 수 있는지가 중요할 수 있다. 만일 보상권력을 갖고 있음에도 지시적인 방법만을 사용해 왔다면 상층부의 지원을

요청해야 할지 모른다. 왜냐하면 복종을 강요하는 강제적인 권력에 의존하는 지도력은 고립, 수동적 저항, 형식적인 복종, 비난 등을 동반하고 비협조나 무시 같은 보복을 당할 수 있기 때문이다.

⑥ 조직구성원에 대한 의존도: 혁신을 수행하는 데 조직구성원들의 자발적이고 광범위한 협조가 필요하다면 참여적인 형태가 바람직하다. 이때 참여는 변화에 대한 사명감과 주인의식을 심어 준다. 특히 조직구성원들이 업무에 대한 실질적인 통제권한을 지니고 있다면 지시와 감독이 불가능하므로 조직구성원들에게 의존해야 한다. 이처럼 사회복지조직의 관리자들은 참여적인 형태의 혁신을 추구하는 경향이 있다.

한편, 하센펠트(Hasenfeld, 1983)는 사회복지조직의 혁신의 성공요인으로 기술적

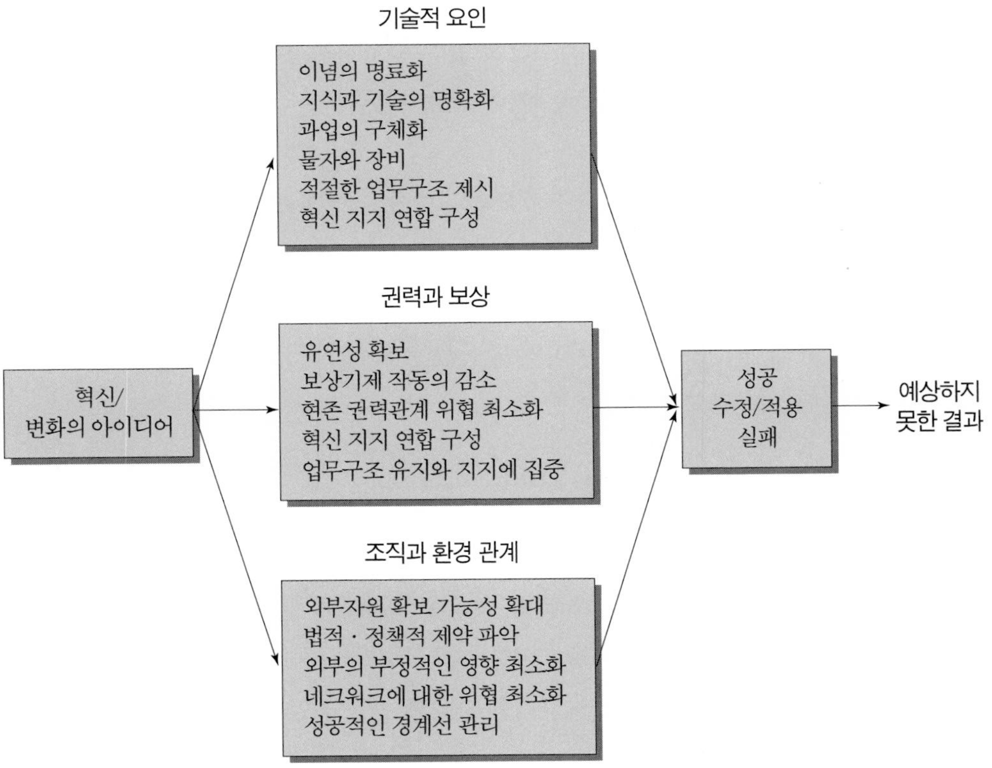

그림 14-1 사회복지조직 혁신의 성공요인

출처: Hasenfeld(1983), p. 241 수정.

요인, 권력과 보상, 조직과 환경의 관계를 들고 있다([그림 14-1] 참조).

첫째, 기술적 요인 면에서는 이념적 지향을 명료화하고, 새로운 지식 및 기술과 과업을 명확하고 구체적으로 제시하며, 필요한 물적 자원과 업무구조를 안내해야 한다. 또한 혁신지지 연합을 구성하기 위해 노력해야 한다.

둘째, 조직 내부의 권력과 보상 방식 면에서 강제적인 권력 행사를 최소화하고 참여적 방법을 활용하며 다양한 보상기제를 적용해 다수의 지지를 획득할 수 있도록 하는 등 유연성을 확보하고, 혁신 반대자에게 보상을 실시하되 장기적으로는 보상기제의 작동을 감소시키고, 현존하는 권력관계의 변화를 최소화하고, 혁신에 대한 지지기반을 확충하며, 업무구조를 유지하고 실제 업무를 담당하는 조직구성원들의 지지를 확보할 필요가 있다.

셋째, 조직과 환경의 관계에서는 외부자원을 확보할 수 있는 가능성을 높이고, 법적 · 정책적 제약이 있는지 파악해 능동적으로 대처하고, 부정적인 외부적 영향을 최소화하고, 조직 간 네트워크에 대한 부정적인 영향을 줄이고, 조직체계와 경계선에 있고 밀접한 상호작용을 하는 과업환경과의 관계를 성공적으로 관리해야 한다.

참고문헌

강용규, 김희성, 배은영, 양정하, 오종희, 유용식, 주익수(2007). 사회복지행정론. 고양: 공동체.

강태혁(2013). 예산제도와 재정관리. 서울: 율곡.

강혜규, 박세경, 함영진(2016). 복지행정부문의 현황과 정책과제. 보건복지포럼, 통권231호, 41-50.

고재욱, 전선영, 황선영, 박성호, 이용환(2013). 사회복지행정론. 파주: 정민사.

교육부, 고용노동부, 보건복지부, 여성가족부(2016). 2016년 국민행복 분야 업무계획. 미간행 보도자료.

교육부, 문화체육관광부, 보건복지부, 환경부, 고용노동부, 여성가족부(2015). 2015년 국민행복 분야 업무계획. 미간행 보도자료.

구인회, 양난주(2008). 사회보장 60년: 평가와 전망. 사회보장학회 학술대회 자료집, 151-184.

권기헌(2014). 행정학원론(제2판). 서울: 학림.

김경호, 강미자(2012). 노인복지관의 직무순환제도 운영이 사회복지사의 직무만족에 미치는 영향. 한국자치행정학보, 26(1), 169-192.

김계수, 김용철, 박주영, 장정근(2008). 프로세스 중심의 경영 혁신. 대전: 대경.

김영종(2001). 사회복지행정론(제2판). 서울: 학지사.

김영종(2010). 사회복지행정론(제3판). 서울: 학지사.

김융일, 양옥경(2002). 사회복지 수퍼비전론. 파주: 양서원.

김인혁, 김정기, 문수열, 유태완, 이은정, 장유미(2011). 사회복지행정론. 파주: 양서원.

김재명(2015). 신경영학원론. 서울: 박영사.

김태열, 이덕로(2014). 현대사회와 리더십. 서울: 문영사.

김통원, 윤재영(2005). 사회복지서비스 품질관리. 서울: 신정.

김형식, 이영철, 신준섭(2009). 사회복지행정론(개정판). 파주: 양서원.
남일재, 문영주, 오주(2011). 현대 사회복지행정의 이해. 파주: 정민사.
대한민국정부(2015). 제3차 저출산, 고령사회 기본계획. 미간행 보도자료.
라준영(2013). 사회서비스 제공형 사회적 기업의 품질경영(TQM): (재)다솜이재단. 서비스경영학회지, 14(4), 27-50.
문신용(1999). 공공정보자원관리의 활성화 방안. 서울: 한국행정연구원.
문현주(2007). 윤리경영과 재량발생액과의 관계. 회계저널, 16(1), 81-105.
민진(2014). 조직관리론(제5판). 서울: 대영문화사.
박경규(2016). 신인사관리: 노동과 자본의 통합관리(제6판). 서울: 홍문사.
박용치, 송재석(2006). 최신 행정학 원론. 파주: 경세원.
변재관, 이인재, 홍경준, 김원종, 이재원, 심재호(2000). 참여형 지역복지 체계론. 서울: 나눔의집.
보건복지부(2015a). 2014 보건복지백서. 세종: 보건복지부.
보건복지부(2015b). 2015 보건복지통계연보. 세종: 보건복지부.
보건복지부(2016a). 2016 사회복지법인 관리안내. 세종: 보건복지부.
보건복지부(2016b). 2016 사회복지시설 관리안내. 세종: 보건복지부.
보건복지부(2016c). 2016 희망복지지원단 업무안내. 세종: 보건복지부.
사회복지교육연구센터(2016). 1급 사회복지사 기본서: 사회복지행정론. 서울: 나눔의집.
서도원, 이덕로(2016). 현대 경영학원론. 서울: 박영사.
성규탁(1988). 사회복지행정론. 서울: 법문사.
송교석, 김경희(2013). 조직관리론. 서울: 두남.
신복기, 박경일, 이명현(2008). 사회복지행정론. 고양: 공동체.
안정선, 최원희(2010). 사회복지 수퍼비전의 이론과 실제. 서울: 신정.
양승일(2014). 사회복지행정론. 서울: 양서원.
양옥경, 이기연, 최소연, 현진희(2010). 사회복지지도감독론. 파주: 양서원.
양옥경, 최명민(2010). 사회복지기관 윤리경영 자가점검지표 개발에 관한 연구. 한국사회복지행정학, 12(2), 43-77.
엄미선, 양숙미, 백은령, 한주민(2016). 사회복지시설운영: 이론과 실제. 서울: 학지사.
여성가족부(2015). 2014년도 여성정책 연차보고서. 서울: 여성가족부.
오석홍(2013). 인사행정론(제7판). 서울: 박영사.
오정수, 류진석(2016). 지역사회복지론(제5판). 서울: 학지사.
유종해(2000). 현대조직관리(제5판). 서울: 박영사.
유종해, 이덕로(2015). 현대행정학. 서울: 박영사.
윤영진, 이인재, 곽채기, 김은정, 김태일, 박정수, 이재원(2007). 복지재정과 시민참여. 파주: 나남.
이현주, 유진영(2015). 공공 사회복지 전달체계의 변화와 정책적 함의. 세종: 한국보건사회연구원.
이희태(2008). 사회복지관의 TQM 도입 효과 분석. 지방정부연구, 12(2), 111-132.
장천식(2006). 사회복지행정의 이해. 서울: 창지사.

정기한, 신재익, 오재신, 김대업, 박귀정, 박소영(2016). 경영학개론. 서울: 시그마프레스.

정무성(1998). 사회복지 프로포절 작성법. 서울: 아시아미디어리서치.

정무성(2005). 사회복지 프로그램 개발론. 파주: 학현사.

정영철(2008). 유비쿼터스사회에서의 e-Welfare, u-Welfare 개념 및 발전모형. 보건복지포럼, 14, 48-66.

정익준(2005). 비영리 마케팅. 파주: 형설.

정홍원, 정해식, 김정은, 이정은(2013). 사회복지영역의 평가제도 현황 분석 및 개선방안. 서울: 한국보건사회연구원.

진혜민, 박병선(2013). 사회복지사의 직무만족 영향 요인에 관한 메타분석. 한국사회복지학, 65(3), 107-130.

지은구(2005). 사회복지행정론. 서울: 청목.

차명진, 제석봉(2009). 노인생활시설 사회복지사들의 직무 및 조직특성과 직무만족도의 관계에서 전문직업적 정체성의 매개효과. 한국노년학, 29(2), 669-682.

천정웅, 김용환, 김승돈(2015). 사회복지행정론. 서울: 신정.

최성재, 남기민(2006). 사회복지행정론(개정2판). 파주: 나남.

최성재, 남기민(2016). 사회복지행정론(개정3판). 파주: 나남.

최용민, 김치영, 김경희, 이종모(2015). 사회복지행정론. 서울: 동문사.

한국사회복지관협회(2015). 사회복지관과 지역사회복지실천. 고양: 공동체.

한국사회복지사협회(2010). 사회복지 윤리경영 선도기관 육성사업 3차년도 결과보고서. 미간행 자료.

한국사회복지협의회 시설평가실(2016). 2017년도 사회복지시설평가 장애인복지관 평가지표. 서울: 한국사회복지협의회 시설평가실.

한국복지행정학회, 2014). 사회복지행정론(개정판). 파주: 양서원.

한동일, 전해황, 김종명, 박상도, 송낙길, 이승현, 이장희, 장정순(2009). 사회복지행정론. 파주: 양서원.

한태영(2013). 인사평가와 성과관리. 서울: 시그마프레스.

황성철(2002). 임파워먼트(Empowerment)모델과 사회복지조직 관리. 한국사회복지행정학, 6, 65-90.

황성철(2005). 사회복지 프로그램 개발과 평가. 고양: 공동체.

황성철, 정무성, 강철희, 최재성(2014). 사회복지행정론(제3판). 파주: 학현사.

행정자치부(2006). 혁신컨설팅 길잡이. 서울: 행정자치부.

Ables, P., & Murphy, M. J. (1981). *Administration in the Human Services: A Normative Systems Approach*. Englewood Cliffs, NJ: Prentice-Hall.

Ackoff, R. L., & Rivett, P. (1963). *A Manager's Guide to Operations Research*. New York: Wiley.

Adams, J. S. (1963). Toward an Understanding of Inequality. *Journal of Abnormal and*

Social Psychology, 67, 422-436.

Adman, J. S. (1965). Inequality and Social Exchange. In L. Berkowitz (Ed.), *Advances in Experimental Social Psychology* (2nd ed.). New York: Academic Press.

Alderfer, C. P. (1972). *Existence, Relatedness, and Growth*. New York: McGraw-Hill.

Alter, C. F. (2000). Interorganizational Collaboration in the Task Environment. In R. J. Patti (Ed.), *The Handbook of Social Welfare Management*. Thousand Oaks, London, New Delhi: SAGE.

Andreasen, A., & Kotler, P. (2003). *Strategic Marketing for Nonprofit Organizations*. Upper Saddle River, NJ: Prentice-Hall.

Argyris, C. (1999). *On Organizational Leaning* I, *II*. Ames, IA: Blackwell Publishing Professional.

Armstrong, G., & Kotler, P. (2000). *Marketing: An Introduction* (5th ed.). Upper Saddle River, NJ: Preitice Hall.

Astley, W. G., & Sachdeva, P. S. (1984). Structural Sources of Intraorganizational Power: A Theoretical Synthesis. *Academy of Management Review, 9*, 4-113.

Austin, D. M. (2000). Social Work and Social Welfare Administration. In R. J. Patti (Ed.), *The Handbook of Social Welfare Management*. Thousand Oaks, London, New Delhi: SAGE.

Bailey, D., & Grochau, K. E. (1993). Aligning Leadership Needs to the Organizational Stage of Development: Applying Management Theory to Nonprofit Organizations. *Administration on Social Work, 17*(1), 23-45.

Bandure, A. (1982). Self-Efficacy Mechanism in Human Agency. *American Psychologist, 37*(2), 122-147.

Bargal, D. (2000). The Manager as Leader. In R. J. Patti (Ed.), *The Handbook of Social Welfare Management*. Thousand Oaks, London, New Delhi: SAGE.

Barnard, C. I. (1938). *The Functions of the Executive*. Cambridge, MA: Harvard University Press.

Barnard, C. I. (1956). *Organization and Management*. Cambridge, MA: Harvard University Press.

Bass, B. M. (1985). *Leadership Performance Beyond Expectation*. New York: Tree Press.

Bass, B. M. (1990). From Transactional to Transformational Leadership: Learning to Share the Vision. *Organizational Dynamics, 18*(3), 319-331.

Bass, B. M., & Stogdill, R. (1981). *Handbook of Leadership*. New York: Free Press of Glencoe.

Bartol, K. M., & Martin, D. C. (1998). *Management* (3rd ed.). New York: McGraw-Hill.

Baum, J. A. C. (1996). *Organizational Ecology*. In S. R. Clegg, C. Hardy, & W. R. Nord (Eds.), *Handbook of Organization Studies*. London: SAGE.

Baum, J. A., & Oliver, C. (1991). Institutional Linkages and Organizational Mortality. *Administrative Science Quarterly, 36*, 187-218.

Bedeian, A. G. (1993). *Management* (3rd ed.). Fort Worth, TX: Dryden Press.

Bell, D. (1973). *The Coming of Post Industrial Society: A Venture th Social Forecasting*. New York: Basic Books.

Bennis, W. G. (1966). *Changing Organizations*. New York: McGraw-Hill.

Benson, J. K. (1975). The Interorganizational Network as a Political Economy. *Administrative Science Quarterly, 20*, 229-249.

Bertalanffy, L. von. (1968). *General System Theory: Foundations, Development, Applications*. New York: George Braaziller.

Blake, R. R., & Mouton, J. S. (1964). *The Managerial Grid*. Houston, TX: Gulf.

Blau, P. M., & Scott, R. W. (1962). *Formal Organizations*. San Francisco, CA: Chandler.

Bolman, L. G., & Deal, T. E. (2013). *Reframing Organizations: Artistry, Choice, and Leadership* (5th ed.). San Francisco, CA: Jossey-Bass.

Borland, J. J. (1981). Burnout Among Workers and Administrators. *Health and Social Work, 6*, 73-78.

Bradshow, J. (1972). The Concept of Social Need. *New Society, 496*, 640-643.

Le Breton, P. P., & Henning, D. A. (1961). *Planning Theory*. Englewood Cliffs, NJ: Prentice-Hall.

Brieland, D., Briggs, T., & Leuenberger, P. (1973). *The Team Model of Social Work Practice*. Syracuse, NY: Syracuse University Press.

Brodkin, E. Z. (1997). Inside the Welfare Contract: Discretion and Accountability in State Welfare Administration. *Social Service Review, 71*, 1-33.

Brody, R. (1993). *Effectively Managing Human Service Organizations*. Thousand Oaks, CA: SAGE.

Bruno, F. J. (1957). *Trends in Social Work 1874-1956: A History Based on the Proceeding of the National Conference of Social Worker* (2nd ed.). New York: Columbia University Press.

Bryson, J. M. (1995). *Strategic Planning for Public and Nonprofit Organizations*. San Francisco, CA: Jossey-Sharpe.

Budzinski, O. (2003). Cognitive Rules, Institutions, and Competition. *Constitutional Political Economy, 14*, 213-233.

Burkhead, J., & Miner, J. (1975). *Public Expenditure*. Chicago, IL: Aldine.

Burns, J. (1978). *Leadership*. New York: Harper and Row.

Cameron, K. S., & Quinn, R. E. (1996). *Diagnosing and Changing Organizational Culture*. San Francisco, CA: Jossey-Bass.

Carlisle, H. (1979). *Management Essentials: Concepts for Productivity and Innovation*.

Chicago, IL: Science Research Associates.

Carlson, R. O. (1964). Environmental Constraints and Organizational Consequences: The Public School and Its Clients. In D. E. Griffiths (Ed.), *Behavioral Science and Educational Administration*. Chicago, IL: National Society for the Study of Education.

Carroll, S. J., & Tosi, H. L. (1973). *Management by Objectives*. New York: Macmillan.

Cascio, W. F. (1992). *Managing Human Resources*(3rd ed.). New York: McGraw-Hill.

Cassafer, D. J. (1996). How Can Planning Make It Happen? In P. J. Pecora, W. R. Seelig, F. A. Zirps, & S. M. Davis (Eds.), *Quality Improvement and Evaluation in Child and Family Services: Managing into the Next Century*. Washington, DC: CWLA.

Child, J. (1972). Organizational Structure, Environment, and Performance: The Role of Strategic Choices. *Sociology, 6*, 2-22.

Clark, B. R. (1970). *The Distinctive College: Antioch, Reed, and Swarthmore*. Chicago, IL: Aldine.

Clemens, E. S., & Cook, J. M. (1999). Political and Institutionalism: Explaining Durability and Change. *Annual Review of Sociology, 25*, 441-466.

Coch, L., & French, Jr., J. R. P. (1948). Overcoming Resistance to Change. *Human Relations, 1*, 515-532.

Cohen, M. D., March, J. G., & Olsen, J. P. (1972). A Garbage-Can Model of Organizational Choice. *Administrative Science Quarterly, 17*, 1-25.

Coleman, J. (1973). Loss of Power. *American Sociological Review, 38*, 1-17.

Conger, J. A., & Kanungo, R. N. (1988). The Empowerment Process: Integrating Theory and Practice. *Academy Of Management Review, 13*(3), 471-482.

Coser, L. A. (1956). *The Functions of Social Conflict*. London: The Free Press.

Cox, E. O., & Parsons, R. J. (1994). *Empowerment Oriented Social Work Practice with Elderly*. Pacific Grove, CA: Brooks/Cole.

Cress, D., & Snow, D. A. (1996). Mobilizing at the Margins: Resources, Benefactors, and the Viability of Homeless Social Movement Organizations. *American Sociological Review, 61*, 1089-1109.

Cyert, R. M. (1975). Management of Non-Profit Organizations: With Emphasis on Universities. In R. M. Cyert (Ed.), *The Management of the Nonprofit Organization*. Lexington, MA: D. C. Heath.

Cyert, R. M., & March, J. G. (1963). *The Behavioral Theory of the Firm*. Englewood Cliffs, NJ: Prentice-Hall.

Czarniawska-Joerges, B. (1992). *Exploring Complex Organizations: A Cultural Perspective*. Thousand Oaks, CA: SAGE.

Daft, R. L. (2000). *Management*. (5th ed.). New York: The Dryden Press.

Davis, K. (1989). *Human Behavior at Work: Organizational Behavior* (8th ed.). Singapore: McGraw-Hill.

Day, P., & Klein, R. (1987). *Accountability*. London: Tavistock.

Deal, T., & Kennedy, A. (1982). *Corporate Cultures: The Rites and Rituals of Corporate Life*. Reading, MA: Addison-Wesley.

Delbecq, A. A. (1978). The Social Political Process of Introducing Innovation in Human Services. In R. C. Sarri & Y. Hasenfeld (Eds.), *The Management of Human Services*. New York: Columbia University Press.

Deming, W. E. (1986). *Out of the Crisis*. Cambridge, MA: MIT Press.

Dessler, G. (1991). *Personnel/Human Resource Management* (5th ed.). Englewood Cliffs, NJ: Prentice Hall.

DiMaggio, P. J. (1988). The New Institutionalisms: Avenues of Collaboration. *Journal of Institutional and Theoretical Economics, 154*(4), 696-705.

DiMaggio, P. J., & Powell, I. W. (1983). The Iron Cage Revisited: Institutional Isomorphism and Collective Rationality in Organizational Field. *American Sociological Review, 48*, 147-160.

Dimock, M. E. (1956). The Administrative Stall College: Executive Development in Government and Industry. *American Political Science Review, 50*(1), 166-176.

Dimock, M. E., & Dimock, G. O. (1960). *Public Administration*. New York: Holt McDougal.

Donaldson, L. (1996). *For Positivist Organization Theory: Proving the Hard Core*. London: SAGE.

Dornbusch, S., & Scott, W. R. (1975). *Evaluation and the Exercise of Authority*. San Francisco, CA: Jossey-Bass.

Downey, H. K., Hellriegel, D., & Slocum, Jr., J. W. (1975). Environmental Uncertainty: The Construct and It's Application. *Administrative Science Quarterly, 20*, 613-629.

Dror, Y. (1963). The Planning Process: A Facet Design. *International Review of Administration, 29*, 46-58.

Drucker, P. F. (1954). *The Practice of Management*. New York: Harper and Low

Drucker, P. (1968). *The Age of Discontinuity: Guidelines to Our Changing Society*. New York: Happer and Low.

Dunham, A. (1939). The Administration of Social Agencies. In H. K. Russell (Ed.), *Social Work YearBook* (Vol. 16). New York: Russell Sage Foundation.

Edelwich, J., & Brodsky, A. (1983). *Burnout: Stages of Disillusionment in the Helping Professions*. New York: Pergamon Press.

Edwards, R. I., & Austin, D. M. (1991). Managing Effectively in an Environment of Competing Values. In R. L. Edwards & J. A. Yankey (Eds.), *Skills for Effective Human*

Service Management. Silver Spring, MD: National Association of Social Workers Press.

Emerson, R. M. (1962). Power-Dependence Relations. *American Sociological Review, 27*, 31-41.

Engel, G. V. (1970). Professional Autonomy and Bureaucratic Organization. *American Sociological Review, 15*(1), 12-21.

Etioni, A. (1964). *Modern Organization*. Englewood Cliff, NJ: Prentice-Hall.

Fiedler, F. F. (1967). *A Theory of Leadership Effectiveness*. New York: McGraw-Hill.

Fulmer, R. M. (1978). *The New Management* (2nd ed.). New York: Macmillian.

Galbraith, J. R., & Kazanjian, R. K. (1986). *Strategy Implementation*. St. Paul, MN: West.

Gates, B. L. (1980). *Social Program Administration: The Implementation of Social Policy*. Englewood Cliff, NJ: Prentice-Hall.

Gelman, S. R. (1987). *Board of Directors*. In National Association of Social Workers (Ed.), *Encyclopedia of Social Work* (18th ed.). Silver Spring, MD: NASW Press.

Ghobadian, A., Gallear, D., & Hopkins, M. (2007). TQM and CSR Nexus. *International Journal of Quality and Reliability Management, 24*(7), 704-721.

Gibelman, M. (2000). Structural and Fiscal Characteristics of Social Service Agencies. In R. J. Patti (Ed.), *The Handbook of Social Welfare Management*. Thousand Oaks, London, New Delhi: SAGE.

Giddens, A. (1979). *Central Problems on Social Theory*. London: Macmillan.

Gidron, B., Kramer, R., & Salamon, L. (1992). *Government and the Third Sector: Emerging Relationships in Welfare States*. San Francisco, CA: Jossey-Bass Publishers.

Gilbert, N., Specht, H., & Terrell, P. (1986). *Dimensions of Social Welfare Policy* (3th ed.). Englewood Cliff, NJ: Prentice-Hall.

Gilbert, N., & Terrell, P. (2005). *Dimensions of Social Welfare Policy* (6th ed.). Upper Saddle River, NJ: Pearson/Allyn and Bacon.

Glisson, C. (1992). Structure and Technology in Human Service Organizations. In Y. Hasenfeld (Ed.), *Human Services as Complex Organizations*. Thousand Oaks, CA: SAGE.

Glisson, C. (2000). Organizational Climate and Culture. In R. J. Patti (Ed.), *The Handbook of Social Welfare Management*. Thousand Oaks, London, New Delhi: SAGE.

Glob, G. N. (1991). *From Asylum to Community: Mental Health Policy in Modern America*. Princeton, NJ: Princeton University Press.

Goldstein, I. L. (1986). *Training in Organization: Needs Assessment, Development, and Evaluation*. Monterey, CA: Brooks.

Goldstein, I. L. (1993). *Training in Organization: Needs Assessment, Development, and Evaluation* (2nd ed.). Monterey, CA: Brooks.

Goss, M. (1963). Patterns of Bureaucracy Among Hospital Staff Physicians. In F. Freidson (Ed.), *The Hospital in Modern Society*. New York: The Free Press.

Gouldner, A. W. (1959). Organizational Analysis. In R. K. Nerton, L. Broom, & L. S. Cottrell, Jr. (Eds.), *Sociology Today*. New York: Basic Books.

Greenleaf, R. K. (1970). *The Servant as Leader*. Cambridge, MA: Center for Applied Studies.

Gronbjerg, K. A., Kimmich, M. H., & Salamon, L. M. (1985). *The Chicago Nonprofit Sector in a Time of Government Retrenchment*. Washington, DC: Urban Institute.

Gummer, B. (1975). Social Planning and Social Administration: Implications for Curriculum Development. *Journal of Education for Social Work*, *11*(1), 66-73.

Gummer, B. (1990). *The Politics of Social Administration: Managing Politics in Social Agencies*. Englewood Cliffs, NJ: Prentice Hall.

Gunther, J., & Hawkins, F. (1996). *Total Quality management in human service organizations*. New York: Spring Publishing Company.

Gurlick, L. (1937). Notes on the Theory of Organization. In J. Gulick & F. Hawkin (Eds.), *Papers on the Science of Administration*. New York: Columbia University.

Hafeezl, K., & Ručevižius, J. (2011). Total Quality Management and Excellence: A Framework for Managing Governance and Corporate Social Responsibility. *Current Issues of Business and Law*, *6*(1), 7-10.

Hage, J., & Aiken, M. (1969). Routine Technology, Social Structure in Predicting Innovation. *Administrative Science Quarterly*, *14*, 366-377.

Hall, R. H. (1977). *Organization: Structure and Process* (2nd ed.). Englewood Cliffs, NJ: Prentice-Hall.

Hall, R. H. (1991). *Organization: Structure and Processes and Outcomes*. Englewood Cliffs, NJ: Prentice-Hall.

Hall, P. A., & Taylor, R. C. R. (1996). Political Science and the Three New Institutionalisms. *Political Studies*, *44*, 936-957.

Handler, J. F., & Hasenfeld, Y. (1991). *The Moral Construction of Poverty*. Thousand Oaks, CA: SAGE.

Hannan, M. T., & Freeman, J. (1984). Structural Inertia and Organizational Change. *American Sociological Review*, *49*, 149-164.

Hannan, M. T., & Freeman, J. (1989). *Organizational Ecology*. Cambridge, MA: Harvard University Press.

Hardcastle, D. A. Stanley, W., & Patricia, R. P. (1997). *Community Practice Theories and Skills for Social Workers*. New York: Oxford University Press.

Hasenfeld, Y. (1974). Organizational Factors in Services to Groups. In P. Glasser, R. C. Sarri, & R. D. Vinter (Eds.), *Individual Change Through Group*. New York: The Free Press.

Hasenfeld, Y. (1983). *Human Service Organization.* New Jersey: Prentice-Hall.

Hasenfeld, Y. (1992a). The Nature of Human Service Organization. In Y. Hasenfeld (Ed.), *Human Service Organizations in Human Services as Complex Organizations.* Thousand Oaks, CA: SAGE.

Hasenfeld, Y. (1992b). Theoretical Approaches to Perspectives in Human Service Organizations. In Y. Hasenfeld (Ed.), *Human Services as Complex Organizations.* Thousand Oaks, CA: SAGE.

Hasenfeld, Y. (2000). Social Welfare Administration and Organizational Theory. In R. J. Patti (Ed.), *The Handbook of Social Welfare Management.* Thousand Oaks, London, New Delhi: SAGE.

Hasenfeld, Y., & English, R. A. (1974). *Human Service Organization.* Ann Arbor, MI: University of Michigan Press.

Hatch, M. J. (1993). The Dynamics of Organizational Culture. *Academy of Management Review, 18*, 657-693.

Haynes, R., Corey, G., & Moulton, P. (2003). *Clinical Supervision in the Helping Professions: A Practical Guide.* Pacific Grove, CA: Brookes/Cole.

Hellriegel, D., Jackson, S. E., & Slocum, J. W. (2005). *Management: A Competency-Based Approach* (10th ed.). Cincinnati, OH: South-Western Educational Publication.

Hersey, P., & Blanchard, K. H. (1997). *Management of Organizational Behavior: Utilizing Human Resources* (3th ed.). Englewood Cliffs, NJ: Prentice-Hall.

Hersey, P., & Blanchard, K. H. (1998). *Management of Organizational Behavior: Utilizing Human Resources* (5th ed.). Englewood Cliffs, NJ: Prentice-Hall.

Herzberg, F. (1966). *Work and the nature of man.* New York: World.

Holt, D. H. (1993). *Management: Principles and Practices* (3rd ed.). Englewood Cliffs, NJ: Prentice-Hall.

Hoos, I. R. (1972). *Systems in Public Policy.* Berkeley, CA: University of California Press.

House, R. J. (1971). A Path-Goal Theory of Leadership Effectiveness. *Administrative Science Quarterly, 16*, 321-338.

House, R. J. (1977). A Theory of Charismatic Leadership. In J. G. Hunt & L. L. Larson (Eds.), *Leadership: The Cutting Edge.* Carbondale, IL: Southern Illinois University Press.

Hull, C. L. (1943). *Principles of Behavior: An Introduction to Behavior Theory.* New York: D. Appleton-Century.

Hyde, C. (1992). The Ideational System of Social Movement Agencies: An Examination of Feminist Health Centers. In Y. Hasenfeld, (Ed.), *Human Services as Formal Organizations.* Thousand Oaks, CA: SAGE.

Indik, B. P. (1965). Organization Size and Member Participation: Some Empirical Tests of Alternative Explanations. *Human Relations, 18*, 339-350.

Jablonski, J. R. (1992). *Implementing TQM* (2nd ed.). Albuquerque, NM: Technical Management Consortium.

Jablonsky, S. F., & DeVries, D. L. (1972). Operant Conditioning Principles Extrapolated th the Theory of Management. *Organization Behavior and Human Performance, 7,* 340–358.

Juran, J. M. (1988). *Juran on Planning for Quality.* New York: The Free Press.

Kadusin, A. (1992). *Supervision in Social Work* (3rd ed.). New York: Columbia University Press.

Kamerman, S. B. (1975). A Paradigm for Programming: First Thoughts. *Social Service Review, 49*(2), 412–420.

Kanfer, R., & Heggestad, E. C. (1997). Motivational Traits and Skills: A Person-Centered Approach to Work Motivation. *Research in Organizational Behavior, 19,* 1–56.

Kaplan, H. R., & Taisky, C. T. (1977). Humanism in Organization: A Critical Appraisal. *Public Administration Review, 37,* 171–180.

Kaplan, R. S., & Norton, D. P. (1996). *The Balanced Scorecard.* Boston, MA: Harvard Business School Press.

Kast, F. F., & Rosenzweig, E. (1985). *Organization and Management: A System and Contingency Approach* (4th ed.). New York: McGraw-Hill.

Katz, D., & Kahn, R. L. (1966). *The Social Psychology of Organization.* New York: John Wiley.

Kelly, R. E. (1988). In Praise of Followers. *Harvard Business Review, 66*(6), 142–148.

Kerr, S. (1977). Substitutes for Leadership: Some Implications for Organizational Design. *Organization and Administrative Science, 8,* 135–146.

Kerr, S., & Jermier, J. J. (1978). Substitutes for Leadership: Their Meaning and Measurement. *Organizational Behavior and Human Performance, 22,* 375–403.

Kettner, P. M., Martin, L. L., & Moroney, R. M. (1999). *Designing and Managing Program* (2nd ed.). Thousand Oaks, CA: SAGE.

Kewin, K. Lippitt, R., & White, R. K. (1939). Patterns of Aggressive Behavior in Experimentally Created Social Climates. *Journal of Social Psychology, 10*(2), 271–276.

Kidneigh, J. C. (1950). Social Work Administration: An Area of Social Work Practice? *Social Work Journal, 31*(2), 257–279.

Kist-Ashman, K. K., & Hull, G. H. (2001). *Generalist Practice with Organization and Communities* (2nd ed.). Belmont, CA: Brooks/Cole.

Kingsley, J. D. (1953). Recruiting Applicants for the Public Service: The Problem and Its Solving. In D. Waldo (Ed.), *Ideas and Issues in Public Administration.* New York: McGraw-Hill.

Klinger, D. E. (1988). Personnel Management. In J. Rabin & M. B. Steinhauer (Eds.),

Handbook on Human Services Administration. New York: Marcel Dekker.

Kluger, A. N., & DeNisi, A. (1996). Effects of Feedback Intervention on Performance: A Historical Review, a Meta-Analysis, and a Preliminary Feedback Intervention Theory. *Psychological Bulletin, 119*(2), 254–284.

Koontz, H., & O'Donnell, C. (1959). *Principle of Management: An Analysis of Managerial Functions*. New York: Knopf.

Koontz, H., & O'Donnell, C. (1976). *Management: A Systems and Contingency Analysis of the Managerial Functions* (6th ed.). New York: McGraw-Hill Book.

Kotter, J. P., & Schlesinger, L. A. (1979). Choosing Strategies for Change. *Harvard Business Review, 57*, 106–112.

Kouzes, J. M., & Mico, P. R. (1979). Domain Theory: An Introduction to Organizational Behavior in Human Service Organizations. *Journal of Applied Behavior Science, 15*(4), 449–469.

Kramer, R. (1981). *Voluntary Agencies in the Welfare State*. Berkeley, CA: University of California Press.

Lachman, R. (1989). Power from What? Reexamination of Its Relationships with Structural Conditions. *Administrative Science Quarterly, 34*, 231–251.

Landsberger, H. H. (1961). Parsons Theory of Organization. In M. Black (Ed.), *The Social Theories Talcott Parsons*. Englewood Cliff, NJ: Prentice-Hall.

Latham, G. P., & Sarri, L. K. (1979). Importance of Supportive Relationships in Goal Setting. *Journal of Applied Psychology, 64*, 151–156.

Lauffer, A. (1978). *Social Planning at the Community Level*. Englewood Cliffs, NJ: Prentice-Hall.

Lauffer, A. (1984). *Strategic Marketing for Non-For-Profit Organizations: Program and Resource Development*. New York: The Free Press.

Lawless, D. J. (1972). *Effective Management: Social Psychological Approach*. Englewood Cliff, NJ: Prentice-Hall.

Lawrence, P. R., & Lorsch, J. W. (1967). *Organization and Environment*. Boston, MA: Harvard Business School, Division of Research.

Leavitt, H. J. (1964). *New Perspective in Organization Research*. New York: John Wiley and Sons.

Lee, S. M., & Moore, L. J. (1977). Multicriteria School Busing Models. *Management Science, 23*, 703–718.

Leslie, D., Holzhalb, C., & Holland, T. (1998). Measuring staff empowerment: Development of a worker empowerment scale. *Research on Social Work Practice, 8*, 212–222.

Levy, C. S. (1962). The Executive and the Agency Board. *Journal of the Jewish Communal*

Service, 38, 234-248.

Levy, C. S. (1973). The Ethics of Supervision. *Social Work, 18*(2), 18-21.

Lewin, K. (1938). *The Conceptual Representation and the Measurement of Psychological Forces (Contributions to Psychological Theory No, 4).* Durham, NC: Duke University Press.

Lewis, J. A., Lewis, M. D., Packard, T., & Souflee Jr., F. (2001). *Management of Human Service Programs* (3rd ed.). Belmont, CA: Brooks/Cole.

Likert, R. (1961). *New Patterns of Management.* New York: McGraw-Hill.

Likert, R. (1967). *The Human Organization.* New York: McGraw-Hill.

Lipsky, M. (1980). *Street-Level Bureaucracy.* New York: Russell Sage Foundation.

Litwak, E. (1961). Models of Bureaucracy which Permit Conflict. *American Journal of Sociology, 64*, 177-184.

Locke, E. A. (1976). The Nature and Causes of Job Satisfaction. In M. D. Dunnett & L. M. Houge (Eds.), *Handbook of Industrial and Organizational Psychology.* Palo Alto, CA: Consulting Psychologists Press.

Lohmann, R. (1980). *Breaking Even: Financial Management in Human Service Organizations.* Philadelphia, PA: Temple University Press.

Lundstedt, S. (1972). Consequences of Reductionism on Organization Theory. *Public Administration Review, 32*(4), 328-333.

Lynch, B. P. (1974). An Empirical Assessment of Perrow's Technology Construct. *Administrative Science Quarterly, 19*, 338-356.

Manning, N. (1976). Values and Practice in the Therapeutical Community. *Human Relations, 29*, 125-138.

March, J. G., & Olsen, J. P. (1976). *Ambiguity and Choice in Organizations.* Bergen: Universitetsforlaget.

March, J. G., & Simon, H. (1958). *Organizations.* New York: Wiley.

Martin, P. Y. (1980). Multiple Constituencies, Dominant Societal Values, and the Human Service Administrator: Implications for Service Delivery. *Administration in Social Work, 4*, 15-27.

Martin, P. Y., & Chernesky, R. H. (1989). Women's Prospects for Leadership in Social Welfare: A Political Economy Perspective. *Administration in Social Work, 13*, 117-143.

Martin, J., & Frost, P. (1996). The Organizational Culture War Game: A Struggle for Intellectual Dominance. In S. R. Clegg, C. Hardy, & W. D. Nord (Eds.), *Handbook of Organizational Studies.* London: SAGE.

Maslow, A. H. (1970). *Motivation and Personality.* New York: Harper and Row.

Massie, J. L. (1965). Management Theory. In J. G. March (Ed.), *Handbook of Organization.*

Chicago, IL: Rand McNally.

Masters, R. J. (1996). Overcoming the Barriers to TQM' s Success. *Quality Progress*, *29*(5), 53-55.

Martin, L. L. (1993). *Total Quality Management in Human Service Management*. London: SAGE.

Mathis, R. L., & Jackson, J. H. (2004). *Human Resource Management* (10th ed.). Cincinnati, OH: Thomson/South-Western.

McClelland, D. C. (1961). *The Achieving Society*. Princeton, NJ: D. Van Nostrand.

McGregor, D. (1960). *The Human Side of Enterprise*. New York: McGraw-Hill.

McNeil, K. (1978). Understanding Organizational Power: Building on the Weberian Legacy. *Administrative Science Quarterly*, *23*, 65-90.

Meenaghan, T. M., Washington, R. O., & Ryan, R. M. (1982). *Macro Practice in the Human Services*. New York: The Free Press.

Menefee, D. (2000). What Managers Do and Why they Do It. In R. J. Patti (Ed.), *The Handbook of Social Welfare Management*. Thousand Oaks, London, New Delhi: SAGE.

Merton, R. K. (1940). Bureaucratic Structure and Personality. *Social Forces*, *18*, 560-568.

Merton, R. K. (1957). The Structure of Educational Organizations. In M. Meyer & Associates. (Eds.), *Environments and Organizations*. San Francisco, CA: Jossey-Bass.

Meyer, J. W., & Rowan, B. (1977). Institutionalized Organizations: Formal Structure as Myth and Ceremony. *American Journal of Sociology*, *83*, 340-363.

Meyer, J. W., & Rowan, B. (1983). The Structure of Educational Organizations. In W. S. Meyer & W. R. Scott (Eds.), *Organizational Environments: Ritual and Rationality*. Beverly Hills, CA: SAGE.

Meyer, J. W., & Zucker, L. (1989). *Permanently Failing Organizations*. Thousand Oaks, CA: SAGE.

Meyerson, D. (1992). Normal Ambiguity? A Glimpse on an Occupational Culture. In P. Frost, L. Moore, M. Louse, C. Lundberg, & J. Martin (Eds.), *Reframing Organizational Culture*. Thousand Oaks, CA: SAGE.

Middleman, R. P., & Rhodes, G. B. (1985). *Competent Supervision: Making Imaginative Judgements*. Englewood Cliffs, NJ: Prentice-Hall.

Miley, K., & DuBois, B. (1999). Empowering Process for Social Work Practice in Empowerment Practice. In W. Shera & L. Wells (Eds.), *Social Work: Developing Richer Conceptual Foundations*. Toronto: Canadian Scholars' Press.

Mintzberg, H. (1979). Musings on Management. *Harvard Business Review*, *74*, 61-67.

Mintzberg, H. (1980). *Nature of Managerial Work*. Englewood Cliffs, NJ: Prentice-Hall.

Mohr, L. (1971). Organizational Technology and Organizational Structure. *Administrative*

Science Quarterly, 16, 444–459.

Mondy, W., & Noe III, R. A. (1993). *Human Resource Management* (5th ed.). Needham, MA: Allyn and Bacon.

Mondy, W. R., & Premeaux, S. R. (1993). *Management: Concept, Practices, and Skills* (6th ed.). Boston, MA: Allyn and Bacon.

Mondy, W. R., & Premeaux, S. R. (1995). *Management: Concept, Practices, and Skills* (7th ed.). Boston, MA: Allyn and Bacon.

Moody, P. E. (1993). *Decision Making: Proven Methods for Better Decisions.* New York: McGraw-Hill.

Mooney, J. D., & Reiley, A. C. (1938). *The Principles of Organization.* New York: Harper.

Mores, J. J., & Wagner, F. R. (1978). Measuring the Process of Managerial Effectiveness. *Academy of Management Journal, 21*(1), 23–25.

Morgan, D. R., Hirlinger, M. W., & England, R. E. (1988). The Decision to Contract Out City Services: A Further Explanation. *Western Political Quarterly, 41*, 363–372.

Morison, T. (2001). Supervision: Purposes, Policies and Definitions. In T. Morrison (Ed.), *Staff Supervision in Social Care.* London: Pavilion.

Mouzelis, N. P. (1968). *Organization and Bureaucracy.* Chicago, IL: Aldine.

Munson, C. E. (1983). *An Introduction to Clinical Social Work Supervision.* New York: Haworth Press.

Neugeboren, B. (1985). *Organization, Policy and Practice in the Human Services.* New York: Longman.

Neugeboren, B. (1991). *Organization, Policy, and Practice in the Human Services.* Binhamton, NY: Haworth.

Newman, W. H. (1963). *Administrative Action: The Techniques of Organization and Management* (2nd ed.). Englewood Cliffs, NJ: Prentice-Hall.

Noe, R. A. (1988). Investigation of the Determinants of Successful Assigned Mentoring Relationships. *Personnel Psychology, 41*, 457–479.

Noe, R. A., Hollenbeck, J. R., Gerhart, B. G., & Wright, P. M. (2012). *Human Resource Management: Gaining a Competitive Advantage* (7th ed.). Burr Ridge, IL: Irwin.

Northouse, P. G. (2009). *Leadership: Theory and Practice* (5th ed.). London: SAGE.

Oakland, J. S. (1989). *Total Quality Management.* Oxford: Heinemann.

O' Donnell, E. J., & Reid, O. M. (1978). Citizenship Participation on Public Welfare Boards and Committees. In S. Slavin (Ed.), *Social Administration: The Management of Social Services.* New York: Haworth Press and Council on Social Work Education.

Osborne, D., & Gaebler, T. (1992). *Reinventing Government: How the Enterpreneurial Spirit is Transforming the Public Sector.* Reading, MA: Addison-Wesley.

Ouchi, W. (1981). *Theory Z: How American Business Can Meet the Japanese Challenge.*

Menlo Park, CA: Addison-Westley.

Parsons, T. (1957). The Mental Hospital as a Type of Organization. In M. Greenblatt, D. J. Levinson, & R. Williams (Eds.), *The Patient and the Mental Hospital.* Glencoe: The Free Press.

Parsons, T. (1960). *Structure and Process in Modern Societies.* Glencoe: The Free Press.

Parsons T., & Smelser, N. J. (1956). *Economy and Society.* Glencoe: The Free Press.

Patti, R. J. (1983). *Social Welfare Administration: Managing Social Programs in a Developmental Context.* Englewood Cliffs, NJ: Prentice-Hall.

Patti, R. J. (2000). The Landscape of Social Welfare Management. In R. J. Patti (Ed.), *The Handbook of Social Welfare Management.* Thousand Oaks, London, New Delhi: SAGE.

Pecora, P. Y. (1998). Recruiting and Selecting Effective Employees. In R. L. Edwards & J. A. Yanket (Eds.), *Skills for Effective Management of Nonprofit Organizations.* Washington, DC: National Association of Social Workers.

Pecora, P., & Wagner, M. (2000). Managing Personnel. In R. J. Patti (Ed.), *The Handbook of Social Welfare Management.* Thousand Oaks, London, New Delhi: SAGE.

Pedler, M., Burgoyne, J., & Boydell, T. (1997). *The Learning Company: A Strategy for Sustainable Development* (2nd ed.). London: McGraw-Hill.

Perrow, C. (1965). Hospitals: Technology, Structure and Goals. In J. G. March (Ed.), *Handbook of Organizations.* Chicago, IL: Rand McNally.

Perrow, C. (1967). A Framework for the Comparative Analysis of Organizations. *American Sociological Review, 32*, 194-208.

Perrow, C. (1972). *Complex Organizations: A Critical Essay.* Chicago, IL: Scott Foresman.

Perrow, C. (1986). *Complex Organizations: A Critical Essay* (3rd ed.). New York: Random House.

Peters, T. J., & Waterman, J. R. H. (1982). *In Search of Excellence.* New York: Harper and Row.

Pfeffer, J. (1992). *Managing with Power: Politics and Influence in Organizations.* Boston, MA: Harvard Business School Press.

Pfeffer, J. (1997). *New Directions for Organizational Theory: Problems and Prospects.* New York: Oxford University Press.

Pfeffer, J., & Salancik, G. R. (1978). *The External Control of Organizations: A Resource Dependence Perspective.* New York: Harper and Row.

Pfiffner, J. M., & Prethus, R. (1967). *Public Administration* (5th ed.). New York: Ronald Press.

Pfiffner, J. M., & Sherwood, F. P. (1960). *Administrative Organization.* Englewood Cliffs, NJ: Prentice-Hall.

Toffler, A. (1981). *Future Shock*. New York: Bentam.

Porter, L. W., & Lawler, E. E. (1967). The Effect of Performance on Job Satisfaction. *Industrial Relation, 7*(3), 2-8.

Porter, L. W., & Lawler, E. E. (1968). *Managerial Attitudes and Performance*. Homewood, IL: Irwin-Dorsey.

Porter, L. W., Lawler, E. E., & Hackman, J. R. (1975). *Behavior in Organizations*. New York: McGraw-Hill.

Porter, L. W., & Steers, R. M. (1999). *Motivation and Work Behavior*. New York: McGraw-Hill.

Price, J. L. (1968). *Organizational Effectiveness: An Inventory of Propositions*. Homewood, IL: Richard D. Irwin.

Quinn, R. E. (1988). *Beyond Rational Management: Mastering the Paradoxes and Competing Demands of High Performance*. San Francisco, CA: Jossey-Bass.

Quinn, R. E., & Kimberly, J. P. (1984). Paradox, Planning and Perseverance: Guidelines for Managerial Practice. In J. Kimberly & R. E. Quinn (Eds.), *Managing Organizational Traditions*. Homewood, IL: Dow Jones-Richard D. Irwin.

Ramos, A. G. (1972). Models of Man and Administrative Theory. *Public Administration Review, 32*(3), 241-246.

Rapoport, R. (1960). *Community as a Doctor*. London: Tavistock Publications.

Rapp, C. A., & Poertner, J. (1992). *Social Administration: A Client-Centered Approach*. New York: Long Publishing Group.

Robbins, S. P. (1990). *Management* (2nd ed.). Englewood Cliffs, NJ: Prentice-Hall.

Rodgers, R., & Hunter, J. E. (1991). Impact of Management by Objectives on Organizational Productivity. *Journal of Applied Psychology, 76*, 322-336.

Rodney, B. H. (1973). MBO Goes to Work in the Public Sector. *Harvard Business Review, 51*, 65-74.

Roethlisberger, F. J., & Dickson, W. J. (1939). *Management and the Work*. Cambridge, MA: Harvard University Press.

Ross, D. (1995). The Many Lives of Institutionalism in American Social Science. *Polity, 28*, 117-123.

Ross, J. E. (1994). *Total Quality Management: Text, Cases and Readings* (2nd ed.). London: Kogan Pages.

Rossi, P. H., & Freeman, H. E. (1985). *Evaluation: A Systemic Approach* (5th ed.) Thousand Oaks, CA: SAGE.

Rothman, J. (1980). *Using Research in Organizations*. Beverly Hills, CA: SAGE.

Rousseau, D. M. (1999). Assessing Organizational Culture: The Case for Multiple Methods. In B. Schneider (Ed.), *Organizational Climate and Culture*. San Francisco, CA:

Jossey-Bass.

Royse, D., Thyer, B. A., Padgett, D., & Logan, T. (2001). *Program Evaluation: An Introduction* (3rd ed.). Belmont: Wadsworth Thomson Learning.

Schein, E. H. (1985). *Organizational Culture and Leadership*. San Francisco, CA: Jossey-Bass.

Schemerhorn Jr., J. R., Hunt, J. G., & Osborn, R. N. (2008). *Core Concept of Organizational Behavior*. Danvers, MA: John Wiley and Sons.

Schmid, H. (2000). Agency-Environment Relationships: Understanding Task Environments. In P. Glasser, R. C. Sarri, & R. D. Vinter (Eds.), *Individual Change Through Group*. New York: The Free Press.

Schmuck, R. H., Runkel, P., & Langmeyer, D. (1971). Using Group Problem Solving Procedures. In R. H. Schmuck & M. B. Miles (Eds.), *Organization Development in the Schools*. Palo Alto, CA: National Press Book.

Schoech, D. (1988). Computer Use in Human Service Organizations. In R. K. Caputo (Ed.), *Management and Information Systems in Human Services: Implications for the Distribution of Authority and Decision Making*. New York: Th Howarth Press.

Schoech, D. (1995). *Information Systems. in Encyclopedia of Social Work* (19th ed.). National Association of Social Workers (Ed.), Washington, DC: National Association of Social Workers.

Schoonhoven, C. B. (1981). Problems with Contingency Theory: Testing Assumptions Hidden Within the Language of Contingency Theory. *Administrative Science Quarterly, 26*, 349-377.

Scott, R. (1985). Systems within Systems. *American Behavioral Scientist, 28*, 601-618.

Scott, W. G. (1961). Organizational Theory: An Overview and an Appraisal. *Journal of Academy of Management, 4*, 9-26.

Scott, W. R. (1987). *Organizations: Rational, Natural, and Open Systems* (2nd ed.). Englewood Cliffs, NJ: Prentice-Hall.

Scott, W. R., & Meyer, J. W. (1983). The Organization of Environments: Network, Cultural, and Historical Elements. In J. W. S. Meyer & W. R. Scott (Eds.), *Organizational Environments: Ritual and Rationality*. Beverly Hills, CA: SAGE.

Selye, H. (1974). *Stress Without Distress*. New York: New American Library.

Selznick, P. (1948). Foundation for the Theory of Organization. *American Sociological Reviews, 13*, 25-35.

Selznick, P. (1957). *Readership in Administration*. New York: Harper and Row.

Senge, P. (1990). *The Fifth Discipline*. London: Century Business.

Shafritz, J. M., Hyde, A. C., & Rosenbloon, D. H. (1986). *Personnel Management in Government: Politics and Process* (3rd ed.). New York: Marcel Decker.

Shamir, B., Zakay, E., Breinin, E., & Popper, M. (1998). Correlates of Charismatic Leader Behavior in Military Units: Subordinate Attitudes, Unit Characteristics, and Superiors' Assessment of Leaders' Performance. *Academy of Management Journal, 41*(4), 387-409.

Shamir, B., Zakay, E., Breinin, E., & Popper, M. (2007). *Follower-Centered Perspectives on Leadership: A Tribute to the Memory of James R. Meindl*. London: IAP.

Simon, H. A. (1964). On the Concept of Organizational Goal. *Administrative Science Quarterly, 9*, 1-22.

Simon, H. A. (1977). *The New Science of Management Decision* (2nd ed.). Englewood Cliffs, NJ: Prentice-Hall.

Sjoberg, G. (1966). *Ideology and Social Organization in Rapidly Developing Societies*. Bloomington, CA: Comparative Administrative Group(ASPA).

Skidmore, R. A. (1983). *Social Work Administration: Dynamic Management and Human Relationship*. Englewood Cliffs, NJ: Prentice-Hall.

Skidmore, R. A. (1990). *Social Work Administration: Dynamic Management and Human Relationship* (2nd ed.). Englewood Cliffs, NJ: Prentice-Hall.

Skinner, B. F. (1974). *About Behaviorism*. New York: Vintage.

Smith, G. (1970). *Social Work and the Sociology of Organizations*. London: Routledge and Kegan Paul.

Snyder, N. M. (1995). Organizational Culture and Management Capacity in a Social Welfare Organization: A Case Study of Kansas. *Public Administration Quarterly, 19*, 243-264.

Solomon, B. (1976). *Black Empowerment*. New York: Columbia University Press.

Spears, L. C. (1998). *Insights on Leadership: Service, Stewardship, Spirit, and Servant-Leadership*. New York: John Wiley and Sons.

Spencer, S. W. (1959). *The Administration Method in Social Work Education*. New York: Council on Social Work Education.

Spencer, S. W. (1961). The Administrative Process in Social Welfare Agency. In E. W. Reed (Eds.), *Social Welfare Administration*. New York: Columbia University Press.

Starr, P. (1982). *The Social Transformation of American Medicine*. New York: Basic Books.

Stein, H. (1970). Social Work Administration. In H. A. Schatz (Eds.), *Social Work Administration: A Resource Book*. New York: Council on Social Work Education.

Stimon, H. D., & Stimson, R. H. (1972). *Operations Research in Hospital: Diagnosis and Prognosis*. Chicago, IL: Hospital Research and Educational Trust.

Stimson, H. D., & Thompson, R. P. (1975). The Importance of 'Weltanschauung' in Operations Research: The Case of the School Busing Problem. *Management Science, 21*, 1123-1131.

Stoesz, D. (1989). A Theory of Social Welfare. *Social Work, 34*(2): 101–107.

Stogdill, R. M. (1974). *Handbook of Leadership.* New York: The Free Press.

Strauss, G. (1968). Human Relations: 1968 Style. *Industrial Relations, 7,* 262–276.

Strauss, G. (1976). Organization Development. In R. Dubin (Ed.), *Handbook Work, Organization, and Society.* Chicago, IL: Rand McNailly.

Strauss, A., Fargerhaugh, S., Suczek, B., & Wiener, C. (1985). *Social Organization of Medical Work.* Chicago, IL: University of Chicago Press.

Swiss, K. E. (1992). Adapting Total Quality Management to Government. *Public Administration Review, 52,* 356–362.

Taber, M., & Finnegan, D. (1980). *A Theory of Accountability for Social Workers.* Urbana, IL: University of Illinois at Urbana–Champaign.

Tannenbaum, R., & Schumidt, W. H. How to Choose a Leadership Pattern. *Harvard Business Review, 36*(2), 59–101.

Taylor, F. W. (1911). *The Principles of Scientific Management.* New York: Harper and Brothers.

Thomas, K. W., & Velthouse, B. A. (1990). Cognitive Elements of Empowerment: An Interpretive Model of Intrinsic Task Motivation. *Academy of Management Review, 15*(4), 666–681.

Thomson, V. A. (1965). Bureaucracy and Innovation. *Administrative Science Quarterly, 10*(1), 1–20.

Thomas, E. (1988). Design and Development in Organization Innovation. *Administration in Social Work, 11*(3/4), 101–144.

Thompson, J. (1967). *Organization in Action.* New York: McGraw–Hall.

Tolbert, P. S., & Zucker, L. G. (1996). The Institutionalization of Institutional Theory. In S. R. Clegg, C. Hardy, & W. R. Nord (Eds.), *Handbook of Organization Studies.* London: SAGE.

Tolman, E. C. (1959). *Principles of Purposive Behavior. in Psychology: A Study of a Science (Vol. 2).* New York: McGraw–Hill.

Trecker, H. (1971). *Social Work Administration: Principle and Practices.* New York: Association Press.

Trice, H. M., & Beyer, J. M. (1993). *The Cultures of Work Organizations.* Englewood Cliffs, NJ: Prentice Hall.

Trofler, A. (1973). Organizations: The Coming Adhocracy. In A. R. Lioyd & B. B. William (Eds.), *Organizational and Managerial Innovation: A Reader.* Pacific Palisades, CA: Goodyear.

Tucker, D., Baum, J., & Singh, J. (1992). The Institutional Ecology of Human Service Organizations. In Y. Hasenfeld (Ed.), *Human Services As Complex Organizations.*

Thousand Oaks, CA: SAGE.

Turner, J. H. (1997). *The Structure of Sociological Theory* (6th ed.). Belmont, CA: Wadsworth.

Tushman, M. L., & Anderson, P. (1986). Technological Discontinuities and Organizational Environments. *Administrative Science Quarterly, 31*, 436–465.

United Way of America. (1975). *Budgeting: A Guide for United Ways and Non-for-Profit Human Service Organizations.* Alexandria: United Way of America.

University of Michigan School of Social Work (1998). News from the office of student and multicultural affairs. Ongoing, 1998(winter/spring), 14.

Urwich, L. F. (1943). *The Elements of Administration.* New York: harper and Row.

Vinokur–Kaplan, D., & Bogin, D. (2000). Motiviating Work Performance in Social Services. In R. J. Patti (Ed.), *The Handbook of Social Welfare Management.* Thousand Oaks, London, New Delhi: SAGE.

Vogot, J. F., & Murrell, K. L. (1990). *Empowerment in Organizations: How to Spark Exceptional Performance.* San Diego, CA: University Associates.

Vroom, V. H. (1964). *Work and Motivation.* New York: John Wiley and Sons.

Vroom, V. H., & Jago, A. G. (1974). Decision Making as a Social Process: Normative and Descriptive Models of Leader Behavior. *Decision Science, 5*(4), 743–769.

Vroom, V. H., & Yetton, P. (1973). *Leadership and Decision-Making.* Pittsburgh, PA: Pittsburgh University Press.

Wallace, S. C. (1953). Considerations Which Enter into the Constructions of a Department. In D. Waldo (Ed.), *Ideas and Issues in Public Administrations.* New York: Mcgraw–Hill.

Wamsley, G. L., & Zald, M. N. (1976). *The Political Economy of Public Organizations.* Bloomington, CA: Indiana University Press.

Waterston, A. (1966). *Development Planning: Lessons of Experience.* Baltimore, MD: John Hopkins Press.

Weber, M. (1947). *The Theory of Social and Economic Organization.* Henderson, A. M., & Parsons, T. (trans.). New York: The Free Press.

Weick, K. (1976). Educational Organizations as Loosely Coupled Systems. *Administrative Science Quarterly, 21*, 1–19.

Weick, K. E. (1995). *Sensemaking in Organizations.* Thousand Oaks, CA: SAGE.

Weiner, M. E. (1980). Administrative Responsibility for Staff Development. In F. D–S. Perlmutter & S. Slavin (Eds.), *Leadership in Social Administration.* Philadelphia, PA: Temple University Press.

Weiner, M. E. (1990). *Human Service Management: Analysis and Applications.* (2nd ed.). Belmont, CA: Waldsworth Publishing Company.

Weinbach, R. W. (1990). *The Social Worker as Manager: Theory and Practice.* New York:

Longman.

White, L. D. (1926). *Introduction to the Study of Public Administration*. New York: Macmillan.

White, R. K., & Lippitt, R. (1960). *Autocracy and Democracy: An Experimental Inquiry*. New York: Harper and Row.

Wish, N. B., & Mirabella, R. M. (1998). Curricular variations in nonprofit management graduate programs. Nonprofit Management and Leadership, 6(1), 99-109.

Wilson, T. D. (2002). Information Management. In J. Feather & P. Sturges (Eds.), *International Encyclopedia of Information and Library Science* (2nd ed.). London: Routledge.

York, R. O. (1982). *Human Service Planning: Concepts, Tools and Methods*. Chapel Hill, NC: The University of North Carolina Press.

Zald, M. N. (1970). Political Economy: A Framework for Comparative Analysis. In M. N. Zald (Eds.), *Power in Organizations*. Nashville, TN: Vandervilt University Press.

Zimmerman, M. A., & Rappaport, J. (1988). Citizen Participation, Perceived Control, and Psychological Empowerment. *American Journal of Community Psychology, 16*(5), 725-750.

Zucker, L. (1988). Where do Institutional Patterns Come from? Organizations as Actors in Social Systems. In L. Zucker (Eds.), *Institutional Patterns and Organizations*. Cambridge, MA: Ballinger.

찾아보기

[인 명]

[내 용]

▶ 저자 소개

심상용(Sim, Sang Yong)

경희대학교 경제학과 학사
서강대학교 공공정책대학원 사회복지정책학과 석사
가톨릭대학교 일반대학원 사회복지학과 박사
전 서울기독교청년회(YMCA) 시민사업팀장
현 상지대학교 사회복지학과 교수

〈주요 저서〉

사회복지 윤리와 철학(학지사, 2016)
사회복지발달사(학지사, 2016, 공저) 외 다수

〈주요 논문〉

독신모가구 빈곤의 거시적 결정요인 국제비교: 한국을 포함한 OECD 19개국을 대상으로(1981~2012)(2016)

Comparative Study on Macro Causes of Working Poverty: Focusing on Two-parent Households in OECD Countries(2016)

독일 일-가정 양립정책과 젠더레짐 변화에 대한 연구: 최근 부모수당제도의 도입을 중심으로(2013)

지구적 정의론으로서 지구시민권구상의 윤리학적 기초에 대한 연구: Rawls의 자유주의적 국제주의와 코즈모폴리턴 공화주의를 중심으로(2013)

A Study on the Applicability of the Conservative Welfare Regime Theory in Korea(2013)

한국 발전주의 복지체제 형성 연구: 억압적 발전주의 생산레짐과 비공식 보장의 복지체제(2010)

독일 노동레짐의 지속과 변화에 대한 연구: 협상구조, 노동규제, 복지제도를 중심으로(2008)

비교사례(영국, 아일랜드) 접근을 통한 새로운 사회협약(social pact) 성립의 제도 및 행위자요인에 대한 연구(2007) 외 다수

사회복지행정론
Social Welfare Administration

2017년 2월 20일 1판 1쇄 발행
2019년 2월 19일 1판 2쇄 발행

지은이 • 심상용
펴낸이 • 김진환
펴낸곳 • (주) 학지사
04031 서울특별시 마포구 양화로 15길 20 마인드윌드빌딩
대표전화 • 02)330-5114 팩스 • 02)324-2345
등록번호 • 제313-2006-000265호

홈페이지 • http://www.hakjisa.co.kr
페이스북 • https://www.facebook.com/hakjisa

ISBN 978-89-997-1145-9 93330

정가 20,000원

이 도서의 국립중앙도서관 출판시도서목록(CIP)은 서지정보유통지원시스템 홈페이지(http://seoji.nl.go.kr)와 국가자료공동목록시스템(http://www.nl.go.kr/kolisnet)에서 이용하실 수 있습니다.
(CIP 제어번호: CIP2017001624)